제4정판

행정철학

김 항 규

도서출판 대영문화사

제4정판에 부쳐

2004년 제3정판이 출간된 이후 5년 만에 제4정판을 출간하게 되었다. 지난 제3정판에서의 개정 작업에서는 새로운 장을 추가하는 등의 개정 작업에 중점을 두었었다. 그러나 필자가 이번 제4정판 개정 작업에서 역점을 둔 내용은 다음과 같다.

첫째, 그동안 독자들께서 제3정판을 읽으면서 필자에게 질문해 오거나 표현이 얼른 이해하기 어렵다고 호소해 온 부분을 좀더 쉽게 표현하는 데 중점을 두었다.

둘째, 1970년 대 이후 전통적인 행정 관료제 패러다임에 대한 대안으로 제시되어 온 제반 새로운 행정 패러다임들—공공선택론, 신제도주의, 신공공관리론, 뉴 거버넌스—의 개념 및 그 한계점들을 일목요연하게 정리하여, 이를 정부의 실패를 다룬 제4장 뒷부분에서 '정부의 실패를 보완하기 위한 새로운 행정 패러다임'이라는 제목으로 소개했다.

셋째, 각 장 서두에서 각 장에서 다루고자 하는 주요한 주제들이 무엇인가를 먼저 소개한 후 논의를 전개하는 방식을 택함으로써, 각 장의 본론에 들어가기 전에 각 장에서 다루고자 하는 주제 내지는 논의하고자 하는 과제가 무엇인지를 미리 이해할 수 있도록 했다.

넷째, 중요한 주제 내지 개념들에 대해서는 이를 진한 글씨체로 표현함으로써 독자들이 중요한 개념이나 주제가 무엇인지를 얼른 알아볼 수 있게 했고, 지루하게 긴 내용에 대해서는 이를 몇 개의 소제목으로 나누어 설명하는 방식을 택했다.

다섯째, 각 장에서 발견되는 간단한 표현이나 내용 가운데 불필요하다고 생각되는 부분을 삭제하거나 추가할 필요가 있다고 생각되는 부분을 추가하는 등 부분 부분에서 세부적인 개정 작업을 수행했다.

독자들로부터 전해 오는 필자의 행정철학 교재에 대한 평가 중의 하나는 이 교재를 통해 독자들이 행정의 본질을 이해하게 되고, 더 나아가 행정학이 무엇을 어떻게 다루는 학문인가를 이해하게 되는 등 행정학 전반을 거시적인 관점에서 체계적으로 바라볼 수 있는 안목을 갖게 되었다는 점이었다. 이에 필자는 독자들의 이러한 평가를 늘 염두에 두고 어떻게 하면 행정철학의 내용을 더 쉽고 재미있게 그리고 체계적으로 전개해 나갈 것인가에 중점을 두어 왔다. 따라서 제1장을 통해 필자는 이 행정철학 교재에서 다루고자 하는 내용이 무엇인가를 일목요연하게 정리하여 소개하고, 각 장마다 서두를 통해 각 장에서 다루고자 하는 내용이 무엇이고 왜 그것을 행정철학에서 다루어야 하는지를 먼저 이해시키려고 노력했다.

이 교재가 어언 제4정판으로 선보일 수 있게 된 것은 오로지 많은 독자 여러분들께서 이 교재를 사랑해 주어 많이 읽어 주고 애정 어린 충고를 해 주신 덕분이라는 점을 고백하며 이 점 늘 고맙게 생각한다. 금후로도 독자 여러분들께서 끊임없이 격려해 주고 잘못된 부분, 미진한 부분에 대해서 가차없이 지적해 주시길 부탁드리는 바이다. 필자와 늘 동행하면서 힘을 주시고 격려해 주시는 우리 주 하나님께 감사드린다.

2009년 1월
계룡산이 바라보이는 도안동 연구실에서
필자 씀

제3정판에 부쳐

전면 개정판이 출간된 지 5년이 지나고서야 제3정판을 출간하게 되었다. 그동안 여러 가지 면으로 부족한 필자의 『행정철학』을 아껴 주신 독자 여러분들께 깊은 감사를 드린다.

필자가 이번 제3정판을 통해 특히 역점을 둔 내용은 다음과 같다.

첫째, 필자는 그동안 행정에서의 가치 문제에 관심을 두어오면서, 결국 실천 지향적이고 처방적인 성격을 갖는 행정과 관련된 구체적이고 현실적인 가치는 현행 우리나라의 헌법과 법률, 그 중에서도 헌법 속에서 찾지 않으면 안 된다는 생각에 이르게 되었다. 그 이유는 근대국가 이래로 오늘에 이르기까지 행정은 여전히 헌법과 법률에 적합하게 행사되어야 한다는 '법치행정' 이념이 헌법적 원리로서 작용하고 있다는 점, 행정학과 행정법학이 행정을 공동의 연구 대상으로 함으로써 양 학문 간에 대화의 필요성이 있다는 점, 행정이 어떤 활동을 할 수 있고 어떤 활동을 해서는 안 되는가를 규율하는 것은 행정법에서의 제반 법규범이라는 점, 행정법은 헌법의 구체화법으로서 인식되고 있다는 점 등을 들 수 있다. 필자는 이러한 시각에서 행정학적 측면에서 행정법학의 모습을 때로는 행정학에 대한 보완적 관점에서, 때로는 비판적 관점에서 바라보면서 이와 관련된 몇 편의 논문을 발표한 바 있다. 그 중 대표적인 것이 공공정책에서의 정책에 대한 개념과 행정법에서의 법규범과는 어떤 관계를 가지고 있는가 하는 문제와, 행정 이념으로서의 합법성 이념과 기타의 행정 이념들과는 어떠한 관계가 있는가 하는 문제를 다룬 논문이다. 필자는 이번 제3정판을 통해 이러한 논문의 내용들을 제9장의 '법치행정과 가치판단 기준'에서 새롭게 보완했다.

둘째, 행정의 궁극 목적은 그것을 통해 공익을 달성하는 데 있다는 점에서는 이견이 없다. 따라서 공익은 행정의 본질적 특성을 구성하고, 행정활동이 정당성을 얻는 근거가 되며, 모든 행정활동의 평가 기준이 된다. 이와 같이 공익이 갖는 중요성을 감안하여 이번 제3정판에서는 공익에 관한 주제를 제11장에서 별도의 장으로서 다루었다.

셋째, 전면 개정판의 각 장에서 미진하게 다루었거나 이해하기 어렵게 표현된 부분들을 곳곳에서 발견하여 이를 수정 보완하고, 또한 될 수 있는 한 이해하기 쉽도록 표현하려고 노력했다. 예를 들면, 행정의 본질적 특성에 관한 논의라든가, 새로운 행정 패러다임으로 부각되고 있는 신공공관리나 뉴 거버넌스에 대한 논의 등을 새롭게 정리했다.

넷째, 공자와 맹자의 행정철학과 다산의 행정철학을 별도의 장으로 하여 다루었던 전면 개정판에서의 내용을 하나의 장으로 하여 제12장에서 '동양의 행정철학'이라는 이름으로 통합했다.

필자는 그동안 전면 개정판의 내용을 읽어보고, 강의해 오는 과정에서 다음의 제3정판을 집필 시에는 어떠한 내용을 추가하거나 어떠한 내용을 보완해야겠다는 생각을 끊임없이 해왔다. 그러나 막상 개정 시점에 이르러서는 시간에 쫓기다 보니 의도했던 바를 제대로 반영하지 못했다는 아쉬움을 금할 수 없다. 제3정판을 다시 읽어보거나 강의를 하다 보면 또다시 부끄러운 내용들이 여기저기서 발견될 것이다. 독자 여러분의 넓은 아량과 조언을 부탁드리는 바이다. 필자는 그동안 예수님을 나의 중심에 영접하는 축복과 은혜를 경험하게 되었다. 제3정판이 나오기까지 함께해 주신 주님께 영광을 돌리는 바이다. 또한 재개정을 허락해 주신 대영문화사의 임춘환 사장님과 직원 여러분께도 감사드린다. 독자 여러분의 계속적인 따뜻한 격려와 조언을 부탁드리는 바이다.

2004년 5월

계룡산이 바라보이는 도안동 연구실에서

필자 씀

전면 개정판에 부쳐

1994년 국내 처음으로 『행정철학』이라는 이름의 책을 출간한 이후 때로는 많은 격려를 해 주시는 분들이 있었는가 하면, 때로는 사랑이 담긴 조언과 함께 미비점을 지적해 주신 분들도 많았다. 모든 분들께 감사드린다.

이 책과 관련하여 독자들께서 필자에게 그동안 가장 많이 지적해 주신 사항은 이 책의 내용이 좀 난해하게 쓰여졌기 때문에 이해하기 곤란한 부분이 많다는 점이었다. 사실 처음 이 책을 출간할 당시 행정철학을 주제로 하여 발간된 국내의 책이 전무했던 상황이었을 뿐만 아니라 참고할 만한 교재도 마땅히 없었기 때문에 교재의 주제들을 주로 필자의 독자적인 생각에 의존하여 편성했고, 그 과정에서 여러 가지 어려움이 있었던 것도 사실이다. 그리하여 부분에 따라서는 필자 혼자만이 이해하고 있을 뿐 이를 다른 사람들에게 전달하는 데는 표현 과정에서 모호한 부분이 있었기 때문에 독자들로 하여금 이해하기 어렵거나 잘못 이해한 부분이 있었음을 시인하지 않을 수 없다.

이에 필자는 이번 전면 개정판을 집필하면 무엇보다도 먼저 책의 내용을 각 장에 걸쳐 쉬운 표현으로 고치는 데 역점을 두었다. 그리고 개정판의 분량을 초판과 거의 같게 하거나 적게 한다는 점을 개정판의 집필 방침으로 삼았다. 이 밖에도 이번 전면 개정판에서 초판의 내용을 삭제하거나 새로이 추가한 내용들은 다음과 같다.

첫째, 초판의 모든 장에 걸쳐 어렵게 표현되어 있거나 중복 표현되어 있는 내용들을 달리 표현하거나 삭제함으로써 부분 부분의 내용을 많이 수정했다.

둘째, 초판의 제5장 '행정 과정과 가치' 부분은 그 중요도에 비해 너무 많은 분량을 차지한다고 생각했기 때문에 이번 개정판에서는 이 부분을 전면 삭제했다. 또한 초판의 마지막 장(13장) '행정학에서의 가치와 사실의 변증법적 종합' 부분도 필자의 개인적 견해에 너무 편중되어 있을 뿐 아니라 짧은 내용의 분량으로는 독자에게 필자의 의도를 제대로 전달하기가 곤란하다고 판단하여 전면 삭제했다.

셋째, 개정판의 제9장 '법치행정과 가치판단 기준'에 대한 내용은 초판에 포함되지 않았던 내용으로 이번 개정판에 추가했다. 행정과 법과의 관계를 새로이 인식할 필요성이 새로이 증대되고 있을 뿐 아니라 합법성 이념이 행정에서 중요한 가치판단 기준의 하나가 된다고 보기 때문이다.

넷째, 초판에서의 제6장 '가치에 관한 인식은 불가능한 것인가?' 부분에 대해서는 특히 많은 관심을 두고 개정에 착수했다. 그리하여 가치에 관한 인식 방법이나 한계점과 관련된 조금 난해한 부분이라고 여겨지는 부분을 많이 축소하고 나머지 부분에 대해서도 쉬운 용어를 채택하여 이해하기 쉽게 했다.

다섯째, 제2장 행정의 본질과 관련된 논의 부분에서는 최근 새로운 행정개념으로 대두되고 있는 '국정관리(governance)' 개념을 소개하고, 초판의 제7장 '행정학에서의 표준과학적 방법의 역할 및 한계'에서는 현상학이나 하버마스(Jürgen Habermas)의 비판이론과 관련한 조금 난해한 표현들에 대해 이를 조금 쉽게 표현하려고 노력했다.

처음 전면 개정판을 집필하리라고 마음먹었을 때에는 왕성한 의욕을 가지고 담고 싶은 내용도 많았었다. 그러나 막상 개정판 집필을 끝내고 보니 역시 허전하고 부끄러운 마음을 숨길 수가 없다. 집필 과정에 도움을 준 우리 대학교 산업정보대학원의 김규민 조교에게 고마움을 전하고, 개정판 출판을 기꺼이 허락해 주신 대영문화사의 임춘환 사장님께 감사드린다. 독자 여러분의 격려와 함께 많은 지도 편달을 기대해 마지 않는 바이다.

1998년 5월

계룡산이 바라보이는 연구실에서

필자 씀

초판 머리말

돌이켜 보면 우리의 행정의 역사는 과거 조선왕조 하에서의 전제주의적 행정, 일제하의 군국주의적 행정, 해방 후 자유당 정권하에서의 체제 유지적 행정, 군사정권 기간 동안 근대화라는 이름으로 군사문화 하에서 행해진 성장 위주의 관료주의적 행정 등 그 어느 것 하나 행정다운 행정을 펼쳐보지 못한 부끄러운 역사의 연속이었다 해도 과언이 아니다. 그리하여 오늘날 우리에게 남겨진 행정의 유산이란 권위주의적, 즉흥적, 특수이익 추구적인 행정이요 그러한 과정에서 누적되어 온 부정부패라는 부정적 결과들이 칡뿌리처럼 구조적으로 깊이 뿌리박고 있음을 부정할 수 없다. 물론 우리의 오늘이 있기까지 그동안 행정이 이루어낸 업적이 단순히 부정적인 것만은 아니다. 혹자는 우리가 오늘날 누릴 수 있는 물질적 풍요가 행정이 이루어낸 업적이라고 긍정적 측면을 부각시키기도 한다. 과연 그러한 주장들이 옳은 것인지 그른 것인지의 여부는 논외로 하더라도 이제 우리 역사에 새로운 신기원을 이룩할 수 있는 문민정부 시대를 맞이하여 행정학자들이나 행정 실무를 담당하고 있는 공무원들, 그리고 위정자들과 일반 시민에 이르기까지 모두가 우리의 지난 행정을 거시적 안목에서 깊이 돌이켜보고 반성하는 자세를 통해 우리가 나아가야 할 바람직한 행정의 방향과 구체적 실천 방안을 모색해 볼 때라고 생각된다.

우리가 지향해야 할 행정의 방향은 과거와 같이 통치 권력을 위한 행정에서 벗어나 행정조직 내외의 폭넓은 참여를 통해 명실상부하게 민(民)을 위한 민(民)의 행정을 추구하는 민주행정과, 그동안 총량 위주의 경제 성장 과정에서 특정 집단이나 개인에게 편재되어 있는 제반 사회적 가치들이 골

고루 배분되는 복지 지향적 행정이 되어야 할 것으로 기대된다.

필자는 이러한 시대적 상황에서 행정이 추구해야 할 바람직한 방향을 모색하는 데 조금이나마 도움이 되었으면 하는 바람에서 감히 이 책을 출간하기에 이르렀다. 그뿐만 아니다. 그동안 국내 대학의 행정학과에서 '행정철학' 강의가 많이 개설되고 있고, 앞으로 더 많이 개설될 것으로 예상되지만 아직껏 단행본으로서의 국내 행정철학 교과서가 없었던 데 대해 대학에서 행정철학 강의를 담당하고 있는 필자의 입장에서는 여러 가지 어려움이 없지 않았다. 아마도 이러한 어려움은 단지 필자만이 느낀 것은 아닐 것이다. 그리하여 필자는 그동안 박사학위 논문을 비롯해서 한국행정학보나 기타 학술지 등을 통해 행정철학과 관련된 논문들을 발표해 왔고, 그러한 노력들이 쌓여 이번에 이를 한 권의 책으로 꾸미기에 이르렀다.

행정학은 바람직한 사회가치의 실현을 목적으로 현실 세계에서 가능한 행동 방안을 모색하고 이를 집행하고 평가하는 데 필요한 지식을 추구하는 행동 지향적, 실천 지향적 학문이다. 따라서 행정학에서 필요로 하는 지식은 단순히 '사실(fact)'에 관한 지식뿐만 아니라 행정이 추구하고자 하는 바람직한 가치로서의 '당위'에 관한 지식, 그리고 이를 계획된 행동을 통해 실현하는 데 필요한 처방에 관한 지식을 필요로 한다. 즉 바람직한 행정에 도움이 될 수 있는 행정학의 연구를 위해서는 가치와 사실에 대한 지식과 이를 변증법적으로 종합할 수 있는 종합적 방법론을 필요로 한다.

행정철학은 이러한 행정학의 종합적 방법론의 모색에 도움이 되기 위한 지식을 제공하기 위해 행정 현상을 가능한 한 거시적·전체적 안목에서 바라보면서 행정의 본질이 무엇이며, 행정의 근본 목적을 비롯하여 행정이 추구하고자 하는 바람직한 가치의 구체적 내용이 무엇이고, 이들 가치들이 실천적 행정 연구에서 어떻게 적용될 수 있는가에 관심을 갖는 학문이다.

이에 이 책은 크게 네 부문으로 구성되어 있다.

제1부 '행정철학의 기초' 편에서는 행정철학에 대한 이해를 돕기 위해 행정철학의 개념을 정의하고, 이를 통해 행정철학의 연구 대상을 추출해 보았다. 그리고 행정철학의 연구 대상인 행정을 좀더 근본적으로 이해하기 위해 행정의 본질, 행정활동의 정당성의 근거, 행정의 한계, 행정 과정에서

논의되는 가치 등을 주제로 논의를 전개했다.

제2부 '행정학에서의 가치에 관한 인식론 논쟁'에서는 행정철학이 행정에서의 바람직한 가치를 다루는 학문이라는 점에 비추어 바람직한 가치의 구체적 내용이 무엇인가에 대한 논의에 앞서 '가치(value)'라는 것이 과연 인식 가능한 연구 대상인가의 문제를 다루었다. 그리하여 가치에 관한 인식이 가능한가의 여부를 둘러싼 인식론 논쟁의 내용을 소개하고 이들 제반 견해들이 행정학과는 구체적으로 어떤 관련성이 있는가를 논의해 보았다. 그리고 가치-사실 이원론적 사고에 기초하여 사실만을 인식 가능한 영역이라고 주장하는 행태론적 견해에 대한 근본적 이해와 이의 한계점을 알아보기 위해 행태론이 근거하고 있는 표준과학적 방법의 인식론적 전제와 특징 등을 자세히 다루어 보고, 이에 대해 비판적 입장에 있는 '해석사회학'적 견해와 '비판이론'의 견해들을 소개했다.

제3부에서는 행정이 추구하고자 하는 바람직한 가치의 구체적 모습이 어떠해야 하는가에 대한 지식의 추구에 도움을 주기 위해 행정 이념으로서의 능률성의 철학적 기반이 되고 오늘날 우리의 사고에 가장 깊이 영향을 미치고 있는 공리주의에서 제시하는 바람직한 가치의 내용과 이의 한계점, 그리고 행정 이념으로서의 형평성의 철학적 근거가 될 수 있고 공리주의에 대해 가장 비판적 입장에서 자유와 평등이라는 두 가지 가치간의 조화를 이룩하고자 한 롤스(John Rawls)의 '공정으로서의 정의'이론 및 이의 한계점 등을 살펴보았다. 이에 덧붙여 행정의 민주성 이념을 실천하기 위한 구체적 방안이 될 수 있는 '정치적 합리성'에 관한 주제를 다루어 보았다.

제4부 '동양의 행정철학' 편에서는 바람직한 행정을 추구하기 위한 정치·행정가의 모습이 어떠해야 하는가를 동양의 가장 훌륭한 정치·행정가인 공자와 맹자의 사상과 우리나라에서 가장 위대한 행정철학자라고 할 수 있는 다산(茶山 丁若鏞)의 사상을 통해 살펴보았다.

이 책의 마지막 장에서는 총결론의 입장에서 지금까지 논의된 지식을 기초로 해서 가치와 사실이 어떻게 구체적 상황에서 변증법적으로 종합될 수 있는가에 대해 필자 나름의 견해를 피력해 보았다.

학문적 경륜이 일천한 필자가 감히 행정철학이라는 지난한 학문을 다루어 보겠다고 시도한 것 자체가 행정철학 연구에 도움이 되기는커녕 지적(知的) 혼란만을 초래하게 되는 결과가 되지 않을지 실로 두렵기만 하다. 어렸을 적 나름대로는 열심히 썼답시고 자부하던 작문을 선생님께 내어 보이고는 이내 부끄러워 얼굴도 제대로 들지 못하고 선생님의 표정만을 힐끗힐끗 살펴보았던 기억이 새로워진다. 지금 필자가 이 책을 세상에 펼쳐 보이는 심정이 꼭 그러하다. 허점투성이야 한두 가지겠는가. 격려해 주는 마음으로 전해 주는 따뜻한 나무람들을 독자들로부터 듣고 싶다.

지난 겨울방학은 온통 이 책을 위해 보내고 말았다. 머리말을 쓰는 오늘이 지나면 바로 내일부터 새 학기가 시작된다. 그동안 이 책을 준비하는 데 여러 모로 도와 주신 김규정 교수님과 그 밖의 여러분들께 지면을 통해 진심으로 감사의 말씀을 전한다. 특히 필자와 미국 시라큐스대학교에서 객원교수로 함께 있는 동안 정신적·학문적으로 너무나 큰 도움을 주셨던 연세대학교 행정학과의 안병영 교수님과 연세대학교 영문학과의 임철규 교수님께 감사드리고, 성균관대학교의 김동현 교수님과 충남대학교의 강근복 교수님 그리고 건국대학교의 이성복 교수님께도 고마움을 전한다. 또한 그곳에서 행정학 공부를 하면서 필자에게 열심히 귀중한 자료와 조언을 해 주었던 김근세, 김재일, 이선우, 인태환, 최영훈, 명승환, 고재영 학형 등의 예비 박사님들과 이제 영광의 학위를 받고 귀국해 있는 최홍석 박사, 김종호 박사, 그리고 정치학 박사학위를 취득한 김진영 박사에게도 감사의 뜻을 전한다. 부족한 이 책을 출간해 주신 대영문화사의 임춘환 사장님, 그리고 원고를 정리하는 데 열심히 도와 준 곽연수 조교와 예쁜 책을 만드는 데 수고해 주신 편집부 여러분께도 감사를 드린다.

긴 겨울방학 동안 그 흔한 놀이터에도 한 번 같이 가보지 못했지만 잘 참아 준 우리 두 딸 한나와 슬기에게 고맙고, 방학중에도 당연히 학교에 가는 것으로 인정해 주는 아내도 고맙다. 시골에 계신 홀어머님께 이 책을 드린다.

1994년 3월

필자 씀

차 례

제 2 부 행정학에서의 가치에 관한 인식론 논쟁

제 3 부 행정에서의 가치판단 기준

제 1 부

행정철학의 기초

제 1 장 행정철학의 개념 및 연구 대상

우리는 혹은 행정을 통한 신속한 국가 발전이라는 명목으로, 혹은 사경제(私經濟) 중심의 산업화가 초래한 부정적 측면을 사후적으로 처방한다는 명목으로 대두된 행정국가라는 거대정부(big government) 현상이 지배적인 시대를 경험해 오고 있다. 그리하여 오늘의 행정은 전통적인 행정의 기능으로 인정되어 온 외교·국방·치안질서 유지라는 고유 영역 외에도 정치·경제·사회·문화 등의 모든 영역에 개입하고 있다.

이러한 결과 행정국가 하에서는 정부 예산의 대폭적인 증대와 행정조직 및 공무원 수의 증대를 가져왔으나, 정부 지출의 성과에 대한 강한 비판과 함께 공무원들의 업무 능력에 대한 회의가 증대되는 등 이른바 '**정부의 실패**(government failure)'[1]를 비판하는 목소리가 높아지고 있다. 또한 행정국가 하에서의 행정의 담당자들은 그들의 자유재량권의 범위를 확대시켜 왔고, 그 결과 재량권의 남용으로 인해 초래되는 숱한 비리와 역기능·병리 현상이 되풀이되고 있다. 따라서 이제는 '작고 강한 정부'를 지향하려는 노력들이 이른바 '**신공공관리**(new public management)' 혹은 '**뉴 거버넌스**(new governance)'라는 이름으로 우리나라뿐 아니라 세계적인 추세로

1) 정부의 실패에 대한 자세한 내용은 이 책 제4장 '정부의 실패와 새로운 행정 패러다임'을 참조.

파급되고 있다.

이러한 현상들을 접하면서 우리는 새삼 "도대체 행정이란 무엇인가?", "강력한 권한을 가지고 다양한 역할을 수행하는 행정활동들이 정당화되고 있는 근거는 무엇인가?", "행정은 무엇을 위해 존재하는가?", "행정이 수행해야 할 바람직한 역할은 무엇이며, 그것은 어떻게 행해져야 되는가?" 등의 근본적인 질문들을 던지게 된다.

이와 같은 질문을 제기하고 이에 대한 해답을 찾으려고 노력할 때 우리는 곧 행정철학의 문제에 직면하고 있다고 할 수 있다. 철학의 정신은 곧 **성찰**(reflection)의 정신으로서, 일반적으로 당연한 것으로 받아들였던 근원적인 것들에 대해, 이를 다시 생각해 보는 태도로서 의문을 가지고 파헤쳐 들어가려는 정신이라고 할 수 있기 때문이다. 그러므로 철학자는 어떠한 것이 바람직하고 참된 것인가를 다시 생각해 보고, 인간들이 만들어 놓은 제도에 대해서도 이를 당연한 것으로 받아들이는 태도를 지양하고 반성해 보는 태도이며, 어떤 대상이나 현상을 가능한 한 전체적인 안목에서 생각해 보는 태도를 취한다. 따라서 행정철학은 행정 현상을 거시적인 안목에서 바라보면서, 행정의 본질이 무엇이며, 행정활동이 정당화되는 근거와, 행정의 근본 목적을 위시하여 행정이 추구하며 실현하려고 하는 바람직한 가치(value)는 무엇이고, 그러한 가치들의 철학적 근원은 무엇이며, 그들 가치들은 실천적 행정 연구에서 어떻게 적용될 수 있는가에 관한 학문이라고 일단 정의할 수 있다.

그러나 행정철학의 개념을 구체적으로 어떻게 정의할 수 있으며, 그 연구 대상 및 범위를 어떻게 획정할 것인지에 대해서는 아직 합의된 보편적 수준에 이르지 못하고 있는 것이 현실이다. 이 장에서는 행정철학의 개념을 필자 나름의 견해에 따라 정립해 보고, 이에 기초해서 행정철학의 연구 대상 및 행정철학 연구의 필요성을 제시해 보는 데 중점을 둔다.

제1절 행정철학의 개념 및 연구 대상

1 기존 학자들의 개념 정의

'행정철학(philosophy of public administration)'은 '행정(public administration)'이라는 개념과 '철학(philosophy)'이라는 개념의 복합체적 개념으로 이해할 수 있다. 그런데 행정이라는 개념 자체에 대해서도 합의된 정의가 어려울 뿐만 아니라, 철학이라는 개념 또한 추상적이고 이해하기 어렵기 때문에 보편성과 일관성을 갖는 행정철학의 개념 정의가 어려운 작업이 아닐 수 없다. 여기에 행정철학에 대한 개념 정의의 어려움이 있고 또한 다양한 개념 정의가 있을 수 있다는 점을 이해할 수 있다.

행정철학에 대해서는 지금까지 본격적으로 논의된 예가 적기 때문에 이의 개념에 대한 정의도 그리 많지 않은 편이다. 먼저 행정철학의 개념에 대해 기존의 학자들이 정의한 내용을 살펴보면 다음과 같다.

로빈스(S. T. Robbins)는 행정철학을 행정에서 무엇이 중요하고 의미 있는 것인가를 평가하고 해석하는 것이라고 한다(Robbins, 1976: 5).

디모크(M. E. Dimock)는 행정철학을 더 나은 성과(performance)를 이룩하는 데 목적을 두고 있는 일련의 신념(beliefs)과 실천(practice) 체계로 보고 있다. 그에 따르면 행정은 기관(instituition)의 목표(goals) 및 세부목표(objectives), 사회적 가치 및 개인의 성장에 관한 사항을 취급하며, 이외에 부수적으로 조직화 및 여러 가지 사항들을 운영하는 도구적 장치를 다룬다고 한다(Dimock, 1965: 1).

페이지(Richard S. Page)는 이데올로기와 철학을 비교하면서, 양자가 모두 분석 양식(modes of analysis)과 가치 체계를 내포하고 있고 신념(beliefs)과 가치 체계를 다루고 있으나, 이데올로기가 빛깔 있는 렌즈를 통해 세계를 보면서 정치색을 띤 행동과 관련된 가치를 다루는 데 반해, 철학은 이데올로기보다는 좀더 일반적이고 보편적인 도덕적 가치(moral values)를 다룬다고 한다(Page, 1971: 59-60).

호지킨슨(Christopher Hodgkinson)은 행정을 '실천철학(philosophy in action)'으로 정의하고 그의 논의를 전개해 나간다. 여기에서의 철학은 어떤 정의 체계나 하나의 세계관 또는 하나의 특별한 인식론이나 심리학을 의미하는 것이 아니고, 정확한 사고의 과정과 가치부여(valuing)의 과정, 즉 합리성·논리 그리고 가치를 의미한다고 한다(Hodgkinson, 1978: 3). 철학을 이와같이 이해한다는 것은 철학의 연구 영역을 논리와 가치라는 두 가지 영역으로 나눈다는 것을 의미한다. 전자 즉, 논리의 영역에서는 사실의 문제를, 후자 즉 가치의 영역에서는 윤리적·도덕적 가치를 위시해서 가치평가(valuation)를 거쳐 동기부여에 대한 복잡한 문제에 관련된 가치에 이르기까지의 문제를 다룬다. 그가 말하는 '실천철학'이란 가치를 사실과 가치가 혼합되어 있는 세계로 변환시키는 것을 의미한다.

보즈먼(Barry Bozeman)은 '정책철학(policy philosophy)'이란 용어를 사용하면서 정책철학을 정부의 목적이나 그러한 목적을 달성키 위해 가장 바람직하다고 생각되는 수단과 관련된 여러 가지 가치들의 집합체를 의미한다고 본다(Bozeman, 1979: 61).

안해균(1986: 62)은 행정학을 행정이론 그리고 행정기술로 구분하면서, 행정철학이란 행정이 추구하며 실현하려는 가치가 무엇인가를 찾으려는 이른바 행정사상을 의미한다고 본다.

임의영(2006: 29-30)은 행정철학의 연구를 통해 행정(학)에 대해 반성하고 비판적인 태도를 취하게 되고, 행정(학)에 실천적·학문적 긴장감을 만들어 내어 창조적 발전의 가능성을 높이게 된다는 점을 강조하면서, 행정철학은 "이상적인 사회에 대한 창조적 상상력, 개방성에 기초한 대화와 토론, 그리고 실존적인 진정성에의 의지를 바탕으로, 행정의 실천적 활동과 학문적 활동에 대한 반성적·비판적 사유를 통해 행정(학)의 존립 근거, 사고 및 연구의 방법, 그리고 행정(학)이 추구해야 할 방향을 지속적으로 모색하는 행정학의 하위 분야이다"라고 정의하고 있다.

이도형(2004: 21-22)은 철학이 존재와 진리에 대한 문제를 고민하기 위한 올바른 사고 과정과 가치부여의 과정이라는 보는 호지킨슨의 견해를 기초로 하여, 행정철학은 "행정의 존재 의의 및 정부의 본질에 대한 철학적 사유와 더불어, 행정이 추구해야 할 바람직한 가치의 실천에 관한 학문"이라고 정의하고 있다.

또한 행정철학은 행정철학사적인 특징을 가지고 있으며, 근본적으로 관리철학(management philosophy)과 정치철학(political philosophy)을 종합한 종합철학(integrated philosophy)적 본질을 갖는 것이라고 보는 견해도 있다(김영종, 1986: 175). 이러한 관점은 오늘의 행정이 주어진 목표의 관리뿐만 아니라, 정책결정 기능도 담당한다는 의미에서 정치적 요소까지를 내포하게 됨에 따라 정책결정과 관리에 포함되는 당위적 측면을 모두 포함한다는 관점에서 정의된 개념으로 이해할 수 있을 것 같다.

지금까지 살펴본 기존 학자들의 행정철학에 대한 개념 정의 중에서 공통적으로 발견되는 것은, 행정철학이 행정 현상을 늘 비판적 관점에서 바라보면서, 행정의 존재 의의와 행정의 목표 및 그러한 목표를 달성하기 위한 수단의 선택과 관련되어 고려되어야 할 제반 가치의 문제를 다루는 학문 분야라는 점을 주장하는 데 있다고 할 수 있다.

이제 이들 학자들의 행정철학에 대한 개념 정의를 염두에 두고, 필자의 행정철학에 대한 개념을 정립해 보고자 한다. 이를 위해 행정철학을 '행정'과 '철학'의 복합 개념으로 보아, '철학' 일반에 대한 개념을 중심으로 논의를 전개해 나가면서 이를 '행정'과 결부시켜 논의해 보기로 한다.2)

2 행정철학의 개념

1) 철학 일반의 개념

철학(philosophy)의 개념은 그 어원상으로 볼 때 'philos(사랑)'라는 말

2) 스트라우스(Leo Strauss)는 행정철학을 방법이 되는 철학과 대상이 되는 행정이 결합된 분야라고 한다(Strauss, 1959: 10). 원한식 역시 행정철학의 개념 정립을 시도하기 위해 '행정'의 개념과 '철학'의 개념 간을 종합하는 방식을 도입하고 있다(원한식, 1992).

과 'sophia(지혜)'라는 두 낱말의 합성어로서 곧 '지혜를 사랑하는 것'이란 의미이다. 이의 의미를 보다 자세히 이해하기 위해서는 '지혜'의 의미와 '사랑'의 의미를 좀더 규명해 볼 필요가 있다.

(1) 지혜와 지식의 구별

'지혜'라는 말은 '지식'이라는 말과 구분된다. 지식이 어떤 한정된 분야에 대해 아는 것을 의미한다면, 지혜는 이와 같은 국부적 지식에 국한되지 않고 전체적 맥락에서 아는 것을 의미한다. 철학한다는 것은 지혜를 추구하는 것이며, 따라서 과학적 지식을 추구하는 것과는 구별된다. 철학이나 과학이나 둘 다 세계에 관한 지적 탐구임에는 틀림없으나, 과학자는 일정한 방법에 따라 한 가지 대상을 깊이 연구하여 오직 그 하나에 대한 전문적 지식을 얻게 되고, 그 분야 밖에 있는 다른 분야에 관해서는 무관심한 태도를 보인다. 반면에 철학자는 단편적인 지식의 테두리를 벗어나 언제나 넓고 전체적인 안목을 가지고, 그러한 지식이 인간의 행복과 복리 증진과 관련하여 어떠한 의의가 있으며, 이를 위해 지식을 어떻게 올바르게 활용할 수 있는가에 관심을 둔다. 지혜는 따라서 통찰력과 건전한 관점 또는 판단의 균형과 같은 철학적 사고를 필요로 한다(한국동서철학연구회, 1986: 14-15).

지식을 인간의 행복이나 복리와 관련시켜 생각한다는 점은 곧 철학이 가치의 문제에 관심을 둔다는 것을 의미한다. 철학자는 지식이 우리들에게 어떤 관계를 가지며, 어떤 가치가 있는가 하는 것에 대해 큰 관심을 갖는다. 다시 말하면, 철학은 지식에 대해 어떤 의미를 부여하는 것이다. 그러나 과학자는 자신이 산출한 지식이 인간의 행복이나 복리를 위해 어떠한 가치가 있는가에 대해 중립적 태도를 취한다.

(2) 사랑의 의미

'사랑한다'는 말은 우리가 일상적으로 경험하듯이 어떤 대상에 전인격적으로 참여하는 것을 말한다. 즉, 우리가 어떤 대상을 진정 사랑한다는 것은 그 대상에 몰입되어 버리는 것을 의미한다. 따라서 철학자는 우리가 가지고 있고 또 앞으로도 계속 산출해 낼 수많은 지식들을 어떻게 하면 인간의 행복과 복리를 증진시키는 데 활용할 수 있을 것인가 하는 문제에 몰입하여 전인격적으로 관심을 기울이게 된다.

(3) 비판적 태도

철학자는 비판적 태도를 가져야 한다. 철학의 정신은 비판 정신에 있다. 그러나 비판이란 부정하기 위한 것, 잘못을 지적한다는 것, 반대를 위한 반대를 의미하는 것은 아니다. 그것은 좀더 확실한 것을 얻기 위해서 모든 것에 대해 **의심해 보는 태도**를 갖는 지적인 작업 중의 하나이다. 따라서 철학하는 일은 우리들이 받아들인 신념과 의견을 아무런 의심 없이 당연한 것으로 받아들이는 것이 아니라, 이를 비판적 태도를 가지고 분석해 보고 검토하는 데서 시작된다. 이에 **소크라테스**(Socrates)는 "검토하지 않은 삶은 살 가치가 없다"고 설파했다.

철학은 이와같이 의심의 태도를 가지고 지금까지 당연시되어 오던 것들에 대해 질문을 던지는 태도를 취한다. 그러나 그러한 질문의 내용은 특정 부문에 대한 질문이 아니고 전체적인 성격, 근본적인 성격을 갖는 질문의 성격을 지닌다.

(4) 초월적이고 근본적인 사고

철학은 또한 초월적이고 근본적인 생각에 기초하고 있다. **초월적**이라 함은 어떤 대상을 전체를 볼 수 있는 위치에 서서 넓고 전체적인 안목에서 관찰함을 의미하고,[3] **근본적**이라 함은 어떤 현상에 깊숙이 파고 들어가서 그 근원 혹은 본질을 찾으려는 태도를 의미한다. 예컨대 "우주의 근원이 물이다"라고 주장하는 **탈레스**(Thales)의 견해나, **헤겔**(Georg W. F. Hegel)의 '절대정신'과 같은 것이 그것이다.

2) 행정철학의 개념

지금까지의 철학 일반에 관한 논의를 종합해 볼 때, 철학은 초월적이고

---

3) 이러한 태도를 철학에서는 일명 '**아르키메데스 거점**(Archimedian point)'이라고도 부른다. 이는 지구 바깥에 위치하고 있으면서 커다란 지렛대를 이용하여 지구 전체를 움직일 수 있는 점이라는 뜻이다.

근본적인 관점에서, 비판적 태도를 가지고, 인간의 행복이나 복지 증진과 관련된 가치 문제에 관해 몰두하는 학문이라고 정의할 수 있다.

철학 일반의 개념을 이와같이 이해하고, 이를 행정과 관련시켜 행정철학의 개념을 정의하면, 행정철학은 행정을 연구 대상으로 하여, 행정과 관련된 단편적 지식에 관심을 두기보다는 거시적이고 전체적인 안목에서, 비판적 태도를 가지고, 행정활동 전반을 바라보면서, 행정의 본질 및 행정의 궁극 목적을 비롯해 행정 과정 전반에 걸쳐 필요로 하는 바람직한 가치와 이의 실천 방안을 연구하기 위한 실천철학이라고 정의할 수 있다.

3 행정철학의 연구 대상

앞서 논의된 철학 일반의 개념을 통해서도 알 수 있는 바와 같이, 전통적으로 철학에서의 중심 연구 대상은 **존재론**(ontology) 또는 **형이상학**(metaphysics)과 **인식론**(epistemplogy) 및 **가치론**(axiology)이다. 호지킨슨도 행정과 관련된 철학의 의미를 학술적 의미(academic sense)의 철학, 고전적 의미(classical sense)의 철학 및 실천적 의미(practical sense)의 철학으로 나누어 설명하고, 학술적 의미의 철학을 존재론·인식론 및 가치론으로 나누어 설명하고 있다(Hodgkinson, 1983: 4-8).

1) 존재론(혹은 형이상학)

존재론 또는 형이상학은 실체(reality)혹은 존재(being)의 본질을 다룬다. 다시 말하면, 존재론은 어떤 현상 뒤에 존재하는 본질적인 것, 근본적인 것을 탐구한다. 따라서 이를 행정철학과 관련시켜 보면, 행정철학의 존재론적 차원은 곧 행정 현상 뒤에 존재하면서 행정 현상을 가능케 하는 행정의 본질적 성격의 문제를 다루는 차원이라고 이야기할 수 있을 것이다.

이 책의 제2장에서는 이러한 행정철학에서의 존재론적 차원에 입각하여 행정철학의 연구 대상으로서의 행정의 본질에 관한 논의를 행하게 될 것이다. 또한 제3장에서는 행정활동이 정당화되는 근거가 무엇인가에 대한 논의를 통해, 그리고 제4장에서는 정부의 실패와 이에 따른 행정의 한계점 및 정부의 실패를 치유하기 위한 새로운 행정 패러다임에 대한 논의를 통해 행정의 본질을 더 깊이 이해하는 데 도움을 주게 될 것이다.

2) 인식론

인식론에서의 인식은 **지식**이란 말과 같다. 따라서 인식론은 '**지식에 대한 학문**'으로서, 지식이 자신을 반성하는 학문이라고 할 수 있다. 인식론에서는 '어떻게 지식을 알 수 있는가?' 또는 '무엇이 진정한 지식, 즉 진리인가?' 등의 문제에 관심을 둔다. 행정철학에서 인식론적 차원과 관련된 연구 대상은 다음과 같다.

행정학에서는 행정 현실에 대한 인식론적 태도와 방법론으로 **행태론적 방법론**(behavioral methodology)이 주류를 이루어 왔다. 행태론적 방법론은 논리실증주의(logical positivism)의 영향을 받아 자연과학에서의 엄격한 경험적 방법을 정치 및 사회 현상을 연구하는 데 이용할 것을 주장하고, 이를 위해 가치와 사실을 분리하고 연구 대상을 사실의 측면에 국한시켜야 한다고 주장한다.

논리실증주의는 지식의 체계가 언어(language)[4]로 구성되어 있다는 점에 착안하여 학문에서 사용되는 언어에 대한 논리적 분석을 통해 참된 지식의 체계란 어떠한 것인가를 확립하고자 했다. 인간은 다른 동물과 달리 언어를 통해 서로의 생각과 감정 등의 의견을 표시하고 주장하는 등 인간의 생활은 언어 없이 이루어질 수 없다. 언어가 수행하는 이러한 모든 역할은 언어가 가지고 있는 **의미**(meaning) 때문에 가능한 것이다. 그리하여 논리실증주의자들은 언어로 구성된 어떤 명제[5]가 참 명제인지 거짓 명제인지를 알기 위해서는 그 명제를 통해 주장하려고 하는 의미를 알 수 있어야 하는데, 명제들 중에는 그 의미를 알 수 있는 '**유의미한 명제**'가 있는가 하

---

4) 여기에서 말하는 '언어'란 음성 또는 문자를 통해 사상, 감정을 표현하는 일종의 사회적 활동을 의미한다. 따라서 이는 음성언어뿐만 아니라 문자언어까지를 내포하는 개념이다.

5) 명제(proposition) 혹은 언명(statement)이라 함은 두 가지 이상의 개념들 간의 상호관계에 대한 진술을 의미한다. 예컨대 "A가 증대되면 증대될수록 B가 증대된다"라는 진술은 A라는 개념과 B라는 개념 간의 관계를 나타내는 명제이다.

면 그 의미를 알 수 없는 '**무의미한 명제**'가 있다는 것이다.

그렇다면 어떤 명제가 유의미한 명제인지 아닌지, 따라서 참된 지식이 될 수 있는지의 여부는 어떻게 알 수 있는가? 그들은 이를 판정하는 기준으로서 그 명제의 내용이 논리적으로나 경험적으로 검증될 수 있어야 한다고 한다.6) 그리하여 논리실증주의는 명제를 논리적으로나 경험적으로 그 진위 여부에 대한 판정이 가능한 **사실명제**와 불가능한 **가치(당위)명제**로 엄격히 구별하여 인식의 대상을 전자, 즉 사실명제에 국한시킨다. 결국 논리실증주의적인 인식론적 관점에 따르면 가치판단의 문제는 인식의 대상에서 제외되는 것이다.

행정철학에서의 인식론적 차원에서는 '가치(value)'에 대한 인식 가능성의 문제를 다룬다. 가치라는 것이 과연 행태주의자들의 주장과 같이 '인식이 불가능한 것인가?', '그렇지 않으면 가능한 것인가?', '가능하다면 그 논리적 근거는 무엇인가?' 등의 가치에 대한 인식론적 논쟁을 연구 대상으로 한다. 이에 대해서는 이 책 제5장을 통해 자세히 논의될 것이다.

이 책에서는 또한 제6장을 통해 행정 현실에 대한 인식론으로서의 행태론적 인식론의 전제와 그 특징을 밝히고 더 나아가 행정 연구에서 행태론적 방법론에 대해 비판하고 그 대안을 제시하고 있는 일련의 견해들－**해석학적 관점**과 **비판이론적 관점**에 입각한 견해들－을 '반실증주의'라는 이름으로 소개하고, 그 내용에 대해 논의하게 될 것이다.

3) 가치론

가치론(axiology) 또는 가치의 연구(study of value)는 인간이 다른 동물과 달리 향유하는 정신 생활 속에서의 심리적·의식적 작용에서 추구하는 이상이나 목적의 근저에 놓여 있는 가치 요소를 연구 대상으로 하는 철학

6) 예를 들면, "오각형의 내각의 합은 삼각형의 세 개의 내각의 합과 같다"는 명제는 논리적으로 그 진위 여부를 검증할 수 있기 때문에 유의미한 명제이고, "지구는 달보다 크다"는 명제는 경험적으로 검증이 가능하기 때문에 또한 유의미한 명제라는 것이다. 그러나 "사람은 약속을 지켜야 한다"는 윤리적 명제나, "이 꽃은 아름답다"라는 미학적 명제 등과 같이 가치판단이 내포된 명제는 그것의 진위 여부를 논리적으로나 경험적으로 검증할 수 없기 때문에 무의미한 명제이고 따라서 엄밀한 학문적 지식이 될 수 없다는 것이다.

의 한 분야이다.

행정가들이 행정을 수행하는 과정에서 가치를 창출하는 활동, 협동적 행위를 통해 가치를 실현하는 활동, 여러 가치들 간의 갈등을 해소하거나, 가치에 관한 토론 등을 행하는 활동 등은 행정가들이 일상적으로 매 시간마다 겪게 되는 경험의 한 부분이다. 그럼에도 불구하고 그 동안 가치와 행정 연구와의 상호 교류는 매우 빈약한 실정이었다. 이에 호지킨슨은 이들 두 분야 간의 상호 교류가 그토록 보잘것 없었다는 사실에 대해 그저 신기할 뿐이라고 말하고 있다(Hodgkinson, 1983: 5).

행정철학의 가치론적 차원에서는 행정가들이 매일매일의 행정에 관한 의사결정을 할 때 직면하게 되는 가치판단 과정에서 직면하게 되는 **가치판단의 바람직한 기준**에는 무엇이 있으며, 그 각각의 철학적 근원이 어디에 있는가의 문제를 다룬다. 이 책에서는 행정에 관한 의사결정 과정에서의 바람직한 가치판단 기준으로 **능률성**(혹은 **효율성**), **민주성**, **형평성** 및 **합법성**을 제시하고, 이들 각각의 철학적 근원 혹은 본질이 어디에 있는가를 논

〈표 1-1〉 행정철학의 연구 대상 및 이 책의 내용

행정철학 연구의 세 가지 차원	연구 대상	이 책의 내용
존재론적 차원	행정의 본질	• 행정의 본질적 특성(제2장) • 행정활동의 정당성의 근거(제3장) • 정부의 실패와 새로운 행정 패러다임(제4장)
인식론적 차원	행정학에서의 가치와 사실에 대한 인식론적 태도와 방법	• 가치의 본질과 인식 가능성 및 유형(제5장) • 행정학에서의 표준과학관과 반실증주의 논쟁(제6장)
가치론적 차원	행정에서의 가치판단 기준	• 공리주의원리와 가치판단 기준으로서의 능률성(제7장) • 롤스의 공정으로서의 정의관과 가치판단 기준으로서의 형평성(제8장) • 법치행정과 가치판단 기준으로서의 합법성(제9장) • 정치적 합리성과 행정의 민주성(제10장) • 공익이론과 가치판단 기준(제11장) • 동양의 행정철학(제12장)

의하게 될 것이다. 그리하여 제7장에서는 능률성의 철학적 근원으로서의 공리주의 원리를, 제8장에서는 롤스의 정의론을 통해 형평성(사회 정의)의 구체적 내용을, 제9장에서는 합법성의 본질이 되는 법치행정의 원리를, 제10장에서는 민주성의 본질이 되는 정치적 합리성의 확보 방안 등을 각각 살펴보게 될 것이다. 더 나아가 제11장에서는 행정의 궁극적 목적 가치로서의 공익에 관해 지금까지 논의된 내용들을 체계적으로 정리해 보고, 마지막으로 제12장에서는 동양에서의 정치 및 행정철학으로서의 맹자와 공자의 유교사상 및 다산 정약용의 행정철학의 주요 내용을 살펴보게 될 것이다.

이제 행정철학의 개념 및 연구 대상에 대한 지금까지의 기술을 정리하고, 이 책에서 논하고자 하는 내용들을 열거해 보면 앞의 <표 1-1>과 같다.

제 2 절 행정윤리와 행정철학

윤리는 사람이 살아가면서 어떤 행위가 바람직하며 어떤 행위가 바람직하지 않은가, 혹은 어떤 행위를 해야 하고 어떤 행위를 하지 말아야 하는가 등을 규정하는 인간 행위에 대한 규범이다(윤병태, 1996: 3). 윤리는, 예를 들면, "은혜를 갚아야 한다", "부모에게 효도해야 한다" 등과 같이 일종의 명령 형식의 규범을 그 내용으로 하기도 하고, "돈보다 명예가 더 중요하다"든가 "관대한 사람이 좋은 사람이다" 등과 같이 가치관으로 이루어진 규범을 그 내용으로 하기도 한다. 따라서 윤리는 인간 사회에서 옳고 그른 것을 가리는 규범적·당위적 행위 기준으로서의 기능을 한다. 이와같이 윤리는 인간이 이성에 기초해서 마땅히 해야 할 바나 하지 말아야 할 바를 지시하기 때문에 **당위적**이며, 인간 생활의 가치 추구를 내포하는 것이기 때문에 **가치적**이다. 그리고 무엇이 바람직한 행동인가를 규정하고 있기 때문에 **규범적**인 성격을 지닌다(오석홍, 1982: 37).

윤리(ethics)라는 용어는 그 어원상 **관습**이나 **습속**을 의미한다. 따라서 윤리란 그 사회의 철학적·종교적 전통과 문화에서 연유되어 오랜 동안 습관적·관례적으로 행해져 오는 인간 행위에 관한 규범적·당위적 기준을 의미한다.7) 이와 같은 윤리의 개념 속에는 두 가지의 의미가 그 속에 내포되어 있다. 그것은 첫째, 윤리란 한 사회에서 규칙적이고 반복적으로 행해져 온 전통과 관습(customs) 속에 내재하고 있으며, 둘째 한 사회에서 규칙적·반복적으로 행해져온 전통과 관습이라고 해서 그것이 모두 윤리의 내용이 되는 것이 아니고, 그러한 전통과 관습 가운데 옳은 것으로 인정되어 온 것이어야 한다는 점이다(Taylor, 1975/김영진 역, 1985: 236).

윤리는 특정 상황에서 행해야 하거나, 행하지 말아야 할 행동을 **구체적**으로 규정하는 것을 그 내용으로 한다. **행정윤리**는 따라서 행정의 역할을 수행하거나 행정 목표를 설정하는 등의 행정과 관련된 모든 행동이 준거해야 할 규범적·당위적인 행동 규범으로서, 행정이 행해야 할 바를 적극적으로 규정하거나, 행하지 말아야 할 것(예를 들면, 부정부패의 금지) 등을 규정하는 것을 그 내용으로 한다. 그러므로 행정윤리의 개념은 소극적인 측면에서 행정 활동과 관련하여 하지 말아야 할 것을 규정하는 것뿐만 아니라, 적극적으로 행정의 가치를 향상시키기 위해 행해져야 할 구체적인 행위 규범을 그 속에 포함한다.

행정철학이나 행정윤리는 모두가 **가치 함축적**인 개념이라는 점에서 공통성을 갖는다. 그러나 행정철학은 행정윤리가 행정활동과 관련된 적극적·소극적 **행위 규범**을 구체적으로 제시하는 데 초점을 두고 있는 것과 달리, 이들 행위 규범들이 공통적으로 기초하고 있는 **가치**(value)라는 더 큰 차원에 관심을 두고 가치의 본질, 가치의 인식 가능성 여부 및 행정윤리에서 제시되는 당위적·규범적 행동 기준을 포함한 전반적·보편적인 가치판단 기준과 그 근거 그리고 이의 실천 방안 등에 관심을 갖는 학문 분야이다.

요컨대, 행정윤리가 행정과 관련된 행정의 사명과 목표, 지향해야 할 가

7) 영어의 ethics, 독어의 Ethik, 불어의 ethique 등은 윤리 또는 윤리학의 의미로 쓰이며 이는 **아리스토텔레스**(Aristoteles)가 사용한 그리스어 ethos(관습 또는 품성)에서 유래되었다고 한다. 한편 중국의 『예기(禮記)』에 쓰인 한자어 '倫理'는 사람들 사이의 도리, 인정(人情)을 뜻하는 것이었다(최재희, 1981: 20).

치 등과 관련하여 행해야 할 바와 행하지 말아야 할 바를 구체적으로 제시하는 데 주로 관심을 두는 것이라면, 행정철학은 가치로서의 행정윤리가 기초하고 있는 가치론적·인식론적 차원과 실천 방안을 주로 다룬다는 점에서 상호 관련성을 갖는다고 할 수 있다.

제 3 절 행정철학 연구의 필요성

지금까지 행정학 분야에서는 다른 분야에 비해 행정철학에 대한 관심이 미약했던 것이 사실이다. 이제 그 원인을 살펴보고, 더 나아가 행정철학 연구의 필요성을 기술해 보면 다음과 같다.

(1) 행정학의 연구 대상으로서 가치의 중요성

행정학은 방법론적 측면에서 소위 과학주의를 행정학의 기본적인 방법론적 틀로 삼아, 행정학의 연구 목적을 경험적인 행정 현상에 내재하는 **법칙성** 내지 이론의 발견을 통해 행정 현상을 설명하고 예측하는 데 있다고 보는 것이 주류를 이루어 왔다.

행정학에서의 과학주의적 사고는 경험적 현상에서 발견되는 법칙·이론을 발견하기 위해, 행정 연구의 객관성(objectivity)·경험성(empiricism) 및 보편성(generality) 등을 중시함으로써, 방법론적 측면에서 가치(value)와 사실(fact)을 분리하고, 행정의 연구를 사실의 측면에 한정해야 한다고 주장하는 소위 '**가치-사실 이원론**(value-fact dichotomy)' 내지 **가치중립성**(value free) 원칙에 기초해 왔다.

가치중립성(혹은 몰가치성)의 원칙은 실증주의(positivism)의 영향에서 유래된 것으로, 이에 의하면, 가치란 기본적으로 개인적 선호(personal preference)나 신념(conviction)에 근거하고 있기 때문에 합리적 과학적 연구의 대상이 되지 않는다고 한다.

사이먼(Herbert A. Simon)에 의하면, 모든 결정은 목표의 선택에 관한 결정과 목표를 달성하는 데 적합한 행동에 관한 결정으로 구성되어 있는데,

전자의 결정은 가치판단의 문제에 속하고 후자의 결정은 사실판단의 문제에 속한다고 하면서 후자, 즉 사실판단의 문제가 과학적·실천적 지식을 이룬다고 보고 있다(Simon, 1976: 4-5).

학문적 성격상 행정학은 사회과학의 한 분야로서 좀더 바람직한 사회 상태와 행정질서의 실현을 목적으로, 현실 세계에서 가능한 행동 방안을 강구하여 이를 실현하려는 **실천 지향적 학문**에 속한다. 실천 지향적 연구를 위해서는 사실에 관한 정보뿐만 아니라, 어떤 행동이 바람직한가를 판단하는 데 이용될 수 있는 가치에 관한 정보를 필요로 한다.[8] 사회과학에서는 관심 없는 연구란 행해질 수 없으며 가치판단이 연구의 모든 것을 결정한다(Myrdal, 1972: 161-162).[9] 이제는 가치판단과 사실판단의 엄격한 구별, 사회·자연과학 이론의 몰가치성 내지 가치중립성이 무의미하다는 것이 점차 상식화되어 가고 있다. 가치판단은 선택을 의미하며, 선택은 비교상의 가치를 전제로 한다. 또한 비교상의 가치는 자연과학적 법칙이나 논리적 법칙으로 해결할 수 없는 서로 갈등을 일으키는 가치 혹은 가치 체계가 있음을 전제로 한다(Raphael, 1972/김용환 역, 1986: 4).

윤리학을 비롯해서 넓은 의미의 실천 철학은 구체적인 인간의 행위와 깊은 관련이 있는 문제들을 다루며, 이들은 불가피하게 가치의 등급이 정해져야 하는 것이다. 행정학도 예외는 아니다. 행정 현상은 늘 무질서하게 맞물려진 가치들을 포함하고 있으며, 행정적인 것들의 본질을 이해하는 데 가치판단을 하지 않고 연구한다는 것은 불가능하다. 따라서 행정철학의 역할과 기능은 점차 확대되고 있다.

이러한 의미에서 올바른 행정이란 과학과 기술을 뛰어 넘은 철학으로 체계지어진 것이어야 한다(Dimock, 1965: 1-6). 행정학에 관한 지식은 인간을 도구로 삼지 말고 목적으로 삼아야 할 것이며(김영종, 1986: 172), 따라서 바람직한 행정학의 방향은 행정 기술과 과학의 차원을 넘어 궁극적으로

8) 강신택(2002: 125)은 행정 자체가 실천적이기 때문에 규범적 측면과 경험적 측면을 포함하고 있을 뿐만 아니라 논리적인 측면까지를 함축하고 있다고 한다.

9) 김병섭(1994)은 행정연구의 수행과정에서 어떻게 가치가 개입되는지를 자세히 설명하고 있다.

는 인간의 존엄성 확보라는 목적에 도움이 되는 행정철학적 방향이 중요하게 된다. 즉, 행정학 연구에서 과학적·기술적 차원은 그것이 필요 조건은 될 수 있으나 충분 조건이 될 수는 없는 것이다.

(2) **행정의 정책결정 기능과 가치판단의 중요성**

제도적 차원에서 보면, 전통적인 삼권분립 제도 하에서는 행정이란 입법부에 의해 결정된 정책을 집행하는 기능, 즉 관리(management) 기능을 담당하는 것으로 보았다. **관리**란 조직 내에서 주어진 조직의 목표를 달성하기 위해 개인이나 집단과 더불어, 그들을 통해 일을 이루어 나가는 과정을 의미한다. 행정을 이와같이 주어진 목표를 달성하기 위한 관리라고 이해한 결과, 행정을 연구 대상으로 하는 행정학은 주어진 목표 가치를 **능률적**으로 달성하기 위한 **수단**으로서의 기술적 분석을 강조하는 경험 지향적·도구적 합리주의에 빠지게 되고, 이에 따라 어떤 목표와 가치가 추구되어야 하는가 등에 관한 행정철학적 차원에 대한 문제를 논의하기보다는, 수단의 능률성을 강조하는 기술을 일차적인 요소로 생각해 왔다.

그러나 오늘의 행정은 정책의 집행(관리)뿐만 아니라 정책결정의 영역에도 깊이 개입하게 되었고, 그럼으로써 정책결정 과정에서 존재하게 되는 여러 가지 복잡한 **가치판단**의 문제와 **정치성**의 문제를 연구 대상으로 하지 않을 수 없게 되었다. 다시 말하면, 정치·행정 일원론이 오늘날 행정을 보는 보편적 시각이 됨에 따라, 행정은 과거와 같이 단순히 주어진 목표의 능률적 달성이라는 단계를 넘어, 좀더 바람직한 목표의 설정과도 관련을 갖게 된 것이다.

행정에서 관리의 차원, 즉 어떻게 하면 주어진 목표를 제대로 실천에 옮길 수 있을 것인가의 문제는 중요한 요소임에 틀림없다. 그러나 더욱 중요한 것은 행정은 무엇을 행할 것이며, 그리고 왜 그것을 행정이 수행해야 하는가에 관한 것이며(Frederickson, 1997: 15), 행정철학은 이러한 문제들을 그 연구 대상으로 한다.

(3) **경제 성장 제일주의 과정에서의 행정 이념에 대한 재검토의 필요성**

우리나라의 경우 특히 1960년대와 70년대를 거치면서 국토의 분단에 따른 남북의 대치로 인한 안보제일주의와 급속한 경제 성장을 위한 경제 성장 제일주의가 중시되면서 행정의 효과성(effectiveness) 내지 능률성(efficiency) 이념만을 지나치게 강조해 왔고, 행정이 추구해야 하는 다른 이념들에 대한 관심이 부족했다.[10] 그 결과 국민총생산량의 증가라는 총량의 면에서는 어느 정도 성공을 거두었다고 할 수 있으나, 그로 인해 나타난 빈부 격차의 심화, 국민의 기본적 인권의 침해, 산업화 과정에서 나타난 여러 가지 복잡한 사회문제 등 행정을 통해 해결해야 할 수많은 과제들을 잉태하게 되었다.

이러한 문제들을 해결하기 위해서는, 행정철학적 차원에서 행정의 역할 기능에 대한 근본적 재검토가 필요하며, 행정학이 단순히 능률성이나 효과성이라는 가치에만 치중하지 않고, 민주성이나 형평성 등을 포함한 좀더 광범위한 가치들에 대한 연구 및 이의 적용 방안을 검토해야 할 것이다.

(4) 행정학적 지식이나 전문성 및 행정 권력의 바람직한 목적에의 이용

행정학이 철학적·윤리적 기초를 결여한 채 수단적 합리성에 치중하게 될 경우, 그것은 어떤 목적에도 봉사할 수 있는 결과가 되어 버린다. 이는 마치 자연과학의 지식이 인간으로 하여금 자연을 착취하고 황폐화시키는 결과를 낳거나 인류의 불행을 가져오는 데 잘못 이용될 수 있듯이, 바람직하지 못한 목적에 행정학의 지식이 이용될 수 있다는 의미이다.

오늘날 행정의 내용이 복잡해지고 따라서 전문성과 기술성을 요청하고 있다는 사실은 그 자체가 행정에 대한 커다란 위협 요인이 되고 있다, 그

---

10) 행정의 **효과성**(effectiveness)이란 행정이 내건 '목표의 달성도(degree of goal achievement)'를 의미한다. 따라서 행정의 효과성에서는 목표를 달성하기 위해 희생된 비용이나 가치에 대해서는 관심이 없고, 오직 내걸은 목표를 어느 정도나 달성했는가에 관심을 둔다. 즉, 어떠한 희생이 수반되었더라도 주어진 목표의 달성도가 높으면 효과성은 높은 것이 된다. 우리나라는 지난 1960년대와 70년대 주로 군부 엘리트들에 의해 행정부 주도에 의한 경제개발 5개년계획을 수차에 걸쳐 시행해 오면서, 계획에서 사전적으로 수립된 목표를 달성하기 위한 효과성에만 관심을 두고, 그러한 목표를 달성하기 위해 얼마나 많은 희생이 수반되었는지에 대해서는 상대적으로 무관심했다. 이러한 효과성은 어떠한 어려움이 있더라도 주어진 명령을 따라야 한다는 군대 문화적 소산으로서, 비록 단기적으로는 목표를 달성하는 데 공헌하는 등 긍정적 측면도 있었으나, 장기적 관점에서 수많은 병리적 현상을 야기한 원인이 되기도 했다.

이유는 전문적이고 기술적인 행정의 담당자들이 그것을 정의의 실현보다 정의롭지 못한 정치 권력을 정당화시키는 데 이용하거나, 부정부패의 수단으로 이용할 가능성이 많기 때문이다.

우리나라의 경우 과거 군사정권 하에서 행정이 정권의 관점에서, 정권을 위해, 정권의 지시에 따라 행해진 정권 예속 행정을 경험한 바 있고, 복잡한 수많은 행정규제를 빌미로 이를 부정부패의 수단으로 이용하고 있는 현상을 지금까지 경험해 오고 있다.

또한 행정 내용의 전문성과 기술성의 요청은 행정 담당자들의 재량권을 크게 확대시켜 왔다. 따라서 수많은 행정 문제를 해결하는 데 직면하는 근본 문제에 대해 행정 담당자들이 어떠한 철학적 신념과 태도를 가지고 임하느냐에 따라 그 결과가 적지 않게 달라질 수 있는 것이다. 그러므로 행정 담당자들로 하여금 무엇이 올바른 행정이고, 무엇이 부당한 행정이며, 이를 구별할 수 있는 판단 기준은 무엇인가 등등 행정철학적 차원의 지식을 익히고, 이를 내면화하여 실천에 옮길 수 있는 방안이 강구되어야 한다.

(5) 행정학 연구의 토착화 필요성

우리나라 행정학의 경우 그 동안 독자성을 갖지 못한 채 주로 미국 행정이론의 모방 시기를 거쳐 최근 소위 행정학의 토착화 요청과 함께 국내 행정 현상을 연구 대상으로 하여 이를 법칙화·이론화하려는 노력들이 행해지고 있으나, 돌이켜 볼 때, 우리나라의 행정 현상이 노출시키고 있는 비리와 병리·역기능들 그리고 우리 사회가 처하고 있는 위기의 대부분은 단지 과학성에 입각한 행정만으로 해결될 수 있는 성질의 것이 아니다. 이러한 문제들의 대부분은 기본적으로 가치 갈등과 관련되어 있고, 따라서 행정학에 철학적 조명을 가하는 것이 무엇보다도 시급한 과제인 것이다.

제 2 장 행정의 본질적 특성

행정학의 연구 대상인 행정(public administration)에 대해 그 본질적 특성을 밝히려는 것은 곧 "행정이란 무엇인가?"를 규정하는 행정의 개념을 정의하는 문제와 관련되며, 그것은 또한 행정학의 연구 범위를 규정하는 것과도 관련이 된다. 그 이유는 어떤 연구 대상이나 현상에 대해 개념을 정의한다는 것은 곧 그것이 무엇이며, 어떠한 성격을 갖는 것인가를 밝히는 것이 되는 바, 이는 곧 연구 대상에 대한 본질과 그 핵심적 성격을 밝히는 것이 되고, 이를 통해 그것에 대한 연구 범위를 규정하는 단초가 되기 때문이다.[1)]

행정학의 경우 이의 연구 대상이 되는 행정의 개념을 정의하려는 노력이 불행히도 다루기 힘든 분야임이 입증되고, 행정 실무가나 학자들로부터 합의를 얻지 못하고 있기 때문에, 행정학은 늘 '**정체성의 위기**(identity crisis)'라는 문제에서 벗어나지 못하고 있는 실정이다. 이는 곧 행정의 본질적 특성에 대한 합의가 제대로 이루어지지 못하고 있음을 나타내는 것이기도 하다.

행정은 일반적으로 이를 '**공행정**(公行政, public administration)'과 '**사행**

---

1) 어떤 것의 본질이란 어떤 것이 본래부터 가지고 있는 독자적 성질이나, 어떤 것이 현재 존재하고 있다는 사실에 대해 그것이 '무엇'이라고 하는 규정을 의미한다.

정(私行政, business administration)'으로 나누어, 전자를 '**행정**'이라 칭하고 후자를 '**경영**'이라 칭하고 있다. 우리가 논의하고자 하는 행정은 엄격히 말하면 공행정을 의미한다. 따라서 (공)행정은 본질적으로 공공성에 입각하여 공익을 추구하는 것을 목적으로 한다.

그런데 행정이 본질적으로 공익 추구를 목적으로 한다고 할 때, 이를 공익 추구를 위한 구체적인 정책의 결정과 이의 집행으로 나누어 생각할 수 있다. 혹자는 행정을 공익 추구를 위한 구체적인 목적으로서의 공공정책의 결정적 측면보다는, 단순히 공공정책을 집행하는 측면으로 보아 집행 기능에 국한시켜 행정의 본질을 파악하려 하는가 하면, 혹자는 행정의 본질을 고도의 합리성을 가진 협동적 인간 행동으로 파악하여 행정의 공공성 내지 정치성을 간과하기도 하며, 혹자는 행정의 본질을 목적이 아닌 수단으로, 실체가 아닌 과정으로 파악하여 능률성이나 효과성과 같은 가치를 추구하는 것으로 보기도 한다. 그런가 하면, 오늘날 행정국가 하에서의 행정이 정책결정 과정에서 실질적인 역할을 담당하고 있다는 점에 착안하여, 행정의 정책결정 기능과 이로부터 유래되는 정치성·공공성 등을 행정의 본질적 특성으로 제시하기도 한다. 이와같이 보편적으로 받아들여질 수 있는 행정의 본질적 특성에 대한 규명이 다양한 원인은 다음과 같이 설명할 수 있다.

첫째, 행정에 대한 기본적인 시각이나 초점을 어디에 두느냐에 따라 개념 정의를 달리할 수 있기 때문이다. 오석홍(1996: 15-21)은 그간 행정에 대한 개념 정의를 시도한 많은 학자들에 의해 제시되어 온 기본적 시각이나 관심의 초점으로 집행 기능과 수단성, 관리작용, 협동적 행동의 합리성과 능률성, 관료제에 의한 행정, 의사결정, 행정의 정치적·정책적 역할, 환경과의 연계, 행정인의 행태, 행정의 목표·고객지향성·민주행정 등을 제시했다.

둘째, 행정활동의 범위가 역사적 과정에서 변화되어 왔을 뿐만 아니라, 오늘날과 같이 행정이 시장과 시민사회 등 국민생활의 거의 모든 분야에 간섭하고 있는 것같이 보일 정도로 20세기 이래 행정의 기능이 급속히 증대된 데에도 주요한 원인이 있다고 할 수 있다. 오늘날에는 급격한 사회 변동을 겪으면서 실업·인플레이션·교통난·주택난·범죄·환경오염 등 수

많은 사회문제들이 대두되고 있고, 이의 해결을 주로 행정에 의존하고 있다. 이와같이 행정의 역할과 기능이 국가마다의 시대적 상황이나 역사적 · 사회적 · 정치적 · 경제적 특성과 상호 관련성을 갖기 때문에, 행정의 성격과 특성이 변화하는 것이고, 따라서 행정에 대한 개념 정의가 다양할 수밖에 없는 것이다.

지금까지 행정의 개념에 대해서는 이들 내용을 일일이 열거할 수 없을 정도로 다양하기 때문에 여기에서는 이들 개념 정의들을 모두 열거할 수는 없을 뿐더러, 그러할 필요성도 없다고 본다. 그러한 방식 대신 이들 수많은 행정의 개념들 속에서 발견되는 특성들을 중심으로 하여 행정의 본질을 설명해 보고자 한다.

인간들이 사회를 이루어 살아가는 사회에는 다양한 권력과 의무가 존재하고, 기회와 재화, 이익과 부담, 지위와 명예 · 특권 등이 존재한다. 이러한 것들을 흔히 '**사회적 가치**(social value)' 혹은 '**사회적 · 경제적 가치**'라고 부른다. 사회적 가치는 사회를 이루어 살아가는 사회구성원들이 모두가 원망(願望)하는 가치들(권력 · 기회 · 재화 · 이익 · 지위 · 명예 · 특권 등)이거나, 사회 유지를 위해 구성원 모두가 준수하거나 지켜야 할 가치(의무나 각종 부담 등)를 의미한다.

행정의 본질적 특성은 이러한 사회적 가치를 사회구성원들 사이에 **권위적으로 배분**하기 위한 **정책결정 과정**에 중점을 두는 **공공적 · 정치적 측면**과, 결정된 내용을 실천에 옮기기 위한 집행 과정에서의 인간의 합리적 협동 행위에 중점을 두는 관리적 · 기술적 측면으로 나누어 고찰할 수 있다.

행정은 그 기능을 수행하는 과정에서 사회적 가치의 배분에 변화를 초래한다. 따라서 인간의 이기심을 전제로 한다면, 사회 구성원들은 이들 사회적 가치들 중에서 원망(願望)의 가치들은 더 많이 향유하고, 의무나 부담과 같은 가치들에 대해서는 될 수 있는 한 이를 회피하기 위해, 이들 가치들의 배분을 권위적으로 결정하는 **정책결정** 과정에 영향을 미치려 할 것이다. 그러므로 행정은 정당이나 이익집단 · 여론 등의 정치적 압력이 크게 작용하는 가운데 구체적인 정치 · 행정적 환경 속에서 경합적 · 대립적 성격을 띤 다원적 가치가 조정되는 정책결정 과정과 관련된다는 점에서, 행정의

공공성 및 **공익 추구성·정치성·권력성** 및 **체제적 속성**을 그 본질적 특성으로 도출해 낼 수 있다.

다음으로, 행정은 정치 과정을 통해 결정된 정책이나 국가 목적을 **합리적·능률적**으로 실현하는 정부의 **집행 분야**로서, **관리적 성격**을 그 본질적 특성의 하나로 든다는 점에 대해서는 대부분 학자들의 견해가 일치하는 것 같다. 결론적으로 행정의 본질적 특성으로는 공공성에 기초한 **공익성·정치성·권력성·체제성·관리성** 등을 들 수 있는 바. 이 장에서는 이들 특성들을 중심으로 행정의 본질적 특성을 살펴보고자 한다.

제1절 행정의 공공성과 공익 추구적 성격

우리가 논의하고자 하는 행정은 엄격히 말하면 공행정(公行政, public administration)을 의미하는 것으로서, 그 궁극 목적이 공익(public interest)의 추구에 있다. 공익의 개념 속에는 공공(public)이라는 개념과 이익(interest)이라는 개념이 내재되어 있다. 따라서 공익의 의미를 제대로 파악하기 위해서는 공공의 개념에 대한 이해가 전제되어야 한다.

행정(public administration)의 개념 속에는 공공(public)의 개념과 행정(administration)의 개념이 복합적으로 내재되어 있다고 할 수 있다. 이에 프레데릭슨(H. George Frederickson)은 과거에 행정을 정부기관이 행하는 행정, 즉 정부와 국민과의 관계를 주체와 객체의 입장에 놓고, 행정이란 정부가 주체가 되어 객체적 입장에 있는 국민을 향해 행하는 행정, 곧 **정부행정**(government administration)을 의미하는 것으로 이해하는 데 대해 불만을 나타냈다. 그 대신 그는 공공행정(public adminstration)의 용어 속에 포함되어 있는 **공공**(public)의 의미에 중점을 둔 새로운 행정 개념을 제시하고 있다(Frederikson, 1997: chap. 1).

그간 우리는 공공 행정인이라 하면 이는 곧 공무원, 즉 정부의 고용인을 의미하는 것으로 간주해 왔다. 따라서 행정에 관한 제반 이론과 실제들은 이들 정부의 고용인들이 중앙정부나 도, 군 등의 정부기관에서 행하는 기능에 초점을 두어 왔다. 그러나 과연 이러한 실체들이나 범위들만이 행정의 연구 대상을 형성하는 것인가? 행정이 이들 특정 기관에서 행하는 기능 이상의 역할 혹은 이를 초월해서 행해야 할 역할은 없는 것인가? 등에 의문을 품고, 행정철학적 차원에서 이를 문제로 삼아 재검토해 볼 필요가 있는 것이다.

1 '공공'의 고전적 의미

공공(public)이란 용어는 본래 그리스어의 '*pubes*'에서 유래되었는데 이 의미 속에는 '육체적으로나 감정적으로 혹은 지적(知的)으로 **성숙**(maturity)**한 사람들**'이라는 의미와 함께 '자기 자신에 대한 이익의 관점에서 벗어나 다른 사람의 이익을 강조하는 사람들'이라는 의미가 내포되어 있다. 따라서 이 두 가지의 의미를 합쳐서 생각해 보면 그리스어의 관점에서 본 public의 의미 속에는 육체적 · 감정적 · 지적으로 성숙한 상태에서, 자기 자신과 다른 개인들과의 관계를 이해하고, 자신의 행위 결과가 다른 사람에게 미치는 영향을 이해하며, 다른 사람의 이익을 **배려**할 수 있는 능력이 있는 사람들이라는 의미가 내포되어 있다(Palmer, 1981: 18; Mathews, 1994).

공공의 두 번째 의미는 영어의 'common'의 의미와 그 유래어인 그리스어의 '*koinon*'이라는 용어에 기초하고 있다고 한다. 그런데 '*koinon*'이라는 용어는 다시 또 다른 그리스어인 '*komois*', 즉 '**배려**(care with)'라는 용어에서 유래된 것이라 한다. 따라서 공공의 의미 속에 포함되어 있는 이들 두 가지 용어의 의미, 즉 'common'의 의미와 'care with'의 의미는 두 용어 모두 다른 사람과의 관계성(relationships) 속에서 남을 배려한다는 의미를 나타내는 것들이다.

결론적으로, 첫째 의미인 성숙(maturity)한 사람들이라는 의미와, 둘째 의미인 다른 사람들과의 관계성 속에서의 배려(care with)의 의미를 합치면, public의 의미 속에는 육체적 · 감정적 · 지적으로 성숙한 수준에서, 다른 사람들과의 관계성 속에서 다른 사람들과 더불어, 자기 자신만의 이익만을 고려하는 것이 아니고, 다른 사람들의 이익을 또한 배려하고 돌보는 사람들이라는 의미가 함축되어 있다. 따라서 공공행정(public administration)이라 함은 정부행정(government administration)의 개념에서와 같이 행정의 주체로서의 정부가 행정의 객체인 국민을 상대로 하는 행정이 아니고, 이러한 특징을 가진 사람들, 즉 공공이 행하는 행정을 의미한다.

2 공공에 대한 관점과 공익

1) 공공의 의미에 대한 다양한 용례

프레데릭슨에 의하면, 공공에 대한 고전적 의미의 관점에서 현대 영어에서 쓰여지는 공공(public)의 용례를 볼 때, 그 본래의 의미가 일부는 지속되고 있는가 하면, 일부는 상실되었다고 한다. 우리는 '공공'하면 이를 한 사회 속의 모든 사람들, 즉 공중을 의미하는 것으로 이해하고 이를 공공의 의미와 구별하지 않는다. 예를 들면, 공립학교라 함은 모두에게 개방되고, 사람들이 상식적인 지식(common knowledge)을 얻는 장소로 간주된다. 공공언론은 공공도서관이 그러하듯이, 누구나 이용 가능하다는 의미로 이해되고 있다. 또한, 영어에서의 'pub(public house의 약형)'이라 함은, 전 공동체가 집합하는 장소를 의미해 왔다. 그리고 '공인(public figure)'이라는 말도 그의 책임성 및 그에 따른 생활이 모든 사람들에게 드러내 보여지는 사람을 기술하는 데 사용되고 있다.

그런가 하면, 공공을 **정치**(politics)나 **정부**(government)와 동의어로 취급해 버리기도 한다. 우리는 정치와 정부를 연구하고 이를 실천하고 있지만, 매튜스(D. Mathews)가 밝혔듯이, 공공의 개념을 '하나의 독립된 관념'으로 취급하려 하지 않는 것 같다. 그에 따르면, 공공이라는 용어를 정치적 · 행정적 수사로서 흔히 사용하면서도, 그 구체적인 의미에 대해서는 너무 막연하고 모호해서 유용성이 없는 것으로 간주되어 왔다는 것이다

(Mathews, 1984: 122-123). 또한 공공은 일부 사람들에게는 개인주의에 대한 도전의 의미를 내포하고 있는가 하면, 일부에게는 사기업의 반대 개념으로, 또 어떤 사람들에게는 집합주의(collectivism)를 내포하고 있는 것으로 이해되고 있기도 하다. 심지어 많은 사람들에게 공공이라는 말은 사소하고 통상적이며, **일반 서민**이나 **대중**들을 의미하는 것으로 본다. 그리고 공공이 다른 용어와 연결될 때 – 예를 들면, 공공재(public good) 혹은 공익(public interest) 등 – 그것은 흔히 너무 이상적이고 낭만적이어서 실용성이 없거나 쓸모없는 것으로 보이기도 한다.

2) 공공에 대한 다섯 가지 관점

프레데릭슨(Frederickson, 1997: 31-51)은 사회과학자들이 보는 공공에 대한 관점을 다섯 가지로 나누어, 각 관점에서 보는 공공의 개념을 설명하고 있다. 그가 말하는 공공에 대한 다섯 가지 관점이란 이익집단으로서의 공공(다원주의적 관점), 합리적 선택자로서의 공공(공공선택적 관점), 대의제로서의 공공(입법적 관점), 고객으로서의 공공(서비스 제공적 관점), 시민으로서의 공공을 말한다. 공익이란 이들 다섯 가지 각각의 관점에서 보는 공공의 이익을 의미한다고 본다. 따라서 공익 개념은 공공의 개념을 어떻게 이해하느냐에 따라 달라질 수 있는 것이다.

(1) 이익집단으로서의 공공(다원주의적 관점)

공공에 대한 다원주의적 관점에 따르면 공공(the public)은 이익집단 간 상호 작용에서 그 실체가 명백히 나타나며, 집단 상호 작용의 순(純)결과가 공익(public interest)이 된다고 본다(Flathman, 1966; Schubert, 1960).[2]

---

2) 정책결정을 바라보는 시각 가운데 **권력모형**(power model)에 따르면, 정책결정은 정치적 자원 또는 권력을 많이 소유한 참여자의 의도대로 그 내용이 결정된다고 본다. **정치적 자원**(political resource)이란 정치적인 권력의 크기를 좌우하는 요소로서, 예를 들면, 공식적인 지위나 제도상의 힘, 여론 동원 능력, 경제력, 사회적 명성이나 전문성, 구성원의 수, 구성원들 간의 응집력 등을 들 수 있다. 현실의 정책결정 과정에서의 참여자나 집단들은 이들 정치적 자원을 될 수 있는 한 총동원하여 그들의 이익이 정책결정 과정에서 최대한 많이 반영되도록 하기 위해 여러 가지 전략을 사용하게 된다.

권력모형과 관련한 정책결정 모형 가운데 대표적인 모형으로 들 수 있는 것이 **엘리트**

그러나 다원주의 혹은 이익집단이론이 공공을 제대로 대표하느냐에 대해서는 부정적 견해가 더 많다. 이러한 부정적인 견해에는 여러 가지가 있으나, 많은 시민들의 선호·태도 및 욕구들은 이익집단을 통해서는 제대로 표현될 수 없다는 사실이 점차 명백해지고 있다. 이러한 점은 경제적으로나 사회적으로 소외되어 그들의 선호가 거의 효과적으로 표현되지 않는 사람들에게는 더욱 그러하다.

(2) 합리적 선택자로서의 공공(공공선택적 관점)

공공선택적 관점, 즉 합리적 선택자로서의 공공 개념은 **공공의 실체를 부정**하고, 개인주의에 근거한 것으로서 벤담(Jeremy Bentham)이 이를 가장 잘 표현하고 있다.

> "공동체(community)란 그 구성원으로 간주되는 개개인들로 구성된 **허구적 실체**이다. 그렇다면 그 공동체에서의 이익(즉 공익)은 무엇인가? 그것은 공동체를 구성하는 개개 구성원들의 이익의 합이다"(Bentham, 1948: 3).

공리주의(utilitarianism)로 널리 알려진 이 견해는 개인을 그의 이익·쾌락 및 행복을 추구하는 데 관심을 기울이고, 더 높은 차원의 윤리나 공동체의 가치 등에는 특별한 관심을 기울이지 않는 존재로 본다. 이러한 개인주의의 가정은 공공을 마치 시장에서 기능하는 소비자와 같이 보는 것이다. 간단히 말하면, 이러한 가정은 **시장 경제학 원리**를 공공 부문에 적용하는 것이다. 경제학자들의 1차적인 방법론적 가정은, 공공활동은 각각의 이해(利害)가 전형적으로 다른 동기화된 개인들의 행동으로 이해되어야 한다는

이론(elite theory) 모형과 **다원주의론**(pluralism) 모형이다. 엘리트 이론은 정치적 자원이 사회를 지배하는 지배 계급(엘리트 계급)에게 집중되어 있어, 이들에 의해 국가의 정책결정이 좌우되며, 따라서 그들의 이해관계가 정책결정에 주로 반영되게 된다고 본다. 한편 다원주의론에 따르면 정치적 자원이 소수의 지배 집단에 집중되어 있는 것이 아니고, 사회의 여러 이익집단들 사이에 분산되어 있으며, 따라서 정책결정 과정에서 이해관계가 있는 집단들은 동일한 정도의 정치 권력을 가지고 정책결정에 영향을 미친다고 본다. 그 결과 정책결정은 이들 이해관계를 갖는 집단들 간의 **협상**과 **타협**의 결과에 따라 그 내용이 형성된다고 보는 견해이다.

것이다. 각 개인은 그 자신의 이익을 추구하는 합리적인 계산자라고 보는 것이다. 정부나 사회 질서는 단순히 자유로운 개개인의 선택이 행해질 수 있도록 안정된 환경 내지 여건을 제공해 준다는 것이다.

뷰캐넌(J. M. Buchanan)과 털럭(G. Tullock)은 시장모형의 경제학과 개인주의적 가정을 미국 정치 체제의 기능에 적용했다. 그들의 주된 관심은 국민 개개인이 자기 이익의 추구를 하나의 기본적인 필수 요건으로 추구하도록 할 수 있는 민주적인 정부를 어떻게 조직하느냐 하는 것이다(Buchanan & Tullock, 1962).

공공에 대한 공공선택적 관점 역시 많은 비판을 받는다. 다원주의적 관점과 같이 공공선택적 관점 역시 사회에서 덜 혜택받은 사람들에 대해서는 그렇게 관심을 두지 않는다. 사람은 그가 만약 사고 팔 자원이 있으면 시장에서 기능할 수 있지만, 자원이 없으면 시장은 특권층에게 맡겨져 버린다. 따라서 공공선택적 관점은 명백히 **엘리트주의자**들의 관점과 상통한다. 만약 자원이 있으면 그는 공공선택을 할 수 있어 교외로 이사를 해서 높은 범죄를 피할 수 있다. 그러나 만약 자원이 없으면 이러한 선택은 불가능하다.

(3) 대의제로서의 공공(입법적 관점)

대의제로서의 공공의 관점은 대부분의 경우 오늘날 민주정부가 직접 민주주의가 아닌 **대의 제도**(representative system)를 채택하고 있다는 점에 착안한 공공 개념이다. 공공은 연방 의회에, 주 입법부에, 시 의회에 그리고 학교의 경우 학교의 이사회에 그들을 대표하여 일할 수 있는 권한을 맡긴다. 따라서 입법적 관점에서의 공공의 실체는 이들 각각의 기관의 대의원들이다. 이들 선출된 대의원들은 공공을 직접적으로 대표하기 때문에 행정에 관해서 가장 정당한 주장을 할 수 있으며, 행정가들은 이들 대의원으로서의 입법자들이 제정한 법에 기초해서 설치되는 행정기관들을 운영하고, 이들이 통과시킨 법에 따라서 법을 집행할 것으로 기대된다.

그런데 행정의 실제에서는 행정가들에게 입법을 행할 수 있는 광범위한 재량권을 부여하고 있고(예를 들면, 행정부에서 제정되는 행정입법 등), 법령들은 흔히 막연하고 모호하며 불완전하고 모순된다. 그리고 이들 대의원들은 현존하는 법령이나 입법 의도가 있음에도 불구하고, 공무원들이 그들의 개인적이고 사적인 정책 선호에 따라 주기를 기대한다. 다시 말하면, 대의원들은 공공의 이익을 대표할 **공적 의무**를 가지고 있으면서도, 그들 나름대로의 **사적 이익**을 또한 가지고 있으면서, 그러한 사적 이익을 추구하고자 하는 것이다. 따라서 이 관점이 공공을 제대로 대표하고 있는가에 대해서는 문제가 있다. 그러므로 행정에서의 공공에 대한 대의제적 관점은 필요하기는 하지만, 충분하지는 않다고 말할 수 있다.[3]

(4) 고객으로서의 공공(서비스 제공적 관점)

고객으로서의 공공의 개념에서 고객이란 일선 관료들(street-level bureaucrats)에 의해 서비스를 제공받는 개인들이나 집단들을 의미한다. 예를 들면, 학생들은 교사나 카운슬러 · 교장 · 이사회 등의 고객이고, 범죄의 희생자들(범죄를 저지른 자뿐만 아니라)은 경찰의 고객이며, 그리고 환자들이나 장애자들은 공중보건기관에 있는 광범위한 의료전문가들의 고객이 된다. 결국 모든 시민은 한번쯤은 정부의 고객이 된다고 볼 수 있다. 우리 모두는 국세청의 고객이다.

각 분야의 고객들은 그들에게 봉사하는 수많은 공무원들에게는 분명히 공공을 형성한다. 비록 이러한 공공은 상호간에 단절되어 있고, 연결되어 있지도 않고, 조직화되어 있지도 않지만, 그것은 아마도 이익집단이 일반 공공을 대표하는 것보다 더 많이 일반 공공을 대표할 것이다. 그러나 고객으로서의 공공에 관한 관점 또한 공공의 개념을 대표하기에는 약한 면이 있다. 사실상, 일선 관료들은 하나의 이익집단으로서 고객들보다 더 잘 조직화되어 있고, 그들의 이익을 정치 과정을 통해 관철시켜 혜택을 얻어낸다. 즉, 정치 과정에서 일부 일선 관료들의 경우에는 그들의 고객들을 위한다는 명분으로 실제로는 고객들의 이익이 아닌 그들의 이득을 획득하는 경우가 많다. 따라서 다원주의 모형에서처럼 여기에서도 자기 이익이 만연하게 되며, 그것은 반드시 공공으로서의 고객을 위한 것이 아니라, 공공(즉

3) 대의제(representative system)의 한계점에 대해서는 이 책 제4장 제2절 '대의제 정부가 내포하고 있는 문제점'을 참조할 것.

고객)을 위해 봉사하기로 되어 있는 사람들(예: 일선 관료들)의 이익이 될 수 있는 것이다.

(5) 시민으로서의 공공

프레데릭슨은 시민으로서의 공공(public as citizenship) 개념을 제시하고, 공공행정에서의 공공 개념을 이에 의거하여 해석할 것을 주창하고 있다. **시민**(citizenship)이라는 개념은 현대 행정 분야와 밀접히 연결되어 있다. 개혁의 시대에는 교육되고 실적에 의해 선출된 공무원을 요청하는가 하면, 또한 공공 문제에 대해 일반적으로 적극적이고 헌법을 알 수 있는 지식 있는 시민을 필요로 한다. 이러한 의미의 시민을 공공의 실체로 보는 시민으로서의 공공의 관점에서는, 공공은 개별적인 자기 이익을 추구할 뿐만 아니라 자기 이익을 초월한 공익도 추구하게 될 것이다. 시민으로서의 공공 개념은 결국 **고전적 의미의 공공 개념**에 충실한 개념이라고 할 수 있다.

행정에 대한 초창기 개념에서는 시민들이 공공이었다(Frederickson & Chandler, 1984: 44). 이러한 사고는 시기적으로는 정부의 급속한 성장, 이익집단론의 발전이나 다원주의나 공공선택론과 같은 이론에 앞선다. 그러나 1930년대에 이르러 행정은 시민을 강조하던 사고에서 벗어나 거의 전적으로 행정을 쟁점 중심으로 연구하기 시작했다. 1960년대 후반에는 다시 행정에서 공공에 대한 관심을 갖기 시작했지만, 그때까지도 다원주의와 공공선택이론들이 공공에 대한 지배적인 관점이었다. 따라서 시민의 개념은 특히 미국 대학의 유명한 학자들 사이에 별로 흥미를 끌지 못했다.

시민 개념의 진실한 부활은 미국의 도시들에서 일어나고 있었다. 도시 내 정책결정에서의 시민참여 모형은 연방정부에 의해 지지를 받게 되었다. 또한 일부 정부 서비스에 시민통제 방식을 실험적으로 도입하기도 했다. 그 후 1980년대 중반에 이르러 시민참여가 수많은 정책 분야에서 의사결정의 보편적 방법을 수정하기에 이르렀다고 결론지었다. 권력의 지위에 있는 사람들은 마지못해 시민집단에게 양보를 한 반면, 그 때에 얻은 소득은 기대 이상의 것이었다(Ventriss, 1984: 3-11).

이러한 경향에 발맞추어 행정학계에서는 시민에 대해 새로운 관심을 나타내기 시작했다. 행정학의 초창기에 그러했던 것처럼 그러한 관심은 **정보에 밝고**(informed), **적극적이며**, **강력한 시민**이 행정가·입법자 및 이익집단과 함께 정책 과정에 참여할 것을 촉구하고 있다. 일반적으로 행정에서 시민에 대한 관점의 현대적 전개는, 정력적인 시민은 효과적인 행정과 양립할 수 있다는 점을 가정하고 있다. 사실, 시민에 관한 연구자들은 정보에 밝고 적극적인 시민이 효과적인 정부행정에 필수적이라고 주장하고 있다 (Frederickson & Chandler, 1984).

요컨대, 프레데릭슨은 현대 행정의 개념을 '정부행정'이 아닌 '**공공행정**'으로 보고 여기에서의 공공의 관점을 일정한 자격과 능력을 갖춘 **시민**의 관점에서 정의할 것 제안하고 있다. 이리하여 시민을 행정에 관한 결정 및 집행에 **참여**시키는 것이 효과적인 행정 수행에 도움이 되고, 그것이 곧 공공행정을 수행하는 것이라는 점을 강조하고 있는 것이다. 특히, 오늘날 행정에 적극적으로 참여하고 있는 수많은 NGO(Non Governmental Organization)들의 활동을 보면, 그들 구성원들은 프레데릭슨이 말하는 바, 시민의 개념에 포함되는 사람들이라고 할 수 있고, 이들이 행정에의 참여를 통해서 정부와 공동으로 정책을 결정하고 공동으로 이를 집행해야 할 필요성을 21세기 행정은 요청하고 있다. 이와같이 시민으로서의 행정의 관점에서 행정에 대한 새로운 패러다임으로 제시되고 있는 것이 **뉴 거버넌스**(new governance)에서의 행정 개념이다.

1980년대 이후 신자유주의 이념과 더불어 '작고 효율적인 정부'를 지향하면서 행정의 효율성만이 지나치게 강조되고, 따라서 행정 연구에서 경제학적 시장 원리 및 경영학적 관리기법의 도입이 강조되고 있는 관리 지향적 연구가 대세를 이루고 있다. 이른바 **신공공관리론**적 사고가 그것이다. 이러한 결과 행정에서의 공공성에 대한 연구는 배제되는 경향에 있다. 그러나 행정의 궁극 목적이 공익을 더 많이 추구하는 데 있음을 전제한다면, 공공성을 내포하지 않은 행정은 이윤 추구를 목적으로 하는 경영과 구별될 수 있는 기본 전제를 상실하는 것이며, 따라서 오늘날 행정의 위기는 그것이 관리의 위기 측면보다는 **공공성의 위기**라는 측면에서 좀더 근본적인 원인을 찾아보아야 할 것이다.

뉴 거버넌스 개념은 신공공관리론이 시장 메커니즘에 기초하여 **경쟁과 고객주의**를 강조하고 있는 데 반해, 시민으로서의 공공 및 **참여**와 **협력**을 강조하는 **공동체주의**에 기초하고 있다는 점에서 근본적으로 상호 구별되는 개념이라고 할 수 있다.

제 2 절 행정의 관리적 성격

1 현대 행정학의 출현과 행정의 관리적 성격

행정과 경영의 공통점은 양자 모두 거대 조직의 목표를 달성하기 위한 관리적 성격을 가지고 있다는 데 있다. 관리(management)란 조직의 주어진 목표를 달성하기 위해 조직 내의 개인이나 집단과 더불어, 그리고 그들 개인이나 집단을 통해 일을 집행해 나가는 과정을 의미한다. 따라서 관리는 정부기관뿐만 아니라 기업이나 병원, 교육기관은 물론 가정에서도 행해진다고 할 수 있다.

현대 행정학이 19세기 말 윌슨(Woodrow Wilson)의 논문 「**행정의 연구**(The Study of Administration)」(1887)에서 출발했다고 본다면 행정학은 학문으로서의 출발 시부터 행정의 경영 내지 관리적 성격을 강조해 왔다고 볼 수 있다.

19세기 말엽의 미국은 남북전쟁 이후 과거의 농업사회를 벗어나 산업화가 급속히 진전되던 시기였다. 도시화로 인한 상하수도 건설, 도로 건설, 도시 교통 및 대륙 횡단철도 건설 등 공공사업의 폭발적 증가는 결국 이의 시행을 담당하는 행정활동의 증대를 초래하게 되었다. 따라서 이러한 행정활동을 **능률적**으로 **집행**할 수 있는 행정관료, 행정조직, 재무관리 등에 대한 연구의 필요성이 증대되었다.

한편, 행정의 이러한 도전에도 불구하고 미국은 **엽관주의**(獵官主義,

spoils system)[4] 인사 제도가 여전히 잔존하고 있어, 관리 분야에 전문성이 없는 관료가 행정을 담당하고 있었는가 하면, 정경 유착과 보스 중심의 정치적 부패 현상이 극심하게 나타나고 있었고 그것이 행정부패를 심화시키고 있었다. 결국, 당시의 행정환경이 행정의 활동 영역의 증대를 요청하고 있었고, 이에 따라 행정의 **능률적 집행**이 요청되고 있음에도 불구하고, 엽관주의로 인한 정치 · 행정의 부패가 이러한 요청에 가장 큰 장애 요인으로 작용하고 있었던 것이다. 이에 윌슨은 당시 엽관주의로 인한 행정의 비능률성과 부정부패를 일소하기 위해서는 정치와 행정의 일치를 특성으로 하는 엽관주의를 폐지하고, 따라서 행정에서의 정치적 요소를 제거함으로써 **행정**을 기본적으로 **경영**과 **동일한** 것으로 보아야 한다고 주장하게 되었다.

정치는 선거활동, 의회에 의한 입법활동 등으로서 정부활동에 관한 정책을 결정하는 것이라면, 행정은 이를 합리적 · 능률적으로 집행하는 사무의 **'관리'**라는 사회 기술적인 것으로 파악하게 된 것이다. 즉 정책결정은 정치 분야에서 정치인이 담당하고, 행정은 정치가가 아닌 기술자가 담당하여 정치적으로는 중립적인 입장에서 집행 기능, 즉 재화와 서비스를 제공하는 기능을 수행하는 것이라고 본 것이다.

이러한 **정치 · 행정 이원론**적 사고에 입각하여 윌슨은 그의 논문 「행정의 연구」에서 행정의 분야는 정치 영역 밖에 존재하는 **경영**(business)의 분야라고 했으며, **굿나우**(F. J. Goodnow)는 정부에는 정치 또는 국가의 의사의 표현을 다루는 정치와, 정책의 집행을 다루는 행정의 두 가지 기능이 있다고 지적했다(Goodnow, 1900). 한편, **화이트**(L. D. White)는 행정학 최초의 교과서로 인정받고 있는 『행정학입문(*Introduction to the Study of Public Administration*)』(1926)에서 정치는 행정에 간섭해서는 안 되며, 행정은 관리의 영역이라고 주장했다.

행정에 대한 이러한 시각은 미국뿐만 아니라 18~19세기 서구 제국의 공

4) 엽관주의란 선거전에서 승리한 정당이 공직 임명권을 장악하여 모든 공무원을 자기 정당 소속의 정당원으로 임명하는 인사 제도를 말한다. 따라서 엽관주의 제도 하에서 공무원의 신분은 자기가 소속하고 있는 정당이 선거전에서 승리하느냐의 여부에 따라 결정된다.

통적인 행정관이었다고 할 수 있다. 그 당시 서구 제국은 시민혁명 이후의 근대국가의 등장으로 대의민주주의(representative democracy)가 출현하게 됨으로써 행정의 합법성 내지 '법률에 의한 행정'이 강조되고 있었다.[5] 즉, 행정은 국민의 대표기관인 입법부에서 상세하게 제정되는 법률의 내용에 적합하게 행사되어야 한다는 것이 특별히 강조되었고, 이에 따라 행정의 위치·권력 및 행정의 정책에의 영향력에 대한 통제가 중요 관심사가 되었다.

이러한 기본 시각에 따라 행정은 주어진 정책을 합리적·능률적으로 집행하는 것이라고 보았고, 이를 위해 경영학에서의 '**과학적 관리론**'과 '**인간관계론**'이 행정학에 도입되어 행정학은 기본적으로 경영학적 관리 기법에 의한 **집행의 능률성**을 추구하는 학문으로서의 특성을 지니게 되었다. 이 밖에도 1930년대에 이르러 행정학에서는 경영학으로부터의 이론 도입이 아닌 독자적인 정통 행정학이라 할 수 있는 **행정의 원리**들(principles)을 발견하여 이를 행정에 적용할 것을 주장하게 되었다.[6] **윌로비**(W. F. Willoughby)는 행정에는 과학적인 원리가 존재하고 이들 **과학적 원리**들을 발견하여 행정에 적용해야 한다고 주장했다(Willoughby, 1927). 따라서 행정조직은 기본적으로 어떤 목적을 추구할 것인가의 문제가 아니고, 주어진 목표의 능률적 집행을 추구하는 기능적 합리성을 추구하는 조직으로 여겨지게 된 것이다. **기능적 합리성**은 인적·물적 자원을 체계적으로 사용함으로써 과업을 능률적으로 달성하는 데 중점을 두고 있다. 기능적 합리성을 추구하는 행정학은 따라서 인사·재무·체제분석·동기부여 및 리더십 등 관리의 문제를 주요 연구 대상으로 삼아 왔다.

---

5) 근대국가라 함은 절대군주제 국가가 시민혁명에 의해 붕괴되고 따라서 절대군주가 행사하던 국가 권력을 입법권, 행정권, 사법권 등으로 분립시키고, 이들 분리된 권력 간에 견제와 균형(check and balance)을 이루게 함으로써, 국민의 기본권을 보장하기 위한 권력분립 제도에 기초한 국가 형태를 말한다.

6) 예를 들면, 분업의 원리, 계층제의 원리, 통솔 범위의 원리, 명령 통일의 원리, 조정의 원리 등이 그것이다.

2 협동적 집단행동으로서의 행정

행정의 본질적 속성을 관리라고 보는 경우 행정과 경영과는 본질적으로 유사한 속성을 지니고 있다고 볼 수 있다. 이와 같은 시각은 행정을 주어진 정책목표를 합리적 · 능률적으로 달성하는 것으로 보고, 이를 달성하기 위한 제반 행정관리 기법을 연구한 초창기의 행정관리학파의 견해에서 발견될 뿐만 아니라,[7] 행정을 협동적 집단행동으로 보던 사이먼(Herbert A. Simon)이나 나이그로(Felix A. Nigro)의 견해에서도 발견할 수 있다.

사이먼은 행정조직을 협동적 행동 체계(Simon, 1948: 72)로, 행정활동을 협동적 집단활동(Simon, 1948: 8)으로 보고 있다. 나이그로는 행정을 "공적 분야 및 사적 분야에서의 협동적 집단 노력"으로 정의하고 있다(Nigro, 1970). 특히 다음과 같은 내용은 행정의 협동적 성격을 구체적으로 표현하고 있다.

> "혼자서는 도저히 움직일 수 없는 돌을 움직이기 위해 두 사람이 협력을 할 때, 행정의 기본 원리가 거기에 나타난다. 이러한 단순한 행위 속에 행정이라고 불리어지게 되는 두 가지 특성이 존재한다. 돌을 움직인다는 목적이 있고, 결합하지 않으면 이룰 수 없는 어떤 것을 성취하기 위해 결합된 힘을 사용하는 몇 사람들의 **협동적 활동**이 그 속에 있게 된다"(Simon, Smithburg, & Thompson, 1950: 3).

---

7) 행정학 발달사적인 관점에서 볼 때 행정과 경영 간의 유사성을 강조한 학자들은 윌슨 이후 소위 **행정관리학파**에 속하는 화이트(Leonard D. White), 윌로비(W. F. Willoughby), 귤릭(Luther Gulick), 어윅(Lyndall Urwick) 등이 있다. 일반적으로 행정학 최초의 교과서로 인정받고 있는 L. D. White의 *Introduction to the Study of Public Administration*(New York: Macmillan, 1926)과 W. F. Willoughby의 *Principles of Public Administration*(Washington: Brookings Institution, 1927) 및 Luther Gulick과 Lyndall Urwick 공저의 *Papers on the Science of Administration*(New York: Institute of Public Administration, 1937) 등은 모두가 Frederick Taylor의 *Principles of Scientific Management*(New York: Harper and Row, 1911)의 과학적 관리법에 입각하여 행정도 경영과 같이 **과학적 행정**, **능률적 행정**을 이룩할 수 있다고 본 점에서 공통점을 갖는다.

행정이란 이와같이 어떤 목적을 달성하기 위한 **협동적 집단행동**이라고 보는 견해에는 몇 가지 특성이 존재한다. 우선 이와 같은 행정 개념 속에서는 행정과 경영 간의 구별이 없다는 점이다. 공사(公私)를 불문하고 그것이 두 사람 이상의 협동을 전제로 해서 이루어질 때 이를 행정이라고 보는 것이다. 또한 여기에서의 협동적 집단행동은 고도의 합리성을 갖는 것으로서, 어떤 주어진 목표를 극대화해서 달성하고자 하는 점, 즉 **능률성** 혹은 **효율성**을 달성하는 데 그 의도가 있다는 점이다.

따라서 이러한 관점에 입각하는 사람들의 주된 관심은 주로 행태론적 관점에서 협동적 집단행동 속에 존재하는 법칙성의 발견을 통해 이른바 **행정의 과학화**를 이루고자 하는 데 있다.

사이먼은 이러한 관점의 대표적 학자로서, 그는 과거 행정관리학파에 속하는 학자들이 행정의 과학화라는 명목으로 추구했던 이른바 행정의 원리들(principles)이란 것이 보편성을 갖기보다는 문화 제약적인 특성을 지니고 있고, 진부하며, 비과학적인 **격언**(proverb)에 지나지 않는다고 비판하고(Simon, 1946: 53-67), **논리실증주의**(logical positivism)에 입각한 진정한 행정의 과학화를 이루어야 한다고 주장했다. 그는 조직에서의 사람들의 행태에 대한 일련의 입증 가능하고 신뢰할 만한 과학적 지식을 발전시키기 위해서 현대 사회과학의 방법과 모형이 이용될 수 있다고 주장했다.

행정의 본질을 이와같이 이해하려고 하는 시각은 행정을 너무 단순화한 것이고 따라서 불완전한 설명에 그치고 말 우려가 있다. 협동적 집단행동의 양태는 여러 가지가 있을 수 있으며, 행정은 협동성을 그 본질적 특성의 하나로 내포하고 있을 따름인 것이다. 협동적 행동이 곧 행정인 것은 아니다. **보즈만**(Barry Bozeman)은 행정에 대한 이와 같은 태도에 대해 다음과 같은 비판을 가한다(Bozeman, 1979: 7-8).

첫째, 무엇이 협동을 유도하는가 하는 점이다. 다음과 같은 예를 들어보자. 만약 두 사람이 단순히 돌을 움직이는 것이 그들 상호간에 이익이 된다는 것을 알고, 따라서 그 일을 수행한다면(그 일이 어떻게 행해져야 하는가에 대해서는 상호간에 아무런 의사 전달이나 합의가 없이), 거기에 행정이 존재한다고 할 수 없는 것이다. 행정은 협동성을 내포하지만 협동성과 행정이 같은 것은 아니다. 행정은 협동적 행동을 유도하거나 이들 행동들을 통합하고 조정하는 데 목적을 둔 활동이기 때문이다.

둘째, 행정은 집단성의 맥락에서 이루어지고 목표 달성을 추구하지만, 그 추구하는 목표가 반드시 참여자 모두의 목표인 것은 아니다. 행정은 집단의 일부나 개인의 목표를 추구할 때도 있는 것이다.

셋째, '협동적 행동'의 개념 정의 속에는 행정에서의 **갈등**(conflict)의 역할을 고려하지 못하고 있다. 과거 고전적 행정 이론가들은 갈등을 행정이 극복해야 할 부정적인 것으로 간주해 왔으나 오늘날은 집단행동 속에서 갈등이 긍정적 영향을 미칠 수 있다는 점을 깨닫게 되었다.

3 행정의 관리적 성격과 경영과의 관계

행정이 관리 내지 경영적 속성을 갖는다는 점은 행정이 거대한 조직 속에서 국가 목적을 집행한다는 점에서 부인할 수 없는 하나의 기본적 특성이라 할 수 있다. 그러나 행정의 이러한 관리적 속성은 행정이 갖는 여러 가지 속성 중의 한 속성일 뿐이지, 그것이 곧 행정의 모두를 대표할 수 있는 속성은 아니라고 할 수 있다.

행정(public administration)은 경영(business administration)이 사익의 극대화를 추구하는 것과는 달리, 공공(public)에 더욱 관심을 집중시킴으로써 '공익'의 문제라든가 공공에 대한 **책임성**(accountability)의 문제를 부각시켜 이를 실현하려고 한다. 다시 말해서 행정은 경영과는 여러 가지 면에서 유사성을 갖는 것이 사실이지만, 그 지향하는 바가 경영과는 달리 공익과 사회가치의 실현에 중점을 두고 있다.

행정의 본질적 특성을 이해하기 위해서는 행정과 경영 간의 이와 같은 차이점뿐만 아니라, 최근에 양자 간의 유사성을 지적하는 견해가 증대되고 있다는 사실도 인식할 필요가 있을 것 같다. 즉 오늘날 행정과 경영이 상호 수렴해 가고 있는 경향이 여러 형태로 나타나고 있는 바, 이러한 현상은 다음과 같은 몇 가지 형태로 나누어 설명할 수 있다.

첫째, 우리가 흔히 **공기업**이라 칭하는 것으로서 공사(公社, public corporations)나 전기, 가스, 수도 등의 공익사업 등과 같이 사기업처럼 보이지만 정부에 의해 형성된 기관의 형태, 둘째, 사기업이지만 그것이 공공복지에 미치는 영향이 지대하므로 정부의 간섭이나 규제를 필요로 하는 경우, 즉 공익의 책임이 부여된 기업의 형태와 셋째, 공중이 점차 사기업이 일반 복지에 지대한 영향을 미친다는 점을 지각하게 되면서 기업들로 하여금 부(負)의 외부 효과를 극소화하고, 사회에 긍정적인 이미지를 제공하도록 여러 형태로 압력을 가함에 따라 '기업의 사회적 책임'이라는 가치가 기업활동에 영향을 미치게 되는 형태 등이다.

제 3 절 행정의 정치적 성격

1 행정의 정책결정 기능

민주주의 제도 하에서 주권은 국민에게 있고, 국민은 대의제 기관인 입법부를 통해 이를 행사한다는 것이 과거 입법국가 시대의 지배적 사고였다. 따라서 정책결정은 국민의 대의기관인 입법부를 통해 이루어지고, 행정은 이를 집행하는 것으로 보아 행정의 관리적 속성이 강조되었다.

선거에 의해 선출된 입법부 의원이 구체적으로 사회 구성원들의 행위를 금지시키거나 지도하거나 혹은 허가하는 등의 내용이 담긴 법률을 제정하면(즉, 정책을 결정하면), 행정의 임무는 이 인쇄된 문서를 사회에 실천적으로 적용시킴으로써(즉, 정책을 집행함으로써) 변화를 유도하는 데 있다고 본 것이다. 이리하여 입법기관의 기능은 정부활동에 대해 권한을 부여하거나, 정책 지침을 제공하며, 이를 성취시키는 데 필요한 자원을 제공하는 것이었다. 그러나 이러한 것들은 단지 어떠한 일이 일어나도록 허용하는 것이지, 어떤 일이 일어나게 하는 것은 아니다. 행정은 문서에 기술된 의도를 현실로 변화시키는 속성, 즉 관리적 속성을 갖는 것이다.

그러나 오늘날 행정국가 하에서의 행정은 정책의 집행 내지 현실화 기능뿐만 아니라, **정책결정 과정**에서 현실적으로 실질적인 영향력을 행사하고 있고, 이러한 역할은 합법적으로도 그 정당성을 인정받기에 이르렀다. 행정이 정책형성 과정에서 수행하는 역할은 두 가지 단계에서 행해진다. 첫째 단계는 헌법상 권한이 부여된 입법기관에서 정책결정을 하기 이전의 단계, 즉 **정책의제 설정 단계**(policy agenda-setting stage)[8]에서, 둘째 단계는 입법기관에서 법률이 제정되고 나서 이것이 행정부에 전달된 이후의 단계에서이다.

첫 번째 단계에서 행정기관이 중요한 참여자로 인정되고 있는 이유는 행정가가 관심의 대상이 되고 있는 분야에 대해 그 필요성이나 경향을 더 많이 알고 있고, 관련 자료에 대한 전문적 분석 능력을 가지고 있으며, 경험을 통해 현행 법령의 결함이나 문제점을 잘 안다는 점, 그리고 다른 이익집단들보다 공정한 정보를 제공한다는 점 때문이라고 할 수 있다.

두 번째 단계에서 행정이 정책결정에 참여하는 것은 이른바 **행정입법**[9]과 같은 **위임입법**(委任立法)을 통해서이다. 사회구조와 역할 기능이 복잡하게 세분화되어 있는 오늘날은, 입법부가 해결해야 할 정책 문제의 내용이 너무 복잡하고 전문성을 띠기 때문에, 입법의 내용이 과거와 같이 세부적으로 규정되어 행정가가 이를 집행할 때 조정의 여지를 남기지 않도록 구체성을 띠지 못하고, 입법의 내용에서 구체적인 내용을 행정부에 위임하거나, 법률 규정의 내용이 매우 추상적인 성격을 띠게 되었다.

이와같이 행정부에 행정입법권이 부여되거나 법률의 규정에서 행정부에

8) 우리가 살아가는 사회에는 늘 수많은 사회문제들이 존재한다. 이들 중 일부의 사회문제를 정부가 정책적 해결을 하기 위해 검토의 대상으로 삼게 되는데, 이 경우 정부에 의해 검토의 대상이 된 사회문제를 **정책문제**(policy problem)라 한다. 또한 여기에서 정부가 사회문제 중에서 일부를 정책문제로 채택하여 검토하기로 결정하는 행위를 **정책의제 설정**(policy agenda-setting)이라 한다.

9) **행정입법**이라 함은 입법부가 아닌 행정부에서 제정되는 법규범을 말한다. 대통령이 발하는 대통령령(혹은 시행령), 국무총리가 발하는 총리령, 행정 각부의 장관이 발하는 부령(혹은 시행규칙) 등이 그 예이다.

광범위한 재량권이 허용되는 이유는 구체적으로 다음과 같다.

① 새로운 정책 분야에 대해서는 입법자는 어떤 결정이 이루어지길 바라면서도 그 분야에 대한 경험이나 지식이 부족할 경우, 그 행위가 취해야 할 방향만을 제시하고 구체적 내용에 대해서는 이를 행정가에게 맡기게 된다.

② 기술이나 어떤 특성 등이 신속하게 변화될 것으로 기대되는 분야에 대해서는 행정가에게 신축성 있는 행동을 허용하는 것이 바람직하다.

③ 급변하는 행정환경의 변화에 대응하기 위해서는 변화에 신축성을 가지고 대응할 수 있는 권한을 행정기관에 부여할 필요가 있다.

④ 행정계획과 같이 사안에 따라서는 행정재량을 제한하기 위한 기준을 구체화·명세화하는 것이 적합하지 않은 경우가 있다.

⑤ 입법 과정에서의 혼란과 무질서로 인해 통과된 법령이 상호 모순되는 정책 지침을 제시하는 경우가 많은데 이 경우 행정기관에서 이를 판단할 수밖에 없다.

⑥ 수많은 의견의 불일치 사이에 타협을 이룩하기 위해서는 입법의 내용에 모호한 언어를 사용케 되고 따라서 행정가의 재량 범위가 확대된다.

⑦ 많은 정책을 집행하는 데 소요되는 예산이 부족할 경우, 어느 것을 우선하여 집행할 것인가에 행정가의 재량권이 작용한다.

이 밖에도 오늘날 행정국가 하에서 행정이 정책결정에 개입하는 또 하나의 양태는 설사 국민의 대표기관인 의회에서 법률의 형식으로 정책결정이 입법부 의원에 의해 이루어지더라도, 행정부가 정책의 내용을 실질적으로 결정하여 이를 의회에 제안하고 의회는 이를 받아들이는 것이 보편적인 현상으로 받아들여지고 있다는 점이다. 이러한 여러 가지 요인에 의해 오늘날 행정가는 입법가와 더불어 정책 과정에 중요한 동반자로서 정치적 영향력을 행사하게 되었고, 정책을 집행한다는 것은 곧 정책을 결정한다는 것을 의미하게 되었다.[10]

---

10) **애플비**(Paul Appleby)는 행정인들은 집행을 위해서 정책 내용을 계속적으로 구체화시키는 과정에서 실질적으로 정책을 결정하고 있다는 점을 지적했고(Appleby, 1949), **린드블롬**(Charles E. Lindblom)은 "정책집행은 항상 정책을 결정하거나 정책을 수정한다"고 주장하여 정책집행과 정책결정을 동일시하고 있다(Lindblom, 1980: 65).

2 행정의 정책결정 기능과 정치적 성격

행정이 정책결정 과정에 관여한다는 사실은 곧 행정이 **정치성**을 그 특성으로 하고 있음을 의미한다. 정치의 의미는 이를 보는 시각이 너무 다양하기 때문에 간단히 정의할 수 없지만 대체로 이를 긍정적인 입장에서 보는 견해, 부정적인 입장에서 보는 견해 및 객관적·중립적 입장에서 보는 견해 등으로 대별할 수 있다.

긍정적 입장에서 보는 정치의 의미는 예컨대 정치를 정의의 실현, 덕의 실현 등과 같이 바람직한 것으로 보는 견해이며, **부정적 입장**에서 보는 정치의 의미는 예컨대 정치를 파당이나 부정부패와 같은 바람직하지 못한 것으로 보는 견해이다. 한편, **객관적 입장**에서 보는 정치의 의미는 다양한 사회적 가치를 둘러싸고 개인 및 집단 간에 그들에게 유리한 가치를 획득하기 위해 경쟁하는 활동을 정치라고 보는 견해이다.

행정이 정치적 속성을 갖는다고 할 때 정치의 의미는 **객관적 입장**에서 보는 정치의 개념을 의미한다. 이스턴(David Easton)은 정책을 (사회적) **가치의 권위적 배분**으로 정의하고 있다. 이는 권한을 가진 정부기관이 정책을 결정하고 집행하게 되면 그 과정을 통해 사회적 가치의 배분에 변화를 초래하게 된다는 점을 설명하고 있는 것이다. 여기에서의 **사회적 가치**란 사람들이 사회를 이루어 살아가는 데 누구나 가지기를 원망(願望)하는 권력·기회·재화·이익·지위·명예·특권 등과 같은 가치와, 사회를 유지하기 위해 구성원 모두가 준수하거나 지켜야 할 가치로서의 각종 의무나 각종 부담 등을 의미한다. 그런데 인간의 이기심을 전제로 한다면, 사회 구성원들이나 사회집단들은 이들 사회적 가치들 중에서 원망의 가치들은 더 많이 향유하고, 의무나 부담과 같은 가치들에 대해서는 될 수 있는 한 이를 회피하기 위해, 이들 가치들의 배분을 권위적으로 결정하고 집행하는 정책과정에 유리한 영향을 미치려고 경쟁할 것이다. 이는 곧 정책 과정이 정치적 성격을 띠고 있음을 의미한다.

정치의 의미를 객관적 입장에서 이해할 때, 행정이 정치적 속성을 내포하고 있다는 점은 행정국가 하에서의 행정관에만 국한된 것은 아니다. 초기 윌슨(W. Wilson)이나 귤릭(L. Gulick), 굿나우(F. J. Goodnow) 등의 행정학자들의 경우에서도 그들의 논지를 자세히 살펴볼 때, 행정가들이 정치적 활동에 개입한다는 사실을 부정하지 않고 있다. 다만 그들이 행정의 정치적 성격을 부정하는 것으로 이해되는 것은 곧 정치의 의미를 부정적 관점에서 이해할 때 그러하다는 것이다. 그것은 엽관주의로 인해 나타났던 폐해가 결국은 행정과 정치가 일치되었던데 기인한다고 보았기 때문이다. 이에 조석준(1992: 35)은 윌슨이 갈파했던 바 "행정의 분야는 경영의 분야다(The field of administration is the field of business)"라는 표현 속에서 'is'의 의미를 'ought to be'로 해석해야 한다고 주장한다. 'is'라는 말은 엽관주의의 폐지라는 필요성에 비추어 보아 'ought to be'의 의미로 해석해야 한다는 것이다. 다시 말하면, 윌슨은 당위를 표현하고자 하면서, 용어의 선택은 존재를 나타내는 말로 표현을 했다는 것이다.

윌슨 이후 1920년대와 1930년대에도 행정에 정치적 성격이 개입되어 있기는 했으나 그렇다고 오늘날과 같이 행정이 정치에 깊이 개입한 것은 아니었다. 그것은 그 당시에는 정부의 통치 과정이 덜 복잡했고, 수행되어야 할 프로그램들이 오늘날에 비하면 극히 적었기 때문에 의회가 공공정책을 수립할 때 세부적인 지침까지를 제공해 줄 수 있었기 때문이다. 그 결과 행정의 재량권이 극히 미미했고, 따라서 행정에 정치적 요소가 개입할 수 있는 여지가 극히 미미했다고 볼 수 있다.

제 4 절 행정의 체제적 성격

무릇 행정 현상은 행정 현상을 야기하는 사람들과 관련된 인적 변수(가치관 · 태도 · 성분 · 지식 · 기술 · 정보 등) 및 구조적 변수(행정조직의 법제 · 목표 · 직책 · 절차 · 자원 · 역할 등)[11]와 행정을 둘러싼 환경적 변수(정치·경제·사회·문화 등) 간의 상호작용의 결과라 할 수 있다. 이는 곧 인적 변수, 구조적 변수 및 환경적 변수가 다름에 따라 행정 현상이 달리 나타난다는 의미가 된다.

이러한 논의는 행정이 체제적 성격을 그 속성으로 하고 있음을 의미한다. **체제론적 관점**은 그 체제(system)를 구성하고 있는 구성 요소(elements)와 요소들 간의 상호작용(inter-relationship) 및 환경(environment)과를 구별하는 경계(boundary)를 중요한 구성 요소로 한다. 따라서 어떤 행정 체제의 특성은 그 행정 체제를 구성하고 있는 구성 요소와 그들 간의 상호 관계 그리고 그 행정 체제를 둘러싼 정치·경제·사회·문화적 환경이 어떠하냐에 따라 다르게 나타난다고 보는 것이다.

행정을 이와같이 체제적 성격으로 이해할 때 한국의 행정이 미국의 행정과 다른 특성을 갖는 이유, 과거의 행정이 현재의 행정과 다른 특성을 갖는 이유 등을 이해할 수 있다. 이와같이 행정의 기능 내지 속성은 체제적 특성에 따라 달리 나타나기도 하지만, 그 중의 일부는 공통적·보편적인 성격을 갖기도 한다. 예컨대, 어느 나라의 행정이든지 전통적인 행정의 기능, 곧 외교·국방·치안질서의 유지라든가 징세 등의 기능을 수행한다거나, POSDCoRB[12] 등의 기능을 수행하고 있다는 점에서는 공통적인 요소를 가지고 있다고 볼 수 있다.

행정의 속성을 체제론적인 시각에서 보는 접근 방법은 그것이 변화를 설명하지 못하고 **보수적**이라는 비판을 받는다. 그러나 행정은 체제론 모형에

---

11) 행정조직의 구조적 변수란 행정을 담당하고 있는 사람들이 구체적인 행정활동을 할 때에 준거해야 할 행동의 기준이 되는 것을 의미한다. 예를 들면, 행정의 담당자가 아무리 쇄신적인 가치관을 가지고 있어서 행정쇄신을 위한 어떤 조치를 취하고 싶다고 해도, 그가 마음대로 그러한 행동을 할 수 있는 것은 아니다. 그는 행정조직이 허용하는 법제에 따라야 하고, 행정이 지향하고자 하는 목표에 따라야 하며, 자기에게 주어진 직책의 범위 내에서, 조직의 의사결정 절차에 따라, 주어진 자원과 역할의 범위 내에서 행동해야 하는 제약을 받는 것이다.

12) 귤릭(L. Gulick)은 조직의 최고관리층이 담당해야 할 관리 기능으로 기획(planning), 조직화(organizing), 인사(staffing), 지휘감독(directing), 조정(directing), 보고(reporting), 예산(budgeting) 등의 일곱 가지 기능을 제시했는 바, POSDCoRB는 이들 기능을 나타내는 단어들의 첫 글자를 따서 만들어진 약어이다.

서와 같이 현상 유지적이고 수동적 현상만은 아니다. 행정은 또한 그를 둘러싸고 있는 환경을 변화시키기도 하는 능동적·적극적 성격을 갖고 있음도 인식해야 한다. 이것이 곧 **발전행정적 사고**로서 행정은 공공 가치의 추구를 위해 각급 수준의 다양한 문제들을 해결하는 **문제 해결자**로서의 역할을 수행함과 동시에 새로운 **가치의 창조자**로서의 역할과 **변화 유도자**로서의 역할도 수행하는 것이다.

제 5 절 행정의 권력적 성격

민주주의 국가에서의 행정작용은 헌법과 국민의 대표기관인 의회에서 제정되는 법률에 적합하게 행해져야 하며, 만약 어떤 행정작용에 의해 국민의 자유와 권리가 침해되었을 때에는 권리 구제를 위한 제도가 마련되어 있어야 한다. 이와같이 행정과 법과의 관계를 연결시켜 주는 원리가 곧 법치행정의 원리로서 이를 '**법률에 의한 행정**', '**행정의 법률 적합성**' 혹은 '**합법성**'이라 칭한다.

법률에 의한 행정의 원리는 구체적으로는 첫째, 행정을 규율하는 법은 원칙적으로 주권자인 국민의 대표기관인 입법부에서 제정되는 법률이어야 하며(이를 '**법률의 법규창조력**'이라 한다), 둘째 행정작용이 헌법과 법률에 위배되어 행사되어서는 안 되며(이를 '**법률의 우위 원칙**'이라 한다), 셋째 행정작용은 법률에 근거하여, 또는 법률의 수권(授權)에 의해 행해져야 함을 의미한다(이를 '**법률의 유보 원칙**'이라 한다).

법률의 우위 원칙은 오늘날 행정국가 하에서의 행정에도 그대로 적용된다는 데에 이의가 없다. 즉, 모든 형태의 행정은 헌법이나 법률에 위배되어서는 안 된다. 그러나 수많은 형태의 행정작용 중에서 어느 정도 범위까지 법률의 유보 원칙을 적용할 것인가에 대해서는 오늘날 여러 가지 학설이 나뉘어 있다. 또한 법치행정의 원리는 행정이 법률에 위배되어 행사되거나 적법하게 행사되었더라도 그를 통해 국민의 자유와 권리가 침해된 경우 이

를 구제하기 위한 구제 제도(행정쟁송 제도나 행정상 손해전보 제도)가 정비되어 있는 것을 의미한다.[13]

이와같이 행정은 법률에 적합하게 행사되어야 하는데, 행정을 규율하는 법률들은 한편으로는 행정권의 발동을 기속(羈束)하여 행정이 자의적으로 행사되는 것을 금지하면서도, 다른 한편으로는 법률 스스로가 일반 국민에 대해 행정권을 발동하는 데 국가나 지방자치단체 등의 행정 주체가 **우월한 지위**에서 여러 가지 **권력**을 행사할 수 있도록 권한을 부여해 줌으로써, 국민 개개인들 간의 상호간의 행위와는 다른 법적 취급을 하고 있는 경우가 많이 있다. 그 구체적 내용을 살펴보면 다음과 같다.

① 행정을 규율하는 법률 가운데에는 국가 · 공공단체 등의 행정 주체가 행정 객체인 국민에 대해 **일방적**으로 **명령**하거나 **강제**하며(예를 들면, 일정 지역에의 통행의 금지), 일방적으로 법률 관계(권리 · 의무 관계)를 **형성**시키거나 **변경**시킬 수 있는 힘을 인정하고 있어서(예를 들면, 각종 인 · 허가 및 인 · 허가의 취소 또는 철회 등) 대등한 개인 상호간의 행위와는 다른 법적 취급을 하고 있는 경우가 많다. 이와같이 행정 주체에게 우월적 지위가 인정되는 행정 분야는 주로 경찰행정 · 조세행정 · 보건행정 · 공용부담행정 등 전통적인 질서행정 분야에서 많이 발견된다.

② 특정한 형태의 행정작용의 경우에는 그것이 법률에 위반하여 행사된 경우에도 그 위법성이 중대하고 명백하여 당연히 무효가 되는 경우가 아닌한 권한 있는 기관에 의해 취소될 때까지는 그 행정작용의 효력을 인정하는 경우가 많다. 이러한 효력을 흔히 '행정행위의 **공정력**(公定力)'이라고 한

---

13) **행정쟁송 제도**는 행정기관의 위법 · 부당한 행정처분으로 말미암아 개인의 권익이 침해된 경우에, 그 처분을 취소하거나 변경하는 등의 시정을 요청할 수 있도록 함으로써 국민의 권리를 보호하기 위한 권리구제 제도로서, 이에는 행정심판과 행정소송이 있다. 행정심판은 행정기관에 심판을 제기하는 것을 말하고, 행정소송은 법원에 소송을 제기하는 것을 말한다.

행정상 손해전보 제도란 행정기관의 위법한 직무집행이나 적법한 직무집행(예를 들면 적법하게 개인의 토지를 공공 목적을 위해 공용수용하는 경우)으로 말미암아 개인에게 특별한 손해를 주는 경우에 그 손실을 보전하여 주는 제도로서, 이에는 행정상의 손해배상과 행정상의 손실보상 제도가 있다.

다. 예를 들면, 조세 부과 처분이 가령 위법하게 행해졌다고 하더라도 그 위법성이 중대하고 명백하여 당연히 무효가 되는 것이 아닌 한, 권한 있는 기관에 의해 그 조세 부과 처분이 취소되기 전까지는 유효한 행위로 통용되는 힘을 의미한다. 이러한 경우 만일 조세 부과 처분의 상대방이 법이 정한 기간 내에 그 위법성을 다투지 않을 경우 더 이상 그 처분의 위법성을 다투지 못하게 하고 있는데 이를 '**불가쟁력**(不可爭力)'이라고 부른다.

③ 행정에 관한 법률(예를 들면, 행정대집행법 · 국세징수법 등)은 행정권이 법원의 힘을 빌리지 않고도 스스로의 힘에 의해 상대방이 의무를 이행하지 않을 경우 이를 강제로 이행하게 할 수 있는 권한을 부여하고 있는바, 이를 '**행정상의 강제집행력**' 혹은 '**자력집행력**'이라 한다. 또한 행정기관은 상대방이 그에게 법상 부여된 의무를 위반하는 경우에 행정벌이나 그 밖의 제재를 가할 수 있게 함으로써 행정의 실효성을 확보할 수 있도록 행정 주체에게 **제재력**(制裁力)을 부여하기도 한다. 이 밖에도 행정은 막대한 예산과 정보 등을 가지고 있어서 실질적인 권력을 보유하고 있기도 하다.

그러나 이러한 행정의 권력적 속성은 모든 행정작용에 인정되는 속성은 아니다. 오늘날 행정은 국민보다 우월한 지위에 서서 일방적으로 명령하고 강제하는 것을 당연하게 여겼던 과거 질서행정 위주의 행정과는 달리, 행정청이 상대방에게 불이익을 주고자 할 경우에는 상대방에게 그러한 사실을 알리고, 상대방으로 하여금 스스로를 방어할 수 있는 기회를 제공하거나, 행정계획 등의 경우 계획 수립을 확정하기에 앞서 여러 이해관계자들의 의견을 반영하도록 해야 한다. 행정기관이 행해야 할 이러한 의무를 제도화한 것으로 **행정절차법**이 제정되어 있고, 행정절차의 실효성을 확보하기 위해 **정보공개법** 등이 제정되어 있다. 또한 법률에 의해 행정기관에 권한이 부여되어 있는 경우에도 이를 행사하지 않고 상대방과의 **타협과 협상**을 통해 문제를 해결해 나가는 경우가 많다. 즉, 권력성에 기초한 행정보다는 봉사하는 행정, 국민에게 더 나은 행정 서비스를 제공하기 위한 행정, 참여와 협조에 의한 행정으로 행정에 대한 시각이 바뀌어 가고 있는 것이다.

제6절 결 론

지금까지 행정에 내포된 본질적 성격을 살펴보는 과정에서 알 수 있듯이 행정은 그 본질을 명약관화하게 규정할 수 없을 만큼 다양성과 가변성을 그 특징으로 하며, 따라서 행정학이라는 학문의 정체성에 대한 의문이 행정학의 출발 초기부터 제기되어 온 이유를 이해할 수 있다.

행정학이 행정의 본질을 공공가치 내지 공익을 실현한다는 목적에 치중하게 되면, 정치학과의 구별이 모호해지고, 주어진 목표 달성을 위한 집행의 측면을 강조하다 보면 경영학과의 구별이 모호해지기 때문이다.

왈도(Dwight Waldo)는 행정학이 '정체성의 위기(crisis of identity)'에 직면해 있음을 지적하면서, 그 이유로 행정 연구 주제의 본질과 범주, 그리고 연구 방법 및 목적이 불확실하다는 점을 들고 있다(Waldo, 1968: 5). 그는 행정학 연구 방법과 관련하여 행정행태론에서와 같이 가치·사실 이원론에 입각한 과학주의적 연구 방법만을 지향해 왔기 때문에, 본질적으로 가치의 문제를 다루어야 하는 행정학 연구 방법에 문제가 있음을 지적했으며, 행정 이념과 관련해서도 행정의 민주성보다 행정의 능률성이 더 우선시되고 있는 점을 문제로 지적했다(Waldo, 1948: 181, 197). 한편, 오스트롬(Vincent Ostrom)은 미국 행정학이 지적인 측면에서의 위기, 즉 패러다임에서의 위기에 처해 있음을 지적하고 있다(Ostrom, 1989). 그는 윌슨 이후 전통적 행정학의 패러다임으로서의 관료행정 패러다임의 불충분성을 지적하고 그 대안으로서 새로운 민주행정 패러다임을 제시하고 있다.[14)]

행정학이 그 정체성을 확보하기 위해서는 정치학과 경영학 등의 주변 학문으로부터의 차별성과 고유성을 부각시키는 문제에 직면하게 된다. 또한 행정학의 연구 목적이나 연구 대상 및 연구 방법에 대한 합의가 이루어져야 한다.

---

14) 이의 자세한 내용에 대해서는 이 책의 제4장 제5절 '정부의 실패를 보완하기 위한 새로운 접근 행정 패러다임'을 참조.

오늘날 행정은 이와같이 그 본질과 연구 대상 및 방법론 등에 대한 합의를 이루지 못할 만큼 다양하고 복잡한 기능을 수행하고 있는 바, 이를 비유적으로 표현하면 행정이 과다 비대증에 걸려 있다고 할 수 있다. 우리나라 행정의 경우 비대증의 원인이 단기간 내에 건강의 증진 여부와 관계없이 닥치는 대로 많은 양의 음식을 과다하게 섭취한 결과 나타난 비대증이라는 데에 더욱 심각한 문제가 있다. 행정의 과다 비대증으로 인한 고혈압이나 당뇨병과 같은 성인병적 증상이 행정의 건강성을 크게 위협하고 있는 것이다. 따라서 이제 행정이 그 건강성을 회복하기 위해서는 건강을 증진시키는 데 도움이 될 수 있는 음식만을 소량씩 섭취해야 하며, 이를 충분히 소화해 내야 한다. 비대증을 해결한다는 명분으로 그간 우리가 취해 온 처방은 외국에서 군살을 빼는 데 성공했다는 외제품 다이어트 약을 성급히 섭취하는 극약 처방을 통해 군살을 빼보려는 전략이었다. 그러나 그러한 전략은 우리나라 행정의 체질에 맞지 않아 비대증을 해결하려는 데 도움이 되지 못하고, 행정의 건강성을 더욱 해치는 역효과를 초래하는 경우가 많았음을 인정하지 않을 수 없다.

이제 행정은 더 이상 비대해질 경우 그 건강성을 유지할 수 없을 만큼 한계점에 와 있다. 따라서 행정부라는 거구의 몸집이 그 건강성을 회복하기 위해서는 행정이 그간 섭취해 온 음식의 양을 대폭 줄이기 위한 다이어트 전략을 수립하여 시행해야 한다는 점에서는 굳이 뉴 거버넌스의 논리를 빌리지 않더라도 시급히 해결해야 할 과제이다. 그러나 그러한 다이어트 전략은 일시적 즉흥적 처방으로는 오히려 역효과만을 초래할 수 있기 때문에 비대증에 대한 철저한 진단과 이에 기초한 전문적 의사의 세밀한 처방에 의한 다이어트 전략이 서서히 체계적으로 이루어져야 한다.

새로운 행정 개념과 관련하여 대두되고 있는 신공공관리나 뉴 거버넌스적 관점은 21세기 지배적인 패러다임으로 자리잡아 가고 있는 듯한 느낌이 들지만, 현재로서는 그에 대한 다양한 논의들이 무분별하게 제시되고 있는 상태에 있다.[15] 따라서 이러한 관점에 대한 명확한 정의가 내려지지 못한

15) 신공공관리론이나 뉴 거버넌스의 구체적 내용에 대해서는 이 책 제4장 제5절 참조.

상태에 있으며, 비판의 시각도 만만치 않은 것이 사실이다.[16]

그러나 다음과 같은 몇 가지 점은 행정에 대한 새로운 시각으로 현재 나타나고 있는 추세이고 앞으로도 지속적으로 나타날 것으로 전망되는 바, 우리는 이제 행정에 대해 새로운 개념을 정립해야 할 시기에 직면하고 있다고 할 수 있으며, 그에 따라 행정의 연구 대상과 범위도 많은 변화가 있을 것으로 예상된다.

첫째, 작고 강한 정부를 지향하려는 노력은 그것이 단지 몇몇 선진국에 국한된 국지적 현상이 아니라 전 세계적인 경향이라 할 수 있다. 특히 우리나라의 경우 IMF 이후 행정개혁의 필요성을 주장하는 목소리가 끊임없이 높아지고 있으며, 그 개혁의 방향은 곧 '작고 강한 정부', '효율적인 정부'를 지향하는 것이다. 좀더 구체적으로는 불필요한 기능과 인력, 조직, 예산을 제거하고 유사하거나 중복된 기능을 통합하며, 민영화, 민간위탁, 탈중앙집권화, 분권화, 시민참여, 공무원 제도 개혁 등의 전략을 추진해 나아가야 한다.

둘째, 이러한 각국의 추세들은 어떤 하나의 공통된 이론적 관점에 입각하여 그것만을 통해 설명하기에는 국가적 상황에 따라 예외적인 경우가 무수히 많을 정도로 다양한 형태를 취하고 있다. 따라서 어느 하나의 이론만을 통해 모든 행정 현상을 설명하려 하거나, 어느 한 국가의 행정개혁 사례를 무비판적으로 수용하여 이를 그대로 이식하여 적용하려는 자세는 결코 바람직하지 않다.

셋째, 이러한 변화의 추세 속에서 나타나는 공통된 또 하나의 관점은 프레데릭슨이 지적한 바와 같이 행정을 단지 정부가 일방적으로 결정하고 이를 행정 대상자를 향해 집행하는 정부의 행정이라는 시각만으로는 설명할 수 없는 새로운 행정의 양태가 나타나고 있는 바, 행정의 성격을 정부의 행정이 아닌 공공의 행정으로 인식해야 한다는 점이다. 따라서 행정의 공공성에 대한 연구가 더 깊이 행해져야 한다. 오늘날 행정은 정부의 공무원들만에 의해서는 그 목적을 달성할 수 없고, 바람직하지도 않다는 인식이 확산되어 있으며, 따라서 행정의 담당자 속에는 정부기관의 공무원들만이 아

16) 이에 대해서는 김근세(1996: 127-149), 김태룡(2000), 안병영 · 정무권(2007) 참조.

니고 민간기업 및 시민단체들이 포함되며, 이들의 자발적 참여에 의한 결정과 집행의 필요성이 증대되고 있다.

넷째, 오늘날 새로이 대두되고 있는 신자유주의 추세와 더불어 기업가적 정부를 강조하면서 행정의 능률성을 특별히 부각시키고 있으나, 행정은 경영과 달리 능률성만을 추구하는 것은 아니다. 행정은 능률성 외에도 민주성과 형평성 및 합법성 등을 추구해야 하며, 또한 행정의 질적인 측면에도 관심을 기울여야 한다. 따라서 이를 위한 행정담당자들의 전문성 제고와 더불어 책임성(accountability) 및 윤리성의 제고가 더욱 강조되어 가는 경향을 보여 주고 있다.

다섯째, 행정은 공공성, 정치성, 관리성, 협동성, 합법성, 체제적 속성과 가치 창조 및 변화 유도성을 그 본질 속에 내포하고 있다는 점은 금후의 새로운 행정 패러다임 하에서도 부정할 수 없을 것이다. 그러므로 바람직한 행정의 방향을 정립하기 위해서는 이들 요인들이 종합적으로 고려되어야 할 것이다. 행정은 경영과는 다르며 따라서 경영기법과 실체가 공공관리 업무에 그대로 적용될 수 있다는 생각은 옳지 않다.

제 3 장 행정활동의 정당성 근거

행정은 그 역할과 기능이 광범위하기 때문에 그것이 우리의 물질적인 면뿐만 아니라, 우리의 기본적 인권이나 정신적인 면에 미치는 영향도 지대하다. 행정이 각종 정책을 결정하고 집행하는 과정을 통해 광범위하게 행사하는 이러한 역할과 기능은 과연 정당한 것인가? 정당하다면 그 근거는 무엇인가?

행정활동은 개인의 활동을 장려하기도 하고, 금지시키거나 억제하기도 하며, 처방하기도 하는 등 사적인 개인의 활동에 관여한다. 이러한 행정활동은 긍정적인 측면도 있으나 반면에 이로 인해 국민의 자유와 권리가 침해되고 비효율을 초래하는 등 부정적인 측면이 있는 것도 사실이다. 그럼에도 불구하고 지금까지 우리는 행정이 수행하는 역할・기능에 대해 이를 의심 없이 당연한 것으로 받아들이고, 이에 대한 반성적 사고가 부족했던 것이 사실이다. 더 나아가 행정이 우리 생활에 더 많이 개입해 주기를 바라고, 이에 지나치게 의존하는 경향도 없지 않다. 이는 곧 행정 연구에서 늘 비판적 성찰을 중시하는 철학적 태도가 부족했음을 의미한다.

오늘날 행정국가 하에서 행해지는 여러 가지 양태의 행정활동들이 어떤 근거에 의해 정당화되는가를 논의하려면 그 전제로 행정이 어떠한 기능들을 수행하고 있는가를 파악해 볼 필요가 있는 바, 그 기능들을 개략적으로 살펴보면 다음과 같다.

(1) 질서 유지 기능

행정의 가장 기본적인 기능은 국민에게 가해질 수 있는 각종 위협으로부터 국민을 보호함으로써 공공생활의 안녕과 질서를 유지하는 일이다. 따라서 행정은 외적의 침입으로부터 국민을 보호하기 위한 국방 기능과, 각종 범죄나 질병으로부터 국민을 보호하기 위한 치안질서 유지 기능 및 보건·위생 기능 등을 수행한다. 더 나아가 각종의 재난의 위협으로부터 국민의 생명과 안전을 보호해 주기 위한 재난 방재 기능 또한 행정이 수행하는 가장 기본적인 기능으로 인식되고 있다.

(2) 급부 기능

오늘날 복지국가 하의 행정은 개인 또는 단체 혹은 지역 주민이나 국민 전체를 돌보며, 그들의 이익 추구를 촉진시켜 주기 위해 행정 주체가 공공재화나 공공 서비스를 제공해 주는 이른바 급부행정 기능을 수행하고 있다. 오늘날 행정은 도로나 공원 등 공공시설을 설치하거나 관리하고, 수도·가스·철도 및 우편사업 등의 공기업을 운영하기도 하며, 학교나 도서관·병원·문화시설 등을 설치하여 운영하기도 한다. 그런가 하면 노인·장애인·경제적 무능력자 등 생활무능력자를 보호하거나, 장학금을 지급하고, 융자를 해 주는 등의 활동을 수행하기도 한다.

(3) 유도 기능

행정은 각종 행정계획 활동을 통해 국민의 경제적·사회적·지역적 생활을 일정한 방향으로 유도하고 개선하기 위해 행하는 모든 지원·유인 활동과 관련된 활동들을 수행한다. 정부가 주도하는 각종의 경제계획·지역개발계획·도시계획·국토정비계획·과학기술발전계획·출산장려정책 등에서의 보조금 지급과 같은 활동이 그것이다. 이러한 역할을 수행하는 행정을 '유도행정'이라 칭한다.

(4) 공과 기능

행정은 국가나 지방자치단체 등이 업무 수행에 필요한 소요 재원을 마련하기 위해 각종 조세나 개발부담금, 수익자부담금과 같은 부담금 등을 징수·관리하는 기능을 수행하는데 이러한 행정 기능을 '공과행정'이라 한다.

(5) 조달 기능

행정은 이를 수행하는 데 필요로 하는 인적·물적 수단을 확보하고 관리하는 기능을 수행하는데 이를 '조달행정'이라 한다. 예를 들면, 공무원을 채용하거나 청사 부지를 위한 부동산의 매입, 사무용품 등의 구입 행위가 그것이다.

행정은 이와같이 **다양**하고 **복잡**하며 **전문성**을 지닌 기능들을 통해 개개인에 대해 금전이나 편익을 제공하는가 하면, 개인의 자유와 권리를 제한하여 일정한 행위를 하도록 명령하거나, 하지 말도록 금지하기도 하고, 일정한 인적·물적 자원을 제공하도록 부담을 지우기도 하며, 이러한 의무를 이행하지 않거나 의무를 위반하는 경우 이에 대한 제재 수단을 행사하기도 한다.[1)]

이 장에서는 여러 가지 양태의 행정활동들이 정당화되는 근거를 몇 가지 관점—**헌법적 관점**, **역사적 관점**, **경제학적 관점**, **정치철학** 및 **사회윤리적 관점**, **과학적 사회공학적 관점**—으로 나누어 설명하고자 한다.

제1절 행정활동의 정당성 근거로서 공익과 헌법상 근거

자유민주주의 국가에서는 사회 구성원 각자가 남의 간섭을 받지 않고 그들 스스로의 판단에 의해 자신들의 사익을 극대화하기 위해 행동할 수 있는 권리가 헌법상에 자유권적 기본권으로 보장되어 있다. 자유권적 기본권은 곧 국민 개개인이 자기 외의 외부의 간섭을 받지 않고 스스로 결정하고 행동할 수 있는 권리이다. 우리 헌법은 제2장 제10조에서 제37조 1항에 걸

---

1) 예를 들면, 국세징수법에 근거하여 납세 의무를 이행하지 않는 자에게 국세청이 법원 등 다른 기관의 힘을 빌리지 않고 직접 실력을 행사하여 행정기관 자력으로 그 의무 이행을 강제하는 경우(이를 행정기관의 '**자력 집행력**'이라 한다)가 있는가 하면, 교통 법규를 위반하는 등 국민이 지켜야 할 의무를 위반하는 경우에 그 위무 위반에 대해 행정기관이 법원의 힘을 빌리지 않고 일정한 제재로서의 행정형벌이나 행정질서벌을 가하는 경우(이를 행정기관의 '**자력 제재력**'이라 한다)가 이에 해당한다.

쳐 국민의 다양한 기본권을 규정하고 있으며, 제10조에서는 "모든 국민은 인간으로서의 존엄과 가치를 가지며……국가는 개인이 가지는 불가침의 기본적 인권을 확인하고 이를 보장할 의무를 진다"라고 규정하고 있다. 이와 같이 자유민주주의 국가에서는 사회 구성원 각자가 그들 스스로의 판단에 의해 자신들의 이익(즉 사익)을 극대화할 수 있는 권리가 헌법상에 기본권으로 보장되어 있다.

그런데 행정이 그 기능을 수행하기 위해서는 그 과정에서 국민 개개인의 사적 활동에 개입하는 것이 불가피하게 되고, 따라서 국민의 자유권적 기본권을 제한하게 되는 바, 그 정당한 근거가 무엇인가를 밝혀야 할 부담을 안고 있다. "행정이 사적 활동에 개입하는 정당한 근거가 무엇인가?"라는 질문에 대한 대답은 한마디로 '**공익**(public interest)'을 추구하기 위한 것이라고 할 수 있다.

우리 헌법은 제37조 제2항에서 "국민의 자유와 권리는 국가의 안전보장·질서 유지 또는 공공복리를 위하여 필요한 경우에 한하여 **법률**로써 제한할 수 있으며, 제한되는 경우에도 자유와 권리의 **본질적 내용**을 제한할 수 없다"고 규정하고 있다. 따라서 헌법 규정에 의하면, 행정활동을 통해 행정이 국민의 자유와 권리를 제한할 수 있는 정당성의 근거로는, 국가의 안전 보장과 질서 유지 및 공공복리를 들 수 있다.

그런데 국가의 안전 보장이나 질서 유지 및 공공복리를 포괄하는 개념으로 들 수 있는 개념이 바로 공익 개념이다. 국가를 방위하거나 각종 범죄를 예방하여 치안질서를 유지하는 것은 결국 국민들 모두에게 이익이 되므로 공익을 추구하기 위한 활동이라고 할 수 있으며, 더 나아가 각종의 급부행정 활동을 통해 공공복리를 증진시키거나 각종의 행정계획을 수행하는 활동 또한 공익을 추구하기 위한 활동이라고 할 수 있기 때문이다. 그러므로 공익은 행정활동의 궁극 목표가 되며, 행정활동이 정당화되는 근거가 되는 것이다.

한편 우리나라 헌법에서는 공익을 이유로 사익으로서의 기본권을 제한하는 경우에도 그 제한에는 한계가 있어, 기본권의 본질적 내용을 침해할 수 없도록 규정하고 있다. 여기에서 '**기본권의 본질적 내용**'이라 함은 만약 이를 제한하는 경우에는 기본권 보장이 사실상 유명무실해질 우려가 있는 경우를 의미한다. 즉 기본권의 내용은 포괄적인데 대해 기본권의 본질적 내용은 포괄적 내용 가운데 그 기본권의 근본 요소만을 가리키는 개념이다. 헌법재판소도 "기본권의 본질적 내용은 만약 이를 제한하는 경우에는 기본권 그 자체가 무의미해지는 경우에 그 본질적 요소를 말하는 것으로서, 이는 개별 기본권마다 다를 수 있다"라고 판시하고 있다(헌재 1995. 4.20, 92헌버29).

이와같이 우리 헌법은 공익과 관련하여 헌법상 기본권 제한의 일반 원칙을 규정하고 있을 뿐만 아니라, 공익을 이유로 사익으로서의 기본권을 제한할 때의 한계를 규정하고 있어 공익과 사익 간의 합리적 조절을 위한 기준을 제시해 준다.[2)]

한편, 지금까지 공익에 대한 연구가 정치학·법학·경제학·행정학 등의 여러 학문 분야에서 행해져 왔지만, 아직도 모호한 개념으로 존재하는 것이 사실이다. 공익에 관한 구체적 내용에 대해서는 제11장을 통해 자세하게 기술하고 있다.

제 2 절 역사적 관점에서 본 행정국가 출현의 정당성 근거

1 근대 국가의 자유방임주의와 행정

시민혁명을 계기로 출현한 근대 국가 이전의 절대군주 국가에서는 중앙집권 체제의 국민국가(nation state)를 형성하고, 절대왕권을 배경으로 한 **부국강병정책**(富國强兵政策)이 주를 이루는 **식산흥업정책**(殖産興業政策)을 추진해 왔다. 그 과정에서 서서히 등장하기 시작한 것이 이른바 신흥 자본가 계급으로서의 시민계급으로서, 이들은 국가의 식산흥업정책에 비판을

2) 헌법상의 공익 논의에 대한 자세한 내용에 대해서는 김항규(2006) 참조.

가하기 시작했다.[3] 즉 그들은 국내 산업을 보호하기 위한 관세정책을 필두로 해서 산업을 보호·조성·진흥시키기 위해 국가에 의해 행해졌던 각종의 규제·개입 조치가 산업의 자유로운 전개를 제약하고, 도리어 경제의 발전을 저해하고 있다고 비난했다. 그들은 국가가 시민 생활과 경제활동에 대한 불필요한 규제나 개입을 중지하고 시민의 자유로운 활동을 허용함으로써, 자본주의 경제가 발전하고 국가를 풍요롭게 하는 길이라고 주장했다.

이러한 사조를 프랑스에서는 '**레세페르**(laissez-faire)'라 칭했는 바 이것이 곧 자유방임주의 사상이다.[4] 이러한 자유방임주의 사상을 경제이론에까지 발전시켜 이른바 '**보이지 않는 손**(invisible hand)'에 의한 **자동 조절의 원리**를 제창한 사람이 스미스(Adam Smith)이다.

이후 근대의 자유방임주의 사상이 지배적인 사상으로 발전되면서, 국가의 직능을 국방·경찰·재판에 한정하게 되었는 바, 이러한 정부 형태를 '**값싼 정부**(cheap government)'라고 부르는 것이 통례가 되었다. 1801년 미국의 제3대 대통령에 취임한 **제퍼슨**(Thomas Jefferson)이 말한 바 "최소의 행정이 최선의 행정"이라는 표현도 이러한 국가관을 나타내는 것이다. 자유방임주의 사조는 영국이 전형적이었으나, 정도의 차이는 있지만 시민혁명을 거친 입헌군주제 또는 근대민주제의 정치 체제로 이행한 유럽 국가들에까지 확대 보급되었다.

2 행정국가의 출현 배경

1) 산업화와 도시화에 따른 행정 기능의 확대

자유방임주의 전통이 유지되면서 그 과정에서 서구 각국의 정부는 19세기 중반부터 말에 이르기까지 산업화와 도시화에 기인하는 새로운 사회문제들을 해결하기 위한 대책―농촌 인구의 도시 유입으로 인한 빈민 구제,

---

3) 이들 신흥 자본가 계급으로서의 시민계급이 바로 마르크스(Karl Marx)가 말하는 바 부르주아(bourgeois) 계급에 속한다.

4) 'Laissez-faire'라는 용어는 프랑스어로서 '그냥 내버려 두라'는 의미의 명령어이다.

콜레라 · 장티푸스의 만연이 계기가 된 상 · 하수도의 정비, 주택의 개량, 공장 노동자의 보호, 의무교육의 충실, 전기 · 가스의 공급, 도시교통사업의 경영, 사회보장 제도의 도입, 산업활동이 국민 생활에 미치는 위해를 방지하기 위한 규제 조치를 강구하면서도 한편으로는 이를 보호 · 조성 · 진흥시키기 위한 대책의 강구 등—을 정부가 수행하기 위해 정부의 직능 범위를 확대시키기 시작했다.

이와같이 근대 국가에서 현대 국가로 점진적으로 이행해 오는 과정에서 행정의 직능 범위와 규모가 확대되기 시작했고, 따라서 국가 형태도 과거 소극적 국가 형태로부터 적극 국가 형태로 변화되는 양상을 나타내기 시작했다. 이러한 경향은 20세기에 들어 더욱 가속화되어, 정부의 재정 규모 확대와 공무원 수의 증대를 가져오게 되었을 뿐만 아니라, 이에 수반하여 질적 변화도 초래하기 시작했는 바, 이는 곧 복지국가에로의 진입이 시작된 시기였다.

2) 대중민주주의의 출현과 복지국가

19세기에서 20세기에로의 전환기에는 여러 가지의 사회적 변화가 일어났다. 그 중 대표적인 것을 들면, **노동조합**이 결성되어 노동운동이 활발해졌고, 이에 동반하여 선거권이 점차 확장되어 결국 성인 남녀 모두에게 선거권을 부여하는 **보통 · 평등 선거 제도**가 시행되었으며, 선거권의 확장에 의해 새로이 유권자가 된 국민 대중의 지지를 얻기 위해 각 정당은 경쟁적으로 사회정책 · 노동정책 · 산업정책을 정책강령으로 내세워 이를 정당정치의 주요 쟁점으로 부상시키게 된다.

요컨대, 정치 제도에서의 **대중민주주의**(mass democracy)가 실현된 시기이다. 이러한 대중민주주의의 실현이야말로 복지국가에로의 길로 진입하는 기본적인 계기가 되었다고 할 수 있다(西尾勝, 1993: 4-5).

3) 세계대전과 경제공황

산업화 시대의 도래와 대중민주주의의 출현 외에도 복지국가 내지 행정국가 현상을 촉진시킨 역사적 사건 내지 정당성의 근거로 들 수 있는 것으로는 제1차 세계대전과 제2차 세계대전, 그리고 양대 세계대전 사이에 발생한 1929년의 세계 대공황 등 세 가지의 사건을 들 수 있다. 양차 대전에 참가했던 국가들은 총력전을 수행하기 위해 국가 총동원 체제라든가 거국일치 체제를 형성하고, 광범위하게 국민 각계각층의 협력을 조달하기 위해 노력하지 않을 수 없었고, 이러한 과업을 행정이 주도적으로 행하지 않을 수 없었다. 또한 대공황의 발생으로 인해 시장 메커니즘에 대한 신뢰감을 뿌리째 흔들어 놓았고, 그 당연한 결과로 정부가 국가 경제의 관리자라고 보는 사고가 증대되기 시작했다.

이와 같은 연유로 1930년대 대공황 이후 등장한 **케인스**(John Maynard Keynes)적 사고, 즉 정부가 사적 분야에 적절히 개입함으로써 완전고용, 경제 성장 및 안정, 인플레이션의 억제 효과를 가져올 수 있다고 보는 수정자본주의적 논리가 상당한 설득력을 가지게 되었다. 이리하여 정부는 각종 토목사업을 일으켜 이를 실업자 구제정책으로 활용하는가 하면, 직접적으로는 임금 규제·가격 규제 등을 통해, 그리고 간접적으로는 세수 및 지출을 조정하는 등의 재정정책과 통화 공급 조절 등의 통화정책을 통해 경제에 영향을 미쳐 왔다.

4) 기타 요인

정부는 또한 사적 영역에 대해 투자와 보조금을 지급해 주는 원천이 되었다. 대기업 위주의 경제에서는 한 기업이 도산하게 되면 그로 인해 수많은 실업자가 발생하게 되고 경제 성장에 미치는 영향도 지대하기 때문에, 정부는 자금을 빌려 주거나 채무 보증을 해 주는 방식으로 사적 영역에 개입하게 된다. 이 밖에도 정부는 미래의 일군을 교육시키고 경제가 성공하는 데 필요한 하부구조(infrastructure)-도로나 수자원, 기상청 등-를 공급함으로써 간접적으로 사기업에 영향을 미친다.

요컨대 이러한 사고는 전쟁이 국가에서 너무 중요한 것이므로 그것을 몇 사람의 장군에게 맡길 수 없는 것과 마찬가지로, 경제 또한 너무 중요한 것이기에 사적 영역에만 맡겨 둘 수 없다는 논리이다(Levine, Peters, & Thompson, 1990: 37).

오코너(James O'Connor)에 의하면, 자본주의 국가에는 반드시 달성하지 않으면 안 될 두 가지 기본적 기능이 있다고 하는데 그것은 축적의 기능과 정당화의 기능이다. 전자는 주로 경제적 기능과 관련되는 것으로서, 이익과 투자와 경제 성장을 보장하는 기능이고, 후자는 사회정치적 기능을 지칭하는 것으로서, 자본주의 사회질서가 정의롭고 공정하며 그리고 적절한 체계로 보이도록 하고, 동시에 사회적 조화가 유지될 수 있도록 보장하는 기능이다(O'Connor, 1973: 1-10).

선진 자본주의 사회로 갈수록 시민사회가 정부에 대해 이러한 두 가지 기능을 요청하게 된다. 이 중에서 후자의 기능이 요청되었던 것은 자본주의 국가 체제에 맞서 사회주의 국가 체제가 태동하기 시작한 것도 그 한 요인이 된다. 사회주의 체제에 대항하기 위해서는 자본주의 체제 국가에서도 분배의 불공평을 어느 정도 시정하기 위한 정책 수행이 불가피하다고 보았기 때문이다. 이와같이 이데올로기 경쟁에서 이기기 위한 체제 경쟁적 요인도 복지국가적 경향을 촉진시킨 요인 중의 하나가 되었다고 볼 수 있다.

한편, 우리나라를 비롯하여 제2차 세계대전 이후 독립한 **신생국가**들은 새로이 쟁취한 독립을 보존하기 위해 안보를 강화하고, 후진성을 면치 못한 경제를 신속히 발전시킨다는 명분으로 행정 기능을 확대해 왔다. 따라서 이들 국가들은 행정이 주도가 되어 사전적 · 적극적 · 계획적으로 국가발전을 주도해 왔다.

특히 우리나라의 경우 1950년대의 6 · 25와 남북 분단으로 인한 안보행정과, 1960년대 이후의 경제개발 5개년계획을 비롯한 여러 가지 발전계획사업을 행정이 주도적으로 추진해 왔고, 80년대 말 이후에는 교육 · 지방행정 · 복지 분야로 행정 기능이 더욱 확대되어 왔다.

제 3 절 경제학적 관점에서 본 정당성 근거

1 완전경쟁시장의 조건과 자원의 최적 배분

경제학적 관점에서 공공정책의 사적 활동에 대한 개입의 정당한 근거를 밝히기 위해서는 먼저 경제학에서의 완전경쟁시장 개념에 대한 이해로부터 논의가 전개되어야 한다. 완전경쟁시장이란 다음과 같은 조건을 충족시키고 있는 시장을 말한다.

(1) 모든 생산 요소의 제한 없는 자유로운 이동

시장의 완전성에 대한 조건으로서 노동 · 자본 · 토지 · 원료 · 기업가의 능력을 포함한 기술 등 일체의 모든 생산 요소가 어느 부문으로든 자유롭게 이동하는 데에 일체의 인적 · 제도적 · 기술적 제한이 없어야 한다는 점이다.[5] 이는 곧 어떤 시장에 대한 생산 요소의 진입과 퇴출(退出)이 자유로워야 한다는 점을 의미한다. 따라서 규모의 경제(economics of scale)의 효과,[6] 특허 제도, 각종 인 · 허가 제도 등으로 인해 진입과 퇴출이 제한되어 있는 시장은 완전경쟁시장이라 할 수 없다.

(2) 시장 상황에 대한 충분한 정보 공유

이는 공급자나 수요자가 자기가 관계하고 있는 시장의 상황에 대해 충분한 지식을 갖고 있다는 조건이다. 이러한 조건이 충족될 경우 시장에서 동

---

5) 이때 자원의 이동이 순식간에 또는 즉각적으로 이루어질 수 있어야 함을 의미하는 것은 아니다(이승훈, 1986: 203n). 예를 들면, 토지나 공장과 같이 단기간에는 고정되어 있는 것이라 할지라도, 장기적으로 이동성을 가지는 것이면 된다(최병선, 1992: 59-60).

6) 규모의 경제는 자본집약의 경제성과 관련이 있는 개념이다. 같은 제품이라도 더 많이 더 크게 생산할 때, 제품의 단위당 가격은 하락하는 현상을 규모의 경제라고 표현한다. 따라서 대규모의 큰 기업들은 제품 가격을 낮출 수가 있는 것이다. 또한 M&A(merger(s) and acquisition(s); 기업 인수 합병)의 시너지 효과도 규모의 경제에서 나온다고 볼 수 있다.

일한 생산 요소에 대해 **동일 가격**이 성립하게 된다. 예컨대 동질적인 상품에 대해 어떤 공급자가 다른 경쟁자보다 더 높은 가격을 요구하는 경우, 수요자는 그 상품에 대해 충분한 정보를 가지고 있기 때문에 그 공급자가 다른 공급자보다 동일한 상품의 가격을 높게 받고 있다는 것을 알 것이므로 수요자가 그 상품을 구입하지 않을 것이며, 따라서 어느 공급자도 가격을 달리하여 판매할 수가 없게 될 것이다.

(3) **다수의 공급자와 수요자의 존재**

이는 경제의 순수성에 관한 조건으로서 동일한 상품의 공급자 및 수요자가 모두 다수로 구성되어 있어야 한다. 이럴 경우 어느 공급자도 스스로의 공급량 조절을 통해 가격에 영향을 미칠 수 없고, 수요자 또한 스스로의 구매량 조절을 통해 가격에 영향을 줄 수 없게 된다.

(4) **공급자를 달리하는 동일 제품의 동질성**

동일한 제품으로서 공급자를 달리하는 경우라 하더라도 그 상품이 모두 동질적이어야 한다는 조건이다. 이는 공급자를 달리하는 어떤 상품의 생산이나 판매가 이루어질 경우 이들 상품 사이에는 완전한 **대체성**(代替性)이 보장되는 조건을 의미하는 것이다. 이럴 경우 수요자 입장에서는 공급자를 굳이 가릴 필요가 없게 된다.

이러한 완전경쟁의 조건이 충족되는 시장 하에서는 **동일 상품=동일 가격**이라는 등식이 성립되고, 모든 경제 주체(소비자와 생산자)는 시장에서 성립되는 가격을 주어진 것으로 받아들이게 되며, 그러한 조건 하에서 생산자 및 소비자를 포함한 경제행위자들은 각각 가장 유리한 경제적 지위를 획득하기 위해 합리적으로 행동하게 된다. 이리하여 급기야는 "사회에서 적어도 다른 한 사람의 경제 상태를 악화시키지 않고는 어떤 사람의 경제 상태도 개선할 수 없는 자원 배분 상태"에 도달하게 되는데 이러한 상태를 '**자원의 최적 배분**' 상태라고 하며, 이를 또한 '**파레토 최적**(Pareto optimality)' 상태라고도 한다. 요컨대 파레토 최적 상태라 함은 완전경쟁시장의 요건이 충족되는 시장을 통해 이루어지는 자원의 최적 배분 상태를 의미하는 것이다.

▩ 파레토 효율과 파레토 최적

효용의 극대화를 초래하는 자원의 최적 배분 상태, 즉 파레토 최적 상태를 이해하기 위해서는 먼저 파레토 효율(Pareto efficiency)의 개념부터 이해해야 한다. 파레토 효율의 개념을 이해하기 위해 다음과 같은 예를 들어 보자.

먼저 논의의 단순화를 위해 지금 한 사회에 A, B 두 사람이 존재하고, 이들은 빵과 우유라는 두 가지 재화의 소비에 의해 효용을 얻는다고 하자. 여기에 덧붙여 몇 가지 전제 조건을 다음과 같이 정해 보자.

첫째, A, B 양자 모두 빵과 우유의 소비를 원하고 있다, 즉 두 사람 모두 빵과 우유의 어느 것에 대해서도 소비를 전혀 하지 않는 것을 원하지 않는다고 하자. 이럴 경우 양자는 빵과 우유의 소비를 통해 효용을 증대시키게 될 것이고, 소비의 증대에 따른 한계효용 체감의 법칙이 적용된다.

둘째, 그 사회가 공급하려는 빵과 우유의 양은 무한하지 않고 일정한 한계가 있다. 따라서 양자는 이들 빵과 우유를 얼마만큼씩 소비할까를 둘러싸고 경쟁과 대립이 발생할 가능성이 존재한다.

셋째, 각자의 효용은 각자에게 고유의 것이고(이는 각자가 자기의 효용을 타인의 효용과 비교하지 않음을 의미), A의 효용과 B의 효용을 단순히 서로 비교하여 집계하는 것은 불가능하다.

이와 같은 전제 하에서 A의 상태를 개선-A의 효용(이익)을 한층 증대-하는 것은 다음과 같은 사태 중 어느 것을 야기시킨다.

(1) B의 상태를 악화시키지 않는다(B의 상태가 이전과 변함이 없거나 혹은 개선된다).
(2) B의 상태를 악화시킨다.

여기에서 A, B 각자의 효용을 상호 비교하는 것은 위의 세 번째 전제에 의해 허용되지 않으므로, (2)의 경우 A의 상태를 개선시키려고 하는 행위에 의해, 그 사회의 전체 이익이 증대되었는지 감소되었는지를 판정할 수는 없다. 한편, (1)의 경우 A의 상태가 개선되었는데도 B의 상태가 악화되어 있지 않으므로 결과적으로 사회 전체의 이익은 의심할 것 없이 증대되었다고 판단할 수 있다. 이러한 상태를 '**파레토 개선**(Pareto improvement)' 상태라고 하거나 '파레토 효율'이 있다고 표현한다.

이러한 파레토 효율-파레토 개선 상태-은 수없이 존재한다고 할 수 있다. 즉, 위에서 말한 (1)의 사태는 수 없이 존재할 수 있다는 의미이다. 그런데 그 수없이 많은 파레토 개선 상태 중에서 누군가 어떤 사람의 상태를 악화시키지 않고는 이제는 어떤 한 사람의 상태를 지금 이상 개선할 수 없는 상태가 될 때 **사회 전체의 효용**은 극대화된다고 할 수 있는데, 이러한 상태를 '파레토 최적' 상태에 있다고 하는 것이다.

▒ 파레토 개선 기준과 잠재적 파레토 개선 기준

파레토 최적 개념과 함께 고려되어야 할 것으로 '파레토 개선 기준(Pareto Improvement Criterion)'과, '잠재적 파레토 개선 기준(Potential Pareto Improvement Criterion)'이 있다.

첫째, '파레토 효율'에 의하면 어떠한 사회 구성원에게도 손실을 부여함이 없이(즉, 다른 사회 구성원의 경우를 악화시키지 않고), 적어도 한 사람 또는 복수의 사회 구성원에게 이익을 가져다 주는 현상 변경만을 효율적인 현상 변경(자원배분)이라고 본다. 이 개념의 핵심은 '**어떠한 사회 구성원에게도 손실을 부여함이 없이**'라는 표현에 있다. 따라서 다른 사람들의 이익을 위해 어떤 사람들이 희생되는 것을 허용하지 않는다. 예를 들면, 어떤 정책으로 인해 희생되는 사람이 한 사람뿐이고, 나머지 다른 모든 사회 구성원들의 경우를 개선시킨다고 하더라도 이 개념에 위반되는 것이 된다. 그러나 현실적으로 어떤 현상 변경을 시도할 경우, 그 사회 구성원 중의 어느 한 사람도 손해를 보지 않는 경우는 거의 찾아보기 힘들다. 이에 '**파레토 개선 기준**'에서는 어떤 현상 변경이 어떤 사람들의 경우를 악화시킬 우려가 있을 때에는 그들에게 '**적절한 보상**'(그들의 효용을 적어도 전과 동일한 수준으로 유지할 수 있을 정도의 보상)을 해야 한다는 것을 효율적인 현상 변경의 절대 조건으로 요청하는 것이다. 따라서 그러한 보상이 현실적으로 행해지지 않는 한 어떠한 현상 변경도 효율적이라고 인정할 수 없는 것이다. 이러한 원리를 통칭해서 '**보상 원리**'라 칭하며, 칼도(N. Kaldor)의 보상 원리는 파레토 개선 기준의 대표적 이론이다.

A, B 두 사람의 경제 주체를 생각할 경우 어떤 변화로 인해 A의 효용 증대가 B의 효용 감소를 능가할 경우, A가 B의 효용 감소를 보상해 줌으로써 사회적 후생의 증대를 가져오게 된다고 한다(Kaldor, 1939: 549-552). 힉스(J. R. Hicks)는 칼도의 보상 원리를 지지하면서 다음과 같이 그 원리를 설명하고 있다(Hicks, 1940: 105-24).

힉스의 보상 원리

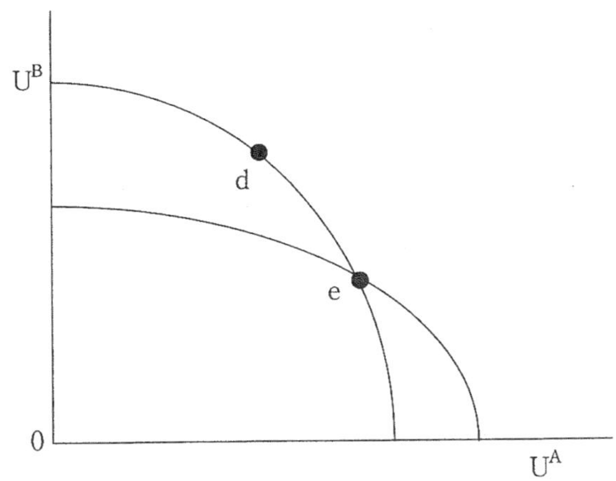

그림에서와 같이 어떤 정책으로 인해 어떤 경제 상태가 e에서 d로 이동한다면 A집단의 효용이 감소하는 한편, B집단의 효용은 증대하게 되는데 이 경우 칼도의 원리는 B의 효용 증대가 A의 효용 감소를 능가할 경우, B가 A의 효용 감소를 보상해 줌으로써 사회후생의 증대를 가져온다고 보는 것이다.

한편, 힉스의 보상 원리는 이 경우 e에서 d로의 이동이 A의 효용을 감소시키지만 B에게는 그 이상의 효용 증가를 가져올 경우, A가 B로 하여금 d로의 이동을 반대하게끔 매수하려면 그에 소요되는 비용이 그 이동에서 초래되는 효용 감소 이상의 비용을 치러야 하므로(효용 강도의 동일성과 화폐액으로의 환원 가능성을 전제하기 때문에 이러한 설명이 가능하다.) 그것은 효과적인 매수라 할 수 없으며, 따라서 그러한 경우에는 e에서 d로의 이동은 후생 증대를 가져온다고 본다. 즉 손해를 입은 집단이 이익을 얻은 집단으로 하여금 정책 변화를 반대하도록 효과적으로 매수할 수 없으면, 그 정책 변화는 사회후생의 증대를 가져온다고 보는 것이다.

둘째, '**잠재적 파레토 개선**'은 어떤 현상 변경이 파레토 개선의 잠재적 가능성을 보증할 경우, 그 현상 변경을 효율적이라고 보는 개념이다. 이 개념에서의 핵심은 '**잠재적**'이라는 표현에 있다. 따라서 이 개념에 의하면 '보상'은 직접적으로 행해지는 것이 아니고, 어디까지나 가설적인 것에 지나지 않는다. 실제의 보상이 행해지지 않아서 경우가 악화되는 사람이 있다고 해도, 그리고 그러한 사람의 수가 어느 정도 많다고 해도 현상 변경으로 인해 적절한 보상을 행하고도 남을 가능성이 잠재적으로 보증이 되면 효율적인 현상 변경이라고 보는 것이다.

예를 들면, 어떤 공공투자사업으로 인해 손실보다 이익이 더 크게 발생할 것으로 예측될 경우 그 사업으로 인해 손해를 보게 될 사람들에 대해 현실적으로 직접적 보상을 행하지는 않더라도, 그 이익의 이전에 의해 손해를 입은 모든 사람들의 손해를 완전히 보상할 수 있음은 물론, 보상하고도 남을 잉여분이 있을 가능성이 잠재적으로 존재한다고 보면, 그러한 투자사업은 효율성이 있고 따라서 자원의 효율적 배분을 초래한다고 보는 것이다. 현실적으로 적용되고 있는 효율성 개념은 후자, 즉 '잠재적 파레토 개선'이다.

2 시장의 실패와 정부 개입의 정당성 근거

완전경쟁 상태 하에서 파레토 최적이 이루어질 경우 시장에서의 사적 활동에 정부가 개입할 필요가 없다고 할 수 있다. 그러한 상태 하에서는 소비자나 생산자 모두가 경제적 능률의 극대화라는 최적 배분 상태를 이루고 있다고 할 수 있기 때문이다. 즉, 완전경쟁 하에서는 소비자는 효용 극대화를 이루기 위해, 그리고 생산자는 이익 극대화를 이루기 위해 행동할 경우 '보이지 않는 손'에 의한 자동 조절 원리에 의해 파레토 최적 상태에 이를 수 있다고 보는 것이다.

그러나 앞서 말한 완전경쟁시장의 조건은 현실이 아닌 이상적 상태이다. 현실의 시장기구는 자원의 최적 배분에 도달하는 과정에서 시장 기구의 기능을 가로막는 여러 가지 요인이 존재하고 있으며, 따라서 파레토 최적 상태를 실현시킬 수 없게 된다. 이러한 상태를 '시장의 실패(market failure)'라 칭하며, 이러한 시장의 실패가 정부 개입의 정당성 근거를 제공해 준다.

시장의 실패, 즉 자원의 최적 배분이 제대로 이루어져 있지 못한 상태에서 이를 시정하고 자원의 최적 배분, 곧 파레토 최적 상태를 이루기 위해서는 정부가 재화를 공급하거나 시장에 대한 규제를 행하는 등의 정책을 통해 현실적으로 존재하는 여러 저해 요인을 제거해야 한다. 따라서 시장의 실패는 공공정책이 요청되는(시장에의 정부 개입이 정당화되는) 가장 중요한 이유가 되는 것이다.

현실 경제에서 자원의 최적 배분을 저해하는 요인, 즉 시장의 실패를 초래하는 요인으로 지적되고 있는 것으로는 공재의 성격, 외부효과의 존재, 독점 또는 불완전한 경쟁 상태, 정보 불균형 등이다(Weimer & Vining, 1989: 40-75).

1) 공공재의 특성과 정부 개입의 근거

(1) 사적 재와 공공재

인간이 삶을 영위하기 위해서는 여러 유형의 재화와 서비스(goods and service)를 필요로 한다. 그런데 인간이 삶을 위해 필요로 하는 재화와 서비스는 사적 재(私的 財, private goods and service)와 공공재(公共財, public goods and service)로 구별된다.

사적 재는 시장을 통해 구입할 수 있는 재화나 서비스를 의미하고, 공공재는 정부가 제공해 주는 재화와 서비스를 의미하는 것으로 구분한다. 그런가 하면 보통 공공재는 공공의 이익을, 사적 재는 사적·특수적 이익을 사회 구성원들에게 가져다 주는 재화로 구분하고 있다. 그러나 반드시 그렇다고 할 수 없는 경우도 존재한다. 예를 들면, 정부에 의한 공공재의 공급이 사적·특수적 이익을 특정의 개인이나 기업에 가져다 주기도 하고(예를 들면, 정부에 의한 국방 서비스 공급에 의해 특정의 무기 제조회사가 이익을 얻는 경우), 사적 재의 생산·소비가 때로는 공공의 이익을 증대시키기도 할 수 있기 때문이다(예를 들면, 사기업이 획기적인 도난방지 시스템을 개발해 많은 국민이 그 설비를 구입하게 되면, 치안이 더 나아지고 국가에서는 경찰 관계 지출을 대폭적으로 삭감할 수 있게 될지도 모른다).

일반적으로 사적 재와 대비되는 공공재의 특징으로는 소비에서의 비배제성(非排除性, non-excludability)과 비경합성(非競合性, non-rivalry)을 든다. 공공재의 **비배제성**이란 재화 및 서비스에 대해 그 대가를 지불한 사람뿐만 아니라, 대가를 지불하지 않은 사람도 이를 소비할 수 있게 하는 특성을 말한다. 즉 소비에서 **무임승차자**(free rider)가 존재하는 경우를 의미한다. 재화 가운데에는 그의 이용으로부터 타인을 배제시키는 것이 가능하거나 용이한 것과, 그렇게 할 수 없는 것이 있다. 여기에서의 배제의 용이성과 곤란성에는 물리적 의미에서의 그것과, 법적 의미에서의 그것이 있음을 유의할 필요가 있다. 공기나 자연 경관 등에 대해서는 그것들에 대한 향유로부터 특정인을 배제하는 것이 물리적으로나 법적으로 불가능하다. 마찬가지로 어떤 사람이 소유하고 있는 임야에 외부인을 물리적으로 일절 들어오지 못하게 하는 일은, 이를 위한 감시의 비용이 막대하기 때문에 사실상 불가능에 가깝다. 하지만 그 토지로부터 외부인을 배제시키는 것이 법적으로는 불가능한 것은 아니다. 따라서 불법 진입자를 고소해서 법원에 제재를 구할 수 있는 것이다.

시장 메커니즘은 배제의 원칙, 즉 재화 및 서비스에 대해 대가를 지불하는 사람에게만 그 재화 및 서비스를 소비할 수 있게 하는 원칙이 있어야 그 기능을 제대로 발휘할 수 있다. 배제 원칙이 적용됨으로써 시장은 경쟁기구로서 기능을 하게 되며, 소비자는 생산물에 대한 가격을 매김으로써 생산자에게 그 선호를 나타내고, 생산자는 경쟁 압력 밑에서 그러한 소비자 선호에 따라 소비자가 원하는 생산물을 공급하게 된다. 그러나 공공재는 비배제성이 적용되는 경우가 많으며 따라서 시장의 실패의 원인이 된다.

한편, 공공재의 **비경합성**이란 한 개인이 그 재화나 서비스의 소비에 참여하여 얻는 이익이 다른 모든 개인들이 그것을 이용하여 얻는 이익을 감소시키지 않는 특성을 말한다(Ostrom & Ostrom, 1977: 12ff). 즉 어떤 개인이 일정의 재화를 소비하더라도, 다른 사람이 동일한 량의 그 재화를 소비하는 것이 방해받지 않는 것을 말한다. 예를 들면, 공원을 이용할 경우 그 사람의 이익은 다른 사람의 공원 이용 이익에 지장을 주지 않는다. 이 경우 배제 원칙을 적용하여 공원 이용료를 징수하여 이를 지불한 사람에게만 이용케 할 경우 공원의 이용도를 저하시켜 비효율을 발생시킬 가능성이 있다.

이와같이 공공재의 경우는 그것이 갖는 두 가지의 성격 때문에 시장의 실패를 가져오는 대표적 요인으로 지적되고 있다. 공공재가 갖는 비배제성이나 비경합성은 그러나 상대적인 것이다. 비배제성이나 비경합성의 요건을 완전히 갖춘 순수한 공공재는 사실 그리 많지 않으며, 따라서 양자의 요건의 배합 정도를 달리하는 여러 형태의 공공재가 존재할 수 있는 것이므로 그것은 상대적이라는 것이다. 예컨대, 국방이라는 공공재와 도로라는 공공재를 비교해 볼 때, 전자가 갖는 비경합성과 비배제성의 정도가 후자의 그것보다 상대적으로 강하다고 할 수 있다.

[그림 3-1] 재화의 분류

		배제성	
		유	무
경합성	유	①	④
	무	③	②

① 전형적인 사적 재
② 순수공공재(예: 등대)
③ 준공공재(배제가능성은 있으나 경합성이 없는 재화로서, 특별히 비어 있는 재료의 고속도로)
④ 준공공재(배제성은 없으나 경합성이 있는 재화, 즉 소비에서 경합성이 있는 재화로서, 특별히 혼잡한 상황에 있는 무료의 공원이나 도로)

공공재에는 순수공공재와 준공공재가 있다. 사적 재는 소비에서의 경합성과 배제성이라는 두 가지 속성을 갖는다. 이러한 종류의 재화에 대해서는 사적 소유권을 설정하는 일이나 그에 대한 권리를 실효성 있게 보호하는 것이 일반적으로 극히 용이하다. 이에 대해 공공재는 이 두 가지 속성 중에서 적어도 하나의 요건을 결하고 있는 재화를 의미한다. 이 중에서 이들 속성을 동시에 결하고 있는, 즉 소비에서 비경합적인 성격을 가지면서 동시에 배제의 용이성이 없는 재화를 '**순수공공재**(pure public goods)'라고 한다. 한편, 사적 재가 가지고 있는 속성 중 어느 것 하나를 결하고 있는 재화를 '**준공공재**(quasi-public goods)'라고 한다.

이상의 논의를 기초로 하여 재화를 분류하면 앞의 [그림 3-1]과 같다.

(2) 정부가 순수공공재를 공급하는 근거

소비에서 비경합적인 재화 중에는 배제가 가능한 재화도 많이 있다. 예를 들면, 도로나 철도를 이용하려고 하는 사람에게는 요금을 부과하고, 공원을 이용하려고 하는 사람에게는 입장료를 부과하는 일이 충분히 가능하며 실제로 현재 수행되고 있다. 이러한 경우에는 소비에서 비경합적인 재화일지라도 민간기업이 공급에 참여하여 시장이 성립될 수 있을지도 모른다.

그러나 소비에서 비경합적일 뿐만 아니라, 배제가 극히 곤란한 재화, 즉 순수공공재—국방 서비스·재판 서비스·범죄자 검거·등대·신호기 등이 대표적—에 대해서는 사기업이 적극 개입하는 것은 거의 생각하기 곤란하다. 예컨대, 그러한 종류의 재화나 서비스를 사기업이 생산하고 공급한다고 하더라도 이들을 이용함으로써 이익을 얻는 모두로부터 응분의 대가를 징수하는 것—만약 그렇게 하는 것이 가능하다면 사정은 전혀 달라지겠지만—등이 사기업으로서는 불가능한 일이기 때문이다.

이러한 순수공공재를 정부가 공급하고 있는 데에 대해서는 그 정당성의 근거가 충분하다. 즉, 순수공공재는 공적 강제력을 배경으로 국민으로부터 징수한 세금을 재원으로 해서 정부가 공급하지 않을 수 없는 것이다. 물론, 순수공공재의 공급을 정부가 행한다고 해서, 항상 효율적 수준의 공급이 행해지는 것은 아니다. 오히려 그렇지 않은 경우가 그러한 경우보다도 많을지도 모른다. 이러한 문제에 대해서는 다음 장에서 논의될 '정부의 실패' 부문에서 논의하기로 한다.

(3) **동시 소비의 과밀 가능성이 있는 재화와 요금의 부여**

공공재 중에는 그 재화의 소비자의 총수가 어떤 일정의 한계치에 다다를 때까지는 소비자의 수가 증가한다 하더라도 소비자 개개인이 향유하는 효용을 얻는 데 변화가 없지만(즉 소비의 경합성이 없지만), 그 수준을 초과하면 소비자의 수가 한 사람 증가할 때마다 그 재화의 소비를 위해 각인이 지불해야 할 비용(시간, 불쾌감 등)이 점차로 증대하는(즉, 소비의 경합성이 증대하는) 특성을 갖는 공공재가 있다. 도로, 교량, 유원지, 자연공원, 낚시터 등이 그러한 것들이다. 이러한 특징을 갖는 재화를 '동시 소비의 과밀 가능성이 있는 재화'라고 부른다.[7] 결국 동시 소비의 과밀 가능성이 있는 재화는 공공재의 **비경합성**과 사적 재의 **경합성**을 동시에 지니고 있는 재화라고 할 수 있다. 이러한 재화에 대해서는 요금을 부과할 수 있다. 따라서 이러한 재화를 '**요금재**(toll goods)'라고도 부른다.

일반적으로 교량이나 도로 등은 건설이 완료된 후, 유지·보수비용을 별도로 한다면, 이용자가 증가한다고 해서 당해 서비스의 공급에 추가적인 비용을 필요로 하는 것은 아니다. 따라서 동시 소비의 과밀 상태에 도달해서 경합성이 발생하지 않는 한, 다수의 사람들에게 그 재화나 서비스를 공급하는 것이 전체 사회적 관점에서 보아 효율적이다. 즉 사회잉여가 극대화된다. 따라서 공익에도 도움이 된다. 재화에 대한 대가를 지불하든 않든 간에 더 많은 사람들이 그 재화를 이용하여 효용을 얻도록 하는 것이 사회 전체의 효용을 극대화해 주기 때문이다.

그러나 이러한 교량이나 도로 등과 같은 재화의 공급을 사기업에 맡길 경우 사기업이 무료로 서비스를 공급하는 일은 거의 생각할 수 없다. 아마도 당해 도로나 교량을 건설하기 위해 지출한 초기 투자비용, 유지 및 보수비용 등을 될 수 있으면 신속히 회수하고 그 위에 이윤을 확보할 수 있는 이

7) 이러한 용어는 足立幸男이 그의 저서 『公共政策學入門(民主主義와 政策)』(東京: 有斐閣, 1994: 129-130)에서 사용하고 있다.

용 요금을 소비자에게 부과할 것이다. 그 결과 이용 요금이 무료였다면 이용했을 누군가가 그 이용을 단념하여 소비자 잉여의 감소가 발생하게 된다.

그런데 일반 교량이나 도로 등과 같이 비배제성을 갖는 재화의 소비에서 경합성, 즉 동시 소비의 과밀 상태가 나타나게 되면, 그러한 재화의 소비에 요금을 부과하는 방법을 통해 요금을 납부하지 않는 사람들을 그 재화의 소비로부터 배제시킬 수가 있다. 환원하면, 과밀 가능성이 있는 재화라도 과밀 상태에 아직 도달하지 않은 때에는 무료이고, 과밀 상태가 될 때(교량이나 도로의 경우에는 출퇴근 시간)에는 이용 요금을 받고 재화를 공급하는 것이 효율적 이용을 실현하는 것이다. 동시 소비의 과밀 가능성이 있는 재화를 사기업이 공급하는 경우, 효율적인 수준의 공급·소비를 보증할 가격 체계의 정비를 사기업이 반드시 행한다고 할 수 없다. 이런 점에서도 동시 소비의 과밀 가능성이 있는 재화에 대한 정부의 개입은 효율성의 관점에서 정당화될 가능성이 있다.

요금 부과를 통해 재화의 소비를 배제하는 이유로는 지금까지 기술한 바와 같이 재화의 효율적 이용이라는 관리 기술적 차원에서뿐만 아니라 정치적 요인에 의한 경우도 있다. 예를 들면, 무척 한산한 어느 공원을 산책하는 것과 같이 소비에서의 경합성이 없기 때문에 관리 기술적 요인상 소비를 배제할 필요가 없다고 하더라도, 관리비의 일부를 소비자가 부담하는 것이 바람직하다고 판단하여 입장료를 받는 것은 **정치적 결정**에 의한 것이다.

(4) 경합적이지만 비배제성을 갖는 공유자원의 문제(공유지의 비극)

공공재의 또 하나의 유형, 즉 소비에서 경합적이지만 배제가 반드시 용이하지는 않은 재화에 대해 생각해 보자. 예를 들면, 야생의 짐승이나 새, 바다나 하천의 고기, 누구의 소유도 아닌 원시림, 석유나 천연가스와 같은 지하자원 등이 이러한 유형의 재화에 속한다.

이러한 재화들 중에는 자원이 풍부해서 고갈될 염려가 전혀 없는 것도 있다. 그럴 경우 공적 개입이 전혀 필요하지 않을지도 모른다. 그러나 이런 재화들 중에는 사람들 사이에서의 자유로운 거래를 규제하지 않으면, 과잉 소비, 더 나아가서는 자원 고갈의 우려가 있는 것도 있다. 이를 '**공유지의**

비극(tragedy of commons)'이라고 한다. 다음과 같은 예를 들어보자 (Hardin, 1968: 1243-1248).

> 각자가 자신의 소를 가지고 있는 복수의 농부와 그들이 공유하고 있는 목초지가 있다고 상정해 보자. 농부 각각은 고유의 목초지에서 자신의 소에게 목초를 먹인다. 그런데 모든 소가 먹을 목초의 양이 목초지의 자연 회복의 허용량의 범위 내에 있다면 문제가 발생하지 않는다. 그러나 허용량을 초월할 경우에는 어떻게 할 것인가? 각각의 농부가 "자신의 이익의 최대화를 목적으로 해서 합리적으로 행동한다"고 하는 방법론적 개인주의의 입장에 선다고 한다면, 다음과 같이 생각해 볼 수 있다. 모든 농부가 자신의 소에게 먹일 수 있는 목초를 일정량까지 감소시켜 목초지의 자연 회복을 보전하면 좋다. 그러나 만약 자기의 소에게 일정량 이상의 목초를 먹이지 않는다고 해도, 다른 농부가 그의 소에게 목초를 일정량 이상 먹이지 않는다고 하는 보장은 없다. 그러면 자신의 소만 사육이 나빠지고, 다른 소에 의해 공유의 목초지는 회복 불가능한 정도로까지 황폐해 버리고 말게 된다. 그렇다면 자기만 손해를 보게 된다. 따라서 다른 농부가 그의 소에게 일정량 이상의 목초를 먹이지 않는다는 보장이 없으므로, 자기의 소에게도 일정량 이상의 목초를 먹이게 될 것이다. 모든 농부가 이와 같이 생각하면 어떻게 되겠는가? 물론 그 결과 그들이 공유하는 목초지는 그들의 소에 의해 다 먹혀져 결국 이용이 불가능하게 되어버릴 것이다. 이러한 경우에는 각 행동 주체의 자유에 목초지를 맡겨두는 것은 결국 그들 자신이 손해를 입는 것이 된다.

이와같이 누구의 소유물도 아닌 공유물을 사람들은 일반적으로 공동체적 규제가 내면화되어 있지 않는 한 과잉으로 이용할 가능성이 있다. 그 결과 많은 동식물과 귀중한 삼림이 사라져 버릴 우려가 있으므로 사회 전체의 이익에도 반하게 된다. 이에 따라 정부는 이를 적절히 규제하기 위한 조치를 취하게 되는 것이다. 즉 공공의 이익을 위해 정부는 **배제성**을 가하게 되는 것이다. 예를 들면, 어로 지역이나 어획량, 어획 기간을 제한하거나, 야생 동식물에 대한 수렵을 일정 기간, 일정 지역에 한정해서 허가하는 것 등과 같은 것이 그것이다.

이상의 논의를 통해 공유자원의 이용에 왜 정부 개입이 정당화되는지를 이해할 수 있을 것이다. 즉, 경제문제를 생각할 때 공공기관이 개입을 고려하지 않으면 안 되는 것이다. 물론 여기에는 '정부=박애주의적 군주'라고 하는 암묵적 이해가 전제되고 있다.

2) 외부효과와 정부 개입의 근거

(1) 외부효과와 정부 개입의 정당성

외부효과(external effect)란 흔히 '**스필오버 효과**(spillover effect)', '**제3자 효과**(third-party effect)'라고도 부르는 것으로서, 재화나 서비스의 제공이 발생시키는 본래적 효과 외의 부수적 효과를 의미하는 것으로 이해하기도 하는가 하면, 한 개별 경제 단위(생산자 혹은 소비자)의 행동이 다른 개별 경제 단위의 수익이나 비용을 증대 또는 감소시키는 것을 의미하는 것으로 넓은 의미로 이해하기도 한다. 예컨대 고속도로라는 공공재의 건설은 지역 개발을 촉진시키는 긍정적 외부효과(이를 '**외부경제**'라고도 한다)를 낳는가 하면, 공장의 건설은 오염이라는 부정적 외부효과(이를 '**외부불경제**'라고도 한다)를 가져온다.

외부효과는 생산자와 생산자 사이, 소비자와 소비자 사이, 소비자와 생산자 사이에서도 발생할 수 있다. 이 구체적인 예를 요약하면 <표 3-1>과 같다(Weimer & Vining, 1989: 57).

〈표 3-1〉 외부효과의 여러 가지 예

	긍정적 측면(외부경제)	부정적 측면(외부불경제)
생산자와 생산자	어류 양식업자가 이용하는 원자력 발전소에서 나오는 따뜻한 물	어류 양식업자에게 해를 끼치는 독극물 오염
생산자와 소비자	자연을 사랑하는 사람들에게 아름다운 경치를 제공해 주는 사유림(私有林)	공장 주위에 사는 사람들의 폐에 나쁜 영향을 주는 공장의 대기오염
소비자와 소비자	전염병 질환에 대비하여 면역주사를 맞는 것은 다른 사람들을 전염병으로부터 보호하는 데 도움이 된다.	담배를 피우는 것은 다른 사람의 식사의 즐거움을 감소시킨다.
소비자와 생산자	생산품의 질에 대한 정보를 제공해 주는 소비자의 자발적 편지	사냥꾼들에 의해 가축농장에 폐를 끼치는 것

외부효과와 관련하여 외부경제는 최대화시키고, 외부불경제는 최소화시키는 것이 **사회 전체의 이익의 극대화**(즉, 파레토 최적)를 달성하는 데 도움이 된다. 따라서 외부경제나 외부불경제가 존재하는 경우 정부의 개입이 필요하게 된다. 정부는 외부경제를 낳는 기업에 대해 보조금을 교부하여 생산활동을 증대시킴으로써, 사회적 이익을 증대시켜야 하는 것이다. 한편, 외부불경제를 유발시키는 기업에 대해서는 기업 자체의 비용이나 그러한 기업에 대한 특별 과세로 마련한 재원에 의해 외부불경제를 줄이도록 해야 한다.

그러나 만약 외부경제와 외부불경제에 대해 시장의 원리에 따라 개인에게 모든 결정을 맡겨버릴 경우에는 외부경제를 극대화시키거나 외부비용을 극소화시켜 파레토 최적을 달성하는 것이 쉽지 않을 것이다. 개인은 다른 사람들의 노력으로 제공되는 외부효과를 소비만 하고자 할 것이고, 타인에게 나쁜 영향을 주는 외부불경제를 극소화하기 위해 비용을 지불하려 하지 않을 것이기 때문이다. 즉 외부효과나 외부불경제에 대해 개개인 모두가 무임승차자가 되려고 할 것이다. 따라서 외부효과는 시장의 실패를 가져오는 요인이 된다.

(2) 외부효과의 사적 해결 가능성

외부효과에 기인한 비효율성을 교정하기 위해서는 항상 정부의 활동이 필요한 것은 아니다. 즉 사적 해결의 가능성도 많은 것이다.

그 첫째의 방법은 외부효과를 내부화시킬 수 있을 정도로 기업의 규모를 크게 하는 것이다. 예를 들면, 사과농장의 소유자가 양봉가에게 정(+)의 외부효과, 즉 외부경제를 가져다 줄 때, 그 외부경제를 증대시키기 위해 사과농장의 소유자가 동시에 양봉사업을 행하고, 꿀벌이 그 사과농장의 외부로 나가지 못하게 하는 효과적 조치를 강구할 수가 있다면, 외부효과는 성공리에 내부화될 것이다. 그러나 이러한 방법을 사용할 수 있는 사례는 그리 많지 않다.

둘째의 방법은 “자기가 욕구하는 바를 남에게 베푼다”라고 하는 황금률이나, 그것과 깊이 관련되는 “자기가 욕구하지 않는 것을 남에게 행하게 하지 말라"고 하는 윤리는 이를 외부효과의 측면에서 보면 "정(+)의 외부효과를 초래하는 것을 행하고, 부(-)의 외부효과를 부여하는 것을 행하지 말라"라는 의미라고 할 수 있다. 따라서 이러한 종류의 윤리가 국민 사이에 널리 받아들여져 내면화되는 경우에는 외부경제의 발생은 정부의 손을 거칠 필요 없이 매우 효과적으로 확대시키고, 외부불경제의 발생은 효과적으로 저지시킬 수가 있을 것이다. 이런 의미에서 현대 사회에서 윤리가 행해야 할 역할의 중요성이 있는 것이며, 따라서 **윤리교육**의 중요성을 발견할 수 있다.

3) 독점 또는 불완전 경쟁과 정부 개입의 근거

독점 또는 불완전 경쟁이 존재할 때에도 자원의 최적 배분이 저해됨으로써 정부 개입의 정당성을 제공한다. 예컨대 독점기업은 공급량의 조정에 의해 시장가격을 지배할 수 있기 때문에 이윤 극대화를 위해서는 한계비용과 한계수입이 같아지는 조건을 충족하는 수준에서 공급량을 제한하게 되어 자원의 최적 배분이 이루어지지 않는다.

이에 대처하기 위한 정책 방안으로는 직접 독과점을 규제하고, 기업의 가격이나 산출량 정책을 규제하는 입법 조치에 의해 독과점 기업의 행동을 통제 내지 규제하여, 자원 배분의 최적화에 접근시키는 방안이 있을 수 있다.

4) 정보의 불균형과 정부 개입의 근거

정보가 시장의 실패에 관여하게 되는 것은 두 가지 방식에 의해서이다. 첫째, 정보 그 자체가 **공공재**로서의 성격을 가지고 있다는 점이다. 즉, 정보의 소비는 **비경합성**을 갖는다는 점이다. 둘째, 한 재화의 특징에 대한 정보의 양이 사람마다 다르다는 점이다. 예를 들면, 구매자와 판매자가 시장 거래에서 거래되는 상품의 질에 대해 다른 정보를 가질 수도 있다. 마찬가지로 외부효과를 발생시키는 자와 이에 의해 영향을 받는 자 사이에 외부효과의 속성과 관련된 정보의 수준이 다를 수 있다. 예컨대, 노동자는 고용주들만큼 산업물질이 건강에 위협이 된다는 사실을 잘 알지 못할 수도 있는 것이다. 여기에서의 주 관심은 후자, 즉 정보의 불균형에 대한 문제이다.

정보의 불균형이 언제 시장의 실패를 초래하는가를 알기 위해서는 먼저 상품(재화나 서비스)을 몇 가지 유용한 범주로 나누는 작업이 필요하다. **넬슨**(Philip Nelson)은 상품을 탐색재(探索財, search goods)와 경험재(經驗財, experience goods)로 나누고 있다(Nelson, 1970: 311-329).

(1) 탐색재와 경험재

탐색재는 소비자가 그 상품을 구입하기 전에 그 특성을 분명히 알 수 있는 상품을 의미한다. 예컨대 의자는 탐색재에 속하는데 그 이유는 소비자들이 그것을 구입하기 전에 검사를 통해 그 질을 판단할 수 있기 때문이다. 한편, 경험재는 소비자가 구입을 하고나서야 그 특성을 알 수 있는 재화를 일컫는다. 예컨대 식사나 머리 스타일, 연주회, 중고차 등은 소비를 하고난 후에야 그 특성을 알 수 있게 되므로 경험재에 속한다. 그러나 소비자가 얻으려는 정보의 내용이 무엇이냐에 따라 똑같은 하나의 상품이 탐색재도 될 수 있고, 경험재도 될 수 있다. 예컨대, 의자의 경우도 그 의자를 통해 소비가 얻으려는 정보의 내용이 모양에 있다면 쉽게 탐색재로 분류될 수 있으나, 의자의 편안함의 정도나 견고성의 정도가 얻고자 하는 정보의 내용일 경우 경험재에 속한다고 할 수 있다.

(2) 후경험재

상품을 탐색재와 경험재라는 두 가지 범주로 나누는 데 덧붙여 또 하나의 범주를 추가하여 이를 후경험재(後經驗財, post-experience goods)로 부르기도 한다(Weidmer & Vining, 1989: 69-70). 후경험재라 함은 소비자가 소비를 하고 있으면서도 그 질을 알아보기가 어려운 상품을 의미한다. 다시 말하면, 개개 소비자가 그 재화를 소비하는 것과 그 효과와의 인과관계를 인지하기가 어렵기 때문에 그 상품의 질이 불확실한 상태로 남아 있는 상품을 의미한다.

상품들 중에는 그 소비의 효과가 한참 후에야 나타나기 때문에 소비자가 얻게 되는 효과를 그 상품과 연계시키지 못하는 경우가 많다. 예를 들면, 약의 경우 그 중 많은 경우는 그 약을 소비하고 한참 지나서야 그 효과가 나타나는 경우가 많기 때문에 그 나타난 효과와 복용한 약과의 인과성을 밝혀내기가 어려울 때가 많다. 따라서 경험재와 후경험재는 소비자들이 소비를 통해 얼마나 효과적으로 그 상품의 질을 알 수 있느냐에 따라서 구별된다. 일정 기간 소비하고 나면 경험재는 일반적으로 그 질의 확인이 분명해진다. 그러나 후경험재의 경우 소비를 계속한다고 해서 그 상품의 질이 반드시 나타나는 것은 아니다.

(3) 재화의 특성과 정보의 불균형

탐색재의 경우 중대하고 지속적인 비능률을 초래할 만큼의 정보 불균형과는 거의 관계가 없다. 따라서 이를 공공정책의 관점에서 볼 때, 능률성을 이유로 정부가 탐색재에 대해 시장 개입을 하는 것은 정당성이 약하다고 할 수 있다. 경험재의 경우 그 본래적 성격상 정보 불균형으로 인해 심각한 비능률을 초래할 가능성이 높다. 그러나 소비자 학습을 촉진시켜 생산품의 질을 공표하도록 유인을 제공하는 등의 제2시장(secondary market)의 기능에 의해 정보의 불균형을 줄임으로써, 경험재에 대한 비능률성을 감소시킬 수 있다.

경험재의 경우 정보 불균형으로 인한 비능률의 가능성이 클 경우가 흔히 있을 수 있다고 한다면, 후경험재의 경우 비능률의 가능성이 항상 존재한다고 할 수 있다. 따라서 후경험재에 대해서는 정부 개입을 통해 정보의 불균형을 시정하고 따라서 능률성을 제고시켜야 할 필요성이 있다는 점에서 정부 개입의 정당성이 더 크다고 할 수 있다. 예를 들면, 의사 면허와 같이 전문가에 대한 정부의 허가 제도, 위생 등급 표시, 담배에 위해(危害) 표시를 의무화하는 것과 같이 재화나 서비스의 공급자들로 하여금 소비자들에게 그들이 제공하는 재화나 서비스에 대한 충분한 정보를 제공하도록 의무화하는 조치 등이 정부 개입의 양태이다.

제 4 절 정치철학 및 사회윤리적 관점에서 본 정당성 근거

1 국가온정주의

1) 국가온정주의의 개념

윤리적인 관점에서 정부가 시민들을 외부의 위협이나 혹은 시민들 자신들의 위험으로부터 보호하기 위해 사적 영역에 개입하는 것이 정당화되기도 한다. 이는 국가가 온정주의적 입장에서 시민 생활에 개입하는 것을 의미한다.

드워킨(Gerald Dworkin)에 따르면 **온정주의**(paternalism)의 일반적 의미는 "어떤 사람의 행위의 자유에 대해 간섭하는 것이 전적으로 간섭받는 사람의 복지 · 행복 · 필요 · 이해 · 관심 · 가치관과 관련되어 있기 때문이라는 것을 이유로 들어 정당화되는 그런 식의 간섭"(Dworkin, 1971: 107-126; 1972: 66)을 의미한다고 한다. 따라서 **국가온정주의**(state paternalism)의 개념 속에는 정부가 시민들이 스스로 선택할 수 있는 자유에 간섭한다는 의미와, 그 간섭의 정당한 이유 내지 근거로 시민들 자신의 복지 내지 행복을 추구하기 위한 것이라는 점이 내포되어 있다. 마치 그것은 **가부장주의**(paternal authority)가 자식을 대하는 부모의 태도로서, 부모가 자식의 자유에 간섭하고, 그 근거로 그 간섭이 곧 자식을 위한 것임을 내세우는 것과 같은 논리이다.

그러나 국가온정주의는 가부장주의와는 구별하여 설명되는 것이 일반적이다. 먼저 가부장주의는 오랜 역사를 갖지만, 국가온정주의라는 용어가 나타나게 된 것은 19세기 후반에 와서이다. 가부장주의는 공동체적이고 인간관계적인 범주가 지배하던 중세적 세계 질서에서 형성된 것으로, 그러한 세계 질서 하에서는 개인들이 자신을 아무런 제약을 받지 않는 자유인으로 간주하는 것이 아니고, 이미 확립되어 존재하는 비교적 고정된 사회적 역할의 담당자로 간주했다. 따라서 가부장주의 하에서의 개인들의 삶의 양식은 비교적 고정된 사회 전체와 관련된 고려 사항에 의해 결정되고, 이러한 고려 사항은 다시 가부장적 권위에 의해 제시되는 그러한 체제였다(황경식, 1995: 295).

한편, 국가온정주의는 인간을 관계적 존재로 보는 가부장주의가 쇠퇴하고 인간을 합리적인 존재이며, 근본적으로 사회와 무관한 존재로 보는 **자유주의 사회**의 출현과 더불어 자유주의 사회 속에서의 간섭주의 논리로서 등장한 것이다.

오늘날 국가온정주의에 기초한 공공정책을 전면적으로 부정하는 것은 아마 누구도 주장할 수 없을 것이다. 다만 문제는 국가가 온정주의라는 명목으로 어느 정도 간섭을 해야 하는가가 문제이다. 이러한 문제에 대해서는 그것에 관련된 모두를 설명하기는 어렵다. 다만 이야기할 수 있는 것은 개개인이 나타내는 선호는 원칙적으로 최대한 보장하지 않으면 안 되며, 국가온정주의에 기초한 공공정책은 필요 최소한의 범위에 그쳐야 한다는 점이다.

2) 국가온정주의에 기초한 입법(예시)

역사적으로 볼 때 일부 입법은 그 취지가 순수하게 국가온정주의적 동기에서 발효된 것이 많다. 예컨대 오토바이 운전자에게 헬멧을 착용하도록 하는 입법은 그 본래적 취지가 국가온정주의에 기인한다. 그러나 하나의 입법을 제정하게 된 동기나 취지는 여러 각도에서 설명될 수 있다. 따라서 입법 중에는 그 본래적 취지가 국가온정주의에 근거하고 있음에도 불구하고 다른 이유에서 그 입법의 취지가 설명될 수도 있는 것이다. 이러한 설명은 어떤 입법이 본래적으로 국가온정주의에 근거하고 있는지의 여부를 판단하는 데 어려움이 있고, 따라서 주관적 판단이 강하게 작용할 수 있다는 점을 강조하기 위한 것이다.

국가온정주의는 **강제보험**의 정당한 근거로 작용하기도 한다. 예를 들면, 노령보험·미망인보험·장애자 보험 및 건강보험·사회보장제도 등의 기능 중 하나는 시민들의 근시안적인 사고, 그릇된 정보, 잘못된 계산, 불운이나 단순히 게으름 때문에 은퇴 후 충분한 저축을 하지 못한 사람들을 위한 것이다(Kotlikoff, 1987: 674-89). 적정한 저축을 하지 못한 사람들은 은퇴 후에 낮은 소비 수준에서 생활하거나, 사적 · 공적 자선기관으로부터 보조를 받아야 하기 때문이다. 사회보장 제도는 단순히 보험 기능뿐만 아니라 고소득 노동자로부터 저소득 노동자에게로, 현재의 노동자로부터 현재 은퇴해 있는 자에게로의 소득 이전의 의미가 그 속에 내포되어 있음을 인식할 필요가 있다. 강제보험은 따라서 그 속에 보험 통계에 기초한 공동 위험부담(risk pooling)의 성격과 소득 이전의 성격이 결합되어 있다고 볼 수 있다. 강제보험이 강제적 성격을 띠는 이유는 높은 보험료를 내거나 그로부터 혜택을 덜 받는 사람들은 강제성을 띠지 않으면 그 제도에 참여하지 않을 것이기 때문이다.

국가온정주의는 또한 충분한 정보를 가지고 합리적인 의사결정을 할 수 있는 능력이 부족한 자(예컨대 미성년이나 정신박약아)를 정상인과 달리 취급하거나, 시민들이 그 위험성을 알고 있는데도 불구하고(즉, 그러한 위험성을 알고 있으므로 시민들 스스로 그러한 위험한 행위를 하지 않을 수도 있는데도 불구하고) 정부가 그 행위를 하지 못하도록 하거나(예컨대 마약 밀매 단속), 어떤 행위를 수행토록 하는 경우(예컨대, 자동차 운전 시 안전띠 착용 의무화) 등의 형태로 나타나기도 한다. 드워킨은 온정주의에 입각한 간섭의 유형을 구체적으로 다음과 같이 열거하고 있다(Dworkin, 1972: 65-66).

① 오토바이 운전자들에게 운전시 안전모를 착용하도록 하는 입법

② 생명구조원이 근무하고 있지 않을 때, 해수욕장에서 수영을 하지 못하도록 하는 입법

③ 자살을 범죄로 규정하는 입법

④ 여자와 어린이로 하여금 일정 유형의 직업에 종사하게 하는 것을 불법으로 규정하는 입법

⑤ 어떤 유형의 성행위를 규제하는 입법(예를 들면, 사적으로 성인들 간에 서로 동의하고 행해지는 동성연애)

⑥ 사용자에게 해로운 결과를 초래할 수 있지만 그렇다고 반사회적 행위

를 야기하는 것은 아닌 일정 유형의 약의 사용을 규제하는 입법

⑦ 일정 유형의 전문 직업에 대해서는 허가를 받도록 하고, 허가 없이 그 일에 종사하는 사람들에게는 벌금이나 구류처분을 받도록 하는 입법

⑧ 사람들로 하여금 그들 소득의 일정분을 은퇴연금비로 지불하도록 강요하는 입법(사회보장 제도)

⑨ 여러 형태의 도박을 금지하는 입법(이는 가난한 사람들이 여유가 있는 부자 사람들보다도 더 그들의 돈을 탕진할 가능성이 높다는 이유로 흔히 정당화된다.)

⑩ 대부금 이자율의 상한선을 규제하는 입법

3) 우리나라에서의 과잉 간섭주의

리그스(Fred W. Riggs)는 사회이분론과 구조 기능 분석을 활용하여 행정의 비교연구 모형으로 전통적 **농업사회**(*agraria*)와 선진국의 **산업사회**(*industria*)의 모형을 제시하면서, 양 사회 모형에 관한 일반 이론을 전개한 후, 비교행정 연구를 위해 농업사회로부터 산업사회로 가는 전이사회(轉移社會, *transitia*) 모형으로 '**프리즘적 사회**(prismatic society)'를 제시하고, 프리즘적 사회의 관료제 모형으로 **살라**(Sala, **사랑방**) **모형**을 제시한 바 있다(Riggs, 1973 / 구자용 역, 1987). 그는 전이사회의 관료제 모형인 살라 관료제 모형의 특징으로, 고도의 이질성 · 기능 중복성(overlapping) · 연고우선주의(nepotism) · 형식주의(formalism) · 다분파주의(poly-communalism)와 파벌도당(clects) · 다규범주의(poly-normativism) · 가격의 불확정성을 들고 있다(Riggs, 1964: 267-285).

우리나라의 경제 규모나 양적 측면에서 보면 한국 사회는 선진국 수준에 돌입해 있다고 주장할지도 모른다. 그러나 한국인의 의식이나 공무원들의 행태를 보면 우리나라는 아직 프리즘적 사회와 같은 과도기적 사회에 있다고 할 수 있으며, 따라서 리그스의 살라 관료제 모형이 제시하는 특징들이 우리 관료제의 현실과 매우 깊은 유사성을 가지고 있다. 이러한 사회에서는 공동사회에서의 구심적 전통 사회가 무너지고, 이기적 개인들이 이합집산하는 원심적 현대 사회로 전환하는 과정에서 각종 부조화 내지 갈등이

생겨나게 된다.

첫째, 우리는 그 동안 민주화의 과정에서 도입된 자유주의 사상에 바탕을 둔 자유와 자율을 주장하면서도, 전통적인 공동체적 유대에 바탕을 두고 타인에 대한 간섭을 자행하기도 한다. 또한 과거 개발 시대에서 배태된 사고, 즉 정부는 시장과 사회의 성장과 변화를 이끌고 가는 주체이며 견인차 역할을 한다는 사고가 불식되지 않음으로써, 정부에 의한 **과도한 간섭**이 여전히 행해지고 있다.

둘째, 우리는 전통적 사회의 특징으로 지적되는 혈연・지연・학연 등의 강한 연고주의에 의해 의사결정을 행하게 되며, 다른 한편으로는 지극히 개인주의적이고 이기주의적인 타산의 원리에 따라 살아간다. 그리하여 우리는 연고주의의 폐해를 비판하면서도 스스로 그 노예가 되고 있으며, 이기주의를 성토하면서도 스스로 이기주의자이기를 서슴지 않는 이중성을 노출하고 있다.

셋째, 우리나라는 오랜 중앙집권적 통치의 역사 속에서 정부는 다스리는 기관이고 국민은 다스림을 받는 대상이라고 하는 사고, 즉 **관치행정적 사고**가 지배적이었다 이러한 관치행정적 사고가 지배하게 되면 정부 행정의 대상과 범위가 정부의 의도와 선택에 따라 결정되며, 원칙적으로 사회의 모든 문제가 정부 행정의 대상으로 인식되고 간섭의 대상이 된다. 따라서 행정 과정에서 국민의 발안권과 선택권은 중요하지 않고, 또한 실제로 행사될 수 있는 여건도 마련되지 못한다. 관치행정적 사고는 조선왕조 행정에서의 **위민행정**(爲民行政)에서 배태되어 일제 식민지 행정과 해방 후의 역대 정권에 의해 정치적으로 이용되면서, 한국 국민의 의식과 생활 속에 그 뿌리를 깊이 내리게 되었다(허범, 1988: 102). 이러한 관치행정적 사고는 결국 행정의 규제를 증대시키며 행정을 민주적 행정이 아닌 관료주의적 행정으로 특징짓는 결과를 낳고마는 것이다.

이러한 결과 우리나라의 경우 개인과 개인, 개인과 사회, 집단과 집단, 정부와 개인 및 사회와의 관계 속에서 서슴없이 우리 자신의 가치관이나 믿음을 강요하거나, 타인의 인생관이나 가치관에 대해 필요 이상으로 간섭하고 있다. 그 결과 의식적으로나 무의식적으로 자행되고 있는 간섭의 수준은 개인의 자율성과 자유를 심각하게 위협하고 있으며, 이러한 의미에서 우리 사회에서 합당한 간섭 수준은 어느 정도이어야 하는가에 대한 연구의 필요성이 중요한 과제가 아닐 수 없다. 최근 세계적으로 어느 나라나 관심 사항이 되고 있는 정부의 규제 완화에 대한 논의나, 정보화 시대의 출현과 더불어 심각한 문제로 제기되고 있는 무분별한 개인의 정보 누출과 개인의 프라이버시(privacy) 보호 등의 문제도 이러한 시각에서 논의해 볼 수 있다.

2 정부 규모에 관한 논쟁과 경제적 자유

국가란 국민의 생명이나 재산을 위협하는 존재라고 보고 국가 자체의 존재를 부정하는 무정부 자본주의자들의 극단적 견해를 제외하고는, 국가의 존재를 전제로 하는 한 정부는 일정한 범위 내에서 국민생활에 간섭하는 것은 당연히 용인될 수밖에 없다. 따라서 전통적으로 외교·국방·치안 질서 유지 및 사법 기능 등은 최소한의 정부 기능으로서 이를 위해 국민생활에 정부가 개입하는 것은 어느 국가에서든지 이를 당연한 것으로 인정되어 온 것이다.

정부의 규모를 소위 '작은 정부(small government)' 혹은 '큰 정부(big government)'로 분류하는 것은 그것을 통해 논의하려고 하는 목적이 무엇인가에 따라 혹은 연구자의 관점이나 기준에 따라 여러 형태로 분류될 수 있을 것이다. 여기에서 논의하고자 하는 정부 규모는 주로 국민의 **경제적 자유**를 기준으로 한 것으로서 정부가 어느 정도로 국민의 경제생활에 개입해야 하는가 하는 개입의 정도를 기준으로 한 것이다.

경제적 자유는 절대적인 것인가, 시민적·정치적 자유와의 관계에서 이를 다소 희생시킬 수도 있는 성질의 것인가 등과 같이 경제적 자유를 어떻게 평가할 것인가 하는 문제는 규범적 정치이론의 중요한 연구 대상이 되고 있다.

1) '작은 정부' 옹호론

작은 정부를 옹호하는 자들은 정부의 역할 기능이 될 수 있는 한 최소한에 그쳐야 한다는 데에는 의견의 일치를 보고 있으나, 구체적으로 어느 정도의 기능까지를 인정할 것인가에 대해서는 의견이 일치되고 있지 못하다. 정부의 기능은 가장 최소한에 그쳐야 하며, 따라서 국민 경제 생활에의 개입을 거의 전적으로 부정하는 '**최소 국가 옹호론**'이 있는가 하면, 국가가 국민 경제생활에 어느 정도의 일정 부분에 대해 개입하는 것은 용인하는 '**완화된 최소 국가 옹호론**'이 있다.

(1) 최소 국가 옹호론

이 견해는 무정부주의자들과는 달리 국가 그 자체의 필요성은 인정하면서도 그 기능을 최소한의 기능에 한정시켜야 하며, 국민의 경제생활에 대해서는 자유방임주의적 태도를 견지해야 한다고 하는 이른바 '**값싼 정부**(cheap government)' 내지 '야경국가'를 옹호하는 입장이다.

스미스(Adam Smith)는 완전경쟁 하에서는 시장을 통한 '보이지 않는 손'에 의한 자동 조절의 과정을 통해 자원 배분의 효율성이 보장된다고 한다. '보이지 않는 손'이란 소비자 및 생산자를 위시한 모든 경제 주체가 시장 가격을 주어진 것으로 보고 각자가 자신의 이익을 추구하기 위해 행동할 때, **자동 조절**이 이루어져 각자는 그들 자신의 **효용을 극대화**하게 되고, 그렇게 됨으로써 사익의 추구는 물론 공익도 달성되게 되는 것을 말한다. 이러한 공익의 달성은 의도적으로 추구되는 것이 아니고, 구성원 각자가 자기의 사익을 추구하다보면 '보이지 않는 손'의 작용에 의해 공익도 저절로 달성된다고 보는 것이다.[8] 즉, 개인들이 합리적으로 자신의 이익을 추구

---

8) 우리가 저녁 식사를 기대할 수 있는 것은 정육업자, 양조업자 및 제빵업자들의 자비심 때문이 아니라 그들의 개인 이익 추구 때문이며, 사람은 누구나 생산물의 가치가 극대화되는 방향으로 자신의 자원을 활용하려고 노력한다. 그는 공익을 증진하려고 의도하지도 않으며, 또 얼마나 증대시킬 수 있는지도 알지 못한다. 그는 단지 자신의 안전과 이익을 위하여 행동할 뿐이다. 그러나 이렇게 행동하는 가운데 '보이지 않는 손'의 인도를 받아서 원래 의도하지 않았던 목표를 달성할 수 있게 되어 사람들은 자신의 이익을 열심히 추구하는 가운데 사회나 국가 전체의 이익을 증대시키는 것이다. 사람들은 선의의 법령과 규

하기 위해 행동할 때, 결국 보이지 않는 손에 의해 사회적으로도 최적의 결과에 이를 수 있다는 발상이다.[9]

스미스 외에도 **노직**(Robert Nozick)은 그의 저서 『무정부, 국가, 유토피아(*Anarchy, State, and Utopia*)』에서 무정부주의와 '큰 정부'를 모두 비판하면서, 최소국가가 자연 상태에서 '보이지 않는 손'의 과정을 통해 어떠한 개인의 권리도 침해함이 없이 성립될 수 있다는 테제를 논증하고, 국가의 행위에 대해 도덕적으로 인정될 수 있는 것은 폭력·절도·사기로부터 국민을 보호하고, 계약 이행의 강제에만 그 역할을 한정시키는 '**최소국가**(minimal state)'뿐이며, 그 이상 국민의 권리를 침해할 국가 기능의 확대를 인정하는 것은 도덕적으로 정당성을 결한 것이라고 주장하고 있다(Nozick, 1974: ix).

사회계약론은 인간이 아무런 정치적·사회적 관계도 갖지 않은 가상적인 원초적 상태로서의 **자연 상태**(state of nature)를 전제로 하고, 그러한 자연 상태 하에서 구성원들이 함께 살아갈 사회의 기본 구조를 계약 과정을 통해 어떤 사회 형태로 도출해 낼 것인가에 대해 관심을 갖는다. 여기에는 두 가지 상반되는 견해가 있다. 그 하나는 **홉스**(Thomas Hobbes)적 모형이고, 다른 하나는 **로크**(John Locke)적 모형이 그것이다. 홉스나 로크는 모두 자연 상태 하의 인간들이 합리적 이성의 소유자들이라는 점에서는 견해가 일치한다. 그러나 자연 상태 하의 인간관을 보는 관점이 서로 다르다.

제로 경제에 도움을 주고 있다고 생각한다. 그러나 그렇지 않다. 자유방임하라. 간섭하지 말고 그대로 내버려 두라. '사리(私利)라는 기름'이 '경제라는 기어(gear)'를 거의 기적에 가까울 정도로 잘 돌아가게 할 것이다. 계획을 요하는 사람은 아무도 없다. 통치자의 다스림도 필요 없다. 시장은 모든 것을 해결할 것이다(Smith, 1952/최임환 역, 1990).

9) 시장 기구는 각 경제 주체들이 자유롭고 합리적으로 거래와 교환의 과정을 밟는다면 결국 모두의 효용이 최고로 증대될 수 있음을 보여 준다. 예를 들면, 쌀과 의복을 시장을 통해 교환한다고 하자. 이 때 쌀을 더 많이 가지고 있는 사람(A)은 쌀을 의복과 교환함으로써, 그리고 의복을 필요 이상으로 많이 가지고 있는 사람(B)은 반대로 의복을 쌀과 교환함으로써, 결과적으로 각 경제 주체(A와 B)는 시장에서의 교환이 없었던 경우보다 높은 효용, 즉 소비자 잉여(consumer's surplus)를 얻게 된다. 합리적인 교환의 결과 각 경제 주체는 그 사용 가치에 비추어 자신이 기꺼이 지불할 수 있는 가격보다 저렴한 수준에서 재화를 구입할 수 있는 것이다(조순·정운찬, 1997: 87).

홉스는 자연 상태 하에서의 인간관을 이기적 불신의 소유자로 보고 있다. 따라서 자연 상태 하에서는 인간들이 합리적 사고에 입각해서 계약에 의해 어떤 사회 상태에 대한 합의가 이루어진다고 하더라도, 그들 사이에 이기적 불신이 작용하여 결국 약속을 이행하지 않게 되고 **만인에 의한 만인의 투쟁**을 결과한다고 본다. 따라서 이러한 투쟁 상태를 해결하기 위해서는 강력한 공권력이나 전제적 통치가 바람직하다는 주장을 피력했다.10)

한편, 로크는 자연 상태 하에서의 인간들이 상당한 정도로 자연법에 따르게 되어 자율적 질서를 유지하고 있는 것은 사실이지만, 인간의 지적·도덕적 불완전성, 즉 **인간 이성의 한계점**으로 인해 구체적인 분쟁이 발생할 경우 자연법의 인식이나 해석이 사람에 따라 다르게 나타나고 다양해질 수밖에 없다는 것이다. 이 경우에 이를 판정해 줄 공정한 판관(判官)과 그 판정을 이행하고 그 위반을 방지하거나 처벌해 줄 수 있는 권력 기반이 필요하게 된다. 이에 로크는 그러한 온건한 국가 형태로서 최소 국가로서의 **야경국가관**을 제안했다.

노직은 모든 인간이 태어나면서부터 **불가침의 권리**를 가지고 태어나며, 이러한 권리의 행사를 그가 타인의 권리를 침해하는 것이 아닌 한, 국가를 포함한 어느 누구도 침해해서는 안 된다고 주장한다. 이러한 불가침의 권

10) 유교문화권에 있는 우리나라나 중국, 일본인들이 보는 국가관은 국가란 당연히 존재하는 것, 사람이 인위적으로 만든 것이 아니고 자연적으로 만들어진 것이라고 보고 있는데 반해, 서양인들의 국가관은 국가란 계약에 의해 형성된 것이지 자연적으로 탄생된 것이 아니라고 보고 있다. 즉, 국가 이전에 일반시민들이 살고 있는 사회가 먼저 형성되고, 그 사회 구성원들이 여러 가지 목적(국민의 생명과 재산을 보호하고 만인에 의한 만인의 투쟁을 막기 위해)을 위해 합의된 계약에 의해 국가가 탄생한다고 보는 것이다. 홉스의 국가론 역시 이러한 관점에서 나온 것이다. 따라서 **홉스**의 국가론을 잘못 이해하는 사람들은 홉스가 절대 군주주의를 옹호한 것이며, 거기에는 자유와 민권은 없다고 생각하기 쉽다. 그러나 그가 『**리바이어던**(*Leviathan*)』에서 주장하고 있는 진정한 의미는 절대 권한을 가진 군주가 필요하기는 하나, 그것은 군주 개인을 위한 것이 아니라 궁극적으로는 일반 시민의 생명과 재산을 보호해 주기 위한 수단으로서 그러한 군주가 필요하다는 의미이다. 그래서 사실은 거기에서 민주주의·자본주의의 싹이 트고 있었던 것이다. 이후 루소나 로크를 거치면서 정부를 완전한 수단으로 간주하고 정부란 본래부터 어떠한 권한을 갖고 있는 것이 아니고, 시민이 위임한 것만 한정된 범위 내에서 기계적으로 수행해 주는 것이라고 보는 시각이 굳어지면서 자유민주주의가 전개될 기반을 형성해 주었다(박동서, 1988: 178).

리에는 경제적 자유에의 권리도 포함된다.

노직은 국가가 최소 국가의 기능 이상으로 적극적인 기능을 수행하게 되면 사람들의 인권, 특히 **경제적 자유**에의 인권을 침해하게 되므로, 국가는 아무리 바람직한 정치·사회적 목적을 위한 것일지라도 그것을 이유로 최소 국가 기능 이상의 기능이 행해지는 것이 정당화될 수 없다고 한다. 그것은 개인의 기본권을 침해하는 것이 되고, 따라서 도덕적 정당성을 갖지 못한다는 것이다. 그러므로 개개인이 경제활동을 통해 재산을 획득하거나 처분하는 것은 그것이 어떤 **부당한 방법**에 의한 것이 아닌 한, 타인의 권리를 침해하는 것이 아닌 한, 불가침의 권한으로 보호되지 않으면 안 된다는 것이다.

(2) 완화된 최소 국가 옹호론

완화된 최소 국가 옹호론은 국가 자체의 필요성은 인정하지만 그 기능은 최소한의 기능에 한정되어야 하며, 특히 국민의 경제적 자유에 대해서는 자유방임적 태도를 견지해야 한다고 하는 적극적 최소 국가 옹호론자들과 달리, 국가가 어느 정도까지는 국민 경제생활에 개입하는 것을 허용하는 견해이다.

이들은 정부에 의한 공공재의 제공을 당연시할 뿐만 아니라, 시장에 대한 포괄적인 규제를 목적으로 하지 않는 경제정책들, 예컨대 유독물 사용의 금지 및 취급의 규제, 노동 시간의 제한, 건축법의 제정, 화폐정책에 의한 경기 변동에의 대응 등에 정부가 개입하는 것을 인정한다.

프리드먼(Milton Friedmann)이나 **스티글러**(George Stigler) 같은 시카고 학파의 학자들은 경험적 결과로 볼 때 경제적 자유를 인정하고 국가의 개입을 최소화하는 것이 좀더 효율적인 자원 배분을 초래한다는 사실에 입각하여, 시장에의 국가 개입을 전면 부정하는 것은 아니지만, 필요한 최소한에 그쳐야 한다고 한다.[11] **하이에크**(F.A. Hayek) 역시 이러한 입장에 있다. 이들은 정부가 일정 수준의 복지를 국민들에게 보장해야 한다는 점은

11) 스티글러의 견해에 대해서는 Stigler(1975) 참조.

인정하지만, 정부가 복지 원리에 간섭하려고 할 때 그 방법이나 정도를 비판하려고 한다.[12]

프리드먼은 정부에서도 시장에서와 마찬가지로 보이지 않는 손이 작용하고 있지만, 그 손은 스미스의 손과는 정반대로 정부의 개입을 통해 공익에 종사하고자 하는 개인(예를 들면, 담당공무원- 필자 주)의 의도는 그의 의도와는 달리 보이지 않는 손에 이끌려 사익을 도모하게 된다고 주장하면서, 국가의 개입에 의해 공동선, 즉 공익을 추구한다는 데에 강한 회의를 표시하고 있다(Friedman, et al., 1980: 24; Friedman, 1962 참조).

하이에크에 의하면, 인간 사회의 질서 중에는 인위적·목적의식적으로 만들어진 질서가 아니고, 사회인들의 상호 과정 속에서 자연 발생적으로 생성, 발전되어 온 **자생적 질서**(spontaneous order)가 수없이 존재하고 있다고 한다. 그의 세계관은 **진화적 합리주의**(evolutionary rationalism)이다. 그에 의하면 인류 사회의 진화 과정은 어느 누구에 의해 의도된 인위적 산물이 아니라, 자연 발생적 질서의 결과라고 본다. 그는 사회의 진화 과정이 문명이 진보하는 방향으로 나아가는 것도 그것의 자연 발생적 성격 때문이라고 본다. 발전하는 사회는 정부가 사회 과정에 새로운 생각을 입혀서가 아니라, 시행착오 과정에서 끊임없는 새로운 방법이 시험되기 때문이라는 것이 그의 핵심적인 진화론적 과정이다(최병선, 1994: 167-168).

그는 오늘날 개인의 자유가 소중한 것임을 인정하면서도, '더 나은 사회'를 건설하기 위해서는 어느 정도 개인의 자유를 제약하는 것이 불가피하다고 보는 일반적 사고 속에는, 사회를 규율하는 질서와 원리가 자생적으로 형성된 것이 아니라, 인간의 **의도적 산물**(product of deliberate design)이고, 또한 그래야만 한다고 보는 **형성적 합리주의**(constructivist rationalism)가 자리잡고 있다고 본다. 그는 이러한 사회주의적 사고야말로 지난 200년간의 학문, 특히 마르크스(Karl Marx)와 프로이트(Sigmund Freud)로 대변되는 근세 과학이 저지른 명백한 **과학적 과오**(scientific error)라고 단정

12) 하이에크의 논의에 대해서는 Hayek(1944) 및 足立幸男(1991/김항규 역, 1992, 제6장)을 참조.

한다(Hayek, 1982: 153-176).

자생적 질서는 사회 구성원들의 상호 작용 속에서 자연 발생적으로 형성된 것이기 때문에, 그 스스로가 환경의 변화에 대응하기 위한 **자동 조절 기능**을 그 속에 내포하고 있다는 것이다. 그런데 이러한 자생적 질서는 언어나 관습·도덕적 전통에서만 존재하는 것이 아니라 시장의 질서 속에도 존재한다는 것이다. 아니 그는 자연 발생적 질서의 전형이 바로 **시장 질서**라고 본다. 그에게 시장 질서는 서로 다른 개인의 서로 다른 지식과 서로 다른 목적을 융화시켜 줌으로써, 사회에 광범위하게 분산되어 있는 지식을 가장 효율적으로 활용할 수 있도록 해 주는 질서라는 것이다.

그는 이러한 자생적 질서로서의 행위 규칙은 결코 고정적인 것이 아니고, 그 사회를 살아가는 사람들의 환경 변화에 따라 이 자생적 질서 또한 변화해 가면서 시대 상황에 맞는 행위 규칙으로 작용하게 된다는 것이다. 그는 "인류 문명을 발전시켜 온 불가결의 기초 또는 가치가 무엇인가?"라는 질문에 대해, 그것은 **개인의 자유**라고 단언한다. 그러므로 **정당한 이유가 없는 한** 이러한 자생적 질서에 위배되는 시장에의 인위적 간섭을 가하게 되면 자동조절 기능을 상실시켜 버리는 결과를 가져오고 따라서 역효과를 초래하고 만다는 것이다.

이렇게 볼 때 하이에크는 국민의 경제생활을 비롯한 자유로운 활동에의 정부 개입을 무조건적으로 반대하는 것이 아니고, 정당한 이유가 있을 경우에는 이를 허용한다는 입장을 취하고 있다. 이러한 사고에 입각하여 하이에크가 구체적으로 개인의 자유를 제한할 수 있다고 한 내용들을 몇 가지 제시하면 다음과 같다.

첫째, 유독물의 사용을 금지하거나, 그 사용에 특별한 주의를 요구하는 것, 노동 시간을 제한하고, 위생 설비를 요구하는 것(Hayek, 1982: 37)

둘째, 국가가 생산에 관해서 설계하는 대부분의 일반적이고 항구적인 규제(예를 들면, 건축 규제나 공장법)(Hayek, 1982: 81)

셋째, 화폐 정책에 의해 경기의 일반적인 변동에 수반되는 대량 실업의 반복적 발생과 관련된 조치들(Hayek, 1982: 121)

넷째, 법의 지배에 위배되지 않는 범위 내에서 최저한의 식량, 주택, 의료

를 전국민에게 보장하는 최저 생활의 보장이나 포괄적인 사회보장 제도 (Hayek, 1982: 120)

그러나 하이에크가 반대하는 것은 예컨대 특정 상품의 가격이나 수량, 임금, 이윤율 등에 국가가 개입하려고 하는 것에 대한 것인 바, 이는 직접적으로는 그러한 종류의 통제가 자생적 질서로서의 시장 가격 메커니즘을 저해하기 때문이지만, 궁극적으로는 국가가 법의 지배의 정신에 입각한 자생적 질서의 담당자로서의 역할, 즉 모든 사회 구성원에게 동등하게 적용되는 행위 규칙을 강제하는 기관으로서의 기능에 위배되기 때문이다.

(3) '작은 정부' 옹호론자들에 대한 비판

이 책에서는 작은 정부를 옹호하는 이들 각자의 주장들에 대해 일일이 그들 주장이 내포하고 있는 한계점들을 논의하는 것은 생략하기로 하겠다. 그것은 대단히 광범위한 논의를 필요로 할 뿐만 아니라, 필자의 역량으로서는 한계를 느끼지 않을 수 없기 때문이다. 따라서 여기에서는 일반적인 비판을 논의하는 데 그치기로 한다.

자유방임주의 원리에 기초해서 국가의 기능을 최소한의 기능에 그쳐야 한다고 주장하는 최소국가 옹호론자들의 견해나, 경험적 결과로 볼 때 국가의 개입을 필요 최소한에 한정시키는 것이 그렇지 않은 것보다 좀더 효율적인 자원 배분을 초래한다는 이유로 완화된 작은 정부를 옹호하는 시카고학파의 주장들은 그들의 주장대로 **자유 경쟁적 시장**이 자원의 **효율적 배분**에 효과적이라는 데에는 크게 이견이 없는 것 같다.

그러나 그렇다고 하더라도 그것 때문에 정부의 국민생활 개입을 전적으로 부당하다고 주장할 수는 없다. 그 이유는 정부가 국민생활에 개입하는 것이 정당화되는가의 여부는 단순히 자원 배분의 효율성만을 기준으로 해서 논의되는 것은 아니기 때문이다. 즉 정부는 자원의 효율적 배분이라는 효율성 이념의 차원뿐만 아니라, 사회적으로 바람직한 자원의 배분, 즉 **공평성** 내지 **형평성**(equity)의 이념을 추구하기 위해서도 국민생활에의 개입이 정당화되기 때문이다. 따라서 자원 배분의 효율성이라는 이유로 작은 정부를 옹호하는 이들의 주장은 경제적 효율의 달성이 정부의 최종 목표가 아니라고 주장하는 사람들에게는 설득력을 갖지 못하게 되는 것이다. 그들의 주장에 의하면 경제적 자유가 바람직한 사회적 효과를 초래한다고 주장하지만 효율적인 자원 배분이 이루어졌다고 해서 그것이 곧 바람직한 자원 배분을 낳는 것은 아니기 때문이다. 자원의 효율적 배분(이의 가장 대표적인 예가 파레토 효율이다)이라는 능률성 혹은 효율성의 이념과 바람직한 자원의 배분을 목표로 하는 공평성 혹은 형평성의 이념은 별개의 차원이다.

2) '큰 정부' 옹호론

자본주의의 역사적 변천 과정을 볼 때, 순수한 의미에서 자유방임주의에 입각한 자유 경쟁 원리만에 의존하는 사고는 이른바 **대공황**이라는 역사적 경험을 통해 그 한계점이 드러난 바 있다. 따라서 오늘날 순수한 의미의 극단적인 최소 국가를 주창하는 나라는 찾아보기 힘들다. 오늘날에는 정도의 차이는 있을지언정 적극적인 국민생활에의 개입, 즉 '**보이는 손**(visible hand)'에 의한 복지국가의 실현이라는 과업을 국가마다 목표로 정하고 이의 실현에 커다란 관심을 기울이고 있는 실정에 있다고 할 수 있다. 따라서 복지국가화의 실현 정도로 그 나라의 선진화 수준을 측정하는 것이 일반적인 현상이 되고 있다. 또한 이와 맥을 같이하여 경제적 자유라는 것이 다른 정치적·시민적 자유만큼 절대적으로 보장되어야 할 성질의 것이 아닌 어느 정도의 제약이 불가피한 것이라는 시각이 보편적으로 받아들여지고 있다.

문제는 **자유**와 **평등**이라는 언뜻 상호 모순되는 것 같은 두 가지의 중요한 가치를 복지국가의 실현 과정에서 얼마만큼 조화롭게 절충하느냐에 있다. 경제적 자유가 시민 개개인의 가치에 중점을 두는 가치라면, 평등은 사회적 가치에 중점을 두고 있는 것이라고 볼 때, 이러한 문제는 결국 한 사회 속에서 어떻게 하면 개인의 경제적 가치와 사회적·집단적 가치를 조화시키느냐 하는 문제라고 할 수도 있다.

롤스(John Rawls)는 그의 '공정으로서의 정의' 이념을 통해 이 중요한 두 가치 간의 조화 원리를 제시하고 있는 바, 이에 대해서는 이 책의 제8장에서 자세히 논의될 것이다. 또한 근대 이후의 **과학주의적 사고**는 자연과학 덕분에 인간이 자연 현상을 인간에게 유리하도록 통제할 수 있었던 것과 마찬가지로, 사회 또한 과학적 방법을 통해 사회문제들을 총체적으로 분석하여 대규모의 사회설계가 가능하다고 보고, 이를 위해서는 중앙정부의 조직적·계획적인 지도와 통제가 불가피하다고 보는 견해가 '큰 정부' 옹호의 강력한 근거로 제시되고 있다.

그뿐만 아니라 앞에서 기술한 행정활동의 정당성 근거에 관한 제반 내용들은 결국 '큰 정부'의 불가피성을 역설하는 것이라 할 수 있다. 우리 헌법은 헌법 제34조 제1항을 통해 "모든 국민은 **인간다운 생활**을 할 권리를 가진다"고 선언하고, 이어서 국가가 사회보장과 사회복지를 증진시키기 위해 노력해야 할 의무, 여자와 노인·청소년·신체장애자 등의 보호 의무, 재해예방과 그 위험으로부터 국민을 보호해야 할 의무 등을 규정하고 있다. 또한 헌법 제119조 제2항에서는 "국가는 균형 있는 국민경제의 성장 및 안정과 적정한 소득의 분배를 유지하고, 시장의 지배와 경제력의 남용을 방지하며, 경제 주체 간의 조화를 통한 경제의 민주화를 위해 경제에 관한 규제와 조정을 할 수 있다"는 규정을 비롯해서 헌법 제9장에 경제헌법 조항을 두고 있다. 따라서 헌법은 우리나라가 사회국가를 지향하고 있음을 공식적으로 표방하고 있음을 알 수 있다.

사회국가란 자유주의 내지 시장경제 원리로 인해 파생된 모순과 폐단을 시정하고, 나아가서는 모든 사람이 인간다운 생활을 할 수 있는 경제적·사회적 정의를 적극적으로 실현함을 지향하는 복지국가 체제를 의미한다. 따라서 정부가 이러한 기능을 수행하기 위해서는 정부의 형태는 '큰 정부'의 형태로 나타날 수밖에 없다.

제 5 절 과학주의와 사회설계(과학적 사회공학) 사상

근대 사회과학의 출현은 갈릴레이(Galileo Galilei)와 뉴턴(Isaac Newton)에 의해 확립된 과학적 방법론이 자연 현상에 대한 연구뿐만 아니라,

인간과 사회 현상의 연구에도 적용될 수 있다는 이른 바 '**방법론적 자연주의**(methodological naturalism)' 신념과 함께 시작된 것이다.

방법론적 자연주의에 따르면 인간의 행위는 자연 현상과 마찬가지로 물질과 동작으로 환원될 수 있는 것에 불과하므로, 인간 정신의 산물인 사회적 · 역사적 현상도 자연 현상과 같이 불변의 법칙이 지배하며 인과론적 분석의 대상이 된다는 것이다. 따라서 자연 현상의 연구에 적용되는 이론과 방법이 인간 행위의 영역에도 적용된다고 보는 것이다.

그간 비약적인 발전을 거듭해 온 자연과학 덕분에 자연 현상 속에 존재하는 법칙의 발견을 통해 자연 현상을 이해하고 설명할 수 있게 됨으로써 인간이 자연의 위협이나 물리적 제약을 극복할 수 있었고, 더 나아가 자연 현상을 인간에게 유리하도록 개발 · 변화시킬 수 있게 되었다.

과학적 사회공학 사상은 사회 현상도 마찬가지로 사회과학과 기술의 발전을 통해 인간 사회에 존재하는 심각한 사회문제들을 총체적으로 분석하여 그 **인과 관계**를 알아냄으로써, 사회문제의 원인과 결과를 설명할 수 있고, 더 나아가 그들 사회문제들의 근본적 해결을 위한 대규모의 **사회 개조 계획의 설계**가 가능하다고 보는 사상이다. 따라서 사회문제의 해결을 위한 사회 개조의 전반적 설계도를 마련하여 이를 시행하기 위해서는 중앙정부가 국민 생활 전반에 걸쳐 강력하고 조직적인 지도와 간섭을 행하는 것이 불가피하다는 것이다. 그러므로 과학적 사회공학 사상은 '**큰 정부**'를 옹호하는 입장이다.

이러한 사고를 배태시킨 가장 대표적인 학자가 **벤담**(Jeremy Bentham)이다(제7장 참조). 그에 의하면, 18세기는 자연과학의 경이적인 발달에 힘입어 과거 자연이 인간에게 가했던 제반 자연 재해나 질병 등에 대해 그 원인을 파악하고 해결할 수 있게 되었다는 것이다. 이와같이 자연과학의 발달로 인해 인간이 자연에 종속되지 않고, 자연 현상을 오히려 인간에게 유리하게 이용하게 됨으로써 인간의 행복을 증진시키고 있는 데 반해, 인간 사회에는 빈곤 · 범죄 등 각종 사회문제가 여전히 그치지 않고 있는데, 그 이유는 자연 현상에 그것을 지배하는 인과법칙이 존재하듯이, 인간 사회에서 발생하는 사회문제에도 그것을 지배하는 인과 법칙이 있음에도 불구하고 입법자가 그것을 모르기 때문이라는 것이다. 따라서 그는 사회과학자 역시 자연과학자들이 그랬던 것처럼 사회문제 속에 존재하는 인과 법칙의 발견을 통해 문제 발생의 원인을 밝혀내고, 그 원인의 제거를 내용으로 하는 법을 제정하여 사람들에게 그것을 따르도록 하면 사회문제가 해결될 수 있다고 보았다. 즉 그의 학문의 일관된 방법은 사회문제와 같은 정신에 관한 학문을 자연과학과 같은 정밀과학으로 연구하는 일이었으며, 입법 즉 정치를 과학적 원리 위에 수립하는 것이었다.

그 후 인간 사회에 대한 과학적 지식의 조직적 적용이 사회의 합리적 개조를 가능하게 할 수 있다는 사고를 더욱 굳건히 하는 데 기초적 토양이 된 것들로는 첫째, 행정국가・복지국가로 국가의 형태가 변화되고, 그에 수반해서 정부의 기능이 현저히 확대되고 다양화된 점, 둘째 세계 **대공황**을 극복하기 위해 시도되었던 **뉴딜정책** 등의 수정자본주의적 실험이 대체적으로 성공을 거두었다는 점, 셋째 두 번에 걸친 세계대전에 대처하기 위해 각국에서 **전시경제**를 운용하고, **국가조합주의**(corporatism)[13]를 실천하며, 대규모적이고 체계적인 전후(戰後) 부흥계획을 수립하고 집행하는 과정에서 여

13) 일반적으로 **조합**(組合)이라 함은 일정한 자격을 가진 구성원(즉 조합원)들이 상호 협력을 통해 그들 구성원들의 공동의 이익을 추구하기 위해 구성한 결사체라고 정의할 수 있다. 국가조합주의(corporatism)라는 용어는 1920년대와 30년대의 유럽의 파시스트운동과 관련하여 널리 알려진 용어이다. **파시스트조합주의**는 기업가들을 유리하게 할 목적으로 국가가 기업가 편에 서서 파시스트 당원을 기업의 노조 대표로 받아들이도록 하고, 국가가 개입하여 이들 노동자 대표를 기업가 대표들과 유착하도록 강제했다. 이러한 유착 관계를 강화하기 위한 수단으로 노동조합을 법적으로 허가된 조합과 허가되지 않은 조합으로 나누어, 오직 전자에 대해서만 단체협약을 체결할 수 있는 권리를 부여했다.

국가조합주의는 이러한 전통에서 유래되어 일반적으로는 민간 부문의 집단들에 대해 국가, 즉 정부가 관여하여 강력한 주도권을 행사하는 관여 방식을 의미한다. 따라서 이는 주로 정부 주도에 의해 국가 발전을 주도해 오고 있는 나라들의 정부 행태를 설명하는 데 적합하다. 이러한 조합주의는 제2차 세계대전 이후 유럽의 국가들에서 기업가 단체의 대표와 노동단체의 대표, 정부의 대표자들 간에 상호 협의체를 구성하여 국가의 주요 경제정책을 결정하는 결정 방식이 나타나면서 그 속에 조합주의적 색채를 상당히 띠기 시작했다. 따라서 조합주의는 사회집단들 간의 갈등보다는 상호 협력을 통한 사회적 통합을 강조하는 데 중점을 두기 때문에, 조합주의를 지나치게 강조할 경우 경쟁과 갈등의 존재가 무시되어 버림으로써, 경쟁과 갈등이 낳는 순기능이 상실될 우려가 있다(최장집, 1987: 105-106).

러 가지를 실제 체험할 수 있었고 또한 성공의 가능성 등을 확인할 수 있었다는 점 등을 들 수 있다.

이와같이 국가가 사회에의 적극적 간섭을 경험하는 과정에서 과학적 사고에 기초해서 발달하게 된 새로운 분석모형－예를 들면, 운영연구(operational research) 및 체제분석(systems analysis)·비용-편익분석·비용-효과분석 등－나 수학 모형, 통계학적 방법의 개발 및 개량 등은 이러한 사고의 이론적 기반을 제공하게 되었다.

또한 이들 누적된 경험과 이론적 뒷받침에 힘입어 과학적 사회공학 사상에 몰입된 행정가나 정책연구자, 실무자들은 과학적 지식과 사회 제어 테크놀로지를 활용함으로써 일정한 바람직한 방향으로 사회를 의도적으로 개조하는 것과 이를 위한 중·장기적인 행동계획을 설계하는 것이 가능할 뿐만 아니라, 사회 발전의 필수적 조건이라고 믿게 되었다. 그리고 주어진 상황 하에서 어떤 문제에 대처하기 위한 최선의 정책을 발견하려면 일련의 엄격한 도식주의적 분석을 행하지 않으면 안 된다고 주장하게 된 것이다.

정책분석이나 정책결정론의 영역에서 이와같이 합리주의적인 발상을 가장 극단적인 형태로 표현하고 있는 것이 곧 정책결정 이론모형에서의 **합리모형**(rationality model)이다. 이에 의하면, 정책결정의 과정은 우선 정책을 통해 해결하려고 하는 문제에 대해 총체적으로 인지하고, 이를 해결하기 위한 목표를 설정하며, 목표 달성을 위한 모든 대안을 총체적·체계적으로 검토해서, 그 각각의 대안이 초래할 결과와 각 대안을 수행하는 데 소요되는 비용과 산출 가능한 효과를 탐색하여, 각 대안을 비교 평가하고 이를 통해 최적의 대안을 선택하는 과정을 거치는 작업이 필요하며, 적어도 이를 위한 노력이 지속적으로 추구되어야 한다는 것이다.

이와 같은 합리적 의사결정에 대한 비판은 의사결정에 관한 여러 가지 다른 모형－사이먼(H. A. Simon)의 만족모형(satisficing model), 린드블롬(C. E. Lindblom)이나 윌다브스키(A. Wildavsky)의 점증모형(incremental, muddling through model), 드로(Y. Dror)의 최적모형(optimal model), 에치오니(A. Etzioni)의 혼합모형(mixed-scanning model) 등－의 주창자들로부터 행해지고 있을 뿐 아니라 '작은 정부'를 주창하는 하이에크, 노직 및 무정부 자본주의자들로부터도 행해지고 있음은 앞서 기술한 바와 같다.

제6절 결론

지금까지 행정활동의 정당성의 근거를 여러 가지 관점—헌법적 관점, 역사적 관점, 경제학적 관점, 정치철학 및 사회윤리적 관점, 과학주의에 기초한 사회공학적 관점—을 통해 살펴보았다. 그 결과 다음과 같은 점들을 결론적으로 이야기할 수 있을 것 같다.

첫째, 전술한 바와 같이 행정이 국민생활에 개입하는 정당한 근거는 한마디로 '공익'을 추구하는 데 있다고 할 수 있다. 따라서 행정활동의 정당성 근거로 제시된 관점들을 살펴보면, 각각이 제시하는 행정 개입 정당성의 관점에 따라 행정활동이 이루어질 때 결국은 더 많은 공익이 달성된다는 점을 암암리에 전제하고 있음을 알 수 있다. 그런데 이들 관점 각각이 전제하고 있는 공익관은 크게 두 가지 견해로 나뉜다. 공익이란 주로 국민의 경제적 자유를 인정하고, 행정의 개입을 최소화함으로써 달성될 수 있다고 보는 관점과, 공익이란 행정의 적극적 개입에 의해 개인의 경제적 자유라는 가치를 어느 정도 제한하면서도 사회적·집단적 가치를 실현함으로써 달성될 수 있다고 보는 관점이다. 예를 들면, 스미스나 노직, 하이에크 등의 견해가 전자에 속하는 것이라면, 롤스 등의 견해는 후자에 속한다.

둘째, 행정활동의 정당성의 근거에 대해 여러 관점들을 제시하고 있지만 그 어느 하나의 관점도 구체적인 경우에 예외없이 적용될 수 있을 만큼 일반성·보편성을 갖는 관점으로 작용하는 데에는 일정한 한계가 있다는 점을 알 수 있다. 이를 통해 우리는 공익이 무엇인가에 대한 논의가 다양할 수밖에 없는 이유를 알 수 있다. 그럼에도 불구하고 지금까지의 논의된 내용들을 토대로 다음의 몇 가지에 대한 주장은 가능하다고 본다.

① 무정부주의자들과 같은 극단적인 견해를 제외하고 국가의 존재를 인정하는 이상 국가가 수행해야 할 **최소한의 기능**—전통적인 외교·국방·치

안질서의 유지 등—이 존재하고, 이를 수행하기 위하여 정부가 개입해야 한다는 데에는 견해가 일치하고 있다는 점이다.

② 이와 같은 정부 기능 외에 정부가 국민 생활에 어느 정도 더 관여해야 하는 문제는 주로 경제적 자유를 비롯한 일반적 **자유**와 **평등**이라는 두 가지 중요한 가치를 둘러싸고 일어나고 있음을 알 수 있다. 오늘날 정부는 그러나 자유라는 가치에 철저한 우위를 두는 순수한 의미의 자유방임주의를 추구하는 최소국가의 형태나, 평등이라는 가치에만 치중하여 국민의 모든 생활에 철저히 개입하는 극단적인 사회주의적 정부 형태는 역사적 과정의 경험적 실험을 통해 그 정당성을 상실했다고 본다. 국민의 기본권 가운데에는 정부의 불간섭을 통해 확보될 수 있는 자유권적 기본권이 있는가 하면, 정부의 적극적 활동 내지 간섭을 통해 확보될 수 있는 평등권으로서의 사회권적 기본권도 있다. 따라서 오늘날 정부 기능의 정당성을 판가름할 수 있는 기준은 이들 가치들 간의 바람직한 접점을 어디에 두느냐 하는 데 있으나, 그 바람직한 접점은 개별 국가의 구체적인 상황에 따라 다를 수밖에 없다.

③ 그러나 어떤 국가이든지 간에 정부 기능의 정당성을 판가름할 수 있는 보편적 기준으로 작용할 수 있는 것은 평등의 가치를 위해 자유의 가치를 어느 정도 제한하는 것은 허용되지만, 자유권의 **본질적 내용**은 침해할 수 없다는 점이다. 이와 같은 기본 전제 위에서 국민의 자유와 평등이라는 두 가지의 가치를 실현하기 위한 구체적인 정부 기능의 한계가 정해져야 할 것이다. 롤스는 기본적 자유를 평등에 우선시키고, 자유와 평등 간의 절충안을 제시하고 있다(제8장 참조).

④ 또한 정부 기능의 정당성의 범위를 어느 수준까지 인정할 것인가의 문제는 제4장에서의 '**정부의 실패**(government failure)' 문제도 고려해야 할 것이다. 최근의 견해는 신자유주의적인 세계적 조류에 따라 정부의 실패라는 관점에서 정부 기능의 축소 필요성에 견해가 일치되고 있으며, 이를 반영한 것이 이른바 '작지만 강한 정부'를 지향하는 **신공공관리**나 **뉴 거버넌스**적 관점이다.

제 4장 정부의 실패와 새로운 행정 패러다임

지금까지 제3장에서 기술된 논의들은 사적 영역에 정부가 개입하는 정당성의 논거를 여러 가지 관점에서 탐구해 본 것이다. 따라서 이러한 정부 개입의 정당성 주장의 이면에는 정부가 사적 영역이 할 수 없거나 하기 어려운 여러 가지 사회 문제에 개입함으로써, 본래 달성하고자 하는 목적을 제대로 달성할 수 있을 것이라는 기대가 내포되어 있다. 즉, 합리적이고 유능한 문제 해결사로서의 정부에 대한 기대가 전제되어 있는 것이다. 그러나 과연 정부는 이러한 기대감을 충족시켜 줄 수 있는 것인가? 정부는 다양한 정책 목적 달성에 어느 정도 성공했는가? 이러한 문제에 부정적인 답변을 보내는 일련의 주장들을 '**정부의 실패**(government failure)'라는 이름으로 하나로 묶을 수 있을 것이며, 이는 곧 **행정의 한계성**을 나타내는 것이 된다.

모든 사회는 사적 선택(私的 選擇, private choice)과 집단적 선택(集團的 選擇, collective choice) 간의 결합을 통해 재화를 생산하고 할당한다. **사적 선택**은 주로 시장기구나 자발적 교환을 통해 이루어지며, **능률**이나 **자유**(liberty)와 같은 가치를 증진시킨다. 한편, **집단적 선택**은 정부기관을 통해 이루어지는 것으로서, 사적 선택이 갖는 결함을 극복할 수 있다는 가정에서 정당성이 주장된다. 그런데 사적 선택이 시장을 통해 이루어질 때 '시장의 실패(market failure)'(제3장 제3절 참조)의 문제가 제기되어 기대하는바 사회적 가치를 제대로 충족시키지 못하는 것과 같이, 집단적 선택 역시 '정부의 실패'라는 문제를 그 속에 내포하고 있다.

'정부의 실패' 문제는 그러나 '시장의 실패'에 관한 이론만큼 포괄적이고 광범위하게 연구되어 있지 못한 상태에 있다. 이 장에서는 **와이머**(David Weimer)와 **바이닝**(Aidan R. Vining)의 견해를 중심으로 하고(Weimer & Vining, 1989: 94-123), 이에 덧붙여 기타 정부의 실패를 다룬 문헌들을 참조하여 다음과 같은 몇 가지 관점에서 정부의 실패의 구체적인 내용을 논의한 후, 정부의 실패를 교정하기 위한 논리로 1970년대 이후 새로이 제기되고 있는 행정 패러다임들을 소개한다.

첫째, 집단적 의사결정 방식에서는 다양한 의견들이 하나로 모아져서 만장일치의 합의를 도출하는 것이 바람직하지만 현실적으로 완전한 의견 일치를 이루기란 거의 불가능하다. 따라서 다수로 구성된 집단 전체의 의사를 결정할 필요가 있을 때에는 소수의 반대자가 있더라도 결국 다수의 의사를 집단 전체의 의사로 채택하는 **다수결 원리**에 따르는 것이 일반적이다. 그러나 다수결 원리에는 당해 원리 자체가 본래적으로 내포하고 있는 한계점이 있는 바, 그 한계점들이 무엇인가를 파악해 본다.

둘째, **대의 제도**(representative system) 하에서 정책을 심의하고 결정하는 의회가 시장의 실패에 바람직하게 대응할 수 있는 정책을 결정해야 함에도 불구하고, 오히려 바람직하지 못한 정책을 산출하게 됨으로써 정부의 실패를 부추기는 예가 허다하다. 이와 관련하여 여기에서는 어떠한 요인들이 대의 제도 하에서 이러한 문제점을 야기하는 원인이 되고 있는가를 파악해 본다.

셋째, 대의제 하에서의 의회와 함께 정책의 결정과 집행에 중대한 영향을 미치는 **정부 관료제**가 정부의 실패를 초래하는 요인들을 살펴본다.

넷째, 정부의 실패를 교정하기 위하여 제시되고 있는 논리 가운데 하나가 **분권화**(decentralization) **논리**이다. 그런데 이러한 분권화의 논리는 여러 가지 장점을 가지고 있는 반면에 바람직하지 못한 결과를 초래하기도 한다. 이러한 점에서 분권화의 장점과 단점들을 살펴본다.

제1절 다수결 원리의 문제점

민주주의 하에서는 개개인의 선호를 집단적 선택으로 결합하기 위한 원리로 다수결 원리가 있다. 다수결 원리는 집단적 의사결정에서 만장일치의 합의가 이루어지지 않을 경우 소수를 제외한 다수가 선호하는 대안을 집단 전체의 의사로 채택하는 방식으로 현대 민주주의의 기본 원리 가운데 하나이다.

현대 민주주의 하에서 다수결 원리는 집단을 구성하는 개개인의 의사가 모두 균등하게 한 표로 취급되는 1인 1표 방식에 의하며, 다수결 방식에는 단순 다수결제(simple majority rule) 방식과 조건부 다수결제(qualified majority rule) 방식이 있다.

단순 다수결제는 만약 n명이 집단적 선택에 참여한다고 할 경우 **과반수 이상**의 찬성에 의해 의사결정이 이루어지는 방식으로서 가장 일반적으로 사용되는 집단 의사결정 방식 중의 하나이다. 따라서 단순 다수결제 하에서는 3개 이상의 대안 가운데 하나의 대안을 선택하려 하는 경우에는 우선 두 대안씩을 짝지어 표결에 부쳐 과반수의 지지를 얻은 것만을 남기고 다른 안은 탈락시키는 방식에 의해 진행하게 된다.

한편, **조건부 다수결제**는 일정 수 이상의 찬성을 조건으로 의사결정을 하게 되는 것을 말한다. 이에는 헌법 개정과 같이 2/3 이상의 찬성이 요구되는 **특별 다수결제**(great majority rule)와 출석자가 아닌 재적자 과반수 이상의 찬성으로 결정되는 **절대 다수결제**(absolute majority rule)가 있으며, 만장일치도 이 범주에 속한다.

이와같이 다수결제는 민주주의 하에서 가장 일반적인 의사결정 방식이지만 이 제도에는 두 가지의 근본적 문제점이 있다. 그 하나가 애로(Kenneth Arrow)가 말하는 **투표의 역설**(逆說, paradox of voting)[1)]이고,

1) 이를 '불가능성 정리(不可能性定理, impossibility theorem)'라고도 한다.

다른 하나는 다수결 제도에는 1인 1표 방식이 적용되므로, 투표자가 선호하는 **선호의 강도**(preference intensity)를 나타내지 못한다는 점이다.

1 투표의 역설 개념 및 보편성

투표의 역설을 이해하기 위해 다음과 같은 경우를 생각해 보자. 지금 갑·을·병이라는 세 사람이 투표를 통해 A·B·C 세 가지 대안 중에 하나를 선택하기로 한다고 하자. 그런데 갑과 을 및 병이 세 가지 각각의 대안에 대해 갖는 선호도를 순서대로 표시하면 다음과 같다.

갑: A를 B보다 선호하고, C보다는 B를 더 선호한다(A> B> C)
을: C를 A보다 선호하고, B보다는 A를 더 선호한다(C> A> B)
병: B를 C보다 선호하고, A보다는 C를 더 선호한다(B> C> A)

이 경우 투표 방식은 우선 두 대안을 짝지어 표결에 부쳐 과반수의 지지를 얻은 것만을 남기고 다른 안은 탈락시키는 방식을 따른다. 이렇게 하여 살아남은 대안을 제3의 대안과 다시 짝지어 표결에 부친 결과 과반수의 지지를 얻은 것이 최종적으로 채택되는 방식에 의한다.

이제 세 가지 대안 중 A안과 B안을 먼저 짝지어 표결에 부친다고 하자(투표 방식 Ⅰ). 이 경우 갑과 을은 A안에 투표할 것이고, 병만 B안에 투표하게 될 것이다. 따라서 B안은 탈락하고 A안이 살아남아 나머지 대안인 C안과 표결을 하게 될 것이다. 이 경우 갑만이 A안에 투표할 것이고, 나머지 을과 병은 C안에 투표하게 될 것이다. 따라서 C안이 최종적으로 채택될 것이다.

○ 투표 방식 Ⅰ
1 차: A안과 B안: A안이 채택
2 차: A안과 C안: C안이 채택
* **최종적 결과: C안이 채택**

그런데 이번에는 두 대안씩을 짝짓는 순서를 바꾸어 보자. 즉 이번에는 제일 먼저 B안과 C안을 짝 지워서 표결하는 방식을 채택해 보자(투표 방식 II). 그러면 다음과 같이 A안이 최종적으로 채택될 것이다.

○ 투표 방식 II
1 차: B안과 C안: B안이 채택
2 차: B안과 A안: A안이 채택
* **최종적 결과: A안이 채택**

다음으로 이번에는 제일 먼저 A안과 C안을 먼저 짝지어 표결하는 방식을 채택해 보자(투표 방식 III). 그러면 다음과 같이 B안이 최종적으로 채택될 것이다.

○ 투표 방식 III
1 차: A안과 C안: C안이 채택
2 차: C안과 B안: B안이 채택
* **최종적 결과: B안이 채택**

이상에서와 같이 A·B·C 세 가지 대안 중에서 어느 대안과 어느 대안을 먼저 짝지어서 투표를 하느냐에 따라(즉, 투표의 순서를 바꾸게 되면), A·B·C 어느 대안도 채택될 수 있는 결과를 초래하고 있음을 보여 주고 있는데, 이를 '**투표의 역설**' 현상이라고 부른다.

이러한 현상은 만약 일부 투표자가 투표 과정에서 기회주의적일 수 있다는 가능성을 인정하게 될 경우 더욱 복잡한 문제를 제기하게 된다. 예컨대, 투표 방식 I에서 갑이 어떻게 결과를 조작할 수 있는가를 보자. 만약 갑이 을과 병의 A·B·C 대안 간의 선호 순서를 미리 알고 있다면, 갑은 2차 투표에서는 A안이 C안에 지게 되어 C안이 채택될 것이라는 것을 예측할 수 있을 것이다. 그러나 2차 투표에서 B안과 C안이 경합할 경우에는 B안이 승리하게 될 것이라는 것도 예측할 수 있을 것이다. 이 경우 갑의 입장에서는 A안을 제일 선호하지만 어차피 A안이 최종적으로 채택될 가능성이 없다고 판단되는 경우에는 C안이 채택되는 것보다는 그나마 B안을 더 선호하므로 갑의 입장에서는 제1차 투표에서 A안 대신 B안에 투표하기로 결정할 수도 있을 것이다. 이 경우에 만약 다른 투표자들은 그들의 진실한 선호를 그대로 유지하고 있다고 가정한다면 투표 방식 Ⅰ에서 1차 투표에서는 B안이 채택될 것이며, 2차 투표에서도 B안이 C안을 이기게 될 것이다. 결국 이와 같은 기회주의적 방식으로 투표를 하게 됨으로써 갑은 그가 가장 선호하지 않는 대안인 C안이 채택될 수 있는 상황을 변경시켜 그 대안의 채택을 방지할 수 있게 된다.

이러한 현상은 투표자들이 때로는 그들의 **진실한 선호**를 투표할 때 반영하지 않을 수도 있다는 점을 보여 주고 있는데, 정치학자들은 이러한 투표 현상을 가리켜 '**기회주의적 투표**(sophisticated voting)'라고 부른다.

물론 이 경우에 다른 투표자들도 1차 투표에서 그들의 진실한 선호에 반해 투표를 함으로써 결과를 조작할 수도 있을 것이다. 이럴 경우 궁극적으로 채택되는 대안은 안건 그 자체의 내용에 의해서뿐만 아니라, 사람들이 얼마나 기회주의적 투표에 참가하느냐에 따라 달라지게 된다는 것을 알 수 있다. 이러한 불확정성 속의 핵심에 '투표의 역설'이 내재해 있다. 따라서 투표의 역설은 흔히 투표의 결과를 '**국민의 의지**'라고 해석하는 데 대해 의문을 제기하는 것이다.

이제까지의 논의를 통해 투표의 역설은 다음과 같이 설명할 수 있다. 일반적으로 투표에 의한 의사결정이 합리적이고 정합적(整合的)인 것이 되기 위해서는 다음과 같은 두 가지 조건이 충족되어야 한다.

첫째, 투표 결과가 투표의 순서에 의존해서는 아니 된다는 점인데, 이를 '**투표 결과의 비독단성**(非獨斷性)'이라 한다. 우리는 투표의 결과가 투표 순서에 의해 얼마나 다른 결과를 가져올 수 있는가를 앞의 예에서 보았다.

둘째, 투표 결과가 투표자의 기회주의적인 전략적 행동에 의해 '**기회주의적 투표**'가 행해지지 않음으로써 투표자의 **진실한 선호**가 반영되어야 한다.

투표의 역설 현상은 이와 같은 두 가지 요건이 제대로 충족되지 못하는 현상을 일컫는다.

이러한 투표의 역설 현상은 프랑스의 수학자이자 철학자인 콩도르세

(Marquis de Condorcet)에 의해 18세기에 처음 밝혀져 이를 '**콩도르세 역설**(Condorcet's paradox)'이라고도 한다. 그 후 돗슨(Charles Dodgson), 캐럴(Lewis Carroll) 및 기타 여러 사람들에 의해 재발견되었으나, 이 법칙을 민주주의와 관련시켜 인식하게 된 것은 제2차 세계대전 후의 일이다.

1951년 **애로**(Kenneth J. Arrow)는 투표의 역설 현상이 어떤 특정 투표에서 나타나는 특수한 경우가 아니라, 기본적인 일련의 공정성 조건(fairness condition)을 충족시키는 어떠한 선택 방식 하에서도 초래될 수 있다는 점을 증명하고 이를 '**보편적 가능성 정리**(general possibility theorem)'라 칭했다(Arrow, 1963). 즉, 애로의 '보편적 가능성 정리'는 두 사람 이상이 세 가지 이상의 대안 중에서 하나를 선택해야 하는 상황 하에서는 어떠한 선택의 방식에서도 적용된다. 애로가 말하는 투표의 공정성 조건은 투표의 공정성을 보장하기 위해 충족되어야 할 조건으로서 다음과 같다.

첫째, 각 사람은 가능한 의사결정 대안들에 대해 **이행적 선호**(移行的選好, transitive preference)를 갖도록 한다. 이행적 선호란 대안 1이 대안 2보다 선호되고, 대안 2가 대안 3보다 선호될 경우 대안 1이 선호되어야 한다는 것을 말한다. 둘째, 만약 하나의 대안이 두 번째 대안에 대해 만장일치로 선호되었을 경우 두 번째 대안이 선택되지 않는다. 셋째, 개개인의 선호를 똑같이 집합하고 또한 똑같은 일련의 대안에 직면했을 때 늘 똑같은 대안을 선택해야 한다. 넷째, 어떠한 사람에게도 다른 사람들의 선호와 관계없이 그의 선호를 강요할 수 있는 독재적 권력을 허용해서는 아니 된다.

애로의 정리에 의하면, 세 가지 이상의 대안 가운데 하나를 선택하기 위한 의사결정에서 이와 같은 공정성 조건(위에 말한 네 가지 요건을 충족시키는 조건)이 충족되더라도 의사결정 대안들 간의 비이행적인 선호 현상, 즉 투표의 역설 현상이 발생할 수 있다는 것이다.[2]

2) 애로 외에 다른 학자들도 '기회주의적 투표', 즉 자기의 진실한 선호에 반한 투표를 통해 결과를 조작하는 것이 모든 공정한 투표 체계에 공통적으로 내재되어 있는 특징임을 입증하고 있다(Gibbard, 1973: 587-601; Satterthwaaite, 1975: 187-217).

2 다수결 원리의 한계

1) 선호의 강도가 제대로 반영되지 못한다

민주주의 하에서의 의사결정은 다수결 원리에 의거하는 것이 일반적이다. 그런데 의결할 사안의 내용에 따라서는 다수결 원리가 '**다수에 의한 전횡**(tyranny by the majority)'을 낳아 다수가 소수에게 높은 비용을 부과시키게 되는 경우가 있는데, 이는 투표 체계가 투표자로 하여금 그들의 **선호의 강도**(强度)를 표현할 수 없게끔 되어 있기 때문이다.

민주주의 투표 체제 하에서는 어떤 사람이 아무리 제안된 안건에 대해 반대를 할지라도 **1인 1표제**에 의해 그는 단지 하나의 투표권을 갖게 된다. 예를 들면, 비록 어떤 소수의 사람들은 그 투표의 결과에 따라서는 엄청난 손해를 보는 반면에, 나머지 다수의 사람들은 오히려 이익을 보게 될 경우, 소수가 그들의 선호의 강도를 투표 과정에서 나타내고 싶어도 각 개인이 한 표 이상의 강도를 나타낼 길이 없는 것이다.

우리는 이와같이 집단적 선택이 내포하고 있는 특징을 사적 재(私的財)가 판매되고 있는 시장에 견주어 비교해 볼 수 있다. 사적 재 시장의 경우에는 다양한 질의 상품을 다양한 가격으로 기꺼이 구입하려는 의지에 의해 사람들의 선호가 표현될 수 있다. 그러나 집단적 선택에서 투표에 의하는 경우 선호의 강도는 1인 1표 주의에 의해 의사표시의 강도를 나타낼 수가 없다. 이와같이 다수결제에는 다수에 의한 전횡을 초래할 우려가 있다는 점에서 투표에 의한 민주주의가 진정한 민의(民意)를 반영하지 못할 수 있는 것이다.

또한 정책결정자가 될 후보를 선출하고자 할 때 투표자들은 각각의 후보가 제시하는 여러 가지 견해들을 한데 묶어서 평가할 수밖에 없다. 이 경우 서로 다른 투표자들은 각기 서로 다른 이유로 똑같은 후보에게 투표하게 된다. 그리하여 실제로 모든 중요한 쟁점에 대해 소수자적 입장에 있는 어떤 후보가 선거에서 승리할 수도 있게 되는 것이다. 예를 들면, 투표자의 3

분의 1은 그들이 생각하기에 가장 특출하다고 여겨지는 무역정책을 어떤 한 후보가 제시하고 있기 때문에 비록 그 후보가 제시하고 있는 다른 정책에 대해서는 그들이 좋아하지 않을지라도 그 후보에게 투표할 수 있을 것이다. 또 다른 3분의 1의 투표자들은 그 후보의 무역정책에 대해서는 반대하지만, 그들이 보기에 가장 중요하다고 여겨지는 국방비 지출에 관한 그 후보의 견해가 바람직하다고 여겨져서 그 후보에게 투표할 수도 있을 것이다. 이리하여 결국 이 후보는 비록 대다수의 투표자가 무역 및 국방정책을 비롯한 모든 쟁점에 관한 그의 입장에 대해서는 반대하지만, 그러면서도 선거에서 승리하는 것이 가능한 것이다.

이는 투표자들이 여러 정책이 한데 묶여져 있는 정책 꾸러미에 대해 투표를 하게 되는 경우, 승리한 편의 꾸러미 속에 포함되어 있는 어떤 특정 정책이 반드시 다수의 의견을 대표하는 것은 아니라는 점을 내포하고 있다. 따라서 비록 어떤 한 후보가 압승을 거두었다고 하더라고, 그것이 곧 그 승리자가 제시한 정책들이 '**국민들로부터의 명령**'임을 나타내는 것은 아닐 수도 있는 것이다.

2) 다수의 의사가 항상 합리적이며 정의로운 것은 아니다

다수결 원리, 즉 다수의 의사를 집단 전체의 의사로 채택하는 것이 합리적이라는 원리는 다수의 견해가 소수의 견해에 비해 합리적이며, 덜 독선적이라는 것을 전제로 한다. 또한 다수결 원리가 집단적 선택 원리로서의 역할을 다하기 위해서는 다수의 의견이 양적인 측면에서뿐만 아니라 질적인 면에서도 소수의 의견보다 우수해야 한다는 전제가 타당한 전제가 되어야 한다. 따라서 만약 이러한 전제가 타당하지 않은 상황에서 적용되는 다수결 원리는 소수에 대한 다수의 폭력을 결과하기 쉽거나 잘못된 의견이 다수의 지지를 받게 되어 올바른 소수의 의견이 배척당하는 경우가 생길 수 있는 것이다.

예를 들면, 역사적으로 히틀러가 이끄는 독일의 국가사회주의자당은 쿠데타가 아닌 국민의 절대적 지지로 선거를 통해 집권한 정당이다. 당시의 독일은 세계 대공황 직후의 혼란한 사회 분위기 속에서 유태인 차별과 침략 전쟁을 공공연히 내세우던 히틀러 일당을 다수결이라는 제도로 당선시켰고, 그 결과 전 세계에 엄청난 비극을 초래하게 되었다. 근대 민주주의는 다수의 대중은 현명할 것이라는 '대중에 대한 믿음'에서 출발했다. 그러나 다수는 자칫 대중 심리나 구체적인 사회적 상황에 따라서는 사회적 분위기에 휩쓸려 정당하지 못한 그릇된 힘에 의해 극히 비합리적이고 정의롭지 못한 결정을 초래할 수도 있는 것이다.

다수결 원리의 또 하나의 맹점은 설사 다수의 견해가 합리적이라 할지라도 소수가 가지고 있는 진실이 다수결 원리 속에서 희생당하는 측면이 있다는 점이다. 즉 다수결의 원리에서 승자 측에 끼이지 못하는 소수자의 진실은 외면당하기 쉽다는 점이다.

다수결 원리가 내포하고 있는 이러한 단점 때문에 아리스토텔레스나 플라톤 같은 사상가들은 다수결 원리에 기초하고 있는 민주정치를 '**중우정치**(衆愚政治)'라고 폄하하기도 했다.

3 토론과 설득의 과정과 관용과 양보의 필요성

다수결 원리는 대의민주정치와 더불어 민주정치의 기본 원리이다. 다수가 찬성한 것이 언제나 옳다고 할 수는 없으며, 다수의 힘을 믿고 부정·부당한 것을 강요하는 경우도 있을 수 있다. 그렇다고 해서 소수의 결정을 다수에게 강요하는 것은 한층 피해가 클 것이므로, 다수결 원리가 민주적인 방법이라고 할 수는 있지만, 다수결 원리 자체가 민주주의라는 것은 아니다. 다수결 원리가 그 한계를 극복하고 민주주의적인 의결 방법으로 인정받기 위해서는 다음과 같은 요건이 다수결 원리와 함께 충족되어야 한다.

첫째, 소수의 의견을 존중하기 위해서는 충분한 **토론**과 **설득**의 과정이 필요하다는 점이다. 예를 들면, 설사 99%가 어떤 대안에 대해 찬성하고 1%가 반대한다고 할지라도 99%의 다수가 힘으로 자신의 의견을 강요하지 말고, 소수의 자발적 동의를 얻기 위한 토론과 설득의 과정이 필요하다는 점이다. 민주주의란 이러한 토론과 설득, 조정과 타협의 결과물이며, 따라서 결과보다는 민주적 절차의 중요성이 강조된다.

둘째, 소수자의 권리(right of minority)가 항상 존중되어 반대하는 소수자의 주장이 자유로이 표명될 수 있도록 **언론의 자유**가 보장되어야 한다는 점이다. 언론의 자유가 보장되는 사회에서는 소수자의 주장이 옳다고 한다면, 머지않아 다수와의 대결에서 승리할 수 있는 가능성이 있다는 점에서 다수결 원리는 널리 받아들여지고 있다.

셋째, 다수파와 소수파가 서로의 의견을 받아들이고 **관용**을 베풀면서 **양보**하는 자세가 필요하다는 점이다. 관용은 다른 사람이 생각하고 행동하는 방식의 차이를 그대로 인정하는 것이며, 양보는 자기의 생각이나 주장을 접고 남의 의견을 따르는 것이다. 따라서 양보와 관용의 정신은 의견과 신념의 차이로 생기기 쉬운 갈등을 해소할 수 있게 하며, 서로 다른 것을 표현할 수 있는 자유가 보장되는 분위기를 조성할 수 있게 한다. 또한 양보와 관용이 존재하는 사회는 나의 견해가 중요한 만큼 남의 견해도 중요하다는 사고가 전제된 사회이므로 서로 간에 자신의 견해를 강요하거나 강제하는 대신 진지한 토론을 통해 상대방을 설득하려고 노력하는 사회이다. 따라서 양보와 관용이 존재하는 사회에서는 다수의 횡포로부터 소수를 보호할 수 있고, 권력의 횡포로부터 개인을 보호할 수 있게 된다.

제2절 대의제 정부가 내포하고 있는 문제점

현대 민주주의에서는 선거권자들이 그들의 대표를 선출하여 그들의 의사를 대표하도록 하는 **대의제**(代議制, representative system)를 채택하고 있다. 이들 국민의 대표자들은 흔히 '공복(公僕, public servant)'이라 칭해지며, 여러 가지 정책—법적·행정적 규제, 벌금, 보조금, 재화 및 서비스의 공적 공급 등에 관한 정책—은 그들에 의해 민주주의의 정치 과정을 통해 결정되고 집행된다.

시장에서의 자원 배분은 가격 메커니즘을 통해 이루어진다. 즉 수요와 공급에 의해 형성되는 가격을 통해 이루어지는 것이다. 그러나 **공공 부문**에서의 **자원 배분**은 시장이 아닌 **정치의 장**에서 **인위적**으로 행해진다. 그리고 시장에서는 가격 메커니즘의 작동에 의해 시장에 참가하는 무수한 사람들의 사적 이익이 합쳐져서 효율적인 자원 배분을 가져오는 데 반해(시장의 실패가 없는 한), 정치 과정에서는 그 과정에의 참가자들의 사적 이익이 작용하면 공공 부문에서 효율적인 자원 배분을 가져온다고 할 수 없는 것이다. 오히려 공공 부문에서는 모든 정치행위자들이 그들의 사적 이익에 기초해서 행동할 때에는 커다란 비효율을 초래할 수 있는 것이다. 그러나 현실적으로 이들 정치행위자들이 사리(私利)에 기초하여 행동하는 경우가 많다는 점이 정부의 실패를 가져오는 요인이 되고 있다.

대의원들이 실제로 어떤 행동을 하는 데 영향을 미치는 요소로는 다음과 같은 두 가지를 들 수 있다.

첫째, 대의원들은 공복으로서의 **공적 의무**를 가지고 있으면서도, 그들 나름의 **사적 이익**을 또한 가지고 있다는 점이다. 따라서 그들은 자기 자신이나 가족의 복지를 생각하게 되고, 재선되거나 더 높은 지위를 차지하고 싶은 욕구를 가지고 있으므로, 늘 선거에서 다수표를 얻을 수 있는 확률을 극대화하려는 전략을 추구하게 된다. 따라서 이들 대의원들은 자기에게 투표할 것 같지 않은 사람들이나 혹은 정당, 국가와 민족, 기타 일반적으로 고려되는 기준에 따라 투표를 하려는 사람들에 대해 관심을 보이기보다는, 가장 빨리 반응을 보이는 사람들의 이해에 더 관심을 둔다. 또한 그들은 사회복지 등과 같이 그 효과가 광범위하게 영향을 미치는 일에 관심을 갖기보다는, 그들 선거구민의 반응에 더 관심을 갖게 된다.

둘째, 일반 개개인들이 그들 대의원들의 행태를 감독하기 위해서는 많은 **비용**과 **시간**을 소비해야 한다. 그런데 개개인들은 그들에게 주어진 재정적·시간적 제약을 감안하여 볼 때, 그들이 선호하는 정책이 무엇인가를 표명하고, 그들의 대의원들의 행동을 면밀히 감시하는 일 등이 결코 그들의 사적 이익에 도움이 되지 않는다는 것을 알게 된다. 그렇다면 대의원들을 감시하고 평가하는 자는 누구인가? 그들 대의원들은 **이데올로기** 혹은 **재정상의 이익** 때문에 강한 정책 선호를 표명하고 있는 집단(예를 들면, 이익집단)에 의해 감시되고 평가된다. 왜냐하면 그들 집단들은 그들의 정책 선호를 표명하고 대의원들의 행태를 감시하는 데 소요되는 시간적 · 재정적 비용보다는 그를 통해 얻는 이득이 더 크기 때문이다. 그리하여 결국 대의원들은 그들의 선거구민의 선호와는 매우 다른 선호를 가지고 있는 집단에 의해 가장 면밀하게 평가되고 감시되는 경향이 있으며, 따라서 이들 집단들은 대의원들의 행동에 영향력을 행사하게 되는 것이다. 그 결과 다원주의적 사회에서는 잘 조직화된 이익집단에 의한 정치 체제의 **'잠재적 과점 현상**(potential oligopoly)'을 초래할 수 있게 되는 것이다(Lowi, 1979: 57-58).

이와같이 개개인으로서의 대부분의 사람들이 그들이 선출한 대의원들에게 거의 주의를 기울이지 않을 때, 이익집단과 같이 정치적으로 적극적인 잘 조직화된 소수집단은 대의원들이 선거구민들의 표를 획득하는 데 도와줄 것을 약속하거나, 선거 자금을 제공함으로써 재선에 관심이 있는 대의원들에게 도움을 주고, 그 반대급부로 대의원들에게 영향력을 행사하게 된다. 즉 그들 소수의 집단은 그들에게 유리한 정보를 대의원들에게 제공하여, 대의원들을 설득시켜서 그들의 입장을 지지하도록 하거나, 정치의 장에서 그들을 좀더 효율적으로 옹호하도록 하는 것이다.

1 이익집단의 로비활동과 지대 추구

다음과 같이 정책 A와 정책 B의 두 가지 유형의 정책이 있다고 하자. **정책** A의 경우 이를 결정하여 시행하게 되면 특정 집단에게는 이익을 부여하게 되고, 그 정책에 소요되는 비용은 다수의 사람들에게 배분되는 내용의 정책이며, **정책** B의 경우는 특정 집단에게 비용을 부담하고, 그 정책이 초래하는 이익은 다수의 사람들에게 분산되는 내용의 정책이다. 이러한 두 가지 유형의 정책 중에서 대의원들은 어떤 유형의 정책을 선호할 것인가?

대의원들이 적어도 어느 정도는 정치적으로 적극성을 띠는 사람들의 활동에 따라 반응을 보인다고 볼 때, 대의원들의 입장에서는 **집중된 이익**

(concentrated benefit)을 초래하는 정책에 치우치게 되고, 집중적 비용을 초래하는 정책을 회피하게 되는 집단적 선택을 하는 것이 합리적이라고 생각할 것이다. 그 이유는 어느 특정 집단에게 이익이 집중되는 정책을 통해 해당 집단으로부터 적극적인 정치적 지지를 획득할 수 있고, 비용은 어떤 특정 집단에게만 집중시켜 부과하지 않고 많은 사람들에게 분산시키는 정책을 선호함으로써 정치적 저항을 줄일 수 있다고 보기 때문이다. 그리하여 **정책** A를 선택하게 될 것이다. 이러한 편견이 결국 총비용이 총이익을 초과하는 바람직하지 못한 정책을 채택하게 하는 것이다.

이와같이 경제적 이익은 특정 집단에게 집중되게 하고, 경제적 비용 부담은 다수에게 부과시키는 현상은 흔히 정부가 시장에 개입할 때 발생하는데 이것을 잘 설명해 주는 이론이 곧 '**지대**(地代, rent)'**이론**이다. 지대란 자유로운 자원의 흐름에 정부가 간섭하게 됨으로써, 그 자원을 소유한 사람에게 부여되는 초과 이득을 의미하는 것이다. 예를 들면, A라는 유형의 자동차가 그에 대한 수요와 공급이 자유롭게 행해지는 자동차 시장에 맡겨졌을 경우 형성될 가격이 2,000만 원인데, 정부가 외국 자동차 등의 국내 유입을 제한하는 정책을 통해 자동차 시장에 개입한 결과 그 A라는 자동차의 가격이 2,500만 원이 되었다면 500만 원은 곧 정부가 그 자동차 시장에 개입한 결과 그 자동차를 생산하는 자동차업자에게 부여되는 초과이득으로서 지대에 해당한다.

따라서 이와같이 정부가 시장에 개입함으로써 초과 이득(즉, 지대)을 얻는 자들은 그 이득을 계속적으로 획득, 유지하기 위해 정부로 하여금 계속적으로 시장에 개입을 하도록 로비활동을 벌이게 되는데, 이를 **지대 추구**(rent seeking)[3]라 한다. 예를 들면, 지방 공무원들에게 뇌물을 제공하여

---

3) **지대**(地代)는 원래 **토지의 희소가치**에서 나오는 상대적 가치를 말한다. 따라서 지대는 토지가 농산물을 생산하는 등 생산에의 적극적인 기여를 통해 산출되는 가치라는 측면보다, 그것의 **공급**이 **제한**되어 있다는 **희소성**(稀少性)으로 인해 유래되는 상대적 가치를 의미하는 것이다. 시골에 위치한 한 평의 지대와 서울 한복판 도심에 위치한 한 평의 지대를 비교해 볼 때, 서울에 위치한 한 평의 지대가 훨씬 높은 것은 그것이 갖는 생산성에의 기여라는 측면보다는 희소성 때문이다.

그런데 원래는 이와같이 토지와 관련하여 생성된 지대 개념이 이제는 토지만이 아니라

유선 TV 방영권의 지방 독점권을 획득하거나, 전문직 종사자가 그들의 높은 임금을 유지하기 위해 정부로 하여금 면허제를 시행케 하여 제재 규정을 설정하게 하는 것, 국내 제조업자가 자기들의 제품을 높은 가격으로 팔 수 있도록 로비활동을 통해 정부가 관세와 수입 할당 제도를 시행하도록 하는 것 등이 지대 추구의 예에 속한다.4)

관세나 수입 할당 제도를 시행하게 될 경우 자국 상품의 외국과의 경쟁을 제한하게 됨으로써 결국 국내 제조업자나 수입업자는 지대를 획득하게 되고, 반면에 국내 소비자들은 이들에게 지대를 지불하는 결과를 초래하고 만다. 따라서 지대를 획득하는 자들은 지대 추구를 위해 강력한 로비활동을 벌이지만, 이들에게 지대를 지불하게 됨으로써 손해를 보는 소비자들은 조직화되지 못하여 이를 저지하지 못하게 된다. 이와같이 지대 추구 활동은 정부가 사적 시장에 개입하게 됨으로써 나타나게 되고, 그 결과는 **경제적 비효율성**을 초래하게 되는 것이다.

모든 생산 요소에 지대의 요소가 내포되어 있는 것으로 이해되고 있다. 그 이유는 모든 생산 요소에는 다소간 **희소성** 혹은 **공급의 제한성**이 있어서 그로부터 나오는 가치가 존재하기 때문이다. 예를 들면, 가수나 모델의 수입 중 일부는 그것이 반드시 개인의 노력과 기여에만 연유하는 것이 아니라, 가수나 모델 등이 가지고 있는 천부적 자질이나 생래적 특징 등이 누구나 가지고 있는 특징이 아니고, 그들에게만 존재하는 희소성 있는 자질로서 공급이 제한되어 있기 때문에 연유하는 가치도 그 속에 포함되어 있는 것이다.

더 나아가 지대에는 토지나 가수의 음악성과 같이 **자연적·천부적 특성**에 기인하여 발생하는 지대가 있는가 하면, **부당한 시장 조작**이나 **정부의 특혜**를 통한 독점 이윤과 같은 것에 기인하여 발생하는 지대가 있다고 보고 있다. 이와 같은 지대는 시정되어야 할 바람직하지 못한 지대로 이해되고 있다. 이 책에서 이익집단의 로비활동과 관련하여 소개한 지대 개념은 곧 이와 같은 부정적 의미의 지대 개념이다. 지대 추구 이론에 대해서는 Buchanan, Tollison, & Tullock(eds.)(1980), Krueger(1974), 윤영진(1991)을 참조.

4) 어느 일간지 신문에 "일요일만 되면 약국 찾아 삼만리!"라는 제목의 기사가 실린 적이 있다. 그 내용에 따르면 일요일만 되면 모든 약국들이 문을 닫는 바람에 단순한 의약품 하나를 사려 해도 수십 곳의 약국을 찾아 헤매야 하는 실태를 고발했다. 이러한 사태를 방지하기 위해서는 단순의약품은 수퍼마켓이나 편의점에서 팔 수 있게 하면 될 텐데 대한약사회의 강력한 반발로 시행이 되지 못하고 있다고 한다. 이 경우 약사 편을 들어 주는 보건복지가족부는 국민을 위한 기관인지, 약사의 협력기관인지 알 수 없는 것이다. 이는 막강한 대한 약사회의 지대 추구 결과라고 할 수 있다.

2 국민 전체의 이익보다 선거구민의 이익에 치중

입법기관들은 집단적 결정에 이르기 위해 투표의 방식에 흔히 의존한다. 그러나 이러한 투표의 한계점은 우리가 지금까지 논의한 바와 같다. 이에 덧붙여 투표라는 집단적 결정이 내포하고 있는 또 다른 문제점이 입법기관에서 발생한다.

첫째, 대의원들이 국민 전체의 이익을 위한 일을 하고 싶으면서도, 그들의 재선과 관련된 사익의 추구 때문에 그들 선거구민들의 이익에만 관심을 두게 됨으로써, 어떤 정책결정을 위한 투표에서 대의원들이 오직 선거구민들의 선호에 따라서만 투표를 하게 될 때, 경우에 따라서는 다수 전체의 의사에 배치되는, 따라서 국민 전체의 이익에 공헌하지 못하는 정책이 선택될 수도 있다는 점이다(Buchanan & Tullock, 1962: 220-222).[5)]

둘째, 국민 전체에 미치는 불이익이 어떤 특정 지역구의 주민에게는 편익으로 나타나는 수도 있다.[6)] 예컨대 국민 전체적 관점에서 보면 무기 체계에 대한 비용-편익분석(cost-benefit analysis)을 행할 경우 무기에 대한 지출을 비용(cost)으로 간주할 것이다. 그러나 어떤 입법자는 자기 지역구에서 생산되는 무기에 대한 지출을 이익으로 간주할 수도 있는데, 그 이유는 그것이 자기 지역에 거대한 군수공장을 들어서게 함으로써 지역 경제를

---

5) 이를 이해하기 위해 실제 수치를 이용해서 설명해 보자. 우선 100개 선거구가 있고 각 선거구의 선거구민의 수를 편의상 각각 100명씩이라고 하자. 그러면 전체 선거인 수는 100×100=10,000명이 될 것이다. 그런데 51개 선거구민(100×51=5,100명) 중의 51%가 어떤 정책에 찬성하고, 나머지 49%는 반대했다고 하자. 이 경우 51개 선거구의 의원 51명은 다수에 속하는 사람들(5,100명 중의 51% 즉 2,601명)의 선호에 따라 그 정책에 찬성하는 투표를 하게 될 것이다. 다음으로 나머지 49개 선거구의 선거구민(100×49=4,900명)들은 100% 그 정책에 반대했다고 한다면 그들 선거구의 의원들은 선거구민들의 선호에 따라 그 정책에 반대하는 투표를 하게 될 것이다. 극단적인 예이기는 하지만 이렇게 될 때 결국은 전체 선거구민 10,000명 중 단지 4분의 1이 조금 넘는 2,601명만이 선호하는 정책이 채택될 수 있는 것이다.

6) 이에 대한 더 자세한 내용을 알기 위해서는 Shepsle & Weingast(1984: 417-34), Weingast, Shepsle & Johnson(1981: 642-64) 참조.

활성화시키기 때문이라고 할 수도 있을 것이다.

이와같이 지역구 지향적인 지출에 대한 가치평가(valuation)는 흔히 입법자들이 **연고지 우선의 정책**(pork barrel)을 관철시키기 위해 서로 협상을 함으로써 순사회적 비용(net social cost)을 초래하는 정책들을 채택하게 되는 결과를 가져올 수도 있다. 이러한 현상을 '**결탁**(logrolling)'이라고 하는데, 이는 다른 의원이 선동하는 정책에 찬성해 주는(혹은, 적어도 반대하지 않는) 조건으로 자기가 실현하려고 하는 정책에 지지를 해 주도록 거래·교환을 행하는 것을 말한다. 이러한 결탁을 행하게 되면 지역적 측면에서 보았을 때 충분한 이익을 가져오는 사업계획들을 한데 묶어 그러한 계획들을 한꺼번에 채택해 버리는 결과를 초래할 것이다. 이러한 현상은 결국 공공지출 팽창에 대한 유효한 억제 장치가 없는 곳에서 의원 간, 정당 간에 빈번하게 일어나게 되며, 그 결과 비효율적인 공공정책이 채택되고 재정적자가 발생할 가능성이 커지게 되는 것이다.

셋째, 입법의 과정에서는 일반적으로 당해 입법을 통해 나타나는 이익이 다수의 지역에 분포되도록 하는 경향이 있다. 이러한 경향은 지역 간 균형을 이루는 데 도움이 될지는 모르지만, 그것은 또한 목표의 달성이라든가 정책 실험을 어렵게 만들기도 한다. 어떤 사업계획은 특수한 여건과 한정된 범주 내에서만이 순사회적 이익을 산출하는 경우도 있는 것이다. 예를 들면, 교육 혁신 연구를 위해 하나 내지 두 개의 센터를 설립하는 것은 양(+)의 기대 순이익을 제공할 수도 있다. 한편 숙련된 연구자나 훌륭한 아이디어가 드문 자원이기 때문에 이러한 센터를 예컨대 스무 개나 설치하는 것은 순사회적 비용을 초래할 수 있는 것이다. 그럼에도 불구하고 입법부의 승인을 얻는 데는 분산된 프로그램이 더 용이한데, 그 이유는 그렇게 하는 것이 더 많은 지역에 예산을 지출하기 때문이다.

미국의 **모델 도시 프로그램**(The U.S. Model City Program)은 본래 존슨 대통령이 소수의 몇 개 도시를 대상으로 집중적인 연방 원조의 효과를 입증하기 위해 제안한 것이었으나, 각종 중소도시를 대표하는 의회 의원들의 지지를 얻으려다 보니 이것이 그만 수많은 중소 도시에까지 확대되고 말았다. 그 결과 자원은 광범위하게 지출된 반면, 집중의 효과를 상실해 버리고 말았다(Jones, 1983).

3 선거의 사이클과 시간의 제약

대의원들에 대한 감독 기능이 불완전한 환경에서 대의원들의 사적 이익이 작용될 때에는 그들은 단기간 내에 나타나지 않을 비용과 편익에 대해서는 이를 지나치게 과소평가하고 싶은 욕구를 갖게 될 것이다.

예를 들면, 2년 이내에 다시 선거전을 치러야 할 대의원들이 있는데, 이들 대의원들에 대한 감독 기능이 불완전한 환경 속에서 대의원들의 사적 이익이 작용될 때, 다음과 같은 서로 다른 비용과 편익이 나타나는 A, B 두 가지의 사업 계획안을 놓고 대의원이 어떤 대안을 선택할 것인가를 생각해 보자. A안은 앞으로 2년 동안에는 커다란 가시적 편익을 제공하지만 그 다음해부터는 커다란 순손실을 초래하므로, 전체적으로 보았을 때 음(-)의 순현재가치를 나타내게 된다. 한편, B안은 앞으로 2년 동안에는 순손실을 초래하지만 그 다음해부터는 순편익이 점차 늘어나게 되어 결국 전체적으로 볼 때, 양(+)의 순현재가치를 나타낸다. 이 경우 **사회적 관점**에서 보면 당연히 그 대의원은 B**안**을 선택해야 한다. 그러나 그 대의원 자신의 **사적 이익**의 입장에서 보면 A**안**을 선택하여 선거 이전에 실현된 편익을 업적으로 제시하면서 그의 재당선 가능성을 높이려고 할 것이다.

4 선거 제도와 비효율

선거 제도 역시 비효율과 관계가 있는데 예를 들면, 중선거구제 하에서는 입후보자는 1/의원 정수+1의 득표로 당선될 수가 있다. 환원하면, 입후보자는 굳이 광범위한 유권자의 지지를 얻을 필요가 없다. 얼마간의 유력 압력단체에 속하는 유권자의 확실한 표에 약간의 부동표를 더 얻으면 당선 가능성이 있게 되는 것이다. 따라서 중선거구제 하에서는 소선거구제에서와 같이 선거운동이 과열되지 않을 것이기 때문에 선거 과열로 인해 발생하는 여러 가지 비리가 발생할 가능성이 적다고 할 수 있다. 물론 중선거구제 역시 많은 문제점이 있다. 따라서 어떠한 선거 제도가 바람직한가에 대해서는 신중한 검토가 필요한 것이다.

다만 중선거구제가 실시될 경우 대의원에 따라서는 어떤 압력단체만의 지지에 의해서도 당선될 가능성이 많기 때문에 압력단체의 지대 추구 활동에 민감한 의원을 적지 않게 배출할 가능성이 있다는 점은 부정할 수 없는 사실이라고 생각된다.

5 정책의 창, 매몰비용 및 전례에 따른 비효율

1) '정책의 창' 개념과 비효율

공직 후보자들은 그들 선거구민들의 관심을 얻고자 노력해야 한다. 그러나 선거구민들은 자기의 사적인 문제에만 주로 관심을 기울일 뿐, 정책에 대해서는 그것이 자기의 이해관계와 직접적으로 관련되지 않는 한, 정책의 쟁점이 무엇이며 대의원들이 어떻게 그 문제를 다루고 있는가를 알기 위해 많은 시간을 할애하지 않는 것이 일반적이다.

공공문제에 대한 세부적인 정보를 수집하고 평가하기 위해서는 시간과 비용이 들기 때문에 선거구민들은 보통 신문이나 잡지 · 라디오 · 텔레비전 등에 의존하게 된다. 그러므로 대의원들은 그들의 행동과 입장이 매스미디어에 어떻게 묘사되고 있는가에 관심을 갖게 된다. 미디어는 대의원들에게 일반 공중 및 자기 선거구민들에게 다가가 그들의 관심을 얻을 수 있게 기회를 제공해 주기 때문이다. 따라서 대의원들은 미디어에서 어떤 문제를 중점적으로 다루면 그 문제가 설사 사회문제의 우선순위로 볼 때 상위의 수준에 해당하는 문제가 아닐지라도, 이를 정책문제화하고 이에 관련된 기존의 공공정책의 변경을 제안함으로써 세인의 주목(특히 선거구민의 주목)을 받을 수 있다.

이러한 현상을 설명하기 위하여 도입된 개념이 **'정책의 창**(policy

window)'이라는 개념이다. 매스미디어는 어떤 사회문제를 중점적으로 부각시킴으로써 세상 사람들로 하여금 그것이 다른 어떤 사회문제보다도 심각한 문제인 것처럼(실제로는 그보다 더 심각한 사회문제가 있는데도 불구하고) 인식하게 된다.

일반적으로 **창문의 기능**이 갖는 특징은 그것을 통해서만 안을 들여다볼 수 있다는 점이다. 일반인들은 다른 정보보다도 매스미디어가 제공하는 정보에 주로 관심을 갖기 때문에, **매스미디어**는 곧 창문과 같은 역할을 하고 있다고 할 수 있다. 매스미디어라는 창문을 통해 어떤 사회문제가 집중적으로 부각되게 되면, 선거구민들은 이 창문을 통해 그 사회문제의 심각성을 들여다볼 수 있고, 따라서 대의원들은 이들 선거구민들로부터 관심을 끌기 위해 그 사회문제를 정책의제화하는 데 앞장서게 된다.[7)]

문제는 매스미디어가 의도했든 의도하지 않았든 간에 매스미디어에 의해 강하게 제시되는 사회문제가 해결해야 할 사회문제의 우선순위로 볼 때 반드시 가장 상위의 문제를 부각시키는 것은 아니라는 점이다.

미디어에 의해 추구되는 정책의제는 여러 가지 대안에 대한 신중한 평가를 하기 어렵게 만든다. 정책안을 제시하는 데 지도적 역할을 하고 있는 대의원의 입장에서는 미디어가 그 문제를 가장 절정으로 다루고 있을 때 가장 혜택을 입게 된다. 그리하여 그는 그 문제가 시들해지기 이전에 무언가 정책 방안을 제시하고 싶어할 것이다. 만약 그 문제에 대한 여러 가지 대안을 신중하게 오랫동안 검토하다 보면 그 문제는 이미 미디어의 관심 밖으로 밀려 나가게 되고, 다른 새로운 문제가 미디어의 창문에 등장하게 될 것

---

7) 킹던은 '정책의 창' 개념을 다음과 같이 설명하고 있다. 우주에서 촬영을 할 때에는 우주선에 설치된 창문이 제대로 촬영을 할 수 있는 기회를 제공해 준다. 목표로 삼고 있는 행성이 똑바른 위치에 있게 될 때 창문이 열리도록 장치되어 있기 때문이다. 그러나 그 열려 있는 시간이 길지 않다. 그래서 그 기회를 잃지 않기 위해서는 창문이 열려 있을 때에 촬영을 개시해야 한다. 일단 기회를 잃고 나더라도 그 기회는 다시 오는 것이지만, 그동안 우주 비행사나 우주 촬영기사들은 문이 다시 열릴 때까지 기다려야만 한다.

이와 마찬가지로 정치 체제에서도 창문이 열리기도 하고 닫히기도 한다. 부여된 발의권을 행사할 수 있는 기회로서의 정책의 창은 나타나서는 단지 짧은 기간만 열려 있게 된다. 이 기간 동안 만약 참여자가 이 기회를 이용할 수 없게 되거나 이용하지 않으면 그들은 다음의 기회가 올 때까지 기다리지 않으면 안 된다(Kingdon, 1984: 174, 205-218).

이다. 이러한 결과 좀더 포괄적이고 분석적인 정책 대안을 검토하는 것이 어렵게 되는 것이다.

2) 매몰비용과 전례에 따른 비효율

대의원들은 그들이 정책의 창을 이용하려고 하든 말든 간에 그들은 그들의 행동이나 견해가 유리하게 비춰지려고 노력한다.8) 대의원들은 그들이 과거에 취했던 입장으로 인해 가끔은 그들이 현재에 어떤 선택을 하는 데 제한받기도 한다. 예를 들면, 정치가들과 경제학자들은 '**매몰비용**(sunk cost)'을 각각 달리 보고 있다(Behn, 1981: 199-226). 경제학자들은 어떤 사업에 과거 이미 투자를 하고 이제는 더 이상 다른 어떤 목적을 위해 쓸 수 없는 자원은 이미 매몰된 것이며, 따라서 그 사업을 계속할 것인가 말 것인가를 결정하는 것과는 아무런 관계가 없다고 본다. 그러나 어떤 사업을 초기에 시행할 때 이를 옹호했던 정치가의 입장에서는 만약 그 사업을 포기하게 되면 그를 반대하는 사람들에게 실수를 인정하는 것이 되기 때문에 그 사업의 포기를 꺼려하게 된다. 더 나아가 그는 이미 투입된 지출을 그 사업을 계속해야 하는 정당한 근거로 이용하려고까지 할 것이다. "만약 우리가 이 사업을 포기하게 되면, 이미 우리가 사용한 수백만 달러의 돈을 낭비해 버리는 결과가 되고 말 것이다"와 같은 식으로 주장하게 될 것이다. 이런 식의 주장은 진실일 수도 있고 또한 정치적으로도 의의가 있을지 모

---

8) **라이커**(William H. Riker)는 정치적 전략술을 언급하기 위해 'heresthetics'라는 용어를 만들어 냈다. 이 의미 속에는 의제 통제, 기회주의적 투표, 지배적 다수를 분열시키기 위한 새로운 쟁점의 도입 등이 포함된다. 그것은 또한 정치적 목적을 위한 수사(修辭)의 활용, 언어를 통한 설득의 기술 등을 포함하고 있다. 그는 'heresthetics'의 의미를 다음과 같이 설명하고 있다

"이 용어는 정치적 전략을 언급하기 위해 내가 만들어 낸 용어이다. 이 용어는 그리스어의 '선택하는 것'과 '선출한다'는 말에 그 근원을 두고 있다. 이 용어는 언어적 설득 기술인 수사(修辭)와 관련된다. 그러나 이 용어의 의미 속에는 웅변이나 우아한 말씨를 의미하는 것 외에도, 다른 여러 가지 의미가 내포되어 있기 때문에 단순히 수사라는 의미와도 구별된다"(Riker, 1986: ix, 142-52).

이와 같은 그의 설명으로 볼 때, heresthetic의 의미를 함축할 수 있는 하나의 용어를 우리 말 속에서 찾기란 쉽지 않은 것 같다. '정치적 포용술' 정도로 해석하는 것이 어떨까 한다.

르지만, 중요한 것은 그것이 그 사업에 자원을 추가적으로 투입할 것인가의 여부를 결정하는 데 사회적 관점과는 무관하다는 점이다.

전례(前例, precedent) 또한 대의원들이 자기들의 제안이 호의적인 반응을 얻도록 하는 데 도움이 될 수 있는 기회를 제공해 준다. 즉 과거에 행해졌던 전례를 제시함으로써 대의원들은 사람들의 **공정감**(sense of fairness)에 호소할 수 있는 것이다. "우리는 작년에 X기업에 대부 보증을 했습니다. 따라서 우리가 Y나 Z기업에 대해서도 그렇게 해 주는 것이 공정하지 않습니까?" 식의 주장이다. 이런 경우 면밀히 검토해 보지 않으면 X기업에 보증을 해 준 구체적 여건이 Y나 Z기업의 여건과는 다르다는 점을 분명히 밝히기가 어려운 경우가 많다.

정책결정자들은 그들이 추천하는 어떤 정책이 미래에 가면 선례로 작용할 수 있다는 것을 알아야 한다. 따라서 떼어놓고 하나하나 생각해 보면 바람직한 정책들, 예컨대 보조금·권리의 포기·기타 행위 등이 미래에 가서는 전례로 작용하여 대의원들로 하여금 그와 유사한 행위를 무분별하게 채택하게 되는 가능성을 높여 줄 수도 있는 것이다.

6 대의제 하에서 정책분석가 및 시민단체의 중요성

우리가 지금까지 기술해 온 대의제 정부는 정치 체제가 정책을 결정할 때 대의원들은 공복으로서의 지위에서 공평무사하게 공적인 의무를 수행해야 한다는 당위적·윤리적 요청에도 불구하고, 사적인 이익이 또한 작용하기 때문에 공공문제와 관련된 정책결정 과정에서 사회적 비용과 편익을 신중히 검토하지 않고 있다는 것을 암시해 주고 있다. 이러한 잘못이 만약 대의원들이 가지고 있는 한정된 정보 때문에 유래되고 촉진되는 것이라면, 대의원이 아닌 **정책분석가**들은 좀더 다양하고 광범위한 정보에 기초해서 제안된 정책들이 초래할 가능성을 평가하게 됨으로써, 좀더 바람직한 사회적 선택을 할 수 있도록 하는 데 공헌할 것이다. 그리고 만약 사회적 비용과 편익에 대한 무관심이 대의원들의 사익 추구와 관련이 있다면, 정책분석가들은 좀더 객관적이고 공정하게 정치적으로 실현 가능한 대안들을 정교하게 만드는 데 도움을 줌으로써 사회 공동선(共同善)의 증진에 공헌할 수 있을 것이다.9)

또한 대의원들이 어느 정도는 정치적으로 적극성을 띠는 사람들의 활동에 따라 반응을 보인다고 볼 때, 그간 이익집단이 위주가 되어 정치적 적극성을 보여 옴으로써 여러 가지 비효율적이고 정의롭지 못한 정책이 결정되어 온 사례가 많은 것이 사실이다. 이러한 폐해를 극복하고 대의원들이 진실로 그들의 대표성을 제대로 발휘하도록 유도하기 위해서는, 그간 조직화되지 못했던 시민들을 조직화하여 그들의 이익을 대변하는 **시민단체**를 구성하여 이를 통해 대의원들에게 **정치적 압력**을 행사할 수 있어야 할 것이다.

제 3 절 관료제의 특징 및 정부 관료제가 내포하고 있는 문제점

우리는 앞에서의 논의를 통해 아무리 민주적인 정치 체제에서일지라도 그것이 국민을 진정으로 대표할 수 있는 대의 제도를 실현할 수 없다는 점을 인식하게 되었으며, 그 주된 원인으로 제시된 것이 조직화된 정치적 이익집단이 정치 권력을 장악하고 있다는 점이었다. 그러나 이에 덧붙여 또 하나의 정치 권력 장악 집단으로 제시될 수 있는 것이 정부 관료제로서, 이들은 국민의 대표자로서 국민에 의해 선출된 집단이 아니면서도, 국민의 대표자로 선출된 대의원들로부터 막강한 권한을 위임받고 있다는 점에서

9) 정책분석론(policy analysis)은 정책문제의 분석에서부터 시작하여 정책문제의 어떠한 측면을 해결할 정책목표로 할 것인지를 검토하고, 정책목표를 달성하기 위한 최선의 정책대안을 선택하기 위해 각각의 정책대안이 초래할 결과를 예측하고, 예측된 결과들을 일정한 정책대안의 비교·평가 기준에 따라서 평가하여, 최선의 대안을 선택하는 등의 일련의 정책결정 과정에서 필요로 하는 논리나 기법을 연구·개발하고 이를 적용하기 위한 지적 활동 분야이다. 예를 들면, 의사결정을 합리적으로 행하는 데 도움을 주기 위한 처방적 논리나 기법으로 개발된 OR(선형계획, 의사결정분석 등), 체제분석, 비용-효과분석 등은 합리적인 정책을 결정하는 데 많은 도움을 주고 있다.

대표성의 문제가 제기되는 것이다.

오늘날의 행정국가 하에서 정부 관료의 권한이 확대되고 정부 관료제의 규모가 확대됨으로써 대표성이 결여된 관료제가 국가의 중요한 결정권을 장악하고 있다는 사실은 그것이 국민의 기본권을 침해할 우려가 있다는 점에서 문제가 될 뿐만 아니라, 여러 형태의 비능률을 초래할 수 있다는 데에도 문제의 심각성이 있다.

이 절에서는 정부 관료제가 내포하고 있는 구체적인 문제점들을 파악하기에 앞서 정부 관료제의 개념 및 그 본질적 특성이 무엇인가를 논의해 보기로 한다.

1 관료제의 개념 및 특성

1) 관료제의 개념

관료제(bureaucracy)라는 용어는 여러 가지 의미로 다양하게 사용되고 있다. 이러한 관료제에 대한 다양한 용례를 크게 네 가지로 나누어 보면, 첫째 어떤 특정한 구조적 특징을 갖는 **대규모 조직**을 관료제로 보는 경우, 둘째 이러한 특정한 구조적 특징을 갖는 대규모 조직에 수반되는 여러 가지 **병폐**를 지적하기 위해 관료제라는 용어를 쓰는 경우, 셋째 **거대한 정부 조직**을 의미하는 것으로 사용되는 경우, 넷째 국민의 **자유**와 **권리**를 **침해**하는 **정부**를 관료제로 보는 경우 등이 있다.

첫째와 셋째의 관점에서는 관료제를 **객관적 입장**에서 정의한 것으로서, 양자의 견해를 종합하면, 관료제는 정부조직이든 기업조직이든 간에 **대규모 조직**을 의미하며, 대규모 조직에 나타나는 어떤 구조적 특성을 그 속에 내포하고 있는 개념으로 이해할 수 있다. 한편, 둘째와 넷째의 관점을 종합해 보면, 부정적 입장에서 정부조직이나 기업조직 등과 같이 대규모 조직이 내포하고 있는 역기능적 측면을 부각시켜 관료제의 개념을 정의하고 있다고 할 수 있다.

여기에서는 객관적 입장에서 관료제를 정의하여, 공·사조직을 막론하고 어떤 구조적 특징을 갖는 대규모 조직을 관료제로 이해하기로 한다. 따라서 사기업조직과 구별되는 정부조직과 관련하여 관료제를 논하기 위해서는 '**정부 관료제**'라는 용어를 사용하는 것이 정확한 표현이 될 것이다.

2) 베버의 근대 관료제

관료제의 원형은 독일 학자 베버(Max Weber)가 제시한 이상형(ideal type)으로서의 관료제이다.[10] 그는 근대국가 이후 산업화의 물결과 함께 국가나 기업의 조직이 방대해지고 이들 간의 경쟁이 심해지는 19세기 말의 유럽 상황에서, 그 당시 풍미한 이성 내지 합리성(rationalization)을 바탕으로 조직의 효율성을 높이고 조직의 안정성과 신뢰성을 높일 수 있는 구조적 처방을 제시했는데 그것이 곧 그의 이상형으로서의 관료제이다.

베버에 의하면 타인과 더불어 살아가는 인간의 사회적 행위의 가장 중요한 요소가 **지배**(domination)라고 보았다(Weber, 1968: 942). 지배는 A와 B라는 두 사람 사이에 A가 B의 의지와 상관없이 A 자신의 의지대로 B를 행동하게 할 수 있는 능력을 말한다. 그는 사람과 사람 사이에 행해지는 지배-복종의 방법으로 세 가지를 들고 있다.

첫째, A가 B에 대해 가지고 있는 **권력**(power)에 의한 방법이다. 예를 들면 A의 지배에 B가 따르지 않을 경우 물리적 강제력에 의한 제재가 행해지기 때문에 B가 A의 지배에 따르는 경우가 이에 속한다.

둘째, A가 B에 대해 가지고 있는 **영향력**(influence)에 의한 방법으로 예를 들면, A의 지배에 B가 따를 경우 그 대가로 그에 상응하는 반대급부를 제공하는 방법과 같은 것이다.

셋째, **권위**(authority)에 의한 방법으로서, 예를 들면, A가 B에 대해 어떤 명령을 했을 때, B가 A에 대해 그 명령의 정당성을 심리적으로 인정하여 그에 복종하는 경우이다.

---

10) 'ideal type'을 '이념형'이라고 해석하는 것이 일반적이나 베버의 관료제 모형이 모든 대규모 조직에 공통적으로 적용될 수 있는 조직구조의 바람직한 처방을 제시하고 있다는 점에서 '이념형'이라고 해석하기보다는 '이상형'이라고 해석하는 것이 그의 관료제를 이해하는 데 도움이 될 것 같다.

그는 이 세 가지의 지배 유형 중에서 권위에 의한 지배를 가장 중시하는데, 그 이유는 권위야말로 안정적인 지배-복종 관계를 구축할 수 있는 기반이 된다고 보았기 때문이다. 그리하려 그는 권위의 유형을 전통적 권위(traditional authority), 카리스마적 권위(charismatic authority), 법적 권위(legal authority)의 세 가지로 분류했다.

전통적 권위란 전통이나 선례 존중의 관습에 입각하여 구축된 권위를 말하며, 혈연에 의한 세습적 조직이 그 대표적 예에 속한다. 전통적 권위가 지배의 유형이 되는 조직은 안정성은 있지만 대규모의 조직이 필요로 하는 고도의 분업 요구에 적응하고, 급변하는 환경에 적응하기 힘들다. 우리나라의 경우 조선시대 관료제가 전통적 권위에 입각하고 있는 대표적 관료제이다. 이와같이 전통적 권위가 지배하는 관료제를 '**가산적 관료제**'라고 한다.

카리스마적 권위란 지배자 개인의 초범인적(超凡人的) 자질 때문에 생기는 권위를 말한다. 카리스마적 권위를 가진 지배자는 전통이나 법을 무시하고 조직을 지배할 수 있으며, 조직이 위기에 처해 있을 때 이러한 지배자가 탄생할 가능성이 많다. 우리나라의 경우 박정희 대통령에 의한 지배 유형이 이에 가까우며, 이와같이 카리스마적 권위가 지배하는 관료제를 '**카리스마적 관료제**'라 한다.

법적 권위란 '사람에 의한 지배'보다는 '법에 의한 지배'라는 원칙이 지배의 정통성을 인정하는 사회에서, 지배자가 법에 근거하여 가지는 권위를 말한다. 따라서 법적 권위가 지배하는 조직에서는 지배자의 명령에 복종하는 자는 지배자 개인에게 복종하는 것이 아니라 법에 복종하는 것이다. 이와같이 법적 권위가 지배하는 관료제를 '**근대 관료제**'라 한다. 베버는 법적 권위에 입각하여 성립된 근대 관료제야말로 가장 과학적이며 합리적인 조직이라고 보았다. 따라서 그의 **이상형 관료제**란 곧 법적 권위에 기초한 **근대 관료제**를 의미한다.11)

---

11) 베버가 그의 이상형 관료제를 근대 관료제라 칭하고 법적 권위를 강조한 것은 유럽 사회에서 시민혁명 이후 등장한 근대국가와 맥을 같이한다. 근대국가라 함은 절대군주제 국가가 시민혁명에 의해 붕괴되면서 절대군주가 행사하던 국가 권력을 입법권, 행정권, 사법권 등으로 분리시키고, 이들 권력 간에 견제와 균형(check and balance)을 이루게 함

3) 근대 관료제의 주요 특성

(1) 법규에 의한 조직 구성원의 권한과 관할 범위의 규정

조직 내 모든 직위(office)에 부여된 권한과 관할 범위는, 조직의 직위의 유형과 각각의 직위가 행사할 수 있는 권한과 관할 범위를 규정하고 있는 문서화된 법규에 의해 주어진다. 따라서 권한은 사람에게 부여되는 것이 아니라 법규의 규정에 의해 직위에 부여되는 것이며, 사람은 그 직위를 점함으로써 그 직위에 부여된 권한을 행사할 수 있게 된다. 이와같이 각 직위에 부여된 권한과 관할 범위를 법규로 규정하고 그에 따르게 함으로써, 직위를 점하고 있던 기존의 구성원이 나가고 새로운 사람이 그 직위를 차지하더라도 동일한 방식의 업무 수행을 가능하게 해 주기 때문에 구체적인 상황 하에서 직위를 점하고 있는 사람이 어떤 행동을 보일 것인가에 대한 예측 가능성을 확보해 주고 공정한 업무 수행을 가능하게 해 준다.

(2) 계층제 조직 구조

베버의 근대 관료제는 엄격한 계층제(hierarchy) 원리에 입각하고 있다. 대규모 조직은 그 전체의 구조가 피라미드 형태의 계층제를 형성한다. 계층제란 더 많은 권한과 책임을 가지고 있는 상위직이 그에 합당하는 법적·합리적 권위에 입각하여 하위 계층에 지시하고 명령하면 하위 계층에 있는 사람은 자발적이고 무조건적으로 이를 받아 수행하는 구조이다. 따라서 계층제는 상관의 명령을 통일적으로 집행하는 데 매우 효율적이다.

(3) 관료의 전문화와 전임화

조직 내에서의 임무의 수행은 임무 수행에 필요한 전문적 자격과 지식을 가진 관료가 채용되어 행해지도록 해야 한다. 즉 관료 채용의 기준이 전문

으로써 국민의 기본권을 보장하기 위한 권력분립 제도에 기초한 국가 형태를 말한다. 법치주의는 근대국가의 등장과 함께 확립된 것으로서 권력분립 제도 하에서 행정권에 의한 행정작용이나 사법권에 의한 사법작용은 국가의 최고법인 헌법과 국민의 대표기관인 의회의 입법권에 의해 제정되는 법률에 적합하게 행사되어야 한다는 의미이다. 이러한 의미의 법치주의를 행정작용에 적용할 때 이를 '**법치행정의 원리**'라 한다. 이와 같은 근대국가 하에서의 법치주의는 과거 절대 군주 개인에 의한 '인(人)의 지배'를 벗어나 '**법의 지배**'의 형태로 지배의 유형이 바뀌었다는 점에 그 특징이 있다.

적 능력이다. 또한 관료로서의 직업은 '생애의 직업(vocation)'이다. 즉 잠정적 직업이 아니고 일생 동안 종사하는 직업이며 또한 전임직업(full-time job)이다. 따라서 관료들에게는 근무 연한에 따라 정해진 금전적 보수와 연금을 받으며, 상위직으로 승진할 수 있는 기회가 부여된다.

(4) **임무 수행의 비정의성**(impersonality)

관료들은 임무 수행과 관련된 법규를 적용할 때 개인적 이익이나 감정, 구체적인 경우의 특별한 사정 또는 상대방의 지위에 관계없이 비정의적으로 법규의 규정과 절차에 따라 객관적이고 공정하게 행동할 것이 기대된다.

(5) **문서주의**

모든 직위의 권한과 임무는 문서화된 법규에 의해 규정되며, 관료의 직무 수행은 구두가 아닌 문서에 의해 행해지는 것을 원칙으로 한다.

베버(Weber, 1964: 337)는 근대 관료제가 내포하고 있는 이와 같은 구조적 특성이 충족되면 그러한 관료제 조직은 최고의 **효율성**을 달성하고 **신뢰성**과 **계속성**을 유지하는 데 그 어떤 방식보다도 우월하다고 보았다.

4) 관료제의 공헌

베버의 이상적 관료제 모형은 그 후 여러 가지의 비판이 행해져 왔으나 적어도 1970년대 이전까지는 그 비판이론이란 것들이 베버 관료제의 본질적 특성과는 근본적 성질을 달리하는 새로운 패러다임을 제시한 것이 아니라, 베버의 관료제 모형이라는 기계를 그대로 유지하면서 그 부속품의 일부를 변경하거나 더하거나 혹은 그 기능을 더하는 등의 수준에 머무른 특징을 지니고 있다는 점이다. 즉 베버의 관료제를 둘러싼 새로운 이론들의 전개가 대부분 그의 근대 관료제를 출발점으로 삼고 있는 것이다. 그만큼 베버의 관료제 모형은 오늘날에도 그 위력을 발휘하고 있는 것이다.

그의 관료제 모형은 자본주의 정신이 팽배해 있었고 물질 생산의 기계적 능률성이 무엇보다 강조되었으며, 적자생존의 원리에 따른 경쟁주의가 윤리적으로 용납될 수 있었던 산업화 단계의 사회에서 사회의 발전에 많은 기여를 했다(오석홍, 2004: 330). 또한 우리나라와 같이 지난 40여년 간 산업화와 민주화가 비교적 성공할 수 있었던 배경에는 정부 관료제의 역할이 커다란 기여를 했다는 점을 인정하지 않을 수 없다.

2 정부 관료제가 내포하고 있는 문제점

1) 대리인 이론과 기관 손실

정부조직은 재화의 성격상 사적 시장에 맡겨 둘 수 없는 공공재를 생산한다는 데에서 그 존립의 의의를 찾고 있다. 정부조직도 공공재를 생산하기 위해 노동력 및 기타의 생산 요소를 사용한다는 점에서는 사기업 조직과 마찬가지이다. 그러나 정부조직이 사기업 조직과 다른 점은, 사기업의 경우 산출된 재화가 시장에서의 **경쟁**을 통해 그 재화의 가치가 심판을 받을 수 있는 데 반해, 공공재의 경우 시장을 거칠 필요가 없기 때문에 공공재의 공급이 사회에 어느 정도 공헌했는가는 공공재에 대한 예산을 결정하고 그 운영 실태를 감독하는 **대의원**들에 의해 행해질 수밖에 없다.

또한 정부기관이나 관청조직은 민간기업과는 달리 도산의 우려가 없고, 경쟁 압력도 없다. 부단한 기술혁신이나 비용 삭감 노력에 의해 경쟁력을 강화시키지 않아도 살아남을 수가 있다. 따라서 여러 가지 비효율성이 나타나게 된다. 문제는 대의원들이 관료제의 운영 실태를 감독하거나 공공기관의 성격상 나타나는 여러 가지 비효율을 감독하는 데 한계가 있다는 점이다. 이러한 현상을 설명하는 이론이 곧 '**대리인 이론**(principal-agent theory)'이다.[12]

어느 사회, 어떤 조직이든지 한 사람이 모든 일에 책임을 지고 일을 수행하는 경우는 그리 많지 않고, 이를 일정한 관계성 개념에 입각하여 나누어 수행한다. 대리인 이론은 이러한 관계성 개념의 하나이다. 예를 들면, 국가 구조에서는 국민이 궁극적으로 주인이고 위임자이며, 국회나 대통령은 그 대리인이라고 볼 수 있다. 또한 국회의원이 주인의 위치에 있다면 정부 관

12) 대리인 이론에 대해서는 권순만 · 김란도(1995: 77-95), 이상철(1997: 181-196) 참조.

료제 하의 공무원은 그 대리인이라고 볼 수 있다. 관료제 조직 내부에서도 상급자가 주인이라면 하급자는 상급자의 대리인이라 할 수 있다.

이러한 관계구조는 사적 조직이나 사적인 계약 관계에서도 얼마든지 볼 수 있는 현상이다. 그런데 이러한 주인과 대리인 관계에서는 대리인이 주인의 의도대로 업무를 수행하도록 감독을 해야 할 필요성이 있다.

그 이유는 첫째, 고용주(주인)와 피고용자(대리인)들이 언제나 똑같은 이해관계를 가지고 있는 것은 아니라는 점이다. 예컨대 피고용자들은 그들의 회사가 잘 되기를 바라면서도 그들은 또한 직장에서 신문을 읽거나 근무시간에 사적인 일들을 보는 등 그들 자신들의 이익을 추구하는 행위를 하기도 한다. 이러한 상태는 주인의 입장에서 보면 바람직하지 못한 데에 비용이 지출되는 것이 된다. 둘째, 주인과 대리인은 모두가 자신들의 이익, 즉 효용의 극대화를 추구하는 존재라는 점이다.

그런데 문제는 주인이 대리인을 감독하는 데에는 많은 비용이 들기 때문에 감독에 한계가 있다는 점에 있다. 주인들은 피고용자들의 직무 태만적 행위들을 통제하기 위해 시간과 노력과 비용을 투입하지 않으면 안 된다. 결국 주인들은 대리인들이 근무 시간에 사적인 일을 보는 등 주인의 의도와는 다른 행위를 하는 데 지출되는 비용과, 그러한 행위를 통제하기 위해 취해진 활동에 소요되는 비용의 총액을 될 수 있는 한 최소화하는 조직을 만들어야 한다는 과제에 직면하게 된다. 이러한 비용을 '기관 손실(agent loss)'이라 칭한다.

기관손실=대리인이 주인의 의도와 다르게 자기 이익을 추구하기 위해 지출되는 비용+대리인이 주인의 의도와 다른 행위를 하지 않도록 감독하고 통제하기 위해 지출되는 비용

2) 공공관료제 조직이 사기업 조직보다 기관 손실이 높게 나타나는 이유

기관 손실은 공·사조직을 막론하고 모든 조직에 공통적으로 존재한다. 그런데 다음과 같은 세 가지 요인들로 인해 사기업 조직보다는 공공관료제 조직에서 기관 손실이 더욱 높게 나타나는 것으로 알려져 있다. 세 가

지 요인이란 첫째, 공공기관의 **산출(성과)**을 측정하기 어려울 뿐만 아니라 **측정 기준**이 **다양**하다는 점, 둘째, 공공기관 사이에 **경쟁**이 부족하므로 비용 삭감 동기가 희박하다는 점, 셋째, 공무원 체제의 **비융통성**의 문제가 그것이다.

(1) 공공기관의 산출물에 대한 측정의 곤란성과 측정 기준의 다양성

시장의 실패가 없다면 기업이 생산하는 재화의 사회적 가치는 그 소비자들이 기꺼이 그 재화에 대해 지불하려고 하는 행위에 의해 거기에 얼마만큼의 가치를 인정하고 있는가를 표현할 수 있다. 그러나 대부분의 공공기관이 산출하는 공공재는 이를 경쟁을 통해 판매하지 않는다. 따라서 대의원들은 국가 안보, 법과 질서 및 건강과 안전 등과 같은 공공재에 대해 어떻게 가치를 매길까 하는 문제에 직면하게 된다. 대의원들이 성실하게 이러한 공공재들의 진실한 사회적 편익을 측정하는 데 관심을 갖고 있다고 하더라도, 분석가들은 그에 대한 납득할 만한 방법을 제시하지 못하고 있다. 이와같이 신뢰할 만한 편익 측정 방식이 없다는 사실이 공공기관의 최적 규모를 결정하기 어렵게 만든다.

공공 부문은 사기업 조직과 달리 효율성만을 목적으로 하는 것이 아니고, 형평성 있는 분배의 문제도 고려해야 한다는 점이 공공관료 조직의 업적 평가를 더욱 복잡하게 만든다. 사기업의 경우에는 누가 그들의 생산물을 구입하는가에 대해 관심을 가질 필요가 없다. 이와는 대조적으로 공공기관의 경우 흔히 그들의 생산물인 공공재나 공공 서비스를 **수직적·수평적 평등**과 같은 원리에 따라 배분하지 않으면 안 된다. 따라서 공공재의 경우에는 그 소비자가 누구인가 혹은 어느 사회집단인가에 대해 관심을 가져야 한다.

예를 들면, 범죄 다발지역을 목표로 해서 치안활동(공공 서비스 활동)을 행하는 것은 효율성의 면에서 보면 바람직하지 않을 것이다. 그 이유는 이러한 경우 비용을 많이 들이더라도 그다지 효과(범죄 없는 지역을 이루려는 목표 달성)를 거두지 못할 것이기 때문이다. 따라서 일부 절망적일 정도로 치안 상태가 나쁜 지역은 방치해 두고, 그것보다 비교적 치안이 양호한 지역에 치안 서비스를 중점적으로 공급하는 편이 국가 전체의 치안 수준을 향상시키고 따라서 효율성을 증대시킬지 모른다. 그러나 그러한 치안 프로그램을 실시하려고 하는 것은 공공 서비스의 **형평성 있는 배분**이라는 관점에서 볼 때 아마 인정할 수 없을 것이다.

이와같이 공공 부문이 실현하려고 하는 가치 내지 목적이 반드시 하나가 아니라는 점, 게다가 목적 내지 가치가 복수로 존재할 때 이들 상호간의 상쇄(相殺, trade-off) 비율에 대해 항상 사회적 합의가 있는 것이 아니고, 갈등을 일으킬 경우가 많다는 점 등이 공공 부문의 업적 평가를 더욱더 곤란하게 만든다.

(2) 제한된 경쟁과 X 비효율성의 문제

사기업들 간에는 **경쟁**이 존재하므로 사기업들로 하여금 그들의 생산물을 **최소한의 비용**으로 생산케 한다. 왜냐하면, 사기업들의 경우 그들의 자원을 가장 효율적으로 사용하여, 그들이 생산하는 제품의 생산비를 최소한 낮추지 않으면, 결국에는 똑같은 제품을 생산하면서도 효율적으로 자원을 이용하여 생산비를 최소화하는 기업에 의해 시장에서의 가격 경쟁에서 축출되고 말 것이기 때문이다. 그러나 공공기관들은 직접적인 경쟁에 직면하지 않기 때문에 비효율적으로 운영되더라도 살아남을 수가 있다.

공공기관은 이와같이 경쟁이 없으므로, 'X 비효율성(X-inefficiency)'이 사기업조직에 비해 더 높게 발생하게 된다. X **비효율성**이란 용어는 라이벤슈타인(Harvey J. Leibenstein)이 만들어 낸 말로서, 어떤 조직이 경쟁에 있지 않고 독점과 같은 제한된 경쟁 상황에 있기 때문에 재화를 생산하는 데 기술적으로 달성 가능한 최소 비용을 달성하지 못하는 것을 의미한다.[13)]

X 비효율성의 문제는 기업이나 정부의 **운영**과 관련되어 나타나는 **비효율성**의 문제를 대상으로 하는 개념이다. 경제적 효율성의 문제는 비단 시장에서의 효율성만에 의해 좌우되는 것이 아니고, 조직 내부에서의 조직 내적 운영이 얼마나 효율적으로 이루어지고 있느냐에 의해서도 크게 좌우되는 바, X 비효율성의 문제는 바로 이와같이 조직의 내적 운영의 효율성

13) X 비효율성에 대한 상세한 내용은 Leibenstein(1976), 최병선(1992: 69, 159-64) 참조.

문제에 관심을 두고 제기된 개념인 것이다. 다시 말하면, X 비효율성의 문제는 조직의 운영과 관련된 비효율성의 문제를 다루는 개념으로서, 우리가 일반적으로 말하는 **조직 운영의 비효율성**과 같은 개념이다. 따라서 앞서 설명한 **기관 손실을 최소화**하는 것은 곧 X 비효율성을 감소시키는 것을 의미한다고 할 수 있다.

경쟁의 부재는 또한 공공기관의 역동적인 효율성 추구에도 영향을 미친다. 공공기관은 늘 혁신에 대한 유인이 사기업보다 부족하다. 사기업의 경우 이익 추구 동기가 비용을 줄일 수 있는 새로운 생산 방식을 발견하려는데 강한 유인으로 작용한다. 어떤 산업체의 한 회사가 성공적으로 혁신을 단행하면 다른 회사 또한 이에 따라야 하며, 그렇지 못할 경우 결국에는 그 분야에서 도태되어 버리고 말기 때문이다. 이에 비해 공공기관은 그들이 혁신을 하지 않더라도 축출될 염려가 거의 없다.

공공기관의 장관이나 상위직 공무원들이 혁신을 시도하는 것이 없지 않지만, 그들이 혁신을 하려고 할 때는 사기업과 비교해 볼 때 몇 가지 불리한 점이 있다. 첫째, 공공기관은 그 혁신 과정을 모방할 만한 경쟁자가 없다는 점이다. 그들은 유사한 기능을 수행하는 다른 기관을 따르기도 하지만(이를 '벤치마킹'이라 한다), 그 경우 하나의 새로운 테크놀로지가 다른 곳에서도 순이익을 산출하는가에 대한 가치 평가의 문제에 직면하게 된다. 둘째, 이들은 기업체의 관리자와 달리 처음에 드는 자금을 은행으로부터 빌릴 수도 없다. 그 대신 그 자금을 예산 지원자로부터 얻어야 하는데, 예산 지원자들은 그 특성상 불확실성을 내포하고 있는 연구 개발 계획과 같은 것에는 자금을 할당하지 않으려 한다. 셋째, 공무원에 대한 규정이 혁신을 실행하는 데 필요한 전문가를 채용하기 어렵게 하는 장애 요인으로 작용한다. 이에 대해서는 아래에서 좀더 상세히 논의될 것이다.

(3) 지나친 공무원 보호로 인한 비신축성

전형적으로 고위직 공무원만이 지배적인 정치권력에 좌우되어 공무를 집행하는데 반해, 나머지 공무원들은 이론상 그들의 임기와 봉급이 집권 정당의 변화와 관계없이 결정되는 **직업공무원**이다. 이러한 제도는 지배 정당의 변화와는 관계없이 전문가의 지속성을 유지할 수 있게 할 뿐만 아니라, 정당의 개별적 목적으로 행정기관을 이용하지 못하게 하는 순기능적인 면이 있다.

그러나 이러한 연속성과 비당파성은 행정기관이 신축적으로 전문 인력을 충원할 수 없게 만드는 **역기능적인 면**을 수반한다. 정치적 목적으로 공무원을 해고하는 것을 곤란하게 하는 것이, 한편으로는 무능하고 비생산적인 공무원을 추출해 내기 어렵게 하는 요인이 되기도 하는 것이다. 공무원에 대해 정치 권력이 부당하게 작용할 기회를 줄이기 위해 실시되는 **고정봉급 제도** 역시 가장 생산적인 사람에게는 너무 낮은 보상이 되고, 가장 비생산적인 공무원에게는 너무 많은 보상을 해 주는 결과가 된다. 그리하여 유능한 사람이 더 높은 급료를 지불하는 사기업으로 전출하게 되면, 공공기관에는 비생산적인 사람들이 주로 남게 된다.

공무원 체제가 공무원의 해고를 어렵게 하고 있기 때문에 거기에서 나타나는 단점을 보완하고 질적 수준을 유지하기 위해서는, 공무원을 채용하는 데에 커다란 관심을 기울여야 한다. 그러나 신속하지 못하고 복잡한 충원체계로 인해 관리자가 유능한 공무원을 충원하기 어렵게 만든다. 이러한 문제는 할당된 직위에 회계연도 기간 내에 인원이 충원되지 않으면 그 자리를 잃고 마는 것이 아닌가 하고 두려워하는 관리자가 있을 때 더욱 심각해진다. 이러한 관리자는 가장 적절한 사람을 고용할 때까지 기다리지 않고, 이미 공무원으로 있는 사람으로서 자격이 덜한 사람을 데려오는 것이 좀더 안전한 길이라고 생각하게 된다. 이러한 관행이 계속되면 행정기관이 효율적으로 운영되기가 점점 어렵게 되어 버리고 마는 것이다.

마지막으로 공무원들은 **반응성**(responsiveness)이 없다는 점이다. 공공기관이란 것이 사기업 조직과 달라서 독점적 지위를 누리고 있기 때문에, 공공재 소비자들은 사적 재(private goods)의 경우와 같이 다른 재화 공급자를 선택함으로써 그 재화에 대한 불만을 나타내 보일 수가 없다. 물론 선거에 의해 뽑힌 대의원들의 경우 그들 선거구 소비자들에게 반응성을 보여야 한다는 유인을 가지고 있다. 그러나 공무원들을 부당한 정치적 간섭으로부터 보호하고 있기 때문에, 대의원들이 공공재에 대한 공공의 욕구가 어떠한가에 대해서 공무원들에게 정보를 제공해 주는 역할이 제한되어 있다. 대의원들은 예산을 깎아 내리겠다고 으름장을 놓는 식으로 공무원을 괴롭혀 보았자, 이 또한 실제로 일반 공중과 접촉하는 가장 하위직에 있는 공무원들의 행태에 영향을 미치는 효과적인 방법이 되지 못한다. 이와같이 공무원의 신분을 지나치게 보장하는 것이 공무원으로 하여금 소비자의 욕구에 반응해서 이를 충족시킬 수 있는 능력을 제한시키는 요인이 되는 것이다.

(4) 행정 실무와 관련된 정보의 불균형과 재량예산

행정 실무자들은 일반적으로 어떤 주어진 수준의 산출을 위해 최소한의 비용이 얼마인가에 대해 일반 공중이나 기타 대의원들보다 더 잘 아는 지위에 있다. 따라서 일반 공중과 대의원 및 행정 실무자들은 행정 실무와 관련된 정보를 불균등하게 소유하게 되는 것이다.

이와같이 일반 공중과 대의원 그리고 실무자인 공무원들 사이에 정보의 불균형이 일어나고 있다는 사실이 함축하는 바를 이해하기 위해서는 재량예산(discretionary budget)을 보면 알 수 있다. **재량예산**이란 공공기관이 예산 지원 부서로부터 받는 예산과, 예산 지원 부서의 기대를 충족시키는데 실제로 필요한 산출 수준에 드는 최소한의 비용과의 차액을 말한다(Niskanen, 1975: 617-644 참조). 실무 공무원은 재량 예산의 규모가 크면 클수록, 그리고 그것이 예산 지원자에게 알려져 있지 않을수록 더 큰 행동의 자유를 누릴 수 있다.

경제적 효율의 관점에서 보면 실무 공무원이 산출물을 최소한의 비용으로 산출하여 재량 예산을 예산 지원기관에 되돌려 주는 것이 바람직하다. 그러나 그렇게 할 경우 예산 지원자에게 최소한의 비용이 얼마인가를 알려주는 것이 되고, 따라서 다음에 해당 부서에 예산을 할당할 때 예산 할당액 감소 요인으로 작용할 수도 있다. 실제로 공공기관이 거의 예외없이 주어진 예산을 다 소비한다는 사실은 재량예산을 드러내 보이는 것이 결코 매력적인 것이 아니라는 것을 암시하고 있다고 할 수 있다.[14)]

---

14) 할당된 예산액을 다 쓰지 않을 경우의 장점과 단점에 대한 간단한 논의는 Wildavsky (1979: 31-32) 참조.

행정 실무자들은 그들의 재량예산을 반환하려 하지 않고, 그 예산을 그가 속하는 기관 내에서 써버림으로써 관리자로서의 직무를 수행하는 데 여러 가지 면에서 유리하도록 하고자 한다. 소속 직원들에게 이를 지출함으로써 직원들의 사기 진작을 가져올 수 있고, 그리하여 업무를 좀더 유쾌하게 수행할 수 있게 될 것이다.

이와같이 재량예산의 사용 역시 X 비효율에 속하며, 이는 울프(Charles Wolf)가 말하는 바 '**내부효과**(internalities)'—사회적 의사결정에서 사회적으로 부적절한 사적, 조직적 특수 사정 등을 산입시키는 것—를 의미한다(Wolf, 1979: 114-133).

3 기타 관료제의 병리 현상

위에서 제시한 정부 관료제의 문제점 외에도 일반적으로 관료제는 다음과 같은 병리 현상이 있다고 일반적으로 지적되고 있다. 본래 베버(Max Weber)의 관료제는 그가 제시하는 구조적 처방을 통해 **최고의 능률성과 예측 가능성, 질서와 안정 및 계속성을 유지**하는 순기능을 수행할 수 있다고 보았다. 그러나 그의 관료제에 대해서는 순기능적 측면뿐만 아니라, 여러 가지 역기능적 요인을 내포하고 있다는 점이 많은 학자들로부터 제시되어 왔고, 따라서 많은 수정 과정을 거쳐 왔다.

관료제는 규칙과 절차가 지나치게 강조됨으로써 그에 내포된 실질적 의미를 추구하기보다는 형식주의에 치우치게 되고, **번문욕례**(煩文縟禮, red-tape)가 지배하게 된다. 또한 관료제는 본래 목표 달성의 수단으로서 제정된 이들 규칙이나 절차만에 지나치게 집착하는 **동조과잉**(同調過剩, overconformity) 현상을 보임으로써 목표와 수단이 전환되거나 목표가 수단에 대치되어 버리는 이른바 '**목표의 전환**(displacement of goal)'이 발생하게 된다.

관료제 구성원들이 **무사안일주의**에 빠져 도전적이고 창의적인 그러나 위험이 수반되는 일을 회피하려 하고, 상관의 권위에 의존하거나 부하에게 책임을 전가시켜 버리는 방식으로, 혹은 위원회식 의사결정을 통해 책임을 회피하거나 분산시키려 한다. 이러한 현상은 관료제를 통한 행정의 개혁이나 쇄신을 어렵게 만든다.

관료들이 자기가 속하는 부서의 이익만을 지나치게 강조함으로서 **부처 이기주의** 내지 **할거주의**(割據主義, sectionalism)에 빠지게 되고, 이로 인해 여러 부서 간에 공통의 의사결정을 할 필요가 있을 때 부서 간의 합의를 어렵게 하고 조정과 협조를 어렵게 하며, 자기 부서에 더 많은 권한과 자원을 획득하기 위해 지나친 경쟁을 유발하게 한다.

관료제는 기본적으로 보수성을 그 특징으로 하며, 따라서 변화에 대해 저항적인 태도를 보인다. 이러한 특징은 행정조직을 둘러싼 환경의 변화에 대한 적응 능력이 부족하고, 개혁이나 혁신을 관료제 스스로 이룩하는 것을 어렵게 한다. 이러한 관료제의 보수성은 변화로 인해 관료들이 그동안 향유했던 기존의 긍정적, 부정적 이익이 박탈되거나 축소될지도 모른다는 불안감에 기인한다.

제 4 절 지방 분권화의 장점과 단점

1 지방 분권화의 장점

정부의 실패를 교정하기 위한 조치 중의 하나로 제시되는 분권화(decentralization), 특히 중앙정부로부터 지방정부로의 대폭적인 권한 이양은 여러 가지 장점을 가지고 있다.

① 정부의 여러 기관 간에 권한을 배분하는 것은 규범적으로는 권력의 남용으로부터 초래되는 손해를 줄이고, 교정의 기회를 더 많이 부여하며, 다수에 의한 횡포의 기회를 줄일 수 있어, 견제와 균형 체계가 유지될 수 있게 해 준다.

② 여러 수준의 각기 다른 정부에 각기 다른 기능을 할당함으로써 공공재의 생산을 효율적 수준에 머물게 하도록 하고, 지역에서 제공되는 공공재를 지역인들의 선호에 맞도록 할 수도 있다(Oates, 1972: 3-20).

③ 주민의 선호의 강도와 분포를 정부가 파악하는 데 용이하다.

④ 정책결정 과정에 유권자의 **참여**를 촉진한다. 즉, 제공되어야 할 공공재의 질과 양에 관해 일반 유권자의 발언 기회가 증대하고, 결정에 영향을 미칠 가능성이 증대된다.

⑤ 지역 간 독자성을 강화함으로써 지방정부 간에 **경쟁을 촉진**시킬 수 있다.

⑥ 지리상의 분권화가 실시되어 시민들은 만약 자기 구역 내에서의 정책에 불만을 느끼게 되면, 좀더 유리한 정책을 제공하는 구역으로 이전할 수 있다는 점이다.

2 지방 분권화의 단점

1) 정책 집행상의 문제

정책집행이란 정책 수단을 실행하기 위해 행해지는 노력이다. 그러나 그러한 노력을 행한다고 해서 달성코자 하는 목표를 언제나 성취하는 것이 아니다. 분권화가 부여하는 바람직한 점들은 정책의 집행을 어렵게 한다는 비교적 비싼 대가를 요구한다.

정책 집행의 본질은 필요한 요소의 배분에 있다. 따라서 정책에 관여하는 사람들이나 조직이 집행에 필요한 기여를 하지 않을 가능성이 높으면 높을수록 실패의 가능성은 높다. 정책의 목표를 반대하는 사람이나, 정책 목표가 그들 자신이 순응해서 지불하는 비용을 정당화시킬 만큼 충분히 유익하지 못하다고 생각하는 사람들은, 의도적으로 집행에 기여하지 않을 수도 있다. 또 어떤 사람들은 단순히 그들의 자원이나 능력이 그 정책에 순응하기에는 너무 제한되어 있기 때문에 정책집행에 기여하지 않을 수도 있다.

분권화된 정치 체제에서는 많은 관리들이 집행을 저지할 수 있는 능력을 가지고 있다. 따라서 그들은 그들의 기여를 필요로 하는 사람들로부터 협상을 통해 여러 가지 필요한 사항을 이끌어 낼 수 있는 **협상력**(協商力, bargaining power)을 가지고 있다. 미국의 전략용 원유 저장계획의 집행에 관한 내용은 그 한 예가 된다.

이 계획의 원래 의도는 원유 가격의 쇼크에 대한 미국 경제의 취약성을 감소시키고자 하는 데 있었다(Weimer, 1982: 39-62). 그런데 이 계획을 실현하기 위한 기본 시설의 설치를 위해서는 루이지애나 주지사로부터의 승인을 필요로 했다. 이곳 주지사는 이를 승인하기 전에 에너지성(Department of Energy: DOE)으로부터 몇 가지 양보를 얻어냈다. 핵폐기물을 루이지애나 주에 매장하지 않는다는 약속이 그 하나에 속한다. 또한 이 계획은 대통령과 의회의 열렬한 지지를 받는 계획이었음에도 불구하고, DOE는 또 하나의 연방기관인 환경보호원(Environmental Protection Agency)에 여러 가지 양보를 해야 했다.

정책 집행을 위해 중앙정부가 하위정부의 기여를 필요로 하는 경우, 조직 간의 협조 문제가 발생한다. 중앙정부가 하위 수준의 정부들에 대해 명목상으로는 권한을 가지고 있다 하더라도, 서로 다른 지역적 여건을 가지고 있는 수많은 지방정부에 대해 정책에 순응하고 있는지의 여부를 감시하는 데에는 한계가 있다. 이러한 문제는 중앙정부가 강제할 수 있는 권한이 없을 때 더욱 심각해진다. 그런데 중앙정부가 지방정부의 협조를 성공적으로 이끌어 내려면, 지방정부로부터의 순응을 이끌어 내기 위해 **충분한 보상**을 제공해야 한다.

2) 재정상의 외부효과와 공공재 선택의 기회 부여

분권화는 지역민들의 욕구에 좀더 부합되는 공공재의 공급을 가능하게 만든다. 이는 또한 그들이 살고 있는 지역을 그들 마음대로 선택할 수 있게 함으로써, 그들이 소비하는 공공재를 선택할 수 있는 기회를 제공한다. 지방정부 단위마다 제공되는 공공재의 차이가 크면 클수록, 지방민들이 이동을 통해 공공재에 대한 선택권을 발휘할 수 있는 기회가 증대된다. 이러한 이동이 계속되면 극단적으로는 동일한 선호를 가진 사람들이 한데 모이는 집단 구성을 생각해 볼 수도 있다. 그러나 지방정부의 수가 제한되어 있고, 사람들이 지방정부를 고르는 데에는 공공재에 관한 고려뿐만 아니라, 고용 문제 등의 사적인 요소도 고려하게 되므로, 이러한 집단 분류 과정은 현실적으로 완전하지는 못하다.

각 지방정부는 어떤 이주자에게는 낙담이 되게 하고, 어떤 이주자에게는 격려가 되게 하는 유인 체계를 가지고 있다. 이주자 중 평균 세액 이상을 부담하고 평균 이하의 공공 서비스를 요구하는 이주자는 지방정부의 입장에서 볼 때 바람직하다. 왜냐하면 그러한 사람들은 지방정부로 하여금 현재의 서비스 수준을 그대로 유지하면서도, 다른 모든 사람들의 세 부담을 낮출 수 있게 하기 때문이다. 즉, 그들은 기존의 거주자들에게 양 (+)의 재정상의 외부효과를 부여하는 것이다. 이와 반대로 평균 세액 이하를 부담하고 평균 이상의 공공 서비스를 요구하는 이주자는 기존의 주민들에게 부(−)의 재정상 외부효과를 부여하는 것이 된다.

담세액(擔稅額)은 보통 재산가치와 선형함수 관계에 있으므로, 각 지방정부는 평균 재산가치 이하의 재산 소유자는 자기 지방정부로의 유입을 제외시키려는 유인 체계를 갖게 된다. 이러한 유인이 건축비를 상승시키는 최소한의 부지 규모의 책정, 복수 단위 주거의 제한, 제한적인 건축 규정 등을 내용으로 하는 정책을 사용하게 한다. 이러한 정책은 하류 및 중류 소득 가족의 주거 기회를 감소시키기 때문이다.

이와같이 경제적으로 부유한 거주자를 끌어들이려고 경쟁하는 데서 지방정부 단위들은 서로 간에 재정상의 외부효과를 미칠 수 있다. 낮은 소득에 많은 서비스를 요구하는 가구들은 더욱더 가난해지는 지방 단위에 남게 된다. 이와 유사하게 각 지방정부들은 산업체 유치 경쟁에서 서로 간에 재정상의 외부효과를 미친다. 많은 지방정부들이 그들 지역 주민들에게 직업을 제공할 수 있는 산업체 유치를 위해 세금 감면, 부지 준비 등의 유인책을 제공한다. 이러한 유인책은 그것이 지방에 대한 총체적인 투자 규모를 늘리게 할 수 있을 만큼 큰 것이 못된다. 따라서 각 지방정부 단위들은 고정된 투자액을 놓고 서로 유치 경쟁을 벌이게 되는 것이다. 이리하여 지방정부 단위들은 '**죄수의 딜레마**(prisoner's dilemma)'에 직면하게 된다.[15)]

예를 들면, 산업 발전을 위한 유인책에 관한 결정을 하는 데 한 회사를 서로 끌어들이려는 두 지방정부 단위를 생각해 보자. 두 정부 모두 이를 끌어들이기 위해 세금 감면을 하지 않으면, 그 중 하나의 정부가 그 회사를 유치해서 모든 세금을 받아들일 것이다. 그런데 한 정부가 생각하기에 그렇게 하면 아무래도 경쟁에서 질 것으로 생각할 수도 있다. 그리하여 회사의 결정을 번복시키기 위해 세금 감면을 유인책으로 제안할 것이다. 물론 나머지 다른 정부도 이와 똑같은 생각을 해서 마찬가지로 세금 감면을 제안하게 될 수 있을 것이다. 이리하여 그 결과는 세금 감면을 제시한 두 지방정부 모두 그 회사를 유치해 보았자 아무런 이득도 얻지 못하게 된다. 즉, 경쟁으로부터 어느 한쪽도 득을 보지 못하게 되는 결과를 초래하고 마는 것이다.

제 5 절 정부의 실패를 보완하기 위한 새로운 행정 패러다임

1 전통적 행정 관료제 모형의 특징

베버(Max Weber)가 근대 관료제 모형을 제창한 이후 정부 관료제 모형은 많은 학자들로부터 그 공헌과 함께 그 한계성 및 보완 원리들이 논의되어 왔다. 그러나 그러한 논의들은 관료제 이론이 내포하고 있는 본질적 특성을 훼손하지 않은 채 행해진 것으로서 관료제 모형을 보완하기 위한 논의에 지나지 않았으며, 관료제 모형의 본질을 뿌리째 뒤엎을 만한 새로운 이론이었다고 볼 수는 없다. 이러한 전통적 행정 관료제 패러다임의 특징을 간단히 요약하면 다음과 같다.

첫째, **계층제**(hierarchy) 원리를 강조한다는 점이다. 계층제는 상위 계층

15) 죄수의 딜레마(prisoner's dilemma)에 대해서는 이 책 제7장 제2절을 참조.

과 하위 계층의 존재를 전제로 하며, 상위 계층은 하위 계층에 비해 더 많은 권한을 가지면서 동시에 책임성을 보유하고 하위 계층을 감독하는 상명하복의 질서정연한 체계이다. 따라서 하급자는 상급자의 엄격한 감독과 통제 하에 임무를 수행한다. 전통적 관료제 패러다임에서는 이러한 계층제 원리를 통해 정부조직을 구성하고 중앙집권적인 행정 체제를 구축하여 사회문제를 해결할 것을 강조하고 있다(King, 1999: 256-262).

둘째, 공공문제의 해결은 **유능**하고 **전문적**인 능력을 갖춘 **관료**들에 의해 **비정의적**(非情誼的)으로 이루어지는 것이지, 일반 시민의 참여에 의해 이루어지는 것이 아니라고 본다. 그 이유는 일반 시민은 사회문제 해결의 능력이 없다고 보기 때문이다. 따라서 관료제 패러다임은 전문적인 지식을 가진 관료들로 구성된 효율적인 관료제의 필요성을 강조한다(이명석, 2007: 22).

이상에서 기술한 두 가지 특징을 결합하면 결국 전통적 행정 관료제 패러다임은 행정 주체와 행정 객체를 구별하여 행정이란 행정 주체가 계층제적 조직 구조에 입각하여 유능하고 전문적인 능력을 가진 관료들이 중앙집권적인 행정 체제를 통해 비정의적으로 공공재를 행정 객체에게 공급하는 방식으로 사회문제를 해결한다고 보는 것이다.

이러한 패러다임은 1970년대 이전까지 서구 자본주의 사회에 보편적인 것으로 받아들여졌다. 따라서 케인스식의 경제정책 및 복지국가, 공기업의 국유화, 고전적인 경제규제, 누진적인 소득세 등 **큰 정부**(big government)를 지향하는 사고가 지배적이었고, 전체 국가사회를 구성하는 정부와 시장 및 시민사회 사회에는 일정한 역할 관계가 정립되어 안정된 모습을 보여왔다. 즉, 정부는 국민 다수의 이익을 반영하는 존재로서 한편으로는 시장경제를 관리하고, 다른 한편으로는 시민들의 복지 수준을 향상시키는 힘이 있고 능력 있는 존재로 그 위치를 유지하면서 국가 발전과 복지 향상을 위한 공익 지향자로서의 위치를 확대해 나갔다. 그리고 행정은 이러한 공익 지향적 활동을 촉진하는 효과적인 정부의 도구로 간주되었다.

그런가 하면, 우리나라와 같은 후발 산업국가는 지난 40여 년간 이른바 **'발전행정'**이라는 이름으로 정부 관료제 주도의 경제발전계획을 추진해 오면서 자원의 동원과 배분, 경제에 대한 개입과 규제, 노동과 사회 부문에 대한 통제, 산업정책과 금융정책 및 노동정책 등 정부 주도의 각종 정책 수단을 활용하여 산업화 과정의 중심적인 역할을 수행해 왔고, 그 과정에서 정부기구가 확대되고 공공 부문의 팽창을 초래하게 되었다.

이러한 체제 하에서는 행정개혁을 위한 연구 주제는 정부 관료제라는 기계를 때때로 새롭게 하기 위한 방안을 연구하는 것으로서, 적절한 조직구조의 개편을 통해 증가하는 행정 기능을 제대로 수행할 수 있도록 조정함으로써 관료제의 역량을 강화하는 것이 주목적이었다. 다시 말하면, 어떻게 하면 정부 관료제라는 기계가 더 많은 기능을 소화해 낼 수 있도록 일부 부속품을 새로 변경하거나 추가할 것인가가 행정개혁의 주요 관심사였던 것이다.

2 새로운 행정 패러다임의 등장과 그 배경

이와 같은 전통적 행정 관료제 모형은 1970년대의 자원난 시대에 직면하여 경기 침체와 재정적자가 가속화하는 정부의 실패를 경험하면서, 행정을 사회문제의 해결자로 보았던 종래의 행정관에서 벗어나 국가 발전의 장애자로 보는 부정적 사고가 점증하기 시작한 것이다. 따라서 행정에 대한 근본적인 대수술이 필요하다는 주장들이 설득력을 갖게 되어, 국정 운영의 기본 주체인 정부와 시장 및 시민사회와의 새로운 역할 관계의 정립을 통해 거대정부를 대처할 **'작지만 강한 정부'**의 모형을 모색하려는 움직임이 OECD 국가들을 중심으로 나타나기 시작했다.

OECD 국가들은 정부기구 개편 및 공무원 감축을 통해 작은 정부를 구현하고, 공무원의 행태와 태도를 근본적으로 바꾸어 **기업 방식의 관리문화**(management culture)를 정착시키려 하고 있다.[16] 이와같이 오늘날 이들

16) OECD 국가들 중 대표적인 정부혁신 사례로는 영국의 FMI(Financial Management Initiatives)와 Next Steps, 캐나다의 Public Service 2000, 프랑스의 Project de Service, 미국의 Gore Commission, NPR(National Performance Review)나 REGO (Reinventing

국가들을 중심으로 정부혁신이 중요 쟁점으로 등장하게 된 배경은 다음과 같다(총무처 직무분석기획단, 1997: 3-8).

(1) 민간 부문 대비 정부 부문의 과대 현상

이들 국가들은 GDP 대비 정부지출의 비율과 총고용 대비 정부 부문 인력의 비율이 과다하게 비대해짐으로써 그 한계성이 노출되기 시작했다. 예를 들면, 정부 지출의 성과에 대한 강한 비판과 함께 공무원들의 업무 능력에 대한 회의가 제기되고, 정부 지출의 확대로 인해 더 이상의 지출 여지가 없게 된 점, 공공 부문의 거대화가 탄력적인 관리 효율을 가로막는 저해 요인으로 작용하고 있는 점 등이다.

(2) 정부의 재정 적자와 공공 부문의 부채 증대

정부의 재정 적자와 공공 부채의 증가로 구조적인 재정 적자를 줄이는 일이 급선무로 해결해야 할 과제로 제기되었다. 반면에 사회보장 지출의 증가와 인구의 고령화 등으로 정부 지출에 대한 압박이 증대됨으로써 정부 지출의 재량 폭에 한계점이 노출되기 시작했다.

(3) 세계화 추세에 따른 정부 부문과 민간 부문의 새로운 역할 정립의 필요

세계화 추세에 따라 국가경쟁력에 미치는 정부의 역할이 강조되고 있다. 세계가 하나의 시장을 형성해 나감에 따라 규제 완화의 압력이 증대되고, 재화·용역의 거래와 자본·노동력의 이동에 대한 제한이 거의 없어져 가고 있어서 한 나라의 정부가 독자적으로 행동하는 데에 상당한 제약을 받고 있다. 또한 다른 나라와 비교하여 공공 부문이 비효율성을 보일 경우(예: 사회간접자본의 낙후성), 이는 곧 국가경쟁력의 저하를 의미하게 된다. 한편 민간기업들에게도 국제경쟁력을 강화시켜 주기 위해서는 정부의 규제 완화 등 정부 부문과 민간 부문 사이의 새로운 구조조정의 필요성이 대두되었다.

Government) 및 뉴질랜드와 호주 등이다.

(4) 민간 부문 대비 공공 부문의 비효율성에 대한 인식의 확산

공공 부문의 생산성이 민간 부문의 생산성에 비해 훨씬 뒤진다는 인식이 확산되었다는 점이다. 독점성, 부적절한 인센티브 구조, 공무원의 지나친 신분 보호로 인한 인사의 비신축성, 정부 서비스에 대한 가격 측정의 곤란성 등이 정부 부문의 비효율성을 야기하는 원인으로 지적되고 있다. 이러한 비효율성을 제거하기 위해서는 민간 부문의 관리 기법을 정부 부문에 도입함으로써 업무의 효율성을 증대시켜야 한다는 것이다. 또한 정부에 의해 행해졌던 전통적 처방—추가 지출, 규제 신설 등—으로는 경제사회 문제를 해결하는 적절한 방법이 되지 못한다는 지적이고, 따라서 정부 개입의 효과성에 대한 의문이 증대되었다는 점이다.

(5) 정부의 실패에 대한 시민들의 불만 증대

정부의 실패에 대한 시민들의 목소리가 커졌다는 점이다. 시민들은 그들의 요구에 부합하는 서비스를 제공해 줄 것과, 정부의 정책결정에 더 많은 참여와 선택권을 부여해 줄 것, 그들이 납부한 세금을 좀더 효율적으로 사용해 줄 것을 요구한다. 즉 정부 업무의 적실성과 투명성, 높은 대응성, 선택 여지의 확대, 서비스 질의 확대 및 효율성을 요구하고 있는 것이다.

(6) 공공 부문 자체 내에서의 자율적 변화 요구 추세

공공 부문 자체 내에서도 변화의 목소리가 높다는 점이다. 즉 내부 공무원들이 외부의 요구를 제대로 수용하여 이를 반영한 정책을 수행하기 위해서는 기존의 정부조직 구조의 개편을 통해 더 많은 공무원들에게 더 많은 권한과 능력을 부여해 줄 것을 요구하고 있다.

(7) 정보화에 따른 전자정부 구현의 필요성

정보 기술의 확대에 따라 행정 역시 정보화를 통해 내부 관리의 효율과 대(對)국민 서비스의 질을 향상시키고, 나아가 정부의 역할과 조직구조의 변화를 촉진시켜 궁극적으로 '전자정부'의 실현을 추구할 수 있는 가능성이 열리게 되었다.

이러한 정부 혁신의 필요성이 대두되고 있는데 반해 지금까지의 공공 부문은 관료적 경직성과 부처 간 이기주의의 팽배, 낭비적이고 비효율적인 행정, 공무원의 무사안일주의적 행태, 시민의 요구 또는 강력한 이익집단의 부당한 압력이나 외부 충격에 대해 적응할 수 있는 탄력성의 결여, 권위주의적 행정문화와 규제 위주의 처방 등으로 그 역기능과 부정적 측면이 한계점에 도달해 있다고 해도 과언이 아닌 상황에 있는 것이 오늘날 대부분의 행정국가들의 공통된 현상이다.

이에 따라 공공 부문에 시장 원리가 도입되고, 권한의 위임, 책임 및 성과 확보 등이 강조되고 있고, 정부가 직접 생산하기보다는 민영화·외부계약·지방위임을 통해 다양한 제도적·조직적 대안을 활용함으로써 민간영리·비영리기관 또는 지방정부기관 등 제3의 계약자 또는 대리인에게 의존하는 정도가 높아지고 있다. 아울러 세계화의 진전으로 국가행정의 독자성이 줄어들고 국제적 협력 의무가 강조되고 있다.

이와같이 1970년대 이후 전통적 행정 관료제 모형을 비판하고 이에 대처하기 위해 등장한 새로운 행정 패러다임으로는 **공공선택론**, **신제도론**, **신공공관리론** 및 **뉴 거버넌스** 패러다임 등이 있다.

3 공공선택론

1) 공공선택론의 의의

공공선택론(public choice theory)은 1960년대 이후 행정에 대한 반전통적 접근 방법의 하나로 부각되기 시작한 이론으로서, 행정 연구에 경제학적 관점에 기초한 자유시장의 경쟁 원리를 도입함으로써, 행정의 **효율성**을 향상시키고, 정부의 공공재 공급에서 소비자인 시민의 선호가 반영된 공공재의 공급을 통해 **행정의 대응성**(responsiveness, 즉 민주성)을 향상시키기 위한 행정에의 새로운 접근 방법이다.

공공선택론은 뷰캐넌(James Buchanan), 털럭(Gordon Tullock), 오스트롬(Vincent Ostrom) 등의 경제학자들의 공헌에 의해 행정 연구에 도입되었으며, 특히 오스트롬은 1973년 『미국 행정학의 지적 위기(*The Intellectual Crisis in American Public Administration*)』라는 저서를 출간하여

공공선택론을 행정학 연구에 도입하는 데 커다란 공헌을 한 것으로 평가받고 있다.

오스트롬은 전통적 관료 행정 패러다임의 문제점으로, 행정권의 강화를 지적하고 그로 인해 관료의 부정부패를 조장할 가능성이 있다는 점, 권력이 분화되면 될수록 무책임해진다는 이유로 모든 통치 체제에 항상 하나의 권력 중추(a single dominant center of power)가 존재하고 사회에 대한 통치는 그 권력 중추에 의해 통제되게 함으로써, 중추 권력을 정점으로 경직된 관료조직을 형성하게 되고 그로 인해 고객인 시민들의 욕구에 적합한 공공재를 제공하고 관리하는 데 매우 비능률적인 점 등을 지적하고, 그 대안적 패러다임으로 시민의 욕구가 제대로 반영되는 민주행정 체제를 구축하기 위한 이론적 기초를 제공하고 있다. 공공선택론의 주요 특징은 다음과 같다.

(1) 공공재의 공급에 시장 경쟁 원리의 도입

오스트롬은 행정학은 공공재(public goods and service)를 연구 대상으로 삼아야 한다고 주장한다. 따라서 그의 공공선택론에서는 기업이 사적재(private goods and service)를 시장의 원리에 따라 공급하듯이, 정부를 공공재를 생산하는 **생산자**로, 시민을 공공재의 **소비자**로 규정한다. 즉 정부와 시민을 각각 공공재의 공급자와 소비자로 보고 행정 내지 정치를 이들 간에 재화가 거래되는 장치로 이해한다. 즉 공공선택론은 사적 재에 적용되는 수요와 공급 간 균형 개념을 공공재에까지 적용함으로써, 시민의 다양한 선호를 존중하고 반영할 수 있는 공공재의 공급과 수요가 이루어진다고 보고, 이를 실현하기 위해 정부 구조 내지 제도를 어떻게 설계할 것인가에 관심을 갖는 것이다(유민봉, 2006: 42).

사적 재가 공급되고 수요되는 시장을 지배하는 원리는 **경쟁 원리**와 **고객주의**이다. 즉 사적 재 시장에서는 가격 경쟁과 품질 경쟁과 같은 경쟁 원리가 지배하고, 고객을 왕으로 모시고 고객의 선호가 반영되는 재화를 생산해야만 수요를 확보할 수 있다는 고객주의가 지배한다. 한편, 공공 부문에서 제공되는 공공재는 그 공급이 정부에 의해 독점적이고 권위적으로 이루어지고 수요도 사적 선택(private choice)이 아닌 집합적 선택(collective choice)의 방식으로 이루어진다. 따라서 시민의 요구에 민감하게 반응을 보일 수 없는 제도적 장치를 갖추고 있다.

공공선택론은 정부와 시민의 관계를 생산자 및 수요자와의 관계로 보고, 정부의 공공재 공급에 경제학에서의 시장경쟁 원리를 도입하게 되면, 시민 개개인의 선호와 선택을 존중하고, 경쟁을 통해 공공재를 생산하고 공급하게 됨으로써 행정의 대응성을 높이고 재화의 공급과 분배의 효율성을 높일 수 있다고 본다.

그런데 공공선택론은 공공재의 공급과 배분에서 효율성과 대응성을 충족시키기 위해서는 계층제 원리가 지배하는 전통적 행정관료제로는 불가능하다고 본다. 따라서 정부조직과 행정 체제에 시장경제 체제를 구축할 수 있는 처방, 즉 공공 부문에 준시장적 처방을 하기 위한 방안을 마련하는 데 관심을 갖는다.

(2) 방법론적 개인주의

방법론적 개인주의(methodological individualism)란 국가나 정당 혹은 지방정부와 같은 유기체를 분석의 단위로 삼지 아니하고, 개인을 분석의 기초 단위로 삼는다는 의미이다. 공공선택론은 방법론적 개인주의에 입각하여 개인을 분석의 기초 단위로 삼고, 개인으로서의 인간을 이기적이며 합리적이고 효용의 극대화를 추구하는 **경제인**으로 가정한다. 따라서 공공선택론은 개인의 이익 추구적인 행동 법칙이 민간 부문에서뿐만 아니라 공공 부문에서도 똑같이 적용된다고 본다(Buchanan, 1984: 13).

(3) 다원적 조직 배열

오스트롬은 과거 관료행정 패러다임에서 벗어나 민주적 행정 패러다임을 제시하고 이를 공공선택론적 관점에서 정당화하려고 했다. 그는 행정학을 공공재의 분배에 관한 학문으로 규정한다. 그리고 그러한 공공재의 분배가 시민들의 다양한 요구에 대응하여 행해짐으로써 시민들로 하여금 다양한 선택이 가능하도록 행해져야 한다고 한다. 이를 위해서는 행정조직이 과거 전통적 행정학이 지향하던 **중앙집권적**이고 **획일적**인 행정조직 구조에서 벗어나 행정조직을 **분권화**함으로써 공공재의 공급이 정부조직뿐만 아니라 민간조직들을 포함하는 **다양한 형태의 의사결정자**들의 결정에 의존하도록 하고, 정부조직들도 구체적인 여건에 따라 상황적응적인 형태로 구성해야 한다고 한다. 이와같이 공공선택론에서는 공공재의 공급과 소비에서 상황에 적합한 공급 조직을 다양하게 구성해야 한다는 다원적 조직 배열(multi-organizational arrangement)을 제시하고 있다.

(4) 다원적 공공재 공급조직들 간의 자율성과 관할 중첩의 허용

오스트롬의 민주행정 패러다임의 핵심은 다원적인 조직 배열의 우월성을 강조하는 것이라고 할 수 있다. 다원적 조직 배열은 다원적인 다양한 공공재 공급조직들의 존재와 이들이 각각 상호 독립적인 입장에서 높은 자율성을 누릴 것을 강조한다. 이렇게 함으로써 공공재 공급에 민간과 정부의 다양한 의사결정 단위가 존재하며, 이들 의사결정 단위들이 상호 협동, 경쟁, 갈등 그리고 갈등 해결의 과정을 통해 다른 의사결정 단위의 이해관계를 고려하면서 행동하는 구조를 형성하게 된다.

다원적 조직 배열은 또한 공공재 공급 조직들 간의 **관할권**의 중첩을 강조한다. 공공재 공급에서 관할권을 중첩시키게 되면 시민의 편익을 증진하는 데 유용하게 쓰일 수 있다는 것이다. 그 이유는 대등한 수준의 관할 중첩에 의해 공공재 공급에서 **경쟁성**을 높일 수 있고 공공 서비스의 질도 향상시킬 수 있다고 보기 때문이다. 이와 같은 **의사결정 단위의 다양성과 관할권의 중첩**은 전통적 행정학에서는 정부 비효율성의 주요 원인으로 지목되어 왔으나, 민주행정 이론에서는 오히려 그것이 행정의 효율성을 제고할 수 있는 원칙으로 제시되고 있다.

요컨대 오스트롬의 민주행정 패러다임의 논리는 행정학의 연구 대상을 공공재의 공급과 분배로 보고, 이에 사적 재에 적용되는 경제학적 시장 경쟁 원리를 도입함으로써, 행정의 효율성을 높이고 시민의 선호가 반영된 민주행정을 구현할 수 있다고 보며, 공공재에 관한 의사결정 방식을 분권화하고, 행정조직 체계에 '관할권의 중첩'을 확보하는 다원적 조직 배열을 특징으로 한다고 할 수 있다. 이것이 급격한 변동 상황 속에서 안정적인 정치 체제를 유지하고 인류의 복지를 증진시킬 수 있는 필수 조건이라고 그는 보고 있다(Ostrom, 1989: 98-99). 결국 그의 처방은 중첩된 관할권과 권한의 분산을 기본적 특징으로 하는 미국 연방정부 체제와 정합성을 갖는 것으로 볼 수 있다.

2) 공공선택론의 평가

공공선택론은 전통적 행정관료제 모형이 내포하고 있는 문제점들을 극복하고 시민들의 다양한 요구와 선호에 부응할 수 있는 제도적 장치를 마련함으로써 민주행정 패러다임을 구축하려고 노력했다는 점에서 높이 평가할 만하다. 그 결과 공공선택론에서 제시하는 원리들이 오늘날 행정개혁에서 널리 존중되고 있다. 예를 들면, 고객 중심주의 혹은 소비자 중심주의 행정, 정부조직의 관료제적 경직성 타파와 상황 적응성 제고, 분권화와 자율성의 제고, 시민 참여의 확대, 행정 연구에서의 경제학적 관점에 입각한 시장 원리의 도입 등이 그것이다. 그러나 공공선택론의 가정과 접근 방법에는 다음과 같은 비판이 있다.

(1) 인간관에 대한 비판

공공선택론에서 가정하고 있는 이기적이고 합리적인 존재로서의 경제인의 가정은 너무 단순화한 비현실적인 가정이다.

(2) 공공재 공급에 자유시장 원리를 도입하는 것의 한계

정부활동의 성과를 시장적 가치로만 측정하려고 하는 방법론을 도입하는 데 한계가 있고, 시장적 접근 방법에도 시장의 실패라는 근본적 한계가 있다.

(3) 시민 참여가 성숙되지 못한 문화에의 적용의 한계

공공선택론의 처방들은 행정에 대한 시민들의 참여 수준이 높은 문화를 전제로 하고 있다. 그러므로 시민 참여의 문화가 성숙되지 못한 곳에서는 공공선택론의 적용에 한계가 있을 수밖에 없다.

4 신제도주의

1) 신제도주의의 개념

신제도주의(new institutionalism, 혹은 신제도론; new institutional theory)는 정치 · 행정 · 경제 등 사회 현상의 연구에서 '제도(institution)'를 가장 중요시하는 접근 방법이라 할 수 있다.

사회과학 분야에서 **제도**의 의미에 대해서는 이를 어떤 사회의 구체적인 조직을 의미하는 것으로 이해되기도 하지만, 개인과 집단의 행동에 영향을 미치는 **제약 요인**(constraints)을 의미하기도 한다. 제도론적 접근 방법에서의 제도의 의미는 후자, 즉 행동에 영향을 미치는 제약 요인을 의미하는 것으로서 이에는 공식적 · 비공식적 규칙, 절차, 관행, 계약 등을 들 수 있다. 이러한 제도는 개인의 권리와 의무를 규정하며 이로써 개인이나 집단의 행동에 제약을 가한다.

신제도론이 과거의 구제도론과 다른 점은 과거 구제도론의 경우 공식적 · 법적 측면의 기술에 치우친 반면, 신제도주의는 이에 국한하지 않고 **비공식적 측면**과 **환경적 측면**과의 교호 작용에까지 연구 범위를 확대할 뿐만 아니라, 단순히 제도의 기술에 그치는 것이 아니라 제도와 제도, 제도와 개인, 제도와 정책 등의 인과관계를 역동적으로 설명하고자 하는 접근 방법이다. 그러나 구제도주의와 신제도주의의 공통점은 제도가 개인의 행위를 형성하고, 질서지으며, 변화시키는 데 가장 큰 영향을 미친다는 인식에서 제도를 연구의 중심 개념으로 상정하고 있다는 점이다.

제도 중심의 구제도론적 접근 방법은 1950년대 이후 인간을 중심 연구 대상으로 하여 개인적 선택과 행동을 미시적으로 분석하려는 접근 방법에 밀려나고 말았다. 제도론적 접근 방법이 동일한 제도 하에서도 그 제도를 운영하는 사람이 변화됨에 따라 여러 가지 다른 행태를 보일 수 있다는 점을 설명하지 못한다는 비난을 받기 시작하면서부터이다. 그리하여 행태주의적 접근 방법, 다원주의적 접근 방법, 합리적 선택론 등이 새로운 접근 방법으로 자리잡게 된 것이다. 그러나 행태론적 접근 방법의 경우 과학주의에 입각하여 일반성·보편성을 갖는 법칙성을 발견하는 데 치중하다 보니, 국가 간의 공통점을 강조하는 데 치중하고, 국가 간의 제도적 차이가 존재함으로써 동일한 정책이라도 집행 과정이나 정책 효과가 다르게 나타난다는 점 등을 설명하지 못한다는 한계점을 인식하게 되었다. 따라서 신제도주의는 그동안 사회과학의 지배적인 접근 방법으로 인정되던 행태주의·다원주의·합리적 선택이론 등에 대한 비판과 함께 다시 제도에 대한 관심이 증대되면서 1970년대 등장한 접근 방법이다.[17]

2) 신제도주의 학파 분류

신제도주의는 단일한 성향을 가진 하나의 학파가 아니고 제도를 중심 개념으로 설정하는 학문 분파들을 통칭하여 신제도주의로 표현하고 있는 바, 이러한 신제도주의에는 크게 역사적 제도주의(historical institutionalism), 사회학적 제도주의(sociological institutionalism), 합리적 선택론적 제도주의(rational choice institutionalism)가 있다.

(1) 역사적 제도주의

역사적 제도주의는 오랫동안 역사적으로 형성된 각국의 제도를 설명 변

---

17) 다원주의에서는 정치 체제를 계속적 상호 관계에 있는 무수한 집단의 거대한 네트워크로 파악한다. 다원주의에서는 정책이란 집단 간 상호작용의 균형을 통하여 형성되는 것으로 파악하며, 이러한 균형은 이익집단의 상대적인 영향력에 따라 결정된다고 본다. 따라서 이익집단의 상대적 영향력이 변화함에 따라 정책도 변화하게 된다는 것이다. 또한 다원주의에서는 국가란 그 자체의 이해나 정책 선호를 지니지 않은 채 단지 이익집단 간의 상호작용을 중재하는 **중립적 중재자**에 지나지 않는다고 본다.

다원주의에서는 집합적인 정치적·경제적 행위는 **개인적 선택**의 **집합적 결과**에 불과하며, 개인의 선택은 개인의 주관적 선호에서 파생하는 것이고, 정치의 목적은 개개인의 현시된 선호를 만족시키는 데 있을 뿐이며, 개개인의 선호는 사회적 맥락과는 무관하게 독립적으로 주어질 뿐이다. 따라서 집합적 행위의 결과를 설명하기 위해 개인의 주관적인 선호를 분석의 기초로 삼고 개인이나 집단의 특성·태도 및 행위에 초점을 맞추고 있다는 점에서 다원주의는 방법론적으로 **행태주의**에 기반하고 있다고 할 수 있다. 또한 집단 간의 자유로운 상호작용과 경쟁을 강조하는 다원주의는 곧 시장의 논리에 의해 정치 현상을 설명하고자 하는 것으로서 다원주의는 **합리적 선택이론**(rational choice theory)과도 긴밀하게 연계되어 있다고 할 수 있다(정용덕 외, 1999: 11).

수로 하여 동일한 상황에서도 왜 국가 간에 서로 다른 정책을 채택하고 정책 효과도 다르게 나타나는가를 설명하는 접근 방법이다. 이 경우 독립변수인 제도의 구체적인 예로는 국가의 정치 체제, 행정조직의 구조적 특성, 노동조합의 구조, 금융시장의 특성, 정책 이념, 정부와 민간기업 사이의 중간 영역(민간 부문과 정부, 정당, 언론 등과의 비공식적 네트워크) 등을 들 수 있다(Zysman, 1977).

역사적 제도주의는 개인의 행동을 형성하고 제약하는 제도를 연구하면서 제도의 지속성과 그것이 형성되는 역사적 과정을 중시한다. 제도는 일단 형성되면 **방향성**과 **안정성**을 유지하면서 일정한 경로를 지속하는 **경로 의존성**(path dependence)이 있다는 것이다. 경로 의존성이란 현재의 제도는 과거의 제도에 의해 변화의 제약을 받았으며, 미래 시점의 변화에 대한 방향성을 규정하게 된다는 현상을 말한다. 이와같이 역사적 제도주의는 제도가 개인이나 정책에 미치는 영향뿐만 아니라 제도가 만들어지고 진화하여 온 경로와 맥락에 대해서도 관심을 가진다.

역사적 제도주의는 제도라는 거시적 변수를 행정 현상, 특히 정책 현상을 설명하는 데 활용함으로써, 행태론에서 행해 온 개인과 집단 차원의 미시적 접근 방법의 한계점을 극복할 수 있는 대안으로 평가받고 있다(유민봉, 2006: 38). 예를 들면, 새로운 제도의 도입이 때로는 왜 어려웠는지, 도입했으나 왜 기대했던 성과가 나타나지 않는지 등을 이해하는 데 유용한 접근 방법이 될 수 있다.

(2) 사회학적 제도주의

사회학적 제도주의는 제도의 의미를 가장 넓게 해석하여 제도란 "인간 행동을 제약하는 모든 것"을 의미하는 것으로 이해한다. 따라서 제도에는 인간 행동에 영향을 미치는 규칙이나 절차뿐만 아니라 전통과 관습, 문화까지도 포함된다. 역사적 제도주의가 정치학적 접근이라면 사회학적 제도주의는 사회학적 접근이다. 따라서 제도의 개념을 좀더 포괄적인 것으로 이해하고 있다.

사회학적 제도주의는 다른 제도주의 학파들보다도 제도와 개인의 행동과의 관계에서 제도가 행동에 미친다는 **제도 결정론적 입장**을 가장 강조하고 있기 때문에 반대로 개인의 제도 선택을 인정하는 합리적 선택적 제도주의와 가장 분명한 차이를 보인다. 사회학적 제도주의는 제도의 변화에서 개인의 역할을 전혀 인정하지 않는다. 즉 개인은 제도를 자신의 목적에 따라 만들거나 변화시킬 수 없으며 정치적 · 사회적으로 안정된 제도와 문화에 종속되어 그러한 제도나 문화를 따름으로써 그 사회에 대한 소속감이나 일체감을 갖게 된다는 것이다.

(3) 합리적 선택론적 제도주의

합리적 선택적 제도주의(이하 '합리적 제도주의'라 칭하기로 한다)는 신제도의 주류에서 약간 벗어난 합리적 선택모형과 신제도주의를 결합하거나 절충을 시도한 접근 방법이다. 순수한 본래적 합리적 선택이론은 역사적 · 사회학적 신제도주의가 주장하는 바와 같이 제도 자체의 독립변수적 성격을 인정하지 않고, 사회 현상이라는 거시적 현상은 사회 속의 개개인의 합리적 선택 행위가 합쳐진 결과라고 본다. 합리적 선택이론은 이와같이 개인을 이론의 핵심으로 하고 이들에 대해 방법론적 개인주의, 주어진 목표하에서 이익을 극대화하는 방식으로 행동하는 합리적 인간, 사익 극대화의 동기에 따라 행동하는 경제인을 가정한다.

순수한 합리적 선택이론은 인간의 선택 행위에 인간의 전능성을 전제하고 있다. 그러나 인간은 현실적으로 어떤 결정(선택)을 하는 데 충분한 정보에 입각하지 못하고 제한된 정보에 의존하고 있으며, 모든 가능한 비용과 이익을 계산할 수 있는 능력이 부족한 제한된 인지 능력을 가진다. 따라서 개인은 **제한된 합리성**(bounded rationality)을 가지고 선택이 이루지므로 개인의 의사결정 모형은 합리모형(rationality model)이 아닌 **만족모형**(satisficing model)에 해당한다고 보는 것이 현실적 · 경험적 결과이다. 또한 합리적 선택이론을 공공 부문에 적용할 경우 공공 부문은 시장과 달리 합리적 선택을 제약하는 제도적 요인들이 존재하고 있다.

합리적 제도주의는 이와같이 인간의 한계성을 전제한 **제한된 합리성**과 공공 부문에서의 제도를 포함한 **합리적 행동 제약 요인** 등을 함께 고려하여 좀더 현실 적합성을 갖는 이론을 구성하기 위한 접근 방법으로 앞서 설명한 **공공선택론**(public choice theory)이 합리적 제도주의의 가장 대표적인 이론에 해당한다.

합리적 제도주의는 이와같이 역사적 제도주의나 사회학적 제도주의에서와 같이 제도의 중요성을 강조하고 있지만, 제도 결정론자들의 주장과 같이 제도가 개인의 선택이나 행동에 미치는 영향을 강하게 주장하는 것은 아니다. 합리적 제도주의에서는 규칙 등을 비롯한 제도가 개인의 선택을 '**결정**'하는 것이 아니라 거기에 '**영향**'을 미치는 것이라고 한다. 또한 개인은 한편으로는 제도에 의해 영향만을 받는 수동적 존재가 아니라 제도 형성에 영향을 미치는 존재이기도 하고 또 한편으로는 제도의 영향을 받는 제약조건 하에서 목표 달성에 가장 효과적인 수단을 계산하여 선택한다는 입장이다.

3) 신제도주의의 평가

신제도주의는 과거 행태론적 접근 방법 등이 간과했던 제도의 영향을 부각시킴으로써 사회과학 발전에 기여하고 있다. 정부 부문이나 민간 부문의 활동 결과는 그 활동에 참여하는 사람들 간의 상호작용의 유형에 따라 달라진다. 그런데 이러한 사람들 간의 상호작용의 유형을 결정짓는 요인에는 상호작용에 참여하는 행위자의 **개인적 특성**과 행위자가 처한 **행위 상황**을 들 수 있다. 과거 행태론적 접근 방법에서는 미시적 차원에서 행위자의 행위에 영향을 미치는 행위자의 특성에 관한 연구는 많이 행해져 왔다. 그러나 행위자의 행위 상황에 대한 거시적 차원의 연구는 별로 행해지지 못했다. 신제도주의는 거시적 차원에서 행위자의 행위에 영향을 미치는 상황적 요소에는 무엇이 있는가를 식별하고, 이들 상황적 요소들이 어떠한 제도적 요인들에 의해 영향을 받고 동시에 영향을 미치는가를 규명했다는 점에서 그 공헌을 인정하지 않을 수 없다.

그러나 신제도주의는 행위자의 행동에 영향을 미치는 요인 가운데 제도적 차원에만 지나치게 치중하는 제도결정론의 오류에 빠짐으로써, 개인의 주체성이나 합리적 선택의 가능성을 과소평가했다는 점,[18] 제도의 안정성 · 지속성 · 구조적 제약성을 강조하기 때문에 제도가 형성 · 변동되는 과정의 설명력이 부족하다는 점 등의 비판을 받고 있다.

5 신공공관리론

1980년대는 소련과 동구권 등의 공산주의 체제가 무너지고 자본주의 시장경제 체제가 세계를 지배하는 새로운 계기를 초래했다. 한편 그 당시 영국과 미국이 극도의 보수주의적 방향으로 정치 · 행정 체제가 선회하고 신자유주의 이데올로기가 등장하면서 행정작용을 포함한 공공 부문에 고객중심적, 시장 지향적 운영의 방향으로 대개혁을 이룩하려는 시도가 행해졌다.

신공공관리론은 이러한 1980년대의 시대적 상황 속에서 영국과 미국을 비롯한 OECD 국가들을 중심으로 나타나기 시작한 새로운 정부 운영 및 행정개혁에 관한 접근 방법이라 할 수 있다. 신공공관리(new public management)라는 용어는 1991년 영국 학자 후드(Christopher Hood)가 사용한 용어로서 그 이후 NPM이라는 이름으로 일반화되기 시작했다.

신공공관리론은 행정이 수행하는 공공재의 제공에 **신자유주의 이념**에 기초하여 시장에서의 가격 메커니즘과 경쟁 원리 및 고객주의를 특징으로 하는 **시장주의 원리**를 도입함으로써 행정의 **대응성**을 확보할 것과, 전통적 관료제 모형의 패러다임의 한계를 극복하고 작은 정부를 구현하기 위해 **기업의 경영 원리와 경영기법**을 도입하여 행정의 효율성을 이룩하려는 기업가적 정부모형(entrepreneurial governmental model)을 통칭하는 개념이다. 요컨대, NPM은 전통적인 베버식의 공공관료제에 대한 철저한 회의에 기초하고 있으며, **효율과 경쟁, 기업주의와 고객 지향**을 강조한다. 그리고 이를 위해 공적 부문의 지속적 감소와 공적 기능의 사적 영역으로의 이관

18) 합리적 선택론적 제도주의는 역사적 제도주의와 사회학적 제도주의가 내포하고 있는 이러한 약점을 보완하기 위해 개인은 제도적 요인에 의해 영향을 받는 수동적 존재만이 아닌 제도에 영향을 미칠 수 있는 존재임을 강조하고 있다.

을 주장한다.

공공 부문의 비효율성 문제에 어떻게 접근할 것인가에 대해 신공공관리적 접근은 행정활동 그 자체에 대한 기대와 관심을 줄이면서, 정부가 자원을 효율적으로 관리하기 위해서는 시장경제의 원리에 따라 운영하는 방식으로 공식적 제도와 절차를 개선해야 한다는 방향을 제시한다. 이러한 신공공관리의 핵심은 일반적이고 도구적인 활동인 관리(management) 기법을 공사조직에 모두 적용할 수 있다는 가정 하에서, 사회경제적인 많은 문제를 관리의 개선으로 치유될 수 있다고 보는 데 있다. 즉 공공 부문을 효율성에 바탕을 둔 기업처럼 운영될 수 있도록 하자는 것이다.

일반적으로 인간 생활에 필요한 재화와 서비스는 공공재(public goods and service)와 사적 재(private goods and service)로 나눌 수 있다. 정부의 역할이 한마디로 공공재를 제공하는 데 있다고 한다면, 시장의 기능은 사적 재를 공급하는 데 있다고 할 수 있다. 그런데 정부가 독점적으로 제공하는 공공재 중에는 정부만이 독점적으로 제공할 수밖에 없는 공공재(이를 '**순수공공재**'라 하며, 예를 들면 국방이라든가 치안과 같은 공공재를 말한다)가 있는가 하면, 시장을 통해서도 제공될 수 있는 공공재도 있다. 신공공관리적 접근은 행정활동 그 자체에 대한 기대와 관심을 줄이면서 시장을 통해 제공될 수도 있는 공공재에 대해서는 **시장주의적 경쟁 원리**를 도입하고, 시장 원리에 맡길 수 없는 순수공공재의 공급을 정부가 담당하는 경우에는 정부 관료제 내의 관리의 자율성을 확보함으로써 **기업가적 정부 운영**을 시도하려는 것이다.

1) 공공재의 공급에 시장주의 원리의 도입

사적 재가 공급되고 수요되는 시장은 수많은 공급자들 간의 경쟁 원리와 고객주의가 지배한다. 즉 사적 재의 공급을 통해서 기업이 이윤을 획득하기 위해서는 생산자를 달리하는 동일한 제품들 간의 질과 가격에 대한 경쟁에 승리해야 하고, 재화의 공급에 고객의 선호가 번영되도록 함으로써 고객주의가 확립되어야 한다. 신공공관리론자들은 정부의 공공재 제공에도 이러한 경쟁 원리와 고객주의가 확보될 수 있도록 제도적 장치가 마련되어야 한다고 주장하면서, 그 구체적 방안으로 정부 업무나 공기업을 '**민영화**(privatization)'하는 방식과 '**민간위탁**(contracting out)(**계약**)' 방식을 든다.

민영화는 정부의 업무나 공기업에서 제공하던 공공재의 공급을 민간기업이 담당하도록 하는 방식이다. 예를 들면, 국제전화의 관리가 과거에는 공기업인 한국통신의 독점이었으나 지금은 민간의 업체들이 경쟁하여 공급함으로써 고객들에게 더 좋은 질의 서비스를 제공할 수 있도록 하는 방식이다. 한편, 민간위탁(계약)은 민간기업들이 경쟁하여 입찰에 참여하도록 하고 그 중에서 담당자를 선택하여 이들과의 계약을 통해 정부 공공재의 공급을 의뢰하는 방식으로서, 예를 들면 고아원·양로원·정신장애자 수용·실업자 재훈련·쓰레기 수거 등의 업무 등에 적용되는 방식을 의미한다.

이러한 사고는 민영화 내지 민간위탁이라는 계약 방식을 통해 공공재의 공급에 시장 원리를 도입함으로써, 과거 공공재의 공급 결정과 집행을 정치적 결정에 의해 행함으로써 나타났던 여러 가지 비능률을 제거하고 더 나아가 이를 통해 고객주의를 확보하기 위한 것이다.[19] 이러한 방식을 통해 국민은 정부가 일방적으로 제공하는 공공재의 단순한 수혜자가 아니라 정부 공공재 제공의 고객의 지위로 변화하게 되어 공공재 공급에 고객인 국민의 선택권이 부여되고, 고객의 선호가 반영되고, 좀더 양질의 공공재 공급이 이루어질 수 있게 됨으로써, 소비자 주권의 확립을 통해 국민을 위한 행정을 실현할 수 있고, 정부 기능의 축소의 효과도 이룩할 수 있다는 사고에 기초하고 있다.

2) 신관리주의의 도입

공공재 가운데 준공공재와 달리 그 공급에 시장주의적 경쟁 원리를 도입할 수 없는 순수공공재의 경우 정부가 이를 담당할 수밖에 없는데, 신공공

---

19) 신공공관리론이 경쟁을 강조하면서 적용하는 기준이 시장성 테스트(market-testing)이다. 시장성 테스트는 "반드시 필요한 업무인가?," "필요하다면 정부가 책임을 맡아야 할 업무인가?," "정부가 직접 수행을 해야 하는가?," "정부가 수행할 경우 효율성 증대 방안은 무엇인가?" 등의 일련의 기준에 따라 업무를 평가한 뒤 민영화, 민간위탁(계약), 공기업화, 사업부서화 등의 대안 중에서 하나를 선택하는 방식이다(유민봉, 2006: 154-155).

관리의 또 하나의 특징인 신관리주의는 행정과 경영의 유사성에 대한 인식에 기초하여 기업의 경영 원리와 관리 기법을 행정에 도입하여 정부활동의 **성과 향상과 관리의 효율성**을 제고하기 위해 정부 관료제의 관리 방식을 개혁하기 위한 접근 방법이다. 이에 따라 기업가 정신의 강조, 성과 중심의 관리 강조, 권한 이양, 품질관리 기법, 인센티브 메커니즘, 마케팅 기법, 고객만족 경영기법 등이 논의되고 있다.

성과 중심의 관리는 자율 경영(liberation management)을 강조한다. 예를 들면, 권한 이양을 통해 공공재 공급을 담당하는 정부 관료제 내의 책임운영기관의 장과 같은 일선관리자들에게 자율성을 최대한 부여하여 이들이 자율적 판단 하에 업무를 수행할 수 있도록 하려는 관리 방식이다. 이러한 주장의 이면에는 정부의 비능률은 일선 관리자들의 무능이나 나태에 원인이 있다기보다는 인사·예산·구매 등 관리상의 복잡한 규정이나 제도의 제약에 그 원인이 있다고 보는 사고가 깔려 있다. 따라서 불필요한 관리 규제를 완화하거나 폐지를 통해 관리자에게 최대한의 재량권을 부여해 줄 수 있도록 해야 한다는 주장이다.

후드(Christopher Hood)는 신공공관리의 핵심적 내용으로 첫째, 고위 행정가의 정책결정 기능보다는 관리 기술을 중시하고, 둘째, 과정 중심에서 성과(산출) 중심으로, 셋째, 공공 서비스 공급 측면에서 보면 통일적인 내부 생산에서 계약경쟁 체제로, 넷째 고정임금에서 변동임금으로의 전환을 든다(Hood, 1994: 129).

3) 오스본과 게블러의 신공공관리론

1992년 오스본(David Osborne)과 게블러(Ted Gaebler)는 그의 저서 『정부재창조론(*Reinventing Governmnet*)』(1992)에서, 행정에 대한 접근 방식으로 새로운 접근 방식인 기업가적 접근에 입각한 열 가지의 개혁 원칙을 제시하고 이를 전통적 접근 방식인 관료제적 접근과 비교하고 있는 바, 그들이 제시하고 있는 행정에 대한 기업가적 접근에서의 10대 개혁 원칙의 내용과 전통적 관료제적 접근과의 차이점은 다음과 같다(Osborne & Gaebler, 1992).[20]

(1) 촉매작용적 정부(배의 노를 젓기보다 키를 조종하여 방향을 잡아 주는 정부)

국가사회라는 배의 노를 젓는다는 것은 공공 서비스를 직접 공급한다는 의미인 바, 정부는 공공 서비스의 직접적인 공급자로서보다는 국가를 구성하는 가족, 지역사회, 학교, 자원조직 등의 구성 단위들이 조화롭게 건강을 추구할 수 있도록 촉매작용자, 중개자, 그리고 촉진자로서의 역할 등 방향을 잡아 주는 역할을 수행해야 한다.

(2) 시민 공동체가 주도하는 정부(공공 서비스 제공보다는 권한을 부여해 주는 정부)

공공조직은 시민 공동체가 소유하고 통제한다는 원리에 입각한 시민 공동체 소유의 정부를 구현해야 한다. 따라서 정부는 관료조직을 통해 공공 서비스를 제공하는 역할보다는 공공 서비스의 소유권과 통제권을 정부 관료의 손에서 시민 공동체에게 권한을 부여해 주는 역할을 해야 한다.

(3) 경쟁적 정부(경쟁 원리의 도입을 통한 행정의 비능률성을 제거하고 효율성 및 효과성을 제고하는 정부)

공공 서비스의 공급에 시장의 경쟁성을 높임으로써 공공 서비스 제공의 독점성으로 인한 비능률을 제거하고 공공재 공급의 효율성과 효과성 등을 제고할 수 있다.

(4) 결과를 중시하는 임무 지향적 정부(규칙 지향적 정부로부터의 탈피)

법규나 규정에 의한 관리보다는 결과를 중시하는 임무 지향적 정부를 만들어야 하며, 이를 위해서는 행정기관들의 임무와 목표를 중심으로 조직을 관리 운영하고, 그 결과를 중시해야 한다.

(5) 성과 지향적 정부(투입이 아닌 성과와 연계한 예산 배분)

투입이 아니라 산출과 성과를 중시하고, 이를 위해서는 산출이나 성과를

---

20) 이들은 이 저서가 거버넌스에 관한 책임을 밝히고 있다. 그러나 그들이 제시하는 기업가적 접근의 내용을 살펴보면 거버넌스적 접근 방법이라기보다는 신공공관리론적 차원에서 주장하는 내용들이 대부분이다.

기준으로 자원을 배분해야 한다.

(6) 고객 지향적 정부(관료의 필요가 아닌 고객이 필요로 하는 공공재의 제공)

공공 서비스의 제공 대상자를 고객으로 인식하여 이들에게 선택권을 부여해야 하고, 정부의 필요가 아닌 고객의 필요에 따른 공공재를 제공해야 한다.

(7) 기업가적 정부(지출보다는 수익을 창출하는 정부)

쓰기보다는 버는 기회를 찾는 기업가적 정신을 가진 정부(enterprising governments)를 만들어야 하며, 이를 위해서는 정부기관들이 비조세수입 획득에 노력하도록 하는 유인책을 개발해야 한다.

(8) 미래에 대비하는 정부(사후적 수습보다 사전적 예방에 초점을 둔 예견적 정부)

사후적으로 문제가 발생시 이를 해결하기 위해서는 엄청난 시간과 비용을 소모한다. 특히 변화의 속도가 빠를수록 예견력의 결여는 더욱 위험성을 초래할 가능성이 높다. 따라서 기업가적 정부는 미래 예측을 위해 최선을 다해야 한다.

(9) 분권적 정부(계층제 조직으로부터 참여와 팀워크를 강조하는 조직으로)

계층제 조직에서 탈피하여 권한 분산과 참여 및 팀워크를 중시하는 조직으로의 변화를 통해 변화하는 여건과 고객의 요청에 신속히 대응할 수 있는 유연성을 높여야 한다.

(10) 시장 지향적 정부(시장기제를 이용한 변화 촉진)

전통적 관료주의보다는 시장 기능 메커니즘을 폭넓게 활용함으로써 정부의 성과를 높여야 한다. 시장 지향적 정부의 원리는 민간시장의 조정에 관한 정부의 역할, 민간 부문에 대한 정부 규제, 그리고 정부 부문의 서비스 공급에 다 같이 적용되어야 한다. 시장 지향적 정부의 원리는 교육, 직업훈련, 보건사업 등의 정부의 사업들을 각각 시장으로 간주해야 한다고 한다. 즉 이들 사업들에 대해 시장의 경쟁 원리와 고객주의를 적용할 것을 요구한다.

기업가적 접근	관료제적 접근
방향을 잡아 주는 정부	노를 젓는 정부
권한을 부여해 주는 정부	서비스를 직접 제공하는 정부
서비스 제공에 경쟁 개념 도입	서비스 독점
임무 지향적 정부	규칙 및 역할을 중시하는 정부
성과와 연계한 예산 배분	투입 중심의 예산 제도
고객 지향적	관료제 중심(관료 지향적)
수익 창출	지출 위주
예방적 정부	치료 중심적 정부
팀워크와 참여 중시	위계조직(계층조직)
시장 지향	조직 지향

4) 신공공관리론의 평가

21세기 후반기의 신공공관리론은 19세기 말 베버의 관료제론이 그 당시 많은 정부들에 미친 영향만큼이나 하나의 혁명으로 표현해도 좋을 만큼 정부 개혁에 엄청난 영향을 미친 것이 사실이다. 그러나 신공공관리론의 구체적 개념이나 구체적 처방 내용에 대해서는 아직까지도 이론적 체계와 엄밀성이 부족하다는 비판이 가해지고 있다. 이 밖에도 신공공관리론에 대한 비판적 견해는 다음과 같다.

(1) 전통적 관료제의 순기능에 대한 지나친 과소평가

신공공관리론은 시장의 원리와 민간 부문의 관리기법을 지나치게 이상화하는 반면 전통적 관료제에 기초한 제반 정부 부문의 작동 원리를 지나치게 과소평가하고 있다는 점이다. 그러나 서구 사회가 봉건주의에서 절대주의로 그리고 민주주의 국가로 변화되는 과정에서 관료제는 계속적으로 발전을 거듭하여 국민의 다양한 삶의 영역에 관여하게 되었을 뿐만 아니라, 관료제와 민주주의는 거의 동시적으로 발전해 왔으며, 관료제가 더 강력해짐에 따라 민주주의 제도도 더욱 발전할 수 있었다는 것이 통설이다.[21] 또한 우리나라와 같이 개발도상국의 역사적 경험을 가지고 있는 나라의 경우 유능하고 자율적인 경제관료를 중심으로 한 정부 관료제를 통해 경제개발계획을 성공적으로 이끌게 되어 산업화를 이룩했고, 그 후 민주화 및 복지국가로의 여정에 공헌했다는 점을 부인할 수 없다. 따라서 NPM과 같이 전통적 행정관료제에 대한 깊은 회의에 기초한 개혁보다는 우리나라 정치행정환경 하에서 관료제 모형과 NPM적 모형과의 절충에 기초한 **한국형 정부개혁 모형**을 찾는 데 주력해야 할 것이다.

(2) 경영관리 기법의 행정에의 적용의 한계

신공공관리가 추구하는 이념은 효율성 내지 효과성이다. 그러나 행정이 추구하는 이념 가운데는 효율성뿐만 아니라 민주성이나 합법성, 형평성 등과 같이 효율성 못지않게 중시해야 할 이념들이 있다. 행정이 NPM에서와 같이 효율성에만 치중할 경우 이러한 가치들은 상대적으로 위축될 수밖에 없다.

기업의 경영 기법이 영리 추구에 궁극 목적이 있다면 행정은 공익을 추구하는 데 그 궁극 목적이 있다. 따라서 행정작용 가운데에는 비록 그것이 기업에서 중시하는 효율성 측면에서는 선택될 수 없는 대안일지라도 공익을 위해 채택되는 경우가 많이 존재한다. 또한 행정은 경영과 구별되는 나름대로의 독특한 특성이 존재한다. 예를 들면, 행정 목표의 모호성, 행정 성과 측정의 곤란성, 정치와의 불가분성 등이 그것이다. 따라서 기업에서의 경영관리 기법을 그대로 행정에 적용하는 데에 한계가 있다.

(3) 국민에 대한 행정의 책임성 확보의 어려움

민영화나 민간위탁과 같은 방식을 채택하는 경우 그를 통해 행정의 책임성을 확보하기가 곤란하다는 점이다. NPM에서 사용하는 계약의 방식에는 주인-대리인 모형에서 논의된 바처럼 정부가 불리한 계약을 초래할 수도 있고, 대리인이 주인인 정부의 의도대로 움직이지 않고 도덕적 해이를 초

21) 행정 관료제의 민주주의 및 복지국가에 대한 공헌과 함께 NPM의 도입에 대한 더 깊은 성찰의 필요성을 강조한 논문으로는 안병영·정무권(2007: 1-40) 참조.

래할 수도 있으며, 대리인이 계약 주체인 정부만을 의식하고 2차 주체인 국민까지를 의식하는 데는 한계가 있을 것이다. 따라서 국민에 대한 행정의 책임성을 확보하기 어려워질 우려가 있다.

(4) **절차보다는 성과 내지 결과의 중시**

신공공관리에서는 절차보다 성과 내지 결과를 중시한다. 민주주의 원리는 결과보다는 과정을 중시하는 원리이다. 따라서 아무리 결과가 바람직하다고 하더라도 그것이 이루어지는 과정에서 위법하거나 부당한 작용이 행해졌을 경우 그것은 위헌, 위법으로서 헌법소원이나 행정소송의 대상이 될 수 있다. 민주주의 이념에 기초한 헌법적 가치를 훼손하면서까지 행정작용의 결과만을 강조하는 원리가 정당화될 수는 없는 것이다.

(5) **공공 부문의 특성과 시장 지향적 경제 원리 적용의 한계**

공공 부문은 그 특성상 시장 지향적 경제 원리가 적용될 수 없다는 주장이 있다. 즉 공공 부문에서는 공공재의 수요 측면에서 보면 수요자인 국민이 독점적 지위를 가지고 있고, 공공재의 공급의 경우에도 정부가 직접 제공하면 독점이 되고, 계약을 통해 위임하는 경우에도 계약 대상이 제한적이기 때문에 기본적으로 정부 부문은 그 특성상 완전 경쟁시장의 요건을 충족할 수 없는 불완전한 시장이라는 것이다. 따라서 시장경제에 기초한 경쟁 원리를 공공 부문에 적용하는 데 한계가 있다는 것이다(Pollitt, 1993: 125-126).

(6) **국민을 고객으로 보는 고객주의의 한계점**

신공공관리에서는 국민을 고객으로 보는 고객주의에 입각하고 있다. 그러나 고객주의는 기본적으로 시장에서의 경쟁 원리에 기초한 개념이다. 따라서 고객주의는 이기적이고 합리적인 개인을 전제로 하고 있다. 이러한 전제는 시장경제 원리에서는 타당한 전제가 될 수 있을지 모른다. 그러나 행정작용과 관련하여 전제하는 국민은 신공공관리에서 전제하는 고객의 개념과 달리 공동체주의에 입각하여 때론 이기적이지만 때로는 헌신적이고 이타적이며 도덕적인 시민의식을 갖는 국민을 상정하고, 이러한 국민들의 참여와 협력을 전제로 하는 행정이 훨씬 바람직하다고 할 수 있다.

6 뉴 거버넌스(신국정관리)

1) 뉴 거버넌스의 개념

'뉴 거버넌스(new governance)'라는 용어는 신공공관리보다 더욱 최근에 나타난 새로운 행정 패러다임이다. 그러나 신공공관리의 개념에 대해서조차 여러 가지의 다양한 견해가 아직 정리되지 못한 상황에서 등장한 것이 뉴 거버넌스 개념이기 때문에 뉴 거버넌스 개념과 이론에 대해서는 더욱더 그 혼란성을 면치 못하고 있는 것이 사실이다. 혹자는 뉴 거버넌스 개념과 신공공관리의 개념을 달리 이해하려고 하는가 하면, 혹자는 이를 같은 개념으로 이해하기도 한다(Peters, 1997/정용덕 외 역, 1998). 여기에서는 뉴 거버넌스 개념을 신공공관리보다 한층 더 발전된 개념으로 이해하고 양자간의 차별에 중점을 두고 논의를 전개해 나가고자 한다.

일반적으로 국가 공동체를 이끌어 가는 세 가지 주체로는 정부와 시장 및 시민사회를 상정할 수 있다. 즉 국가 공동체를 이끌어 가기 위한 국정운영은 이들 간의 관계성 속에서 이루어지고 있다고 볼 수 있다. 뉴 거버넌스 개념은 국정의 운영 내지 관리라는 차원에서 이와같이 세 가지 주체로서의 정부와 시장 및 시민사회와의 상호 관계성을 염두에 두고 형성된 개념이라 할 수 있다.

그런데 학자에 따라서는 '뉴 거버넌스(new governance)' 개념을 그냥 '거버넌스'라고 부르기도 하는가 하면, 혹자는 '뉴 거버넌스' 혹은 '거버넌스'라는 용어 대신, 이를 각각 '국정관리' 혹은 '신국정관리'라 칭하기도 한다.[22)]

여기에서는 국정관리나 신국정관리라는 용어 대신 거버넌스나 뉴 거버넌스라는 용어를 상호 혼용하여 사용하기로 한다. 그리하여 국가 공동체를 이끄는 세 가지 주체로서의 정부와 시장 및 시민사회와의 상호 관계성의

---

22) 정정길(2003: 526)은 뉴 거버넌스를 '신국정관리'라 부르고 있다.

차원에서 행해진 과거의 국정 운영 방식을 탈피하여 새로운 국정 운영 방식을 규명하고자 하는 일반적 패러다임을 뉴 거버넌스 내지 거버넌스로 보기로 한다. 다시 말하면, 뉴 거버넌스 개념은 기존의 행정국가에서 행해진 정부와 시장 및 시민사회와의 관계인 정부 우위적인 불평등한 정부와 시장과 시민사회와의 관계를 청산하고, 정부와 시장 그리고 시민사회 간에 새로운 역할 관계의 정립과 상호간의 자발적 협조를 통해 좀더 능률적이고 민주적인 국가를 운영하고자 하는 국정 운영상의 새로운 패러다임으로 이해하고자 하는 것이다.

2) 신공공관리론과 뉴 거버넌스론과의 관계

신공공관리나 뉴 거버넌스는 모두가 과거 전통적인 관료행정 패러다임에 대한 대안으로 제시된 정부 개혁을 위한 새로운 패러다임이라는 점에서 공통성을 갖는다. 그런가 하면 신공공관리와 뉴 거버넌스의 개념을 구별하지 않고 혼용하여 사용하기도 한다. 여기에서는 두 가지 개념 간의 구별을 기초로 하여 상호간의 차이점에 중점을 둠으로써, 뉴 거버넌스의 개념을 더 잘 이해하는 데에도 도움을 주고자 한다.

첫째, 신공공관리는 주로 정부와 시장 간의 관계성에 초점을 맞추어 양자 간의 기능과 역할을 재분담하고, 또한 정부 내의 관리 방식의 변화를 통해 '**작지만 효율적인 정부**'를 구축하기 위한 시각에 초점을 맞추고 있는 개념이다. 한편, 뉴 거버넌스는 이보다 한 걸음 더 나아가 정부와 시장 간의 역할 재정립뿐만 아니라, 정부와 시장 및 시민사회와의 새로운 역할 관계의 정립을 통해 '**작지만 효율적이고 민주적인 정부**'를 지향하고자 하는 개념이라고 할 수 있다.

둘째, 신공공관리의 개념은 전술한 바와 같이, 주로 정부와 시장 간의 관계성에 초점을 맞추어 공공재를 공동으로 생산하기 위한 민영화와 민간위탁을 강조하고, 이러한 역할 분담 변화의 기준으로 가격을 중심으로 한 **경쟁 원리** 및 **고객주의**를 내세우고 있다. 이에 대해 뉴 거버넌스 개념은 신공공관리 개념에서 더 나아가 공공 서비스의 공급이나 공공문제를 해결을 위한 결정을 과거 전통적 관료제 행정 패러다임에서와 같이 정부가 단독으로 담당한다는 관념에서 벗어나, 정부와 시장을 중심으로 한 민간 부문 및 비영리 시민사회 등을 이들에 대한 결정 과정에 참여시켜 상호 협력과 타협에 의해 결정함으로써 **자발적 협조**를 얻어내기 위한 국정 운영 방식이다. 따라서 뉴 거버넌스는 정부와 시장 간의 공공재 연계망(network)을 구축하는 것뿐만 아니라, 시민사회의 참여에 의한 공공재 연계망을 초점으로 삼는다.

여기에서의 **공공재 연계망**이란, 정부기관만이 아니라 시장과 NGO를 비롯한 많은 비정부조직이나 기관들이 공공재의 공급에 참여하며, 이들 사이에는 계층제적 지시 명령이 아닌 상호 **협력**과 **타협**에 의한 서비스 연계망이 형성되고, 연계망의 조직 구성원들은 상호 신뢰의 기반 위에서 합의된 규칙에 따른 상호작용을 유지한다는 것을 의미한다(정정길, 2003: 531).

프레데릭슨(H. George Frederickson)은 이를 설명하기 위해 미국 대도시 지역의 운송 체계(San Francisco Bay Area의 운송 체계)를 예로 든다. 이 운송 체계는 정부, 비정부기관 및 비영리단체들에 의해 공급되는 몇 가지 유형의 운송 형태로서, 이러한 운송 시스템을 설명하는 데는 전통적인 공공관리(public management)나 행정(public administration)이라는 용어로는 적합하지가 않다는 것이다. 이러한 체계를 설명하는 데에는 거버넌스라는 용어가 적격이라는 것이다. 이와같이 거버넌스라는 용어는 정부조직과 민간조직이 연계된 다중조직적 체계나 망(network)의 상호작용의 유형을 기술하기 위한 가장 훌륭하고 보편적으로 받아들여지고 있는 용어라는 것이다. 이를 좀더 잘 이해하기 위해 국제 간의 문제를 예로 들어보면 다양한 조직 체계를 관리한다는 의미의 거버넌스 개념과 정부(government)라는 개념의 구별이 더욱 확연해질 것이다. 정부라고 할 때는 그것이 권위의 상징으로 가정되는 것은 국가 수준에서의 문제이다. 그러나 국제 간 문제를 다루려면 국가 간의 경계를 초월한 거버넌스적 관점, 즉 정부 · 국제 간 협력 및 지역 간 동맹 등의 개방 체계로서의 관점이 필요하다. 이와 같은 다양한 조직 체계를 관리한다는 의미의 거버넌스 개념 속에는 그러한 다양한 형태의 조직을 다루는 질서와 권위의 형태가 있고, 이러한 거버넌스를 관리하는 관리자나 관료가 있다. 이 모든 것은 '**공공적**(public)'이다. 하지만 단지 그 중의 일부만이 '**정부적**(governmental)' 성격의 것이다. 따라서 과거 행정 개념에서와 같이 정부적 성격의 기능에만 치우치는 관점으로는 이러한 형태의 행정을 설명할 수가 없는 것이다(Frederickson, 1997: 84-87).

셋째, 신공공관리는 **성과** 내지 **결과**에 초점을 두고 있는 데 반해, 뉴 거버넌스는 **과정**에 초점을 두어 공공재의 공급을 결정하고 사회문제 해결을 위한 결정을 하는 과정에서 다양한 정부 및 비정부 조직들이 참여한다는 **참여주의**를 강조한다는 점이다. 예를 들면, 지역사회의 경찰화를 통한 범죄 예방에 공동 참여하거나, 대도시 교통 서비스의 성공적 수행을 위해 해당 시정부, 지하철 본부, 고속도로공단, 버스회사, 택시회사, 개인 택시회사 정부와 민간단체, 민간기업 및 개인이 참여를 통해 결정을 하고 이를 시행에 옮기는 경우이다. 서구 사회의 경우 1980년대 이후 다양한 비정부조직들이 등장하게 되고, 이들이 공공 서비스의 전달만이 아니라 공공 서비스와 관련된 정책결정 및 평가활동에 참여하게 되면서 정부의 공공 서비스의 공급과 관련한 이들과의 연계망을 구축할 수 있는 여건이 형성되어 왔다. 샐러먼(L. M. Salamon)의 설명에 의하면 관리 및 통제에 중점을 두는 전통행정은 새로운 형태의 많은 공공활동을 운영하는 데 제한적 적실성밖에 없다고 한다. 전통적 행정은 공공기관의 내적인 역동적 관계를 중시하는 데 반해, 새로운 형태의 행정은 비정부 부문의 행위자들과의 파트너십 및 관계를 중시한다는 것이다. 또한 전통적 행정이 권위의 계층제적 계선과 명령 및 통제구조에 중점을 두는 데 반해, 새로운 행정의 행동 형태는 **분권화**된 운영 형태와 **협상**(bargaining) 및 **설득** 기술의 개발과 활용에 중점을 둔다는 것이다(Salamon, 1989: 255).

넷째, 신공공관리는 **조직 내**(intra-organizational) **관계**를 다루고 있는 데 반해 뉴 거버넌스는 정부와 많은 비정부 조직과 개인들이 상호 연계망(network)을 구축하여 공공 서비스 제공 활동에 종사할 것을 강조한다는 점에서 **조직 간**(inter-organizational) **관계**를 다룬다. 이 경우 정부와 이들 비정부조직 및 개인들과의 관계는 정부 관료제 내에 존재하는 계층제적인 위계질서가 아닌 상당한 **자율성**(autonomy)을 형성하면서 **느슨하게 연결된 조직 체계**(loosely coupled system)를 형성하게 된다는 것이다(March &

Olsen, 1995). 느슨하게 연결된 조직 체계라 함은 과거 행정에서 강조했던 집권화 및 계층제에 대한 하나의 대안으로서, 조직이 고도의 **위임과 분권화**의 형태로 구성되어 있으며, 조직의 하위 요소들 간에, 조직의 고객들 간에 그리고 다른 조직들과의 사이에 경계가 명확하지 않은 상태를 의미한다. 따라서 이러한 체계에서는 전통적 행정에서와 같은 명령-복종 관계가 존재하지 않고, 비교적 **수평적 관계**를 갖는 무수한 조직이나 개인들이 상당한 **자율성**을 가지고 공공 서비스의 제공에 참여하게 된다는 것이다.

다섯째, 신공공관리는 시장의 원리에 따라 **경쟁** 및 소비자에 해당하는 고객들의 **개별적 선택**에 의해 조정이 이루어지는 데 반해, 뉴 거버넌스는 느슨한 연계망(network)을 구성하고 있는 정부와 민간 조직들이 공공 서비스의 제공에 참여하기 위해서는 상호간의 **신뢰와 협조**, **상호의존** 등이 요청된다는 점이다. 정부 서비스 제공 연계망이 구축되기 위해서는 그 연계망을 통해 참여하는 모든 주체가 그 참여에 의한 상호 의존적인 교환을 통해 나름대로의 달성하고자 하는 목표 또는 이익을 달성할 수 있을 것이라는 기대가 실현되어야 한다. 이러한 경우 자율적인 구성원들 사이에 명령이나 외압적인 강압이 없이 자발적인 협조나 조정이 가능해질 것이다. 그런데 연계망에 참여하는 각 주체들이 상호 협조가 가능해지는 것은 이와 같이 나름대로의 목표를 추구하는 데 목적이 있다는 가정, 즉 이기심을 전제로 한다면 협조를 통해 지나치게 피해를 보는 집단은 이러한 연계망에서 탈퇴하려 할 것이다. 이를 방지하기 위해서는 개개 구성 집단은 사전에 상호간 게임의 규칙을 마련하게 되고, 이 게임의 규칙에 따르게 되면 개개 구성 집단들은 상대방이 자신들의 최소한의 목적 달성에 방해가 되지 않을 뿐만 아니라, 가급적이면 좀더 많은 혜택을 다 같이 얻을 수 있도록 하는 것을 상대방도 희망할 것이라는 신뢰가 형성되어야 한다. 이러한 신뢰의 중요성에 발맞추어 이른바 **사회자본**(social capital)이라는 이름으로 신뢰에 관한 연구가 중요한 학문적 관심사로 대두되고 있다. 사회자본에서의 자본의 개념은 물질이 아니라 상호간의 신뢰와 자발적 호혜의 정신을 의미하는 것으로서 획일적인 명령과 상호 감시가 아닌 신뢰와 자발적 호혜 등 물질보다는 정신적 차원의 의식을 중시하는 개념이다. 따라서 사회자본에 대한

연구에서는 신뢰를 사회자본을 구성하는 가장 기본적인 요소로 보고 있다.[23)]

여섯째, 신공공관리에서는 **고객으로서의 국민**을 상정하고 있는 데 반해, 뉴 거버넌스에서는 고객으로서의 국민이라는 개념 대신 **시민으로서의 국민**을 강조한다. 고객주의는 기본적으로 시장에서의 경쟁 원리에 기초한 개념으로서 시장이 소비자를 왕으로 모시고 소비자의 선호에 맞는 재화를 공급하려고 하듯이, 정부 역시 공공재의 공급에서 공공재의 소비자인 국민(고객)을 왕으로 모시고, 국민을 위한 공공재를 제공하는 데 초점을 두는 것이다. 그러므로 고객주의는 '국민을 위한 행정'이라는 민주적 행정 원리를 다른 형태로 표현한 것이다(정정길, 2003: 433). 이러한 의미의 고객주의는 시장의 경쟁 원리에 기초하기 때문에 이기적이고 합리적인 개인을 전제로 하고 있다. 그런데 반해 시민으로서의 국민을 강조하는 입장에서는 국민주의 원리에 기초하여 정책결정에의 참여 및 협조적 집행에 참여하는 시민을 상정하고 있다. 따라서 시민을 강조하는 뉴 거버넌스 입장에서 보면 시민 개념은 고객의 개념과 달리 공동체주의에 입각하여 도덕적이고 이타적이며 헌신적인 의식을 가진 국민을 의미한다. 다시 말하면, 시민주의는 앞서 소개한 프레데릭슨이 말하는 '시민으로서의 공공' 개념에 해당한다.

일곱째, 신공공관리가 입법작용 · 행정작용 · 사법작용 등의 국가작용 가운데 행정작용에 국한된 개념이라면, 뉴 거버넌스는 행정작용뿐만 아니라 입법작용과 사법작용 등 국가작용 전반에 공통으로 적용될 수 있는 개념이라는 점이다. 즉, 국민주권주의 원칙에 따르면 모든 국가 권력이 국민으로부터 나오는 것이므로, 국민이 단순히 국가작용의 객체가 아닌 **주체**로서 국정에 **참여**할 수 있는 제도적 장치가 마련되어야 한다는 것이 당위적으로 요청되고 있다는 점에서, 참여를 핵심 개념으로 하고 있는 거버넌스는 국가작용 전반에 대해 적용될 수 있는 개념이라고 할 수 있다. 우리나라의 경우 '국민의 형사재판 참여에 관한 법률'이 2008년 1월 1일부터 시행됨으로

---

23) 신뢰에 관한 연구로는 Fukuyama(1995); Nye, Zelicow & King(eds)(1997), Putnam(1993), Salamon(1989) 및 박희봉(1999), 박희봉 · 김명환(2000), 박희봉 외(2003), 유재원(2000), 장수찬(2002) 참조.

써 사법작용에 대해 국민이 배심원으로 형사재판에 참여할 수 있는 국민참여재판 제도가 마련된 바, 이는 사법작용에 거버넌스 개념을 도입한 좋은 예라고 할 수 있다.[24)]

요컨대, 뉴 거버넌스 개념을 구성하고 있는 특징적 요소로는 첫째, 시장과 시민사회 구성원의 공공재 공급에의 참여를 강조한다는 점, 둘째, 시장과 시민사회 각각은 나름대로의 자율성을 유지하면서 정부와 연계망을 구축한다는 점, 셋째, 정부가 이들의 자발적 참여 및 협조를 유도하기 위해서는 신뢰의 형성이 무엇보다 중요하다는 점, 넷째, 고객이라는 개념보다는 시민이라는 개념을 중시한다는 점 등을 들 수 있다.

시장 및 시민사회의 공공재 공급에의 참여 방식은 정부에 의한 일방적인 지시・명령 및 이의 수용 관계가 아닌 경쟁과 협력이라는 두 가지 궁극적인 지향점이 있는데, 이 중 경쟁 또는 시장의 논리가 신공공관리론으로 나타난다고 한다면, 협력은 정책 영역에서의 네트워크라는 기제를 통해 발현된다 할 것이다.

3) 뉴 거버넌스의 한계

뉴 거버넌스의 개념에 대해서는 아직껏 그 명확한 개념에 대한 합의가 이루어지지 않은 상태에 있기 때문에 그 한계점을 논의하기도 어려운 점이 있다. 다만 지금까지 기술한 뉴 거버넌스의 개념에 기초해서 그 한계점을 지적하면 다음과 같다.

---

24) 국민이 재판이라는 사법작용에 참여하는 형태로는 **배심제(陪審制)**와 **참심제(參審制)**가 있다. 배심제란 일단의 비법률 전문가인 일반 시민으로 구성된 배심원이 재판에 참여하여 법률 전문가인 직업법관으로부터 **독립**하여 유・무죄 판단에 해당하는 평결(評決)을 내리고, 법관은 그 평결에 **기속**되는 제도를 말한다. 한편, 참심제란 일반 국민인 참심원이 직업법관과 함께 재판부의 임원으로 참여하여 직업법관과 동등한 권한을 가지고 사실문제 및 법률문제를 판단하는 제도이다.

우리나라 국민참여 재판은 형사재판에 국한되며, 배심원은 국민참여 재판을 하는 사건에 관해 사실의 인정, 법령의 적용 및 형의 양정에 관한 의견을 **제시**할 권한을 가진다. 그러나 배심원의 의견은 법관을 **기속하지는 않는다**는 점에서 순수한 의미의 배심제 및 참심제 어느 쪽에도 해당되지 않는 제도를 취하고 있다. 이에 대한 자세한 내용에 대해서는 김항규(2006) 참조.

첫째, 참여를 강조하는 뉴 거버넌스가 제대로 정착되기 위해서는 참여하는 행정 부문과 시민사회 부문 및 기업 부문 등 관련 기관 등의 협력 및 상호작용 체계가 원만히 작동되어야 하는데, 이를 위해서는 각 부문의 발전과 성숙이 전제되어야 하며, 또한 이들 간에 자발적인 참여 및 참여를 통한 상호 협력 체제를 구축하는 데 필요한 제도적·비제도적 장치들이 제대로 마련되어 있어야 한다, 그러나 우리나라의 경우 **참여자**들의 **성숙도나** 기타 이러한 여건들이 제대로 마련되어 있지 못한 상황에 있다(허철행 외, 2008: 275).

둘째, 뉴 거버넌스가 신공공관리보다 민주적 책임성을 확보하는 데 기여할 수 있다고 하지만 경우에 따라서는 오히려 민주적 책임성 확보에 가장 취약할 수도 있다는 점이다(최성욱, 2004: 252; 유민봉, 2006: 167). 전통적 관료제는 상사에 의한 책임과 대표기관에 의한 책임성이 법적으로 확보된다. 그러나 뉴 거버넌스의 경우 참여자들 간의 합의에 기초함으로써 합의의 내용이 실패할 경우 그 책임은 누구의 책임도 아닌 모두의 책임으로 전락할 수 있을 뿐만 아니라, 합의가 실패하더라도 그 책임을 물을 근거나 소재가 명확하지 않은 경우가 있을 수 있다.

셋째, 뉴 거버넌스가 가정하는 '수평적 네트워크'나 행위자들 간의 '상호 협력적 관계'가 실제의 경험적 연구 결과 행위자들이 보유하고 있는 권한의 유형과 정도에 의해 차별화될 수도 있으며, 상호 협력적 관계 역시 목표를 수행하는 과정에서 상호 대립적 양상을 보일 수도 있다는 것이다. 한승준은 프랑스 지방자치단체 간 연합체인 '발레드레호 코뮌조합(SICOVAL)'의 사례 분석을 통해 이와 같은 사실을 확인했다. 이를 통해 그는 프랑스와 같은 국가주의적 전통이 강한 나라들의 경우에는 정책 네트워크 내의 행위자들 간의 권력 관계는 여전히 국가 중심적인 혹은 집권적인 속성이 유지될 수 있음을 보여 주고 있다고 한다(한승준, 2007: 95-116).

넷째, 뉴 거버넌스의 성공을 위해서는 참여자들 상호간의 신뢰 확보가 필수 요건이다. 따라서 상호 신뢰가 확보되지 않은 상황에서는 정부가 시장과 시민사회 등의 구성원들의 자발적인 참여 및 협조를 기대할 수 없게 된다.

제6절 결 론

우리는 지금까지 제3장을 통해 정부 개입의 정당성 근거와 필요성을 인식하게 되었으나, 곧바로 이어서 이 장에서는 행정의 한계로서의 정부의 실패를 가져오는 여러 가지 요인들을 관찰해 봄으로써, 정부 또한 여러 가지의 불완전한 요인을 그 운영상의 결함에서뿐만 아니라, 그 본질적인 측면에서도 지니고 있음을 인식하게 되었다. 그 결과 불행하게도 우리는 순수하게 시장에만 의지하거나 단순히 정부에의 의지만을 통해서는 우리 사회에서 끊임없이 발생하는 사회문제들을 제대로 해결할 수 없다는 결론에 도달하게 되었다.

정부의 실패 가운데 행정학과 관련하여 가장 중시해야 할 정부의 실패는 **정부 관료제**가 내포하고 있는 한계점이다. 이와 같은 정부 관료제가 내포하고 있는 문제점의 근원은 19세기 말 이후 전 세계의 많은 정부의 관리에 중대한 영향을 미쳐 온 베버의 행정관료제 패러다임에만 행정이 의존해 왔기 때문이라고 보는 것이 1970년대 이후의 공통된 사고이다. 물론 베버가 처방한 근대 관료제 이후 그의 관료제에 대한 많은 비판과 함께 근대 관료제에 대한 많은 수정이 행해져 왔지만, 그럼에도 불구하고 그의 관료제가 내포하고 있는 근본적 특징이라 할 수 있는 계층제적 정부조직과 중앙집권적인 행정 체제를 통한 사회문제 해결, 행정 주체와 행정 객체의 구별에 기초하여 행정 주체인 정부를 통한 공공재의 공급 및 사회문제의 해결 방식 등은 그대로 잔존해 왔다고 보는 것이다.

이 장에서는 이러한 시각에 입각하여 전통적인 행정 관료제 패러다임을 대체하려는 일련의 새로운 행정 패러다임으로 공공선택론적 관점, 신제도주의적 관점, 신공공관리론적 관점 및 뉴 거버넌스적 관점들의 주장을 살펴보고 그 한계점을 논의해 보았다.

지금까지의 논의를 통해 우리가 생각해 볼 수 있는 것은, 구체적으로 어떻게 하면 시장과 정부 간의 결합 내지 조합을 통해 시장의 실패적 요인을 최소화하고, 정부의 실패를 초래하는 요인들을 가능한 한 제거함으로써, 바람직한 보완 관계를 도출해 낼 수 있을 것인가 하는 점이다. 이러한 문제들은 복잡하고 어려운 정치경제학적 문제라고 할 수 있으나, 여기에서는 이러한 문제들에 대해 구체적인 논의는 하지 않기로 하겠다. 다만 여기에서는 지금까지의 논의를 통해 사적 영역과 정부 영역이 지니고 있는 한계점들을 비교적 상세히 논의해 보고, 정부의 실패를 보완하기 위한 행정에 대한 새로운 패러다임들을 소개함으로써 우리나라의 현 상황에서 바람직한 행정개혁 방안을 구체적으로 마련하는 데 필요한 기초를 제공했다는 점에서, 그리고 행정철학의 연구 대상으로서의 행정의 본질을 더욱 깊이 이해할 수 있게 했다는 점에서 그 나름의 의의를 찾아보고자 한다.

논의의 과정에서도 알 수 있었듯이 양자의 실패를 초래하는 요인들 중에는 적극적인 노력을 통해 해결 가능한 요인들이 많이 존재하고 있음을 알 수 있을 것이다. 이 밖에도 이 책에서 앞으로 논의될 여러 가지 행정철학적인 논의 대상들 역시 이러한 상호 보완의 과제를 해결하는 데 도움을 줄 수 있는 내용이 될 것으로 믿는다.

제 2 부

행정학에서의 가치에 관한 인식론 논쟁

제 5 장 가치의 본질과 인식 가능성 및 유형

신행정론(new public administration)의 등장 이후 행정학의 연구는 가치(value)에 대한 인식론 논쟁을 불러일으켰다.[1] 이러한 논쟁의 근원은 과거 행정학 연구에 주로 실증주의적 인식론에 입각한 행태과학적 방법론(behavioral science methodology)을 채택해 온 데 있다. 행태과학적 운동의 주요 목적은 자연과학에서의 엄격한 경험적 방법을 정치·행정 및 사회현상을 연구하는 데 이용하여, 관찰자의 초점을 인간 행동의 비주관적 측면(관찰 가능한 측면)에 두고, 인간 행동을 지배하고 설명할 수 있는 경험적 인과관계를 밝혀내어, 이를 객관적 관찰자에 의해 증명을 받은 법칙과 같은 사실적 진술로 조직화하는 데 있다.

행태과학적 방법론에서 적용하고 있는 과학적 방법론에 따르면 그 연구대상이 우리의 감각기관을 통해 인식할 수 있어야 한다는 **경험성**(empiri-

1) **신행정론**은 1960년대 말 일단의 미국의 소장 행정학자들이 중심이 되어 일으킨 행정학 연구의 새로운 지향성으로서, 기존의 행정학이 행태과학적 방법론에 치중되어 왔던 점을 비판하고, 1960년대 당시 미국 사회에 제기되었던 여러 가지 사회문제를 해결하는 데 행정학이 도움을 주기 위해서는 **현실 적합성**(relevance)과 실천성을 갖는 **처방적 학문**이 필요하다는 점을 강조했다. 따라서 반행태주의적 입장에 있는 신행정론의 특징으로는 적실성 있는 행정학 연구 필요성의 강조, 행태주의가 근거하고 있는 논리실증주의로부터의 이탈과 가치 및 규범의 중시, 행정 이념으로서의 **사회적 형평성**(social equity)의 추구, 능동적 행정인과 고객에 대한 관심 등을 들 수 있다.

cism), 건전한 감각기관을 가진 사람들이 같은 대상을 인식했을 때 그로부터 얻은 인상이 일치해야 한다는 **객관성**(objectivity), 인식의 내용을 논리적으로나 경험적으로 검증할 수 있어야 한다는 **검증 가능성**(testability) 등의 기준을 충족시킬 수 있어야 한다고 한다. 그런데 가치(value)는 이러한 기준을 충족시킬 수 없기 때문에 이는 과학적 인식의 대상에서 제외되어야 한다고 주장한다.

행정 과정은 행정에 관한 의사결정 과정이며, 의사결정은 단순히 사실들 간의 인과관계만을 근거로 해서 이루어지는 것이 아니다. 의사결정의 과정은 가치판단을 필연적으로 요구하게 된다. 따라서 "**행정의 출발점은 가치이다**"라고 할 수 있다. 인간의 목적적 행위는 모두가 무엇인가의 가치를 추구하는 것이다. 사람들은 그들이 강하게 보유하고 있는 가치가 위협을 받거나, 혹은 새로운 가치가 채용되거나 할 때에는, 그러한 가치를 보호하거나 또는 추진하고자 하는 동기가 부여되는 것이다.

이러한 경우 인간은 시장 메커니즘을 통하거나 혹은 가족이나 친구 또는 귀속조직이나 자선단체 등을 통해 이를 충족시키기도 하지만, 이와 같은 방법으로 잘 충족이 되지 않을 경우에는 행정에 이를 요구하게 된다. 따라서 행정은 이러한 가치를 현실 속에서 실현하기 위한 의사결정의 과정이며, 따라서 가치의 개념을 이해하는 것이 행정 연구의 출발점이라고 할 수 있는 것이다.

이에 이 장에서는 첫째, '가치'란 무엇이며, 둘째, 가치가 과연 실증주의자들의 주장대로 인식이 불가능한 것인가 그렇지 않으면 가능한 것인가, 가능하다면 그 근거는 무엇인가 등의 문제를 주제로 하여 논의해 보고, 다음으로 다양하게 존재하는 가치의 유형을 살펴보고자 한다.

제1절 가치의 본질

1 가치의 개념

우리는 '가치(value)'라는 용어를 일상생활에서 광범위하게 사용하고 있다. 예를 들면, 미술 작품의 미적 가치 감상, 올바른 가치관, 윤리적 가치, 종교적 가치, 정치적 가치, 경제적 가치, 인류학적 가치, 전술적 가치 등등이 그것이다. 그러나 막상 "가치가 무엇인가?"라는 질문에 답하기는 쉬운 일이 아니다. 더구나 가치 자체의 본질을 규명하는 것은 너무 추상적이고 어려운 문제이기 때문에 많은 논란이 야기되기도 한다.

(1) 가치는 관심과 결부되어 있다

가치는 인간이 어떤 대상에 대해 가지는 관심(interest)과 결부되어 있다. 여기에서의 관심이란 욕구나 태도·선호 등과 같은 의미이다. 따라서 가치란 사람이나 물건·아이디어·행동·현상 등과 같은 어떤 대상에 대해 인간이 부여하는 욕구나·태도·선호 등을 의미한다. "나는 그 사람이 좋다"라는 진술은 내가 그 사람이라는 대상에 대해 부여하는 관심, 즉 선호이다. 페리(R. B. Perry)에 의하면 임의의 어떤 것은 그것이 관심의 대상이 될 때 가치를 갖는다고 한다(Perry, 1926: 115-116).

(2) 가치는 바람직한 것에 대한 관념이다

가치는 인간이 관심을 갖는 생활의 모든 측면에서 바람직한 것에 대한 사람들의 관념이다. 다시 말하면 가치는 "해야 하는 것", "해서는 안 되는 것", 또는 "있어야 하는 것", "있어서는 안 되는 것"에 대한 관념이라고 규정한다. 이러한 관념 내지 비전이 얻어지면 그것에 비추어서 관심의 대상이 되는 사태를 평가할 수 있다. 이는 가치가 관심과 관념이라는 두 가지 측면을 그 내용으로 하고 있음을 의미한다.

호지킨슨(Christopher Hodgkinson)은 가치를 '**좋은 것**(good)'과 '**옳은 것**(right)' 의 두 가지 차원으로 나누어 설명하고 있는 바, 전자, 즉 'good'이 desired(바라는 것)과 관련된 가치로서 좋아하는 것, 유쾌한 것 등 마음에 드는 것 또는 선호를 의미하는 것으로서 천성적·쾌락적 성격을 띤 가치라면, 후자 즉, 'right'는 desirable(바람직한 것)과 관련된 가치로서 정당한 것, 의무적인 것, 당위적인 성격을 띤 가치라고 한다(Hodgkinson, 1994: 111). 따라서 호지킨슨이 말하는 good의 차원은 관심과 관련되고, right의 차원은 바람직한 것에 대한 관념과 관련된다고 할 수 있다.

(3) 가치의 본래적 의미

가치 개념은 본래 비교적 분명한 개념이었고, 그 사용도 제한적이었다. 즉, 가치란 원래는 어떤 구체적인 사물의 경제적 또는 준경제적 가치를 의미했지 아름다움, 진리, 옳음, 좋음 등과 같은 추상적인 것들의 가치를 의미하지는 않았다. 그런데 이러한 가치 개념이 로체(Rudolf Hermann Lotze), 리출(Albrecht Ritschi), 니체(Friedrich W. Nietzsche) 등과 같은 독일 철학자들에 의해 폭넓게 포괄적으로 사용하게 된 것이다(김영정, 2005: 17-18).

(4) 가치판단과 근거

가치판단에는 그 판단의 출현을 가능케 하는 일정한 근거로서의 전제가 있다. 이 근거에는 전통적인 규범, 각종의 종교적 교리 및 다양한 이상적 사상들까지 포함될 수 있다.

2 가치와 사실

첫째, '**사실**(fact)'이라고 하면 주관의 평가 의식이 들어 있지 않은 현상을 일컫는 데 반해, '**가치**'에는 반드시 **주관의 평가 의식**이 들어가야 한다. 이러한 구분은 사실판단과 가치판단을 비교해 보면 분명해진다. 예를 들면 "한국에서는 부가가치 제도가 실시되고 있다"라는 명제와 "부가가치 제도는 바람직하지 못한 세제(稅制)이다"라는 명제를 비교해 볼 때, 전자는 사실판단에 속하고, 후자는 가치판단에 속한다. 전자는 술부가 객관적 혹은 사실적으로 서술되어 있는데 반해, 후자에는 술부에 주관의 감정을 나타내는 평가가 개입되어 있다.

한편, 사실판단이 항상 객관성을 지닌다는 주장에 대해 반론을 제기하는 견해도 있다. 우리는 사람들이 어떤 사실에 대한 가치판단을 밑바닥에 깔고 그 사실에 관해 이렇다 저렇다고 판단을 내리는 경우를 흔히 볼 수 있다. 그 결과 하나의 대상에 대해 내리는 사실판단이 서로 다른 경우가 나타나게 된다. 우리가 있는 사실을 그대로 본다는 것은 쉬운 일이 아니다. 사람마다의 마음속에 흐르는 감정의 작용으로, 또한 자기가 태어난 사회의 전통과 문화의 작용으로 사실판단이라는 것이 다소간 어떤 가치의 편향에 의해 채색될 수 있는 것이라고 주장한다. 이와같이 사실판단의 순수한 객관성을 부정하는 견해들은 '자연적 사실'보다는 '사회적 사실'에 대해 가치가 개입되지 않은 사실판단은 불가능하다는 점을 주장한다. 일반적으로 인식의 대상이 자기의 이해관계와 연결되어 있을 경우 이해관계의 정도와 사실에 대한 인식의 투명성과는 반비례 관계에 있는 것으로 본다. 이러한 논쟁은 사회과학이 객관성을 가질 수 있는가 하는 문제와 연결되는 것으로서 주로 '현상학(phenomenology)'에서 주장하고 있는 내용이다. 현상학에 대해서는 이 책의 제6장에 그 구체적인 내용이 소개되어 있다.

둘째, 사실의 세계는 '**주어진 것**(given)'이고, 가치의 세계는 '**만들어지는 것**(made)'이다. 사실판단은 주어진 실제 세계에 있는 사건과 대상에 대한 진술로서, 이의 진위(眞僞, true or false)가 경험적으로나 논리적으로 검증될 수 있는 명제들을 일컫는다. "지구는 달보다 크다"는 명제는 경험적으로 검증이 가능하기 때문에 사실이며, "오각형의 내각의 합은 삼각형 세 개의 내각의 합과 같다"라는 명제는 논리적으로 이의 진위 여부를 검증할 수 있기 때문에 지적(知的)인 사실이다.

한편 실제 세계에 있는 어떤 대상이 가치 있다고 생각하는 것은 그것이 가치를 가지고 있기 때문이 아니라(즉 그 대상에 가치가 본래 주어진 것이 아니라), 그것에 우리가 가치를 부여하기 때문이다. 따라서 인간에 의한 가치 부여가 없는 사실의 세계에는 가치가 존재하지 않으므로, 가치의 세계는 주어진 것이 아니고 만들어지는 것이다.

셋째, 사실판단과는 달리 가치판단은 행해야 하거나 행하지 말아야 하는 것, 있어야 하거나 있어서는 안 되는 것에 대한 진술(예를 들면, "공무원은 정치적 중립을 견지해야 한다", "공무원은 부정부패를 범해서는 안 된다", "권력 남용을 견제할 수 있는 제도적 장치가 마련되어 있어야 한다", "인종차별은 있어서는 아니 된다" 등과 같은 진술), 혹은 어떤 것이 좋다거나 나쁘다거나(good or bad), 바람직하다거나 혹은 바람직하지 않다거나(desirable or undesirable), 옳다거나 옳지 않다(right or wrong)는 주장을 지칭하는 것이다(Taylor, 1975/김영진 역, 1985: 236). 즉, 가치란 어떤 상태 또는 목적에 도달하고자 하는 바람(wishes)이나 그것을 배척하거나 피하려고 하는 표현이라 할 수 있다.

넷째, 가치는 좋은 것과 나쁜 것(good and bad), 옳은 것과 그른 것(right and wrong)등의 **주관적 용어**와 관련되고, 사실은 참과 거짓(true and false) 등의 **객관적 용어**와 관련된다. 가치는 어떤 사실에 대해 이를 평가하는 것과 관련된다. 따라서 가치는 **진**(眞, truth)의 **질**(質, quality)이라고 할 수 있다(Hodgkinson, 1978: 105).

다섯째, 가치란 사회 행동의 궁극적인 목표나 의도로서 **존재**(Sein)에 대치되는 **당위**(Sollen)에 관한 것이며, 사실은 존재에 관한 것이다.

3 가치와 규범, 윤리

1) 가치와 규범

인간이 사회를 이루어 살아나가는 곳에는 어느 곳에나 그 사회를 규율하는 사회규범(social norm)이 존재한다. 그러한 사회규범들을 우리는 흔히 관습과 법 그리고 윤리로 나눈다. 이러한 규범들의 공통적 특징은 모두가 그 내용이 당위적인 사항들을 다루고 있다는 점이다. 예를 들면, "악수를 할 때 왼손을 내밀어서는 안 된다"고 하는 규범은 관습규범이고, "모든 차량은 우측으로 통행해야 한다"는 규범은 법규범에 속한다. 그리고 "사람은 정직해야 한다"는 규범은 윤리규범에 속한다.

규범이란 사회적·개인적으로 받아들일 수 있는 특정 기준 또는 공유된 집단 가치를 의미하며 명시적·묵시적 성격을 아울러 띠고 있으나, 가치는 좀더 일반적 성격을 띠고 있다(Vickers, 1973: 103; Roberts, 1971: 135). 즉, 규범은 특정의 상황에서 적용될 수 있는 행동에 관한 특정 규칙이지만 가치는 다양한 상황 맥락에서 적용될 수 있는 기준이며, 따라서 동일한 가치가 여러 가지 규범에 대한 준거 기준이 될 수 있다. 또한 가치는 규범을 정당화시키는 근거를 제시하지만 규범이 좀더 일반적인 성격을 띠게 되면 가치와의 구별이 어려워진다.

인간의 행동은 어떤 형태의 가치를 추구하기 위해 이루어진다. 같은 여건 하에서 갑의 행동과 을의 행동이 서로 다르다면 그것은 갑과 을이 추구하는 가치가 서로 다르기 때문이다. 인간의 행동은 또한 특정한 가치 기준에 의해 평가되기도 한다. 따라서 갑이 어떠한 가치를 추구하기 위해 행한 행동이 사회적 가치 기준에 부합하면 소망스러운 것으로 평가되지만, 그렇지 않으면 수정되어야 할 행동으로 평가되는데 이와같이 개인이나 집단행동에 대한 평가 기준으로 작용하는 것이 관습이나 법 혹은 윤리와 같은 규범이라고 할 수 있다.

2) 가치와 윤리

규범의 주종을 이루는 관습과 법과 윤리 가운데에서 가장 근본적이며 중요한 것은 윤리규범이다. 윤리라는 개념은 단순히 우리가 지금까지 행해 온 반복적인 행위만을 의미하는 것이 아니고, 그 행위가 옳으며(right) 따라서 지켜져야 한다는 의미도 내포하고 있다. 우리의 관습 가운데에는 존중해야 할 것과 타파해야 할 관습이 있는가 하면, 법규범 중에서도 정당한 것과 부당한 것이 있다는 것을 우리는 경험하게 된다. 이러한 경우에 존중해야 할 관습과 타파해야 할 관습, 또는 정당한 법규범과 부당한 법규범을 구별하는 데 기준이 되는 것이 윤리규범이기 때문이다.

사회에는 구성원들이 지켜야 할 여러 가지 도덕률이 있거니와, 이러한 도덕률을 하나로 묶어서 그 전체를 지칭할 때 '윤리' 혹은 '도덕'이라는 말을 사용한다. 행정윤리라고 하는 경우 이는 행정공무원이 행정 업무 수행과 관련하여 지켜야 할 도덕률이라고 할 수 있다.

지금까지 가치와 규범 · 윤리 등을 설명하는 과정에서 알 수 있듯이, 가치와 규범 · 윤리 등은 서로 뒤엉켜 있다. 이들 규범이나 윤리 등과 가치 개념은 서로가 서로를 내포하기도 하고, 어느 부분 겹치기도 하며, 어떤 것이 다른 어떤 것을 설명하는 도구가 되기도 한다. 가치는 모든 윤리 · 규범의 실질적 기반이 되는가 하면, 또한 바람직한 가치의 내용이 규범이나 윤리 · 도덕에 의해 제약되기도 한다(김규정, 1987: 3). 이러한 긴밀한 관련 때문에 이들 연관 개념들이 상호 교환적으로 사용되기도 한다.

제 2 절 윤리학과 행정철학

1 윤리학의 개념과 특징

윤리학(ethics)은 우리가 사회생활 속에서 경험하는 가치판단의 문제를 다루는 학문으로서, 가치판단의 객관적이고 합리적인 정당성을 부여할 수 있는 판단 기준에는 무엇이 있으며, 그러한 판단 기준을 제시할 수 있는 근거가 무엇인가를 구체적으로 밝히는 가치(value)에 관한 학문이라고 할 수 있다. 이때 전자, 즉 가치판단 기준과 관련된 윤리학의 한 연구 분야를 '**규범윤리학**(normative ethics)'이라 한다. 한편, 이러한 가치판단 기준이 가치에 대한 어떠한 인식 태도와 접근 방법으로부터 추출되었는가에 대한 지식이 불가피하게 요구되는데(Anderson, 1978: 19-27), 윤리학은 가치판단의 기준에 대한 지식 외에 이와 같은 가치판단 기준에 대한 인식 태도와 접근 방법의 문제, 즉 가치판단 기준이란 인식이 가능한 대상인가 불가능한 대상인가, 인식이 가능하다면 어떠한 방법(접근 방법)으로 그것이 가능한 것인가 등의 문제에 관심을 가진다. 윤리학의 이러한 연구 분야를 '**메타윤리학**(meta ethics)' 혹은 '**분석윤리학**(analytical ethics)'이라고 한다.[2)]

윤리학은 따라서 행정을 비롯한 공공활동을 평가할 수 있는 바람직한 판단 기준을 연구하고, 그러한 판단 기준의 인식론적 근거가 무엇인가를 탐구하는 데 필요한 지식을 제공해 준다.

2 규범윤리학의 유형

1) 규범윤리학의 기본 연구 대상과 규범윤리학의 체계

규범윤리학은 그 기본적 형태가 "어떠한 판단 기준에 의거하여 공공활동이 옳다거나(right), 좋다거나(good) 혹은 정의롭다는 등의 주장을 정당화할 수 있는가?" 하는 문제에 답하기 위한 **가치판단 기준**(criteria)의 발견에 주력하는 학문을 말한다.

규범윤리에는 **목적론적 윤리설**(teleological ethics)과 **의무론적(법칙론적) 윤리설**(deontological ethics), **가치론적 윤리설**(axiological ethics), **절차론적 윤리설**(procedural ethics) 등 크게 네 가지의 윤리 체계가 있다.

가치(value)에는 두 개의 주요 개념, 즉 '**좋은 것**(good)'과 '**옳은 것**(right)'이라는 개념이 있다. 좋은 것의 차원은 우리가 즐기는 것, 좋아하는 것, 유쾌한 것 등 마음에 들어하거나 선호하는 것 등과 관련된 차원으로서, 인간이 다른 동물과 마찬가지로 가지고 있는 가치 차원이다. 이것은 타고

---

2) '**메타**(meta)'란 말은 원래 '뒤'라는 뜻이다. 중세에 아리스토텔레스의 저작을 편집할 때 물리학 뒤에 놓았다고 해서 이를 'meta physics' 즉 '형이상학'이라고 했다. 그로부터 메타는 단순히 '뒤'라는 뜻만이 아니라, '현상의 배후'라는 의미도 포함하게 되었다. 그러므로 메타 이론이란 어떤 실질적인 논의에 앞서 논의 자체에 대해 생각해 보는 이론이다. 예를 들면, 무엇이 옳고 그른지를 탐구하는 것을 윤리학이라고 할 때, 이에 대한 본격적 논의에 앞서 도대체 옳고 그름의 의미가 무엇인지, 옳고 그름을 우리가 인식할 수 있는 것인지, 인식할 수 있다면 그 근거는 무엇이며 인식할 수 없다면 그 근거는 무엇인지 등을 탐구하는 것을 메타윤리학이라 한다.

난 것이거나 생화학적·유전적인 것이기도 하고, 학습되거나 프로그램화되거나 조직화된 것이기도 하다. 이는 우리들의 생물학적 구조의 부분이고 따라서 즐거움을 찾고 고통을 피하려는 심리적 요인과 관련된 것으로서, 본질적으로는 쾌락주의적이다. 한편 옳은 것의 차원은 도덕적·의무적인 것과 관련되는 것으로서 때로는 고통의 원인이 되는 것이기도 한 것으로서, 좋은 것의 차원과는 논리적으로 다르다.

A라는 어떤 사회 구성원이 어떤 종류의 사익(私益)을 추구하는 행위가 A라는 개인이나 그가 속한 집단에게는 좋은 것(good)일지 모르지만, 그러나 그러한 행위가 여타 다른 사회 구성원의 견지에서 볼 때 반드시 옳은(right) 행위라고 할 수 있는가는 별개의 문제다. 즉 좋은 것과 옳은 것은 서로 차원을 달리한다고 할 수 있다. 윤리설의 구조는 대체로 이 두 가지 기본 개념(옳은 것과 좋은 것) 간의 **관계**를 어떻게 규정하느냐에 따라 위에 기술한 몇 가지 윤리 체계—목적론적 윤리설, 의무론적 윤리설, 가치론적 윤리설 및 절차론적 윤리설—로 나뉜다고 보는 것이 전통적 견해이다.

2) 목적론적 윤리설

첫째, 목적론적 윤리설에 의하면 인생이 삶을 살아가는 과정에서 추구하는 여러 가지 형태의 좋은 것(good) 가운데에는 우리가 그 실현을 위해 진력해야 할 객관적인 궁극 목적으로서의 좋은 것(즉, 인생의 **궁극 목적으로서의 좋은 것**)이 있다는 신념을 그 출발점으로 삼는다. 이를 출발점으로 해서 어떤 행위 혹은 정책이 옳으냐 그르냐(right or wrong) 하는 문제는, 그 행위 혹은 정책이 이러한 인생의 궁극 목적으로서의 좋은 것을 달성하는 데 어느 정도 이바지하느냐 또는 어느 정도 방해가 되느냐에 따라서 풀릴 수가 있다고 믿는다. 그러므로 목적론적 윤리설이 대답해야 할 최초의 근본 문제는 "인생의 궁극 목적으로서의 좋은 것이 무엇이냐?"라는 것이다.

우리의 행위는 그것이 고의적인 경우 그 행위 자체가 목적이 아니라고 본다. 그것은 더 높은 목적을 위한 수단이다. 또한 더 높은 목적은 그보다 더 상위의 목적과의 관계에서 보면 수단으로 작용한다. 따라서 이 목적과 수단의 관계는 상대적이다. 그러나 이 목적과 수단의 관계를 거슬러 올라가면

마침내는 그 이상 더 올라갈 수 없는 단계, 즉 그 자체를 위해 그것이 소망되는 무엇에 도달할 것이다. 이 마지막 무엇이 바로 인생의 궁극 목적으로서의 좋은 것이며, 옳은 행위란 곧 이 인생의 궁극 목적에 의해 판단된다는 것이다. 이와같이 인생의 궁극 목적은 어떤 것이 더 높은 목적의 수단으로서가 아니라 목적 그 자체로서 가지는 가치로서, 이를 '**본래적으로 좋은 것**(intrinsic good)' 혹은 '**본래적 가치**(intrinsic value)'라고 한다.

벤담(Jeremy Bentham)은 이러한 의미의 본래적으로 좋은 것을 '**즐거움**(**쾌락**, pleasure)'이라고 본다. 즉 시공(時空)을 초월해서 모든 인간이 어떤 행위를 하는 동기를 거슬러 올라가 보면 궁극적으로는 즐거움을 극대화하려는 데 있다는 것이다.

둘째, 목적론적 윤리 체계에서는 먼저 본래적인 가치(혹은 좋은 것)가 무엇인가를 밝혀내고, 이러한 본래적으로 좋은 것을 극대화해 주는 행위가 옳은 행위라고 보는 **극대화 원리**(maximizing principle)에 기초하고 있다. 벤담에 의하면 A라는 행위와 B라는 행위 중 어떤 행위가 더 옳은 행위인지는 그들 행위가 본래적으로 좋은 것을 어느 정도 극대화해 주는지의 여부에 의해 판단할 수 있다고 한다.

셋째, 목적론적 윤리설의 또 하나의 특징은 어떤 행위가 옳은지 **그른지**의 여부는 극대화의 원리를 **행위의 결과**(consequences)에 적용하는 데 있다. 만약 어떤 행위의 결과가 그러한 가치의 표준을 만족시킨다면 그 결과는 좋으며, 따라서 그 행위 또는 그러한 행위의 유형은 옳다고 본다.

요컨대, 목적론적 윤리설은 결과주의에 따라 한 행위가 옳은지 옳지 않은 지의 여부(right or wrong)는 그 행위의 결과가 무엇인지를 찾아내고, 그것이 본래적으로 좋은 것을 극대화해 주는지의 여부에 따라 알 수 있다고 본다. 따라서 목적론적 윤리설은 **결과주의**에 의거하고 있다는 점과, **극대화의 원리**에 입각하고 있다는 점을 특징으로 한다.

현대의 후생경제학(welfare economics)을 통해 정책분석에 깊이 영향을 미친 유명한 **공리주의**(utilitarianism) **원리**가 목적론적 윤리설에 입각하고 있는 가장 대표적인 원리이다.

3) 의무론적 윤리설

첫째, 목적론적 윤리설에 대비되는 또 하나의 전통적 윤리설이 의무론적 윤리설(혹은 법칙론적 윤리설)이다. 이는 목적론과는 반대 방향에서 이론을 구성해 가는 것으로서 인생의 궁극 목적이나 좋은 것에 비해 의무나 '**옳은 것**'의 **우선성**이 주장되고 있으며, 옳은 것에 위반되는 좋은 것은 무가치한 것으로 판단된다.

둘째, 이와같이 의무론적 윤리설에서는 목적론적 윤리설과는 반대로 옳은 것의 원칙이나 의무의 체계를 먼저 밝히고, 이를 판단 기준으로 하여 어떤 좋은 것이 가치 있는 좋은 것이며, 어떤 좋은 것이 무가치한 좋은 것인가를 판단한다(황경식, 1985: 13-14). 따라서 의무론적 윤리설이 대답해야 할 최초의 근본 문제는 "시대와 지역의 차이를 초월하여 언제나 어느 곳에서나 타당한 가치판단의 기준이 될 수 있는 행위의 법칙 즉, 도덕률이 무엇이냐?"라는 것이다(김태길, 1987: 24).

의무론적 윤리설에 기초한 대표적 이론이 **롤스**(J. Rawls)에 의해 제시된 '**공정으로서의 정의**(justice as fairness)' 이론이다.[3]

4) 가치론적 윤리설

첫째, 가치론적 윤리설에서는 행위에 대한 평가를 하는 데 옳은 것에 대한 판단의 기준으로서 **평가자 자신**이 가지고 있는 **선호** 내지 **가치**를 든다. 예를 들면 "왜 X는 옳은가?"라는 질문에 대해 그 근거(기준)로서 "내가 좋아하기 때문에 옳은 것이다"라고 답하는 것은 가치론에 기초한 것이다.

둘째, 가치론은 이와같이 의무나 옳은 것에 대한 **객관적**인 형식적 판단기준이나 실질적 판단 기준을 제시하지 않는다는 점에서 의무론적 윤리설이나 목적론적 윤리설과 구별된다.

5) 절차론적 윤리설

위에서 기술한 바와 같이 목적론적 윤리설이나 의무론적 윤리설에서는

---

3) 공리주의와 롤스의 공정으로서의 정의관에 대해서는 이 책 제7장과 제8장에서 자세하게 기술하고 있다.

모든 공공활동에 타당한 가치판단 기준, 즉 어떠한 공공활동을 판단할 때도 그것에 호소하는 것이 정당화될 수 있는 실질적·구체적인 가치판단 기준이 있다는 것을 전제로 한다. 다만, 양 학설은 그러한 가치판단의 기준이 가치의 두 가지 차원 -좋은 것과 옳은 것-과 어떠한 관계성을 가지고 도출되는가에 대해 견해를 달리하고 있다.

첫째, 절차론적 윤리설에서는 목적론적 윤리설에서나 의무론적 윤리설에서와 같이 모든 공공활동에 보편타당한 가치판단 기준이 있다고 보고 그 구체적 내용이 무엇인가에 대한 접근, 즉 가치판단 기준에 대한 실체적 접근을 시도하는 것이 아니고, 절차적 접근을 시도하는 것이다.

둘째, 절차론적 윤리설에서는 **가치판단 기준의 객관적 실체**를 부정한다. 그러나 그렇다고 해서 가치판단 기준의 보편성과 합당성에 대한 노력을 포기하는 것도 아니다. 다만 이들은 가치판단 기준에 대한 실체주의적 접근이 아니라 **절차주의적 접근**을 하는 것이다. 그리하여 일정한 절차적 조건 속에서 그 속에 참여하는 사람들이 논의의 과정을 통해 정립된 내용은 그것이 객관성을 갖는 합당한 가치판단 기준이 될 수 있다고 보는 것이다.

셋째, 이와같이 절차론적 윤리설에서는 보편성과 합당성을 갖는 가치판단 기준을 찾기 위한 노력을 포기하는 것은 아니라는 점에서 가치론적 윤리설에서와 같이 객관적인 가치판단 기준을 부정하는 것과는 구별된다.

3 규범윤리학과 행정학

이상에서 규범윤리학의 유형을 네 가지로 나누어 그 내용을 대략 살펴보았다. 그러나 우리가 행정철학에서 규범윤리학을 논의하는 것은 규범윤리학과 관련된 여러 가지 학설 그 자체가 목적이 아니고, 궁극적으로는 규범윤리학적 논의를 통해 행정에서의 바람직한 가치판단 기준의 윤리학적·철학적 본질을 밝히고자 하는 데 있다.

현실적으로 행정에서의 구체적 가치판단 기준을 제시하는 경우 그것은 한 마디로 '**공익**(public interest)'이라고 할 수 있다. 그리고 이러한 공익의 구체적 내용으로 제시되고 있는 것이 이른바 행정 이념으로서의 능률성(efficiency) 및 효과성(effectiveness)·민주성(democracy)·형평성(equity) 등이 있다. **행정 이념**이란 행정이 추구하고자 하는 바람직한 가치 내지 행정인이 준수해야 할 활동 규범이나 행동 기준을 의미한다. 다시 말하면 행정 이념이란 바람직한 행정을 수행하기 위한 과정에서 직면하게 되는 가치판단의 기준을 의미한다.

그렇다면 규범윤리학에서의 앞의 네 가지 학설과 행정에서의 가치판단 기준(즉, 행정 이념)과는 어떠한 관련성을 갖는가? 이에 대한 대답을 결론적으로 말하면, 규범윤리학에서의 목적론적 윤리설에서의 **공리주의**는 행정에서의 **능률성** 내지 **효과성**과 같은 가치판단 기준의 철학적 기반이 되고, 의무론적 윤리설에서의 **롤스의 정의론**은 **형평성**의 철학적 기반이 되며, **절차론적 윤리설**은 행정의 **민주성** 내지 **정치적 합리성**의 철학적 기반이 된다. 한편 **가치론적 윤리설**은 행정에서의 **행태론적 접근 방법**에서의 가치판단에 대한 관점과 맥을 같이하고 있다. 이러한 결론의 정당성에 대해서는 앞으로 논의하게 될 공리주의(제7장), 롤스의 '공정으로서의 정의'(제8장), 행정학에서의 표준과학관과 반실증주의 논쟁(제6장), 정치적 합리성과 행정의 민주성(제10장) 등의 장에서 구체적으로 밝히게 될 것이다.

제 3 절 메타윤리학과 행정철학

1 메타윤리학의 개념 및 이론 분류

1) 개 념

행정 과정에서 직면하는 가치판단의 문제에 대해 행정가나 연구자가 어떤 가치판단을 내리기 위해 가치판단의 기준을 필요로 할 때, 앞에서 논의된 규범윤리학의 도움을 받을 수 있다. 그런데 더 나아가 그러한 가치판단의 기준을 **객관적**으로 **정당화**할 수 있는 **근거**가 무엇인가라는 질문을 받게 될 경우 이에 답하는 데 도움을 줄 수 있는 분야가 지금 논의하고자 하는 메타윤리학이다.

가치판단 기준의 객관적 정당성의 근거를 구성해 주는 것은 가치를 어떻게 인식하느냐에 따라, 그리고 가치에 대해 어떻게 접근하느냐 하는 접근 방식에 따라 달라지는데, **메타윤리학**은 바로 이러한 문제를 연구 대상으로 하기 때문이다. 즉, 메타윤리학은 첫째, 가치판단의 기준을 포함한 가치의 분야가 인식이 **가능한 대상**인가 하는 문제와, 둘째 인식이 가능하다면 **어떠한 방법**으로 그것이 가능한가 하는 두 가지의 과제를 그 연구 대상으로 한다.

2) 메타윤리학의 분류

실증주의적 행태주의 관점에서는 **가치인식불가론**(value noncognitivism)이라는 메타윤리학적 인식에 따라, 가치판단이란 본질적으로 삶의 조건(life condition)에 대한 주관적인 감정적·정서적 반응에 지나지 않기 때문에, 객관적 지식의 대상이 될 수 없다고 한다. 객관적 지식으로서의 조건이 충족되기 위해서는 그 지식의 내용이 공식적인 과학적 방법에 의해 입증될 수 있어야 하는데, 가치판단 기준은 과학적 방법에 의한 입증이 불가능하

[그림 5-1] 분석윤리학설의 분류

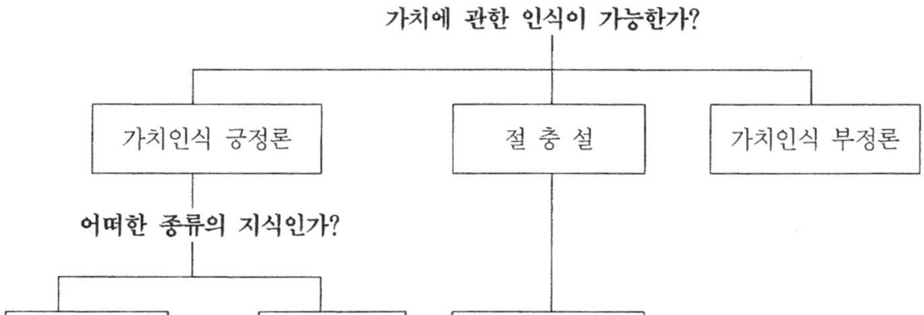

므로 과학적 연구의 대상이 될 수 없다고 보는 것이다. 따라서 **행태주의**에 의하면 규범윤리학에서 제시하는 가치판단 기준에 대해서는 그에 대한 과학적 입증이 불가능하다는 것이다.

가치판단 기준의 객관적 정당성에 대한 인식 가능성 여부에 대한 학설들 중에는 먼저 이를 긍정하는 **긍정론**(cognitivism)이 있고, 이를 부정하는 **인식부정론**(noncognitivism)이 있다. 한편, 긍정론에도 가치 인식의 근거를 어디에 두느냐에 따라 **자연주의 윤리설**(naturalistic cognitivism)과 **비자연주의 윤리설**(nonnaturalistic cognitivism)이 있고, 이들 두 가지 학설 사이에 절충적 견해로서 **일상언어학파**(ordinary language school) **윤리설**이 있다. 이와 같은 분류를 도식화하면 앞의 [그림 5-1]과 같다.

2 메타윤리학에서의 견해의 대립과 행정학적 함의

1) 가치인식 부정론과 행태주의

가치인식 부정론에 따르면 가치에 대한 연구는 과학적 연구의 대상이 될 수 없으므로 가치 연구에 인식론적 지위를 부여하려 하지 않으려는 태도로서 **논리실증주의**(logical positivism) 철학에 기초하고 있다.

논리실증주의는 참된 지식(인식)의 요건으로 '**논리적** 혹은 **경험적 검증가능성**' 기준을 제시하고 명제를 이러한 기준을 충족시키는 사실 명제와 충족이 불가능한 가치 명제로 엄격히 구분하여, 전자에 한해서만 인식론적 지위를 부여하고, 후자 즉 가치 명제는 그들이 제시하는 기준을 충족시키지 못하고 오직 발언자의 감정을 표시하거나 듣는 이의 감정을 일으키는 구실을 하는 데 지나지 않는 무의미한 명제에 지나지 않기 때문에 인식론적 지위를 부여할 수 없다는 것이다.

예를 들면, "오각형의 내각의 합은 삼각형 세 개의 내각의 합과 같다"라는 명제는 **논리적**으로 이의 내용을 검증할 수 있기 때문에 객관적으로 인식 가능한 명제이며, "지구는 달보다 크다"라는 명제는 **경험적**으로 그 명제의 내용을 검증할 수 있기 때문에 또한 객관적으로 인식이 가능한 명제라는 것이다. 그러나 "사람은 약속을 지켜야 한다"는 윤리적 명제나 "이 꽃은 아름답다"라는 미학적 명제 등은 그 명제의 진위를 논리적으로나 경험적으로 검증할 수 없기 때문에 무의미한 명제이며, 따라서 엄밀한 학문적 지식의 대상, 즉 객관적 인식의 대상이 될 수 없다는 것이다.

가치인식 부정론에 따른 논리실증주의의 분석적 방법론의 입장이 사회과학의 인식 방법으로 구체화한 것이 **행태주의**(behavioralism)이다. 행태주의는 행정학에서는 **사이먼**(Herbert A. Simon)을 중심으로 한 행정행태설의 입장으로서 행정의 과학화를 목적으로 도입되어 오늘날의 행정 연구에도 커다란 영향을 미치고 있다.

2) 자연주의 윤리설

(1) 자유주의 윤리설과 신행정론

자연주의 윤리설에 의하면, 가치판단도 인간의 심리적 과정에 대한 일종의 경험적 사실이며, 가치판단 그 자체는 이른바 경험적 사실의 위장된 표현에 지나지 않는다는 것이다. 따라서 가치판단도 사실판단과 같이 경험적으로 검증될 수 있다고 주장한다. 이들 자연주의 윤리설을 주장하는 철학자들은 가치판단적 명제들에 대해 종교적이고 형이상학적인 차원에서 이를 정당화하려고 하지 않고, 객관적인 탐구를 통해 그 정당성을 확보해 보려고 노력한다. 그렇다면 가치판단에 대한 경험적 검증은 어떻게 가능한가? 앞에 설명한 바와 같이 가치판단 자체는 **경험적 사실**의 표현에 지나지 않으므로 가치판단에서 쓰이는 윤리적·평가적 용어들을 **조작적 정의**(operational definition)를 통해 경험적으로 **검증 가능**한 사실적 용어로 바꾸어 정의될 수 있다고 보는 것이다. 그러므로 자연주의 윤리설을 '**정의주의**(定義主義, definism)'라고도 부른다.

예를 들면 "우리는 당연히……를 해야 한다"라는 당위적이고 가치판단적인 명제가 객관적으로 타당한 명제인지의 여부를 알기 위해서는 이를 "우리가……하는 것은 사회가 요구하는 바이다"라는 **경험적으로 검증 가능**한 사실판단 명제로 바꾸어 이를 객관적으로 검증해서 이 사실판단의 진위(眞僞)를 검증해 보면 알 수 있다는 것이다. 이와같이 가치판단의 객관적 타당성에 대해서는 이를 검증 가능한 사실적 용어를 사용해 사실판단으로 바꾸고 이러한 사실판단을 검증해 봄으로써 가능하다는 것이다. 이러한 논리에 입각하여 "사회는 우리가 약속을 지킬 것을 요구하고 있다"라는 사실적 명제로부터 "따라서 우리는 당연히 약속을 지켜야 한다"라는 당위적 명제(가치판단 명제)를 결론으로 이끌어 낼 수 있다는 것이다. 이와같이 사실(존재)로부터 당위를 이끌어 내고, 당위적 명제를 사실적 명제로 전환할 수 있다고 보는 입장을 자연주의 윤리설이라 한다.

가치인식 부정론이 행태주의와 관련된다면 자연주의 윤리설은 후기행태주의(post-behavioralism)와 관련된다. **후기행태주의**는 행태론에서의 가치인식 부정론에 대한 불만과 지식의 **사회적 적실성**(social relevance)에 대한 새로운 관심과 함께 대두되었다. 후기행태주의는 행태주의의 가치인식 부정론에 반대하고, 가치의 문제도 과학적 방법을 통한 경험적 실증이 가능하다고 본다. 따라서 후기행태주의는 그 인식론적 뿌리를 자연주의 윤리설에 두고 있음을 알 수 있다.

후기행태주의는 사실판단과 가치판단의 **방법론적 동일성**을 주장한다. 가치판단의 진위 파악은 이를 과학적 방법론과는 다른 방법론을 통해서가 아닌 바로 과학적 방법론을 통해 할 수 있다는 것이다. 따라서 후기행태주의는 가치의 경험적 실증과 과학적 인식의 기초를 사회과학에 제공했다(Graham & Carey, 1972 참조).

행정학에서의 **신행정론**(new public administration) 역시 사회과학 분야에서 1960년대 이후 제기되어 온 실증주의 및 행태주의에 대한 반발로서 나타난 것이며, 따라서 정치학에서의 후기행태주의의 직접적인 영향을 받았다. 후기행태론이나 신행정론에서 공히 관심을 보인 주요 내용 중의 하나가 사회적 적실성 지향이었다. **사회적 적실성 지향**의 의미는 행정학이 시대 상황에 적합해야 하고(relevance to times), 현실 사회 문제에 관심을 가지고 문제를 해결할 수 있어야 하며(relevance to problem), 학계와 실무계 간의 갭(gap)을 없애고 실무가들이 활용하는 데 적합해야 한다(relevance to practitioners)는 것이다(Marini, 1971: 348-349). 행정학이 사회적 적합성을 갖기 위해 가장 중요한 과제는 **사회적 가치관**의 파악이며,

신행정론이나 후기행태론에서는 이와 같은 사회적 가치의 파악이 과학적 방법으로 가능하다고 보고 있다. 후기행태론의 이와 같은 특성 때문에 프레데릭슨(H. George Frederickson)은 후기행태론을 '**제2세대의 행태주의**(second generational behavioralism)'라고 부른다(Frederickson, 1971: 315).

(2) **자연주의 윤리설에 대한 비판(자연주의적 오류)**

자연주의 윤리설에 대한 비판은 자연주의 윤리설의 기본적 사고, 즉 존재(is)로부터 당위(ought)를 이끌어 낼 수 있다고 주장하고 있는 점에 있으며, 이러한 비판은 주로 비자연주의자들에 의해 제기되고 있다. 이들에 의한 비판 중 가장 두드러진 비판이 **무어**(George E. Moore)에 의해 제기된 '**자연주의적 오류**(naturalistic fallacy)' 논리이다.[4)]

자연주의적 오류란 자연주의자들이 주장하고 있는 바, 당위를 존재로부터 도출해 낼 수 있다는 관점이 갖는 오류를 말한다. 당위를 존재로부터 도출해 낼 수 있다는 주장, 다시 말하면 결론이 가치판단이고 전제가 모두 사실판단인 연역적 논의는 어떠한 것이든 모두 자연주의적 오류를 내포하고 있기 때문에 타당하지 않다는 논리이다. 결국 어떠한 규범적 진술도 경험적 진술만으로는 연역될 수 없다는 것이다.

예를 들면, "어린이들은 자기 부모의 사랑을 필요로 한다"는 사실판단(존재)으로부터 "그러므로 부모는 자기 자식들을 사랑해야 한다"는 당위적 결론이 추출되지 않는다는 것이다. 왜냐하면 자식들은 자기들의 부모의 사랑을 필요로 하지만 부모는 자식들을 사랑하지 않아야 한다고 말하는 것이 아무런 **논리적 모순**도 범하지 않기 때문이다. 따라서 위의 논의가 타당하기 위해서는 "사랑받는 것은 좋다" 또는 "어린이의 필요는 만족되어야 한다"는 등의 다른 또 하나의 규범적 전제가 있어야 한다. 이는 "전제에 없는 것을 결론 속에 끌어들일 수 없다"는 일반 논리학의 원칙에 의해 정당화된다. 따라서 위의 예는 다음과 같이 나타낼 수 있다.

---

4) 무어의 자연주의적 오류에 대해서는 Moore(1903: 10, 13-14, 18-20, 38-39, 48, 57, 58, 61, 64, 66-67, 69, 72-73, 104, 108, 114, 118, 124, 125, 139, 173, 176, 201) 참조.

(전제): 어린이가 사랑을 받는 것은 좋다.
(사실판단): 어린이들은 자기 부모의 사랑을 필요로 한다.
(결론): 그러므로 부모는 자기 자식들을 사랑해야 한다.

결국 가치판단(결론)은 사실판단만으로 도출되는 것이 아니고, 사실판단과 다른 가치판단(즉, 전제에 해당하는 규범적 판단)을 합한 것에서 도출된다. 즉 '당위'가 '존재'로부터가 아닌 다른 '당위' 또는 '옳은 것'으로부터 도출되는 것이다.

이와 같은 자연주의적 오류가 함의하고 있는 것은 우선 사실에 관한 **과학적 지식**만 가지고는 우리의 **가치문제**를 해결할 수 없다는 점이다. 비록 인간의 동기 유발과 성격을 다루는 심리학이 인간 행위의 원인과 결과에 대해 아주 완벽한 설명을 하게 되는 단계에까지 발전한다고 하더라도 우리는 여전히 심리학적 지식으로부터 "인간에게 진정으로 옳은 삶은 무엇인가?", "인간은 어떻게 살아야 하는가?" 등에 대한 대답을 도출해 낼 수가 없다. 즉, 아무리 많은 과학적 지식이 축적되어도 이것만으로는 일련의 가치판단을 정당화하기에 충분하지 않다는 점이다. 따라서 어떠한 이상을 추구해야 하는지 또는 인간 행위에 올바르게 적용되는 표준이나 규칙이 무엇인지를 발견하기 위해서는 과학이 우리에게 줄 수 있는 사실적인 지식을 넘어설 필요가 있다는 점을 시사해 준다. 그러므로 **후기행태론**이나 **신행정론**에서와 같이 사회적 가치관을 객관적 가치사실로 보고 이를 과학적 방법을 통해 파악할 수 있다고 할지라도, 그것이 **가치판단 기준**으로 정당화될 수 없다는 것을 알 수 있다.

3) 비자연주의 윤리설

(1) 비자연주의 윤리설의 내용

비자연주의 윤리설은 가치판단을 포함한 윤리 지식의 가능성을 인정하면서도, 그 지식의 본질을 과학적 지식이 아닌 다른 근거 위에서 주장하고 있다는 점에서 자연주의 윤리설과 구별된다. 비자연주의자의 견해에 의하면, 가치판단이란 사람들의 태도에 대한 사실적인 명제를 전제로 삼고 **간**

접적으로 추리해 낼 것이 아니고, 정상적인 인간에게 부여되어 있는 선천적 능력인 **직관**(intuition)의 존재를 동원하여 **직접적**으로 파악해야 하며 또 그렇게 할 수 있다고 주장한다. 이러한 점에서 비자연주의 윤리설을 '**직관적 윤리설**'이라고도 한다.

비자연주의자에 의하면 어떻게 가치판단이 참인지 거짓인지를 아는가? 이들 주장에 따르면, 객관적 가치 속성의 유무는 경험적인 검증에 의해 결정될 수 없으므로 그러한 지식은 감각적 경험에 의거하지 않는다. 그렇다면 그러한 지식은 어떻게 알 수 있는가? 이에 대한 대답으로 비자연주의자들은 전술한 바와 같이 **직관**과 **자명성**(自明性)에 의해서라고 대답한다. 직관은 어떤 것 속에 있는 객관적 가치 속성을 직접적으로 파악하거나 또는 인지한다(Moore, 1903: 239).

직관은 그러나 **본능**과는 구별되는 개념이다. 직관은 인간이 가지고 태어난 본유적인 능력이나 학습을 받지 않은 상태에서 나타나는 반응이 아니다. 사물 속에 있는 객관적 가치 속성을 즉각적으로 인지하는 능력을 계발하는 데는 많은 교육과 삶의 경험이 요구될 수 있다. 직관적 능력은 이와같이 어느 정도의 교육과 경험을 전제로 한다는 점에서 단순히 본능과는 구별된다.

직관은 마치 우리의 감각 경험이 감각기관을 통해 대상을 직접적으로 경험하듯이, 어떤 것의 시비선악(是非善惡)에 대한 가치판단도 직관을 통해 알 수 있다는 것이다. 예를 들면, "우리는 약속을 어기는 것이 그릇되다"라는 가치판단은 직관에 의해 즉각적으로 파악할 수 있다는 것이다.

그렇다면 우리는 어떻게 객관적 가치 속성이 있음을 아는가? 이에 대한 비자연주의자의 대답은 어떤 가치판단의 진리—특히 근본적인 도덕판단—는 **자명**(self-evident)하다는 것이다. 따라서 어떤 증거를 필요로 하거나 추론의 방법을 사용할 필요가 없다는 것이다(Moore, 1903: 240).

비자연주의 윤리설과 같은 직관주의적 사고는 응용 사회과학과 정책분석에 중대한 영향을 미치게 되었다. 즉 정책분석에서 지금까지 과학적 사고체계 속에서 적대시되어 왔던 직관론에 의거해서 보편타당한 가치판단 기준을 탐색하려는 일단의 학자들이 나타나게 되었다. 정책결정 이론모형과 관련하여 **드로**(Yehezkel Dror)의 경우 최적모형(optimal model)을 제시하면서 그의 모형이 **초합리 모형**(extra-rational model)과 경제적 합리모형(economic rational model)의 융합임을 밝히고 있는데, 그가 말하는 초합리성은 직관·통찰력 등 인간 의식의 저변에 있는 반무의식적(sub-conscious) 요소를 의미한다(Dror, 1968: 154-162).

(2) 비자연주의 윤리설에 대한 평가

비자연주의 또는 직관주의는 사람이 어떤 행동이 객관적으로 옳은 행동인가 그른 행동인가를 구별하는 직관을 가진다고 주장하거나, 가치판단의 진리는 자명하기 때문에 아무런 증거를 필요로 하지 않는다고 주장한다. 그러나 이러한 사고 속에는 다음과 같은 기본적인 난점이 있다.

첫째, 어느 시대 어느 지역에서나 타당한 절대적인 도덕 법칙이 있는가 하는 점이다. 왜냐하면 다른 문화적 배경을 가진 사람들은 상반되는 직관을 가질 수 있기 때문이다. 어떤 비자연주의자들에게는 자명한 진리인 판단은 다른 비자연주의자들에게는 자명하게 거짓일 수 있다. 직관되었거나 자명한 판단 중의 하나가 참이라는 것이 증명될 수 없다면 도덕적 지식을 가졌다고 하는 주장은 올바를 수 없다. 그러나 만일 어떤 방법이 도덕판단 중의 하나가 참임을 증명하는 데 사용된다면, 이러한 방법은 지식 획득의 궁극적 방법이지 직관이나 자명성의 방법은 아닐 것이다.

둘째, 직관론적 윤리설이 해결해야 할 또 하나의 난점은 의지의 자유에 관한 그것이다. 만약 절대적인 도덕의 법칙이 있어서 그것을 지키는 것이 우리의 신성한 의무라면, 그 법칙이 명령하는 대로 실천할 수 있는 의지의 자유가 우리에게 보장되어 있어야 할 것이다. 그러나 인간이 자유 의지를 갖는지 인간의 의지가 인과율의 지배를 받는지의 문제는 여전히 논쟁의 대상이 되고 있다.

4) 일상언어학파 윤리설

(1) 일상언어학파 윤리설의 공통적 특징

일상언어학파는 제2차 세계대전 이후 영국의 분석철학자들에 의해 제창된 학파로서 이들은 우리가 일상생활에서 사용하는 언어를 분석 대상으로 하여, 언어가 일상적인 맥락 가운데서 발휘하는 **논리적 기능**을 음미하여, 그 논리를 세밀히 분석하려는 데 목적을 두고 있다. 일상언어학파의 윤리설을 주창하는 학자들 사이에서도 상호간에 다소 견해의 대립이 있음을 부인할 수 없으나, 이들 사이에 공통된 경향은 다음과 같다(김태길, 1987: 267-269).

첫째, 일상언어의 철학자들은 가치판단과 같은 **평가적 진술**과 어떤 존재하는 사실을 기술하는 **서술적 진술**은 그 **논리적 성질**이 다르다는 것을 강조한다. 이들은 가치판단과 같은 진술에 대해서는 사실에 대한 진술에서와 같이 그것이 진실인지 거짓인지(true or false)를 판별할 수 있는 **객관적 타당성**을 갖는 엄밀한 의미의 **증명**이 있을 수는 없다는 것을 인정한다. 그러나 그렇다고 해서 가치판단과 같은 진술이 인식론적 견지에서 인식이 불가능한 무의미한 것이라는 논리실증주의의 견해에는 찬성하지 않는다. 이들은 가치판단과 같은 진술에 대해서도 그것이 옳은 진술인지의 여부를 판별할 수 있는 나름의 타당성을 갖는 **독특한 추론 형식**이 있다고 본다. 즉, 가치판단과 같은 평가적 진술에도 인식적 요소가 있음을 인정하려 한다. 이러한 점에서 일상언어학파의 견해는 절충적 입장에 있다고 할 수 있다.

둘째, 일상언어 철학자들은 가치판단과 같은 평가적 발언을 정당화하기 위해 제시되는 '**이유**(reason)'를 중시한다. 가령 "남의 편지를 뜯어 보아서는 안 된다"고 평가적 발언을 하는 사람에게 "어째서 그러냐?"고 물으면 "서신의 비밀이 보장되지 않을 때 사회는 불안스럽기 때문이다"라는 이유를 들어 대답할 수 있다. 이 대답은 사실판단이다. 이 사실판단을 전제로 할 때 "남의 편지를 뜯어 보아서는 안 된다"는 가치판단이 결론으로 도출되지는 않는다. 그 이유는 앞서 설명한 바와 같이 존재로부터 당위를 도출해 낼 경우 자연주의적 오류를 범하기 때문이다. 그러나 이 전제와 결론 사이에는 비록 논리적 필연성의 관계는 없다고 할지라도, 일종의 **적실성 관계**가 있다고 그들은 주장한다.

셋째, 이와같이 가치판단과 그것을 지지하기 위해 제시되는 이유로서의 사실판단 사이에는 **논리적 필연성의 관계**를 인정하지 않는다는 점에서 일상언어학파 윤리학은 가치인식 불가론의 영역에 속한다. 그러나 두 가지 발언 사이에 일종의 적실성 관계를 인정하려고 하고 있다는 점에서는 가치인식 불가론과 견해를 달리한다.

(2) 실천적 담론이론

가치판단에 대한 정당한 '이유' 제시를 기초로 하여 가치판단에 대한 타당성을 확보하려는 학설 중의 하나가 '실천적 담론이론(practical discourse theory)'이다. 실천적 담론이론가들은 대화의 유형을 실천성을 목적으로 하는 **실천적 담론**과, 이론적·과학적 진술을 내용으로 하는 **이론적·과학적 담론**으로 나누어 논의를 전개한다. 예를 들면, 어떠한 사회문제를 어떻게 해결할 것인가와 관련된 대화는 실천적 담론인데 반해, A라는 바이러스가 독감을 유발시킨다는 주장의 진위와 관련된 대화는 이론적·과학적 담론에 속한다. 이와 같은 **이론적·과학적 담론**은 사실에 기초한 담론으로서, 그 목적이 진술 내용의 **진위(眞僞)를 과학적으로 검증**하는 데 있는데 반해, 실천적 담론은 당위적 진술을 내용으로 하는 담론으로서 이의 일차적 목적이 제안하거나 충고하거나 훈계하거나 항거하는 데 있다. 실천적 담론에 참여한 사람들은 실천적 과제와 관련된 나름대로의 가치판단 기준을 이유로 제시하면서 자기들의 주장을 관철시키려 할 것이다.

실천적 담론이론가들은 이와 같은 성격의 실천적 담론에서 이용되는 **독특한 논리나 규칙의 발견**을 통해 가치판단과 같은 실천적 담론에 대한 합리적이고 타당성 있는 근거를 제시하려고 한다. 이들 실천적 담론이론가들은 과학적 담론에서 어떠한 진술의 진위 여부를 밝히기 위해 **연역적·귀납적 논리**와 같은 추론 형식을 이용하듯이,[5] 실천적 담론에도 과학적 담론에서 이용되는 연역·귀납과 같은 추론 형식과는 다른 어떤 설득적 힘을 가진 실천적 대화 나름의 **독특한 추론 형식**, 즉 어떤 **규칙**이나 **절차**가 지배한다고 본다.

따라서 이들은 정치·행정 등의 영역에서 행해지는 실천적 담론에서의 규범적 논의에서 나타나는 담론 구조에 대한 분석을 통해 담론에 참여하는 사람들이 어떻게 합리적 판단을 내리는가를 분석하여, 그와 같은 실천적

---

5) 연역적·귀납적 논리에 대해서는 이 책의 제6장 제1절에서 자세히 설명되어 있다.

담론에서 나타나는 독특한 규칙이나 절차 논리를 발견해 내려고 하는 것이다.

이러한 실천적 담론에 작용하는 규칙이나 절차 논리가 발견되면 이를 기준으로 하여 실천적 담론에서 담론에 참여하는 사람들이 나름대로 제시하는 가치판단을 정당화하기 위해 제시하는 이유들 가운데 어떤 이유가 **적실성이 있는 이유**에 속하며, 어떤 이유가 **적실성이 없는 이유**에 속하는가를 구별할 수 있다고 믿는다.

지금까지의 일상언어학파의 특징과 실천적 담론이론가들의 견해를 살펴볼 때 이 메타윤리적 이론은 결국 앞에서 설명한 **규범윤리학**에서의 **절차론적 윤리설**의 인식론적 근거가 됨을 알 수 있다. 한편, 실천적 담론에서 작용하는 규칙이나 절차에 대한 탐색은 많은 이론적 견해로부터 수행되어 왔으나 이 책 제9장 제3절에서는 그 중 대표적인 이론으로 인정되고 있는 '**훌륭한 이유 이론**(good reasons approach)'에 의한 접근 방법을 중심으로 논의될 것이다.

5) 규범윤리학과 분석윤리학과의 구체적 관련성

공공활동에 타당한 가치판단 기준에 관한 **규범윤리학의 유형**－목적론적 윤리설, 의무론적 윤리설, 가치론적 윤리설 및 절차론적 윤리설－과 가치판단 기준의 객관적 정당성의 근거를 밝히려는 **분석윤리학의 유형**－가치인식 부정론, 자연주의 윤리설, 비자연주의 윤리설 및 일상언어학파 윤리설－과의 상호 관계는 다음과 같이 설명할 수 있다.

첫째, 규범윤리학에서의 **목적론적 윤리설**은 본래적 가치(즉 가치사실)를 발견해서 이를 극대화해 주는 행위가 옳다는 견해인 바, 이는 사실로부터 당위를 도출해 낼 수 있다고 주장하는 분석윤리학에서의 **자연주의 윤리설**에 근거하고 있음을 알 수 있다.

둘째, 규범윤리학에서의 **의무론적 윤리설**은 본래적 가치라는 가치사실을 기초로 하여 간접적으로 옳음을 도출해내지 않고 직관 등의 방식을 동원하여 직접적으로 옳은 것의 원칙이나 의무의 체계를 먼저 밝히려고 하는 바, 이는 분석윤리학에서의 **비자연주의 윤리설**에 근거하고 있음을 알 수 있다.

비자연주의 윤리설은 가치판단을 사실적인 명제를 기초로 삼고 이를 통해 간접적으로 추리해 내지 않고 정상적인 인간에게 부여되어 있는 선천적 능력인 직관(intuition) 등의 존재를 동원하여 직접적으로 파악해야 하며 또 그렇게 할 수 있다고 주장하고 있기 때문이다.

셋째, 규범윤리학에서의 **가치론적 윤리설**은 가치판단의 객관적 기준을 제시하지 않고 평가자 자신이 가지고 있는 주관적인 선호 내지 가치를 가치판단의 기준으로 제시한다. 따라서 이는 분석윤리학에서 가치는 주관성을 가지므로 객관적·과학적 연구의 대상이 될 수 없다고 하는 **가치인식 부정론**과 관련된다.

넷째, 규범윤리학에서의 **절차론적 윤리설**은 일정한 절차적 조건 속에서 그 속에 참여하는 사람들이 논의의 과정을 통해 정립된 내용에 대해 가치판단의 객관적 타당성을 부여하려 한다. 한편, 분석윤리학에서의 **일상언어학파 윤리설** 및 이에 기초하고 있는 실천적 담론이론가들은 실천적 담론과정에서 작용하는 규칙이나 절차를 탐색하려 한다. 따라서 일상언어학파 윤리설은 규범윤리학에서의 절차론적 윤리설의 인식론적 근거가 됨을 알 수 있다.

〈표 5-1〉 규범윤리학과 분석윤리학과의 관계 및 행정철학과의 관계

규범윤리학	분석윤리학	행정철학과의 관계(이 책의 내용)
목적론적 윤리설	자연주의 윤리설	벤담의 공리주의(제7장)
의무론적 윤리설	비자연주의 윤리설	롤스의 정의론(제8장)
가치론적 윤리설	가치인식 부정론	행태주의, 논리실증주의(제6장)
절차론적 윤리설	일상언어학파 윤리설	정치적 합리성(제10장)

제 4 절 가치의 유형

1 주관적 차원의 가치와 객관적 차원의 가치

가치에는 주관적 차원에서 정의되는 가치와 객관적 차원에서 정의되는 가치가 있다. 어떤 것이 가치 있는 것으로서 평가되고 있다는 것은, 그것이 좋은 것이라든가, 바람직한 것이라든가, 중요한 것이라든가, 존경 혹은 칭찬을 받는 것으로 생각된다고 하는 것이다. 그런데 주관적 차원에서 정의되는 가치란 평가하는 사람의 입장에서 그것에 대해 행해지는 가치판단이다. 그러나 그러한 가치판단은 다른 사람들 사이에서나, 또한 동일한 사람의 내부에서도 갈등을 야기할 수가 있다. 예를 들면, 어떤 사람은 깨끗한 공기를 높이 평가하고 공기를 오염시키는 자동차 도로를 바람직하지 않다고 생각하는 반면, 또 다른 어떤 사람은 깨끗한 공기를 그렇게 높이 평가하지 않고 자동차 도로를 바람직하다고 생각할 수도 있기 때문이다.

한편, 객관적 차원의 가치란 좀더 절대적인 척도로서 가치를 생각하는 것이다. 즉 사람들이 그것을 소망하고 있는가의 여부와는 관계없이 어떤 것은 정당한 것으로서 지지되어야 할 것이라고 하거나, 어떤 것은 본래적으로 옳지 않은 것으로서 지지되어서는 아니 된다고 하는 것이다. 예를 들면, 대기를 깨끗이 하는 것은 객관적으로 바람직한 가치이며, 마약을 복용하는 것은 본래적으로 옳지 않은 것이다. 따라서 정부는 자동차 이용자에게 자동차의 배기가스를 배출하지 말도록 규제하기도 하고, 또한 마약을 원하는 많은 사람이 있어 생산자나 거래업자가 시장을 통해 각자 만족하도록 하게 할 수 있는데도 불구하고 정부는 이를 옳지 않은 것으로 판단하여 금지하고, 위반자에 대해 벌금을 부과하는 것이다.

2 카플란의 가치 유형

카플란(A. Kaplan)은 가치 문제가 논의되거나 제기될 수 있는 몇 가지의 상황 맥락을 개인적 맥락(personal context), 표준적 맥락(standard context), 이상적 맥락(ideal context)으로 나누어 설명하고 있다(Kaplan, 1964: 387-389).

개인적 맥락에서의 가치는 특정 정책 문제에 대한 해결을 지지하거나 찬성하는 경우와 같이 개인의 입장·선호·욕구 등을 통해 가치를 파악하는 것이다. **표준적 맥락에서의 가치**는 어떤 특정 집단이 어떤 가치를 가지고 있다는 방식으로 표현되는 경우와 같이, 가치를 기준이 되는 상황·맥락과 관련시켜서 파악한다. 예를 들면, 표준적 맥락에서의 가치 진술은 "흑백인 혼용 통학버스 제도(school busing)는 중류층 시민들의 눈에는 나쁜 정책으로 비친다"와 같은 식으로 표현된다.

한편, **이상적 맥락에서의 가치**는 가치판단의 기준으로서의 가치로서 개인적 선호나 특정 집단의 가치를 초월한 가치를 의미한다. 가치판단을 하기 위해서는 어떤 가치판단의 기준을 필요로 하는데, 이러한 기준은 개인적 선호나 대표적 집단의 가치관을 초월한 기준이다. 예를 들면 "흑백 혼용 통학버스 제도는 그것이 **사회적 형평성**을 증진시키기 때문에 좋은 정책이다"라고 말하는 경우 사회적 형평성과 같은 기준이다. 행정의 기본적 가치는 주로 이러한 이상적 맥락에서 고찰되는 것으로서 앞서 기술한 객관적 가치와 동일한 성격의 가치에 속한다.

3 호지킨슨의 가치 유형

호지킨슨(Christopher Hodgkinson)은 다양한 가치 간의 혼란을 방지하고 우리들로 하여금 가치를 분류할 수 있게 해 주고, 결과적으로 가치갈등의 해소를 위한 어떤 근거를 마련해 주기 위해, 가치 개념의 분석 모형을 제시하고 있다. 우선 그가 제시한 모형은 [그림 5-2]와 같다(Hodgkinson, 1987: 111).

가치는 '옳은 것(right)'과 '좋은 것(good)'의 두 가지를 기본적 요소로 하고 있는데, 이 두 구별은 'desirable'(바람직한 것)과 'desired'(바라는 것)의 차이와 같고, 의무론(deontological)과 가치론(axiological) 사이의 구별로도 볼 수 있다. 즉 right－desirable－deontological 간의 연계가 옳은 것과 관련된다면, good－desired－axiological 간의 연계는 좋은 것과 관련되는 것으로 볼 수 있다.

좋은 것은 좋아하는 것, 유쾌한 것 등 마음에 드는 것 또는 선호를 의미하는 것으로서 천성적 · 쾌락적 성격을 띤다. 좋은 것에 대한 생각은 충동이나 또는 직접적 내관으로부터 자동적으로 나오고, 우리가 다른 동물과 공통으로 가지고 있는 일종의 가치 경험이다. 이것은 타고난 것이거나, 생화학적 · 유전적인 요인에 의하거나 또는 학습되거나 계획에 의해 조건지어지기도 한다.

[그림 5-2] 가치 개념의 분석적 모형

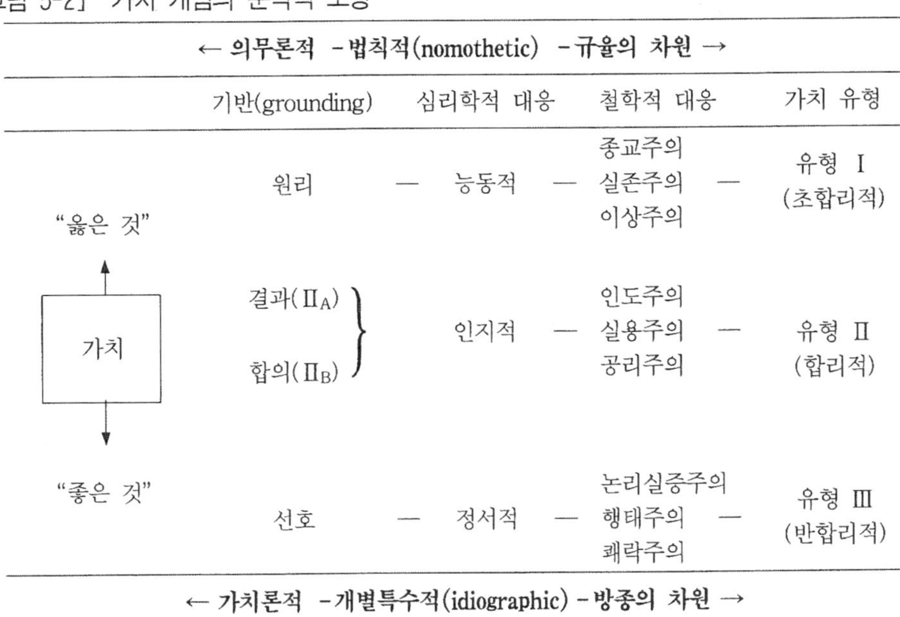

한편 옳은 것의 차원은 정당한 것·의무적인 것·당위적인 것과 관련된 차원으로서 이를 수행하는 데에는 고통을 야기하기도 한다. 따라서 좋은 것의 차원과는 논리적으로 다르다. 그렇다면 이러한 요구들은 어떻게 정당화되는 것인가? 어떤 근거로 우리는 우리의 정서적·감정적 욕구와 충동을 억제하고 이러한 요구에 따르게 되는가? 이것은 행정가와 철학자 양자에게 기본적인 가치상의 문제이다. 어떻게 우리는 주어진 상황에서 바람직한 것으로 주어진 가치 개념들을 확인하고, 정당화하며 결정하고, 그 개념들 간의 순위를 매길 것인가를 [그림 5-2]는 설명해 주고 있다.

이 그림에서는 가치판단을 하기 위한 몇 가지 판단 기준을 제시하고 있다. II_A와 II_B를 하나의 가치 유형인 '유형 II'의 하위 유형으로 인정하면, 이 그림은 우리에게 세 가지의 특징적인 가치판단 유형을 제시해 준다.

1) 가치 유형 III

가치판단의 근거를 개인의 정적(情的)인 것에 두고 있다. 따라서 **자기 판단적**(self-justifying)이다. 예를 들면 'X는 좋다'라는 가치판단을 놓고 '왜 X는 좋은가?'라는 가치판단의 근거를 묻는 질문에 대해 '내가 좋아하기 때문이다'라고 대답하거나, '왜 나는 그것을 좋아하는가?'에 대해 '내가 좋아하기 때문에 나는 그것을 좋아한다'와 같은 식의 판단이다. '유형 III'의 가치는 원초적인 것이며 쾌락주의적인 측면도 있다.

심리적으로는 정의적(情意的) 구조(emotional structure)에 근거하고 있어서 감정적이고 개별(특수)적이며 직접적이다. 이들 가치들은 기본적으로 비사회적(a-social)이고 쾌락적이다.

철학적 지향성에서는 **논리실증주의**와 **행태주의**와 관련되며, 극단적으로는 모든 가치는 정의적 선호(emotive preference)를 단순히 표현한 것에 지나지 않는다고 주장한다. 예를 들면 '살인은 잘못이다', '죽여서는 안 된다'라고 주장하는 것은 단지 '살인 우!'라고 하는 것이나 혹은 '나는 죽이는 것을 좋아하지 않는다'라고 하는 것과 같은 말이다.

이는 규범윤리학에서의 **가치론적 윤리설**(axiological ethics)과 관련되는 가치이다. 따라서 이는 결과라는 외재적 가치에 중점을 두는 목적론적 윤리설과는 달리, 내재적 가치를 중시하며 정치·경제·법률·과학·종교·예술 등의 영역에서 평가자 개인의 입장에서 이익이 되는 것이라면 그것은 가치 있는 것이라고 본다(Nagel, 1983: 846).

2) 가치 유형 Ⅱ

가치판단의 근거를 **합의**($\mathrm{II_B}$)에 두거나 **결과**($\mathrm{II_A}$)에 둔다. 전자는 주어진 집단(어떤 주어진 상황에 관련된 집단) 내에서의 대다수의 의지와 일치하기 때문에 어떤 한 가치가 '옳다'고 생각되는 경우이다. 이는 합의에 근거를 둔 것으로서 '유형 $\mathrm{II_B}$'의 가치를 만들어 낸다. 이 경우 가치판단의 근거는 집단적 판단에 의존하기 때문에 사회적(social)이다. 한편 후자, 즉 가치판단의 근거를 결과에 두는 경우는 제반 결과에 대한 합리적인 분석에 의해 장래의 결과적인 상태가 바람직하다고 생각될 경우이다.

여기에서 명심해 둘 것은 '유형$\mathrm{II_A}$'의 가치가 바람직한 상태(desirability)라는 미래를 계획하는 한 그 계획된 바람직한 상태가 어떠한 근거(ground)에 의해 바람직한가 하는 근거의 문제가 제기된다는 점이다. 그러한 근거는 '유형 Ⅰ'에 의해 판단되거나 '유형 $\mathrm{II_B}$'를 근거로 판단될 수도 있고, 경우에 따라서는 논리실증주의자들이 주장하는 바와 같이 '유형 Ⅲ'을 근거로 판단될 수도 있다.

심리적으로는 인간의 이성과 추리 능력에 기초하는 것으로서 인간의 이성이나 인지 능력 들을 중시한다. 따라서 합리적이다. 만일 이성적 추론(reasoning)이 개인의 쾌락적 만족을 극대화하려는 목적을 위한 방편으로 순전히 '유리한 경우의 계산(figure the odds)'만을 위해 이용된다면 이것은 $\mathrm{II_A}$가 아니고 오히려 '유형 Ⅲ'의 가치행동이 될 것이다.

철학적으로는 인도주의, 공리주의, 실용주의 등의 관점과 부합되는 가치이다. 규범윤리학적 측면에서 보면 **목적론적 윤리설**과 관련되며, 따라서 **공리주의 철학**과 관련된다.

3) 가치 유형 Ⅰ

가치판단의 근거를 초합리적·형이상학적 성격을 띤 **원리**(principle)에 둔다. '유형 I'의 가치 기반은 형이상학적인 것으로서 별다른 설명 없이도 우리는 그것을 시인할 수 있다. 이러한 원리는 칸트(Immanuel Kant)의 '범주적 명령'이나 모세의 '살인하지 말라'와 같은 윤리강령 · 명령 · 계율 등의 형태를 취하나, 이들 원리는 그것이 가정된 도덕적 통찰로부터 나오든 요구된 종교적 계시로부터 나오든 간에 그 공통적인 특징은 과학적 기술로는 검증될 수 없고, 단순한 논리적 주장으로도 정당화 될 수 없다는 점이다. '유형 I'의 가치는 좀더 상대적 성격을 가진 '유형 II'의 가치와 완전히 상대적인 '유형 III'의 가치와 구별되는 **절대성**을 가지고 있다. '유형 I'의 가치는 그 특성이 이들 가치가 이성적 추리 능력보다 의지에 근거를 두고 있다는 것이다. 따라서 **초합리적**이다.

심리적 측면에서는 **능동적**(conative)적 성격이 강하다. 따라서 신념이나 헌신에 근거한 충성 · 양심 · 책임감에 기초한 행동과 관련된다. 이러한 행동은 단지 개인적 가치 기반 위에서만 행해질 수 있으며, 따라서 어떤 의미에서 볼 때 '유형 I'의 가치는 비록 규범적으로 뒷받침되고 있긴 하지만 고도로 **개별적**이고 **특수적**이다. 예를 들면, 발레단은 예술적 가치를 찬양하고, 군대조직은 애국심이라는 가치를 높이 사며, 축구팀은 승리를 위해 헌신한다. 이들 각 경우에 개별적인 성격을 가진 '유형 I'의 가치는 땀 흘리는 무용수, 피 흘리는 군인, 멍이 든 선수에 의해 채택되는 가치이다. 철학적 측면에서는 '유형 I'의 가치는 형이상학적, **초합리적** 기반을 가지고 있다. 이 유형의 가치는 흔히 종교적인 체제 속에서 성문화되어 나타나지만, 공산주의나 불교의 어떤 형태에서처럼 아주 무신론적(atheistic)인 것이 될 수도 있다. 또한 이들 가치들은 불합리하거나 비합리적일 수도 있다. 예를 들면, 나치 당원들이 그들 나름대로의 신념이나 헌신적인 충성에 기초해서 숲 속에서 피의 맹세를 했던 것과 같은 것이 그것이다. 이와같이 '유형 I'의 가치는 종교 체제, 실존주의 혹은 직관 등과 불가분의 관계에 있다.

규범윤리학적으로는 **의무론적 윤리설**에서 중시하는 가치 유형과 관련되며, 특히 행정 분야에서는 정부의 정직성 · 책임성이나 절차의 공정성을 논의하는 데 직접적으로 관련되는 가치 유형으로 인식되고 있다.

제 6장 행정학에서의 표준과학관과 반실증주의 논쟁

오늘날 우리는 갈릴레이와 뉴턴에 의해 확립된 과학적·기계적 세계관 속에서 살고 있다. 이들에 의해 정립된 과학적·기계적 세계관에 의하면, 우주는 규칙성·정확성을 가지고 움직이는 거대한 기계와 같은 것으로서, 과학자의 임무는 이러한 질서 정연한 우주 현상 속에 존재하는 인과 법칙을 발견해 내는 것이라고 본다. '**과학**(science)'이란 그와 같은 **자연 현상**의 세계에서 존재하고 일어나는 객관적 대상들, 과정들 및 관계들을 정확하게 기술하고 설명하며 예측하는 일에 관심을 두는 지적 활동이라고 보는 것이다(김경동, 1982: 153).

한편, 사회과학에서의 과학적 접근 방법은 근대 과학적 세계관에 의해 정립된 과학적 방법론이 자연 현상뿐 아니라, 인간과 사회 현상의 설명에도 적용될 수 있다는 이른바 '**방법론적 자연주의**(methodological naturalism)'에 따른 것으로, 이는 피어슨(K. Pearson)이 갈파한 바 "제반 과학의 통일성은 그 방법에 있는 것이지, 그것이 다루는 대상에 있는 것이 아니다"(Pearson, 1951: 16)라는 말 속에서 단적으로 표현되고 있다. 다시 말하면, 과학적 접근 방법의 적용은 그 대상이 자연 현상인가 사회 현상인가의 문제가 아니라, 어떠한 방법론을 적용할 것인가에 관심의 초점이 있다는 견해이다. 이러한 견해를 '**표준과학관**(the standard view of science)'이라 칭한다.

이와같이 표준과학관에 따라 사회 현상의 연구에도 자연과학적 방법론을 적용하여, 사회 현상 속에 존재하는 법칙성을 발견하고, 이를 통해 사회 현상을 설명하고 예측해야 한다고 주장하는 견해를 '**주류 사회과학 방법론**(main-stream social science methodology)'이라고 부른다.

갈릴레이-뉴턴적 견해는 인간이 자연 현상에 불과하고, 따라서 인간 정신의 산물인 사회적·역사적 현상도 자연 현상과 같이 불변의 법칙이 지배하기 때문에, 자연 현상의 연구에 적용되는 이론과 방법이 인간 행위의 영역에도 적용된다고 본다. 인간에 대한 이러한 이미지 내지 이론은 인간과 사회 현상을 객관적·경험적 자료를 바탕으로 연구되어야 한다는 경험주의(empiricism)와 실증주의(positivism)를 낳았다. 실증주의는 과학 자체를 지상화(至上化)하여 과학을 인식 가능한 여러 형태 중의 하나로 보지 않고, 인식과 과학을 동일시했다. 즉, 과학적 인식 태도를 넘어서는 것은 무의미한 것으로 본 것이다.

정치·행정학에서의 표준과학적 사고가 **행태론적 접근 방법**(behavioral approach)이다. 행태론적 접근 방법은 연구 대상을 인간의 행태(behavior)에 두고, 인간 행태에 존재하는 법칙성을 발견하여, 이를 통해 인간의 행태를 기술하고 설명하며 예측하기 위해 과학적 방법을 사용할 것을 주장한다. 행정학의 경우 이의 선구자는 사이먼(H. A. Simon)이다. 따라서 행정학에서의 행태주의에 대한 이해를 좀더 철저히 하고, 그 한계점을 인식하기 위해서는 표준과학관에 대한 이해를 해야 할 필요가 있다. 이에 이 장에서는 다음과 같은 내용들이 주요 논의의 대상이 될 것이다.

첫째, **표준과학관의 본질** 및 이의 한계점을 논의하기 위한 예비 절차로서 먼저 표준과학관적 방법론이 기초하고 있는 기본적 **세계관**과 **인식론적 전제** 및 특징에 대한 논의가 이루어질 것이다.

둘째, 전술한 '방법론적 자연주의'에 대해서는 본래 과학적 방법이 자연 현상을 연구 대상으로 할 때 적용될 수 있는 방법론이기 때문에, 이를 자연 현상과는 여러 가지 다른 특징을 내포하고 있는 사회 현상에 적용될 수 없다거나 한계가 있다는 일련의 비판적 시각들이 있다. 그 첫째는 **해석학**으로서 **베버**(Max Weber)의 관점과 **후설**(Edmund Husserl)을 창시자로 하는 **현상학**(phenomenology)적 관점이 있고, 둘째는 프랑크푸르트 학파(Frankfurt school) 중심의 **비판이론**(critical theory) 등이 있다. 여기에서는 이들 견해들에 대해 논의하게 될 것이다.

제1절 표준과학관의 인식론적 전제 및 특징

(1) 과학적 연구의 목적

과학적 연구의 목적은 객관적 검증의 방법에 의한 과학적 이론을 통해 현상을 기술하고 설명하며 예측하는 데 있다.

(2) 경험주의 철학에 기초

과학은 경험주의(empiricism) 철학에 기초하고 있다. 경험주의는 **경험성**(經驗性)을 지식의 유일한 원천으로 생각한다. 따라서 과학적 지식이 되기 위해서는 그 지식의 내용이 경험에 의해 입증되어야 한다.

경험성이란 연구 대상이 우리의 감각기관(미각·취각·청각·시각·후각 등의 오관)에 의해 관찰 가능한 것이어야 함을 의미한다. 따라서 경험주의는 지식의 기초를 제공할 때 감각적 지각과 관찰의 역할을 강조하며, 초자연적이고 형이상학적인 주제들과 같이 직접적 혹은 간접적으로 관찰될 수 없는 대상은 과학의 연구 대상에서 제외된다.

(3) 합리주의 철학에 기초

과학은 합리주의(rationalism) 철학에 기초하고 있다. 합리주의는 경험주의가 우리의 지식이 경험에 기초해야 한다고 주장하는 것과는 달리, 우리의 지식이 **이성**에 기초해야 한다고 주장한다. 그러나 합리주의가 감각적 경험성을 부정하는 것은 아니다. 다만 실제적인 지식을 위해서는 그것만으로는 충분하지 않다는 것이다.

진리는 **선험적**(先驗的) **진리**와 **경험적 진리**로 나눌 수 있다. 선험적 진리란 경험이라는 수단에 의하지 않고 인간에게 부여되어 있는 이성을 통해 확인할 수 있는 진리를 의미한다. 합리주의자들은 이성에 의한 선험적 진리가 '**필연적 진리**'인데 반해, 경험에 기초한 경험적 진리는 '**불완전한 진리**'라고 주장한다. 예를 들면, "3+4=7"이라는 수학적 진리는 이성에 기초하여 시공(時空)을 초월한 필연적 진리인데 반해, 경험적 진리는 그렇지 못하다는 것이다. 경험적 진리의 불완전성을 지적한 예 중에서 유명한 것은 러셀(Bertrand A. Russell)의 **칠면조에 대한 일화**이다.

> 어떤 칠면조가 칠면조 농장에서 그의 맨 처음 아침을 맞이하면서 주인이 매일 아침 아홉 시가 되면 모이를 준다는 사실을 알게 되었다. 그러나 귀납 추리에 익숙한 그 칠면조는 이러한 사실을 성급히 결론으로 비약하지 않고, 아침 아홉 시에 모이를 준다는 사실을 아주 여러 차례에 걸쳐 다양한 조건 하에서 관찰을 계속했다. 그 후 그는 충분히 많은 자료가 수집되었다고 판단하여, 그 관찰 결과를 기초로 하여 "나는 항상 아침 아홉 시가 되면 모이를 받아먹는다"라는 귀납 추리의 결론을 내리게 되었다. 그러나 슬프게도 그 칠면조는 크리스마스 이브 아침 아홉 시에 모이를 먹는 대신 목이 잘리게 됨으로써, 그의 귀납 추리의 결론이 부정할 수 없는 거짓임이 판명되고야 말았다.

전술한 바와 같이 합리주의는 우리의 감각 경험이 불필요하다고 주장하는 것은 아니다. 다만 감각적 경험에만 의존하는 경우 그것은 칠면조의 예에서와 같이 불완전성을 내포하고 있다는 것이다. 따라서 경험에 의한 지식은 합리주의에 기초한 이성의 도움을 받아야 한다는 것이다.

(4) 귀납적 방법과 연역적 방법의 종합

과학적 방법은 귀납적 방법과 연역적 방법 두 가지를 종합한 방법이다. 경험주의자들은 대체로 귀납주의자들로서 그들은 과학적 방법으로서 귀납적 방법을 중시한다. **귀납적 방법**이란 개별적인 사실에 대한 경험을 토대로 경험적인 일반적 법칙을 정립해 나가는 것을 의미한다.

한편 합리주의자들은 연역적 방법을 중시한다. **연역적 방법**이란 이미 알려진 어떤 근거(혹은 전제)를 통해 아직 알려지지 않은 주장(혹은 결론)을 이끌어 내는 과정을 의미하는 것으로서, 이 과정에서 인간의 이성이 작용한다는 것이다. 과학적 방법에서의 귀납적 방법과 연역적 방법의 적용에 대해서는 다음의 제2절 이론의 개념 및 이론 구성 모형에서 자세히 설명될 것이다.

(5) 계량적 접근 방법의 중시

과학은 경험성, 객관성 및 법칙성을 중요하게 생각하기 때문에 이러한 요구를 충족시켜 줄 수 있는 계량적 접근 방법을 중시한다. 경험적 관찰이 정확하고 객관성을 높이기 위해서는 통제된 실험이나 표준화된 측정 도구를 이용하며, 또한 이러한 것들을 가능하게 해 주는 **조작적 정의**(operational definition) 등을 통해 이를 계량화해야 한다.

조작적 정의란 어떤 추상적 개념을 구체적 상황에서 경험적으로 확인될 수 있도록 측정 가능한 용어로 정의하는 것을 의미한다. 예를 들면, '지능(intelligence)'이라는 추상적 개념은 우리가 직접 측정할 수가 없다. 따라서 이를 측정 가능한 용어로의 조작화를 통해 '지능검사의 점수'로 하여 측정하고, 이를 통해 지능의 수준을 추론할 수 있게 한다. 또한 '사회병리'라는 추상적 개념은 '자살'이라든가 '강도' 등과 같은 범죄율이 나타내는 지표로 이를 대체함으로써 이를 계량화하고, 객관적 측정이 가능하도록 하는 것을 말한다.

(6) 객관성 있는 지식의 추구

과학적 지식은 객관성(objectivity)을 특징으로 한다. 객관성이라 함은 '상호 주관적 검증가능성(inter-subjective testability)'이라고도 칭해지는 것으로서, 연구 결과가 일정한 능력을 갖춘 어느 누구에 의해서도 공개적으로 검증될 수 있어야 함을 의미한다.

과학적 이론은 또한 검증되거나 확인될 수 있어야 할 뿐 아니라, 반증하고 수정 가능하도록 개방되어야 한다.

(7) 가치와 사실의 분리

과학은 사실과 가치(fact and value), 즉 '있는 것'과 '있어야 할 것'과를 엄격히 구별하고, 과학자의 역할은 '있어야 할 것' 즉 가치에 관한 사색이 아니고, '있는 것' 즉 사실의 수집 및 분석에 있다고 한다. 이것이 이른바

'가치-사실 이원론(value-fact dichotomy)' 혹은 '가치중립성(몰가치성, value free)'이다.

제 2 절 이론의 개념 및 이론 구성 모형

과학의 궁극 목적은 과학적 이론을 정립해서 이를 통해 어떤 현상을 설명하고 예측하는 데 있다. 따라서 과학적 방법을 제대로 이해하기 위해서는 이론의 개념이 무엇이고, 과학적 방법의 적용 과정에서 어떻게 이론이 구성되는가를 제대로 이해하는 것이 불가결한 요인이다.

이론의 개념에 대해서는 많은 학자들이 이에 대한 견해를 밝힌 바 있다.[1] 여기에서는 이들 학자들의 견해를 일일이 열거하는 것보다는 그들의 견해 속에 내포된 공통적인 요소들을 중심으로 이론이란 무엇인가를 논의하고자 한다.

(1) 이론이란 일련의 명제(proposition)들이 상호 연관되어 있는 것이다

이론이란 일련의 명제(proposition)－혹은 학자에 따라서는 이를 단순히 '언명(statement)'이라고도 한다－들이 상호 연관되어 있는 것이다. 여기에서 **명제** 혹은 **언명**이라 함은 두 가지 이상의 개념들 간의 상호 관계에 대한 진술을 의미한다. 예컨대 "A가 증대되면 증대될수록, B가 증대된다"라는 진술은 A라는 개념과 B라는 개념 간의 관계를 나타낸 명제이다.

(2) 과학적 이론 체계를 구성하는 명제들은 그것이 행하는 역할에 따라 공리, 정리, 가설, 경험적 일반화 혹은 법칙 등의 형태를 띤다

공리(公理, axiom)란 일반적으로 그 자체는 **경험적인 검증**을 필요로 하지 않거나 하기 어려운 이론적 명제로서 원리에 가까운 명제를 의미한다.

1) 이들 견해에 대해서는 Lin(1976: 17), McGaw & Watson(1949: 170, 1980: 171), Bailey (1987: 39), Merton(1949: 92) 등을 참조.

정리(定理, theorem)란 공리로부터 도출(연역)해 낸 명제를 말한다. 가설(hypothesis)이란 아직 경험적 검증을 거치지 않은 명제를 말하며, **경험적 일반화** 혹은 **법칙**이란 가설 명제가 경험적 검증을 거쳐 참으로 확인된 명제를 말한다.

(3) **이론이란 이들 일련의 명제들 - 공리, 정리, 가설, 법칙(경험적 일반화) - 이 연역적 법칙과 귀납적 법칙에 의거하여 상호 연관되어 있는 것이다**

연역(deduction)이라 함은 이미 알려진 어떤 명제 혹은 전제(premises)를 통해 아직 알려지지 않은 명제 혹은 결론을 논리적·경험적으로 이끌어 내는 과정을 의미한다. 다시 말해서 연역은 이미 알려진 기존의 명제를 통해 이로부터 일정한 절차에 따라 경험적으로 검증 가능한 가설(hypothesis) 명제를 도출해 내는 과정을 의미한다. 이와같이 연역의 과정에서 이미 알려진 명제나 전제를 **공준**(公準, postulates)이라 하며, 아직 알려지지 않은 명제 혹은 결론을 가설이라고 부른다.

귀납(induction)은 연역의 과정에서 정립된 가설 명제를 어떤 관찰된 자료를 가지고 경험적으로 검증하여 일반화해 나가는 과정을 의미한다. 예를 들어보자.

공준(postulates):	1. 만약 A라면, B이다. (If A, then B.)	연역의 과정
	2. 만약 B라면, C이다. (If B, then C.)	
가설(hypothesis):	3. 만약 A라면, C이다. (If A, then C.)	

위의 예에서와 같이 처음의 두 명제가 주어짐으로써 논리적으로 세 번째 명제가 뒤따라 나오게 된다. 이때 1과 2의 명제가 추상적 공리 수준의 명제에 해당한다면, 3의 가설적 형태의 진술에서는 이를 조작적 정의의 과정을 거쳐 경험적으로 검증 가능한 정리 명제(定理命題)의 형태로 나타나야 한다. 즉, 경험적 연역 체계에는 명제가 이론적 혹은 추상적 용어로부터 경험적 용어로 변화하게 되는 것이다.

이를 이해하기 위해 자살에 관한 이론을 제시한 뒤르켐(Émile Durkheim)의 예를 원용해 보자.[2] 그의 자살에 관한 이론은 이와 같은 연역의 원리를 사회과학에 적용한 고전적인 예에 속한다.

공준: 1. 사회적 응집력(social integration)이 결여되면 좀더 큰 심리적 긴장감을 불러일으킨다.
2. 심리적 긴장감은 좀더 탈선적인 행동을 초래한다.
3. 탈선적 행동은 자살률의 차이에 따라 변화한다.
4. 가톨릭 교도들은 프로테스탄트들보다 더 강한 사회적 응집력을 갖고 있다.

가설: 5. 그러므로, 프로테스탄트들이 가톨릭 교도들보다 더 높은 자살률을 나타낼 것이다.

위의 예에서와 같이 사회적 응집력의 결여, 탈선적 행동의 정도 등과 같은 추상적 수준의 개념들은 연역의 과정에서 가톨릭 교도와 프로테스탄트, 자살률과 같은 경험적 수준의 용어로 변화되어 경험적 검증을 가능케 하는 가설의 형태를 띠고 있다. 그는 이와 같은 경험적 수준의 연역을 도출하기 위해 위의 1과 2, 3의 전제(premise 혹은 근거) 외에 "가톨릭 교도들이 프로테스탄트들보다도 더 강한 사회적 응집력을 갖고 있다"는 전제를 추가하고 있다. 이와같이 추가되는 전제를 '**보조 전제**'라고 한다. 이제 이러한 관계를 나타내면 [그림 6-1]과 같다(Lin, 1976: 37).

2) 뒤르켐의 학문적 견해는 자연 현상에 자연 법칙이 존재하듯이 모든 사회 현상에도 기본적인 사회적 법칙이 있다는 표준과학관의 사고에 기초하고 있다. 그의 견해에 의하면, 자연과학과 사회과학 간에는 기본적인 차이가 없으며, 탐구의 논리가 본질적으로 동일하다고 보는 것이다. 예를 들어 그는 유럽 사회에서의 자살률을 논하면서 비록 자살률이 시간이 지남에 따라 변화하긴 하지만 그 순위상의 배열은 변하지 않는다고 주장했다. 즉 1이라는 시점에서 만약 A라는 한 사회가 B라는 사회보다 높은 자살률을 나타냈다면, 2라는 시점에서도 비록 두 나라 모두 자살률에서는 차이가 있을지 모르지만 두 나라 간의 순위는 변화가 없이 여전히 A라는 사회가 B라는 사회보다 높은 자살률을 나타낸다는 것이다. 뒤르켐의 이러한 주장은 국민들의 자살률이 어떤 사회적 법칙을 따르고 있다는 것을 보여 주기 위한 것이다. 따라서 사회과학자의 임무는 이러한 법칙의 발견을 위해 과학적 방법을 이용하는 것이다. 그는 자살률이 사회적 응집력과는 정반대로 변화한다는 이론을 발표했다.

[그림 6-1] 보조 관계

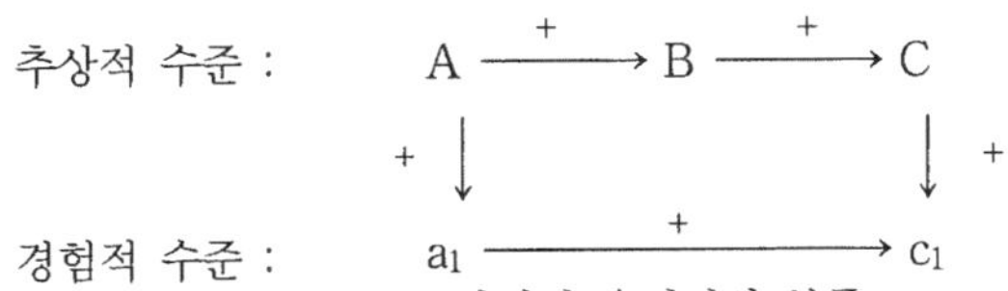

A: 사회적 응집력의 부족
B: 심리적 긴장
C: 탈선적 행동의 정도
a_1: 가톨릭 교도보다는 프로테스탄트가 되는 것
c_1: 자살률
→ 인과관계
↓ 개념과 경험적 지표와의 관계

이와같이 하여 연역 체계에서 상위 수준에 있는 공리들은 그들이 직접적으로 검증되는 것이 아니라, 관찰 가능한 경험적 수준의 정리를 통해 간접적으로 검증되게 되는 것이다.

이론을 구성해 가는 과정은 이와같이 연역의 과정과 귀납의 과정이 연속된 것이지 단순한 귀납의 과정은 아니다. 귀납의 과정, 즉 자료의 수집과 그에 기초한 경험적 일반화(법칙)의 정립은 이론 구성모형에서 하나의 기초 자료를 제공할 뿐이다. 머튼(Robert K. Merton)에 의하면 사회학 문헌에는 경험적 일반화－둘 이상의 변수들 간의 관계를 관찰하여 발견한 일관성을 요약한 정립된 명제들－가 많이 있다고 한다. 그러나 그러한 잡다한 명제들은 학문으로서의 사회학을 위한 기초 자료를 제공할 뿐이라는 것이다. 이론적 작업 및 이론 지향적 경험론적 연구 지향은 일련의 상호 연관된 명제들 간에 잠정적인 일관성이 형성될 때 비로소 시작될 수 있다고 보는 것이다(Merton, 1949: 52). 그러므로 연역의 과정과 귀납의 과정은 서로 동떨어져 있는 것이 아니다. 예컨대, 위의 자살률에 관한 예에서 볼 수 있듯이 연역적 과정을 통해 도출된 가설 명제, 즉 "프로테스탄트들이 가톨릭 교도들보다도 더 높은 자살률을 나타낼 것이다"라는 가설을 검증하기 위해서는 자료 수집으로부터 시작되는 귀납의 과정을 거치게 된다. 따라서 양자의 관계는 서로가 서로를 물고 이어져 있는 순환 고리의 모습을 띠고 상호 관련되어 있는 것이다. 이러한 과정을 거쳐 도출된 가설명제가 검증되면, 그것이 경험적으로 일반화된 명제, 즉 법칙이 되는 것이다. 이러한 법칙이 성립되면 기존의 이론 구성 체계를 더욱 풍부하게 하여 우리의 지식을 축적하게 되는 것이다. 반대로 가설이 틀렸다고 판명되면, 기존의 이론 체계의 어딘가에 잘못이 있다는 것을 의미하기 때문에 이를 수정하여 좀더 타당성 있는 이론을 구축하게 되는 것이다. 즉, 경험적 일반화는 이론 체계를 수립하는 데에 필요 조건이긴 하나 충분 조건은 아닌 것이다(Bernstein, 1976: 10).

이와같이 이론 구성 내지 과학의 순환 고리를 도식화하면 [그림 6-2]와 같다.

[그림 6-2] 이론 구성 및 과학의 순환 고리

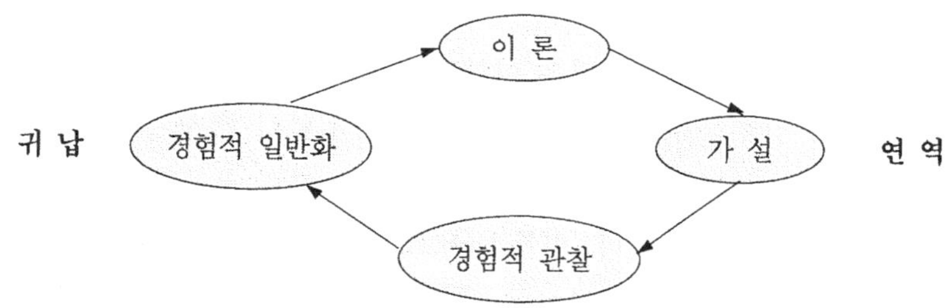

이와같이 엄격한 과학적 방법으로서의 연역-귀납 논리에 따르면, 기존 이론에 근거하지 않은 가설은 그 가치를 제대로 인정하지 않게 된다. 따라서 기존의 이론 체계가 잘 정립된 분야에 대해서는 많은 후속 연구가 진행되는가 하면, 그렇지 않은 분야는 아무리 사회적으로 중요한 것이라도 연구 대상에서 방치되는 결과를 낳고 만다. 그 결과 정치학이나 행정학에서도 기존의 연구가 누적되어 있는 투표 행태의 연구나 조직 행태의 연구 분야에 후속 연구가 집중되는 경향을 보이고 있는 것이다.

행정학의 과학적 연구 목적이 행정 현상을 설명하고 예측하는 데 있다고 할 때 행정학뿐만 아니라 이 밖의 모든 사회과학에서도 앞에서 지금까지 기술한 바와 같은 엄격한 이론 체계 하에서 구성된 법칙 또는 경험적 일반론이 많지 않기 때문에 완전한 설명과 예측을 한다는 것이 어려운 작업이며, 따라서 과학적 방법에 대한 회의적 시각이 설득력을 갖는 것이다.

제 3 절 표준과학관이 행정학에 미친 영향

1 행정행태론

표준과학관에 기초한 행태론적 접근 방법은 사회학, 심리학, 사회심리학, 정치학, 경제학 및 행정학 등에 지대한 영향을 미쳤다. 경제학의 경우 실증경제학에, 정치학이나 행정학의 경우 종래 정치행정 제도를 중심으로 연구하던 제도론적 접근 방법과 규범적 · 관념적 접근 방법에 대한 대안으로서의 행태론적 접근 방법이 정치 · 행정의 연구에 지대한 영향을 미쳐 왔다.

전통적으로 정치학이나 행정학에서는 정치 제도로서의 민주 제도, 독재 제도, 의원내각제나 대통령 중심제, 권력 분립과 분화된 권력기관의 권한과 한계, 행정부의 각 기관 및 권한과 책임 등 주로 구조, 정치 권력, 공식적 권한과 책임 등 **제도론적 접근 방법**에 의한 연구가 행해져 왔다. 이에 반해 **행태론적 접근 방법**에서는 인간의 행태를 연구 대상으로 하여, 이를 과학적 방법을 통해 제도의 움직임이나 제도 내의 인간의 행태를 연구하는 데 중점을 둔다.

행태론자들에 의하면 제도론자들은 동일한 제도 하에서 공식적으로는 동일한 권한이 부여되어 있음에도 불구하고 제도 내의 인간이 어떤 사람 혹은 집단이냐에 따라 다른 행태가 나타나고 있다는 사실을 설명하지 못하고 있다고 비난한다. 따라서 이들 행태론자들은 제도 내의 인간의 행태, 그리고 실제의 활동에 초점을 맞추어 그 속에 존재하는 법칙성을 발견하고,

이를 통해 인간의 행태를 설명하고 예측하려 한다.

이들 행태론자들은 집단의 행태에 대한 연구보다는 주로 개인이나 소집단 연구에 치중하는 경향을 보여, 행태주의적 정치학의 경우 가장 많이 연구된 것이 개개인들의 투표 행태에 관한 것이었고, 행정학의 경우도 행정인, 특히 중요한 정책결정을 하는 고급 공무원이나 정치인의 성분·가치관·태도 등의 분석을 통한 노력이 행해져 왔으며, 우리나라에서도 1950년대 후반 이후 이러한 방면에서 많은 업적을 쌓아 왔다.

행정학에서의 행태과학적 운동은 1940년대 논리실증주의적 접근 방법을 강조한 **사이먼**(H. A. Simon)의 『행정행태론(*Administrative Behavior*)』(1957)에 의해 커다란 영향을 받아 왔다. 그는 전통적 행정학의 핵심이라 할 수 있는 **행정관리론**이 제시하고 있는 **제반 원리들**(principles)이라는 것들이 과학적 검증을 거치지도 않은 한낱 상식에 지나지 않는다고 비판했다. 그는 또한 이들 원리들 간에 상호 모순되는 경우가 많으며, 구체적인 경우 어느 원리를 채택할 것인가가 분명치 않아, 이들 원리들이 한낱 **격언**(proverb)에 지나지 않는다고 비판했다. 격언 간에는 때로 상호 모순되는 경우가 많으며, 이 경우 어느 쪽 교훈을 따를 것인가가 불분명하기 때문이다(Simon, 1946: 53-67).[3] 그리하여 그는 행정관리론적인 전통적 행정학이 학문으로서의 가치가 없다고 보고, 논리실증주의에 입각한 진정한 과학성에 기초한 새로운 행정학의 필요성을 강조했다. 사이먼이 주장한 엄격한 의미의 과학성에 기초한 행정학의 내용은 크게 다음과 같다.

첫째, 연구 대상을 조직 속의 구성원의 **행태**에 두고 그 행태 속에 존재하는 **법칙성**을 발견하려 했다. 그는 공식적으로 기대하는 것과는 전혀 별개

---

3) 행정관리론에서 주장하는 제반 원리들이란 조직구조 형성의 원리를 제시한 고전적 원리들을 의미한다. 구조 형성의 원리란 조직의 구조를 어떻게 형성하는 것이 바람직한 것인가를 처방하는 원리로서, 분업(전문화)에 관한 원리, 통솔 범위의 원리, 명령 통일의 원리, 부처 편성의 원리 등이 그것이다. 사이먼은 이러한 구조 형성에 관한 고전적 조직 원리들이 상호 모순되는 원리들로 이루어져 있다고 비판한다. 예를 들면, 명령 통일의 원리는 전문화(분업)의 원리와 배치되며, 통솔 범위의 원리는 조직의 계층의 수를 줄여야 한다는 원리와 상충되며, 부처 편성의 원리가 제시하는 기준들 사이의 관계도 상충적이라는 것이다.

인 실제로 움직이는 조직의 행태를 연구하는 것이 행정과학의 임무라고 생각한 것이다. 그에 따르면 이러한 법칙성을 발견하면 행정의 **능률성**(efficiency) 향상에 기여할 수 있고, 행정 문제를 해결하는 데에도 공헌할 수 있다고 보았다. 예를 들면, 권위주의적 리더십보다는 부하들의 의견을 존중하고 그들을 의사결정에 참여시키는 민주적인 리더십일수록 능률이 향상된다는 법칙을 알아낼 수 있다면, 이러한 법칙성은 조직의 능률성을 향상시키는 데 커다란 도움이 될 것이다.

둘째, 그는 조직의 행태를 연구하되 **의사결정**(decision making)의 측면을 집중적으로 연구함으로써, 조직 내적인 의사결정뿐만 아니라, 1960년대 이후 폭발적으로 등장한 정책결정(policy making)의 경험적 연구에 새로운 시각을 제공하기도 했다. 그는 현실의 의사결정자가 인지 능력의 한계성이 있다는 점을 전제로 하여 현실적·경험적으로 사람들이 어떻게 의사결정을 하고 있는가를 탐구해 본 결과, 사람들의 의사결정 과정을 지배하는 것은 사람들의 심리적 입장에서 볼 때 **최적화의 기준**이 아니라, **만족화의 기준**에 의한다는 것이다. 즉, 현실적으로 사람들은 의사결정을 할 때 모든 가능한 대안들을 탐색하여 그 중에서 최선의 대안을 찾아 의사결정을 하는 것이 아니라, 몇 개의 대안만을 선택하고 그 선택한 대안들 중에서도 최적화의 기준이 아닌 만족할만한 기준에 의해 대안을 선택한다는 것이다. 이것이 곧 그가 주장하는 의사결정 모형으로서의 '**만족모형**(satisficing model)'이다. 이러한 그의 경험적 의사결정론은 이후 린드블롬(Charles E. Lindblom)이나 윌다브스키(Aron Wildavsky) 등이 주장한 점증주의적 **정책결정 모형**(incremental model)을 형성하는 데 결정적인 기여를 했다.

셋째, 그는 조직에 관한 일반적·보편적 이론을 구축하는 데 목적이 있었기 때문에 조직의 양태가 정부 행정조직인지 사기업 조직인지에 대해서는 관심을 두지 않았다. 이와같이 그는 행정조직과 기업조직 간의 차이를 인정하지 않았기 때문에 행정과 경영 간의 차이점에도 관심을 기울이지 않았다.

2 정책학에의 영향

정책학의 경우에도 실증주의적 사고가 정책학의 초기부터 막대한 영향을 미쳐 왔다. 현대적 정책학은 1951년에 발표된 **라스웰**(Harold D. Lasswell)의 「정책지향(Policy Orientation)」이라는 논문이 발표된 이래 50년 이상이 경과하는 동안 많은 발전을 해오고 있으나, 공통의 목표는 **과학적 연구**에 의해 정책결정을 개선하는 데 있어 왔다. 따라서 정책분석가들의 사고의 근저에는 정책분석의 합리적 · 기술적 방향을 지지하는 실증주의 인식론과 과학철학이 자리잡고 있다. 이에 덴하르트(Robert B. Denhardt)는 "정책분석의 언어는 실증적 사회과학의 언어이고, 그 관심은 수량적 자료를 계측하는 데 있으며, 그 희망은 인과관계를 수립하는 데 있다"(Denhardt, 1984: 141)고 주장한다.

자연과학자가 복잡한 자연 현상을 설명하는 자연과학의 힘, 응용자연과학과 공학 등이 낳은 많은 실제적 성과, 그리고 자연과학자나 엔지니어가 발견해 낸 자연계를 지배하는 인과 법칙에 기초해서 자연계에 개입하여 자연 현상을 인간에게 유리하도록 이용하고 통제하듯이, 정책분석가는 사회문제에 개입하여 그 속에 존재하는 인과 법칙의 발견을 통해 사회문제를 해결하기 위한 정책, 즉 실천적 처방책을 마련해야 한다는 것이다. 이러한 개입의 구조는 다음과 같다.

논리적으로는 사회에의 정책 개입이 성공하기 위해서는 다음과 같은 두 가지 종류의 검증된 인과 법칙이 필요하다. 이제 세 종류의 변수 x, y 및 p를 생각해 보자. x는 원인변수(결정변수), y는 결과변수, p는 정책변수이다. 이 경우 첫째, x가 y를 결정하는 관계 $y=f(x)$에서의 인과관계와, 둘째 p가 x에 개입하는 관계 $x=g(p)$에서의 인과관계가 필요하다.

p(정책변수) → x(원인변수) → y(결과변수)

$x = g(p)$ $y = f(x)$

예를 들면, 사회복지와 빈곤의 문제에 대해 생각해 볼 경우, 원인변수 x로서는 교육 수준·기능 수준·고용(취업)·연령·태도 등을 들 수 있고, 결과변수 y로서는 가계 수입·영양 수준·생활의 질 등을 들 수 있다. 그리고 정책변수 p로서는 직업훈련 프로그램·생활 보호나 모자(母子)가정 원조 프로그램 등을 생각해 볼 수 있다. 이 경우 정책 선택을 하기 위해서는 x가 y에 영향을 주는 인과 법칙만으로는 충분하지 않고, 정책변수 p가 x에 부여하는 영향에 관한 이론, 즉 개입의 인과적 이론도 필요할 것이다. 이들 두 가지의 이론 틀을 시작으로 해서, 정책결정자는 변수 y의 바람직한 변화를 달성하기 위해 변수 p를 어떻게 조절하면 좋겠는가를 알 수 있게 되는 것이다.

그런데 행태론적 접근 방법에 의한 행정학, 정책학 및 정치학을 비롯한 사회과학 제반 분야에서의 문제점과 한계는, 상당한 정도까지는 이와 같은 방법론의 배후에 존재하는 인식론적 기초로서의 실증주의의 한계에서 그 근원을 찾아볼 수 있다.

제 4 절 반실증주의 논쟁과 표준과학관의 한계

지금까지 기술한 표준과학관의 방법론적 가정에 대한 반동으로 나타나는 일련의 견해들이 있는 바, 이들 견해들을 편의상 반실증주의라고 부를 수 있다.

표준과학관과 대립하는 반실증주의의 기본적 시각은 사회과학의 연구 대상인 사회 현상이 그 속성상 자연과학의 연구 대상으로서의 자연 현상과 같은 것으로 볼 수 없다고 주장하는 데 있다. 따라서 사회 현상의 연구를 위해서는 자연 현상의 연구와는 다른 방법론을 필요로 하거나, 표준과학관에 입각한 방법만으로는 불충분하다는 주장이다.

반실증주의적 입장에서 표준과학관을 비판하고 이에 대한 대안으로 제시되는 것 가운데 가장 대표적인 것으로 **'해석학'**의 관점과 **'비판이론'**의 관점이 있다.

1 해석학에서의 표준과학관에 대한 비판 요지

'해석학'은 사회 생활 속에서의 인간의 주관적 의식을 중시하는 사회학 방법론의 입장으로서, 그 기본적 패러다임은 사회 과정(social process)에 직접적으로 관련되는 **행위자들의 입장**에서 사회 세계를 이해하고 설명하려는 노력의 성격을 공통적으로 지닌 광범위한 철학, 사회적 사상을 포괄한다(Burrell & Morgan, 1982/윤재풍 역, 1990: 268). 이들 관점들이 공통적으로 사회 현상을 자연 현상과 구분해서 설명하는 논거는 다음과 같다.

(1) 자연 현상과 사회 현상의 본질적 차이 강조

인간은 다른 동물들과 달리 의식·생각·언어·믿음·의도 등의 정신능력을 소유하고 있는 존재이다. 사회 현상은 이러한 능력을 소유한 인간들이 어울려 살아가는 과정에서 상호 주관적으로 형성된 인간 정신의 산물이다. 그러므로 사회 현상은 자연 현상처럼 인간과 동떨어져 주어진 현상으로 존재하는 것이 아니고, 그 속에서 살고, 생각하고, 의사소통을 하는 사람들이 그들 사이에 상호 주관적으로 인식할 수 있는 특정한 의미와 적합성의 구조를 갖는 이른바 '**구성된**(constituted)' 현상이다(Walsh, 1972: 15-35).

(2) 관찰자가 아닌 행위자의 입장 강조

사회 현상은 그 속에서 살아가는 사람들에 의해 구성된 현상이므로 해석학은 사회를 구성하는 행위자가 그의 행위에 결부시킨 **주관적 의미**를 이해해야 한다. 즉, 행위자의 입장에서 행위자가 어떠한 신념이나 가치 혹은 의도로 그러한 행위를 하게 되었는가를 이해해야 한다는 것이다. 이는 사회행위가 관찰자의 입장이 아닌 행위자의 입장에서 정의되어야 함을 나타내는 것이다.

행태론은 인간 행동에 대해 행위의 주체가 아닌 관찰자의 입장에서 인과 관계를 밝히려는 데 관심을 둔다. 표준과학관에 입각한 계량주의자들에 의하면, 모든 사회적 현상은 원칙적으로 겉으로 나타난 **행태**(behavior)로 환원 가능한 만큼 행위자의 입장이 아닌 관찰자의 입장에서 파악이 가능하며, 그것은 자극(stimulus)과 반응(response)의 결과로서 설명될 수 있다고 한다.

이에 반해 해석학은 행위자의 입장에서 그 행위의 의미를 이해하려고 하는 것으로서, "사회적 세계에 대해 그 속에서 살아가는 사람이 생각하고 있는 것이 무엇인가를 최대한 분명히 하는 것"을 목표로 한다(Schutz, 1967: 222).

(3) 행위와 행태의 구별

해석학에서는 행위(action)라는 용어와 행태(behavior)라는 용어를 구분하여 사용한다. 즉 **행위**는 의도적 성질을 강조하는 용어로서 사용되고, **행태**는 반응적 성질을 나타내는 용어로 사용한다. 사회과학에서 쓰이는 용어는 대부분 행위의 개념을 내포하고 있다. 그것은 자연 현상에서와 같이 자극에 대한 반응으로 '발생하는 것'이 아니고 인간이 의도성을 가지고 '행하는 것'을 기술하는 용어이다. 예를 들면, '떨어지다'는 '발생하는 것'이지만, '뛰다'는 '행하는 것'이다. 바람에 잎새가 '흔들린다'는 '발생하는 것'이지만, 사람이 손을 '흔들다'는 '행하는 것'이다.

(4) 행위의 의미 이해

해석학에서는 인간이란 의도적으로 행위하고, 그 행위에 의미를 부여하는 의식을 갖는 존재라고 생각한다. 이러한 인간 행위의 의도적 성격과 의미와의 연결로부터, 인간은 사회적 세계에 수동적으로 반응하여 행동하는 객체(behaving object)로서가 아니고, 사회적 세계 속에서 **능동적**으로 행위하는 **주체**(acting subject)로서 연구되어야 한다고 생각한다. 따라서 해석학에서의 '**해석**'이란 의도를 가진 행위(action)의 의미를 이해하려는 것이다.

(5) 해석적 설명 중시

행태와 구별되는 행위의 개념은 목적 혹은 의도를 가지고 행해지는 것,

인간이 행하려고 하는 것을 기술하는 것이다. 이는 단순한 물리적 운동의 관찰에 관한 것이 아니고, 관찰자에 의해 해석을 요구하는 것이다.

어떠한 행위 개념도 그 행위 주체의 의도·욕구 혹은 계획과 관련되고(이를 '의도적 행위 개념'이라 칭한다), 또 그 주체가 따르는 도덕적·법률적 혹은 사회적 규칙과 관련되는(이는 '관습적 행위 개념'이라 칭한다) 것으로 본다. 이는 어떤 행위를 해석하고 이해하는 데 그 행위가 행위자의 입장에서 갖는 의미를 분명히 하는 것이어야 함을 의미한다. 해석학의 하나의 주요 과제는 이와같이 행위자가 행하는 것이 무엇이든, 그 의미(의도)가 무엇인가를 분명히 하는 것이며, 이를 '해석적 설명'이라고 부른다.

(6) 사회 현상의 연구에 자연과학 방법론의 적용 제한 혹은 거부

이상과 같이 해석학에서는 의미의 세계가 중심적인 것이 되며, 따라서 그 방법론은 자연과학의 그것과는 결정적으로 다른 것이 된다. 인간이 행위에 의미를 부여할 수 있는 능력을 갖는다고 하는 것은, 사회과학자가 다루는 현실이 자연과학자의 그것과는 극히 다르다는 것을 의미하는 것이고, 따라서 자연과학의 방법론을 사회과학자가 그대로 사용할 수는 없다는 것이다. 사회과학자가 목표로 해야 하는 것은 의식의 구조, 사회적 행위자의 의미의 세계에 대한 이해 등이다.

(7) 가치와 사실의 구분 불가

행태론에서는 사회 현상의 연구에서 가치와 사실의 분리를 주장하고 연구 대상을 사실적인 측면에 국한해야 한다고 주장한다.

이에 반해 해석학자들 중에는 사실과 가치와의 이분법은 타당하지 않다고 보는 견해들이 있다. 사회 현상 속에서는 가치와 사실이 분리되어 나타나는 것이 아니고 서로 뒤엉켜 나타나기 때문에, 이를 구분하기란 사회 현상의 속성상 불가능하다고 보기 때문이다.

이상과 같은 해석학의 지적 기반을 다지는 데 기여한 대표적 학자들 가운데 여기에서는 베버(Max Weber)의 '이해(Verstehen)의 사회학'과 슈츠(Alfred Schutz)의 '현상학(phenomenology)'에 대한 논의에 초점을 맞추기로 한다.

2 베버의 '이해의 사회학'

1) 개 념

베버(Weber, 1966: 88)는 앞서 기술한 해석학의 관점에서 그의 사회학을 "사회적 행위(social action)의 과정과 그 결과에 대한 인과적 설명을 위해 사회적 행위의 해석적 이해(interpretative understanding)를 다루는 과학" 이라고 정의한다.

그의 사회학의 정의에서 특이할 만한 것은 사회과학도 자연과학과 같이 **인과적 설명**을 추구해야 한다는 점은 인정하고 있다는 사실이다. 그렇다면 자연과학의 인식 대상인 자연 현상과는 달리, 살아 있는 자유로운 의지를 가지고 있는 인간으로 구성된 사회 현상을 인식 대상으로 하는 사회과학에서는 어떻게 인과관계의 정립이 가능한 것인가? 이에 대한 베버의 견해를 이해하기 위해서는 그의 사회 현상에 대한 **목적론적 관점**을 먼저 이해할 필요가 있다.

그의 사회 현상에 대한 목적론적 관점이란 사회 속에서 살아가는 인간 개개인을 나름대로의 목적을 설정하고, 이를 달성하기 위한 수단을 선택하여 결단을 내리면서 행위하는 존재로 보는 시각이다. 그런데 사회 현상은 그러한 살아 있는 인간 개개인의 사회적 행위를 통해서 나타나는 것이므로, 무릇 사회 현상 안에는 인간 행위에서의 **목적과 수단이** 내부 깊숙이 포함되어 있다는 것이다. 그러므로 사회 현상은 자연 현상과는 달리 그러한 목적-수단이라는 목적론적 관점에서 그 연관성을 추적해 볼 수 있다는 것이다.

그러나 목적론적 관련성의 추구는 자연 현상에서와 같이 원인-결과라는 연관성을 더듬어 가는 인과 관련성의 추구와는 서로 본질적인 연결을 가지면서도, 그 자체로는 전연 별개의 것이라는 것이다. 따라서 사회 현상 안에서 아무리 그러한 목적론적인 목적-수단의 관련성을 추구하더라도, 그것만으로는 자연과학에서와 같이 인과관계를 밝히는 과학적 인식을 사회과학에서는 성립시킬 수 없는 것이다.

이에 베버는 자연과학에서의 원인과 결과의 관계를 사회과학에서는 목적과 수단의 관계로 대치하여 보고자 한다. 즉 어떤 목적을 설정하고 그것을 위한 수단을 선택하여 결단을 내리면서 행위함으로써 일정한 결과를 가져오게 한다는 사실은 우리들의 주관적 입장에서는 확실히 목적-수단이라는 연관으로 의식되는 것이지만, 그것을 객관적인 과정 속에 넣어 본다면 그러한 **목적**은 적어도 그러한 행위를 일으킨 **원인** 중의 하나로서 작용한다고 말할 수 있고, **수단**은 **결과**라고 말할 수 있다. 즉, 객관적으로는 그것은 원인-결과라는 관련성을 갖고 있는 것이다.

이와같이 베버는 사회적 행위에서의 목적-수단의 관련성을 원인-결과라는 인과론적 관련성으로 바꾸어 나가는 것이다. 그렇다면 이러한 작업은 어떻게 가능한 것인가? 베버는 그의 '**이해의 방법**(Vestehende Methode)'을 통해 이에 대한 답을 제시하고 있다.

2) 이해의 방법(동기의 의미 이해)

그는 전술한 바와 같이 사회학이란 사회적 행위에 대해 행위자가 주관적으로 생각하는 의미를 해석하는 방식을 통해 그것을 이해하고, 그것으로써 그 결과와 영향을 인과적으로 설명하고자 하는 학문이라고 설명하고 있다. 다시 말하면, 사회과학에서의 인식의 경우에는 자연과학에서는 볼 수 없는 그러한 '**동기의 의미 이해**'라는 것이 첨가되게 된다는 것이다. 그것은 사회과학의 경우에는 대상이 자연이 아니고 의식을 가지고 행위하는 살아 있는 인간 개인들이므로, 그 인과 관련성을 확실하게 좇아가려면 자연과학의 방법과는 다른 독자적인 방법, 즉 '무슨 동기로 그러한 행위를 했는가' 하는 '**동기의 의미 이해**'라는 절차를 거쳐야 한다는 것이다.

사회과학에서도 자연과학에서와 같이 보편적으로 타당한 법칙을 추구하는 인식 방향에 의해 얻은 법칙론적 지식을 원용하여 사회 현상을 설명하고 예측한다. 예컨대, 경제학에서의 경기분석이나 예측은 경제 현상에서의 법칙론적 지식을 이용한다. 다만 사회과학의 경우에는 오직 외면적인 경험으로서 얻은 규칙성이나 법칙론적 지식에만 의존하지 않고, 이에 덧붙여 '동기의 의미 이해'라는 절차를 밟음으로써 인과 관련의 인식이 성립될 뿐만 아니라, 사회 현상의 인식이 한층 더 확실하게 된다고 베버는 말하고 있다.

요컨대 베버의 '이해의 사회학'에서는 사회 현상 연구에 보편적으로 타당한 법칙을 추구하는 인식 방법에 의해 얻은 법칙론적 지식을 원용하면서도, 동시에 '동기의 의미 이해'를 통해 개별적·구체적 상황의 인과관계를 밝혀 나가려고 하는 것이다. 다음의 예를 들어보자.

> 어떤 장소에 어느 요일 몇 시쯤에는 늘 사람들이 모여서 혼잡을 이루고 있다고 하자. 이 경우 그러한 경험적으로 확인된 혼잡의 되풀이라는 외면적인 경험(즉, 법칙론적 지식)에 덧붙여 '동기의 의미 이해'의 방식을 통해 무슨 동기에서 그 장소, 그 요일, 그 시간에 사람들이 모이는가-예를 들면, 일자리를 구하기 위한 동기-를 알게 되면 그러한 혼잡성의 인과 관련성을 좀더 정확하게 인지할 수 있게 되고, 더 나아가 이를 통해 금후의 혼잡의 시일이나 정도를 한층 더 정확하게 예측할 수 있게 되는 것이다.

이와같이 사람들이 주관적으로 어떤 의미를 부여해서 목적을 설정하고 수단을 선택하는가 하는 그들의 행위의 동기를 이해하게 되면, 그것을 매개로 하여 사회 현상에서의 인과 관련성을 더욱 확실하게 추구하고 예측할 수 있는 것이다. 이것이 곧 그가 말하는 **'이해의 사회학'**이다.

결론적으로 그는 사회 현상도 자연 현상과 같이 인과적 설명을 추구해야 한다는 점을 인정하지만, 그와 동시에 그 연구 대상의 특성이 자연 현상과는 달리 문화 현상, 역사 현상임을 들어, 이를 기초로 하여 그러한 현상을 야기시킨 동기나 의도가 무엇인가 하는 동기의 의미를 이해함으로써, 사회 현상에 대한 인과적 설명이 좀더 확실해진다고 보는 것이다. 즉, 그가 주장하는 **'이해의 방법'**이란 사회 현상에 대한 연구를 그 사회의 가치 관련적인 문화와 관련하여 이해하고자 하는 것으로서, 사회과학의 연구에서 가치 관련의 불가피성을 강조한 것이라 할 수 있다.

그러나 그가 가치 관련성을 강조했다고 해서 그것을 가치판단과 혼동해서는 안 된다. 베버가 말하는 가치 관련성은 어떤 현상을 문화적 가치 이념과의 관계에서 보는 것이지 어떤 현상에 대해 그것이 좋다든가 나쁘다든가 등의 가치판단을 하는 것은 아니다. 베버는 가치판단과 관련해서는 **가치중립적 입장**을 견지한다. 사회과학에서의 가치중립성이란 사회과학자가 가치판단으로부터 자유로워야 한다는 의미로서, 그것이 사회과학의 영역에서 상호 주관적 타당성을 획득하는 유일한 길이라고 믿는다. 이러한 가치 중립성의 시각은 사회과학 분야에서 오랫동안 당연한 것으로 인정되어 오다가 하버마스 등의 비판이론가들로부터 비판의 대상이 된다.

베버의 '이해' 개념은 이후 논의하게 될 현상학을 비롯한 해석적 사회학 이론들이 주관적 성격의 사회학을 발전시키려고 하는 데 연구의 출발점을 제공했다는 점에서 그 의의를 찾을 수 있다.

3 현상학적 방법

현상학이라는 것은 시대와 사람에 따라 여러 가지로 이해될 수 있긴 하지만, 20세기 초 후설(E. Husserl) 이후 일반적으로 통용되고 있는 의미로 본다면, 그것은 외부 관찰자의 입장에서 관찰할 수 있는 요소나 명백한 외견상의 행태에 대한 인과적 설명에 관심을 갖는 것이 아니라, 외부로 나타난 현상 너머에 있는 **근본적인 것**, **본질적인 것**을 꿰뚫어 보기 위한 학문적 태도라고 할 수 있다. 다시 말하면, 어떤 현상을 대할 때, 겉으로 나타난 현상만을 보고 성급한 판단을 내리는 것을 중지하고(이를 '**판단중지**[epoch]'라 한다), 될 수 있는 대로 객관적으로 그것을 기술하고 종합·분석해서 현상의 **본래적 의도**(intention)와 그 **의미**(meaning)를 찾아내려는 관점을 의미한다.

현상학의 기본적 사고를 쉽게 이해하기 위해서는 우리가 잘 알고 있는 '청개구리 이야기'를 한 예로 들어 설명할 수 있다. 청개구리의 어머니가 남긴 유언의 의미를 제대로 이해하기 위해서는 그것을 겉으로 표현한 그대로 성급하게 판단할 것이 아니고, 그 표현의 밑바닥에 깔린 근본적 의미를 이해해야 하는 것과 같다. 현상학적 접근은 이처럼 인간의 **의도된 행위**(action)와 **표출된 행태**(behavior)를 구별하고, 의도된 행위에 더욱 관심을 기울여야 한다고 주장하며, 그렇게 함으로써 행동의 의미를 좀더 근본적으로 이해할 수 있게 한다고 한다(Harmon, 1981: 45-67). 따라서 이러한 주장들은 앞서 설명한 베버의 이해의 사회학과 성격을 같이한다.

슈츠(Alfred Schutz)는 베버의 연구 성과를 높이 인정하면서도 그의 저술에 포함되어 있는 일부 모호한 점들을 보완하려고 했다. 사회과학의 본질적 기능이 사회적 행위의 주관적 의미를 이해하는 데 있다는 베버의 견해에는 동의하지만, 그는 베버가 특히 '주관적 의미(subjective meaning)'의 본질적 특성을 제대로 언급치 못했다고 주장한다(Schutz, 1967: xxxi).

첫째, 현상학에서 자주 표현하고 있는 '매일매일의 세계', '상식 세계', '일상생활의 세계' 등의 표현들은 의식이 깨인 모든 인간들이 일상 살아가면서 경험하고 관여하면서 나름대로의 의미를 부여하는 상호 주관적 세계에 대한 다양한 표현이다. 따라서 사회과학의 연구 대상인 생활세계로서의 사회 현실을 제대로 이해하기 위해서는 사회 속에 살고 있는 사람들의 관점에서, 그 사회를 이해하는 방식을 연구해야 하는 것이다.

둘째, 슈츠를 비롯한 현상학자들은 과학적 방법의 엄격성은 사회 현실을 이해하는 데 적합하지 않다고 한다. 그들은 표준과학적 방법이 양적 측면·계량적 측면을 중시하는 데 반해, **질적인 방법**과 **해석학적인 방법**을 선호한다. 그리하여 현상학적 관점은 표준과학적 방법에서와 같이 관찰할 수 있는 요소나 겉으로 나타난 명백한 외견상의 행태(behavior)에 대해 인과적 설명을 하는 데 관심을 갖는 것이 아니고, 사회 구성원의 입장에 서서 그들이 어떻게 그들이 살고 있는 생활세계 속의 사회 질서를 설명하는가에 관심을 갖는다. 이에 슈츠는 사회적 현실이란 그 사회 속에서 살아가고 있는 사람들 사이에 상호 주관적으로 공유된 일련의 의미들이라고 주장한다(Schutz, 1967: ch. 3).

셋째, 관찰자에게는 똑같은 외형적 행동이라도 그것을 수행하는 사람들에게는 다른 의미를 지닐 수도 있다. 그러므로 진정한 사회과학은 겉으로 나타나지 않는 행위(action; 이는 겉으로 나타난 행태를 의미하는 behavior와는 구별된다) 자체도 연구 대상으로 삼아야 한다.

넷째, 사회적 실재란 그에 대해 사람들이 갖는 믿음을 내포해야 되는데,

그런 것은 감각적 관찰에 의해서는 포착할 수가 없는 것이다. 관찰자로서의 조사연구자는 자신의 연구 가설을 지지하거나 거부하는 정보를 수집할 수 있다. 그러나 조사연구자들은 일반적으로 고객들의 반응적인 대답의 저변에 깔려 있는 미묘한 의미를 발견할 수가 없는 것이다. 또한 조사연구자들은 가설에 대해서만 정보를 얻게 되고, 그것이 요구한 바 없는 다른 정보를 얻을 수는 없는 것이다.

현상학적 방법은 요컨대 사회 현상으로서의 인간 행위의 의미를 이해하기 위해서는 이들 행위의 물리적 표현(physical manifestation)만을 '보는' 외부 관찰자의 입장을 취해서는 안 된다는 것이다. 그렇다고 해서 현상학적 접근 방법이 분석적이고 표준과학적인 이해의 방법을 완전히 부정하는 것은 아니다. 다만 사회 현실의 이해를 위해서는 그것만으로는 부족하고, 오히려 우리는 행위자가 그의 행위로서 **'의미하는 것'**을 행위자 자신의 관점에서 이해하기 위한 범주를 개발해야 한다는 것이다. 슈츠에 의하면 '이해'란 일상 생활 속에서 우리 모두가 자신의 행위의 의미와 우리가 상호작용하고 있는 타인의 행위의 의미를 해석하는 하나의 복잡한 과정에 붙여진 이름이다.[4]

4 이해의 사회학과 현상학의 공통점 및 한계

지금까지 해석사회학적 인식론적 관점에서 베버의 '이해의 사회학'과 현상학적 방법을 일별해 보았다. 그런데 이러한 인식론적 관점에서 정립하는 이론들 역시 넓은 의미의 **경험적 이론**에 속한다. 그것은 상호 주관적으로 인식된 **사회적 실재**의 특성을 묘사, 서술하고 필요한 해석을 가하는 역할을 한다. 따라서 현상학 역시 가치문제를 다루는 규범적 이론의 성립 가능성에 대한 인식론적 근거는 표준과학관과 마찬가지로 결여하고 있다. 슈츠

4) 과학적 방법과 현상학적 방법론의 이질적 측면과 동형적(同形的) 측면에 대한 좀더 자세한 이해를 위해서는 임의영(1995) 참조.

는 사회과학이 가치 중립적이어야 한다는 베버의 일반 명제에 대해서는 결코 의문을 제기하지 않는다.

사회과학에서 가치문제가 제기되는 상황은 다음과 같은 두 가지 상황이다.

첫째, 사회적 현실을 관찰할 때 그 사회의 사회적·역사적 세계 속에 가치 사실로서 존재하는 규칙이나 규범에 비추어서 그것을 이해하고 설명하는 것으로서, 해석사회학적 관점이다. 이는 전술한 베버의 가치 관련성을 의미하는 것으로서 사회과학과 자연과학을 구별하는 기준이 된다. 현상학에서 논의되는 가치 또한 이러한 의미의 가치 사실로서 그것은 사회적 행위자들의 사회적 여건과 역사적 조건에 의해 한정된 가치관을 의미한다. 따라서 현상학적 관점 역시 당위 지향적인 규범적 차원을 취급하는 데는 사회적 및 역사적 상대성을 초월하지 못하는 것이다.

둘째, 관찰된 사회 세계의 현실에 대해 어떤 규범적 원리에 의거하여 이에 대한 가치판단을 내릴 수 있는가 하는 점이다. 다시 말하면, 어떤 사회 세계의 현실에 대해 이를 좋다거나 바람직하지 않다는 등의 가치판단을 하기 위해서는 어떠한 가치판단 기준(규범적 원리)에 의거해야 하는가 하는 점이다. 이 문제는 베버가 가치중립성을 주창한 이래 아직 해결되지 못한 분야이다. 가치판단 기준으로서의 규범적 원리를 경험적 사실에서 이끌어 내면 '**자연주의적 오류**(naturalistic fallacy)'를 범한다는 데서 이 문제 해결의 어려움이 있다.

사회과학에서 가치판단적인 문제까지 연구 대상이 될 수 있는 것인가? 이에 관한 논의들은 비판이론을 검토해 봄으로써 더욱 충분히 이해할 수 있다.

5 비판이론

1) 비판이론의 개념

'비판이론(critical theory)'이라는 개념은 서독 프랑크푸르트대학 철학교수였던 호르크하이머(Max Horkheimer)의 논문 **「전통이론과 비판이론**

(Traditional and Critical Theory)」에서 유래되었다.

그는 여기서 **인간 인식의 두 가지 양식**으로 **데카르트**(René Descartes)**적 인간 인식 양식**과 **마르크스**(Karl Marx)**적 인간 인식 양식**을 들어 전자의 이론을 '**전통이론**'이라 하고, 후자의 이론을 '**비판이론**'이라 하여, 현대 철학의 기점을 후자의 이론에서 찾아야 한다고 역설했다.

(1) **데카르트적 인간 인식**

데카르트는 '**근세 철학의 아버지**'라고 불리는 프랑스의 철학자로서 그의 주된 관심은 지적(知的)인 확실성이었다. 그는 이러한 지적인 확실성을 추구하기 위해 계시론, 하나님에 대한 관념, 세계의 가치, 물리적인 사물 등을 비롯한 모든 것을 의심의 대상으로 삼았다. 즉, 그는 확실하고 그 자체가 명백한 지식을 찾아야 하며, 더 이상 의심의 여지가 없는 지식만을 진리로 받아들여야 한다고 확신하면서, 이를 위해서는 의심할 수 있는 것은 모두를 의심의 대상으로 삼아 회의에서 회의의 과정을 끝까지 추구해 나가야 한다고 보았다. 그는 이러한 극단적 회의를 통해 진리를 추구해 나가다가 전혀 의심할 수 없는 한 가지 명제를 얻게 되는데, 이것이 곧 "나는 생각한다. 그러므로 나는 존재한다"라는 명제였다. 이 말이 데카르트 철학의 출발점인 동시에 인간 이성에 기초한 근세 철학의 출발점이 되었다.

로마 가톨릭계의 지배 하에 있던 중세의 유럽은 르네상스 이후에 두 가지의 커다란 변화를 보인다. 그 중 하나가 기존의 로마 가톨릭과 더불어 개신교를 중심으로 한 새로운 신앙 형태가 등장했다는 점이며, 다른 하나는 르네상스 휴머니즘의 영향을 받아 중세의 하나님 대신 합리성을 중시하는 인간 중심의 사고가 지배하기 시작했다는 점이다. 이러한 사조 속에서 데카르트는 뉴턴과 더불어 인간을 포함한 만물에 대한 기계적 사유구조의 틀을 정착시켜, 자연 현상에 그것을 지배하는 운동 법칙이 작용하듯이 인간의 행위와 사유도 이를 기계적으로 이해하려는 태도를 보였다. 따라서 **데카르트적 인간 인식**이란 곧 근세 이후의 전통적인 **표준과학관적 방법**에 기초한 인간 인식 방법을 의미하는 것으로서, **관찰자**와 그 **주체**의 **구별**과 **가치중립성**의 가정을 그 특징으로 하는 인식 방법을 말한다.

(2) 마르크스적 인간 인식

마르크스는 사회와 역사의 발전에 대한 관점으로 상호 협력과 균형·조화 대신 모순과 갈등을 들고 이를 **계급 투쟁**으로 표현하고 있다. 즉 마르크스는 계급 투쟁을 역사 발전의 추진력으로 간주하고, 인류 역사를 착취 계급과 피착취 계급 사이의 투쟁의 연속이라는 관점에 본 것이다. 그리하여 그는「공산당 선언」첫 구절에서 "지금까지의 역사는 계급 투쟁의 역사"임을 선언하고 있다. 마르크스는 역사의 동인(動因)은 인간의 의·식·주를 해결하는 생산 수단의 발전에 있다고 보아 역사 발전에서의 물질적·경제적 요인의 중요성을 강조한다. 그리하여 그의 역사관은 하부구조가 상부구조를 결정한다는 **유물사관**(唯物史觀, Materialistische Geschichtsauffassung)에 입각하고 있다. 유물사관에 의하면, 사회 구성에서 사회의 토대는 경제 관계로서 이 경제적 구조가 토대가 되어서 그 위에 정치·법률, 더 나아가서 철학·예술 등의 제반 이데올로기가 형성되어 간다. 이들 제반 관념들은 경제적 하부구조 위에 위치하는 상부구조에 불과하다. 그러나 상부구조는 결코 그 자신 독립적인 존재가 되지 못하고 항상 하부구조에 의해 제약된다는 것이다.

마르크스는 또한 역사 발전의 법칙성으로 **단계적·비연속적 발전 법칙**을 강조하고 있다. 자본주의 경제 체제는 가장 최근의 역사 단계로서 자본가 계급과 프롤레타리아트 계급 간의 갈등 구조로 되어 있으며, 이들 사이의 계급 투쟁의 결과 프롤레타리아트 계급이 승리하게 되어 인류 역사는 계급 없는 이상사회의 출현으로 정점에 이르게 될 것이라고 한다. 그러나 자본주의 사회에서 사회주의 사회에로의 발전과 같은 역사 발전의 단계는 비연속적이고 단절적인 혁명적 과정이라고 본다. 따라서 그가 바라보는 역사 발전 법칙은 이전 사회와 도래하는 사회 간에 비연속성이 있음을 강조하고 있다.

마르크스적 인간 인식은 이와같이 가치중립적 입장에서 벗어나 현실 사회에 대한 비판과 함께 좀더 바람직한 **이상사회**에로의 **변화**를 강조한다는 점을 그 특징으로 한다. 이러한 견지에서 호르크하이머는 그의 논문에서 마르크스가 부르주아의 정치·경제를 공격하고 계급 없는 이상사회를 제안했던 것처럼, 데카르트적인 전통적 접근 방법이 아닌 비판이론적 관점에서 이론가가 바람직한 상태로의 변화(즉 가치)에 관여하는 일이 중요함을 강조하고 있다. 따라서 프랑크푸르트 학파는 현대의 **인간 사회생활**을 지배하는 **근원**이 무엇인가를 밝혀내어, 궁극적으로 이성을 통해 **인간의 자유**(**인간 해방**)를 실현할 수 있는 길을 모색하는 데 목적을 두고 있다. 이의 기본적 관점은 인간 자신의 노력과 사회적 조건에 의해 인간에게 과해진 제약과의 사이에는 어떤 종류의 긴장과 대립이 존재하는 바, 이론의 역할은 그러한 모순을 밝혀내어, 인간이 추구하는 자유를 가능하게 하는 데 있다고 한다.

이에 호르크하이머(Horkheimer, 1972: 188−243)는 "개인의 목적 지향성, 자발성 및 합리성과 사회 구축의 기초가 되어 있는 작업 과정의 관계와의 사이에 나타나는 긴장을 극복하고 대립을 소멸시키는 것"이 비판적 사상의 동기라고 말하고 있다.

(3) 비판이론과 비판의 의미

비판이론에서의 비판의 의미는 현존의 사상, 행위, 그리고 사회적인 조건들을 아무런 생각 없이 단순히 습관적으로 수용하는 데 만족하지 않고 의심해 보고, 좀더 바람직한 상태를 탐구해 보려는 지적·실천적 노력을 의미한다. 실천적 노력을 추구한다 함은 한마디로 인간을 지배하고 있는 근원적 요인이 무엇인가를 밝혀내고, 이러한 제반 근원적 요인에 대한 변화를 통해 궁극적으로 지배로부터 벗어나 **인간 해방**을 이룩하려는 노력을 말한다.

비판이론은 이러한 의미의 비판을 통해 인류가 의식적인 주체로서 자신의 삶을 능동적으로 결정할 수 있고, 인간 존재를 근본적으로 개선하며, 기존의 정치적·사회적 조건들에 대한 자각과 이해를 지향한다고 본다. 이와 같이 비판이론가들은 바람직한 인간 해방을 지향하기 위한 노력까지를 사회과학의 연구 대상으로 삼아야 한다는 점에서 가치판단의 문제까지를 그 연구 대상으로 하고 있다. 이러한 점에서 비판이론은 앞서 기술한 베버의 '이해의 사회학'이나 '현상학'적 관점과 구별된다.

비판이론을 주창하는 프랑크푸르트 학파는 신마르크스주의의 한 학파로서, 신마르크스주의자들 중에서 서독의 호르크하이머, 아도르노(Theodor W. Adorno), 마르쿠제(Herbert Marcuse) 및 하버마스(Jürgen Habermas) 등을 중심으로 하는 변증법적 이론가들만에 국한시켜 하는 말이다. 여기에서는 프랑크푸르트 학파 중에서 하버마스의 견해에 치중할 것이다.

2) 하버마스의 비판이론

(1) 세 가지의 인지적 관심과 이에 대응한 학문 분야

하버마스는 표준과학관적 접근과 현상학적 접근을 모두 수용하여 이를 변증법적으로 종합하고 있다. 그런데 이 양자의 접근 방법은 모두가 사회적 **현실의 파악**과 관련된 접근 방법이다. 이에 하버마스는 정치·사회 이론이 단순히 현실의 파악에 머무르지 않고 **비판적**이어야 함을 보여 줌으로써, 이 두 가지 접근 방법을 종합하는 데 그치지 않고 이를 극복하려 하고 있다.

지금까지의 지배적인 편견에 의하면 서술적 이론과 처방적·규범적 이론 간에 엄격한 구분이 이루어지고 있을 뿐만 아니라, 이론과 실천 간에도 명백한 구분이 행해지고 있다고 보아 왔다. 하버마스는 이와 같은 인식론적 근거에 도전하여, 이를 총체적 구조 속에서 종합적으로 파악하려고 한다. 하버마스는 19세기 중엽 이래 과학주의적 사고는 과학을 인식 가능한 하나의 형태로 이해하는 것이 아니라, 오히려 인식을 과학과 동일시하고 있다고 비판한다(Habermas, 1971: 4).

하버마스의 인식에 대한 이해를 하는 데 중요한 개념이 '**관심**(interest)'이라는 개념이다. 그가 논하는 관심이란 개념은 인간이 어떤 것에 대해 알려고 하는 인지적 관심(cognitive interest) 혹은 지식 구성적 관심(knowledge-constitutive interests)을 지칭한다. 우리 인간은 어떤 대상에 대해 그것을 알고자 하는 관심을 갖게 됨으로써, 인식의 대상이 결정되고 또한 인식의 유형이 결정된다고 한다. 즉 관심이 인식의 대상과 인식의 유형을 결정한다고 본다.

그에 의하면 인간은 원초적으로 세 가지의 대상에 대해 알고자 하는 인지적 관심을 갖는다고 한다. 즉, **기술적**(technical)인 것에 대한 관심, **실천**

적(practical)인 것에 대한 관심 및 **해방적**(emancipatory)인 문제에 대한 관심이 그것이다. 하버마스는 이 세 가지 관심의 대상에 대응해서 세 가지 인식의 유형으로서의 과학이나 학문 분야가 성립된다고 한다. 즉 '기술적' 인지적 관심에 대응해서 경험적·분석적 학문이 성립되고, '실천적' 인지적 관심에 대응하여 역사적·해석학적 과학이 성립되었으며, '해방적' 인지적 관심에 대응해서 비판 지향적인 과학이 성립되었다는 것이다(Habermas, 1971: 308).

이들 각각의 인지적 관심들은 또한 **일**(work), **상호작용**(interaction), 그리고 **권력**(power) 등 인간이 살아가면서 직면하게 되는 인간 사회의 실존적 차원에 각각 기초하고 있다. 그리하여 일은 기술적 관심에, 상호작용은 실천적 관심에, 그리고 권력은 해방적 관심에 상응하고 있다.

그는 이들 세 가지의 인지적 관심과 각각의 관련 학문 분야 그리고 그것들이 근거하고 있는 사회적 삶의 세 가지 측면들을 주의 깊게 구분해야 할 뿐만 아니라, 그것들이 상호 연관되는 특정한 방식들을 이해해야 한다고 주장한다. 지금까지의 논의를 정리하면 <표 6-1>과 같다.

하버마스가 지칭하는 '**일**'이라 함은 개인들이 생존하고 스스로를 보존하기 위해, 그들의 환경을 통제하고 조작하는 방식을 지칭한다. 인간은 이러한 의미의 일과 관련하여 기술적인 것에 관심을 갖게 되고, 이를 지향하는 학문 분야가 **경험적·분석적 과학**이다. 그는 이러한 인식 유형을 비판하거나 손상하려 하지 않고 있다. 다만 그가 논박하는 것은 이것만이 정당한 인식의 유일한 형태라거나, 모든 인식을 측정하는 기준이라는 이데올로기적 주장이다(Habermas, 1974: 218). 그리하여 그는 실증과학이 내적으로는 한계가 없으나 범주적으로는 한계가 지워져 있는 것으로 보는 현상학적 분석

〈표 6-1〉 하버마스의 세 가지 인지적 관심

인간 사회의 실존적 차원	인지적 관심	대응 학문 분야
일	기술적 관심	경험적·분석적 과학
상호작용	실천적 관심	역사적·해석학적 과학
권력	해방적 관심	비판 지향적 과학

—특히 후설의 견해—에 동의하고 있다.

그는 인간 사회의 또 하나의 실존적 차원, 즉 상호작용을 의사소통적 행위(communicative action), 즉 상징적 상호작용으로 이해한다. 그것은 행위에 대한 상호간의 기대를 규정하고, 최소한 두 명의 행위 주체들에 의해 이루어지고 있다. 사회적 규범들은 제재를 통해 강요된다. 그런데 그러한 사회적 규범들의 의미는 일상언어의 의사소통 속에서 객관화되어 있다.

그에 의하면 상호작용은 그것에 대해 서술하고 설명하며 이해를 하기 위해서는 이를 위한 독자적인 일련의 범주들을 요구하며 이를 다른 범주로 환원할 수 없다고 본다. 이와같이 인간 생활 중에서 두 사람 이상의 상호작용 혹은 의사소통적 행위의 범주에 관심을 지닌 학문 분야가 바로 **역사적·해석학적 학문**이다.

역사적·해석학적 과학은 경험적·분석적 과학과는 다른 방법론적 틀 속에서 인식을 획득한다. 사실에의 접근은 경험적·분석적 과학에서와 같이 관찰에 의해서가 아니라 의미에 대한 이해의 방식에 의해 접근한다. 경험적·분석적 과학에서의 법칙적인 가설의 검증은 여기에서는 문헌에 대한 해석에 해당한다(Habermas, 1971: 309).

하버마스는 경험적·분석적 실증주의의 독단성을 비판할 뿐만 아니라, 더 나아가 역사적·해석학적 과학이 인간과 사회에 대한 가장 기본적인 인식을 제공한다는 주장에 대해서도 비판을 가한다. 이들 각각의 자기 이해는 부분을 전체로 오인하고 있다는 것이다.

하버마스는 세 번째의 인지 구성적 관심인 **해방적 관심**을 통해 기술적·실천적 관심을 하나의 포괄적 합리론(comprehensive theory of rationality)으로 발전시키려는 그의 학문의 종합적 성격을 드러내고 있다. 우리는 기술적, 그리고 실천적 관심에 의해 인도되는 인식이 축적되어 감에 따라 은연중에 지적인, 그리고 물질적인 해방의 조건, 즉 비소외적인 노동과 자유로운 상호작용이 구체화될 수 있는 이상적인 상태에 대한 인지적 관심이 증대되게 된다. 이 분야가 하버마스의 **해방적인 인지적 관심** 분야이다. 하버마스는 통제 목적에 종사하는 실증주의 지향적인 경험적·분석적 과학, 의미에 영향을 미치지 않고 의미의 이해만을 목적으로 하는 현상학적 전통을 지닌 역사적 · 해석학적 과학, 그리고 세계를 이해함과 동시에 그 세계를 변화시키려는 데 목적을 둔 프랑크푸르트 학파의 비판적 시각을 구별한다.

(2) 이상적 담론 상황과 인간 해방

하버마스는 우리의 언어와 일상생활 속의 **담론**(discourse) 중에 그 **사회의 지배구조**가 내포되어 있음을 강조한다. 그리하여 그에게는 언어의 구조와 언어의 본질 및 그 사용에 대한 연구를 행함으로써, 사회의 **지배구조**가 어떠한가에 관한 많은 통찰을 행할 수 있는 실마리를 제공하는 것이라고 보았다.

언어를 통한 의사전달이 밖으로부터의 영향이나 강요를 통해 방해받지 않고 의사소통의 본래적 구조 자체 안에서 일어나는 담론 상황을 '**이상적 담론 상황**'이라 한다. 이상적 담론 상황은 의사소통의 체계적 왜곡이 없이 이루어지는 담론 상황을 의미한다. 즉, 담론에 참여하는 모든 사람들에게 기회를 균형 있게 부여하며, 의사소통 구조는 여하한 강제도 낳지 않는 상황을 의미하는 것이다. 담론의 당사자들이 각각의 주장이나 반론, 질문이나 응답에서 전달하고자 하는 의사를 발표할 동등한 기회를 가지며, 어느 누구도 특권을 누리지 않는 담론 상황을 의미한다. 이러한 상황에서는 의사소통은 **왜곡**되지 않으며, 말과 행위의 선택과 수행에 **효과적인 기회 균등**이 보장된다.

본질적으로 하버마스는 이와 같은 이상적 담론 상황 하에서는 **공중의 합리적 의지**가 표현된 **합의**(consensus)를 결과할 수 있다고 주장한다. 영향을 받는 모든 참여자들이 실천적인 숙고를 행하는 과정에서 광범위하게 참여할 수 있는 기회가 부여되는 한, 거기에서 결과하는 합의가 갖는 합리성은 기만이나 왜곡이 없는 자유로운 토의의 결과 나타나는 공동의 이익(common interest)에 기초하고 있으며, 그러한 공동 이익의 추구를 통해 인간 해방을 가져올 수 있다고 한다.

프랑크푸르트 학파의 최고봉인 하버마스는 마르쿠제(Herbert Marcuse)와 함께 베버류의 합리성 개념에 머물지 않고, **사회적 합리성**을 확장할 수 있는 방안을 검토하고 있다. 마르쿠제나 하버마스는 모두가 똑같이 베버가 합리성 개념을 주어진 목적을 가장 효율적으로 달성하기 위한 수단이라는 관점, 즉 **수단적 합리성**만을 강조하여 정의하고 있는 데 대해 비판을 가한다. 그들은 베버의 합리성에 대한 기술적 · 수단적 정의는 그 속에 지배를 확장시키기 위한 이데올로기를 정당화하는 것과 관련이 있다고 보는 점에 견해를 같이한다. 이들이 공통적으로 문제로 삼고 있는 것은 베버가 이러한 경향을 불가피한 것이라고 보고 있는 점이다.

그들에 따르면, 베버의 수단적 합리성 개념은 어떤 행위의 정당성 여부를 단지 기술적 · 수단적 합리성의 관점에서만 구하려 하고 있을 뿐이며, 그 행위의 목적 자체가 정당한지의 여부에 대한 논의와 관련된 목적적 합리성에 대해서는 이를 회피하고 있다는 것이다. 진실로 합리적인 행위는 의사소통에 대한 제약을 제거함으로써만 가능하다는 것이다.

요약컨대 하버마스는 일(work)의 차원에서는 소외가 없는 상태가 실현되고, 상호 의사전달의 차원에서는 사회의 구조적 제약이 존재하지 않는 자유로운 분위기가 형성될 수 있는 이른바 해방된 인간 사회에 대한 관심을 실현하기 위해서는 이상적 담론 상황을 필요로 한다는 것이다. 이상적 담론 상황에 대해서는 이 책의 제10장 '정치적 합리성과 행정의 민주성'에서 다시 논의될 것이다.

제 5 절 결론: 행정학 연구에의 적용 방안의 모색

행정학은 행정 과정을 연구 대상으로 하는 학문으로서 궁극적으로는 바람직한 사회 가치의 실현을 위해 필요로 하는 체계적이고 합리적인 지식, 즉 행정 과정에서 필요로 하는 지식을 제공하는 데 그 목적이 있다. 그렇다면 행정 과정에서 필요로 하는 지식에는 어떠한 유형이 있는가? 그것은 크게 보아 세 가지의 지식의 유형을 요구한다고 할 수 있다. 첫째는 행정이 다루고자 하는 대상이나 행정 현실에 대한 **사실적 · 경험적 지식**이다. 둘째는 행정이 추구하고자 하는 바람직한 **규범적 · 이상적인 당위에 관한 지식**이다.

셋째는 규범적으로 제시되는 당위에 관한 지식을 목표로 삼고, 경험적으로 밝혀지는 행정에 대한 경험적 지식을 수단으로 삼아서 이 두 가지의 차원을 목적-수단의 관계로 연결시키는 **처방적 · 실천적 지식**이 그것이다.

이는 곧 행정학에서 필요로 하는 지식은 단순히 **'사실'에 관한 지식**만으로는 부족하고, 이 밖에 **'가치'에 대한 지식**과 이러한 가치를 계획된 행동을 통해 실현하는 데 필요한 **처방적 지식**, 즉 가치와 사실이 체계적으로 혼합되어 나타나는 실천적인 절차와 법칙을 정립하기 위한 지식을 필요로 한다는 것을 의미한다.

이와같이 행정학은 바람직한 사회 가치의 실현을 목적으로 현실 세계에서 가능한 행동 방안을 연구하고, 이를 집행하며 평가하는 데 필요한 지식을 추구한다는 점에서 **처방적 · 실천 지향적 연구**에 속하며, 그러한 과정에서 크고 작은 끊임없는 의사결정이 이루어지는 과정으로 이해할 수 있다.

행정 과정은 끊임없는 수많은 의사결정의 과정으로서, 이러한 의사결정을 위해서는 가치의 문제를 떠나서는 불가능하다. 호지킨슨 역시 행정 과정을 의사결정 과정으로 보고 행정을 수행하기 위해서는 선과 악, 옳은 것과 그른 것, 편익과 비용, 능률성과 효과성 등 제반 가치가 개입된다는 점을 지적하고 있다. 그는 또한 의사결정의 불가결한 세 가지 구성 요소로서 사실, 가치 및 개연성(probability)을 들고, 다만 가치와 사실의 혼합 비율이 정책 형성 등의 상위 수준으로 갈수록 가치 비중이 커지지만 그것은 상대적인 것이며 집행의 과정에서도 양자가 혼합되어 나타난다고 한다(Hodgkinson, 1983: 29).

이와같이 행정가가 가치와 사실 간의 혼합을 통한 실천적 처방을 위해서는 철학의 기초에 근거한 전반적 전략이 필요한 바, 합리적으로 어떤 행동 방안을 선택하기 위해 거치게 되는 사고의 단계는 다음과 같은 삼단 논법의 단계라고 할 수 있다.

첫째 단계는 가치판단의 대전제의 단계로서 바람직한 행정에 대한 당위적 원칙들로 이루어지는 단계이다. 둘째 단계, 즉 소전제는 처한 상황과 관련된 진술이나 행위의 결과로서 나타나게 될 사실적 진술들로 이루어지는 단계이다. 마지막 단계는 이들 두 전제를 기초로 해서 가치판단이 결론으로 도출되는 단계이다.

행정가가 이와같이 합리적 의사결정의 과정을 거치는 데 도움을 줄 수 있는 행정학적 지식의 유형은 곧 하버마스가 제시한 세 가지의 인지적 관점과 맥을 같이한다. 전술한 바와 같이 그는 세 가지의 인지적 관심으로서 기술적 관심, 실천적 관심, 해방적 관심을 제시하고 이에 대응하는 학문 분야로서 경험적·분석적 지식, 역사적·해석학적 지식 및 비판 지향적 지식이 있음을 들고 있다. 그는 이들 각각의 학문 분야에 종사하고 있는 자들이 각각 그들의 인식 유형만이 정당한 인식의 유형이라고 보는 이데올로기적 주장을 하고 있는 점을 비판하고, 각각의 관심에 따른 인지적 유형은 그에 타당한 인지의 유형이 있으므로 어떤 하나의 인지적 유형으로 환원될 수 없는 것이라는 점을 지적하고 있지만, 그렇다고 해서 각각의 인식 유형을 비판하거나 거부하려는 태도를 취하지는 않고 있다. 각각의 인식 유형은 주어진 범주 내에서는 타당한 인식 유형이라는 것이다. 그의 이와 같은 주장은 우리가 연구하고자 하는 행정이론이 포괄성과 적합성을 지니기 위한 방안으로 이들 세 가지 이론들—경험적, 해석적, 비판적 이론—을 상호 배타적이 아닌 절충적 관점에서 **변증법적 종합화**를 시도할 수 있는 가능성이 있음을 우리에게 보여 주고 있다.

행정학 연구에서 경험적·분석적 과학으로서의 표준과학적 사고는 행태과학이나 관리과학의 형태로서 행정 행태의 연구와 공공정책, 재정, 예산 등에 대한 합리적 분석 및 행정조직의 능률적 관리를 위한 지식을 제공하는 데 중대한 공헌을 해 왔고 또 앞으로 계속적으로 연구되어야 할 중요한 과제이기도 하다.

행정학은 인간의 행위를 통해 이루어지는 행정 현상을 연구 대상으로 하기 때문에 행정 현상 속에서 규칙성을 발견하고, 이를 설명하는 기능을 수행하기 위해서는 표준과학관에서 요구되는 절차와 규칙을 따를 필요가 있다. 또한 행정인들이 행정을 둘러싼 환경을 통제하고 조작하는 방식을 탐구하기 위한 합목적적인 행위나 통제를 위해서도 실증주의적 과학을 요구한다. 그러나 실증주의적 과학관이 비판을 받는 이유는 그것만이 유일한 올바른 과학관이라고 주장하는 데 있다. 행정 현상의 실재를 이해하기 위한 자료로서의 경험이 자연과학에서 말하는 감각적 지각이라든가 외부로 나타난 객관적 행태(behavior), 혹은 그것을 통해 추론되는 잠재적 행태(covert behavior)에 국한되어야 한다는 실증주의적 경험관은 우리가 이미 보아 온 바와 같이 여러 학파에 의해 비판의 대상이 되고 있다. 이러한 점에서 우리는 실증주의적 표준과학관의 한계를 극복할 필요가 있다.

행정 현상에 대한 좀더 근본적 이해를 위해서는 그러한 현상을 낳은 행위자들의 참여와 상호 주관적 의미 부여 및 해석에 기초한 현상학적 접근을 필요로 한다. 계층제적인 행정 관료제 속에서 관리자들이 그들의 업무를 제대로 수행하거나 문제 상황을 해결하기 위한 실천적 의사결정 과정에서, 문제 상황을 의미 있는 해결책으로 바꾸기 위해서는 관련 당사자들이 의사소통의 상호작용을 통해, 그들 간의 감정과 의견 등을 당사자들 자신의 관점에서 상호 주관적으로 이해함으로써, 당사자들이 가지고 있는 주관성 문제를 조화시키기 위한 현상학적 접근을 필요로 한다.

행정학에서는 **하몬**(Michael Harmon)이 그의 '**행위이론**(action theory)'을 통해 현상학적 방법론을 도입하여 그의 논지를 전개하고 있다(Harmon, 1971; 1981 참조). 그는 무엇보다도 실증주의를 철저히 비판하는 데 중점을 두면서, 이를 그의 행위이론과 비교하여 설명하고 있다. 하몬의 행위이론의 특징으로는 첫째, 연구를 위한 분석 단위의 측면에서 보면 분석 단위를 개인에 두는 방법론적 개인주의도 아니고, 집단이나 조직·국가·체제 등을 연구 단위로 하는 형이상학적 신비주의도 아닌 '대면적 접촉(face-to-face encounter)'을 기본적인 분석 단위로 해야 함을 강조한다.

둘째, 실증주의적 인간관과 대비하여 실증주의적 인간관이 인간을 기본적으로 수동적(passive)이며 개인적인 것으로 보고 있는데 반해, 하몬은 현상학적 의미에서의 인간관을 능동적(active)이고 사회적인(social) 것으로 보고 있다. 이는 인간들이 자신들의 행위를 결정하는 데 자율성(autonomy)을 가지고 있음과 동시에, 사회적 맥락에 의해 그의 행위가 한계지어진다는 것을 의미한다.

셋째, 행태가 아닌 행위에 초점을 둔다. 행태주의에서 '행태(behavior)'라 함은 일정한 자극에 대한 반응으로서 나타나는 행동이다. 이러한 행태는 자극에 대한 반응을 나타내는 인간의 동기를 경시하는 경향이 있다는 것이다. 즉, 행정에서 행위자의 의도나 동기를 배제하고 있다는 것이다. 이에 반해 행위이론은 인간의 의도와 동기를 해석하고 이해하는 데 관심을 둔다. 따라서 행태주의가 행태를 설명하려고 하는 데 대해 행위이론에서는 행위를 해석하고 이해하려 한다는 것이다.

넷째, 행태론에서는 이기심을 행동의 동기로 보는 데 반해, 행위론에서는 호혜성을 행위의 이유라고 본다.

현상학적 관점 역시 행정 현실로서의 '**사실**'에 관한 지식을 추구하기 위한 더 넓은 의미의 **경험과학**에 속한다. 또한 현상학적 방법은 가치판단의 중립성을 주장함으로써 사실과 가치의 통합을 통한 실천적 행정학을 수립하는 데 한계성을 갖게 된다. 따라서 행정학에서의 가치와 사실의 혼합을 통한 실천성을 추구하기 위해서는 비판이론에 이르러서야 정립될 수 있음을 알 수 있다.

비판이론은 계몽과 해방이 요구되는 사람들로 하여금 스스로의 성찰과 상호 주관적 담론의 과정을 통해 고통과 압제와 사회적 쟁점과 역사적 구조 상황에 대한 이해를 증진시키고, 이를 극복하기 위한 변화를 가져오기 위해 현실적으로 가능하고 필요한 실천 방안을 결정하기 위한 **종합적 방법론**을 개발하려고 하며, 이를 위한 전제 조건으로 이상적 담론 상황을 전개하고 있다.

이러한 견해에 불만을 품는 급진주의적 신마르크스주의자들은 그와 같은 실천적 담론을 저해하는 압제적이고 왜곡된 사회, 즉 대화가 요구하는 이상적 의사전달 능력의 상황이 결여된 경우에는 비판이론을 실천하는 데 한계가 있다는 점을 지적하고 있다. 그러나 하버마스가 제시하고 있는 이상적 담론 상황은 행정학을 비롯한 사회과학이 이러한 한계점을 극복하고 이상적 의사전달이 행해질 수 있는 방향으로 나아갈 수 있도록 노력해야 한다는 당위적 요청을 우리에게 시사해 준다는 점에서 그 의의를 찾아볼 수 있을 것이다.

우리는 하버마스의 논지를 통해 행정학의 연구에서는 표준과학적 시각과 해석사회학적 시각들이 주어진 범주 내에서 나름대로의 타당성을 가지고 있음을 발견하게 되었고, 행정학이 궁극적으로 인간 해방을 위한 바람직한 사회 상태를 지향한다는 점에서 볼 때 이를 위해서는 행정 결정과 관련하여 이해관계를 갖는 사람들 간의 이상적 의사전달이 이루어질 수 있는 이상적 담론 상황이 필요하다는 점을 알 수 있다.

비판이론은 실증주의가 기존의 질서를 있는 그대로 인정하고 그 속에 존재하는 사회관계의 인과관계적 법칙을 찾아내는 데에만 관심을 둠으로써, 지배계급의 권력과 통제를 유지시키고 있다고 비난한다. 이를 행정과 관련시켜 설명하면, 실증주의가 특정 국가의 행정의 역사와 문화 또는 이념, 그리고 관료제의 성격 등에는 관심이 없고 오직 그 안에서 행해지는 행정인의 행태만을 관심 대상으로 하여 법칙성을 정립하려고 하는 경우, 그것은 잘못된 사회구조와 그를 기반으로 하는 행정 관료제를 영구화하고, 지배그룹의 권력과 통제를 강화시키는 데에만 기여하리라는 것이다. 그러므로 비판이론에 따르면 왜곡된 사회구조를 가지고 있는 경우, 행정학은 단순히 주어진 행정 현상을 관찰하여 정립한 이론을 근거로 할 것이 아니라, 자기비판적 담론을 통해 행정을 둘러싼 왜곡된 사회구조에서의 허위의식이나 왜곡으로부터 해방될 수 있는 방안도 연구 대상으로 삼아야 한다는 점을 강조하는 것이다.

제 3 부

행정에서의 가치판단 기준

제 7 장 공리주의 원리와 가치판단 기준

벤담(Jeremy Bentham)은 1789년에 출간한 『**도덕 및 입법의 원리 서설**(*An Introduction to the Principles of Morals and Legislation*)』에서 인간은 어느 시대, 어떤 장소에 있는 인간이든지 그가 행동을 하는 동기는 하나의 원리로서 설명할 수 있다고 한다. 그 하나의 원리가 곧 '**공리**(功利)의 **원리**'로서 "모든 인간의 행동은 쾌락(pleasure)을 극대화하고, 고통을 최소화하려는 욕구로부터 나온다"는 것이다. 다시 말하면, 공리의 원리란 시(時)와 공(空)을 초월해서 모든 인간은 똑같이 하나의 동기, 즉 쾌락을 극대화하고 고통을 최소화하려는 동기에 의해 행동을 하게 된다는 원리를 이름이다.

벤담에 따르면, 이 공리의 원리가 인간이 무엇을 해야 할 것인가를 결정하고, 또 어떻게 해야 하는가를 결정하는 데 기본 원리로 작용한다고 하며, 이것을 사회이론의 기초 이론이라고 주장한다.

벤담이 제시한 공리의 원리는 비록 그것이 직접적으로 경제이론을 다루고 있지는 않지만 그 후 **신고전학파 경제학**의 철학적 기초를 이루고 있다. 또한 신고전학파의 경제학은 그것이 **효용이론**에 기초하고 있으면서 그 후의 **후생경제학**(welfare economics)의 기초가 된다.

공리주의 철학에 기초하고 있는 이러한 효용이론이나 후생경제학은 우리가 행정 이념으로 가장 많이 거론하는 **효율성**(efficiency)의 기초가 된다.

따라서 효율성 개념은 그 철학적 근원이 공리주의에 있다고 할 수 있다. 이 장에서는 이러한 주장의 근거를 밝히기 위해 먼저 공리주의의 기본 내용 및 그 한계점에 대해 논의하게 될 것이다. 다음으로 공리주의가 경제학에서의 효용이론, 후생경제학을 거쳐 어떻게 행정의 효율성 개념과 연결되는가를 설명하게 될 것이다. 이러한 논의를 통해 행정 이념으로서의 효율성이 공리주의 철학에 근거하고 있으며, 따라서 공리주의가 내포하고 있는 한계점이 곧 효율성의 한계점이 된다는 점을 이해하게 될 것이다.

제1절 공리주의의 기본 관점

1 공리주의의 철학적 근거

벤담의 공리주의에 담겨진 그의 사상을 이해하기 위해서는 그가 근거하고 있는 그의 철학을 이해할 필요가 있다.

그는 16세기 이래 자연과학의 영향을 받아 자연과학자들이 행한 동일한 연구를 사회과학에서도 수행하지 않으면 안 된다고 보았다. 그리하여 사회세계에서도 자연 세계에서의 발견과 진보와 같이, 새로운 발견이 없이는 정체된다고 생각한 끝에 “최대 다수의 최대 행복은 옳고 그름의 척도이다”(Bentham, 1962: 227)라는 근본 명제를 발견하기에 이르렀다.

그에 의하면 18세기는 자연과학의 경이적인 발달로 인해 자연을 이용하여 인간의 행복을 증진시키고 있는데 반해, 인간 사회에는 빈곤이나 범죄 등 사회문제가 여전히 그치지 않고 있는데, 그 이유는 자연 현상에 자연을 지배하고 있는 법칙이 존재하듯이, 인간 사회 현상에도 이를 지배하고 있는 법칙이 존재하고 있는데도 입법자가 그것을 모르고 있기 때문이라고 본다. 즉, 그는 자연과학이 자연에 존재하는 법칙의 발견을 통해 자연을 인간 생활에 유리하도록 이용하듯이, 사회과학도 사회에 존재하는 각종 사회문제에 대해 그 인과관계의 법칙을 분명히 밝힐 수 있게 되면, 문제의 원인을 구성하고 있는 요소들을 제거하거나 그 원인이 작동하지 못하도록 규제할 수 있는 내용의 입법을 제정하여 시행함으로써 문제를 해결할 수 있다고 본 것이다.

그는 사회과학을 자연과학과 같은 정밀과학으로 만들기 위해서는 전체를 구체적인 개체로 분해해서 관찰하고, 그것에 공통하는 현상을 추론으로 법칙화해야 한다고 본다. 자연과학이 감각적으로 경험할 수 있는 특정의 물(物)을 분석하여 그 성분을 밝히고, 개물(個物)의 실험에서 그것의 운동법칙을 발견하는 것처럼, 사회과학도 감각적으로 경험할 수 있는 개체의 관찰에서 출발해야 한다고 본다. 즉 사회에서부터가 아니라 그것을 구성하고 있는 개개인에 대한 인간 관찰이야말로 우리들의 연구의 출발점이라고 보았다.

이와같이 그는 개개인을 관찰 단위로 삼아 연구한 끝에 각 개인이 **쾌락을 획득하고 고통을 회피**하려는 것을 목적으로 삼는다는 점을 인간관에 대한 경험론적 기반 위에서 발견하고, 이러한 사실적 전제로부터 사회 역시 사회 구성원 전체의 쾌락을 극대화하는 것이 당연하고 옳은 것이라고 보았다. 즉, 그는 **개인적 선택의 원리와 사회적 선택의 원리 간에 유추**(類推, analogy)를 통해 사회 역시 구성원들의 쾌락을 최대한으로 늘리고 고통을 최소화하는 행위가 옳은(right) 행위라는 기본 명제를 발견하기에 이르렀다.

벤담은 인간은 쾌락을 극대화하려는 합리적 계산적인 존재일 뿐만 아니라, 또한 기본적으로는 **개인주의적**이며 **게으른 존재**라는 인간관에 입각하고 있다. "인생의 일반적 행로에서 모든 인간의 마음에는 자애적 이해(自愛的 利害)가 다른 모든 이해에 대해 지배적이다. 자기 선호는 모든 곳에 놓여 있다"(Stark, 1954: 421)고 한다. 또한 그는 모든 사람들은 어떤 일이나 노력도 고통스럽게 생각한다고 믿었다. 따라서 벤담의 인간관은 인간은 좀더 큰 쾌락이나 좀더 큰 고통의 회피가 약속되지 않으면 결코 일을 하거나 노력을 하지 않을 것이라는 인간관에 입각하고 있다.

2 목적론적 윤리설과 공리주의

목적론적 윤리설은 전술한 바와 같이(제5장), 인생의 궁극 목적이 무엇인가, 즉 **본래적으로 좋은 것**(intrinsic good)이 무엇인가를 밝혀내고, 어떤 행위가 옳은 행위인지의 여부는 곧 이 본래적으로 좋은 것, 즉 인생의 궁극 목적에 의해 판단된다고 주장한다. 또한 목적론적 윤리 체계에서는 옳고 그른 행위의 척도는 가치의 기준을 행위의 결과(consequences)에 적용하여 판단해야 한다는 **결과주의**를 특징으로 한다.

공리주의는 목적론적 윤리설의 가장 대표적인 학설로 인정되고 있다. 벤담을 위시한 19세기 공리주의자들이 고전적 공리주의를 제창한 이래 여러 유형의 공리주의가 산출되었으나[1] 이들이 공통적으로 갖는 공리주의의 기본적 사고는 다음과 같이 표현될 수 있다.

> 행위란 그것이 자체로서 바람직한 '본래적으로 좋은 것'을 증진시키는 경향에 비례해서 옳으며(right), '본래적으로 악한 것'을 증진시키는 경향에 비례해서 그르다(wrong).

공리주의에서 말하는 **'본래적으로 좋은 것(본래적 가치)'**의 개념은 어떤 것이 더 높은 목적의 수단으로서가 아니라, 목적 그 자체로서 가지는 가치를 의미한다. 따라서 목적론적 윤리설에서 말하는 인생의 **궁극 목적**과 같은 개념이다. 또한 공리주의에서는 목적론적 윤리설이 주장하는 **'결과주의'**

1) 벤담을 비롯한 밀(J.S. Mill), 시즈위크(H. Sidgwick) 등의 일련의 공리주의자들은 본래적으로 좋은 것을 쾌락(pleasure)이라고 보는 **쾌락주의적 공리주의**를 주장하는 한편 , 벤담이나 시즈위크는 모든 쾌락의 양화(量化) 가능성을 인정함으로써, **양적 쾌락주의**로 나아가게 되고, 밀은 쾌락에서 질적 차이를 인정함으로써 다양한 종류의 쾌락을 가정하는 **질적 쾌락주의**를 제시하게 되었다. 그 후 다시 래쉬달(H. Rashdall), 무어(G. E. Moore) 등은 본래적으로 좋은 것의 개념을 확장하는 쪽으로 나아가 본래적으로 좋은 것이나 가치가 하나 이상이라고 주장하는 **다원공리주의**가 등장하게 되며, 무어가 대표적 학자이다(Mill, 1957; Sidgwick, 1966; Rashdall, 1970 참조).

에 따라 어떤 행위의 결과가 무엇인지를 찾아내고, 그 행위의 결과가 '본래적으로 좋은 것'을 증진시키는지의 여부에 따라 좋은 행위인지 나쁜 행위인지를 알 수 있다고 본다.

공리주의자들 간의 논쟁은 바로 '본래적으로 좋은 것'을 무엇이라고 보느냐에 따라 견해를 달리하는 데 있다. 그러나 공리주의자들 간에 이견이 없는 점은 '본래적으로 좋은 것'을 극대화해 주는 행위가 옳은 행위라고 보는 **극대화의 원리**(maximizing principle)에 입각하고 있다는 점과 **결과주의**에 입각하고 있다는 점이다. 이러한 극대화의 원리와 결과주의는 공리주의의 대표적인 두 가지 특징이 된다.

공리주의 원리는 가장 유명한 목적론적 윤리설로서 행정학에서도 많은 행정활동들을 정당화하는 데 대표적인 기준으로 사용되어 왔다. 즉 최선의 행정이란 최대 다수에게 최대의 '본래적으로 좋은 것'을 결과하는 행정이라는 것이다. 벤담의 공리주의는 '본래적으로 좋은 것'을 곧 **쾌락**(pleasure)으로 보았다.

3 최대 다수의 최대 행복의 원리

벤담의 공리주의는 본래적으로 좋은 것, 즉 인생의 궁극 목적을 쾌락으로 보았으며, 또한 쾌락에 대한 측정이 가능하다고 보는 **양적 쾌락주의**(量的快樂主義)를 주장한다. 따라서 이는 고대 윤리학설로서 대표적으로 알려져 있는 쾌락주의(epicurianism)에 근거하고 있다고 볼 수 있다. 그러나 희랍의 쾌락주의자들이 모두 개개인의 쾌락을 목적으로 삼은 데 반해, 근세 영국에서 벤담을 중심으로 발전한 공리주의는 **사회 전체의 쾌락**을 강조했다는 점에서 다르다. 따라서 공리주의는 쾌락주의의 근대적 형태로서 영국의 전통적인 경험주의 기반 위에 18세기의 합리주의 사상이 결합되어 탄생된 근대적 쾌락주의라 할 수 있다.

공리주의가 최대 행복의 원리를 표방함과 동시에 최대 다수의 원리를 내세움으로써 다수의 사람에게 다량의 행복을 주려는 것이 공리주의의 원칙이라는 점은 공리주의가 개인적인 쾌락주의가 아니라 대중적 혹은 사회적 쾌락주의라는 주장을 뒷받침해 준다.

요컨대, 공리주의가 쾌락주의에 기초해서 표방하는 '최대 다수의 최대 행복의 원리'는 복수의 사회적 행위나 정책(혹은 정책대안)들 중에서 어느 행위나 정책(혹은 정책대안)이 더 옳은 것인지(정의로운 것인지)를 판단하는 기준은, 그것들 중 어느 것이 결과적으로(결과주의 원칙에 따라) 사회를 구성하는 더 많은 사람들의 만족(쾌락)의 총계를 더 최대화(극대화의 원리에 따라)하느냐에 따라 결정된다고 보는 것이다.

제 2 절 공리주의 원리에 따른 가치판단의 한계

공리주의는 목적론적 윤리설에 입각하고 있음으로써 옳은(right) 정책(혹은 행위)이란 곧 그 정책(혹은 행위)의 시행 결과 좋은 것(good)을 극대화하는 결과를 낳는 정책이라고 보는 **결과주의와 극대화의 원리**(maximizing principle)에 입각하고 있다. 따라서 공리주의는 사회를 구성하는 모든 성원의 좋은 것(행복, 쾌락, 만족, 효용 등)에 대한 산술적 총합의 극대화를 주장하기 때문에 먼저 구성원 각 개인에 대한 쾌락 내지 만족의 계산이 가능해야 할 뿐만 아니라, 그러한 계산이 개인 간의 비교에서도 의미가 있어야 한다.

공리주의가 하나의 사회윤리로서의 그 역할을 다하고 의사결정이나 정책 입안에 유용한 이론 장치이기 위해서는 극대화의 원리가 작용 가능한 것이어야 하는데, 여기에서 제기되는 문제는 첫째, 여러 대안에 의해 한 개인이 얻게 될 쾌락이나 만족의 정도를 어떻게 측정할 것인가의 문제요, 둘째 개인들 상호간에 쾌락이나 만족의 정도를 비교하는 문제이다. 셋째, 공리주의는 그것이 배분을 중심으로 한 정의의 원리에 위배될 가능성을 원리 속에 내포하고 있다는 점이다.

1 전체공리주의와 평균공리주의의 문제

이는 공리주의의 극대화 원리를 적용할 때 이를 효용의 전체적 합에 적용할 것인가 혹은 평균의 극대화에 적용할 것인가가 문제이다. 즉, 전체공리주의(total utilitarianism)와 평균공리주의(average utilitarianism) 중에 어느 것에 극대화의 원리를 적용하느냐 하는 점이다.

전체공리주의는 고전적 형태의 공리주의로서 벤담에서 시작하여 시즈위크(H. Sidgwick)에 의해 명료하게 정식화된 이론으로서, 한 사회의 제도들이나 체제는 그 성원들의 전체 효용을 최대한 달성하도록 편성되어야 한다는 것이다. 이는 개인이 자신의 효용을 최대한으로 성취하고 가능한 한 자기의 합리적인 목적을 가장 잘 실현하도록 행동하는 것이 합당하듯, 사회 역시 합리적 타산에 의해 전체의 효용을 극대화시키는 것은 당연하다는 것이다. 개인적 선택의 원리와 사회적 선택의 원리 간에 유추가 성립하는 경우 전체공리주의는 당연한 귀결이다(Rawls, 1971a: 23-24).

이와 비교해서 평균공리주의 원칙은 전체 효용이 아니라 평균 효용의 극대화를 요구한다. 이는 현대적 입장으로서 밀(J. S. Mill)에 의해 암시되고 윅셀(Knut Wicksell) 등에 의해 주창된 이후 하산니(J. C. Harsanyi) 등이 새로운 이론적 기초를 제공하고 있다(Harsanyi, 1953 참조).

예를 들어, 이제 다음과 같은 두 가지 사회를 가정해 보자.

사회 I	개인	A	B	C	D	E	F
	효용	2	2	2	2	2	2
사회 II	개인	A	B	C			
	효용	3	3	3			

이 경우 전체공리주의에 의하면 사회 I 을 선호하고, 평균공리주의에 따르면 사회 II 를 선호하게 된다. 이렇게 볼 때 전체공리주의는 빈곤의 수준

이 제대로 반영되지 않는다. 이와같이 공리주의는 전체공리주의에 의거하느냐 평균공리주의에 의거하느냐에 따라 다른 결론을 도출하게 되는 문제점이 있다.

2 효용의 측정 및 개인 간 비교의 문제

공리주의는 사회를 구성하는 더 많은 사람들의 만족을 극대화하는 행위를 옳은 행위라고 보는 '최대 다수의 최대 행복'의 원리에 입각하고 있다. 따라서 공리주의 원리 속에는 개개인의 만족과 이를 총합한 사회 전체의 만족에 대한 계산이 가능하다는 것을 전제로 한다. 그러나 사회 전체의 만족의 총량에 대한 계산이 가능하다고 보는 시각은 여러 가지 문제점을 내포하고 있다.

서로 다른 개개인들의 만족을 계산하기 위해서는 동일한 척도가 필요하다. 이에 경제학에서는 그것을 '**효용**(utility)'이라는 척도에 의해 계산하고 있다. 그렇다면 예를 들면, 어떤 정책 대안 A가 사회 전체 구성원들에 초래하는 순효용을 측정하기 위해서는 다음과 같은 과정을 거치게 될 것이다.

먼저, 그 정책 대안이 사회 전 구성원들에게 얼마만한 편익을 가져오는가를 분석하고, 다음으로 그 정책 대안이 사회 구성원에게 낳는 모든 불이익과 그 정책 대안의 실시 과정에서 소비될 것이 예상되는 인적·물적 자원(정책 실시 비용)을 추정한 후, 마지막으로 총편익과 총비용을 비교해서 전자가 후자보다 크게 되면, 그 정책 대안은 효율적인 정책 대안이라고 판정하게 될 것이다.

이러한 작업을 수행하기 위해서는 그 전제로서 첫째, 사회 구성원 각 **개인**이 그 정책 대안으로 인해 얻게 되는 여러 형태의 편익에 대한 **효용**의 크기를 측정해서, 그 총 크기를 수치로 표시해야 하고, 둘째, 사회 구성원 **각각의 효용**을 **집계**해서 그 **총합**을 구할 수 있어야 한다. 그러나 이와같이 효용의 계산 가능성을 전제로 하는 공리주의 사상에는 다음과 같은 문제점들이 있다.

(1) 질적으로 다른 효용을 양적 차이로 전환하는 문제

효용의 계산이 가능하다고 말하는 경우, 그것은 질적으로 다른 효용으로 느끼는 것도 근본적으로는 양적 차이로 환원할 수 있다는 것을 전제로 하는 사상이다(Sahakian, 1974: 29-30). 그러나 이러한 계산은 단순하지가 않다. 예를 들어, 위의 예에서 어떤 개인 갑(甲)이 A라는 정책 대안으로 인해 a, b, c라는 세 가지 유형의 편익을 받는다고 하자. 이 경우 갑이 받는 효용을 계산하기 위해서는 a, b, c라는 유형의 편익에 대한 효용을 모두 합해야 하는데, 이 경우 이들 각 유형의 편익은 질적으로 서로 다를 뿐 아니라, 각 유형의 효용의 **강도**(intensity)나 **지속성**(duration)과 같은 양적 차원에서도 서로 다르다. 더 나아가 갑을 포함하여 그 정책 대안으로부터 영향을 받을 모든 사람들 각각의 효용을 총합하는 경우 각 개인들이 받게 되는 여러 유형의 편익들 간에는 서로 비교가 불가능한 질적으로 다른 여러 종류의 효용이 있다. 이와같이 질적으로 다른 상이한 쾌락이나 효용이 상충할 경우 무엇으로 그 우열을 가릴 것이며, 또한 양적인 차원에서도 짧고 강한 쾌락 내지 효용과 여린 그것 간의 통산 또한 단순하지가 않은 것이다.[2)]

(2) 쾌락가와 고통가의 비대칭성

벤담이나 밀 등은 쾌락과 고통이 서로 반대가(反對價)를 가진 것으로 보

---

2) 벤담은 행위의 결과로서 나타나게 될 쾌락과 고통의 양을 측정하기 위해 쾌락의 강도(intensity), 쾌락의 지속성(duration), 확실성(certainty), 근접성(proximity or remoteness) 등 네 가지의 쾌락 계산법(hedonostic calculus)을 고안하여 제시하고 있다. 즉, 다른 조건이 같다면 쾌락의 강도가 강한 것(혹은 고통의 강도가 약한 것)이 선호되며(**쾌락의 강도**), 오래 지속되는 쾌락이 좋은 것이며(**쾌락의 지속성**), 실제로 발생할 확률이 높은 쾌락이 선호되며(**확실성**), 좀더 가까운 쾌락이 먼 쾌락보다 선호된다는 것이다(**근접성**). 이들 네 가지 기준은 관심이 대상이 되는 쾌락 자체의 특성에 대한 기준이다.
 이 밖에 쾌락 자체보다는 그 쾌락에서 파생되는 기준으로 다산성(多産性, fecundity), 순수성(purity), 쾌락의 범위(extent)등을 기준으로 제시한다. 즉, 다른(혹은 유사한) 쾌락을 유발하거나 동반하는 쾌락을 그렇지 않은 쾌락보다 선호하며(**다산성**), 두 개의 쾌락 가운데 고통과 섞이지 않고 순수하게 쾌락만을 가져오는 것이 선호된다(**순수성**). 또한 관련되거나 영향을 받는 사람들의 범위가 넓은 쾌락이 선호된다(**쾌락의 범위**). (Bentham, 1962: ch. I. 참조). 효용의 측정과 관련된 내용에 대해서는 김항규(1972: 112) 참조.

아 쾌락에서 고통을 뺀 상쇄의 결과로서 쾌락의 극대화를 말하고 있다. 그러나 **산타야나**(George Santayana)는 쾌락가(快樂價)와 고통가(苦痛價)가 비대칭성(asymmetry)을 갖고 있다는 점을 지적한다. 예를 들면 쾌락 2단위에서 고통 1단위를 빼면 쾌락 1단위가 남는다고 말할 수는 없다는 것이다. 이러한 지적까지를 고려할 경우 쾌락(혹은 효용) 계산의 문제는 더욱 어려운 일이 되고 만다(Hospers, 1972: 112).

(3) 질적 쾌락주의의 문제점

양적 쾌락주의가 내포하고 있는 이상과 같은 문제점으로 인해 양적 쾌락주의를 더 이상 합당한 윤리설로 받아들일 수 없을 경우 밀이 제시한 질적 쾌락주의에 기대를 걸게 된다. 그러나 그의 질적 쾌락주의가 비록 우리의 정의감에 합당할지 모르나 계산의 불가능성이라는 난점이 있음을 발견하게 된다.

(4) 효용을 화폐액으로 측정하는 문제

스미스(Adam Smith)는 효용의 계산을 화폐액으로 측정 가능하다고 생각했다. 그 이유는 시장에서의 교환을 통해 자신과 타인의 효용을 교환할 때 동일하게 효용을 교환하므로, 화폐액으로 그때의 효용을 계산할 수가 있다고 보았기 때문이다. 그러나 그것은 시장경제가 제대로 움직이고 있을 때의 발상이며, 그러한 교환이 시장에서는 불가능한 것이 존재한다. 금전으로는 거래할 수 없는 것이 존재하는 것이다(예: 공공재). 이 경우 그러한 가치를 화폐로 계산할 수 없으며, 또한 다른 금전적 가치와 비교할 수 없는 것이다.

(5) 효용의 개인 간 비교의 문제

사회 전체의 효용의 극대화를 알기 위한 계산에서는 효용에 대한 개인 간의 능력의 비교가 문제된다. 예를 들면, 동일한 소득에 대해 느끼는 효용은 서로 다를 것인 바, 이를 어떻게 비교할 것인가의 문제이다.

이런 문제를 해결하기 위해 공리주의자들은 모든 개인이 쾌락에 대한 유사한 능력을 갖는다는 이른바 '**표준적 가정**(standard assumption)'을 통해 모든 인간의 쾌락 능력이 유사함을 전제한다. 예를 들면, 동일한 소득에 대해 느끼는 효용은 누구나 모두 동일하다고 보는 것이다. 밀은 이를 '**벤담의 공식**(Bentham's dictum)'이라 했다.

그러나 이러한 가정은 개인 간의 비교의 척도를 마련하기 위해 지나친 대가를 치르는 것이다. 개인 간의 능력 및 목적이나 가치관의 다양성을 감안한다면 모든 이가 하나로 간주될 수는 없는 것이다.

3 공리주의 원리와 불평등의 문제

1) 공리주의 원리 속에 내포된 불평등 배분의 문제

공리주의에 대한 강력한 비판 중의 하나는 그것이 배분을 중심으로 한 정의의 원칙에 위배될 가능성을 원리 속에 내포하고 있다는 데 있다. 다음과 같은 경우를 가정해 보자.

사회 \ 성원	A	B	C
Ⅰ	300	200	10
Ⅱ	150	100	90
Ⅲ	100	100	100

공리주의의 원리에 따르면 Ⅰ,Ⅱ, Ⅲ의 사회 중에서 사회 Ⅰ을 선택하게 될 것이다(전체공리주의에서 보면 510, 평균공리주의에서 보면 170). 그러나 C의 경우 불평등이 너무 심하게 나타난다. 따라서 많은 사람들은 사회 Ⅰ보다 Ⅱ나 Ⅲ을 선택하게 될 것이다. 만약 효용의 합계가 생사(生死)의 문제를 의미한다면, 예를 들어 사회 Ⅰ이 50 이하의 효용을 가지고는 살아갈 수 없는 사회라면, 공리주의는 C라는 한 사람의 희생을 정당화하는 것이 된다(Frohock, 1979: 243).

공리주의는 그의 일반 원리로 제시된 최대 다수의 최대 행복의 원리를 배분문제에도 그대로 적용하여 가능한 대안적 배분 형태 중에서 최대 다수의 최대 행복을 결과하는 배분이 가장 정의로운 형태라고 본다. 그러나 이러한 공리주의관은 위의 예에서 보았듯이 다수를 위해 다수에 포함되지 않은 **소수의 희생을 정당화**할 가능성을 내포하고 있다는 점에서 우리의 일상적인 정의감에 위배될 가능성을 내포하고 있다.

공리주의는 **만족의 총량**만을 고려하기 때문에 만족의 총량이 사회구성원들 사이에 어떻게 **배분**되어 있는가 하는 것에 대해서는 이야기하고 있지 않다. 그러므로 다수자에 더 큰 만족을 배분함으로써, 소수자를 침해하는 것이 되어도 관계없다고 하는 것을 용인하게 된다. 그러나 대다수의 사람들이 대체로 찬성해도 극히 소수의 사람들이 강력히 반대하는 사안도 있을 수 있으며, 이 경우 대다수의 사람들이 대체로 찬성하는 것이 반드시 옳다고 볼 수 없는 경우가 있을 수 있는 바, 공리주의는 이러한 문제들에 대해 답을 할 수가 없는 것이다.

2) 공리주의의 정의관과 문제점

공리주의자들은 그들의 정의관이 우리의 일상적 정의감에 위배될 가능성을 배제하고 평등 이념을 실현하고 있음을 보여 주기 위해 두 가지의 보조 가설을 필요로 한다.

첫째로, 앞서 기술한 바와 같이 개인의 효용함수는 본질적인 모든 면에서 유사하다고 가정하는 **표준적 가정**이고, 둘째는 **한계효용 체감**이라는 또 하나의 가정을 첨가하여 공리주의가 **평등주의 이념**을 반영하고 있음을 정당화하려고 한다.

이 두 가지의 가정에 입각할 경우 B보다 더 많은 소득을 갖는 A가 소득의 일부를 B에게 양도함으로써 사회 전체의 효용이 증대할 것이며, 따라서 공리주의는 평등한 배분을 선호하고 있다고 할 수 있기 때문이다. 그 이유는 보조 가설에서 제시했듯이 효용함수가 동일하므로(이는 표준적 가정을 전제하기 때문이다), 일정한 소득이 A와 B에게 동일한 효용을 갖는다고 볼 수 있고, 한계효용 체감의 원칙에 의해 A가 소득의 일부를 B에게 양도하는 것이 더 큰 효용을 결과하기 때문이다(Rawls, 1971: 261-262). 즉, 더 큰 효용을 결과함으로써 공리주의의 기본 원리인 극대화의 원리(최대 행복의 원리)를 충족시킬 수 있을 뿐만 아니라, 소득의 이전을 통해 평등 추구도 가능하다는 것이다. 이렇게 볼 때 언뜻 생각하기에는 공리주의가 평등 이념을 잘 표현하고 있는 것 같지만 여기에서 제기되는 문제는 다음과 같다.

첫째, 공리주의 원리 속에서 이 평등의 원리가 제1차적 중요성을 갖지 못한다는 점이다. 공리주의자들이 평등을 말하는 것은 그것이 더 고차적인 원리로서의 최대 행복에 기여한다는 제1차적 조건하에서 제2차적인 의미밖에 없기 때문에 공리주의 원리에서는 평등의 문제를 간접적으로밖에 다루지 못하고 있다.

둘째, 표준적 가정도 현실적으로 증명하기 어렵다. 특히 한계효용과 관련해서 한계효용 체감의 법칙이 적용되지 않고 한계효용 체증의 법칙이 적용될 경우 이는 불평등을 더욱 심화시키는 결과를 가져온다. 한계효용 체감의 법칙에 따라 균등한 배분을 주장하는 것은 [그림 7-1]에 나타나 있다.

[그림 7-1] 한계효용 체감의 법칙에 따른 균등 배분의 원리

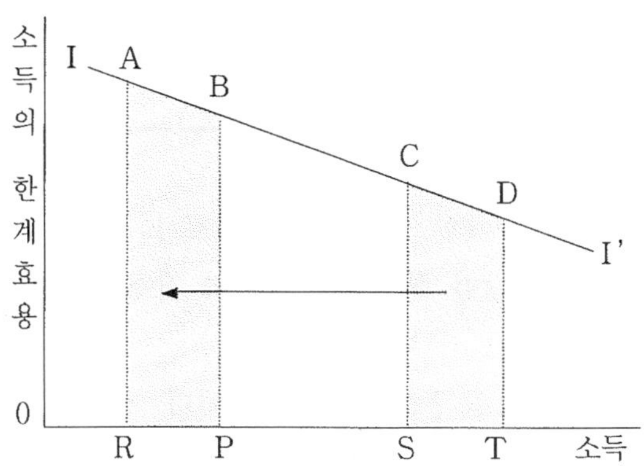

부자의 소득이 OT이고 가난한 자의 수입이 OR이라고 가정하자. 이때 부자로부터 거두어들인 세금(T−S)은 그의 총효용을 DT에서 CS로 줄이고 만약 이 돈을 가난한 자에게 준다면, 그의 소득은 OR에서 OP로 증대하

여 총효용이 PB가 될 것이다. 이렇게 부자로부터 가난한 자로 소득을 이전한다면, ABRP의 면적이 CDST의 면적보다 크기 때문에 그 사회의 총효용을 증가시킨다.

그러나 [그림 7-2]와 같이 한계효용 체증의 법칙이 작용하는 경우 가난한 자의 소득의 일부를 부자의 소득으로 이전시키는 것이 사회의 총효용을 극대화시킨다는 논리가 나온다.

[그림 7-2] 한계효용 체증의 법칙에 따른 배분의 원리

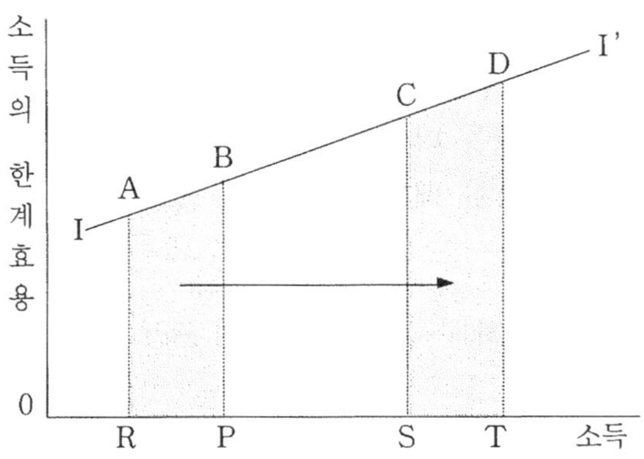

각 개인이 소득에 대한 효용함수가 서로 다르다고 가정해 보자. 그리고 고소득자의 소득에 대한 한계효용 함수가 저소득자의 그것보다 위에 있다고 가정하자.

이러한 가정은 [그림 7-3]에 나타나 있다. 선 rr은 부자에 대한 소득의 한계효용 체감을 나타낸다. 그리고 선 pp는 가난한 자에 대한 소득의 한계효용 체감을 표현한다. 곡선의 상대적 위치는 부자가 가난한 자보다도 주어진 수입으로부터 더 많은 한계효용을 얻을 수 있음을 보여 주고 있다. 만약 수입의 초기 분배가 가난한 자는 OP 소득을 부자는 OR 소득을 갖는다고 한다면, RA가 PB보다 크기 때문에 그 사회에 대한 총효용을 극대화하려는 소득의 이상적인 분배는 가난한 자로부터 소득을 빼앗아 부자에게 그

[그림 7-3] 소득에 대한 효용함수가 서로 다른 경우의 배분의 원리

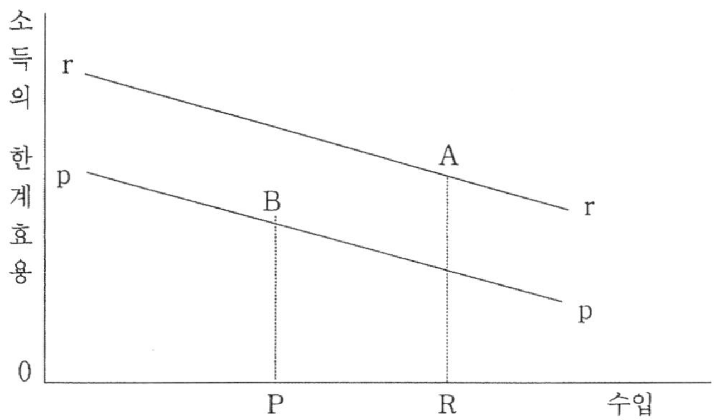

것을 줌으로써 성취될 것이다.

4 최대 다수의 원리와 최대 행복의 원리 간의 상충 가능성

이는 공리주의의 윤리적 모순과 관련된 것으로 최대 행복의 원리와 최대 다수의 원리 간에 조화의 문제를 들 수 있다. 즉 양 원리는 언제나 조화를 이루는 것만은 아니며 때로는 상충할 수 있다는 점이다.

최대 다수의 원리에 강조를 두면 다수의 행복을 위해 소수의 행복이 희생될 수 있으며 이 경우에는 다수가 얻게 될 이득이 비록 사소한 것일지라도, 그리고 다수를 위해 소수에게 요구되는 희생이 엄청난 것이어도 그러한 것들은 아무런 상관이 없을 수가 있다. 이는 소수자에 대한 다수의 횡포다. 한편, 최대 행복의 원리에 역점을 두게 되면 다수가 아닌 소수일지라도 그들의 이득이 다수자의 이득을 능가하는 조건 하에서는 다수의 행복이 소수의 행복을 위해 희생될 수가 있다. 이는 특히 사회 정의의 관점에서 볼 때 공리주의의 이론적 난점이다(Sahakian, 1974: 31).

5 다원적 공리주의의 문제점

이와같이 쾌락 공리주의가 우리의 윤리감과 일치하지 않는다는 비판을 면하기 위해 생각해 볼 수 있는 것이 다원적 공리주의 입장으로서, 정의에 대한 요구를 행복과 마찬가지로 극대화되어야 할 또 하나의 본래적 선으로 보는 입장이 있을 수 있다.

그러나 쾌락 공리주의가 매력적으로 보이는 것은 그것이 단일의 '본래적으로 좋은 것(intrinsic good)'이 무엇인가를 밝혀내고 이를 극대화한다는 **단일의 원리**, 즉 목적론적 윤리설에 기초하고 있다는 데 있다. 이에 반해 다원 공리주의 경우 여러 가지의 본래적으로 좋은 것을 상정함으로써 이들 여러 가지 본래적으로 좋은 것들 간의 우열을 어떻게 가릴 것이며, 이들 서로 다른 질을 가지고 있는 좋은 것들을 어떻게 상호 비교할 수 있을 것인가 등 실제상의 난점이 있다는 데 문제가 있다. 따라서 다원 공리주의에 입각할 경우 그것이 비록 우리의 도덕감 내지 정의관과 일치되는 장점이 있으나, 단일 원리로서의 공리주의 자체의 이론상의 지위를 상실해 버리고 만다.

6 도구적 · 타산적 합리성과 죄수의 딜레마

공리주의 인간관에 따르면 인간이란 쾌락 혹은 행복을 극대화하려는 타산적 합리성(prudential rationality)을 지닌 **계산적 존재**일 뿐 아니라, 기본적으로 **개인주의적**이라고 본다.

그런데 공리주의적 인간관에서와 같이 인간을 도구적 · 타산적 합리성을 지닌 존재로 볼 경우를 가정한 일반적 모형으로 제시되는 것에 '**죄수의 딜레마**(prisoner's dilemma)' 예시가 있다. 죄수의 딜레마란 용어는 원래 프린스턴대학의 수학자 터커(A. W. Tucker)라는 사람이 두 사람 간의 비협동적 · 비영합적 게임 상황(game situation)을 예시하기 위해서 이용했던 일화에서 유래한 것이다.

검찰관에게 불려와 개별적으로 심문을 받는 두 죄수를 생각해 보자. 이들은 어떤 범죄의 공범자라는 혐의로 고발되어 각기 독방에 감금되어 있다. 그런데 만일 둘 다 아무도 실토를 하지 않으면, 사소한 죄목으로 짧은 형을 받게 되어 각각 1년씩만 형을 받는다는 것을 알고 있다. 그들은 또한 만약 한 사람이 실토를 하고, 다른 사람은 함구할 경우, 실토한 사람은 풀려나고 함구한 사람이 죄를 뒤집어쓰고 10년이라는 장기 복역을 해야 한다는 것도 알고 있다. 한편, 둘 다 실토를 할 경우 10년 징역을 반씩 분담하여 5년씩 형을 살아야 한다는 것도 알고 있다고 하자. 이는 다음과 같은 손익표(gain-and-loss table)로 나타낼 수 있다(숫자는 수감 연수).

		죄수 2	
		함구	실토
죄수 1	함구	1, 1	10, 0
	실토	0, 10	5, 5

이 경우 두 죄수는 실토를 해버리는 게 유리할까, 아니면 위험을 무릅쓰고 함구해 버리는 게 유리할까라는 문제를 두고 고민하게 된다. 그런데 두 사람이 처한 이러한 상황이 딜레마가 되는 이유는, 한 죄수가 그들 사이의 **유대나 의리**(group solidarity)를 생각해서 함구를 할 경우, 그의 상대방은 의리 없이 실토를 해버림으로써 자기만이 죄를 뒤집어써 10년 징역형을 살지도 모른다는 위험을 무릅써야 하기 때문이다. 그러나 만일 둘 다 자기 안전을 위해 의리를 어기고 실토를 하게 될 경우, 그들 모두가 의리를 위해 함구했을 때의 각각 1년의 징역형보다 서로에게 크게 불리한 결과(각각 5년의 징역형)를 초래하게 된다. 따라서 각 죄수의 딜레마는 공동으로 범행한 상대방의 의리 정신을 믿을까 말까에서 연유하는 것이다.

이 때 두 죄수가 의리를 생각하지 않고 오직 **자기 이득**만 생각한다면 다 고

> **백**하여 5년씩의 형을 받는 결과가 되는데 그 이유는 다음과 같다. 우선 죄수 1(이를 A라 하자)은 죄수 2(이를 B라 하자)가 실토를 할지 함구를 할지를 모른다. 따라서 B가 고백할 경우와 함구할 경우를 생각한다. B가 실토를 하게 된다면 A는 자기도 실토를 하면 형량이 5년이지만 실토하지 않으면 10년형을 받게 되니 실토해야 한다는 결론을 내리게 된다. 한편, B가 함구를 할 경우 A는 자기가 실토하면 당장 무죄로 풀려나지만 함구하면 1년은 고생해야 되므로, A가 자기 이익만 생각한다면 B가 함구를 하더라도 실토해야 한다는 결론을 내리게 된다. 결국 A는 B가 실토를 하든 함구를 하든 자기만의 이익을 위해서 실토해야 한다는 결론을 내리게 된다.
>
> 이러한 논리는 B의 경우도 마찬가지여서 A가 실토를 하든 안 하든 자기 이득만을 위해 실토를 해야 한다는 결론을 내리게 된다. 즉 자기 자신의 이익을 위해 타인이 어떻게 하든지 간에 실토를 해야 한다는 충분한 동기를 두 죄수는 공통적으로 갖게 되는 것이다.

이러한 예는 각자의 관점에서 보면 합리적인(separately rational) 의사결정이 결국은 전체적으로 보면 더 불합리한(collectively irrational) 결과를 가져오게 되는 상황을 보여 주는 것이다(Rawls, 1971a: 269).

이 이론은 인간에 대한 특정 인간관을 전제하고 있는 것으로서, 인간 간에 맺어진 도덕적 의리나 유대보다는 자기의 안전을 위주로 하는 타산적인 이해관계에만 주목하는 인간 이해를 가정하는 것이다. 따라서 이러한 죄수의 딜레마는 공리주의를 비롯해서 도구적이고 타산적인 이성관에 의거한 대부분의 도덕이론에서 나타나는 것으로 **홉스**(Thomas Hobbes)의 윤리체계 속에서 가장 전형적으로 예시된다고 볼 수 있고, **공리주의의 모든 유형**에서도 일반적으로 나타나는 것으로서, 흔히 공리주의의 이러한 난점을 **공리주의의 자멸론**(自滅論, self-defeating argument)이라고 칭해진다(황경식, 1986: 378).

홉스에 의하면 절대적 통치 권력이 존재하지 않는 자연 상태에서의 인간은 각자 개별적으로는 합리적인 행위를 한다 할지라도 이기적인 본성 때문에 결국 상호 파괴적인 전쟁 상태를 결과할 뿐이며, 이는 전체적으로 볼 때 불합리한 것이 아닐 수 없다는 것이다. 이러한 의미에서 그의 자연 상태는 죄인의 딜레마와 같은 상황을 일반화한 고전적 사례로 볼 수 있다.

현실적으로 이러한 예는 흔히 찾아볼 수 있다. 한 마을에 공원을 세우느냐의 여부를 놓고 이를 투표로 결정할 때, 각 투표자가 단지 자기 이익만을 고려하여 투표를 할 경우 대부분이 이를 반대하게 되고, 따라서 때로는 공원을 세움으로써 비용-편익분석상으로는(즉, 전체적으로는) 이득을 줄 수 있는데도 부결되는 경우가 있는가 하면, 인플레이션을 우려하여 각자가 자기만의 이익을 위해 사재기를 할 경우 가수요(假需要)로 인해 인플레이션을 더욱 악화시켜 전체가 큰 손실을 볼 수 있는 것 등은 흔히 볼 수 있는 예이다. 이의 예는 또한 스미스의 '보이지 않는 손'에 의한 자동조절 원리의 한계점이기도 하다.

제 3 절 공리주의 원리와 행정의 효율성과의 관계

벤담이 제시한 공리의 원리는 비록 그것이 직접적으로 경제이론을 다루고 있지는 않지만 그 후 **신고전학파 경제학**의 철학적 기초를 이루고 있다. 또한 신고전학파의 경제학은 그것이 **효용이론**에 기초하고 있으면서 그 후의 **후생경제학**(welfare economics)의 기초가 된다. 한편, 효용이론이나 후생경제학은 우리가 행정 이념으로 가장 많이 거론하는 **효율성**(efficiency)의 기초가 된다. 따라서 효율성 개념은 그 철학적 근원이 공리주의에 있음을 알 수 있는 바, 그 구체적 내용에 대해서는 이하에서 논의를 전개해 가는 과정에서 이해하게 될 것이다.

1 공리주의 원리와 효용가치론

1) 노동가치설과 효용가치설

벤담의 공리주의는 후에 신고전학파 경제학의 기초가 된 '**한계효용**

(marginal utility)'의 원리를 창안해 내는 데 선구자적 역할을 했다.

일반적으로 경제학에서 재화와 용역의 가치를 설명할 때에는 이를 **사용가치**(value in use)와 **교환가치**(value in exchange)로 나누어 설명한다. 사용가치란 그 재화나 용역을 이용함으로써 얻게 되는 만족의 정도에 의해 측정되는 가치를 말한다. 한편 교환가치란 어떤 재화나 용역을 가짐으로써 그것이 다른 물품을 구매할 때 가지는 힘(구매력)을 나타낸다. 재화 또는 용역의 가치는 그 교환 과정에서 드러난다. 예를 들면, 사과 1개와 배 2개가 서로 교환된다면, 사과 1개의 가치가 배 1개의 가치의 2배가 된다고 말할 수 있을 것이다. 이와같이 교환의 과정에서 발휘되는 재화 혹은 용역의 가치를 교환가치라 한다.

스미스(A. Smith)는 사용가치와 교환가치 간에 체계적인 관련이 없음을 보이기 위해 '**물과 다이아몬드**'의 예를 사용했다. 즉, 그는 이 예를 통해 상품의 사용가치와 교환가치가 비례하지 않음을 발견했으며, 상품의 가격은 사용가치가 아닌 **교환가치**에 의해 결정된다고 보았다.

> "**가치**(value)라는 말은 두 가지의 다른 의미를 갖고 있다고 볼 수 있다. 어떤 때는 어떤 특정한 사물의 **효용성** 혹은 **유용성**을, 또 어떤 때는 그 사물에 대한 소유가 가져오는 다른 재화에 대한 **구매력**을 표현한다. 전자는 '**사용가치**(value in use)', 후자는 '**교환가치**(value in exchange)'라 부를 수 있다. 최대의 사용가치를 갖는 사물이 거의 혹은 전혀 아무런 교환가치도 갖지 않는 경우가 있는 반면, 역으로 최대의 교환가치를 갖는 사물이 거의 혹은 전혀 아무런 사용가치도 갖지 않는 경우도 종종 있다. 전자의 예로는 물을 들 수 있다. 물보다 유용한 것은 없지만, 그것으로는 거의 아무것도 살 수 없으며, 그것과 교환하여 얻을 수 있는 것은 거의 아무것도 없다. 후자의 예로 들 수 있는 것이 다이아몬드로서 이는 거의 아무런 사용가치도 갖고 있지 않으나 그것과 교환으로 대량의 다른 재화를 얻을 수 있다(Smith, 1937: 28).

경제학에서는 교환가치, 즉 한 상품이 가지고 있는 다른 재화의 구매력을 결정하는 요인이 무엇인가에 대해 오랜 논쟁을 거듭해 왔다. 이러한 논쟁은 크게 '**노동가치설**'과 '**효용가치설**'의 두 가지 학설로 분류해 볼 수 있다. 전자가 생산의 관점에 입각하고 있다면, 후자는 시장의 관점에 입각한 가치론이다.

(1) 노동가치설

이는 **스미스**(A. Smith)나 **리카도**(R. Ricardo), **마르크스**(K. Marx) 등이 주장한 가치설로 상품의 실체는 노동이며 상품의 가치의 크기는 그 상품의 생산에 투하된 노동의 양에 의해 형성된다고 보는 학설이다. 이 견해는 노동을 모든 생산활동에 대한 근원적 생산 요소로 본다. 따라서 이 견해에 따르면 생산에 직접 투하된 노동의 양뿐만 아니라 생산에 투입되는 기타 생산 요소로서의 자원도 결국은 노동의 결과로 얻은 산물이기 때문에 그 양은 노동의 단위로 환산될 수 있게 된다. 그러므로 노동가치설에서의 생산에 소요된 노동의 양은 직접 노동량과 간접 노동량을 합한 개념이다.

(2) 효용가치설

인간이 상품을 소비함으로써 얻는 만족도를 수치적 지표로 표시할 수 있다면 여러모로 편리할 것이다. 이에 경제학에서는 한 상품의 소비를 통해 얻는 만족도를 수치적 지표로 나타내는 개념으로서 '**효용**(utility)' 개념을 고안하여 이용하고 있다.

그런데 이와같이 효용 개념을 이용하여 상품의 가치를 나타내려는 효용가치설의 주장자들은 한 상품의 교환가치를 결정하는 것은 그 상품의 '**총효용**'이 아니라 '**한계효용**', 즉 그 상품을 한 단위 더 소비함으로써 그 추가된 한 단위에서 유발되는 부가적 효용이라고 주장함으로써 스미스의 주장을 반박했다. 이와 같은 효용이론의 선구적 역할을 한 철학이 바로 벤담의 공리주의 철학이다.

> '부(富)'와 '가치'라는 개념은 서로를 설명한다. 한 재화는 어떤 가치를 가질 때에만 일정한 부의 구성에 들어갈 수 있다. 부는 그 가치의 정도에 따라 측정된다. 모든 가치는 효용에 기초하고 있다. …… 유용하지 않으면 어떤 가치도 있을 수 없다(Bentham, 1954: 3: 83).

이는 효용이 없으면 가치가 없는 것이며, 따라서 부의 구성물이 될 수 없다는 것을 표현한 것으로서 효용이 부의 원천임을 나타내 주고 있다. 벤담은 이와같이 효용 개념의 기초를 제공한 선구자일 뿐만 아니라 더 나아가 **'한계효용'**의 개념 까지를 발전시키는 데 선구적 역할을 했다. 벤담은 스미스의 물과 다이아몬드의 예증을 통한 사용가치와 교환가치의 개념을 다음과 같이 비판하고 한계효용 개념을 제시했다.

첫째, 사용가치는 크지만 교환가치는 하등의 가치도 갖고 있지 않는 대표적인 것으로 스미스가 제시한 물이 실제로는 팔리고 있는 경우가 있음을 들어 **물**도 **교환가치**가 있다고 한다.

둘째, 스미스는 물과는 반대로 사용의 관점에서는 하등의 가치가 없으나 교환의 관점에서는 큰 가치를 갖는 것으로 다이아몬드를 예로 들고 있으나, 다이아몬드의 사용가치가 물의 그것처럼 비록 본질적이거나 불변인 것은 아니라 하더라도, **향락**이라는 관점에서 다이아몬드가 갖고 있는 **효용**은 의심할 여지없이 크다고 한다(Bentham, 1954: 3: 87).

이러한 주장과 관련하여 벤담의 다음과 같은 논의에서 그의 한계효용 개념을 발견할 수 있다.

> 물이 교환의 관점에서 어떤 가치도 갖지 않는다고 생각되는 이유는 그것이 사용의 관점에서도 똑같이 가치를 결여하고 있기 때문이다. 요구되는 **전체량**이 이용 가능하다면 그에 대한 **잉여**는 어떤 가치도 갖지 않는다(그러나 전체량이 아닌 일부만이 이용 가능하다면 그 한 단위 증가분은 가치를 가질 것이다. 따라서 이는 곧 한계효용 개념을 설명한 것이다—필자 주). 그것은 포도주, 곡물 그리고 모든 것에 대해서도 그렇다(Bentham, 1954: 3: 88).

2) 효용이론이 전제하고 있는 기본 관점

효용이론이 기초하고 있는 기본 관점은 벤담의 공리주의 철학 속에 내포되어 있는 기본적 관점과 맥을 같이한다. 이를 살펴볼 필요가 있는 것은 후에 기술될 후생경제학이나 파레토 효율, 더 나아가 행정 이념으로서의 효율성 등의 기본적 관점이 이와 같은 효용이론의 기본 관점에 그 뿌리를 두고 있기 때문이다.

첫째, 효용이론이 전제하고 있는 **인간관**은 기본적으로 **이기주의**에 기초하고 있으며, 인간은 개별적·독립적·원자론적 개인으로 본다. 따라서 인간은 타인에 대해 적대자 혹은 경쟁자적 관념을 갖는다고 본다. 홉스는 인간의 모든 동기는 심지어 동정심까지도 이기적인 자기 이해(利害)의 가식(假飾)이라고 믿었다. 다른 사람의 재난에 대해 슬퍼하는 것은 연민(pity)이며 그것은 유사한 재난이 자기 자신에게도 일어날지 모른다는 상상에서 비롯된 동료적 감정이라고 한다(Guvetz, 1963: 28에서 재인용).

홉스가 이기적이고 대립적인 인간들의 만인에 대한 만인의 투쟁을 방지하기 위해서는 절대 권력을 가진 통치 방법을 옹호했던 반면, 그 후 이와 같은 인간관에 입각한 사람들은 인간 본성의 투쟁과 경쟁에 기인하는 모순을 중재하기 위한 수단으로서 절대 권력이 아닌 시장의 '**보이지 않는 손**'에 의한 자동 조절의 원리를 들고 나왔다.

둘째, 인간의 모든 동기의 기초 혹은 근원은 쾌락을 달성하고 고통을 회피하려는 욕구에 있다는 이기적 공리주의에 입각하고 있다. 따라서 공리주의의 창시자인 벤담의 사고는 효용가치론이나 근대 경제학의 기초가 됨을 알 수 있다.

셋째, 효용가치론자들은 시장을 자본주의 생산 양식의 필수적 부분이라고 본다. 이들에 의하면 사회 구성원 모두가 시장을 통해 이익을 얻는다는 것이다. 즉, 시장을 통해 모든 사람의 이해가 잘 조화된다고 보는 것이다. 효용가치론자들은 시장을 통한 보이지 않는 손에 의한 자동적인 사회 조화의 원리를 옹호함으로써 계급론적인 시각으로부터 벗어나 경쟁 속의 조화를 강조하는 자본주의적 생산 양식과 이데올로기를 정당화시킨다.

넷째, 이상의 논의의 당연한 결과로 모든 개개인은 어떤 특정 행동으로부터 얻을 수 있는 모든 이익(쾌락)을 고려하고, 그 행동의 모든 비용(고통)을 공제해서 고통에 대한 쾌락의 잉여를 극대화하는 행동을 선택하는 **계산적 합리주의**에 입각한 행동을 한다고 본다. 따라서 미시경제 이론에 관한 근대 신고전학파에서는 모든 인간의 행동을 이윤이라든가 효용을 극대화하려는 합리적이고 계산된 존재로 보고 있다.

2 기수적 효용과 서수적 효용

흔히 1870년대를 고전학파 경제학과 근대적 과학적 신고전학파 경제학을 구분시키는 시기로 보고 있다. 그 이유는 그 당시 **제본스**(Williams S. Jevons), **멩거**(Carl Menger), **왈라스**(Leon Walras) 등의 학자들이 일반적인 공리주의 철학의 시각 위에서 오늘날의 신고전학파 전통에 뿌리를 내리고 있는 한계효용가치설을 정식화했기 때문이다.

이들 세 학자들은 각각 독자적으로 한계효용 체감의 관념을 정립함으로써 이들과 이들 이후의 후계자들은 효용이 어떻게 가치를 결정하는가를 구체적이고 명시적으로 논증할 수 있었다.

이들 세 학자들의 유명한 경제학 저서는 제본스의 『경제학의 이론(*The Theory of Political Economy*)』(1970)과, 멩거의 『경제학의 원리(*Principles of Economics*)』(1950), 그리고 왈라스의 『순수경제학요론(*Elements of Pure Economics*)』(1954)이다.

1) 기수적 효용이론

제본스, 멩거, 왈라스 등에 의해 전개되어 온 한계효용이론의 특징은 주관적인 만족감을 나타내는 효용을 수량적으로 측정할 수 있다는 전제에 입각한 **기수적 효용**(基數的效用, cardinal utility)이론에 입각하고 있다는 점이다.

이러한 기수적 효용이론은 수학을 전공한 경제학자인 마셜(Alfred Marshall)에 의해 완성되었다. 그는 그의 저서 『경제학 원리(*Principles of Economics*)』에서 다음과 같은 논의를 전개하고 있다.

> 어떤 사람이 화폐 1달러에 대해 2 utils(마셜이 쓴 효용 단위)의 한계효용을 가지며, 추가되는 빵 한 조각이 그에게 4 utils의 효용을 가져다 주는 반면, 추가되는 스테이크 1파운드는 6 utils의 효용을 가져다 준다고 하자. 그러면 그는 빵 한 조각에 대해 2달러(즉 4 utils)를, 그리고 스테이크 1파운드에 대해서는 3

> 달러(즉 6 utils)를 기꺼이 포기할 것이다.
>
> 두 번째로 추가되는 빵 한 조각의 효용은 2 utils로, 그리고 두 번째 스테이크 1파운드의 효용은 3utils로 떨어진다고 하자(한계효용 체감의 법칙이 작동하므로—필자 주). 이 경우 그는 둘째 번 추가 빵 한 조각에 대해서는 1달러(2utils)를, 그리고 스테이크의 둘째 번 추가 1파운드에 대해서는 1.5달러(3utils)을 기꺼이 지불할 것이다. 이것은 그의 화폐의 한계효용은 고정된 양이므로, 그 결과 그가 두 상품에 기꺼이 지불하는 가격은 이들 두 상품의 효용과 서로 득같은 비율을 갖기 때문이다(Marshall, 1961: 83).

이와같이 두 가지 이상의 상품의 소비로부터 얻을 수 있는 만족도의 차이를 수치로 나타낼 수 있을 뿐만 아니라, 한 상품의 한계효용이 다른 상품의 한계효용에 비해 몇 배나 높은가를 나타낼 수 있는 효용 개념을 기수적 효용이라 한다.

그러나 시간이 흐름에 따라 과연 인간이 상품의 소비를 통해 얻는 주관적인 만족도를 객관적인 숫자로 표시할 수 있는가 하는 논란이 끊임없이 제기되어 왔다. 즉 기수적 효용의 단점은 **주관적인 만족도를 객관적인 숫자로 표시할 수 있다는 가정이 비현실적이라는 점에 있었다.** 이러한 단점을 극복하기 위한 것이 **서수적 효용**(序數的 效用, ordinal utility)이론이다.

2) 서수적 효용이론

서수적 효용이론에서는 효용의 가측성(可測性)을 가정함이 없이, **선호관계**(選好關係)를 이용한 선택이론(theory of choice)을 도입한다. 예를 들면, 소비자의 행동이론을 설명할 때 소비자가 여러 상품들을 비교하여 그의 **주관적 우선순위**를 나타낼 경우 이를 그 소비자의 선호 관계라 한다. 따라서 서수적 효용 개념을 사용하게 되면 여러 상품들의 소비로부터 얻는 만족도를 정확히 객관적으로 측정해야 하는 어려움이 뒤따르지 않는다.

이와 같은 서수적 효용이론은 20세기 초 파레토(V. Pareto), 힉스(U. R. Hicks), 슬러츠키(E. Slutsky), 알렌(R. G. D. Allen) 등에 의해 전개된 **무차별 곡선**(indifference curve)이론이다.[3] 무차별 곡선을 이용한 **파레토**

효율(Pareto efficiency: **파레토 능률**)은 이하에서 논의될 후생경제학에서 사회후생을 가늠하는 규범적 기준 중에서 가장 빈번히 논의되고 있는 기준이다.

3 후생경제학과 사회후생함수 및 파레토 효율

1) 후생경제학의 개념

후생경제학(welfare economics)이란 어느 경제 상태에서의 사회후생(social welfare)과 다른 경제 상태에서의 사회후생을 비교해서 그 우열을

---

3) 무차별 곡선을 설명하기 위해 다음과 같은 예를 들어보자. 지금 A씨가 사과와 배를 구입한다고 하자. 사과 10개와 배 10개를 사는 경우와 사과 5개와 배 15개를 구입하는 경우를 생각해 보자. 사과 10개와 배 10개를 구입하는 경우나 사과 5개와 배 15개를 구입하는 경우나 A씨가 얻는 만족이 똑같다면 어떤가. 바로 이러한 경우와 같이 두 가지 재화의 조합이 주는 만족의 정도가 같을 경우에 이것을 '무차별(無差別)'하다고 말한다.

그런데 이러한 '무차별'한 만족을 주는 재화의 조합은 수도 없이 많을 것이다. 이러한 점들을 연결하여 이은 곡선이 바로 무차별곡선(無差別曲線)이며, 그림의 I_1 곡선과 같은 모습이다.

즉 무차별 곡선 I_1 선상에 있는 무수히 많은 점들이 나타내는 재화의 조합들은 모두 A씨에게 같은 만족의 정도를 선사한다. 그런데 이번엔 사과 15개와 배 12개를 구입하는 경우와 사과 10개와 배 17개를 구입하는 경우를 보자. 이 두 가지 조합의 경우 A씨가 얻는 만족이 동일하다고 하자. 그런데 이 두 가지 조합의 경우는 분명 앞서 말한 사과 10개, 배 10개나 사과 5개, 배 15개의 조합보다는 A씨에게 조금 더 큰 만족을 줄 것이다. 그렇다면 이 조합(사과 15개, 배 12개 혹은 사과 10개 배 17개)은 기존 무차별곡선(I_1)보다 조금 높은 점에 위치한다. 그러나 이 경우에도 이와 같은 만족을 주는 조합을 여러 개 생각할 수 있으므로 이 또한 무차별 곡선(I_2)으로 나타낼 수 있을 것이다. 즉 I_1보다는 I_2가 더욱 큰 만족을 선사할 것이다.

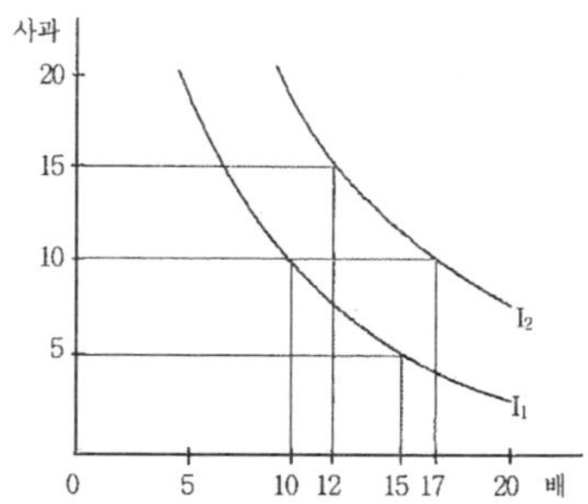

가려내는 이론적 체계를 말하며, 이를 통해 더 나은 사회후생을 달성함을 목적으로 한다. 이를 좀더 쉽게 설명하면 다음과 같다.

지금 A라는 경제 상태에 있는 한 사회의 사회후생을 X라 하고, B라는 경제 상태에 있는 한 사회의 사회후생을 Y라 하자. 이 경우 후생경제학은 X와 Y를 비교하여 어느 사회의 사회후생이 더 상위에 있는가를 가려내어 좀더 바람직한 사회후생 상태를 택하거나, 좀더 바람직한 사회후생 상태로 접근할 수 있도록 후생정책을 실시하는 데 관심을 둔다. 이를 **사회 선택문제**(social choice problem)라 한다. 후생경제학은 이와 같은 사회 선택문제를 해결하기 위한 학문 분야이다.

따라서 후생경제학을 위해서는 각 사회의 사회후생에 관한 정보를 필요로 하는데, 이러한 정보를 제공해 주는 것이 **사회후생함수**이다.

2) 사회후생 함수의 개념과 파레토 효율성

한 사회의 경제에 관한 정보를 얻기 위해 필요한 정보 중의 하나가 사회후생으로서 이는 사회를 구성하고 있는 개개인의 선호를 집합한 사회적 선호를 의미한다고 할 수 있다. 그렇다면 개개인의 선호를 어떻게 사회적 선호로 집약할 수 있는가? **사회후생 함수**(social welfare function: SWF)란 이와같이 사회 구성원 개개인들의 선호를 사회적 선호로 옮기는 방법들을 통칭하는 개념이다. 효용이 개별 소비자의 상품의 소비에 대한 만족도를 수치로 측정하는 것이라면, 사회후생 함수는 사회 모든 구성원들의 선호를 수치로 측정하는 방식이다.

개인적 선호를 사회적 선호로 옮기기 위해서는 이를 위한 제도적 장치나 규범적 기준(규율, normative rule)들을 필요로 하는데, 이러한 제도적 장치나 규범적 기준들은 한 사회의 도덕적 혹은 철학적 신념이나 사회 양식(良識)에 근거를 두고 있다.

이러한 규범적 기준 중에서 가장 빈번하게 거론되고 있는 기준이 바로 '**파레토 효율성 기준**(Pareto efficiency criterion)'으로서 사회 선택문제의 우선순위를 결정하는 데 가장 많이 이용되는 가치판단 기준이다. 파레토 효율은 사회후생과 개인의 후생 간에 정(正)의 관계를 전제로 한다.[4]

후생경제학은 이와같이 파레토 효율과 같은 규범적 기준을 연구 대상으로 한다는 점에서 보면 규범경제학(normative economics)적 성격을 지닌다. 따라서 후생경제학은 실증적 성격과 규범적 성격을 동시에 지닌 학문 분야에 속한다.

벤담의 유명한 '최대 다수의 최대 행복(the greatest good for the greatest number)'은 정부 정책의 기본 방향을 제시하는 것으로서, 결국 한 사회의 후생은 그 사회 구성원 각자의 효용을 합한 것이라는 의미이며, 이를 다음과 같이 표시할 수 있다.

$$W = U^1 + U^2 + \cdots\cdots + U^n = U^i$$

(U: 개인의 효용)

4 파레토 효율과 행정 이념으로서의 효율성

1) 능률성 개념과 효율성 개념

행정에서의 효율성 개념을 이해하기 위해서는 우선 이를 **능률성**(efficiency) 개념과 구분하여 이해할 필요가 있다. 행정에서의 능률성 개념은 이른바 정치·행정이원론이 지배하던 시대의 행정 이념으로서, 행정이란 이미 설정된 목표를 어떻게 하면 적은 비용으로 달성할 수 있는가 하는 데에 관심을 두던 시대의 산물이다. 따라서 능률성 개념에 대한 해석은 크게 두 가지로 나누어 집약할 수 있다. 즉, 하나는 소여의 비용으로 될 수 있는 한 더 큰 성과를 이루는 것과, 다른 하나는 소여의 성과를 올리는 데 될 수 있는 한 적은 비용을 투입하는 것을 의미한다. 그러므로 능률성 개념은 곧 투입(input)과 산출(output)의 비율이라고 정의한다. 이 경우 산출은 어떤 활동이나 작업 수행의 **직접적 결과**를 의미하고, 투입은 이러한 활동을 위해 사용되는 **인적, 물적 자원**을 의미한다. 따라서 이러한 의미에서의 능률

4) 파레토 효율과 파레토 최적 등에 대해서는 이 책 제3장 제3절에 자세히 설명되어 있다.

성은 행정조직 내에서 주어진 목표를 달성하기 위해 행해지는 **과정의 경제성**에 초점을 둔 개념이다.

한편, **효율성 개념**은 행정 기능이 단순히 주어진 목표를 달성하려 할 때의 과정의 경제성 만에 한정하지 않고 더욱 적극적으로 변화와 발전을 위한 목표와 정책을 스스로 결정하는 기능까지를 담당하게 되면서 등장하게 된 이념으로서, 행정이 내건 '**목표의 달성도**(degree of goal achievement)'를 의미하는 '**효과성**(effectiveness)' 개념에 더하여 투입 요소로서 비용까지를 고려한 개념으로 이해할 수 있다. 그러므로 효율성 개념은 행정조직 내부에서 일이 이루어지는 과정의 경제성에만 중점을 두는 능률성(efficiency) 개념과 구별되고, 투입 내지 비용의 개념을 고려하지 않고 단순히 목표 달성의 정도만을 고려하는 효과성(effectiveness) 개념과도 구별되면서 양자의 개념을 모두 고려한 개념이라고 볼 수 있다.[5)]

효율성 개념은 먼저 **투입의 내용**면에서 능률성 개념과 구별된다. 효율성 개념에서 고려되는 투입의 내용에는 능률성에서와 같이 행정담당자가 직접 지불하는 인적·물적 비용만이 아니라 직접적으로나 간접적으로 발생하게 되는 **사회적 희생**까지를 포함하게 된다. 또한 분자의 경우에도 산출(output)과 효과(effect)를 구분하여 산출로 계산하지 않고 **효과**로 계산할 경우를 말한다. 이 경우 산출과 효과는 어떻게 구분되는가 하는 점이다. 산출은 어떤 활동이나 작업 수행의 **직접적 결과**를 의미하지만, **효과**는 이와 같은 직접적 결과만이 아니고, 부수적인 **효과**까지를 모두 포함하게 되는 개념이다.

행정의 효율성 개념은 주로 정부나 지방자치단체에 의해 수행되는 공공개발사업이나 투자사업의 경제적 타당성을 평가하는 데 활용되고 있다. 이러한 관점에서 볼 때 '행정의 경영화'의 슬로건 속에는 두 가지 의미가 내포되어 있는 것 같다. 그 하나는 행정조직 내부의 혁신을 통해 행정의 능률성을 추구하려는 데 중점을 둔 의미이며, 다른 하나는 행정이 대외적으로

---

5) 정정길(1997: 375-381)은 능률성 개념을 협의의 능률성과 광의의 능률성 개념으로 나누고 광의의 능률성 개념을 효율성 개념으로 설명하고 있다.

수행하는 각종 정책목표—개발사업이나 투자사업—를 어떻게 하면 적은 비용으로 달성할 수 있는가에 중점을 둔 효율성의 의미를 내포하고 있는 것이라고 볼 수 있다.

2) 효율성 개념과 파레토 효율 개념과의 관계

행정의 능률성 개념과 효율성 개념은 **극대화**(maximization)의 개념에 입각하고 있다는 점에서 공통성을 갖는다. 즉, 주어진 투입으로 산출 혹은 효과를 극대화하거나, 일정한 산출이나 효과를 위해 최소의 투입을 결과하는 행정활동을 바람직한 것으로 보는 입장을 취하는 것이다. 따라서 행정에서의 효율성 개념은 사회 전체의 집합적 이익을 가치판단 기준으로 고려하고, 이를 측정하기 위한 방법으로 비용과 편익의 비율을 화폐 단위로 표시하는 것으로 이해되고 있는데, 이는 다음과 같이 표현될 수 있다(정정길, 1997: 377).

$$\text{효율성} = \frac{\text{정책대안의(기대)효과}}{\text{정책대안의(추진)비용}} = \frac{\text{정책효과(effect)}}{\text{정책비용(cost)}} = \frac{\text{편익(benefit)}}{\text{비용(cost)}}$$

어떤 현상 변경(예를 들면, 어떤 공공정책의 실시)이 초래하는 효과가 이를 위해 투입되는 사회적 비용을 상회할 것으로 기대되면, 그러한 현상 변경은 효율적이라 할 수 있다. 또한 현상 변경의 대안이 복수로 존재하는 경우에, 그로 인해 얻게 될 효과(혹은 편익)와 비용을 계산하여 좀더 큰 차익을 얻는 대안이 더 효율적인 대안이라고 할 수 있다.

행정에서의 효율성 개념을 이와같이 이해할 때 이는 곧 파레토 효율 개념과 같은 의미임을 알 수 있으며, 따라서 효율성 개념이 공리주의에 근거하고 있음을 알 수 있다. 이에 로드스(Steven E. Rhoads)는 효율성을 이해하려면 파레토 최적부터 이해해야 한다고 한다(Rhoads, 1985: 63).

5 파레토 효율의 한계

파레토 효율의 개념은 극히 매력적이기는 하지만 이를 공공정책의 결정이나 평가에 효율성 기준으로 그대로 적용하는 데에는 다음과 같은 한계점을 내포하고 있다.

첫째, 파레토 효율 개념이 근본적으로 안고 있는 한계점은 그것이 **극대화 개념**에 입각하고 있기 때문에 사회 전체적 이익에 관심을 둘 뿐이며, 비용의 부담자 혹은 집단이 누구이며 편익(혹은 효과)의 향유자 혹은 집단이 누구인가에 대한 문제는 고려하지 않는다는 점이다. 즉, **형평성**에 대한 고려가 파레토 효율 개념에서는 반영되지 않는다는 점이다. 물론 이 경으 형평성의 문제를 파레토 효율 개념 속에서 고려하기 위해 비용과 편익을 계산할 때 집단에 따라 서로 다른 가중치(weights)를 부여하여 계산하는 방법이 있을 수 있으나, 그럴 경우 그 가중치를 얼마로 할 것인가의 문제는 극히 주관적일 수밖에 없고, 이러한 노력이 중요하지 않다고 생각하거나, 이익의 금전적 표시가 곤란하거나 의의(意義) 없다고 생각되는 경우가 있다. 따라서 이러한 경우에는 형평성과 관련된 가치를 억지로 계량화하여 파레토 효율 개념 속에 포함시키기보다는 형평성이라는 또 다른 가치판단 기준을 고려하여 이를 파레토 효율(즉 효율성)과 관련하여 우선순위를 고려하는 방법이 더욱 바람직하다고 할 수 있다.

둘째, 파레토 효율을 행정 의사결정에 이용하려고 할 경우 이는 사회 전체의 집합적 이익에 관한 개념으로서, **사회 전체**의 효용(혹은 이익)을 **극대화**하는 데 관심을 둔다. 그러나 행정 의사결정 내지 공공정책을 성공리에 결정하고 집행하려면 일반적으로 사회 전체의 집합적 이익만이 아니고 기타의 가치들, 예를 들면 집합적 이익이 사회 구성원에 어떻게 분배되는가 하는 것을 고려에 포함시킬 필요가 있을 뿐만 아니라, 집합적 이익의 관점에서 보아 바람직한 어떤 정책을 채택하여 실시하는 것에 커다란 곤란이 예상될 때, 예를 들면 강렬한 반대 운동이나 대규모의 저항에 직면하는 때에는 우리는 이를 정책의 실시 가능성과의 관계에서도 고려해야 하는 것이다.

셋째, 한 경제에서 파레토 효율을 만족시키는 경제 상태는 하나 이상 존재할 수 있다. 이 경우 어떠한 상태를 선정할 것인가의 문제는 파레토 효율의 기준으로는 해결할 수 없다.

넷째, 파레토 효율은 여러 개인들 간의 소득 분배, 즉 사회의 소득 분배를 주어진 것으로 본다는 점이다. 즉 누가 재화를 더 많이 소비하는가는 그 사회 구성원 개개인의 능력(즉 소득)에 따르게 되는데, 이 소득 분배가 사회적으로 바람직한 분배인지에 대해서는 아무런 해결책도 제시해 주지 않는다는 것이다. 따라서 파레토 효율은 소수에 의한 과점이나 심지어 한 사람에 의한 독점이 허용될 가능성도 있다. 즉, 파레토 효율은 **주어진 소득 분배 구조** 하에서 사회 전체 효용의 **극대화**를 도모하는 것이다.

다섯째, 이와같이 파레토 효율에서는 효율적 분배 구조가 초래할 수 있는 격심한 분배의 불균형을 시정하기 위해 '**보상 원리**'를 제시하고 있다. 그러나 사회 구성원의 권리 중에는 아무리 충분한 보상을 행하더라도 보상을 이유로 제약이 허용되어서는 안 될 권리가 있다. 예를 들면, 정당한 이유 없이 생명을 박탈당하지 않는 것에의 각 사람의 권리, 위해(危害)를 받지 않을 권리 등이 그것이다. 이와같이 이른바 '**불가침의 인권**'이라 칭해지는 권리는 교섭이나 거래의 대상이 되는 권리가 아니다. 따라서 사회 전체의 이익을 도모한다는 것을 이유로 어떤 사회 구성원의 생명을 박탈하거나 신체에 위해를 가하는 것을 불가결의 일부로 하는 어떤 현상 변경은 허용될 수 없다. 또한 보상을 행하는 경우에도 이러한 보상의 옳고 그름을 결정해 줄 기준이 필수적으로 요구된다. 보상의 근거가 불명확하거나 자의적인 것이 될 우려가 있기 때문이다. 바로 이런 이유 때문에 가능한 여러 가지 효율적인 분배 방식들 가운데 정당한 배분을 결정해 줄 합리적 정의 원리의 도입이 불가결하게 되는 것이다.

여섯째, 공공정책에는 또한 복지정책, 소득 재분배 정책, 환경정책 등과 같이 사회 전체의 집합적 이익을 주요한 목적으로 하지 않는 것도 많이 있다. 이러한 종류의 정책에서도 일반적으로 파레토 효율은 극히 중요한 역할을 수행하지만, 그것이 제일 중요한 가치로는 고려되지 않는다. 즉, 효율성에 과도한 악영향을 미치는 일이 없이 본래의 정책 목적인 복지 충실, 소득 재분배, 환경보전을 달성하려고 하는 고려가 많은 경우에 행해지고 있다.

제 8 장 롤스의 공정으로서의 정의관과 가치판단 기준

사회 정의(social justice)를 실현하기 위해서는 권력과 의무, 기회와 재화, 이익과 부담, 지위와 명예 그리고 특권 등 인간이 사회를 이루어 살아가는 과정에서 필요로 하는 여러 **사회적 · 경제적 가치**들의 절대량에 관심을 갖기보다는, 이들 가치들이 사회 구성원들 사이에 어떻게 배분되어 있는가에 관심을 두게 된다. 따라서 **사회 정의**란 분배적 정의(distributive justice)를 의미하며, **분배적 정의**란 사회 구성원 각자가 자신이 향유하거나 부담해야 할 사회적 · 경제적 가치의 **응분**(應分)의 **몫**을 담당하고 누리는 상태를 의미한다.[1] 그러므로 정의는 전통적으로 **평등**으로 이해되었다. 그것은 단순한 절대적 평등이 아니라, 각자에게 그의 몫을 실현시키는 평등이다. 정의는 또한 어떤 단순한 하나의 권리가 아니라 모든 **권리와 의무**와 관련된다. 즉, **권리와 의무**의 올바른 **분배** 혹은 권리와 의무의 올바른 **구현**이 바로 정의이다.

이러한 사회 정의의 실현이 오늘날 행정국가 하에서는 정부 정책을 통해 의식적으로 행해지는 경우가 많다. 그러므로 하나의 정책을 정의로운 것으로 또는 정의롭지 않은 것으로 규정하고자 할 때 이를 판단할 수 있는 바람

---

1) '응분의 몫'에 대한 개념과 이를 둘러싼 구체적인 쟁점에 대한 자세한 논의에 대해서는 임의영(2008: 35-61) 참조.

직한 기준으로서의 정의의 기준이 필요하게 되는 것이다.

이 장에서는 일반적으로 논의되고 있는 사회 정의의 특성과 유형을 살펴본 뒤에 롤스(John Rawls)가 제시하는 사회 정의의 내용을 중점적으로 살펴보고, 이를 행정작용에 실천적으로 적용해 볼 수 있는 방안과 그 한계점 등을 살펴본다.

제1절 정의의 유형

1 분배적 정의와 보상적 정의

아리스토텔레스(1973: 29)는 일반적·절대적 정의와 특수적 정의를 구분한다. 전자 즉 **일반적 정의**란 공동생활의 일반 원칙인 도덕이나 윤리 등의 덕목에 적합하게 마음을 쓰고 행동하는 것을 말한다. 우리가 보통 말하는 정의는 후자, 즉 특수적 정의를 말한다. 특수적 정의는 두 가지로 구분하는데 그 하나가 **분배적 정의**이고, 다른 하나가 **보상적 정의**(혹은 **시정적 정의**)이다.

1) 분배적 정의

분배적 정의는 권력·명예·재화·의무·부담 등 시민들 간에 나누어야 할 것의 분배에 관한 원칙이다. 분배적 정의는 나누어 줄 몫이 있고 나누어 가질 사람이 두 명 이상 있는 경우 권력이나 재화 혹은 의무나 부담 등의 사회적·경제적 가치 등의 나누어 줄 몫을 이들 두 사람 이상의 사이에 응분의 몫으로 분배되었는가에 관심을 둔다. 따라서 분배적 정의에서는 두 사람 사이에 이들 가치들이 정당하게 분배되어 있지 않은 경우 이를 정의롭지 못한 것으로 본다.

2) 보상적 정의

보상적 정의는 개인들 상호간의 여러 가지 형태의 **상호 교섭**에서의 **조정**과 관련된 원칙으로서, 급부나 반대급부 간에 균형을 유지하고, 사람에 따라 차별을 하지 않는 것을 말한다. 예를 들면, 매매에서의 등가(等價)의 원칙을 적용한다거나, 손해를 입은 만큼 배상하도록 하는 원칙, 고용주와 피고용자 간에 정당하게 이루어진 계약에 의해 일정한 노동과 임금을 교환하는 것 등이다.

행정과 관련하여 중요한 정의는 분배적 정의라고 할 수 있다. 그 이유는 행정작용이 행해지면 그 결과 두 사람 이상의 사람들 사이의 사회적·경제적 가치들의 기존의 분배 상태에 변화를 초래하기 때문이다. 그러므로 정의로운 행정은 그 과정이나 결과에서 이들 가치들이 정의의 기준에 맞게 분배되도록 행하는 행정을 의미한다.

이와같이 정의가 동등한 것을 동등자에게, 동등하지 않은 것을 동등하지 않은 자에게 처방함을 의미한다면, 분배적 정의의 핵심적 문제는 어떠한 부동등(不同等, 즉 불평등)이 정의와는 무관한 것이고, 어떠한 부동등이 정의와 유관한 것인가를 밝히는 일이다(김여수, 1984: 38). 즉 어떠한 불평등이 정의라는 기준에서 볼 때 용인될 수 있는 **정당한 불평등**인가를 밝혀야 하는데, 아리스토텔레스의 정의관에는 이것이 나타나 있지 않다. 이에 롤스는 그의 정의론을 통해 정당한 불평등의 기준을 제시하고 있다.

우리들 대부분은 어떤 정책이나 행위들이 비록 예를 들면, 최대 다수의 최대 행복을 산출하지 않더라도 옳거나 정의롭다고 생각한다. 따라서 만약 사람들이 불가양(不可讓), 불가침(不可侵)의 천부적 권리를 가지고 있다면, 그러한 권리는 단순히 순효용을 극대화한다는 것만으로 침해될 수 없는 것이다. 이에 롤스는 모든 사람에 의해 공유되는 기본적 자유를 좀더 중시함으로써, 어떤 사람의 자유의 상실이 더 많은 사람에게 더 큰 이익을 가져온다는 이유로 당연시되는 것을 거부한다(Rawls, 1971: 28).

2 '응분의 몫'을 정하는 구체적 기준으로서의 절차적 정의와 결과적 정의

분배적 정의는 곧 사회 구성원 각자가 사회적·경제적 가치들에 대한 '**응분의 몫**'을 누리는 상태를 의미한다고 할 수 있다. 즉 '각자에게 그의 응분의 몫'을 돌려 줄 때 정의가 성립되는 것이다. 그런데 구체적으로 각자에게 분배될 응분의 몫을 정할 때 적용되는 합리적 분배 기준으로는 크게 **절차** 혹은 **과정**에 초점을 두는 경우와, **결과**에 초점을 두는 경우가 있다.

1) 결과적 정의

대부분의 전통적 정의론에서는 각자의 응분의 몫을 정하는 기준을 결과에 두고 결과의 정의로움을 평가하기 위한 어떤 기준을 제시하고자 했다. 예를 들면, 응분의 몫을 정하는 가장 쉬운 기준으로서 들 수 있는 것이 각자가 성취한 **성과**(achievements)라는 기준이다. 이는 각자가 투여한 노력에는 상관없이 결과적으로 나타난 성과에 주목하여 이를 응분의 몫을 정하는 객관적 기준으로 하려는 것이다.

이러한 기준은 객관적인 평가와 측정이 용이하며, 생산을 유도할 수 있는 유인이 된다는 장점이 있으나, 성과를 평가하는 데 서로 다른 성과 간의 양과 질을 상호 비교하는 데 어려움이 있다는 점이다. 우수한 예술가와 우수한 의사의 성과를 상호 비교하는 것과 같은 어려움이다.

성과의 구성 요인을 세분하면 그것은 **능력**과 **노력**의 공동 산물이라는 결론이 나온다. 그러나 노력이라는 기준은 이를 측정하거나 평가하기가 어렵다는 문제점이 있다. 한편 능력(ability)의 경우 여기에서는 잠재적인 능력이 아닌 실제로 실현된 능력을 의미하는 것으로, 이에는 **천부적 능력**(natural ability)과 **후천적 능력**(acquired ability)이 있다. 그런데 천부적 능력은 나의 의지와 상관없이 주어진 우연의 소산이며 운명적으로 주어진 것이다. 따라서 그것은 도적적 개념으로서의 응분의 몫에 대한 정당한 기준이 되기 어렵다. 나아가 후천적 능력의 경우에도 이는 선천적 능력과 무관한 것이 아니며, 선천적 능력 위에 자신의 노력이 가미된 결과라고 할 수 있다. 따라서 후천적 능력의 경우에도 앞서 말한 노력이라는 기준과 선천적 능력이라는 기준이 안고 있는 문제점을 똑같이 가지고 있다고 할 수 있다.

분배적 정의의 기준을 결과에 두려는 전통적 견해들은 대체로 필요에 따른 분배, 능력 및 성과에 따른 분배, 투여된 노력에 따른 분배, 생산성에 따른 분배, 사회적 효용에 따른 분배, 수요와 공급에 따른 분배 등을 단일의 기준으로 제시하고 있는 바, 이러한 견해들의 공통된 문제점은 정의가 요구하는 다른 모든 요구 사항(claims)을 배제한 채 특정한 하나의 요구만을 단일의 기준으로 내세우고 있다는 데 있다(Rescher, 1966: 82).

한편, 이러한 일원론적인 정의관의 문제점을 해소하기 위해 **다원론적인 정의관**이 제시되고 있으나, 이 경우에도 다원적 정의 기준들 간의 상충을 해결하기 위해서는 또 하나의 어떤 기준이 필요하게 되는 것이다. 이러한 문제점 때문에 주로 다원론에서는 **직관**에 의존하여 상충의 문제를 해결하게 된다. 그러나 직관이라는 것은 지극히 주관적이며 임의적인 성격을 갖는다는 점에서 한계점이 있는 것이다.

2) 절차적 정의

(1) 노직의 정의론

노직(Robert Nozick)은 정의론을 최종 결과 상태(end-state)에 초점을 둔 정의론과 역사 과정적(historical) 정의론을 구분하여 설명하고 있다. 과정이나 절차를 중요시하는 사람들은 사회의 정의 여부를 평가할 때 최종적으로 나타난 결과로서 분배된 방식만을 살피는 것으로는 불충분하며, 그러한 재화가 생산되는 방식과 분배가 이루어지는 **역사적 과정**도 살펴야 한다고 주장한다. **역사 과정적 정의 원리**는 사람들의 과거 여건이나 행적이 어떠했느냐에 따라 재화에 대한 권한과 응분의 몫이 달라진다는 것이다(Nozick, 1974: 155).

예를 들면, **공리주의**는 비역사적인 **결과주의** 이론에 기초하고 있다. 즉, 모든 분배는 '최대 다수의 최대 행복'을 실현하도록 배정되어야 한다는 것이다. 노직이 이러한 관점을 비판하는 이유는 그것이 윤리적으로 중요한 역사 과정적 요인을 무시하고 있기 때문이라는 것이다. 최대의 공리를 결과한다는 이유만으로 무고한 자를 처벌하는 것은 정의감에 맞지 않는다는 것이다. 처벌은 실제의 범행과 죄질에 따른 역사 과정적 사실에 기초해야 한다.

노직은 **정형적**(patterned) **정의 원리**와 **비정형적**(unpatterned) **정의 원리**를 구분하여 "각자에게 그의 X에 따라서"라는 공식에 일정한 특성 X의 내용(예를 들면, 성과)을 정의의 기준으로 제시하고자 하는 입장을 정형적 이론이라고 본다. 노직은 모든 정형적 이론에 대해 반대하는데 그 이유는 분배를 어떤 정형적 틀에 맞추려다 보면 불가피하게 **자유의 침해**를 가져오기 때문이라고 한다.

(2) 롤스의 정의론

롤스는 사회 정의의 문제를 **순수 절차적 정의**(pure procedural justice)로 이해하고, 이를 **완전한 절차적 정의**(perfect procedural justice) 및 **불완전한 절차적 정의**(imperfect procedural justice)와 대비시켜 설명한다.

(가) 완전한 절차적 정의와 불완전한 절차적 정의

롤스는 정의로운 결과를 평가할 독립적인 기준이 있고, 그러한 정의로운 결과에 도달할 절차도 구상할 수 있을 때 '완전한 절차적 정의'가 성립한다고 한다. 한편, 정의의 독립적인 기준은 있으나 그러한 결과에 이를 절차가 없을 경우 '불완전한 절차적 정의'가 성립한다고 한다(Rawls, 1971a: 185).

롤스가 완전한 절차적 정의의 예로 인용하고 있는 사례는 몇 사람이 케이크를 나누는 경우이다. 만일 가장 정의로운 결과가 케이크를 동등하게 나누는 것이라면, 동등한 부분으로 가르는 결과에 이르게 될 절차를 규정하는 일은 수월해진다. 즉, 어떤 한 사람에게 케이크를 자르게 하고, 그에게 마지막 선택권을 줄 경우 그는 자신에게 가능한 한 최대의 것이 돌아오도록 케이크를 똑같이 나누는 데 최선을 다할 것이며, 바로 이러한 방도가 동등한 결과에 대한 공정한 절차가 된다. 또한 불완전한 절차적 정의의 가장 전형적인 예로는 **형사재판**(criminal trial)을 들 수 있다. 형사재판에서 목표는 죄인이 죄질에 따라 형을 선고받고 무죄자가 방면되도록 하는 것이다.

이런 경우 정의로운 결과가 무엇인지는 알려졌으나 불행히도 정의로운 판정을 결과할 재판 절차는 알려져 있지 못하다. 비록 재판관은 최선의 재판 절차를 택하기는 하겠지만 때로는 무고한 사람이 형을 받게 되고 죄 있는 자가 방면되는 경우가 생길 수 있다. 따라서 형사재판은 과실의 가능성이 상존하므로 불완전한 정의의 한 예이다. 롤스에 따르면 공리주의 역시 정의를 **불완전한 절차적 정의**에서 접근하려는 입장이라는 것이다. **공리주의**자들은 결과주의에 따라 결과에 대한 독립적인 기준을 제시하는데 그것이 바로 '최대 행복의 실현'이라는 것이다.

(나) 순수 절차적 정의

'순수 절차적 정의'란 정의에 대한 독립적인 기준은 없으나 공정한 절차나 규칙이 있어 그에 따르기만 하면 그 결과가 저절로 정의롭게 되는 경우이다.

롤스가 순수 절차적 정의의 예로 들고 있는 것은 **노름**(gambling)이다. 노름꾼들이 모든 규칙을 지키고 서로 속이는 일이 없을 경우, 그 결과는 내용에 상관없이 정의로운 것이다. 롤스는 자유 경제 체제에 가장 적합한 정의 모형을 순수 절차적 정의라고 하면서 그가 제시하고 있는 '**원초적 입장**(original position)'이 순수 절차적 정의를 보여 준다고 한다. 따라서 원초적 입장에서 의사결정은 그 결과의 내용이 어떤 것이든 정의롭다는 것이다.

3 역차별 대우와 정의

1) 역차별 대우의 개념

정부는 장애인고용법, 여성 고용할당제, 농어촌 출신 자녀들에 대한 특별전형 제도 등 교육이나 취업 혹은 승진 시 그간 사회로부터 **차별 대우**를 받아온 집단이나 계층에게 일정한 **특혜**를 주는 제도를 시행하거나 시행을 추진하고 있다. 이러한 제도를 '역차별 대우(reverse discrimination)'라 한다.

역차별 대우를 제대로 이해하기 위해서는 '**차별**'의 의미와 '**역**'의 의미를 이해해야 한다. 예를 들면, 어느 회사의 영어 과목 시험에서 좋은 점수를 얻은 사원 A에게는 특별 휴가를 주고 나쁜 점수를 얻은 B에게는 특별 휴가를 주지 않은 경우와, 위의 시험에서 여성 사원 C가 남자 사원 A와 똑같이 좋은 점수를 받았는데도 불구하고, C가 여성이라는 이유로 특별 휴가를 주지 않은 경우가 있다고 하자. 이 경우 전자의 경우나 후자의 경우 모두 차별 대우이기는 하나 전자의 경우에는 이를 차별 대우라고 항의하지는 않을 것이다.

(1) 부당한 차별

앞의 예에서와 같이 차별에는 정당한 차별과 **부당한 차별**이 있는데, 부당한 차별이란 '주어진 대우(위의 경우 특별 휴가)와 관련된 요소(영어 점수)에서 모두 동등함에도 불구하고, 그 밖의 다른 요소를 이유로(여성이라는 이유로)하여 다르게 대우하는 것'을 의미한다. 따라서 어떤 대우가 부당한 차별인지를 알기 위해서는 차별에 대한 정의에서 '**관련된 요소**'가 무엇이고, '**관련되지 않은 요소**'가 무엇인지를 정확하게 이해해야 한다. 예를 들면, 부당한 성별 차별, 인종 차별, 종교 차별이라고 하면 어떤 대우에서 성이나 인종 혹은 종교 등이 '관련된 요소'가 아니고, '관련되지 않은 요소'에 해당하는데도 이를 기준으로 대우하는 경우이다.

(2) 역차별

'역차별'이라고 할 때 '역'이라 함은 거꾸로 차별하겠다는 의미이다. 여기에서 거꾸로 차별하는 대상이 되는 것은 '○○ 차별'에서 '○○'이다. 예를 들면, 여성 차별이라고 할 때 역차별의 대상이 되는 것은 곧 '여성'에 대해 역차별을 하겠다는 의미이다(김상득, 1997: 73). 따라서 역차별이란 지금까지 관련된 요소에서 우대를 받아 온 개인이나 집단을 우대하는 것이 아니고, 거꾸로 관련된 요소에서 지금까지 **차별 대우를 받아 온 집단을 우대**하는 제도를 말한다.

2) 역차별 대우와 정의

정의란 앞에서도 설명한 바와 같이 '주어진 대우와 관련된 요소에서 동등할 경우 같게 대우하고, 다를 경우 다르게 대우하는 것'으로 이해되고 있다. 그러나 이러한 정의의 이념은 누구나(즉, 여성 · 장애인 · 흑인이나 유색인종 · 특정 종교인을 불문하고) 지금까지 평등한 대우를 받아왔다는 것을 전제로 해서만 성립될 수 있다. 이러한 평등이 전제되지 않고 지금까지 예를 들면, 여성이나 장애인 · 흑인 등을 여성이라는 이유로, 장애인이라는 이유로 혹은 흑인이라는 이유로 차별해 왔고 따라서 평등이 전제되지 않은 사회에서는 관련된 요소에서 우월한 자를 우대하고 열등한 자를 덜 우대하거나 천시하는 것은 또 다른 불평등을 조장할 따름이다. 따라서 이와같이 과거부터 행해 온 부당한 차별은 시정되어야 하며 그것이 정의의 이념 실현에 부합한 것이라고 할 수 있다.

역차별 대우를 옹호하는 사람들의 견해에 의하면 차별의 시정 방법은 우선 차별받아 온 당사자에게 차별받아 온 영역 혹은 그 영역과 관련된 부분에서 차별받아 온 만큼 되돌려 주어야 한다고 한다. 예를 들면, 여성이 지금까지 취업에서 부당한 차별 대우를 받았으면 여성에게 취업 기회를 우선적으로 제공하자는 것이다. 즉 차별 대우를 받아 온 여성을 더 우대하자는 것이다.

역차별 대우가 정의와 관련하여 현실성 있는 제도가 되려면 우선 '관련된 요소'와 '관련되지 않은 요소'가 무엇인지를 정확하게 이해해야 하며, 관련되지 않은 요소로 부당한 차별을 받아 온 특정 집단의 선정에 주의를 기울여야 한다. 다시 말하면, 사회 제도나 관행과 같은 역사적 요인으로 인해 관련되지 않는 요소를 적용하여 차별받아 왔다는 것이 사회적으로 인정되는 그러한 집단에 국한하여, 역차별 제도를 시행해야 하는 것이다. 그렇지 않을 경우 새로이 부당하게 차별받는 집단을 양산하여 사회 정의를 훼손하게 되기 때문이다. 예를 들면, 여성이 지금까지 부당한 차별을 받아오지 않은 사회에서 여성들에 대해 역차별 대우를 하게 되면, 이러한 역차별 대우로 인해 피해를 보는 새로운 남성들이 생겨남으로써 사회 정의에 반할 수 있는 것이다.

역차별 대우는 또한 그 실효성을 거둘 수 있을 만큼 역차별 대우의 비율을 합리적으로 책정해야 하며 따라서 너무 낮게 책정하거나 너무 높게 책정해서는 안 된다. 역차별 대우의 비율을 지나치게 낮게 책정하면 그 실효성이 의심스럽게 되고, 지나치게 높게 책정할 경우 선의의 희생자가 발생할 수 있기 때문이다. 이 밖에도 역차별 대우 조치를 취하는 것은 어디까지나 지금까지 행해 온 부당한 차별을 시정하려는 데 목적이 있으므로 그러한 부당한 차별이 제거되고 평등이 실현되었다고 기대되는 시점까지 한시적으로 실시되어야 할 것이다.[2)]

제 2 절 롤스 정의론의 전제적 여건

1 사회계약론과 자연 상태

롤스의 정의론에서 가장 특징적인 측면 중의 하나는 **사회계약론적 전통**을 새로운 차원에서 재활시키려는 시도로서 그는 자신의 이론이 고전적 계약론의 입장을 일반화한 것이요, 고도의 추상적 수준에서 재구성하는 것을 목적으로 하고 있음을 밝히고 있다. 따라서 롤스를 이해하기 위해서는 전통적인 사회계약론에 대한 이해를 전제로 한다.

사회계약론은 인간이 아무런 정치적·사회적 관계도 갖지 않은 원초적 상태인 **자연 상태**(state of nature)를 가정하고, 이러한 자연 상태 하에서 구성원들이 가지고 있는 이성에 의거하여 어떤 사회 형태를 도출한다는 가

2) 1970년경부터 미국에서는 입학자의 전형에 즈음해서 흑인, 멕시코계 주민, 아메리카 인디언 등 특정 소수집단에 속하는 지원자에게 특별한 배려를 베푼다고 하는 대학이 급격히 증가했다. 이러한 조치로 인해 부당하게 입학을 거부당했다고 해서 한 유태인 청년 데푸니스(DeFunis)로부터 워싱턴대 법과대학(Law School)이 소송을 당했다. 그는 법대에 지원하여 높은 점수를 얻었으나, 이 대학에서 실시한 우대 조치(preferential treatment)로 인해 그보다 점수가 낮은 학생들이 특별 전형으로 합격하고 데푸니스는 불합격되었다. 이 소송의 처리 과정에서 역차별에 대한 깊은 논의가 행해지고 있다. 이 문제와 관련된 자세한 논쟁에 대해서는 足立幸男(1991)/김항규 역(1992: 100-114) 참조. 또한 데푸니스 재판의 경과, 의의 및 논평에 대해서는 Dworkin(1977) 참조.

정에 입각하고 있으며, 그 결과 도출되는 사회의 형태는 극히 이성적이고 합리적인 사회일 것임을 가정한다.

그런데 사회계약론의 전제가 되는 자연 상태 하에서의 **인간관**을 어떻게 보느냐에 따라서 로크(J. Locke)의 견해와 홉스(T. Hobbes)의 견해가 첨예하게 대립된다. 이들 양자는 자연 상태 하의 인간들이 합리적 이성의 소유자들이라는 점에서는 견해가 일치한다. 그러나 **홉스**는 자연 상태 하의 인간을 **이기적 불신의 소유자**로 봄으로써 자연 상태 하에서 설사 인간들이 합리적 사고에 입각하여 어떤 사회 상태에 대한 계약에 합의하게 될지라도 그들 사이에 이기적 불신이 작용하여 결국 약속을 불이행하게 됨으로써 '죄수의 딜레마'(제7장 참조)와 같은 상황을 결과하게 되어 만인에 의한 만인의 투쟁 상태로 전락해 버린다고 주장한다. 그리하여 홉스는 이성을 가진 사람들이 합의한 계약의 내용을 유효하게 보장하는 길은 강력한 공권력이나 전제적 통치일 수밖에 없다고 한다.

한편, 로크는 홉스가 보는 인간관과는 달리 인간의 본성을 긍정적으로 보아 자연 상태 하에서도 이미 사람들은 상당한 정도로 자연법에 따르게 되어 어느 정도의 질서가 유지될 수 있다고 본다. 그런데 자연 상태 하에 있는 인간이 계약을 통해 국가나 정부를 수립하는 이유는 무엇인가? 로크는 이에 대한 대답으로 **인간 이성의 한계성**을 든다. 즉, 자연 상태 하에서도 자연법이 존재하여 사람들 사이에 어느 정도의 질서가 형성이 되지만, 인간 이성의 한계성으로 인해 자연법의 인식이나 해석이 사람에 따라 다르고 다양할 수 있으며, 자연법을 시행할 때 규제나 처벌의 공평성과 구속성에도 문제가 있다는 것이다. 따라서 그것을 판정해 줄 공정한 판관(判官)과 그 판정을 시행하고 그 위반을 방지, 처벌해 줄 적절한 권력 기반이 필요한 바 이 때문에 자연 상태의 사람들은 계약에 의해 국가를 형성하고, 그를 통해 최소한의 법적·제도적 장치를 마련한다는 것이다. 따라서 **국가**는 시민들의 자연권의 **수탁자**인 동시에 그 **보호자**로서의 역할을 수행하는 것이다.

이와같이 고전적 계약론에서 당사자들이 자연 상태로부터 계약을 통해서 시민사회를 형성하듯이, 롤스는 그의 계약론에서 평등한 '**원초적**(原初的) **입장**(original position)'이라는 개념을 제시하고 있는데, 이는 곧 사회

계약론에서 자연 상태에 해당한다고 한다.

2 정의의 여건

롤스에 의하면 가능한 모든 사회가 다 정의의 원칙을 요구하는 것이 아니며 그것이 요구되는 일정한 사회적 여건이 전제된다고 한다. 롤스는 이를 '**정의의 여건**(circumstances of justice)'이라 부르고 있다(Rawls, 1971a : 126-130).

롤스에 따르면 정의의 여건, 즉 정의의 원칙을 필요로 하는 사회 여건으로는 주관적 여건과 객관적 여건이 있다고 한다. 그는 **객관적 여건**으로 '**자원의 적절한 부족 상태**(moderate scarcity)'를 들고, **주관적 여건**으로서는 협동의 주체들이 **제한된 이기심**의 소유자들일 뿐만 아니라, **상이한 이해관계**와 **목적 체계**를 가지고 있는 여건을 든다.

1) 객관적 여건

객관적 여건으로서의 '자원의 적절한 부족 상태'라는 개념은 천연자원이나 기타 자원이 협동 체제가 필요없을 정도로 풍족한 것도 아니며, 보람 있는 협동체가 결렬되기 마련일 정도로 여건이 궁핍한 상태도 아닌 상태를 의미한다. 즉, 그가 제시하는 객관적 여건은 서로에게 이익이 되는 체제가 실현 가능한 동시에, 그 체제가 산출하는 이득이 여러 사람이 내세우는 요구에 미치지 못하는 상태, 즉 적절한 부족 상태에 있는 것을 의미한다.

2) 주관적 여건

주관적 여건이란 첫째, 협동의 주체들, 즉 협동하는 사람들에 관련된 측면으로서 협동의 주체들이 제한된 이기심의 소유자들로 구성된 사회적 여건을 의미한다. 정의는 인간이 완전히 이타적인 존재도 아니고, 순수하게 이기적인 존재도 아닌 여건에서 문제가 되고 의미를 갖는다. 만약 인간이 완전히 이기적인 존재라고 한다면 우리는 영원히 홉스적인 만인에 의한 만인의 투쟁 상태에 머무를 것이고, 그 반대로 인간이 순전히 이타적이라고 한다면 정의의 원리에 관한 문제는 일어나지 않을 것이다. 따라서 정의의 문제는 인간이 제한된 이기심을 가지고 있는 여건을 필요로 한다.

둘째, 정의의 주관적 여건이란 사회 구성원들 각자가 나름대로 실현할 만한 가치가 있다고 생각하는 나름대로의 인생 계획과 가치관을 갖는다는 것을 의미한다. 이와같이 나름대로의 상이한 인생 계획과 가치관을 갖는 구성원들이 존재하는 경우 이들 개인이나 집단은 상충하는 가치관을 둘러싸고 **이해의 갈등**이 발생할 가능성이 있다. 이때 정당하게 이해관계를 판정하고 보호해 줄 수 있는 제약 체계로서의 정의의 원칙을 필요로 하는 것이다.

그러나 주의할 것은 사회 구성원들이 그들 자신의 인생 계획과 가치관을 갖고 있으면서도 이들 구성원들은 대체로 비슷한 욕구와 관심을 갖거나 혹은 여러 면에서 상호 보완적인 욕구를 가짐으로써, 그들 간에 서로에게 유익한 **상호 협동**이 가능해야 한다는 것이다(Rawls, 1971a: 126-127). 그리하여 그들은 상호 협동이 가능한 상황 하에서 그 어느 누구도 아닌 바로 자기 자신의 가치관을 실현하려는 데 관심을 가지는 **합리적인 인간**임을 가정한다. 따라서 이들은 다른 사람에게 손해만 입힐 수 있다면 자신의 어떠한 손실도 선뜻 받아들이는 그러한 파괴적인 심리적 시기심(envy)의 소유자도 아니고, 또한 상호간에 애정이나 동정심을 갖고 있지도 않는 상호 무관심한(mutually disinterested) 자들, 즉 **상호 무관심적 합리성**을 가진 자들이라고 가정한다.

이상의 주관적 여건과 객관적 여건을 종합해 보면 롤스가 제시하는 정의의 여건은 간략히 말해서 상호 무관심적 합리성을 가진 자들이 자원의 적절한 부족 상태에서 사회적 이득의 배분을 두고 서로 대립하는 요구를 제시할 때면 언제나 성립한다고 할 수 있다. 롤스는 그가 제시한 정의의 여건이 현실의 인간 사회의 일반적인 특성이라고 본다.

제 3 절 계약 당사자들의 자격 요건(원초적 입장)

전술한 정의의 여건 하에서는 계약에 참여하는 당사자들은 그들 자신이 속하게 될 사회를 규제해 주는 정의의 원칙을 여러 가지 대안들 중에서 선택하게 된다. 그런데 롤스는 계약 당사자들이 여러 대안들을 평가할 때 갖추어야 할 자격 요건을 규정하고 있는데, 이러한 자격 요건을 갖춘 도덕적 관점을 '원초적 입장(original position)'이라고 부른다.

원초적 입장, 즉 계약 당사자들의 자격 요건을 충족시키는 관점에는 두 가지가 있는데, 하나는 당사자들의 **인지상**(認知上)**의 조건**으로서 '**무지**(無知)**의 베일**(veil of ignorance)'이라는 조건이고, 다른 하나는 **동기상의 조건**으로서 '**상호 무관심적 합리성**(mutually disinterested rationality)'이라는 조건이다.[3]

1 무지의 베일

이는 원초적 입장의 조건 중에서 계약에 참여하는 사람들이 지니고 있어야 할 **지식**에 관련된 조건으로서, 원초적 입장의 당사자들이 자신과 소속된 사회의 특수한 사정에 무지해야 한다는 조건이다.

어떤 합의된 원칙이 정의로운 원칙이 되게 하기 위해서는 그 합의에 참여하는 사람들이 각자가 타고난 특정한 사회적·자연적 여건 등의 우연적 요인들을 알게 됨으로써 자기에게 유리한 합의를 이끌어 내려는 유혹이 없게 해야 한다. 다시 말하면, 모든 합의의 과정은 이러한 우연성에 대한 무지의 베일 속에서 이루어진다고 가정해야 한다는 것이다. 이로 인해 당사

3) 무지의 베일에 대해서는 Rawls(1971a: 136-142), 그리고 상호 무관심적 합리성에 대해서는 Rawls(1971a: 142-150) 참조.

자들은 제시된 대안들이 자신의 특정한 이해관계에 미칠 결과에 의해 자기에게 유리한 홍정이나 결탁을 할 수 없으며 일반적인 고려 사항에 바탕을 두고서 평가하게 된다.

이러한 무지의 베일에 가려져야 할 특정 지식으로는 한 개인이 처한 사회적 지위나 형편, 그리고 그가 타고난 천부적 재능 등이다. 그리고 자기가 무엇을 선(善)이라고 생각하는가에 대한 가치관 및 자신의 심리적인 경향성에 대한 지식도 제외된다. 나아가서는 자신의 사회가 처한 특정 여건, 즉 정치적・경제적 상황이나 문명 및 문화의 수준을 알아서도 안 되며, 심지어 자기가 어느 세대에 속해 있는가에 대한 정보까지도 제외된다. 그리고 허용되는 특수 사실 가운데 유일한 한 가지는 그들의 사회가 전술한 정의의 여건들에 처하고 있다는 점이다.

한편, 허용이 되는 다른 일반적 고려 사항으로는 인간 사회에 대한 일반적인 사실들이다. 그들은 정치문제 및 경제이론의 원칙들을 이해하며 사회조직의 기초나 인간 심리의 법칙들을 선택하는 데 영향을 미치는 일반적 사실은 모두 안다고 가정되며, 그러한 일반적인 지식에 대한 별다른 제한은 설정되지 않는다.

원초적 입장에서 이러한 특정 지식이 제한되는 조건 하에서는 계약에 참여하는 사람들이 어떤 합의가 자기에게 유리할 것인지 불리할 것인지를 알 수 없게 되기 때문에 **순수 절차적 정의**를 가능하게 하며, 특정한 정의관에도 **만장일치**의 채택이 가능하게 되는 것이다(Rawls, 1971a: 137-138).

2 상호 무관심적 합리성

이는 원초적 입장에서의 동기상의 조건으로서 우선 원초적 입장의 당사자들이 일반적 의미에서 합리적 존재이며, 나아가서 그들은 이타적인 존재들이 아닌 상호 무관심적 합리성의 소유자들이라는 점이다. 이의 구체적 내용은 앞서 기술한 정의의 여건 중에서 주관적 여건의 하나로 설명된 바와 같다.

3 불확실성 하에서의 의사결정

원초적 입장에 있는 당사자들은 그들이 채택할 특정 사회 체제 아래서 그들의 처지가 어떻게 될지 모르는 무지의 베일 속에 있기 때문에, 불확실한 상황에서 선택이 이루어진다고 할 수 있다.

그런데 미래에 대한 불확실성의 상황 하에서 합리적인 인간들이 의거하게 될 의사결정 원칙에는 **라플라스**(Pierre S. M. de Laplace)**의 원칙**(혹은 기대효용 극대화의 원칙)과 **최소 극대화**(maximin) **원칙** 및 **최대 극대화**(maximax) **원칙** 등이 있다. 따라서 논의의 초점은 무지의 베일에 가리어져 미래에 대한 불확실성 하에 있는 원초적 입장의 당사자들이 어떤 원칙을 택하게 될 것인가의 문제이다.

다음과 같은 예를 들어보자.

장래 출현 가능한 상황(S) / 대안	S_1	S_2	S_3	S_4
Ⅰ	4	4	0	2
Ⅱ	2	2	2	2
Ⅲ	0	8	0	0
Ⅳ	2	6	0	0

이 경우 세 가지 원칙에 따른 대안 선택 전략은 다음과 같다.

(1) 라플라스 원칙(기대효용 극대화의 원칙)

라플라스의 원칙에 따르면 모든 장래의 가능성은 같은 확률을 갖는다고 가정한다. 따라서 기대치를 극대화하는 기대 효용 극대화 원칙에 따른 대안을 선택해야 한다. 위의 매트릭스에서 확률은 모두 1/4이라고 가정되므로 기대이익(E)은

$$E(\mathrm{I})=4(1/4)+4(1/4)+0(1/4)+2(1/4)=2.5$$

마찬가지로

$$E(\mathrm{II})=2.0,\ E(\mathrm{III})=2.0,\ E(\mathrm{IV})=2.0$$

이 된다. 따라서 대안 Ⅰ이 선택되므로 결국 평균 공리의 원칙에 따른 결과와 동일하다.

(2) **최소 극대화 원칙**

최소 극대화의 원칙에 따르면 이 원칙은 각 대안들의 최저 이익을 조사하고, 이 최저 이익 중 최대의 것을 선택하는 것이다. 위의 예에서는 각 대안들의 최저 이익이 Ⅰ=0, Ⅱ=2, Ⅲ=0, Ⅳ=0이므로 그 최대는 2이다. 따라서 Ⅱ가 선택된다.

(3) **최대 극대화 원칙**

이는 **최소 극대화 원칙**과는 반대로 각 대안의 최대 이익 중에서 최대의 것을 구한다. 위의 예에서는 4, 2, 8, 6 중 8이 최대이므로 Ⅲ이 선택된다.

롤스는 원초적 입장에 있는 당사자들은 **최소 극대화의 원칙**에 따라 결정을 하리라고 생각한다. 그 이유로서 그는 원초적 입장에 있는 당사자들은 무지의 베일로 인해 미래를 예측할 만한 계산의 근거가 불충분하고, 또한 일상적 경우와는 달리 이러한 결정은 자손 만대에 걸친 중대사에 관련된 까닭에, 당사자들은 위험을 피하고 신중한 결정을 하기 때문에, 원초적 입장의 제약이 작용할 때 최소 극대화의 원칙에서 표현되고 있는 **보수적 태도**(conservative attitude)가 채택되는 것이 가장 합리적이기 때문이라고 한다(Rawls, 1971a: 153).

제 4 절 롤스 정의론에서의 정의의 두 원칙

1 롤스 정의론의 내용

롤스는 정의의 원리를 발견하기 위한 발견적 장치(heuristic device)로서 순수 절차적 정의(pure procedural justice)가 보장되는 원초적 입장을 가정하고, 거기에서 앞에 열거한 제반 전제와 제약(무지의 베일, 상호 무관심적 합리성, 불확실성 하에서의 의사결정)이 유효한 한 거기에서 합의되는 일련의 원칙이 곧 사회 정의의 원칙으로서, 그들 계약 당사자들의 사회 협동체를 규제하게 된다고 한다.

롤스는 무지의 베일에 가려 있는 사람들은 우선 첫째로, 평등한 자유(equal liberty)의 극대화에 합의할 것이고, 둘째로 최소 수혜자를 비롯한 모든 사람들의 처지를 개선해 준다는 조건부 차등을 허용하는 데 합의할 것이라고 한다.

1) 정의의 제1 원칙

정의의 제1 원칙은 '**평등한 자유의 원칙**(principle of equal liberty)'으로서 모든 사람은 다른 사람의 유사한 자유와 상충되지 않는 한도 내에서 최대한 기본적 자유에 대해 평등한 권리가 인정되어야 한다(기본적 자유의 평등 원리).

2) 정의의 제2 원칙

정의의 제2 원칙은 '**차등의 원칙**(difference principle)'으로서 사회적·경제적으로 인정될 수 있는 '**정당한 불평등**(justifiable inequality)'은 다음과 같은 조건 아래에서만 허용된다.

① **공정한 기회 균등의 원리**로서, 불평등의 모체가 되는 직위와 직무는

모든 사람에게 균등하게 공개되어야 한다는 조건이다.

② **차등의 원칙**으로서 불평등이 최소 수혜자들의 편익을 최대화해야 한다는 조건이다(Rawls, 1971a: 81, 302-303).

롤스는 사회 정의의 문제가 크게 두 가지 측면을 가지고 있는 것으로 보았다. 하나는 **국민의 기본적 자유**에 관한 문제요, 다른 하나는 **사회적 및 경제적 가치들의 분배**에 관한 문제이다.

첫째의 원리는 인간의 기본적 자유에 대해 모든 국민이 동등한 권리를 누려야 한다는 것을 규정하고 있다. 여기에서의 기본적 자유는 투표권 및 피선거권을 포함한 정치적 자유, 언론과 집회의 자유, 양심과 사상의 자유, 인신(人身)에의 자유와 재산 소유의 자유 등으로 민주주의의 이념과 일치하는 것이다.[4]

둘째의 원리는 사회적 및 경제적 가치의 분배와 관련하여 '**정당한 불평등**(justifiable inequality)'의 기준을 밝히기 위한 원칙이다. 롤스에 의하면 첫째, 그 불평등한 분배에서 더 큰 몫을 차지할 수 있는 지위나 직무는 기회 균등의 원칙에 의해 모든 사람에게 접근이 가능해야 한다. 둘째, 그 불평등으로 말미암아 모든 사람에게 이익이 되리라는 것이 사리에 따라 예견되어야 한다. 즉 그 사회에서 가장 불리한 처지에 놓인 사람들까지도 그 불평등한 분배로 인해 결과적으로 도리어 이익을 얻을 수 있으리라고 당연히 기대할 수 있는 그러한 내용과 정도의 불평등이어야 한다(Rawls, 1971a: 61). 이는 사회적·경제적 불평등이 그 사회에서 가장 불리한 처지에 놓인 사람들인 최소 수혜자 계층의 이득을 증진시키지 않는 한 모든 경제적·사회적 가치는 평등하게 분배되어야 한다는 것을 의미한다.

---

4) 자유권은 그 성질과 내용에 따라 인신(人身)의 자유(생명권, 신체의 자유 등), 사생활의 자유(사상의 자유, 교제의 자유, 통신의 자유, 거주·이전의 자유, 주거의 불가침, 사생활의 비밀, 자기정보 관리통제권 등), 정신적 자유(양심의 자유, 종교의 자유, 언론·출판과 집회·결사의 자유, 학문과 예술의 자유) 및 경제적 자유(직업 선택의 자유, 재산에 관한 자유)로 구분된다(권영성, 1999: 367).

2 원칙들 간의 우선순위

롤스는 이들 세 가지 원칙들 사이의 우선순위에 대한 갈등을 방지하기 위해 이들 세 가지 원칙들 사이에 우선순위를 부여하고 있다. 그리하여 평등한 자유의 원칙을 밝힌 제1 원칙이 제2 원칙에 우선한다. 따라서 첫째 원칙에 의해 규정되는 인간의 기본적 자유와 권리는 둘째 원칙에 의해 발생하는 어떠한 사회적 또는 경제적 이익과도 교환될 수 없다. 롤스는 이를 '**자유 우선성**(priority of liberty)'의 원칙으로 설명한다(Rawls, 1971a: 243-251). 단, 롤스에 의하면 자유가 제한되는 경우는 오직 더 큰 자유를 위해서만 허용된다. 즉, 첫째 모든 사람이 공유하는 자유의 전 체계를 강화하기 위해서라면 어떠한 자유에 제한을 가해도 무방하다. 또한 둘째, 자유의 불평등이 그 불평등에서 자유를 적게 가진 자들에게 자발적으로 받아들여지는 경우가 그러하다.

롤스는 제2 원칙 사이에도 우선순위를 부여한다. 즉 제2 원칙 중에서 기회 균등의 원칙이 차등의 원칙에 우선하여 적용된다. 나아가서 이러한 제2 원칙은 효율성이나 공리의 원칙보다 우선적으로 적용되어야 한다는 것이다.

결국 롤스가 원칙들 간에 우선순위를 부여한 것은 제1 원칙이 제2 원칙에 우선함으로써 제1 원칙이 요구하는 평등한 자유의 제도로부터의 이탈이 더 큰 사회적 및 경제적 이득에 의해 정당화되거나 보상될 수 없으며, 사회적·경제적인 불평등은 기회 균등이 보장이 된 전제 하에서 그것이 모든 사람에게 이익이 될 때만이 정당한 불평등으로 될 수 있다는 것이다.

이제 롤스의 정의의 두 원리가 실현되고 있는 상태는 다음 그림과 같이 나타낼 수 있다.

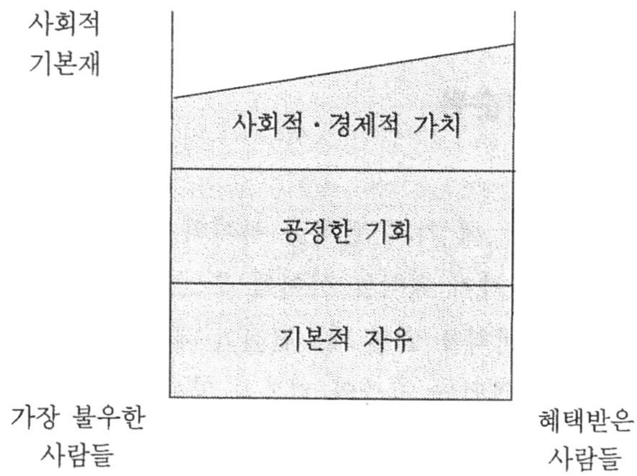

그림의 횡축에는 가장 불우한 지위에 있는 사람들로부터 가장 혜택받은 사람들까지를 열거하고, 종축에 사회적 · 경제적 가치, 공정한 기회, 기본적 자유 등 세 종류의 사회적 기본재를 표시해서, 그것들이 사람들 사이에 어떻게 배분되어야 하는가를 나타내 주고 있다.

먼저 기본적 자유가 평등하게 배분되고, 다음으로 기회가 평등하게 분배된다. 그리고 이 두 가지의 조건 위에서 사회적 · 경제적 가치의 분배가 성립되지만, 그것은 가장 불우한 지위에 속하는 사람들의 편익이 가장 크게 되도록 분배가 정해지지 않으면 안 된다. 사회적 · 경제적 재(財)의 분배는 어느 사회에서나 차등이 발생하는 것이지만 평등한 자유의 원리, 공정한 기회 균등의 원리 및 차등의 원리가 충족되는 한 그 차등은 정당한 것이다.

제 5 절 롤스의 정의 원칙에 따른 가치판단 기준 및 한계

1 행정에서의 판단 기준에의 적용

롤스는 정의의 제1 원칙을 통한 자유 우선성을 주장함으로써 명백한 자

유주의를 옹호하고 있으면서도, 또한 강력한 **평등주의**적 경향을 제2 원칙을 통해 나타내 주고 있다.

오늘날 수정자본주의 하에서는 과거 입법국가에서와 같이 모든 국민은 **자유권적 기본권**을 가짐으로써 국가로부터 간섭을 받지 않을 권리를 가지고 있을 뿐만 아니라, 국가에 적극적으로 인간다운 생활을 할 수 있는 여건을 마련해 줄 것을 요구할 수 있는 권리를 가지고 있다. 이러한 적극적 권리를 **사회권적 기본권**이라고 한다. 전자의 자유권적 기본권이 '자유'라는 가치와 관련이 되는데 반해, 후자의 사회권적 기본권은 '평등'이라는 가치의 실현을 위해 국가가 국민생활에 적극 개입하는 것을 정당화한다. 즉, 오늘날 국가는 자유의 추구와 평등의 문제를 동시에 조화시킬 수 있는 해결방안을 필요로 하며 이를 주로 행정에 의존하고 있다.

우리나라는 자유민주주의 이념을 기조로 하는 민주주의 국가임을 헌법은 제1조를 통해 명시하고 있다. 자유민주주의의 정신적 지주는 **자유와 평등**이다. 오늘날 정부의 성격이 행정국가적 성향을 가지고 있기 때문에 정부가 정책의 형성과 집행을 주도해야 할 필요성은 증대되고 있다. 과거 자유자본주의 하에서는 행정의 기능을 외교·국방·치안질서 유지 등 최소한의 것에 한정하는 최소 행정을 바람직한 것으로 보고 자유의 가치를 중시한 반면, 평등주의를 더 우위의 가치로 두는 사회주의적 사고에 따르면 좀 더 적극적이고 계획적인 행정의 개입을 통한 평등을 실현하고자 한다. 그러나 극단의 자유방임주의나 극단의 사회주의적 이념이 퇴조해 버린 오늘날 행정국가에서는 적극적 행정을 통해 자유와 평등 간의 조화를 어떻게 이루느냐 하는 데 관심이 집중된다. 이에 롤스는 그의 공정으로서의 정의관을 통해 사회 정의의 개념 속에 내포된 자유와 평등 간의 갈등 문제를 해결할 수 있는 기준을 제시하고 있다.

1) 자유 우선성의 원리

롤스는 정의의 제1 원칙을 통해 사회 정의의 최우선의 원칙으로 평등한 자유의 원칙을 내세워 모든 사람이 가장 광범한 기본적 자유에 대해 동등한 권리를 가져야 한다는 점을 가장 중요한 정의 원리로 제시한다.

정의가 동등한 것을 동등자에게, 동등하지 않은 것을 동등하지 않은 자에게 처방함을 의미한다면, 롤스의 정의의 제1 원칙은 전자에 해당하는 것으로서, 모든 국민은 예를 들면, 여성이라는 이유로, 장애인이라는 이유로, 능력이 부족하다는 이유로 기본적 자유권에 차별을 두어서는 아니 되고, 모두가 기본적 자유권에 대해 똑같이 동등한 권리를 가져야 한다는 의미이다. 따라서 정의를 수평적 정의와 수직적 정의로 나눌 때 자유 우선성의 원리는 곧 **수평적 정의**를 의미한다.

자유 우선성의 원리가 행정의 최고의 판단 기준으로 작용할 때 나타내는 의미는 행정이 전체 사회의 복지를 실현한다는 명목으로 무단으로 기본적 자유의 침해를 정당화해서는 안 된다는 점이다. 이에 롤스는 기본적 자유는 어떤 사회의 총체적 복지라는 명목으로도 유린될 수 없는 불가침성(inviolability)을 지니고 있다고 한다(Rawls, 1971a: 34). 다만, 기본적 자유를 제한하는 행정이 그 정당성을 인정받을 수 있는 경우는, 모든 사람이 공유하는 자유의 전 체계를 강화하기 위한 경우라든가, 혹은 자유의 불평등을 내용으로 하는 행정이 그 불평등에서 자유를 적게 가진 자들에게 자발적으로 받아들이는 경우에 한한다.

롤스는 정의의 원칙을 적용하기 위한 단계로 원초적 입장→제헌위원회에 의한 헌법 제정 → 입법의 단계 → 법규의 적용 및 준수 등의 4단계 과정을 설정했다. 자유의 원칙은 제2 단계에 적용되어 헌법을 제정한다. 이와 같은 자유권의 내용은 우리 헌법에도 규정되어 있다. 우리 헌법은 제2장의 국민의 권리와 의무 규정에서 기본적 인권에 대한 규정을 하고 있으며, 제1장의 제8조를 통해 정당 설립의 자유를 제2장 제33조를 통해 노동자의 근로 삼권을 보장하고 있다.

또한 우리 헌법에도 자유권적 기본권에 대한 제한 규정을 두고 있다. 자유권적 기본권도 순수한 내심의 자유(양심 결정, 신앙 등)를 제외하고는 헌법 유보와 법률 유보에 의해 제한을 받는다. 자유권은 천부적 인권으로서의 성격을 가지고 있다 하더라도 절대적 권리는 아니다. 자유가 무제한적 이기적인 것이 될 수 없으며 자유가 타인의 자유를 전제로 한다는 자유의 논리적·내재적 한계성이 존재하는 것이다. 그러므로 자유권도 내심의 작용에 관한 자유를 제외하고는 **국가의 안전보장**, 질서 유지, **공공복리**를 위해 필요한 경우에 한해 법률로 제한할 수 있도록 하고 있다(헌법 제37조 제2항). 그러나 자유권을 법률로 제한하는 경우에도 그 제한은 공익을 위해 불가피한 경우라야 하며, 그 경우라도 그 제한은 최소한에 그쳐야 할 뿐만 아니라, 보호하려는 이익이 제한하려는 이익보다 큰 경우라야 한다. 우리 헌법은 기본권을 "……제한하는 경우에도 자유와 권리의 **본질적인 내용**을 침해할 수 없다"(헌법 제37조 제2항 후단)고 하여 본질적 내용 침해 금지의 원칙을 명시하고 있다. 여기에서 본질적 내용의 침해라 함은 그 침해르 말미암아 당해 자유나 권리가 유명무실한 것이 되어버리는 정도의 침해를 말한다(권영성, 1999: 324).

롤스는 평등한 자유의 원칙이 우선적으로 채택되는 근거로 일정한 수준의 물질적 생활을 향유하는 상황을 전제한다. 기본적인 물질적인 욕구가 충족되는 한에서는 물질적 이득에 대한 관심보다 자유에의 관심이 상대적으로 더욱 중요하며 자유의 절대적 우선성이 성립할 수 있다고 한다. 즉 그는 경제적·사회적 가치의 한계효용은 체감하는 반면, 자유의 한계가치는 점증한다고 보며 이 두 한계효용이 교차하는 지점으로부터 자유 우선성을 요구하는 특수한 정의관이 적용된다고 생각하는 것이다. 요컨대 자유의 우선성 원칙이 작용되기 위해서는 일정한 수준의 물질적 생활이 전제되어야 하며, 그러한 상황에서는 **자존심**이 작용하여 물질적 이득에 대한 관심보다 자유에의 관심이 더욱 중요하게 되어 자유를 빵과 바꾸지는 않을 것이라고 본다.

2) 차등의 원칙

(1) 기회 균등의 원리

기회의 균등은 사회적·경제적 가치에의 접근 가능성이 모든 개개인의 능력과 노력 및 달성도에 의해 결정되느냐, 혹은 그렇지 않으면 특정 계층이나 집단 혹은 개인에게만 유리하게 주어지느냐의 문제이다. 요컨대, 기회 균등의 원리는 근면 성실하고 정직한 사람이 응분의 대우를 받는 사회 건설의 요청으로서, 동일한 능력이나 재능을 가지고 동일한 노력을 한다면 같은 분야에서의 동일한 성공을 보장하기 위한 원리이다.

또한 기회 균등의 원리는 정당한 사회적·경제적 가치의 불균등을 허용하기 위한 **전제적 조건**으로서 작용한다. 따라서 사회적·경제적 가치들의 불평등이 최소 수혜자에게 최대의 이익이 되는 한 허용될 수 있는 전제 조건으로서 불평등한 분배에서 더 큰 몫을 차지할 수 있는 지위나 직무가 모든 사람에게 접근 가능해야 한다.

롤스의 직위 개방에 대한 신념은 만일 어떤 직위가 모든 이에게 공정한 기반 위에 개방되지 않을 경우에는, 제외된 자들이 비록 그 직위를 갖게 된 자들의 보다 큰 노력에 의해 이득을 보게 된다고 할지라도 정의롭지 못하다는 것이다. 이는 그들이 부(富)나 특권과 같은 외적 보상으로부터 제외되었다는 것뿐만 아니라, 사회적 의무를 수행하는 데서 오는 자아 실현의 경험을 저지당한다는 데서 오는 **소외감** 및 **박탈감**을 느끼게 된다는 데서 문제가 된다.

우리 사회는 특정 집단이나 계층에 대해 제반 사회적 가치에의 접근을 박탈하고 따라서 기회 균등이 실현되지 못한 경우를 많이 발견할 수 있다. 조선 시대에 존재했던 양반과 상민(常民) 사상, 남성 존중 및 남성 위주의 사회구조로 인한 여성 차별, 지역 차별, 학력 차별 등등이 그것이다.

(2) 정당한 불평등의 원리

롤스는 정의의 원칙의 세 번째 서열로서 정당한 불평등의 원리, 즉 차등의 원칙을 제시하고 있다. 이에 따르면, 기회 균등의 원리가 전제된 상황에서의 사회적·경제적 불평등은 그 불평등으로 인해 덜 혜택을 받는 최소 수혜자에게도 그 불평등이 오히려 이익이 되어야 한다고 함으로써, 정당한 불평등의 기준을 명확히 하고 있다.

예를 들면, 육체노동에 자신이 있는 사람을 정신노동을 하는 곳에 배치하고, 세일즈에 재능이 있는 사람을 사무 분야에 배치하는 것보다는, 적재적소에 사람을 배치하는 것이 조직 전체의 수익을 증가시켜 가장 봉급을 적게 받는 사람에게도 더 많은 혜택이 돌아갈 수 있다. 또한 대학의 경우 총장의 지위에서 갖는 책임이나 능력과 정문 수위가 갖는 책임이나 능력에 커다란 차이가 나는데도 불구하고 보수를 같이 주는 절대적 평등을 주장한다면, 총장의 경우 일하고 싶은 의욕을 크게 상실하여 생산성이 감소될 것이다. 그러나 조직의 각 지위에 그 직위가 요구하는 재능과 그 재능을 열심히 발휘하려는 의욕을 갖춘 사람을 배치하게 되면, 전체의 생산성이 오르게 될 것이고, 그 결과 봉급을 가장 적게 받는 사람에게도 절대적 평등의 경우보다 더 많은 봉급을 받게 될 것이다. 이러한 경우와 같이 불평등이 오히려 최소 수혜자에게도 이익이 되는 경우에는 그 불평등이 정당한 불평등이며, 따라서 사회 정의에 반하는 것이 아니라는 것이다.

롤스에 따르면 기회 균등이 충족되었다는 것만으로 사회적 및 경제적 가치에 대한 불평등한 배분을 정당화하려고 하는 주장은 극단적인 자유주의자들의 주장에 지나지 않는다는 것이다. 기회 균등이 이루어지고 능률성이 향상되더라도 사회적 약자의 생활이 향상되지 않는 경우 그것은 사회 정의가 아니다. 기회 균등 외에 개개인의 **선천적 차이**를 고려해야 한다는 것이다.

그의 논의에 따르면 재능·능력·노력에의 의지도 성별·가정적 여건·사회적 지위와 마찬가지로 도덕적 관점에서 보면 정당성의 근거가 없는 우연적 요소에 지나지 않는다는 것이다(Rawls, 1971a: 72-102). 따라서 인간의 능력과 재능을 개인의 자산이 아닌 사회의 **공동재산**(common asset)으로 간주할 경우의 분배만이 도덕적으로 정당하고 공정한 것이며, 이들 재능이나 능력을 근거로 불평등한 대우를 하는 것은 그것이 최소 수혜자를 포함한 모든 이의 이득이 될 경우에만 용납될 수 있다는 것이다(Rawls, 1971a: 179).

그러므로 자연적 우연성에 의해 얻은 각자의 재능(예를 들면, 천부적인 뛰어난 예술적 능력이나 천재적 지능) 등은 이를 사회의 공동재산으로 삼고, 그것을 바탕으로 얻은 이익이 사회의 모든 사람들에게 그 중에서도 가장 불리한 입장에 처해 있는 사람에게 부여될 수 있도록 해야만 한다는 주장이다.

3) 롤스 정의론과 공리주의

롤스에 의하면 원초적 입장에 있는 합리적 인간이라면 그들이 무지의 베일에 싸여 있기 때문에 사회에서 가장 불리한 위치에 놓일 가능성을 고려하여 정당한 불평등의 원리를 선택하게 될 것이라고 한다.

이러한 원리에 의거할 경우 어떤 정책대안을 선택할 것인가? 다시 말하면 어떤 정책이 바람직한 정책인가? 다음의 예를 들어보자.

대안 \ 성원	A	B	C
I	100	50	30
II	10	10	10
III	200	150	25

이 경우 엄격한 의미의 평등 기준에 따르면 정책대안 II를 선택하게 될 것이다. 그러나 롤스의 차등의 원리에 따르면 **정책대안** I 을 선택하게 될 것이다. 왜냐하면 대안 I 은 가장 극빈한 자인 C의 이익을 최대화해 주기 때문이다. 더 나아가 A, B, C 간의 상대적 불평등 수준의 변화는 C의 이익을 증대시키는 한에서만 정당화될 수 있다. 한편 **공리주의 원리**에 따를 경우 사회의 총체적 효용을 극대화해 주는 **정책대안** III이 선택될 것이다. 그러나 이 경우 A와 B에 비해 C의 경우 현저한 불평등의 문제를 공리주의는 제대로 설명하지 못하고 있다. 요컨대 롤스의 차등의 원칙은 총량 위주의 **공리주의 원리**에 대한 **반론**으로서 사회 총체적 효용의 극대화가 현저한 불평등 위에서는 정당화될 수 없다는 주장이다.

롤스 정의론과 공리주의 철학에 기초하고 있는 **파레토 원칙** 간에는 다음과 같은 차이점이 있다. 즉 파레토 원칙은 어떤 이가 현상 유지(status quo) 상황의 어떤 변화로부터 이득을 얻는다면, 그로부터 어떤 이도 손해를 보아서는 안 된다는 것이고, 롤스의 정의론은 현상 유지의 어떤 변화는 그로 인해 마땅히 가장 형편이 나쁜 사람에게도 혜택이 돌아가는 변화여야 한다는 것이다. 즉 전자의 경우, 어떤 사람의 현상의 변화가 다른 어떤 사람에게 손해를 끼치지 않는 변화인 한 그 변화는 바람직한 것이라고 본다. 따라서 극빈자가 계속해서 굶주린 가운데 있는 상황에서 부유한 상태에 있는 자가 그 위에 더 큰 부를 축적하더라도 그것은 사회 전체의 효용을 증대시키므로 바람직하다고 본다. 그러나 후자, 즉 롤스 정의론은 어떤 사람의 현상 변화가 최소의 혜택을 받는 사람에게도 혜택이 됨으로써 양자 모두에게 이득이 된다는 점에서 **복지국가의 평등 이념**은 롤스 정의론에 더 기울어진다고 할 수 있다(Esping-Anderson, 1999: 168).

2 롤스 정의론에 대한 비판

롤스의 정의론은 그 방대한 양의 저술 내용에 담긴 정연하고도 심오한 이론 전개로 세기적 대작으로 평가되어 철학자 파인버그(J. Feinberg)는 이 저서에 철학적으로 고전의 위치까지 부여하고 있다(김여수, 1976: 서두 참조). 여기에서는 롤스의 정의론을 행정에서의 가치판단 기준으로 적용하는 데 따르는 한계점들을 지금까지 몇몇 학자들에 의해 행해져 온 비판을 중심으로 제시하고자 한다.

1) 합리적 선택 전략으로서의 최소 극대화 원리에 대한 비판

롤스는 원초적 입장, 즉 자신과 사회에 대한 특수한 사실들에 무지한 합리적 인간은 불확실성의 상황 하에서 최소 극대화 원리(maximin rule)에 입각해서 자신의 정의의 원칙을 채택할 것이라고 한다. 이에 대해 하산니(John Harsanyi)나 애로(K. J. Arrow) 등은 원초적 입장에서의 선택을 합당한 선택이라고 생각하는 점에서는 롤스와 견해를 같이하지만, 그러한 입장에 처한 사람들이 합리적으로 선택하게 될 원칙은 **기대효용 극대화 전략(라플라스 원칙)**에 의한 의사결정에 의해 평균 공리의 원칙이 선택될 것이며, 최소 극대화 원리에 따른 롤스의 정의의 두 원칙이 선택되지는 않으리라고 한다(Harsanyi, 1975; Arrow, 1973: 245-263).[5]

---

5) 어떤 의사가 치료할 약이 부족하여 두 사람의 환자 중에 오직 한 사람만을 치료할 수밖에 없는 처지에 직면하게 되었다. 그런데 두 환자 중 한 사람은 거의 죽음이 가까워진 사람으로서 그 약을 처방해서 치료하는 경우 짧은 기간의 생명을 유지할 수 있을 정도이고,

하산니에 따르면, 롤스의 무지의 베일과 같은 조건 하에서는 소득 분배에서 분배 체제 내의 각 지위에 있게 될 **확률**이 모두 동일하다는 **라플라스적 가정** 위에서 자신의 선호를 나타내게 되며, 동등한 기대 확률 속에서 자신의 기대 공리를 극대화해 주는 체제를 택하게 된다는 것이다. 이에 반해, 롤스는 하산니가 가정하는 완전 무지의 정도를 더 강하게 하여 원초적 입장에 있는 사람의 무지의 정도는 확률 분포의 양상에 대한 지식까지도 무지의 베일에 가리워져 기대 효용 극대화의 원리를 중심으로 한 확률 계산적 전략이 무용한 상황을 의미한다고 한다.

롤스에 의하면, 원초적 입장에 있는 당사자들은 무지의 베일로 인해 미래를 예측할 만한 계산의 근거가 불충분하고, 또한 일상적 경우와는 달리 이러한 결정은 자손만대에 걸친 중대사에 관련된 까닭에 당사자들은 위험을 피하고 신중한 결정을 하기 때문에 최소 극대화의 원칙에서 표현되고 있는 보수적 태도가 채택되는 것이 가장 합리적일 것이라고 한다.

2) 롤스의 정의관에 대한 좌우파의 비판

롤스의 공정으로서의 정의관은 그 이념에서 자유방임주의에 의거한 전통적 자유주의와 생산 수단의 사회적 소유를 주장하는 사회주의 양 극단을 지양하고, 자유와 평등의 조화를 추구하는 중도적 입장을 취하고 있기 때문에, 우파로부터는 평등을 지향하는 롤스의 정의관이 자유의 제한을 결과한다는 점에서, 그리고 좌파로부터는 롤스가 말하는 '정당한 불평등'이 아닌 완전한 평등을 추구해야 한다는 점에서 비판을 받는다.

(1) 좌파로부터의 비판

(가) 닐슨에 의한 비판

좌파로서 롤스에 대한 강력한 비판자 중의 하나인 닐슨(K. Nielson)에

다른 환자는 그렇게 아픈 것은 아니지만 치료하지 않으면 생명을 유지할 수 없는 상황에 있다고 가정해 보자. 이 경우 최소 극대화의 원리에 의하면 죽음이 가까워진 환자를 치료해야 한다. 왜냐하면 이 환자가 가장 최소 수혜자(worst-off)에 해당되기 때문이다. 그러나 효용 극대화의 원리에 따른 공리주의적 의사결정에 따르면 좀더 큰 좋은 것(good)을 초래할 덜 심하게 아픈 환자를 치료해야 한다.

의하면 롤스의 정의론은 다음과 같은 두 가지 허점을 내포하고 있다(Nielson, 1978). 첫째, 롤스가 평등한 자유의 원칙과 차등의 원칙 및 기회 균등의 원칙을 분리하고 전자를 우선시한 것은 자유와 평등을 분리하여 고려하는 맹점을 지니고 있다. 그렇듯 자유와 평등을 분리하는 것은 정치적 자유의 극대화로서 경제적 불평등을 허용하려는 것인데, 경제적 불평등 속에서의 정치적 자유가 인간의 자율성이나 존엄성을 보장하지 못한다.

둘째, 사회적 및 경제적 불평등은 단순히 개인이나 계층 사이의 불평등이 아니라, **계급 간의 불평등**이라는 것을 롤스가 충분히 고려하지 못하고 있다. 자본 계급이 모든 생산 수단을 장악하고 노동의 분배를 결정할 권력을 독점한 상황에서의 불평등은 계급 간의 불평등으로 이해되는 것이 마땅하다. 따라서 평등한 사회의 실현은 단순한 차등의 원칙의 적용이 아니라, 계급이 없는 사회를 건설했을 때만 가능하다. 이러한 계급 없는 사회에서만 기본 가치의 기회에 대한 평등과 그를 바탕으로 한 자유가 이루어지고, 공동 사회의 보존과 운영에 필요한 것을 제외한 모든 가치와 부(富)에 대해 필요와 기호에 따른 평등한 배분의 권리가 보장된다는 것이다.

(나) 맥퍼슨에 의한 비판

맥퍼슨(C. B. Macpherson)은 롤스가 제시한 정의의 두 원칙이 동시에 만족될 수 없음을 지적한다. 그도 닐슨과 마찬가지로 부가 집중된 상황에서 평등한 자유는 보장될 수 없기 때문에 부유층으로부터 빈곤층으로 경제적 양도가 없는 한 자유의 원리는 만족될 수 없다고 한다. 그리고 롤스의 주장과 같이 경제적 불평등이 최소 수혜자에게 이득이 되는 한에서만 허용된다면, 부유층으로의 경제적 양도는 심각한 한계에 부딪히게 된다고 한다(Macpherson, 1973: 93).

닐슨이나 맥퍼슨의 주장은 기본적으로 마르크스(K. Marx) 사상에 기반을 둔 것으로서 하부구조가 상부구조를 결정한다는 **유물사관**(唯物史觀, Materialistische Geschichtsauffassung)에 입각하고 있다. 유물사관에 의하면, 사회 구성에서 사회의 토대는 경제 관계로서 이 경제적 구조가 토대가 되어 그 위에 정치·법률 더 나아가서 철학·예술 등의 제반 이데올로기가 형성되어 간다. 이들 제반 관념들은 경제적 하부구조 위에 위치하는 상부구조에 불과하다. 그러나 상부구조는 결코 그 자신 독립적인 존재가 되지 못하고 항상 하부구조에 의해 제약된다는 것이다. 마르크스의 사상은 자본주의 사상을 근본적으로 부정하고 자본주의 체제 자체를 정의롭지 못하다고 보기 때문에 자본주의 체제 내에서 평등과 자유를 조화시키려는 보수적 성향의 롤스와 대비된다. 롤스에 따르면, 전투적인 마르크스주의자들은 그들이 정의로운 사회를 구성하는 내용(정의로운 결과)을 알 뿐만 아니라, 그러한 결과를 보장하는 방편(절차)이 무엇인지도 정확히 안다고 하는 완전한 절차적 정의에 입각하고 있다는 것이다.

이들 극단적 사회주의자들의 주장이 지닌 문제점이나 이에 대한 롤스의 견해 등은 따라서 공산주의 이론에 대한 전반적 탐구를 요하므로 여기에서 생략하기로 한다. 다만 여기에서 이야기하고 싶은 것은 전술한 바와 같이 롤스 자신도 그의 정의의 두 원칙이 적용되는 전제적 여건으로서, 일정한 수준의 물질적 생활을 향유하는 상황을 가정하고 있다는 점이다. 또한 그는 일정한 수준의 물질적 생활을 향유하는 상황에서 자유권적 기본권과 이의 평등한 분배를 사회적·경제적 가치의 분배보다 우선시하는 이유를 사람들이 가지고 있는 **자존심**(self-respect) 때문이라고 한다. 롤스에 의하면, 기본적 자유권에서 동등한 자유를 누릴 경우 사람들은 사회적·경제적 가치의 다소간의 불평등에도 불구하고 자존심을 잃지 않는다고 본다(Rawls, 1971a: 440-441; 1975: 196-197). 즉, 사회적·경제적 가치의 다소의 불평등한 분배는 사람들의 자존심에 손상을 가져오지 않지만, 기본적 자유권을 동등하게 누리지 못할 경우 사람들은 자존심을 상하게 된다는 것이다.

(2) 우파로부터의 비판(노직에 의한 비판)

첫째, 전통적 자유주의의 현대적 계승자인 노직(Robert Nozick)은 그의 저서 『무정부, 국가 및 유토피아』를 통해 원초적 입장 속에 내포된 공정성(fairness)의 이념이 우리의 숙고된 도덕 판단의 일부와 크게 상충하며, 따라서 도덕적으로 합당하지 못하다고 한다(Nozick, 1974). 그의 저서 서문에서 그는 "개인들은 여러 권리를 가지고 있으며, 세상에는 어느 인간이나 집단도 이 권리들에 대해 해서는 안 되는 것들이 있다(이들의 행위는 곧 개인 권리의 침해이다). 이 권리들은 매우 강력하며 폭넓은 것이므로 국가나 그의 관료들이 있다면 무엇을 할 권리가 있는가의 문제를 제기한다. 권리를 가진 자가 개인들이라면 국가에는 얼마의 여지가 남는가?"라고 주장한다. 노직의 이러한 주장은 곧 국가나 그 관료가 무슨 일을 행하게 되면 그것은 곧 **개인의 권리**를 **침해**하게 되는 것이므로, 국가나 그 관료를 자유의 방해자로 본다는 의미이다. 따라서 그는 정부의 기능을 될 수 있는 한 최소화하는 **작은 정부**를 요구한다.

노직은 국가가 재분배적 기능을 수행하려면 국가의 기능과 권력은 계속 확대될 수밖에 없으며, 이는 개인의 자유의 제한을 가져온다고 본다. 따라서 국가 주도에 의한 재분배의 기능을 배제한다. 즉, 노직과 같은 고전적 자유주의 입장에서 볼 때 롤스의 차등의 원칙을 실현하기 위한 유일한 방법은 국가에 의한 강제력의 발동인 것이다(Rowley Peacock, 1975: 141). 또한 노직은 한 체제 안의 최소 수혜자들이 그 원칙을 기꺼이 수용한다는 것은 납득이 가나 좀더 유리한 여건을 구비하고 있는 사람들이 차등의 원칙에 입각한 사회 체제에 호응한다는 것은 납득하기 어렵다는 것이다.

이에 대해 롤스는 좀더 유리한 여건을 구비하고 있는 사람들도 차등의 원칙을 바탕으로 하는 사회 체제에 기꺼이 호응할 근거가 있다고 한다. 롤스에 의하면 유리한 처지에 있는 사람들 각자의 행복은 사회 협동 체제에 달려 있으며 그것 없이는 아무도 만족스러운 생을 영위할 수 없다고 본다. 그리고 그들은 그 체제의 조건들이 정당할 경우에만, 즉 차등의 원칙 같은 공정한 근거를 바탕으로 해서만 타인들의 자발적 협동을 요구할 수 있고 그들의 협력을 기대할 수 있다는 것이다(Rawls, 1971a: 173).

이러한 생각은 곧 협동 체제가 어느 특정인이나 집단만을 위해 필요한 것이 아니고, 협동 체제를 구성하는 구성원 모두의 상호 이익의 증진을 위한 호혜적(互惠的, reciprocal) 제도임을 뜻한다. 또한 롤스의 사고 속에는 이러한 협동 체제가 얼마나 효율성을 증진시킬 수 있는가의 여부는 협동 체제를 구성하는 개개인의 능력에 달려 있긴 하나, 이러한 능력은 협동 체제가 전제됨으로써 비로소 제대로 발휘될 수 있다는 생각이 깔려 있다. 이렇게 볼 때 협동 체제 내에서 발생되는 모든 이득은 모든 성원이 그 이득에 대해 어떤 권리를 갖게 되는 것으로서 곧 사회 협동체 모든 구성원 공동의 산물이다. 따라서 롤스에 의하면 개인이 천부적으로 타고난 능력은 그 개인만의 자산이 아닌 사회 구성원 공동의 자산(common asset)으로 간주되어야 하며, 이러한 자연적 능력을 근거로 해서 과다한 몫을 요구하는 것은 도덕적 관점에서 볼 때 근거가 없는 것이라고 한다.

둘째, 노직에 의하면, 공리의 원리나 롤스의 정의의 원칙과 같이 **최종 상태**에서 소유가 분배되는 **정태적 방식**에 의해서가 아니라, 사회 구성원들의 소유 상태가 본래 정당한 획득에 의한 것인지, 정당한 교환과 양도에 의한 것인지 등 소유가 생겨나는 방식이 정당한지의 여부를 기준으로 하여 정의를 규정해야 한다는 것이다. 그러나 롤스의 원초적 입장을 순수하게 최종 상태적 정의관을 결과하기 위해 구성된 것이라고는 볼 수 없다. 특히 롤스의 정의의 두 원칙은 최종 상태적 정의관이 아니라 사회의 모든 성원에게 기본적 가치인 자유·기회·경제적 가치 등의 어떤 최소한만을 보장하는 것이고, 그러한 최소한에서 각 개인의 권리가 보장이 되면 그 최소한을 넘어서 개인적 소유와 자유로운 교환의 결과는 그 내용에 상관없이 정의로운 것이 된다. 즉, 롤스의 경우에도 사유 활동이나 자유 교환은 최소한의 모든 이의 권리가 보장되는 한 정의로운 것이 된다고 보는 순수 **절차적 정의 원리**에 입각하고 있다(황경식, 1985: 261).

3) 롤스 정의론의 현실적 작용성에 대한 비판

첫째, 롤스의 '차등 원리'는 공리주의에서와 같이 사회 전체의 좀더 큰 이익을 위해 불공평한 배분을 허용할 가능성을 방지하지만, 그것이 롤스가 제시하는 원리 간의 우선 순위에 따를 경우 바람직하지 못한 사회적 배분을 결과할 수도 있다는 점에서 문제가 된다. 다음과 같은 경우를 보자.

차등 원리에 따르면, 사회 Ⅱ의 경우 가장 극빈한 구성원 C의 처지가 Ⅲ이나 Ⅰ보다 더 낫기 때문에 선호될 것이다. 그러나 B의 경우 사회 Ⅱ가 사회 Ⅰ의 경우에 비해 너무 현저하게 극빈한 상태에 있기 때문에 사회 Ⅰ이

사회 \ 성원	A	B	C
Ⅰ	100	90	10
Ⅱ	100	12	11
Ⅲ	10	10	10

더 바람직하다고 생각할 수도 있는 것이다. 이러한 논의는 낮은 계층에 있는 사람들의 수를 증대시켜 보면 더 확연하게 드러난다(Rae, 1975).

Ⅰ－100, 100, 100, 100, 100, 100, 10
Ⅱ－100 12, 12, 12, 12, 11, 11

이 경우에도 차등 원칙에 따르면 여전히 사회 Ⅱ를 선택하게 될 것이다. 왜냐하면 이 기준은 사회에서 가장 극빈한 사람에 대한 고려를 할 뿐이지 기타 구성원의 상태에 대해서는 고려를 하지 않기 때문이다. 그러나 낮은 계층에 있지 않는 사람들의 수를 고려해 볼 때 사회Ⅰ이 더 나은 것같이 보인다. 사회Ⅰ의 선택은 곧 사회 전체의 총이익을 고려한 공리주의 원리에 따른 가치판단의 결과이다.

둘째, 롤스의 정의론에서 가정되고 있는 사회 체계는 현실적 사회 체계가 아닌 이념적 사회 체제로서 **이상 사회의 정의**를 규정하고 있다.[6] 이러한 이상적 정의론은 우리가 달성해야 할 정의로운 사회관을 제시해 줌으로써 사회의 기본 구조가 갖는 분배적 측면의 정의 여부를 판단하고 평가하는 기준을 제시하고, 정의롭지 못한 현대 사회 제도의 개선 및 사회 변화의 지침이 될 기준을 제시해 준다(Rawls, 1971a: 245-246).

그런데 이러한 이상적 정의론이 현실적 작용성을 발휘하기 위해서는 그것이 현실적 문제들을 해결하기 위한 지침이나 전략의 문제에 적용될 수

6) 이상론에서는 우리가 사는 현실 세계가 아닌 이상적인 정의의 원칙이 지배하는 질서정연한 사회(well-ordered society)가 가정되고 있으며, 그러한 정의의 원칙이 모든 이에게 공지되어 있고, 모든 성원은 그러한 원칙을 철저히 준수하고자 하는 정의감을 지닌 도덕적 인간임이 가정된다(Rawls, 1971a: 245).

있어야 한다. 즉 정의 원리는 어떤 제도(arrangements)가 정의로운가를 이야기할 수 있어야 할 뿐만 아니라, 현실 사회를 이와 같은 정의로운 제도로 변형시키기 위해서는 어떤 기법에 의해 어떤 비용으로 가능한가를 설명할 수 있어야 한다. 프록(Fred M. Frohock)은 다음과 같은 예를 든다(Frohock, 1979: 248-249).

인종 차별을 하는 사회적 제도가 있다고 가정하자. 만약 사회 제도가 인종 차별을 하고 있다면 그 제도는 정의롭지 못하고, 따라서 우리는 이를 변화시켜야 할 의무가 있다. 그러나 어떤 소수민족에 대한 편견을 제거하기 위해 어떤 개혁적 조치가 취해졌을 경우 어떤 일이 일어날 것인가? 기존의 체제로부터 이익을 취하고 있는 사람들은 이 개혁 조치로 인해 손해를 당해야 한다. 이 경우 흔히 비난받지 않을 사람들조차도 손해를 보는 경우가 있다. 예를 들면, 미국에서는 1970년경부터 법과대학(law school)이나 의과대학(medical school)에서 소수민족에 속하는 지원자들에게 특별한 배려를 베풀어 입학을 허용해 주는 대학들이 증가하기 시작했는데(이는 앞에서 소개한 역차별 대우로서, 롤스의 차등의 원리에 따르면 옳다.), 이러한 조치로 인해 발생한 쟁점은 다음과 같다. 먼저 이러한 조치를 옹호하는 사람들은 백인 지원자들이 그동안 편중된 사회 체제로 인해 혜택을 받아왔기 때문에 다수집단에 속하는 백인들은 입학 전형에서 설사 다소의 불이익을 받았다고 해도, 그것을 과거의 부정에 대한 보상으로서 감수해야만 한다고 주장한다. 한편, 이를 반대하는 사람들은 보상에의 의무를 부담해야 하는 것은 당해 인종 차별이라는 부정(不正)에 무엇인가 책임이 있는 자여야 하는데 그러한 책임과 전혀 관계가 없는 백인 학생 지원자가 그로 인해 피해를 볼 수도 있다는 것이다.

또한 정의의 실현이 현존 사회에서 이익을 보는 사람이든 불이익을 보는 사람이든 모두에게 손해를 보게 하는 결과를 초래할 수도 있다. 예를 들어, 현재의 사회 전체의 경제에 중대한 영향을 미치는 어떤 산업체가 있다고 가정해 보자. 그런데 이 산업체는 전통적으로 인종 차별 관습에 따라 여자와 흑인을 조직체의 권한 있는 지위에서 배제한다고 가정해 보자, 그리고 이 산업체가 극소수의 소수민족을 빼고는 사실상 인종 차별 및 성 차별적 성향을 가진 사람들로 구성된 지역사회에 위치하고 있다고 하자. 이때 정의의 실현을 이유로 인종 차별적 고용정책을 폐지하는 정책을 펴게 되면, 이는 생산력을 붕괴시키고 더 나아가 전 사회의 경제 침체를 초래해 현존 사회에서 이익을 보는 사람들뿐만 아니라 불이익을 받는 여자와 흑인들도 손해를 보게 될 것이다. 이러한 경우 이 산업체의 책임자는 공정한 정의로운 관행을 초래하기 위해 어떤 변화 전략을 택할 것인가? 이 산업체의 책임자가 그 지위를 유지하면서 정의로운 방향으로 가기 위해서는 점진적인 변화 정책을 취해야 할 것이다. 이러한 예는 정의의 실현이 현존 체제에서 이득을 보는 사람뿐 아니라, 불이익을 보고 있는 사람들에게도 손해를 초래할 수도 있다는 점을 보여 준다(Frohock, 1979: 248-249).

롤스 역시 그의 정의 원칙이 자동적으로 제도를 평가하고 사회 개조의 전반적 방향을 제시하는 지침이 되는 것이 아니라는 점을 인정한다(Rawls, 1971a: 263). 그 이유로 롤스에게 현행 체제의 정의 여부에 대한 판단은 그 체제의 **현실적 여건** 등을 포함한 배경적 구조와 역사적으로 그에 앞선 **선행 체제에 대한 정보**를 참조해서 이루어져야 하기 때문이다.

그러나 현행 체제가 정의로운지의 여부에 대한 판단에서 역사적 배경이 중요한 고려 사항이라면 롤스가 공리주의를 비난하는 주요한 예 중의 하나인 노예 제도나 농노 제도가 정당화될 가능성이 있다. **노예 제도나 농노 제도도** 그것이 과거의 심각한 부정의(不正義)를 구제했을 경우에는 용인될 수가 있으며, 역사상 전통 체제보다 노예 제도가 나은 과도기는 얼마든지 가능한 것이다. 예를 들어, 과거에는 포로들을 죽이던 도시국가들이 포로를 노예로 삼는다는 조약을 체결했다고 해보자. 이럴 경우 공리주의적 근거에 의해서도 노예 제도가 허용될 수 있으나, 롤스에게서도 노예 제도는 과거의 관행보다 덜 부정의한 제도가 된다. 그 체제가 노예를 혹독하게 다루지 않을 경우 분명히 현행 체제의 개선책이기 때문이다. 이러한 경우 완전한 정의의 추상적 이념은 전적으로 무의미한 것은 아니나, 직관에 의해 지나치게 많은 여지를 남김으로써 현실적 지침으로서의 역할에 한계점을 드러낸다. 나아가서 역사적 여건과의 함수 관계에서 정의의 정도가 판별될 경우 우리는 정의(justice)라는 개념과 **정당화**(justification)라는 개념 간에 별다른 차이를 발견할 수 없게 된다. 비록 노예 제도가 어떤 역사적 단계에서 정당화될 수는 있다 할지라도, 그것이 정의롭다고는 할 수는 없을 것이다. 이 점에서 롤스의 정의론은 불분명한 일면을 감추고 있다.

이와같이 이상론에 국한된 롤스의 정의론은 그것이 비록 현실 사회 구조의 정의 여부에 대한 판단 기준 및 개조 방향을 제시한다고 하지만, 그것이 자동적으로 이러한 기능을 수행하는 데 한계점을 드러내게 된다. 그리하여 롤스의 정의 원칙은 가치판단 기준 체계에서 중요한 부분을 이루기는 하나, 그것만으로는 가치판단 기준에서 완전한 체계를 구성할 수는 없는 것이다.

제 6 절 롤스 정의론과 공리주의와의 절충 가능성

롤스의 정의론이 가치판단 기준과 관련하여 내포하고 있는 가장 큰 한계점은 위에 설명한 바와 같이 그것이 자동적으로 현실의 문제들을 해결하기 위한 지침이나 전략의 문제에 적용될 수 없다는 점에 있다. 다시 말하면, 그의 정의론은 그것이 자동적으로 제도를 평가하고, 사회 개조의 전반적 방향을 제시하는 지침이 되는 것이 아니라는 점이다. 따라서 롤스의 정의론은 가치판단 기준의 체계에서 중요한 부분을 이루기는 하나, 그것만으로 가치판단 기준의 완전한 체계를 이룰 수는 없는 것이다.

여기에서 우리는 현실적 문제들을 해결하기 위한 지침이나 전략에 적용될 수 있는 원칙으로서 롤스의 정의론 외에 공리주의 원리를 도입할 여지를 발견하게 된다. 다시 말하면, 롤스의 정의의 원칙과 공리주의 원칙이 언제나 서로 배타적인 관계에 있는 것이 아니고, 구체적 상황에 따라서는 상호 절충적 관계에 놓일 수 있다는 가능성을 발견하기에 이른 것이다.

롤스 정의론이 내포하고 있는 한계도 있지만, 공리주의 또한 옳고 그름의 유일한 기본 척도로 만족할 만한 것이 되지 못하며, 공리주의와 같은 극대화 원리 외에 좋은 것과 나쁜 것을 분배하는 데 지침이 될 어떤 정의의 원칙을 필요로 한다는 점이다. 이제 공리주의 원리와 롤스의 정의 원칙 간에 상호 절충의 필요성이 인정된다면 그것은 곧 공리주의로 대표되는 **효율성**(efficiency)과 롤스 정의론으로 대표되는 **사회적 형평성** 내지 **공평성**(social equity) 간의 절충의 문제가 되는 것이다. 이 경우 제기될 수 있는 문제점은 이들 원칙들이 구체적인 경우에서 상충하게 될 때 어디에 우선성을 둘 것인가 하는 문제이다.

이 문제에 대해서는 우선 이야기할 수 있는 것은 어떤 획일적인 결론을 객관적으로 내리기가 어렵다는 점이다. 그것은 구체적인 경우에 따라서 달리 설명될 수도 있다고 보기 때문이다. 이에 대해서는 제10장 제3절에서의 정치적 합리성(즉, 민주성)을 확보하기 위한 방안으로서의 '실천적 담론' 편에서 자세히 논의될 것이다.

제 9 장 법치행정과 가치판단 기준

프랑스혁명 이후 근대 국가[1]에서는 과거 절대군주국가 하에서의 '인(人)의 지배'에서 벗어나 '법(法)에 의한 지배'를 내용으로 하는 법치주의를 확립시켰다. **법치주의**라 함은 인의 지배가 아닌 법의 지배를 의미하는 것으로서, 국민의 **자유와 권리의 보호**를 목적으로 행정작용이나 사법작용 등의 국가작용이 국가의 최고법인 헌법과 국민의 대표기관인 의회에서 제정되는 법률에 적합하게 행사되어야 한다는 의미이다. 즉 행정과 사법을 법률의 하위 수준에 둔다. 그리하여 행정은 법률을 집행하고, 사법은 구체적 사안에 대해 법률을 판단하는 것으로 본다.

법치행정의 원리라 함은 국민의 자유와 권리를 보호하기 위해 행정작용은 국민의 대표로 구성되는 의회가 제정한 법률에 구속되며, 만약 행정작용이 법률에 위반하여 국민의 자유와 권리를 침해했을 때에는 권리 구제를 위한 제도가 마련된 정치 원리를 말한다. 행정과 법률 간의 관계를 규정하는 법치행정의 원리는 행정법학에서는 '**법률에 의한 행정**', '**행정의 법률 적합성**' 등으로 불리고 있으며, 행정학에서는 이를 '**합법성**'이라 칭하고 있다.

---

1) 근대 국가라 함은 절대군주제 국가가 시민혁명에 의해 붕괴되고, 절대군주가 행사하던 국가 권력을 입법권·행정권 및 사법권 등으로 분리시켜 이들 분리된 권력 간에 견제와 균형(check and balance)을 이루게 함으로써, 국민의 기본권을 보호하기 위한 권력분립 제도에 기초한 국가 형태를 말한다.

따라서 여기에서는 이러한 용어를 상호 혼용하여 동일한 의미로 사용하고자 한다. 한편, 입법과 사법의 관계를 '법률에 의한 재판' 또는 '**죄형법정주의**'라 부른다.

법치행정의 원리는 입법국가 시대에 정립된 원리로서 '최소의 행정'이 바람직한 행정으로 인식되던 시대의 산물이다. 그러나 오늘날 행정은 과거 입법국가 시대의 소극적 행정의 관념에서 벗어나 적극적으로 사회 변동을 유도하고 관리하는 행정국가적 행정으로 변모됨으로써 행정의 기능과 범위가 복잡하고 다양화되었으며, 행정의 내용이 전문성을 띠고 있기 때문에 입법국가 시대의 최소의 행정을 모델로 한 법치행정의 원리를 현 시점에서 어떻게 해석해야 할 것인가가 주요한 연구 과제가 되지 않을 수 없다.

로젠블룸(David H. Rosenbloom)은 행정에 대한 주요 접근 방법을 관리적 · 정치적 · **법적 접근 방법**으로 분류하고, 이들 접근 방법이 각각의 지적 전통을 가지고 있다고 한다(Rosenbloom, 1989). 이는 행정이 관리적 · 정치적 · 법적 현상을 모두 포함하고 있는 복잡한 현상으로 나타나는 특성을 가지고 있음을 의미하기도 한다. 그럼에도 불구하고 우리나라의 행정학자들은 그간 행정의 관리적 측면과 정치적 측면의 접근 방법에 주로 치중하여, 행정의 관리적 현상과 정치적 현상을 연구하는 데 초점을 두고 이와 관련 학문인 경제학 · 경영학 및 정치학 등의 학문을 수용하려는 노력을 해 왔으나, 행정 현상을 법적 측면에서 접근하려는 연구에 대해서는 소홀히 해왔던 것이 사실이다.[2] 그러나 법치주의 하에서의 행정작용은 법률에 적합하게 행사되어야 한다. 따라서 모든 행정작용 뒤에는 그러한 행정작용을 가능하게 해 주는 법적 원리가 작용하고 있는 것이다.

이러한 점에서 행정 연구에서의 법적 접근 방법의 중요성이 있으며, 현

---

2) 표시열(1984: 1143-1148)은 행정의 관리적 접근에서 헌법적 접근의 중요성을 강조하고 헌법에서 제시하는 행정 가치로서 인간의 존엄과 가치, 공무원의 국민 전체에 대한 봉사와 책임, 기본권의 존중을 제시하고 있다. 한편 로젠블룸(Rosenbloom, 1989: 443-458) 역시 행정에 대한 헌법적 접근 방법을 중시하고, 공무원이 준수해야 할 헌법적 가치로 정당성 · 다양성 · 자유 · 적법 절차 · 개인주의 · 형평성을 들고 있다. 또한 로(Rohr 1989: 59-279)는 평등권, 자유권 및 재산권을 헌법적 가치로 제시하고 행정의 법적 접근을 강조하고 있다.

실적으로도 2000년대 이후 민주정부의 수립과 더불어 국민들의 권리 의식이 점증되면서, 위법한 행정작용에 대한 헌법소원이나 행정심판 혹은 행정소송 등을 통한 권리 구제가 급격히 증대되고 있는 것이 사실이다. 따라서 아무리 바람직한 행정일지라도 그것이 헌법이나 법률에 위배되는 경우 법적 저항에 부딪혀 집행이 불가능해지고 마는 것이다. 여기에 법치행정 이념, 즉 합법성 이념의 중요성이 있음을 알 수 있다. 따라서 이 장에서는 다음과 같은 주제들이 주요 내용이 된다.

첫째, 법치행정의 본래적 의미와 의의를 살펴보고, 오늘날 행정국가 하에서의 법치행정의 운영 실태를 살펴본다.

둘째, 행정 이념으로서의 합법성 이념과 기타 행정 이념들과의 관계를 살펴본다.

셋째, 행정법에서의 법규범 개념과 공공정책 개념 간에는 어떤 관계가 있는가를 살펴본다. 이 논의를 통해 여러 형태의 법규범(법률이나 행정입법 등)들이 결국은 공공정책의 구체적 형태임을 확인하게 될 것이다.

제 1 절 법치행정의 본래적 의미 및 성립 배경

1 법치행정의 두 가지 의미

19세기 초 근대 국가에서는 자유방임주의의 영향으로 '최소의 행정이 최선의 행정'이라고 보아 국가의 행정을 국방 기능이나 치안질서 유지 기능 등의 규제행정 및 추출정책[3]의 집행을 위한 기능에 국한시켰다. 따라서 행

3) 앨먼드와 파월(Almond & Powell, 1980)은 정책의 유형을 배분정책 · 규제정책 · 추출정책 · 상징정책 등으로 구분하고, 추출정책을 자원을 민간 부문에서 추출하는 내용을 지닌 정책으로 설명한다. 인적 자원에 대한 징병정책, 물적 자원에 대한 조세정책 등이 그 대표적 예이다.

정은 경찰규제행정이나 조세행정 등 **권력행정** 기능이 주를 이루었다. 근대 행정 제도는 이와 같은 권력행정이 주를 이루고 또한 그것을 필요로 했으면서도, 한편으로는 권력행정으로 인해 발생할 수 있는 국민의 자유권 침해를 방지하기 위해 권력행정 기능을 법에 의해 엄격히 규제해야 한다는 견해가 지배적이었다. 이리하여 국민의 자유와 권리가 행정권에 의해 자의적으로 침해되는 것을 방지하고, 장래에 대한 예측 가능성을 확보하기 위해 행정작용은 법에 의거하여 행해질 것을 요청하는 이른바 **행정에 대한 '법의 지배'** 원리가 확립되었다. 그런데 '법의 지배'라고 할 때 '법'의 의미에 대해서는 법체계를 달리하는 영·미법계 국가와 대륙법계 국가 사이에 견해를 달리하고 있다.[4]

1) 영·미법계 국가에서의 '법의 지배'

영·미법계 국가에서의 법치주의 원리를 흔히 '법의 지배(rule of law)'라

---

4) 법체계(legal system)란 법에 존재하는 국가나 민족을 초월한 법의 계통을 말한다. 법체계에는 크게 대륙법계(Continental Law System))와 영·미법계(Anglo-American Law System)가 있다. 대륙법계는 독일·프랑스를 중심으로 한 유럽 대륙에서 발달한 법체계이다. 우리나라와 중국·일본의 법체계 또한 대륙법계에 속한다. **대륙법계**는 성문법(成文法) 중심의 **성문법주의**(成文法主義)에 입각하고 있어, 이론성(理論性)·논리성(論理性)이 우수하고 **공법**(公法)과 **사법**(私法)의 구분이 있다. 대륙법계는 로마법계와 게르만법계를 근간으로 형성되어 왔다. 한편, **영·미법계**는 영국·영연방 및 미국 등을 중심으로 하여 발달한 법체계로서 **불문법주의**에 입각하고 있으며 공법과 사법의 구별이 없다.

대륙법계에서는 영·미법계 국가와는 달리 추상적인 법을 성문으로 제정하여 법질서를 조직화·일반화하고, 이를 구체적인 사건에 적용한다고 하는 사고가 지배적이었다. 그러나 영·미법계에서는 미리 성문의 법을 제정하여 이를 구체적 사건에 적용한다고 하는 생각이 없었고, 구체적인 사실을 존중하고, 구체적인 사건에 대한 **판례**(判例)가 곧 **법**이라고 생각했다. 그리하여 그 후 일어난 사건은 앞서 행해진 판례를 선례(先例)로 하여 재판했다. 이를 '**선례 구속의 원칙**(先例拘束의 原則, doctrine of stare decisis)'이라 한다. 이와같이 판례가 집적(集積)된 것을 '**보통법**(普通法, common law)'이라 한다.

성문법(成文法) 또는 제정법(制定法)은 문자로 표현되고 문서의 형식을 갖춘 법을 의미하며, 일정한 절차와 형식에 따라서 공포된 것이다. 한편, **불문법**(不文法)은 성문법 이외의 법으로서 문장으로 표현되지 않으며, 일정한 법 제정기관에 의한 소정의 절차를 거치지 않고 생기는 법을 말한다. **판례법**(判例法)과 같은 경우는 불문법으로 분류되는데, 그 이유는 판례법이 문장의 형식으로 되어 있으나, 법 제정기관에 의한 절차 없이 생기는 법이기 때문이다.

고 하는데, '법의 지배'라고 할 때의 그 법은 주로 **판례법**을 의미한다. 따라서 영국이나 미국을 판례법주의 국가라 한다. **판례법주의**란 법원이 내린 판결에 대해 법적 구속력을 인정하고, 이것을 제1차적인 법의 형식으로 하는 법원칙을 말한다. 따라서 판례법주의 하에서는 장래 다른 동급 또는 하위 법원이 이와 동일한 내용을 가진 사건을 재판할 경우 기존의 판결에 따라야 하는데 이를 '**선례 구속의 원칙**(doctrine of precedence)'이라 부른다. 이와같이 판례가 집적되어 이루어진 법을 '**보통법**(common law)'이라 하며, 영·미법계 국가에서는 법원에 의한 판례 중심의 보통법이 법의 중심을 이루고 있다.

이들 국가에서는 의회에 의해서도 법이 제정되는데, 의회에 의해 제정되는 성문의 법을 '**제정법**(statute)'이라 한다. 요컨대 영·미법계 국가에서의 법 제정기관에는 법원과 의회가 있으며 '법의 지배'라고 할 때의 법에는 보통법과 제정법이 포함되지만, 보통법이 중심을 이루고 있다.

2) 대륙법계 국가에서의 '법률의 지배'

대륙법계 국가에서는 '법의 지배'라고 하는 경우 그 법은 일차적으로는 **법률**(Gesetz)을 의미하는 것으로서, 법률은 국민의 대표기관인 의회의 심의를 거쳐 제정된 **성문의 법**을 의미한다. 따라서 대륙법계에서는 '법의 지배'보다는 '법률의 지배(Herrschaft des Gesetzes)'라는 용어가 보편적으로 사용된다.

한편, 판례의 경우 영·미법계 국가의 경우에는 판례가 법이기 때문에 판례 후 일어난 유사한 사건은 앞서 행해진 판례를 선례(先例)로 하여 재판하는 선례 구속의 원칙이 적용되지만, 대륙법계 국가의 경우에는 성문법주의를 취하고 있기 때문에 상급법원의 판결은 장래의 유사한 모든 사건에 대해 법적 구속력을 갖는 것이 아니고, '**당해 사건**'에서만 하급법원을 법적으로 구속하는 효력이 있을 뿐이다. 따라서 판례에 대해서는 이를 법으로 인정하지 않는 것이 원칙이다.

2 법치행정의 구체적 내용

1) 법률의 법규 창조력

이는 국민의 권리·의무를 규율하는 법규범(이를 '**법규**'라 한다)을 정할 때에는 반드시 국민의 대표기관인 의회가 제정하는 '**법률**'의 형식으로 정해야 한다는 원리이다. 다시 말해서 의회가 제정한 법률만이 법규로서 국민의 자유와 권리를 구속하거나 의무를 부여하는 힘(즉 법적 구속력)을 갖는다는 것이다. 이와같이 법률에 법규로서의 지위를 부여하는 이유는 헌법이 국가의 주권이 국민에게 있다고 하는 국민주권주의를 표방하고 있고, 따라서 국민의 대표로 구성된 의회에서 제정하는 법률은 곧 그것이 주권자인 국민의 의사를 반영한 것으로 보고 있기 때문이다. 이 원칙에 따라 오늘날에도 원칙적으로는 행정권에서 법규를 제정하는 것은 인정되지 않는다. 우리 헌법에도 입법권은 원칙적으로 국회에 있음을 규정하고 있다(헌법 제40조). 다만 예외적으로 행정부도 국민의 권리·의무를 규율하는 법규를 제정할 수 있는데, 그것은 **법률**에서 **구체적**으로 **범위를 정하여 위임된 한도 내**에서만 가능하도록 하고 있다(헌법 제75조, 제95조).

입법권이 아닌 행정권에서 제정되는 법규로서 법률의 구체적 수권에 의해 제정되는 법규로는 예를 들면, 대통령령(이를 '시행령'이라고도 한다), 총리령, 부령(이를 '시행규칙'이라고도 한다) 등이 있다. 또한 예외적으로 대통령은 **법률과 같은 효력**을 가지는 법규로서 긴급명령과 긴급재정·경제명령을 발할 수 있으나(헌법 제76조), 그것은 국가 비상시에 한해서 엄격한 요건 하에서만 인정되고 있다.[5]

---

5) "대통령은 내우(內憂)·외환(外患)·천재(天災)·지변(地變) 또는 중대한 재정(財政)·경제상(經濟上)의 위기에 있어서 국가의 안전보장 또는 공공의 안녕질서를 유지하기 위하여 긴급한 조치가 필요하고 국회의 집회를 기다릴 여유가 없을 때에 한하여 최소한으로 필요한 재정·경제상의 처분을 하거나 이에 관하여 법률의 효력을 가지는 명령(命令)을 발할 수 있다"(헌법 제76조 1항)고 규정하고 있는 바, 이를 '**긴급재정·경제명령**(緊急財

2) 법률의 우위

이는 모든 행정작용이 법률에 **위반하여** 행사되어서는 안 된다는 것을 의미한다. 다만 여기에서 말하는 법률은 단순히 형식적 법치주의에서와 같이 의회의 의결을 거친 법률만을 의미하는 것이 아니고 '**헌법에 저촉되지 않는 법률**(즉, **합헌적 법률**)'을 의미한다. 따라서 법률의 우위라고 할 때의 법률은 헌법과 법률을 의미하는 것으로서, 행정이 헌법과 법률에 위배되어 행사되어서는 아니 된다는 의미이다.

우리 헌법은 이 원칙의 실효성을 확보하기 위해 위헌법률심사 제도, 헌법소원 제도, 행정소송 제도 등을 도입하고 있다. 행정작용이 헌법이나 법률에 위반 시 궁극적으로 헌법재판소나 법원에서의 사법심사를 통해 그 효력이 상실된다는 것이 이 원리의 핵심이다.

3) 법률의 유보

이는 행정작용이 법률에 근거하여 법률의 **수권**(授權)에 의해 행해져야 한다는 것으로서, 법률의 법규 창조력과 표리의 관계에 있다. 법률의 유보 원칙의 고유한 의미는 법률이 규율하고 있지 아니한 사안에 대해서는 행정은 어떠한 규율도 해서는 안 된다는 것을 의미하는 것이다.

행정활동에 대해 **법률의 우위 원칙**만을 적용할 경우 논리적으로는 행정은 기존의 법률에 저촉되지 않는 한 어떠한 활동도 할 수 있다는 의미가 된다. 따라서 기존의 법률에 아무런 저촉이 되지 않는 행정활동이라 할지라도 법률의 적극적인 수권을 요구하도록 함으로써, 행정활동을 이러한 측면으로부터 제약하려는 데 이 원칙의 고유한 의미가 있는 것이라 할 수 있다

政·經濟命令)'이라 한다.

"대통령은 국가의 안위(安危)에 관계되는 중대한 교전 상태(交戰狀態)에 있어서 국가를 보위(保衛)하기 위하여 긴급한 조치가 필요하고 국회의 집회가 불가능한 때에 한하여 법률의 효력을 가지는 명령을 발할 수 있다"(헌법 제76조 2항)고 규정하고 있는 바, 이를 '**긴급명령**(緊急命令)'이라 한다.

대통령이 긴급재정·경제명령과 긴급명령을 한 때에는 지체 없이 국회에 보고하여 그 승인을 얻어야 한다(헌법 제76조 3항).

(서원우, 1984: 9). 그리하여 법률 우위 원칙을 소극적 의미의 법률적합성이라고 하는 데 대해, 법률의 유보 원칙을 **적극적 의미의 법률적합성**이라고 하여 양자를 구별하기도 한다.

4) 행정구제 제도의 정비

법치행정의 원리는 이와같이 행정작용이 법률에 적합하게 행해질 것을 요구하고 있다. 그러나 현실적으로는 행정이 법에 **위반**하여 국민에게 불이익을 주는 경우가 있는가 하면, 예를 들면 적법하게 국민의 재산권을 수용하는 경우와 같이 행정이 법에 의거하여 **적법**하게 행해진 경우에도 국민에게 불이익을 주는 경우가 있다.

이러한 경우에 국민이 침해된 권리를 구제받을 수 있는 제도적 장치가 마련되어 있어야만 법치주의가 **실질적으로** 구현되고 있다고 말할 수 있다. 법치주의의 궁극 목적은 국가작용으로부터 자유와 권리를 보호하고자 하는 데 있기 때문이다. 따라서 헌법과 법률에는 행정작용으로 인해 침해된 국민의 권리를 보호하기 위한 여러 형태의 구제 수단이 마련되어 있는데(예를 들면 행정심판이나 행정소송과 같은 행정쟁송 제도, 행정상 손실브상이나 손해배상과 같은 손해전보 제도 등), 이를 총칭하여 '**행정구제 제도**'라 부른다.

3 형식적 법치주의와 실질적 법치주의

1) 형식적 법치주의

형식적 법치주의란 의회가 제정한 법률에 의거하여 행정권이 발동되고 위법하게 행해진 행정처분에 대해서는 사법부에서의 사법심사가 행해지기만 하면 그것으로 충분하며, 따라서 그 이상 그 **법률**의 목적이나 **내용의 정당성 여부**는 묻지 않는 것으로서, 나치 시대의 독일과 군국주의 시대의 일본의 법치주의가 그 대표적인 것이다.

이러한 형식적 법치주의 하에서는 법률의 근거만 있으면 어떠한 행정 권력의 행사도 정당한 것으로 인정된다. 이른바 의회의 의결을 거친 법률에의 **전능성**을 인정하는 것이다. 따라서 형식적 법치주의에 따를 경우 국민의 자유와 권리의 보장은 형식적인 것에 그쳐버리고 말게 되어 법치주의 본래의 정신을 구현할 수 없게 된다.

2) 실질적 법치주의

실질적 법치주의는 역사적으로 형식적 법치주의에 대한 반성으로 형성된 법치주의로서, 국가의 최고법이고 국민 의사의 최고의 표명이라 할 수 있는 헌법에 "인간의 존엄성은 불가침이다"라는 조항과, 의회가 제정하는 법률로써도 침범할 수 없는 헌법 원칙(기본권의 보장 등)을 규정하고, 이를 보장하기 위한 제도적 장치로 **헌법재판소 제도**[6]를 도입하게 된 법치주의를 말한다. 즉, 실질적 법치주의는 행정권의 발동이 형식적인 법률에 의거해서 행해지기만 하면 되는데 그치지 아니하고, 나아가 법률의 내용 그 자체가 헌법의 원리에 위배되어서는 아니 된다는 것으로 법치주의 본래의 의미를 구현하려는 것이다. 오늘날 모든 민주국가에서의 법치주의라 하면 이러한 의미의 실질적 법치주의를 의미한다.

---

6) 우리 헌법 제111조에는 독립기관으로서의 헌법재판소(憲法裁判所) 설치를 규정하여 법원의 제청에 의한 법률의 위헌 여부의 심판, 탄핵의 심판, 정당의 해산 심판, 국가기관 상호간·국가기관과 지방자치단체 간 및 지방자치단체 상호간의 권한 쟁의(權限爭議)에 관한 심판 및 법률이 정하는 헌법소원에 관한 심판 등의 권한을 부여하고 있다.

헌법재판소의 기능 가운데 하나인 **위헌법률심판**(違憲法律審判)이란 헌법재판 기관이 의회가 의결한 **법률**이 헌법에 위반되는가의 여부가 **재판의 전제가 된 경우**에는 법원이 헌법재판소에 제청하여 그 심판에 의해 재판하도록 하고 있는 제도를 말한다(헌법 제107조 1항). 재판의 전제가 된다 함은, 구체적으로 사건을 재판할 때에 그 사건에 적용할 법률의 위헌성 여부가 문제됨을 의미한다.

한편, **헌법소원**(憲法訴願)이란 국가 권력이 헌법에 위반되는 공권력을 행사하거나 행사해야 할 공권력을 행사하지 않음으로써(즉, 공권력의 불행사로 인해), 헌법상 보장된 국민의 **기본권이 직접 그리고 현실적으로 침해당한 경우**에, 기본권이 침해된 국민이 헌법재판소에 자신의 기본권을 침해하는 국가 권력의 행위가 헌법에 위반되는지의 여부를 판단하여 그 행위의 효력을 없애 줄 것을 요청하는 제도이다.

제 2 절 현대 행정과 법치행정의 실태

19세기 자유주의 하에서의 법치주의의 특징이 개인과 국가와의 관계를 대립적인 구도로 보고 국가로부터 개인의 자유를 확보하는 데 중점을 두는 법치주의였던데 반해, 20세기에 들어와서는 자유권적 기본권의 보장뿐만 아니라, 개인에 대한 국가의 생존의 배려와 인간다운 삶의 보장을 내용으로 하는 **생존권적 기본권**의 보장을 국가적 책무로 헌법에 규정하고 있다. 그리하여 오늘날 국가는 최소한 인간의 존엄과 가치가 보장되는 국가, 그러한 인권의 보장이 실현될 수 있는 정치 체제, 그리고 국민의 권리 보호를 위한 적극적 수단을 확보하고 실현할 것을 요구하고 있으며, 이러한 권리 보호를 위한 적극적 역할을 주로 행정에 의존하게 되었다. 국가는 개인의 **후견인**이며 개인의 삶은 국가의 행정활동에 의존하는 것을 특징으로 하고 있는 것이다. 요컨대, 오늘날 행정작용에 대해서는 전통적 기본권으로서의 자유권의 보장과 행정의 적극적 개입에 의한 평등권의 보장을 동시에 요구하고 있는 바, 이를 '**사회적 법치국가**' 혹은 '**행정국가**'라고 부르는 것이 일반적이다.

우리 헌법도 이러한 사회적 법치국가 이념을 구현하기 위해 헌법 전문에 "국민 생활의 균등한 향상을 기하고"라는 규정이 있는가 하면, 제11조 평등의 원칙에 관한 규정을 비롯하여 교육을 받을 권리, 근로의 권리, 근르자의 단결권·단체교섭권 및 단체행동권, 국민의 인간다운 생활을 할 권리, 혼인의 순결과 보건에 관하여 국가의 보호를 받을 권리 등을 내용으로 한 사회적 기본권에 관한 규정 및 국가는 모든 국민에게 생활의 기본적 수요를 충족시키는 사회 정의의 실현과 균형 있는 국민 경제의 발전을 위하여 필요한 범위 안에서 경제에 관한 규제와 조정을 할 수 있다는 조항(헌법 제119조 제2항)을 필두로 한 경제 질서에 관한 조항들을 규정하고 있다.

이와 같은 사회적 법치국가의 실현을 위해서는 국가는 단순히 개인의 자유와 권리를 존중하고 보호하는 것만으로는 부족하고, 헌법에 규정되어 있는 사회국가적 프로그램을 부단히 실천해야 하며, 그 결과 무엇보다 행정의 적극적 역할을 정당화하는 행정국가를 초래하게 되었는 바, 행정국가 하에서의 법치행정의 운영 실태를 개략적으로 살펴보면 다음과 같다.

1 행정입법의 증대와 법치행정의 약화

최송화(1984: 87)는 역사적 관점에서 법을 누가 제정하는가 하는 문제와 관련하여 신(神)을 제정권자로 보는 법신수사상(法神授思想)에서, 절대왕권 시대의 왕을 제정권자로 보는 왕권신수사상(王權神授思想)을 거쳐, 시민혁명 이후의 국민주권주의 하에서는 의회를 제정권자로 보는 의회입법주의 사상이 지배했다고 본다. 그러나 오늘날 행정국가 하에서는 행정권이 입법자로서의 의회를 기능면에서 압도하게 됨으로써 행정입법 시대가 도래했다고 보고 있다.

행정입법이란 입법권이 아닌 행정권이 일반적·추상적인 법규범을 정립하는 작용, 다시 말하면 행정권이 주체가 되어 제정하는 입법을 말한다. 본래 입법권은 국민의 대표기관인 입법부의 고유 권한이라 할 수 있으나, 오늘날 행정입법이 성행하게 된 원인으로는 오늘날 행정국가 하에서는 행정기능이 다양해지고 복잡성과 전문성을 띠고 있는 바, 이들 활동들을 규율하기 위해서는 국회보다 행정부의 입법이 좀더 행정에 적합한 입법을 가능하게 한다는 점, 행정을 둘러싼 상황의 변화가 동태적이므로 이러한 상황의 변화에 신축성 있게 대응하기 위해서는 행정기관에 의한 탄력적 입법이 필요하다는 점, 행정 요원의 전문적 지식 및 경험을 활용한 입법을 통해 더욱 적실성 있는 입법이 필요하다는 점 등을 들고 있다.

행정권이 정립하는 행정입법은 이를 '**명령**(命令)'이라고도 하며, 행정입법은 법규로서의 성격을 가지느냐의 여부에 따라 **법규명령**과 **행정규칙**(이를 '행정명령'이라고도 한다)으로 나뉜다. 법규명령이란 행정권이 정립하는 법규범으로서 법규의 성질을 가진 것을 말한다. **법규**라 함은 그 내용이 국가와 국민을 모두 구속하는 법규범, 즉 양면 구속성을 갖고 있는 것을 의미한다. 따라서 법규를 위반한 행정청의 행위는 위법한 행위로서 행정상 손해배상이나 행정쟁송의 대상이 되는 등 재판규범의 대상이 된다.

1) 법규명령의 유형과 운영 실태

법규명령은 이를 다시 **위임명령**과 **집행명령**으로 나누는데, 전자는 법률에서 위임된 범위 내에서 법률의 위임에 기초하여 국민의 권리·의무에 관한 법규범, 즉 법규를 제정하는 법규명령을 의미하며, 후자는 법률 또는 상위 명령을 시행하는 데 필요한 구체적인 세부적 사항을 정하는 법규명령을 의미한다. 따라서 집행명령은 상위 법령의 범위 내에서 필요한 구체적인 절차·형식 등을 규정할 수 있음에 그친다. 그러므로 위임명령을 제정하기 위해서는 법률의 구체적 위임이 있어야 하지만, 집행명령의 경우는 법률의 구체적 위임이 없이도 상위 법령이 존재하기만 하면 제정할 수 있다.

이러한 의미의 법규명령은 이를 누가 제정하느냐에 따라 대통령령, 총리령과 행정 각부의 장관이 제정하는 부령 등이 있으며, 그 중 대통령령을 실무에서는 '**시행령**'이라 칭하고, 부령은 '**시행규칙**'이라 칭하기도 한다.

이와같이 위임명령은 법률에서 구체적으로 범위를 정하여 위임이 있는 경우에만 제정할 수 있다. 다시 말하면, 위임명령은 법률에서 그 구율 대상·범위·기준 등을 명확히 하여 위임받은 한도 내에서 제정되어야 한다. 그러나 현실적으로는 각종의 위임입법에 대한 뚜렷한 실무적 기준이 존재하지 않고, 위임입법에 대한 통제가 형식에 그침으로써 행정부에 의해 제정되는 방대한 양의 위임입법은 국민의 권리·의무에 관한 사항이 자유로이 제정되고 있는 실정이어서, 행정부의 법규 정립 기능이 입법부의 그것을 능가하고 있는 상황에 있다.[7] 따라서 오늘날을 '**시행령 만능의 시대**'라

---

7) 위임입법의 범위의 유월 여부에 대한 판례(대판 1996.3.21.95누3640)에 따르면, 법률 규정 자체에 위임의 구체적 범위를 명확히 규정하고 있지 아니하여 외형상으로는 일반적·포괄적으로 위임한 것 같이 보이더라도, 그 법률의 전반적인 체계와 취지·목적·당해 조항의 규정 형식과 내용 및 관련 법규를 살펴 이에 대한 해석을 통해 그 내재적인 위임의 범위나 한계를 객관적으로 분명히 확정할 수 있는 것이라면 이를 일반적·포괄적 위임에 해당하는 것으로 볼 수 없다고 하고 있어, 위임입법의 정당한 범위를 가능한 한 확대해 주려는 듯한 자세를 보이고 있다.

표현할 수 있을 정도로 국회가 권리·의무 규정까지도 위임입법에 맡기고 있어 행정입법에 의해 국민 생활이 좌우되고 있는 실정이다.

2) 행정규칙의 개념과 운영 실태

전통적 행정법 이론에서는 행정입법의 하나인 **행정규칙**의 법규성을 부정한다.[8] 그 이유는 행정규칙은 행정조직 내부에서만 구속력을 가질 뿐이며 국민에 대해서는 법적 구속력이 없고, 법원을 구속하거나 그 재판의 기준이 되지 않는다고 보기 때문이다. 그러므로 법규명령에 위반하는 행정작용은 **위법한 행정작용**이 되는데 대해, 행정규칙을 위반하는 경우 그 해당 공무원은 소속 상관의 직무 명령에 불복종하는 것이 되어 **징계 원인**이 되지만, 행정규칙을 위반한 행정처분이 바로 위법이 되는 것은 아니라고 한다.

그러나 현실적으로 운영되고 있는 행정규칙에는 법규명령의 형식을 취하는 행정규칙이 있는가 하면, 실제는 법규적 내용을 갖는 행정규칙이 있어, 행정규칙 및 그에 관한 이론·판례의 현황은 한마디로 혼란 상태에 있다.

이와같이 법규적 성질을 갖는 행정규칙의 남발 현상은 오늘날 국가의 의회주의·법치주의를 위태롭게 하는 병리 현상으로 이른바 '**훈령에 의한 행정**', '**통첩에 의한 행정**'이라는 표현에서 알 수 있듯이, 행정규칙에 대한 혼란을 가중시키고 있다.

또한 행정규칙 가운데에는 재량준칙이나 법령해석 규칙[9]과 같이 행정조

---

8) 행정규칙(혹은 행정명령)이란 법규명령이 법규로서 법제정자와 국민을 모두 구속하는 양면 구속성을 갖는 것과는 달리, 행정조직 내부에서의 효과밖에 가지지 못하는 행정입법을 의미한다. 구체적으로는 행정규칙은 조직에 관한 규정·공무원 등 행정조직과 특별관계를 가진 자에 관한 규정·행정기관의 행동 기준·법령에 대한 해석 기준(이를 '법령해석 규칙'이라 한다)·재량 기준(이를 '재량준칙'이라 한다)·보조금의 교부규칙·행정지도 기준·행정절차법상의 심사 기준 및 처분 기준 등을 내용으로 한다. 이러한 의미의 행정규칙은 **고시·훈령·지침** 등의 형식으로 발해지는 것이 보통이다.

9) 행정규칙의 일종으로서의 **재량준칙**이라 함은 일정한 한도에서 행정청에게 독자적 판단권이 부여되어 있는 재량처분에서, 상급 행정청이 스스로 그 처분의 일반적 기준을 설정하는 것을 말한다. 한편, **법령 해석 규칙**이라 함은 상급 행정청이 법령의 적용, 특히 법령에 포함된 불확정 개념의 적용에 있어, 그 해석이나 적용 방향을 확정하기 위해 발하는 것을 말한다. 이러한 법령 해석 규칙은 하급 행정기관에 의한 법의 해석이나 적용에 중요한 준거 기준이 되고, 또한 통일적인 법적용을 보장해 주는 기능을 한다.

직 밖의 일반 국민에게도 지대한 영향을 미치는 경우가 많다. 그 이유는 그것이 제정되고나면 그 규칙의 수범자인 하급 행정기관은 물론 규칙 제정자 스스로도 정해진 규칙에 따라 직무를 처리하게 되며, 그 결과 그 효과가 행정 영역 밖의 국민에게도 미치기 때문이다. 행정의 실제에서 이를 담당하는 공무원들에게 가장 강력한 구속력을 행사하는 것은 최고법인 헌법이 아니라 상급기관의 **훈령**이나 **통첩** 혹은 상급자의 **지시**와 같은 행정규칙이다. 더구나 상급자의 지시라는 것도 상급자 자신의 의사가 아닌 정치 권력의 개입에 의한 것으로서 정치 권력을 위한 재량권의 행사 방식으로 이루어지고 있다는 점에 더욱 그 심각성을 드러내고 있다. 이러한 현상은 현대 행정권의 통제 문제와 관련하여 해결되어야 할 중요한 과제라 아니할 수 없다.

이와같이 행정권이 주체가 되어 행정입법을 제정할 수 있는 권한이 합법적으로 주어져 있다는 점은 의회 제정 법률에 의해 행정작용을 엄격히 규제하려는 근대적 법치국가 원리가 크게 완화되어 입법권이 그 실질적 권한을 행정권에 양보한 것이며, 이에 따라 행정권의 권한이 그만큼 강화되어 있음을 의미한다.

2 법률의 유보론과 행정의 법률로부터의 자유

법률의 유보란 행정권의 발동에는 반드시 개별적인 법률의 수권을 필요로 한다는 점이다. 법률의 유보 원리는 행정작용이 법률의 근거 없이 자의적으로 행사되지 아니하고, 민주주의 국가에서 주권자인 국민의 대표기관인 국회에서 법률 제정의 절차에 의해 제정된 법률에 근거하여 행해지게 함으로써, 국민의 기본권을 보장하기 위한 법치주의 원리와 민주주의 원리에 근거하고 있다.

그러나 모든 행정작용이 반드시 법률의 구체적 수권이 있어야만 행해지는 것은 아니다. 다시 말하면, 모든 행정작용에 법률의 유보 원리가 적용되는 것은 아니다. 따라서 행정작용 가운데 어떠한 행정작용에 대해서는 법률의 수권이 있어야 하며, 어떠한 행정작용에 대해서는 법률의 수권이 없어도 가능한가 하는 이른바 법률 유보론의 적용 범위에 관해서는 **침해유보설**을 비롯하여 **전부유보설**에 이르기까지 여러 가지 학설이 제기되고 있다. 그러나 그들 학설 중 어느 하나의 학설도 통설로서 인정받지 못하고 있다.[10)]

침해유보설에 의하면, 국민의 자유와 권리를 침해하거나 의무를 부과하는 등 국민들에게 불이익을 가하는 침익행정(侵益行政) 작용의 경우(예를 들면, 세금을 부과하거나 전염병 환자를 강제 격리하는 등 행정작용의 상대방에게 불이익을 주는 행정) 법률의 근거를 요하지만, 국민에게 이익을 부여하는 수익적(授益的) 행정작용(예를 들면, 건축 허가를 해 주는 경우)이나 국민의 권리·의무와 직접적인 관계가 없는 행정작용(예를 들면, 도로를 건설하는 행위 등)에 대해서는 개별적인 법률의 근거를 필요로 하지 않는다는 것이다. 한편, 전부유보설에 따르면 행정의 모든 영역에 법률의 근거가 있어야 한다고 주장한다.

이와같이 양 극단적인 학설들 사이에 여러 가지 다른 학설들이 제시되고 있는 것이 현실이다. 그러나 오늘날 침해유보설이 통설이 아니고, 전부유보설 또한 이를 지지하는 학자가 없다는 것은 결국 행정작용의 일정 부분은 법률 유보의 적용을 받지 않는 분야가 있다는 점을 인정하는 것이 된다. 다시 말하면, 행정의 모든 영역이 법률의 근거를 요하는 것은 아니라는 점이다. 따라서 행정작용 중에서 법률의 유보로부터 자유로울 수 있는 영역은 존재하기 마련이고, 그러한 범위 내에서 행정은 법률의 직접적인 간섭으로부터 자유로울 수 있는 것이다.

예를 들면, 급부행정에서 실제로 적지 않은 행정작용이 법률의 근거 없이 행해지고 있다. 도로를 건설하거나 문화 장려 활동을 벌이는 등의 부문에서는 법률의 개별적 근거가 없이도 행정이 이를 수행하고 있으며, 이러한 경우에도 반드시 법률의 근거가 있어야 한다는 것은 오히려 국민에게 불리한 결과만을 야기할 수 있는 것이다.

---

10) 법률유보의 적용 영역과 관련된 학설로는 전통적 침해유보설을 비롯하여 권력행정유보설, 전부유보설, 급부행정유보설, 본질사항유보설, 신침해유보설, 행정유보설 등이 있다. 자세한 내용에 대해서는 김항규(2008: 73-76) 참조.

오늘날은 법치행정의 원리가 태동되었던 근대국가 하에서의 행정의 주요 작용이라 할 수 있는 침해행정 못지않게 급부행정이나 유도행정 등 다양한 형태의 행정이 수행되고 있다. 따라서 현대 행정의 양적 범위나 그 다양성을 고려하면, 모든 행정작용에 법률의 근거가 있어야 한다는 것은 이상론에 불과하다. 또한 '법률의 유보'라 할 때의 '법률'은 국회의 의결을 거쳐 제정되는 형식적 의미의 법률을 의미한다. 따라서 그 법률은 국회에 의한 행정권에 대한 수권의 하나의 형식에 지나지 않으며, 이 밖에도 예산이라든가 국회의 결의, 그리고 이른바 법규명령, 조례 등의 자치법규도 경우에 따라서 법률을 대체할 수 있으며, 수권의 정도에서도 사항에 따라 광협(廣狹)의 차이가 있을 수 있다는 점도 인정해야 할 것이다.

결국 법률의 유보 원리에 대해서는 일률적으로 어느 하나의 학설에만 의존할 것이 아니라, 구체적인 행정활동 내지 구체적 상황을 개별적·구체적으로 검토하여 그 적용 범위를 정하는 것이 타당하다는 데 많은 학자들이 견해를 같이하고 있다.

3 행정 재량권의 증대와 행정권의 강화

오늘날 행정을 규율하는 법 규정 가운데에는 행정기관에게 광범위한 재량권을 인정하는 법 규정이 증대되고 있다. 그 결과 행정청에게 부여하는 재량권의 범위 내에서는 행정청에게 독자적 판단권이 부여되는 것이다. 행정기관이 **재량권의 범위 내**에서 행한 행위는 **위법한 행위**가 되지 않으며 따라서 위법한 행정작용에 대한 구제 제도로서의 행정소송[11]의 대상이 되지 않는다는 점에서도 행정의 권한을 증대시키는 요인이 되고 있다.

이 밖에도 행정법규 중에는 법적 요건에서 개념이 일의적(一義的)이 아니거나 명확하지 않은 **불확정 개념**이나, 처분의 요건에 대해서는 전혀 규정하지 않고 처분 권한만을 규정하고 있거나 공익 목적만을 규정하고 있는

---

11) **행정소송**이란 행정기관의 위법한 행정작용으로 인해 국민의 권리 또는 이익이 침해된 경우에 법원에 제기하는 권리 구제 절차를 말한다.

이른바 **공백 규정**(空白規定)이 증대하고 있다.[12)]

이와같이 입법부가 제정하는 법규범의 내용에 불확정 개념이 늘어나고 있거나 재량 조항이 늘어남으로써 행정기관에 불확정 개념에 대한 판단이나 재량 조항의 적용시에 광범위한 재량권이 부여되고 있다. 이러한 사정은 법치행정의 원리를 근간으로 하는 엄격한 법치국가의 이념을 상당히 퇴색시키는 요소라고 아니할 수 없다.

특히 행정계획의 분야에서는 그 관련 상황의 복잡성(다수의 관련 상황, 상충적 이해관계 등)에 따르는 다양한 결정 가능성 및 그 미래 전망적 성격으로 인해 법률로써는 그 구체적인 계획 내용을 규율하는 것은 기대할 수 없다는 점에서, 직접 그에 대한 법적 규율은 상대적으로 제한될 수밖에 없다. 또한 행정계획에서는 다수의 상호 충돌적인 이익과 공익의 조정이 문제된다. 따라서 행정계획 관련 법 규정에서는 일반 재량 규정의 경우에 비해 더욱 광범한 판단 여지 내지는 형성의 자유(자유로운 행위)를 행정기관에 부여하고 있는 바, 이를 '**계획재량**' 또는 '**계획상 형성의 자유**'라고 한다.

4 입법 과정에서의 행정부 제출 입법안의 증대 및 국회의 권위 상실

오늘날 행정이 담당하는 기능이 다양하고 복잡하며 전문성을 띠어감에 따라 입법의 과정에서 행정부 공무원이 사실상 정보를 독점하고 있고, 입법부 의원에 비해 전문성을 띠고 있다는 명분하에 행정부가 법률안의 발의

---

12) 행정작용의 근거가 되는 행정 법규의 규정 형식을 보면 일반적으로 **요건 규정**(要件規定)과 **효과 규정**(效果規定)으로 구성되어 있다. 예를 들면, "국세를 납부 기한까지 완납하지 아니한 때에는, 그 납부 기한이 경과한 날로부터 체납된 국세에 대하여 100분의 5에 상당하는 가산금을 징수한다"(국세징수법 제21조)는 규정이 있을 때 전자, 즉 '국세를 납부 기한까지 완납하지 아니한 때'가 요건 규정이라면, 후자의 내용이 효과 규정이다.

불확정 개념이라 함은 법규 규정의 요건 규정의 내용이 추상적인 불확정의 용어(예를 들면, '중대한 사유가 있는 경우'라든가 '공공의 안녕과 질서를 위하여' 등)로 되어 있는 경우를 말하며, 공백 규정이라 함은 요건 규정이 아예 없이 효과 규정만 있거나, 요건 규정이 있는 경우에도 그 요건의 내용이 단순히 '공익을 위하여' 등으로 표현되어 있는 규정을 말한다.

에서 입법부를 압도함으로써 주도적 기능을 담당하게 되어, 입법부는 법률을 제정할 때 단지 법률안을 통과시켜 주는 기능만을 수행하는 **통법부**(通法府)로 전락해 버렸다는 비판이 가해지고 있다.

우리나라의 경우 행정부가 제안한 법률안이 전체 통과 법률 수의 많은 부분을 차지하고 있고, 설사 의원입법이라 할지라도 그 법률안의 성안을 행정부에 위탁하여 작성하고 다만 의원의 명의만을 빌려서 제출하는 경우가 빈번하다.[13] 이러한 현상은 행정기관이 스스로를 규율하는 법률을 행정부 스스로의 손에 의해 만드는 결과를 초래하고 있다. 따라서 법률은 전적으로 국민의 대표기관인 국회에서 제정해야 한다고 하는 고전적인 권력분립론에 기초하여 행정활동을 국회를 통해 민주적으로 통제해야 한다고 하는 법률에 의한 행정 원리의 본래적 의의가 그 한계성을 드러내고 있는 것이다.

법률은 제정됨으로써 모든 국민의 권리와 의무를 규율한다는 점에서 그 제정되는 과정에서 모든 국민의 이해가 조정되고 통합되어야 하며, 사적 이익의 타협에만 머물러 있어서는 안 된다. 오히려 이를 뛰어넘어 사회를 규율하는 올바른 법으로서 기능해야 한다. 여기에 공익의 대변자로서 행정부가 입법 과정에 참여하는 계기를 마련한다. 더 나아가 행정부의 광범위한 전문지식 및 정보 처리 능력의 우수성과 입법부의 전문지식의 부족을 감안할 때 입법 과정에서 행정부를 완전히 배제시키는 것이 결코 합리적이라고는 할 수 없다. 그러나 행정부에 법률안 제출권을 인정하는 까닭은 의회가 이를 효율적으로 심사하고 통제할 수 있는 수단이 강구되어 있어야 함에도 불구하고 의회가 이러한 기능들을 제대로 수행하지 못하고 있기 때

13) 우리 헌법은 第52조에서 "국회의원과 정부는 법률안을 제출할 수 있다"라고 하여 법률안 제출권자를 국회의원과 정부로 규정하고 있다. 국회의 위원회도 그 소관이 속하는 사항에 관하여 법률안을 입안하여 위원회 명의로 제출할 수 있으며(국회법 第51조), 이를 의원 발의 법률안의 범주에 포함시키고 있다. 의원 발의 법률안은 발의자를 포함하여 10인 이상의 찬성으로 발의하며(국회법 第79조 ①), 예산상의 조치를 수반하는 법률안의 경우에는 예산명세서를 아울러 제출하여야 한다(국회법 第79조 ②). 한편, 정부 제출 법률안은 **국무회의의 심의**를 거쳐 대통령 명의로 제출하되 국무총리와 관계 국무위원이 부서하여야 한다(헌법 第82조·89조).

문이다.

5 행정지도와 법률로부터의 자유

행정의 실제에서는 공식적인 행정처분에 의해 국민에게 작위·부작위 의무를 과하지 아니하고, 행정청이 조언·지도·권고·요망·경고 등의 방법에 의해 특정인에게 일정한 행위를 하거나 하지 아니하도록 요망하고, 이에 대해 상대방의 **자발적 협력**에 의해 행정기관이 의도하는 바를 실현하는 경우가 많이 있다. 예를 들면, 섬유산업의 불황을 타개하기 위해 관계 기업에 그 조업의 단축을 권고한다거나, 주요 시설의 설치 허가에 앞서 그에 따른 인근 주민들과의 분쟁을 방지하기 위해 사전에 주민들의 동의를 얻을 것을 요청하는 경우 등이다. 이와같이 행정기관이 그 소관 사무의 범위 내에서 일정한 행정 목적을 실현하기 위해 공식적인 행정처분의 방식을 취하지 않고 조언·권고·요망 등의 비권력적 행정작용을 행하는 것을 **행정지도**라고 한다(홍정선, 2001: 234). 이러한 의미의 행정지도의 효용성은 다음과 같다.

첫째, 오늘날 행정 기능이 양적·질적으로 증대됨으로써 모든 행정작용에 관해 법률로 규정하는 것은 불가능하게 되었다. 그에 따라 행정지도는 특히 급부행정의 영역에서 유용한 수단으로 등장하게 되었다. 그런가 하면 당해 행정 부문에 기존의 법률이 있는 경우에도 사회·경제적 현상의 급격한 변화로 인해 그 법적 규율이 현실적 여건에 맞지 않다거나, 구체적 사안에 적합하지 않은 경우도 있다. 이러한 경우에 행정지도는 구체적 사안에 적합한 조치를 신축적·탄력적으로 취할 수 있다는 장점이 있다.

둘째, 행정지도는 공권적인 처분이나 명령 등 공권력을 일방적으로 발동함으로써 야기될 수 있는 마찰이나 저항을 줄이고, 조언이나 권고 등의 형식으로 상대방의 **자발적 협력**을 구함으로써 상대방에게 심리적 저항감을 느끼지 않는 행정 조치를 취할 수 있다.

셋째, 오늘날 경제·사회 현상이나 과학·기술이 급속히 변화함에 따라 행정청은 그에 대응하여 국민들에게 적절한 지식이나 정보를 제공해 줌으로써 국민들의 활동을 바람직한 방향으로 유도·조장해 나갈 수 있다. 예를 들면, 영농지도·중소기업에 대한 경영지도·생활개선 지도 등과 같은 조성적(助成的) 행정지도가 그것이다.

행정지도는 이와 같은 긍정적 측면이 있음에도 불구하고 행정지도의 대부분이 **법적 제약**이 없이 행해짐으로써, 행정기관의 책임 소재가 불분명한 경우가 많고, 상대방의 임의적 협력에 기초하는 **비권력적 작용**이라고 하지만 본래 행정행위에 의해 규제되어야 할 사항 등에 대해 **사전적** 또는 **대체적** 수단으로 행해지는 경우가 많은 바, 이러한 경우에 행정 주체의 우월성으로 말미암아 상대방은 이를 받아들이지 않을 수 없는 **심리적 압박감**을 받게 되는 경우가 많다. 행정기관은 행정지도의 상대방이 가지고 있지 않은 조직법상의 권한, 대(對)시민적 보상에 의한 권한, 우월한 지식 기술 및 정보의 보유에 따른 전문지식에 의한 권한 등을 가지고 있기 때문이다.

이러한 결과 행정청은 행정지도를 통해 법의 통제로부터 자유로우면서도 실질적으로는 권력행정과 같은 처분을 행할 수 있게 된다. 이와는 반대로 행정청이 관련 문제를 공식적인 규제 권한을 발동하지 않고 행정지도를 통해 모호하게 처리하거나, 필요 이상으로 관계인과 타협하여 처리하는 경우 업계와 행정의 유착이라는 비난을 받을 수도 있다(김동희, 1999: 186), 특히 은폐 의식·비밀주의·폐쇄주의·관존민비 의식 및 지배자 위주의 가치 배분 등이 한국의 행정문화로 지적되고 있는 바, 이러한 상황에서는 행정지도가 비공개적인 비밀주의적인 방식으로 이루어짐으로써 행정의 민주화에 역기능으로 작용할 수 있는 문제점을 내포하고 있다.[14]

행정지도는 또한 상대방의 임의적 협력을 전제로 하는 **비권력적 작용**이라는 점에서 행정소송의 대상으로 인정하기 어렵고, 손해가 발생한 경우에도 국가 등의 배상책임을 인정하기에도 어려운 점이 있다.[15] 따라서 어떤

---

14) 행정지도의 행정학적 접근과 역기능 및 행정지도의 합리적 유형에 관한 연구에 관해서는 정동근(1997: 203-222) 참조.

15) 행정소송의 대상이 될 수 있는 것은 행정기관이 **위법**하게 행정처분을 행했거나 법적으로 당연히 행해야 할 처분을 행하지 않은 경우(이를 '**부작위**'라고 한다)이다. 여기에서 **처분**이라 함은 행정기관이 구체적 사실에 대해 법을 집행하는 것으로서, 행정기관의 일방적이고 단독적인 **공권력 행사**에 의해 행해지는 것을 말한다. 따라서 비권력적 행정작

사인이 위법한 행정지도에 따라 어떤 행위를 했다고 하더라도 그것은 사인의 자발적인 행위이지 강제된 행위는 아니기 때문에 명문의 규정이 없는 한, 그 행위에 대한 위법성이 조각(阻却)된다고 할 수 없는 것이다(홍정선, 2001: 235).

6 행정의 '법률적합성 원칙'과 '법적 안정성 원칙'과의 조화

법치국가 원리에는 지금까지 설명한 바와 같이 행정작용이 법률의 법규창조력, 법률의 우위, 법률의 유보 원칙 등에 의거하여 행해져야 한다는 행정의 **법률 적합성 원칙**이 있는가 하면, 이와 병행하여 또 다른 원칙으로 제기되고 있는 원칙으로 '**법적 안정성 원칙**'이 있다. 전자 즉 행정의 법률 적합성 원칙이 **공익**(public interest)을 중시하고 법률의 우위나 법률의 유보 원칙에 위배되는 위법한 행정작용에 대해서는 그 효력을 부인하려는 원리인데 반해, 후자 즉 법적 안정성의 원칙은 설사 어떤 행정처분이 **위법**하게 행해졌다고 하더라도 일정한 경우에 그 효력을 인정해 줌으로써 개개인의 사익을 존중하고 법적 안정성을 이룩하기 위한 원칙을 말한다.

예를 들면, 행정기관이 갑(甲)에게 **위법**하게 건축 허가를 해 준 경우와 같이 위법한 **수익적**(授益的) 처분을 행한 경우, 만약 위법한 건축 허가 처분이 행해진 것이 갑이 뇌물을 제공했기 때문이라거나 그 건축 허가가 위법이라는 사실을 갑이 알았다는 등 갑에게 어떤 귀책사유(歸責事由)가 없으며, 갑이 그 건축 허가를 신뢰하여 구체적으로 건축에 착수한 상황에서, 추후에 행정기관이 그 건축 허가가 위법하게 허가되었다는 것을 이유로 그 건축 허가를 취소하게 되는 경우, 그 건축 허가를 믿고 건축에 이미 착수한

용은 처분 개념에 포함되지 않고 따라서 행정소송의 대상이 될 수 없다. 한편 행정상의 손해배상을 규정한 **국가배상법**의 규정에 따르면, 손해배상 책임의 요건으로는 공무원이 직무 수행과 관련하여 고의 또는 과실로 **법령에 위반**하여 타인에게 손해를 입힌 경우(국가배상법 제2조)를 요건으로 하고 있다. 따라서 행정지도는 이에 해당되지 않는 것으로 보는 것이 일반적이다.

갑이 입는 손실(사익의 침해)과 법적 안정성에 막대한 피해를 가져다 준다고 볼 수 있다. 이러한 경우에는 위법하게 행해진 건축 허가를 취소하고 적법성을 유지함으로써 달성하게 될 공익과, 취소함으로써 갑이라는 개인이 입게 될 **사익**을 **비교 형량**(比較衡量)하여, 공익보다 갑이 입게 되는 사익이 더 큰 경우에는 그 건축 허가가 **위법하게 발해졌음**에도 불구하고 상대방의 신뢰와 그에 입각한 사익을 보호하고 법적 안정성을 유지하기 위해 위법한 행정처분의 효력을 부인하는 **취소**나 **철회**가 **제한**되는 경우가 있게 된다. 이러한 경우에 적용되는 원칙이 곧 법적 안정성의 원칙이다.

이와같이 법치주의 원칙 가운데에는 행정의 법률 적합성의 원칙이 있는가 하면, 이와 대립되는 법적 안정성의 원칙이 있는 바, 구체적인 경우 어느 원칙을 우선할 것인가에 대해서는 **법률 적합성의 원칙**을 적용함으로써 달성하려는 **공익**과, **법적 안정성 원칙**을 적용함으로써 달성하려는 **사익** 간의 비교 형량에 의해 결정되어야 한다는 '동위설(同位說)'이 지배적인 견해이다.

제 3 절 행정의 합법성 이념과 기타 행정 이념과의 관계

행정 이념이란 행정이 추구하고자 하는 바람직한 가치 내지 행정인이 준수해야 할 활동 규범이나 행동 기준을 의미한다. 이러한 의미의 행정 이념으로 제시되고 있는 것으로는 **능률성 · 효과성 · 민주성 · 합법성 · 형평성** 등을 들고 있는 것이 일반적이다. 이러한 행정 이념들은 행정 현실을 어떠한 상태로 이끌어 가는 것이 바람직한 것인가를 제시해 주는 지침이 되며, 행정 평가 척도의 개발과 측정, 정책대안의 선택 · 집행 · 평가에서 판단지표를 제시해 줄 뿐만 아니라, 책임행정을 수행하는 데 중요한 윤리적 기준이 되기도 한다. 따라서 행정 이념을 행정의 '**지도 원리**(guiding principle)'라고도 한다.

그런데 행정 이념을 구체적인 행정활동의 현실 속에서 적용할 때 문제가 되는 것은 행정 이념의 내용을 구성하고 있는 이들 이념들이 상호 보완적인 관계에 있을 때도 있는가 하면, 상충 관계에 있는 경우가 많아, 이념들 간의 **우선순위**와 관련하여 갈등을 일으킬 수 있다는 점에 있다. 따라서 행정학자들은 이들 이념 간에 어떤 이념을 우선할 것인가의 문제를 다루고 있는 바, 어느 이념을 우선할 것인가의 문제는 그때그때의 시대적 요청에 따라 혹은 국가적 상황에 따라, 그리고 해결하고자 하는 문제가 직면하고 있는 구체적인 상황적 요인에 따라 달라질 수 있다는 데에 이견이 없는 것 같다.

저자는 행정 이념들 간에 어떤 이념을 우선할 것인가는 행정이 직면하고 있는 구체적 상황에 따라 달라지며, 그에 따라 우선순위가 달라진다는 주장에 전적으로 동의한다. 그러나 상황 논리에 따른 우선순위의 문제에 행정의 합법성 이념을 포함하여 논의한다는 점에 대해서는 반대하는 입장이다. 그 이유는 행정의 합법성 이념은 구체적인 상황에 따라 기타의 행정 이념들과 상호 충돌 내지 경쟁하는 이념이 아니고, 다른 모든 이념을 그 속에 포괄하는 개념으로서 기타 이념의 상위 개념이라고 보기 때문이다. 따라서 구체적 상황에 따라서는 합법성보다 행정의 다른 이념이 우선시될 수 있다고 주장하는 것은 합법성 이념을 잘못 이해하기 때문이라고 본다.[16)]

1 행정 이념들 간의 상호 관계를 둘러싼 기존의 견해

1) 행정 이념의 유형

행정이 추구하고자 하는 바람직한 가치 내지 행정인이 행정활동에서 준수해야 할 활동 기준이나 행동 기준으로서의 행정 이념의 유형에 대해 박동서(1998: 151-161)는 합법성・능률성・효과성 및 생산성・민주성을 제시하는가 하면, 백완기(1998: 48-53)는 합법성・민주성・능률성・효과성 및

16) 이러한 주장은 김항규(2003)에서 자세히 논의되고 있다.

중립성을 제시하기도 한다. 또한 김규정(1997: 117-138)은 민주성 · 사회적 형평성 · 능률성, 가외성(가외성, redundancy), 효과성 및 생산성 · 합법성 등을 제시하고 있고, 정정길(2003: 195-237)은 능률성 · 효과성 · 공평성(형평성) · 민주성 및 합법성을 제시하고 있다.

한편, 이종수 · 윤영진 등(1997: 148-161)은 행정 이념이란 용어 대신 행정이 추구하는 가치라는 표현을 사용하면서 행정 이념의 유형을 **본질적 행정 가치**와 **수단적 행정 가치**로 나누어 제시하고 있다. 그리하여 본질적 행정 가치로는 정의 · 공익 · 형평성 · 자유와 평등을 제시하고 있고, 수단적 가치로는 능률성과 효과성 · 민주성 · 합법성 등을 제시하고 있다. 이와같이 행정 이념의 유형은 학자에 따라 약간씩 다르게 제시되고 있지만, 이들 간에 공통점은 이들 행정 이념의 유형들 중에 합법성 이념이 포함되어 있다는 점이다.

2) 행정 이념들 간의 우선순위

행정 이념을 제시하고 있는 학자들의 공통점은 여러 가지 유형의 행정 이념을 제시한 후에 이들 이념들 간의 우선순위 문제를 다루고 있다는 데 있다. 구체적인 행정활동과 관련하여 행정 이념들 간에 어떻게 우선순위를 부여하는 것이 바람직한가의 문제를 다루고 있는 것이다. 앞에 소개한 학자들의 우선순위와 관련된 견해를 소개하면 다음과 같다.

박동서(1998: 169-171)는 합법성 · 능률성 · 민주성 · 효과성이라는 것들이 모두 그 나름대로의 독특한 사회적 상황 하에서 요청되는 행정 기능에 부합되는 것으로서 만들어져 나왔다는 점을 밝히면서, 현 시점에서 한국의 행정은 이러한 이념을 모두 요청하고 있으나, 이들 간의 우선순위 또는 계층 관계를 규범적인 의미에서 어떻게 규정할 것인가를 문제로 제시하면서 민주성 · 효과성 · 능률성 · 합법성의 순으로 우선순위를 제시하고 있다. 그리고 이러한 우선순위는 그때그때 행정이 처한 구체적 상황성에 따라 달라질 수 있다는 점을 밝히고 있다. 백완기(1998: 53-54) 또한 이념 간의 우선순위가 그때그때 시대적 요청과 정신에 따라 또는 국가적 상황에 따라 변화될 수 있음을 주장하면서, 행정 이념들 간에 같은 방향으로 나아가는 경우와 대립의 방향으로 나가는 경우를 구별하여, 이념들 간에 어떤 이념에 더 큰 비중을 두어야 할 것인가를 구체적으로 설명하고 있다. 김규정(1997: 139-140)은 자유민주주의를 신봉하는 국가에서 행정이 추구할 지도 이념은 민주성·사회적 형평성이어야 하며, 민주성·사회적 형평성이라는 목적 가치의 실현을 위해 수단 가치로서 효과성·능률성·생산성과 합법성 등이 확보되어야 함을 강조하고 있다. 정정길(2003: 258-260) 또한 한국의 행정과제를 논하면서 행정과제 하나하나는 여러 가지 지도 원리(이념)들을 동시에 적용하여 해결해야 하는 성격의 것들임을 기술하면서, 지도 원리가 상호 보완적이면 문제가 없으나 상호 모순 대립되는 경우에는 어느 원리를 우선적으로 작용해야 할지를 결정해야 하는 어려움에 봉착한다고 하면서, 행정 과제별로 능률성·효과성·공평성(형평성)·민주성 및 합법성 간에 우선되어야 할 이념들을 제시하고 있다.

한편 이종수·윤영진 등(1997: 148-161)은 행정 이념을 크게 본질적 이념과 수단적 이념으로 구분하고 본질적 이념이 수단적 이념에 우선하며, 합법성 이념을 본질적 가치가 아닌 수단적 가치로 보고 있다. 이들 견해에 따르면, 법률의 규정이 급격한 사회 변화를 수용하지 못하고 있는 현대 행정에서는 합법성이 지나치게 강조될 경우, 행정의 본래의 목표가 왜곡될 수 있으며, 신분 보장의 폭이 넓어진 공무원들이 소극적으로 법령의 형식적인 준수에 안주하거나 재량권이 확대된 공무원들이 법령을 개인적 이해관계에 따라 자의적으로 해석·적용하는 것을 경계해야 한다고 주장하고 있다.

행정 이념들 간의 우선순위 문제와 관련하여 지금까지 소개된 학자들의 공통된 견해는 행정이 처한 구체적 상황에 따라 이념들 간의 우선순위가 달라질 수 있다는 점과, 우선순위가 바뀔 수 있는 행정 이념 가운데에는 **합법성** 이념도 포함되는 것으로 보고 있다는 점이다. 다시 말하면, 행정의 구체적 상황에 따라서는 합법성 이념보다 다른 행정 이념이 우선할 수 있다고 보고 있는 것이다. 이 책에서 이의를 제기하는 것은 구체적 행정 상황에 따른 행정 이념의 우선순위를 논의하는 과정에 합법성이 포함되어 있다는 점이다. 왜냐하면 행정의 **합법성** 이념은 다른 행정 이념보다는 **상위의 이념**이라고 보기 때문이다. 다시 말하면, 다른 행정 이념들은 행정의 합법성 이념이 충족된 상태에서 구체적으로 우선순위가 결정되어야 한다고 보기 때문이다.

2 행정의 합법성이 기타의 행정 이념에 우선한다는 주장의 논거

1) 합법성 이념과 권력분립

합법성 이념은 삼권분립을 전제로 한 것으로서, 행정기관에 의해 행해지는 행정작용을 국민의 대표기관인 의회에서 제정하는 법률에 의해 기속하기 위한 원리이다. 따라서 합법성 이념, 즉 법률에 의한 행정 이념에서 말하는 법의 개념 속에는 **헌법**과 **법률**이 포함되는 것이지, 행정부에 의해 제정되는 행정입법까지를 포함하는 것이 아니다. 행정입법의 증대 현상은 행정의 내용이 복잡해지고 전문화된 행정국가의 등장과 더불어, 행정활동이 행정환경의 변동에 대응하여 신축적이고 전문적으로 이루어질 수 있도록 하기 위해, 합법성이 완화된 것으로 이해해야 하는 것이지, 합법성에서의 법률의 개념이 행정입법에까지 확대된 것으로 이해해서는 안 된다. 그것은 합법성 이념이 권력분립 및 국민주권주의 사상에 기초하고 있다는 것을 보아도 알 수 있다. 즉 합법성에서의 법의 의미는 기본적으로 헌법과 법률을 중심으로 해서 논해지는 원리이다.

따라서 **행정입법**은 행정 담당자들이 그 기능을 수행하는 과정에서 합법성 이외의 기타의 행정 이념들을 합법성 원리에 위배되지 않고도 광범위하고 신축성 있게 추구할 수 있는 권한을 행정기관에 부여한 제도적 장치라고 할 수 있다. 그러므로 행정학자들 가운데는 행정입법의 규정으로 인해 행정이 기타의 행정 이념들을 추구하는 데 제약을 받는 경우를 마치 행정의 합법성으로 인한 제약으로 설명하는 학자들이 많은데, 그것은 헌법이나 법률의 문제가 아니라, 법률이 행정권에 대해 기타의 행정 이념들을 법치행정의 이념과 상충되거나 법치행정 이념으로 방해받는 일이 없이, 행정이 자율적으로 추구할 수 있도록 행정기관에게 부여한 행정입법의 제정 권한을 잘못 행사한 결과로 이해해야 한다.

예를 들면, 관료들이 법적 책임을 면하기 위해 법 규정을 지키는 데 중점을 두기 때문에 고객의 요구에 부응하지 못하는 경우가 많다는 점을 법치행정의 문제로 지적하는 경우가 많은데, 이 경우 관료들이 지키려는 법 규정의 내용은 법률의 규정이 아닌 행정입법의 규정, 그것도 훈령·예규·지시 등의 행정규칙이 주를 이루는 경우가 많은 것이 사실이다. 따라서 이러한 규정들로 인해 나타나는 문제들은 결국 권력 분립의 원칙상 입법권과 구별되는 행정권에서의 **행정 운영상의 문제**이지 입법권에서 제정하는 법률에 기초한 법치행정의 문제는 아니다.

2) 법치행정과 행정 권한의 강화

행정입법의 증대 현상 외에도 오늘날 행정국가 하에서는 법률의 유보로부터 자유로운 행정활동의 영역이 많이 존재하는가 하면, 법률의 규정 내용이 재량규정이나 불확정 개념을 포함하고 있는 경우가 많고, 특히 **행정계획**의 분야에서는 행정청에게 일반 재량권보다 더 광범위한 계획재량을 인정하고 있다. 그 결과 오늘날을 '**시행령 만능의 시대**' 혹은 '**행정규칙 만능의 시대**'로 불리고 있음은 전술한 바와 같다. 이러한 현상 역시 법치행정의 원리에 위배되지 않으면서도 행정을 통해 합법성 이외의 행정 이념을 추구할 수 있는 광범위한 재량의 여지가 행정의 담당자들에게 주어져 있음을 의미하는 것이다. 이와같이 행정국가 하에서의 법치행정 이념은 법률상의 많은 재량규정을 통해, 그리고 불확정 개념 내지 계획재량의 부여 등을 통해 행정이 추구하고자 하는 기타의 제반 이념들을 행정의 독자적인 책임하에 추구할 수 있도록 양보해 주고 있는 것이다.

이러한 현상을 행정학에서는 과거 의회의 전유물로 인정되던 **정책결정의 실질적 권한**이 행정부로 이동되어 있는 현상으로 설명하고 있다. 따라서 오늘날 행정이 행정의 합법성의 요청, 즉 행정이 헌법이나 법률에 적합하게 행사되어야 한다는 원리가 제약 요인이 되어, 행정의 기타 이념들을 추구하는 데 장애가 된다거나 긴장 내지 상충 관계에 있다고 하는 것은 잘못된 지적이다. 오히려 오늘날은 행정이 너무나 **막강한 권한**을 행사함으로써, 행정권이 바람직한 방향으로 행사되도록 어떻게 **효과적**으로 **통제**할 것인가가 중대한 과제로 등장하고 있다

앞서 현대 행정에서 법치행정의 운영 실태에서 기술한 바와 같이 근대국가 하에서 태동된 법치행정의 원리, 즉 행정의 합법성 원리는 행정국가의 등장과 더불어 그 위력이 크게 저하되거나 운영상 혼란을 야기하고 있는 것이 사실이다. 그러나 그러한 사실이 존재한다고 해서 그것이 곧 다른 행정 이념이 행정의 합법성 이념에 우선될 수 있다는 것을 정당화하는 것은 아니다. 오늘날도 여전히 행정의 합법성 원리는 모든 행정이 그 기능을 수행하는 데 다른 어떤 이념에 앞서 지켜져야 할 헌법상의 원리로서, 이에 위반하여 행해지는 행정은 행정심판이나 법원의 행정소송의 대상이 되고 있을 뿐만 아니라 헌법재판소의 헌법소원의 대상이 되는 등 사법기관의 심사 대상이 된다.

3) 법치행정 이념의 행정에서의 역할

법치행정의 원리는 행정이 무엇을 어떻게 할 수 있고, 무엇을 해서는 안 되는지에 대한 규범적 기준을 제시하는 것이다. 다시 말하면, 헌법이나 법률에 기초한 법치행정의 기능은 행정활동에 대해 권한을 부여하거나 정책 지침을 제공하며, 이를 성취하는 데 필요한 자원을 제공하는 것이다. 그러나 이러한 기능은 단지 어떠한 일이 일어나도록 허용하는 것이지, 그것이 바로 구체적으로 어떤 일이 일어나게 하는 것은 아니다. 행정은 곧 이러한 헌법과 법률의 의도를 현실로 변화시키는 집행으로서의 속성을 가지고 있으며, 이 과정에서 행정의 바람직한 기준으로 제시되는 것으로는 그 집행이 헌법과 법률에 적합하게 행사되어야 한다는 행정의 합법성이 전제된 조건 하에서 기타 다른 행정 이념들 가운데 어느 이념을 우선할 것인가는 구체적 상황에 따라 결정되어야 한다. 다만, 현실적으로 행정의 기타 이념들을 추구하는 데 장애가 되는 법률이 존재할 수 있다. 그러나 이는 현실적으로 그런 문제가 있다는 의미이지, 합법성 이념이 그로 인해 다른 이념에 그 우선순위를 양보해야 한다는 주장을 정당화할 수 있는 근거가 되는 것은 아니다. 그 이유는 행정 이념은 모두가 규범적인 바람직한 가치의 차원에

서 논의되는 것들로서 행정의 합법성 이념 역시 헌법에 위배되지 않는 바람직한 법률을 전제로 한 것이며, 또한 이를 실현할 수 있는 제도적 장치로서의 위헌법률심사나 헌법소원 제도가 헌법에 규정되어 있기 때문이다. 따라서 그러한 법률들은 꾸준한 법률 개정 작업을 통해 개정해 나가려는 노력을 행해야 할 것이며, 이를 위해서는 학제적인 법정책학적 연구가 적극적으로 행해져야 할 것이다.

4) 법률의 우위 원리와 행정

행정은 법률의 기계적 집행이 아니고, 창조적인 활동으로서의 속성을 가지고 있다. 특히 행정국가 하에서의 행정은 행정의 내용이 복잡하고 전문성을 가지고 있으며, 급격한 상황 변화에 신축적으로 대응할 것을 요청하므로, 이 모든 경우에 법률의 규정이 있어야 한다거나 그 법률의 내용이 엄격하게 규정되어 있어야 한다고 주장하는 것은 합리적·현실적 주장이라고 할 수 없다. 이러한 점에서 법치행정의 원리 가운데 하나인 **법률의 유보 원칙**은 이를 모든 행정활동에 적용할 수 있는 것은 아니라는 데 그 한계가 있다.

이에 반해 오늘날 법치행정의 원리 가운데 온전히 그 위력을 발휘할 수 있는 원리는 '**법률의 우위**' 원리라 할 수 있다. 즉, 행정이 헌법과 법률에 위배되지 않도록 행해져야 한다는 법률의 우위 원리는 오늘날 행정국가 하에서의 모든 행정작용에 그 효용을 발휘하고 있는 원리이다. 따라서 모든 행정작용은 헌법이나 법률에 위배되어 행사되어서는 안 된다. 그러므로 합법성 이념을 제외한 기타 행정 이념을 추구하는 과정에서도 이러한 의미의 법률의 우위 원칙은 준수되어야 한다. 법률의 우위 원칙은 행정이 합헌적 법률에 위배되어 행사되어서는 안 된다는 원칙일 뿐만 아니라, 법률이 없는 경우에도 헌법이 직접 행정을 구속하며 따라서 행정이 헌법에 위배되어 행사되어서는 아니 된다는 의미도 그 내용으로 인정되지 않으면 안 된다(홍준형, 1998: 106).

예를 들면, 현행 우리나라의 헌법상 인간으로서의 존엄과 기본권의 불가침성을 규정한 헌법 제10조, 법 앞에서의 평등을 규정한 제11조, 인신의 자유와 적법 절차를 규정한 제12조 제1항, 기본권 제한에 관한 일반 원칙으로 국가의 안전 보장·질서 유지·공공복리를 위하여 필요한 경우 법률로서 제한할 수 있도록 명시하면서도, 자유와 권리의 본질적 내용을 침해하지 못하도록 한 헌법 제37조 제2항 등은 그 자체로서 행정을 구속할 수 있는 규정이라고 할 수 있다. 이 밖에 법률의 규정이 없더라도 행정이 과잉 금지의 원칙, 신뢰 보호의 원칙, 평등의 원칙, 부당 결부 금지의 원칙 등 헌법상 또는 행정법상의 일반 원리[17]에 위배되어서는 안 된다는 것이 행정법학자들의 일치된 견해이며, 이 또한 법치행정의 내용을 구성하는 것이다.

5) 행정의 본질적 가치와 합법성

앞서 기술한 바와 같이 행정학자들 중에는 행정이 추구하는 가치를 본질적 가치와 수단적 가치로 구분하고, 본질적 가치로서 정의·공익·형평성 및 자유와 평등을 제시하기도 한다. 따라서 이들 본질적 가치와 행정의 합법성 이념과의 관계가 문제가 될 수 있다. 이러한 문제와 관련하여 필자는

17) **과잉 금지의 원칙**이란 행정 주체가 구체적인 행정 목적을 실현하려면 그 목적 실현과 이를 달성하기 위한 수단 사이에는 합리적인 비례 관계가 유지되어야 한다는 원칙으로서 헌법 차원의 법 원칙이다. 그 구체적 내용으로는 적합성의 원칙과 필요성의 원칙 및 상당성의 원칙이 있다. **적합성의 원칙**이란 행정기관이 취한 조치(수단)가 그가 의도하는 바 목적을 달성하는 데 적합해야 함을 의미한다. **필요성의 원칙**이란 행정 조치는 설정된 목적을 실현하기 위해 필요한 한도 이상으로 행사되어서는 안 된다는 것으로서 이를 '최소 침해의 원칙'이라고도 한다. **상당성의 원칙**은 행정 조치가 목적 실현을 위해 필요한 경우라 할지라도 그 행정 조치를 취함에 따른 사익의 침해가 그것에 의해 초래되는 공익보다 큰 경우에는 당해 행정 조치를 취해서는 안 된다는 것으로서, 이를 '협의의 비례 원칙'이라고도 한다.

신뢰 보호의 원칙이란 국민이 행정기관의 어떤 처분의 정당성 또는 존속성을 신뢰하고 그 신뢰에 기하여 어떤 처분을 행한 경우 그 신뢰는 보호해 주어야 한다는 원리이다.

평등의 원칙은 행정작용을 할 때 특별한 합리적 이유가 없는 한 상대방인 국민을 공평하게 처우해야 한다는 것을 말하는 헌법적 차원의 원칙이다. 헌법은 "모든 국민은 법 앞에 평등하다. 누구든지 성별·종교 또는 사회적 신분에 의하여 정치적·경제적·사회적·문화적 생활의 모든 영역에 있어서 차별을 받지 아니 한다"(헌법제11조 제1항)라고 규정함으로써 국민의 평등권을 보장하고 있다.

부당 결부 금지의 원칙이란 행정기관이 행정활동을 행할 때 그것과 실체적인 관련이 없는 반대급부와 결부시켜서는 안 된다는 것을 말한다. 예를 들면, 건축법상의 의무를 강제하기 위하여 수도나 전기의 공급을 중단하는 것은 부당결부 금지의 원칙에 위배된다.

이와 같은 행정법의 기본 원칙들은 행정을 규율하는 행정법의 여러 분야에 적용되는 법원칙으로서 이에 위배되는 행정작용은 **위법**한 행정이 된다.

이러한 가치들이 이미 헌법 속에 용해되어 나타나 있다고 본다.

여기에서는 합법성에서의 법의 개념이 헌법에 위배되지 않는 법률임을 강조한 바 있다. 또한 행정법학에서는 행정을 규율하는 법, 즉 행정법을 '**헌법의 구체화 법으로서의 행정법**'으로 인식하고 있는 것이 일반적 경향이다. 이러한 견해들은 합법성 이념에서 가장 중요한 규범적 지침의 근원은 곧 헌법임을 주장하고 있는 것이다. 즉 행정에서의 합법성 이념은 곧 헌법 속에 용해되어 있는 이러한 본질적 가치들을 행정을 통해 구현하려는 의지를 내포하고 있다고 볼 수 있다.[18)]

6) 결 론

지금까지의 논의를 통해 행정의 합법성 이념이 행정의 다른 이념들과의 관계에서 상위의 이념이거나 합법성 이념 속에 다른 이념들이 내포되어 있음을 알 수 있다. 사실 이러한 주장은 행정이 법률에 적합해야 한다는 법치행정의 원리 그 자체의 의미만을 가지고도 충분히 이해할 수 있다. 왜냐하면, 법치행정의 이념 그 자체가 행정의 모든 활동은 헌법을 포함한 법률에 위배되지 말아야 한다거나(법률의 우위), 법률에 근거하여 법률의 수권에 의해 행해져야 한다(법률의 유보)는 내용이기 때문이다. 따라서 행정활동을 바람직하게 수행하기 위한 판단의 과정에서 판단 기준으로 적용되는 기타의 행정 이념들은 당연히 법치행정의 이념보다 하위의 이념임을 쉽게 알 수 있다.

그러면서도 이러한 주장이 새삼스럽게 비춰지는 것은 그만큼 행정학자들이 법치행정의 문제에 대해 관심이 부족했기 때문이라고도 할 수 있으나, 좀더 근본적으로는 우리나라에서의 법에 대한 경시 풍조 내지 **법에 대한 부정적 인식** 때문이 아닌가 생각된다. 즉, 법이란 방편적인 것, 자유를 구속하는 것, 수탈적인 것, 무시해도 좋은 것, 법 따로 현실 따로, 법대로 하면 손해라는 등의 법에 대한 부정적 인식이 일반 국민들은 물론 행정 담당자들 사이에서도 깊이 뿌리박혀 있음을 부정할 수 없다.

---

18) 이에 대해서는 김항규(2002a) 참조.

이와같이 법 경시 풍조 내시 법에 대한 부정적 인식이 자리잡게 된 원인은 우리나라에서 그간 시행되어 온 법치주의에 대한 경험에서 찾아볼 수 있다. 첫째, 법은 행정이 추구하고자 하는 국가 발전 전략을 **형식적으로** 정당화시켜 주는 데 기여하는 역할을 수행해 왔다. 둘째, 법이 정치에 종속되어 정치 권력자가 권력을 유지하거나 강화하기 위한 수단으로 이용되거나, 정당 간의 정략적 이익이나 특정 이해집단들 간의 비밀스런 야합에 의해 제정되고 집행되는 경우가 많다. 셋째, 법의 내용이 현실과 유리되어 있어 실제로 법을 그대로 준수하기가 어려운 경우가 많다. 넷째, 헌법을 비롯한 법 제정을 졸속적·조령모개(朝令暮改)식으로 행해 옴으로써 너무 쉽게 생각하고 있다. 다섯째, 법이 약자에게만 적용되고 권력자들은 법 위에 존재하는 사례가 빈번히 발생하고 있다. 여섯째, 권리구제 제도가 불비하거나 불완전하고 사법적 정의가 창달되지 않고 있어, 법 집행 과정에서 권익을 침해받은 자에 대한 충분하고 공정한 구제가 이루어지지 않고 있다는 점 등이다. 이와 같은 법에 대한 부정적 경험들은 그 원인이 법의 수범자에게 있다기보다는 법을 제정하고 이를 실천하는 집단에 더 큰 원인이 있다고 할 수 있다.

이러한 결과 법치행정은 이를 잘못 인식하여 **'법대로 하는 행정'**(허범, 1988: 103)과 혼동하는 경우도 없지 않다고 본다. 본래적 의미의 행정의 합법성은 그 궁극적 목적이 국민의 자유와 권리를 보호하기 위한 이념인데 반해, 법대로 하는 행정이란 실정법을 단순히 형식적으로 적용하는 행정으로서, 실정법 조문의 자구(字句)에 맞추어 행하는 행정을 말한다. 이러한 법대로 하는 행정에서는 공무원의 양심과 이성은 이른바 자의성을 배제한다는 구실로 가급적 억제되며, 비민주적인 정권 유지 수단으로 제정된 악법도 법으로 인식되는 행정을 말한다. 또한 법대로 하는 행정은 법을 모든 사람에게 평등하게 적용하기보다는 약자에게만 적용하거나 특정한 경우에만 목적 달성을 위한 위협 수단으로 이용하는 행정을 말한다. 특히 행정학에서의 발전행정적 사고는 국가 발전이라는 명분으로 본래 의미의 합법성을 강조하기보다는 법대로 하는 행정, 즉 형식적 법치행정의 정착에 공조했다고 할 수 있다.

제 4 절 공공정책과 행정법에서의 법규범과의 관계

행정학과 행정법학은 행정을 공동의 연구 대상으로 하는 학문이다. 따라서 이들 두 학문은 바람직한 행정의 구현을 통해 공익을 달성한다는 공동의 목표를 달성하기 위해 긴밀히 협력할 필요성이 있다.

오늘날 행정국가 하에서는 행정의 전문성·복잡성으로 인해 모든 행정작용을 국민의 대표기관인 의회에서 제정되는 법률을 통해 빈틈없이 규율하는 데 한계가 있음을 인식하게 되었고, 이에 따라 법률의 내용을 구체화할 수 있는 권한을 행정부에 위임하여 행정부에 의해 제정되는 법규범으로서의 행정입법이 증대되고 있다. 이와같이 행정학이나 행정법학의 공동 연구 대상인 행정의 역할 기능에 입법 기능이 추가되는 등 행정 기능의 범위에 변화를 초래하게 되었다.

그런데 이러한 현상을 행정학에서는 행정이 전통적인 정책집행 기능에 국한되지 않고, 실질적인 정책결정 기능까지를 담당하고 있다고 설명하면서, 이에 대한 연구를 '**정책학**(policy science)'이라는 이름으로 행해 오고 있다. 그러나 '정책(특히 공공정책)'이라는 개념이 행정법학에서의 법률이나 명령 등을 포함한 여러 형태의 법 개념과 어떤 관계를 가지고 있는가에 대한 연구가 우리나라 정책학 연구자들 사이에서는 발견되고 있지 않고, 오히려 일부 행정법학자들이 법과 정책과의 관계를 다룬 연구 논문을 발표한 바 있다.[19] 그러나 이들 연구 모두가 '법'과 '정책'이라는 각각의 개념에 대한 명확한 정의나 범위에 대한 언급이 없이 논의를 전개하고 있어, 정책과 법의 관계를 이해하는 데 혼란을 초래하고 있다.

우리가 행정학에서 다루고 있는 정책은 엄격히 말하면 **공공정책**(public policy)이다. 또한 **행정작용**을 규율하는 **행정법**은 행정의 조직·작용·절차

19) 최근 정책과 법과의 관계를 다룬 국내 논문으로는 서원우(1997), 최송화(1985), 이상영(1993), 최대권(1989; 1990) 등이 있다.

및 구제에 관한 국내 공법이라고 정의하는 것이 일반적이다. 즉, 행정법이란 행정 주체의 조직·권한(절차 포함) 및 기관 상호간의 관계에 관한 법(행정조직법)과 행정 주체와 사인(私人) 간의 관계에 관한 법(행정작용법), 그리고 행정작용으로 인한 개인의 권리 침해에 대한 구제에 관한 법(행정구제법)으로서 행정에 고유한 공법을 말한다.

이에 여기에서는 정책의 개념을 공공정책에 한정하고, 법의 개념을 공법, 그것도 행정법상의 법규범에 한정하여, '공공정책'이라는 용어와 행정법상의 '법률' 내지 '명령' 등을 포함한 여러 형태의 법규범과 어떤 관계를 가지고 있는가를 논의해 보고자 한다.[20] 이를 위해 먼저 공공정책의 개념과 행정법에서의 법의 개념을 설명하면 다음과 같다.

1 공공정책의 개념 및 구성 요소

1) 공공정책의 개념

정책학에서 다루고 있는 정책의 개념은 이를 좀더 구체적으로 말하면 '공공정책'을 의미한다. 그러나 공공정책이라는 용어도 때로는 '햇볕정책', '한국의 대외정책', '무역정책' 등과 같이 거시적이고 포괄적인 의미로 사용되기도 하고, 때로는 '유가정책', '부동산 투기에 관한 규제정책' 등 구체적인 의미로 사용되는 등 다의적인 의미로 사용되고 있다. 공공정책(이하 '정책')의 개념에 대한 몇몇 학자들의 정의를 살펴보면 다음과 같다.

이스턴(David Easton)은 정책을 "전체 사회를 위한 가치의 권위적 배분"이라고 정의하고 있다. 그는 정책의 정치적 성격을 강조하고 정치가 사회에서 담당하는 역할이 가치를 권위적으로 배분하는 것이며, 이 역할은 바로 정책을 통해 달성된다고 본다(Easton, 1963: 126-130). 여기에서 가치란 권력과 의무, 기회와 재화, 이익과 부담, 지위와 특권 등 사회적·경제적 가치를 의미한다. 또한 그는 정책의 개념적 특징 중 하나로 권위적 배분을 강

20) 공공정책과 행정법에서의 법규범과의 관계에 대해서는 김항규(2002) 참조.

조하고 있는데, 권위적 배분이란 법률이나 제도를 통해 공식적 권한이 부여된 기관에 의한 배분의 의미로 이해할 수 있다.

라스웰(Harold D. Lasswell)과 **카플란**(Abraham Kaplan)은 "정책은 목적 가치와 행동 노선을 담은 계획(또는 프로그램)"을 의미한다고 보고 있고(Lasswell & Kaplan, 1970: 71), 윌다브스키(A. Wildavsky)와 프레스만(Jeffrey L. Pressman) 또한 정책을 "목표와 그것의 실현을 위한 행동으로 구성된 것"이라고 보고 있다(Wildavsky & Pressman, 1979: xx-xxi). 즉, 이들은 모두 정책의 개념 속에는 목표와 이를 달성하기 위한 수단이 결합되어 있다는 점을 강조한다.

드로(Y. Dror)는 정책이란 "주로 정부기관에 의해 결정되는 미래를 지향하는 행동의 주요 지침으로서, 이 지침은 최선의 수단에 의해 공익을 달성할 것을 공식적인 목표로 삼는다"고 보고 있다(Dror, 1983: 12, 14-17). 그의 정책 개념 속에는 정책결정의 주체가 정부기관이라는 점과 규범적으로 정책은 공익의 달성을 궁극의 목표로 하고 있다는 점, 그리고 공식성, 즉 일정한 과정과 절차를 강조하고 있다는 점에 특징이 있다. 이 밖에도 그의 정책 개념 속에는 정책이 주요 지침 내지 행동노선임을 강조하고 있는데, **아베 야스다가**(阿部泰隆) 역시 "정책이란 개인의 영역을 넘어선 사회적인 목표(공공적인 목표)를 실현하기 위한 지침"을 의미한다고 한다(阿部泰隆, 1996: 2).

2) 공공정책 개념의 구성 요소

이들 정책학자들의 공공정책에 대한 개념 정의들은 정책의 개념 속에 포함되어 있는 여러 가지 특성 중에서 어느 한 측면에 중점을 두고 정책의 개념을 정의하고 있음을 알 수 있다. 그러므로 공공정책에 관한 다양한 정의 중에서 어느 정의가 더 정확한 정의인가를 논의하는 것은 생산적이지 못하고, 오히려 위에서 소개한 정책 개념에 대한 정의들을 종합하여 정책의 개념을 구성하고 있는 요소들을 명확히 하는 것이 정책의 개념을 이해하는 데 더 바람직할 것으로 생각된다.

정정길의 정책 개념에 대한 다음과 같은 정의 속에는 정책을 구성하고 있는 다양한 요소들이 종합적으로 내포되어 있다(정정길, 1999: 52).

> "정책은 바람직한 사회 상태를 이룩하려는 정책 목표와 이를 달성하기 위해 필요한 정책 수단에 대해 권위 있는 정부기관이 공식적으로 결정한 기본 방침이다."

첫째, 정책은 그것에 포함된 **목표**를 구성 요소로 하고 있다. 정책이 지향하는 목표는 미래를 향해 사회적으로 바람직한 상태를 달성하고자 하는 데 있다. 예를 들면, 환경정책의 목표는 인간이 살아가는 데 적합한 환경을 유지하고 보존하는 데 그 목표가 있다. 목표는 구체적으로 '**누구에게**', '**무엇을**' 제공하려는 목표인가를 구성 요소로 한다. 그러므로 공공정책에서 중요한 것은 라스웰이 말했듯이 "누가 무엇을 얻는가?(Who gets what?)"라고 하는 것이다(Lasswell, 1936).

둘째, 정책은 정책 목표를 달성하기 위한 **수단**, 즉 '어떠한 방법으로' 목표를 달성할 것인가를 구성 요소로 한다. 이는 정책의 구성 요소 중에서 가장 중요한 구성 요소로서 정책에 의해 이익을 보거나 피해를 입는 직접적인 원인은 바로 정책 수단에 의해서이다. 따라서 정책을 둘러싼 이해집단들 간의 갈등과 타협 등은 주로 정책 수단을 중심으로 이루어진다.

셋째, '정책은 누가 결정하는가?' 즉, 정책결정의 **주체**가 정책의 구성 요소가 된다. 정책은 권위 있는 정부기관에 의해 결정된다. **권위 있는 정부기관**이라 함은 법적으로 정책을 결정할 수 있는 정당한 권한을 인정받은 기관을 의미하는 것으로서 예를 들면, 국민의 대표기관인 국회와 대통령 및 각 부처 장관 등이 이에 해당한다.

넷째, 정책은 공식적으로 결정된다. **공식적**이라 함은 정책이 제도적인 요건을 충족하고 공식적으로 규정된 **과정**을 거쳐 결정되어야 한다는 것을 의미한다. 제도적인 정당성과 절차적 정당성을 갖는 정책이어야 그 정책은 권위성과 강제성을 가질 수 있으며, 집행에 필요한 정책 수단을 확보할 수 있다.

다섯째, 정책은 그 정책을 통해서 달성하려고 **기본 방침**이나 **행동 방안**을 내용으로 한다. 정책의 결정과 집행은 절대적으로 구분되는 개념이 아니고, 정책의 내용을 구체화하는 정도에 따라 구별되는 상대적인 개념이다. 그러나 정책의 구성 요소 중의 하나는 구체적인 사안에 정책을 실질적으로 집행하는 데 기준이 될 기본 방침이나 행동 방안을 정한다는 데 있다.

2 행정법에서의 법규범의 개념과 구성 요소

행정법은 행정의 조직·작용·절차 및 구제에 관한 국내 공법이라고 정의함은 앞에서 본 바와 같다. 그런데 행정과 관련된 법은 그 존재 형식상으로 보면 이를 크게 성문법과 불문법으로 나누어 설명한다. 여기에서는 행정법 중에서 성문법에 한정하여 공공정책과의 관련성을 논의하고자 한다. 행정에 관한 성문법으로는 법률을 비롯하여 행정입법(이를 '명령'이라고도 한다)으로서의 법규명령과 행정규칙, 그리고 자치법규(조례 및 규칙)가 있다.[21]

공법과 사법을 포함하는 일반적인 법의 개념, 즉 법이란 무엇인가의 문제는 결코 쉬운 문제가 아니다. 더구나 법의 범위를 성문법뿐만 아니라 자연법 및 관습법까지를 포함하여 생각하는 경우 이는 더욱 어려운 문제가 아닐 수 없다. 따라서 많은 학자들이 오랜 기간에 걸쳐 법의 개념에 대한 연구를 행해 왔으나, 이들 연구 결과들은 법의 어느 측면에 중점을 두고 법을 이해하느냐에 따라 각각 다른 견해를 제시하고 있으면서도 적어도 외견상 제각기 수긍이 가는 면이 있는 것도 사실이다.

이러한 일반적인 법의 개념 정의 속에는 사회 공동선의 달성이라는 목적성, 공식적인 절차성, 강제성 등의 속성이 내포되어 있다는 데 의견을 같이

21) 지방자치단체가 제정하는 법규로서는 조례와 규칙 및 교육규칙이 있다. **조례**는 지방자치단체가 법령의 범위 안에서 그 사무에 관하여 지방의회의 의결을 거쳐 제정하는 법규범을 의미한다. **규칙**은 지방자치단체의 장이 법령 또는 조례의 범위 안에서 그의 권한에 속하는 사무에 관해 제정하는 법규범을 의미한다. 한편, **교육규칙**은 교육감이 법령 또는 조례의 범위 안에서 그 권한에 속하는 사무에 관해 제정하는 법규범을 의미한다.

한다. 이제 다양한 법의 유형 중에서 범위를 행정법 가운데 성문의 법규범에 한정하여 그 개념을 살펴보기로 한다.

첫째, 법규범에는 그것을 통해 달성하려고 하는 **목적**이 있다. 행정법의 궁극 목적은 **공익**을 실현하는 데 있으며, 구체적인 목적은 개별 법령 제1조에 규정되어 있다. 물론 법규범은 사회의 어느 특정 구성원이나 집단의 이익을 고려하여 제정되기도 하지만, 그러한 경우에도 그것이 궁극적으로 공익에도 도움이 된다는 것이 객관적으로 증명되어야 한다.

둘째, 법규범의 제정에는 그 **타당한 근거**가 있어야 한다. 행정법의 법규범들은 그것들을 통해 행정 주체가 개인의 자유 의사에 어떠한 형식으로든지 개입하고 간섭하게 됨으로써 국민의 자유권에 제한을 가져오게 된다. 따라서 이러한 강제규범이 아무런 근거 없이 설정될 수는 없으며, 그 근거는 법의 객관성과 타당성을 부여할 수 있는 정당한 근거이어야 한다. 행정법은 헌법의 구체화법으로서 인식되고 있다. 따라서 행정법은 헌법의 규정이나 원리 및 헌법적 가치의 실현에 근거해야 한다. 또한 행정입법은 법치행정의 원리에 입각하여 헌법 및 법률에 위배되어서는 아니 된다.

셋째, 법규범에는 그 법을 제정하는 데 정당성을 부여받은 **제정 주체**가 있다. 원래 근대의 의회민주주의 원칙에 따라 국가의 중요한 의사결정은 대의기관으로서의 입법부에 의해 행해지는 것이고, 그것의 대부분의 표현방식이 법률의 제정이다. 우리 헌법도 "입법권은 국회에 속한다"(제40조)고 하여 국회입법의 원칙을 규정하고 있다. 그러나 헌법은 입법에 관한 권한을 국회에 독점시키지 아니하고 국회입법 원칙에 대한 예외를 인정하고 있다. 즉 행정입법은 대통령·국무총리·행정 각부의 장에게(제75조와 제95조), 자치입법은 지방자치단체에(제117조 제1항), 사법입법은 대법원과 헌법재판소에(제108조와 제113조 제2항), 선거관리 등에 관한 입법은 중앙선거관리위원회에(제114조 제6항), 조약체결권·긴급명령권·긴급재정경제명령권은 대통령에게(제73조와 제76조) 그 권한을 부여하고 있다.

넷째, 법규범의 내용은 **일반·추상적인 법규범**으로서의 성격을 가진다. 예를 들면, 법률이란 국민의 대표기관인 의회에서 제정되는 일반·추상적인 법규범이라고 정의할 수 있다. 근대 시민국가의 법률은 국가 권력 발동의 전제와 한계를 규정하기만 하면 충분했으므로, 일반적이고 추상적인 법규범인 일반적 법률의 형태만을 가지는 것이었고, 그 법률 체계도 일반적 법으로만 구성되는 단순한 구조였다. 그러나 현대 행정국가에서는 법률로서 국민의 기본권 보장뿐만 아니라, 국민의 생활 배려를 위한 방법과 기준까지를 제시할 필요가 있기 때문에 일정 범위의 국민을 대상으로 하는 어떠한 처분이나 조치 등 구체적이고 개별적인 사항을 그 내용으로 하는 입법이 날로 증대되고 있다.

법이 일반성과 추상성을 갖는다는 의미는 곧 행정법에서의 법규범이 구체적인 사안에 직면하여 법을 실질적으로 집행하는 데 기준이 될 **기본 방침**이나 **행동 방안**을 그 내용으로 하고 있다는 의미이기도 하다. 또한 구체적이고 개별적인 입법의 경우에도 그것이 구체적 사안에 직면하여 행정이 수행해야 할 기본 방침이나 행동 방안을 내용으로 하고 있다는 점에서는 동일한 성격을 지닌다.

다섯째, 법은 **강제성**을 띤다는 것이 법에 대한 공통적인 인식이었다. 즉, 법은 도덕규범과는 달리 이에 위반하면 정당한 정치 권력이 정당하고 객관적인 방법으로 규정한 제재를 받도록 구체적으로 예정되어 있다. 그러나 오늘날은 전통적인 강제적 수단만으로는 행정 현실에 충분히 대응할 수 없다는 인식이 확산되면서 행정지도나 사전 절충, 사전 조정 등의 비공식적 행정작용이 활용되고 있다.

여섯째, 법은 일정한 **절차적 요건**과 **형식적 요건**을 구비해야 한다. 법은 정당한 권한을 부여받은 정치 권력이 정당한 절차와 방법으로 제정되어야 한다. 우리나라 헌법과 국회법에서는 법률 제정의 절차에 대해 규정하고 있고, 행정절차법에서는 제4장에서 행정상 입법예고(제41조), 예고 방법(제42조), 예고 기간(제43조), 의견 제출 및 처리(제44조), 공청회(제45조) 등에 관해 규정하고 있다. 또한 법은 문서의 형식으로 일정한 요식에 의해 작성되어야 한다는 형식적 요건 등을 충족시켜야 한다.

3 공공정책과 행정법에서의 법규범과의 관계

1) 공공정책과 행정법에서의 법규범에 대한 개념 정의에서 나타난 공통점

지금까지 공공정책의 개념과 행정법에서의 성문의 법규범을 중심으로 한 법의 개념을 고찰해 본 결과 다음과 같은 공통점을 발견할 수 있다.

양자 모두 그것을 통해 달성하려고 하는 **목표**와 **수단**을 내포하고 있다는 점이다. 행정법에서의 법규범이나 공공정책이 지향하고 있는 공통의 목표는 헌법적 가치의 실현을 통해 궁극적으로는 공익을 달성하려는 데 있다. 또한 정책이나 법의 순응 확보 수단으로서는 전통적인 수단으로 정부 권력을 배경으로 한 **강제성**을 들 수 있다. 그러나 오늘날의 순응 확보 수단으로서는 이러한 강제성에 국한하지 않고 설득(persuasion)이나 유인책으로서의 여러 가지 비공식적 행정작용이 행해지고 있음은 앞서 설명한 바와 같다.

둘째, 정책을 결정하거나 법을 제정하는 주체가 모두 **권위 있는 정부기관**이라는 점이다. 예를 들면, 권위 있는 정부기관이 입법부인 경우 그것은 법률의 형태로 나타나며, 행정부인 경우 행정입법의 형태로 나타나고, 지방의회인 경우 조례의 형태로 지방자치단체의 장인 경우 규칙의 형태로 나타난다.

셋째, 정책이나 법 모두가 행정이 구체적인 사안에 직면하여 행해야 할 의사결정의 **기본 방침**이나 **행동 방안**을 내용으로 하고 있다.

넷째, 정책이나 법 모두가 정당성을 부여받은 정치 권력에 의해 공식적으로 규정된 정**당한 절차와 과정**을 거쳐 제정되어야 한다는 점이다. 예를 들면, 대통령령의 경우 대통령이 법제처의 심사와 국무회의의 심의를 거쳐야 하며, 총리령과 부령은 국무총리나 장관이 법제처의 심사를 거쳐야 한다(헌법 제89조 제3호, 정부조직법 제27조 1항 참조). 행정절차법상에는 입법예고(제41조), 예고 방법(제42조), 예고 기간(제43조), 의견 제출 및 처리(제44조), 공청회(제45조) 등 정책이나 법을 제정하기 위한 절차에 관한 규정이 있고, 법령 등 공포에 관한 법률에는 형식에 관한 요건과 공포 및 효력 발생의 요건에 관해서도 규정하고 있다. 행정규칙으로서의 훈령의 경우에도 그 중요성에 대한 인식이 높아짐에 따라 일정한 절차가 요구된다.

2) 공공정책과 행정법에서의 법규범과의 관계

지금까지 정책의 개념을 공공정책에 한정하고, 법의 개념을 행정법에서의 각종 성문의 법규범에 한정하여 양자의 개념을 살펴본 결과, 결국 행정법에서의 여러 가지 형태의 법규범들은 모두가 본질적으로 공공정책과 같은 개념임을 알 수 있다. 다시 말하면, 행정법에서의 여러 형태의 법규범들은 곧 여러 가지 유형의 공공정책을 각각의 법적 용어들로 표현한 것에 불과하다고 볼 수 있다는 것이다. 그 이유는 앞에서 두 개념 간의 공통점을 설명한 것과 같이, 공공정책이나 행정법에서의 법규범들은 공히 ① 그 목적을 가지고 있고(궁극적 목적은 공익의 달성), ② 이를 달성하기 위한 수단을 내포하고 있으며, ③ 정당성을 인정받은 권위 있는 정부기관에 의해, ④ 법령에 정해진 공식적인 과정과 절차를 거쳐 제정되는, ⑤ 기본 방침 내지 지침이라는 공통적 속성을 지니고 있기 때문이다.

결국 공공정책과 법규범과의 관계에 대서는 다음과 같이 정의할 수 있다.

> "공공정책이 모두 법규범의 형태를 갖는 것은 아니다. 그러나 법규범은 공공정책의 중요한 형태에 속한다."

4 행정학과 행정법학과의 대화의 필요성과 법정책학

1) 양 학문 간의 대화가 부진한 원인

지금까지 기술한 바와 같이, 실정법으로서 행정법을 구성하는 각종 형태의 법규범은 결국 공공정책 그 자체의 표현이라고 볼 때, 공공정책을 연구대상으로 하는 대표적인 학문이 곧 행정법학과 정책학 혹은 행정학이라고 할 수 있다. 따라서 양 학문에 종사하는 학자들 간의 적극적인 상호 대화를 통해 적실성 있게 법(정책)을 해석하고, 더 나아가 법치행정의 현대적 의미에 적합한 입법의 제정, 즉 바람직한 정책결정에 공헌함으로써 진정한 법치행정을 실현하는 데 공헌할 필요성이 있다. 그럼에도 불구하고 그동안 양 학문 간에는 긴밀한 대화가 행해지지 않고 단절된 상태를 지속함으로써 마치 양 학문은 각각 동떨어진 별개의 학문인 것같이 인식되어 온 것이 사실이다. 그렇다면 그 원인이 무엇인가를 살펴볼 필요가 있다.

가장 대표적인 원인은 행정법학과 정책학이 각각 연구 대상의 초점을 달리해 왔다는 데 있다. 즉 행정법학은 사회문제를 해결하기 위한 정책으로서의 법의 바람직한 결정에 대한 관심보다는 정치 과정의 산출(output)인 정책, 즉 법에 대한 해석의 문제에 초점을 두어 왔다. 반면에, 정책학은 정치 과정의 산출인 정책, 즉 법 자체에 대한 해석보다는 사회문제 해결을 위한 정책을 산출하기까지의 과정에 연구의 초점을 두어 온 데 있다고 할 수 있다.

다음으로 행정법학과 정책학이 우리나라에 도입된 배경의 차이에서 그 요인을 찾아볼 수 있다. 1945년 이후 우리나라는 두 개의 역사적 유산을 그 토대로 하고 있다. 그 하나는 조선 시대 500여 년 동안 지속되어 온 유교적인 권위주의적 관료권이고, 다른 또 하나는 권력적·관료적 성격이 강한 독일 행정법학이 일본에 의해 직수입되어 이를 기반으로 일제가 행정법을 강력한 통치 수단으로 이용해 왔다는 점이다. 이러한 역사적 상황의 영향으로 행정법학은 행정과 관련된 법규범 자체에 대한 평가의 문제보다는 통치 수단으로 제정된 법규의 해석 및 이를 적용하는 데 중점을 두어 왔다. 그 결과 **법규 만능주의적 사고**가 지배적인 현상으로 고착되고 그러한 경향은 오늘날에도 잔존하고 있다. 이와같이 우리나라의 행정법학은 법 자체에 대한 가치평가 및 바람직한 입법의 제정(정책결정)을 통해 부당한 공권력의 발동으로부터 국민의 권익을 보호한다는 측면보다는, **국가 우월주의**에 입각한 권력 관계의 유지에 초점을 둔 **전통적인 법해석적 방법**을 고수해 왔다. 그리하여 법이 행정의 시녀로 전락하고 있던 현상을 외면하거나 방치해 왔다.

한편, 정책학은 미국의 정치·사회적 문화 속에서 태동된 실천 지향적 학문으로서 우리나라의 행정학자들에 의해 도입된 학문으로서, 법적 측면보다는 **정치적 측면**에 중점을 둔 연구가 주류를 이루어 왔다.

이와같이 행정법학이나 정책학이 모두 법규범으로서의 공공정책을 연구대상으로 하면서도, 우리나라의 경우 각각의 학문의 도입된 원류가 다르고, 또한 동일 대상에 대한 접근 방법과 태도를 달리해 왔기 때문에 행정법학자들은 정책학에 대한 이해가 부족하고, 정책학자들 역시 행정법학에 대한 이해가 부족하여, 극단적으로는 학자들 상호간에 행정법학과 정책학을 마치 전혀 관련이 없는 별개의 학문인 것으로 인식되기에 이르렀다.

결론적으로 행정법학과 정책학이 공통적으로 정책으로서의 법에 대한 관심을 가지고 있으면서도 두 학문 간에 서로 교류할 수 있는 접점을 발견하기 어려웠던 것은, 행정법학의 경우 정치 체제에서 법이 형성되기까지의 과정에 대한 관심보다는 오직 법의 제정 이후의 문제, 즉 법규범의 해석·적용을 통해 법제도를 운용하고 법질서를 유지해 나가는 데 관심을 두어 왔는데 반해, 정책학의 경우는 사회문제를 해결하기 위한 정책으로서의 법을 결정하는 과정에 중점을 두어 왔기 때문이었다고 볼 수 있다.

2) 법정책학의 개념

지금까지의 논의를 통해 알 수 있듯이 정책학과 행정법학 간에는 공공정책을 결정하고 집행하기 위한 학문이라는 점에서 상호 중첩되는 부분을 발견할 수 있고, 따라서 양 학문 간의 학제적 연구의 대상을 발견할 수 있는바, 이러한 관점에 도움을 주는 학문이 곧 '법정책학(policy science of law)'이다.[22]

영·미법계의 국가에서는 법률 교과서의 제목들이 『*Administrative Law and Regulatory Policy*』(1992), 『*Environmental Law and Policy*』(1978) 등으로 출간되고 있고, 입법에서도 국가환경정책법(The National Environmental Law) 등의 제정법이 출현하고 있는 데서 볼 수 있듯이 법과 정책 간의 연구가 활발히 진행되고 있으며, 독일이나 미국 및 이웃 일본에서도 이미 이 부분에 대한 연구가 활발히 진행되고 있는 실정이어서 금후 우리나

22) 법정책학은 '입법학'이라고도 칭해진다.

라에서도 이에 대한 관심의 필요성을 환기시킬 필요가 있다.

법정책학은 법과 정책 간의 상호 교류의 구체적 접점을 **정책결정론적 관점**에서 발견하고 이를 중심으로 법과 정책과의 상호 관계를 연구하고자 하는 학문이다. 즉, 법정책학은 법학적 지식과 정책학적 지식을 **학제적 관점**에서 종합하여 이를 하나의 학문 분과로 연구하고자 하는 개념이다. 법정책학의 이해를 위해 법정책학의 개념 속에 내포된 특징을 설명하면 다음과 같다.

첫째, 법정책학은 행정법을 비롯한 법학과 행정학, 정책학 등의 종합적 학문 연구를 통해 현행의 법 시스템 전체를 파악하여 불합리한 점이 있으면 이를 개선하고, 이를 시행하기 위한 정책과제에 대해 해결책을 제시하며 더 나아가 이를 법제도에 반영하고자 하는 데 그 목적이 있다.23)

둘째, 법정책학이라 함은 이와같이 실정법을 기초로 하여 거기에 문제점이 있으면 이를 시정하여 법체계에 반영함으로써 법의 이상을 현실적으로 실현하기 위한 - 현실적으로 바람직한 법체계를 설계하기 위한 - 이론적 틀이나 기법을 연구하는 데 목적이 있다. 따라서 그것은 실정법의 단순한 인식만을 목적으로 하는 것이 아니고, 새로운 해석론적 관점에서 이미 제정된 법의 정책적 취지 및 배경과 원인 · 결과 등을 설명하고 평가하며, 더 나아가 그 결과를 정책결정 과정을 중심으로 한 정책 과정에 대한 법적 측면에서의 연구를 통해 이를 반영하여 법시스템으로 설계함으로써, **바람직한 입법을 제정**하는 데 목적을 둔 연구라고 할 수 있다.

셋째, 아베 야스다가(阿部泰隆)에 의하면, 정책법학(그는 '법정책학'이라는 용어 대신 '정책법학'이라는 용어를 사용하고 있다)을 제창하는 기본적 발상은 "법이란 공공성의 실현을 목표로 해서 사회를 통제하는 수단이며, 그것은 합리적이고 공평하고 효율적이지 않으면 안 될 뿐만 아니라, 개인

---

23) 아베 야스다가(阿部泰隆)는 실제로 『國土開發と環境保全』(日本評論社, 1989), 『行政の法システム』(上下) (有斐閣, 1992), 『政策法務からの提言』(日本評論社, 1993) 및 『大震災の法と政策』(日本評論社, 1995) 등의 저서를 통해 사회문제에 대한 문제 의식을 가지고, 종래의 행정법 해석론에서 벗어나 넓은 의미에서 행정 수단, 기능 등을 분석하여 그 운용의 실태를 파악하고, 그 결과 나타나는 문제점을 해결하기 위한 방안을 제시하고, 이를 법제도 설계에 실천적으로 반영하려는 노력을 계속해 오고 있다.

의 인권을 보호하고, 기업 · 주민이나 행정의 자의를 배제할 필요가 있다고 하는 다각적 관점에서 검토되는 것"에 두고 있다고 한다. 다시 말하면, "공평하고 효율적이며, 약자에게 우선하고, 그러면서도 활력 있고, 민의를 반영한 법 시스템을 설계"하는 것이 정책법학의 기본 발상이라는 것이다. 따라서 이러한 의미의 법정책학 연구를 위해서는 행정법학적 측면에서는 법학적 지식뿐만 아니라 행정학 혹은 정책학에 대한 지식을 필요로 하며, 또한 정책학적 관점에서도 정책을 입안하는 데는 단순히 정책학에 대한 지식뿐만 아니라, 법적 지식과 센스가 필요한 것이다.[24]

앞으로 법정책학이라는 새로운 학문 분야를 통해 정책학과 행정법학의 양 학문 간에 공동으로 연구해야 할 분야가 확대될 것이 요청되는 바, 이를 위해 공동 연구의 장려, 학회 간의 접촉과 공동 발표, 중요 행정의 방향과 방법 개선에 대한 의견 발표, 법령 제정과 각 행정 분야에의 공동 참여, 공무원 시험의 방향과 방법 개선에 관한 의견 교환 등을 생각해 볼 수 있을 것이다.[25]

24) 예를 들면, 일본에서는 대지진으로 인해 발생한 고아의 의연금 지급과 관련해서 지진이 일어난 날에 아직 태어나지 않은 태아에게는 자격이 없다고 간주했다. 이 경우 그 기준은 지진의 시점이기 때문이라고 하지만, 법률학에서는 태아는 태어나면 인간으로서 소급해서 권리를 갖기 때문에 태아에게 자격을 인정하는 것은 법률학에서는 상식에 속한다고 할 수 있다(阿部泰隆, 1996: 4).

25) 현재 우리나라에도 '한국법정책학회(The Korean Association of Law and Politics)'가 2000년도에 설립되어 활발하게 활동하고 있으나, 그 학회의 구성원들이 주로 법학자들로 구성되어 있어 법정책학의 본래 취지를 살리는 데 한계가 있을 것으로 예측되고 있다.

제 10장 정치적 합리성과 행정의 민주성

행정은 그 속성상 **정치성**을 불가피하게 내포한다는 점은 이제 이론의 여지가 없는 정설로 받아들여지고 있다. 이러한 관점은 과거 행정이란 오직 국민의 대표기관에 의해 결정된 정책을 객관적으로 집행하는 것에 지나지 않는다고 하는 고전적 사고와는 대조를 이룬다.

행정에 대한 이러한 고전적 사고는 20세기 전반기 동안 학계나 실무계의 지배적인 관점이 되었다. 즉, 행정에 대한 고전적 사고에 의하면, 행정이란 이미 결정된 목표나 정책을 능률적으로 집행하기 위한 과정과 관련되는 것으로서, **기계적**(mechanical)이고 **과학적**인 작업이라고 보았다. 따라서 행정은 주어진 정책결정을 달성하기 위한 최선의 방법, 즉 가장 **능률적인 방법**을 발견하는 데 관심을 두는 것이라고 보았다.

그러나 오늘날 행정은 주어진 정책을 단순히 집행하는 데만 관여하고 있는 것이 아니라, 스스로 정책을 결정하는 기능을 수행하고 있다는 데 대해 견해가 일치하고 있다. 따라서 행정은 정책결정 과정, 정책집행 과정 및 정책평가 과정을 포함하는 정책 과정으로 이해될 수 있으며, 그 과정 속에 정치적 성격을 내포하고 있다고 보아야 한다.

정책결정을 보는 관점은 이를 크게 두 가지로 구분할 수 있다. 하나는 정책결정을 설정된 정책 목표를 가장 잘 달성할 수 있는 **정책 수단**을 선택하는 **기술적 결정**(technical decision)으로 보는 관점과, 다른 하나는 서로 대립되는 다양한 이해 관계와 선호를 가진 사람들에 의해 이루어지는 **정치적 결정**(political decision)으로 보는 관점이다. 전자는 정책결정은 권력적 요소가 배제된 합리적이고 분석적인 노력의 산물이라고 보는 관점으로, '**합리모형**(rationality model)'에 입각한 정책결정 관점이다. 반면에 후자는 정책결정을 정책 참여자들 간의 **정치적 게임의 산물**로 보는 관점으로, 정치적 자원(political resource) 또는 권력의 크기에 따라 정책결정에 미치는 영향력이 달라진다고 보는 것으로서, '**권력모형**(power model)'에 입각한 정책결정 관점이다(정정길 · 최종원 외, 2003: 215-218).

정치적 자원이란 정치적 영향력의 크기를 좌우하는 요소로서, 공식적인 지위나 제도적인 힘, 여론 동원 능력, 투표를 좌우할 수 있는 힘, 경제력, 사회적 명성, 전문성 등을 의미한다. 즉, 이러한 정치적 자원을 얼마나 많이 소유하고 있느냐에 따라 정치적 영향력 혹은 정치 권력의 크기가 달라진다. 따라서 정책참여자들 간의 정치적 게임 또는 정치적 상호작용의 양상은 정책참여자들이 가지고 있는 정치적 자원의 크기에 따라 달라질 것이다. 정치적 게임의 양상은 우월한 참여자의 **일방적 지배**(domination)에 의한 결정으로부터, 대등한 정치 권력을 소유한 참여자들 간의 **타협**(comprise)에 의한 결정에 이르기까지 다양한 형태로 나타날 것이다.[1] 이는 곧 정책결정 과정이 정치성을 그 본질적 특성으로 하고 있음을 의미한다.

이와같이 권력모형에 입각해 볼 때 정책결정 과정은 규범적으로는 바람직한 사회가치의 실현을 위해 목표를 설정하고, 이를 달성하기 위한 수단을 결정하기 위해, 정책의 최종결정자 · 전문가 · 정책집행자 · 이해관계를 갖는 여러 개인이나 집단 및 공중이 상호 조정과 타협을 통해 형성되는 행동 지향적 · 실천적 성격을 가지고 있다. 정책결정의 성격이 이와같이 실천적 성격을 갖는 이상 바람직한 정책결정을 위해 필요로 하는 지식은 단순

1) 권력모형에 입각하여 정치 권력이 정책결정에 어떻게 영향을 미치는가를 중심으로 하는 정책결정모형으로는 엘리트 이론 및 신엘리트이론(무의사결정론, non-decision making theory), 이익집단론 및 다원주의론, 신다원주의론, 하위정부론, 조합주의론, 신마르크스주의(neo-marxism)와 종속이론, 관료적 권위주의와 신중상주의론 등이 있다(정정길 · 최종원 외, 2003: 219-262).

히 사실(fact)과 바람직한 가치(value)에 관한 지식뿐만 아니라, 양자를 종합하여 이들 정책 관련자들과의 **조정**과 **타협**을 거쳐 이를 현실적으로 실천하기 위한 처방적 지식을 필요로 한다.

이 장에서는 정책결정이 갖는 정치적 성격을 이해하고 정치적 합리성을 추구할 수 있는 정책결정, 다시 말하면 민주적인 정책결정을 위한 방안을 논의의 주제로 하여 그 해결 방안을 모색해 본다.

제 1 절 정책결정의 정치적 성격과 정치 및 정치적 합리성의 개념

1 정치의 개념에 대한 다양한 시각

정책결정 과정이 정치적 성격을 특성으로 하고 있다는 의미를 제대로 이해하기 위해서는 정치의 개념에 대한 정확한 이해가 선행되어야 한다.

정치의 개념은 각 시대에 따라 정치의 실체가 변화하면서 다르게 정의될 뿐만 아니라, 특정 시대 또는 특정 문화권에서 정치가 사실상 차지하는 지위와 범위에 따라서도 차이가 생긴다. 따라서 정치라는 말에는 고래로 극히 광범위한 의미를 갖는다. 이에 코놀리(William E. Connolly)는 정치 개념의 다양성을 '개념의 다발(cluster concept)'이라는 말로 표현하고 있다(Connolly, 1974: 14).

(1) 선한 측면과 악한 측면에서 정치를 이해하는 견해

정치는 극단적으로 이를 악(惡)한 측면에서 이해하는 견해와 선(善)한 측면에서 이해하는 견해가 대립된다. 전자, 즉 악한 측면에서 보는 정치의 개념은 정치를 권모술수나 대립·투쟁에 불과하다고 보고, 그러한 대립·투쟁 속에서 소수자의 다수에 대한 권력의 유지에 지나지 않는다고 보는 마키아벨리(Niccolo Machiavelli)적 견해이다. 한편, 선한 측면에서 보는 정치의 관념은 이를 도덕 및 정의의 실현으로 보는 것으로서, 예를 들면 동양의 왕도정치(王道政治) 사상이나 서양의 플라톤(Platon)의 철인정치(哲人政治)에서 논의되는 정치 개념이 이에 해당한다.

(2) 정치를 추구하고자 하는 목표 가치로 보는 견해

정치는 또한 그것이 추구하고자 하는 목표 가치(goal value)의 입장에서 정의하기도 한다. 예컨대, 플라톤은 '정의', 벤담은 '최대 다수의 최대 행복', 중세 자연법 학자들은 '공동 복지', 그리고 유교에서는 '족병(足兵), 족식(足食), 민신(民信)'을 통한 '안민(安民)'을 결과하는 것을 정치라고 정의한다. 이들 정의의 공통적 특징은 정치를 정치 체제가 국민의 삶을 향상시키기 위해 추구해야 할 목표 가치로 본다는 점이다. 이러한 시각은 정치를 선한 측면에서 보는 입장과 맥을 같이한다.

(3) 정치를 권력의 논리로 이해하는 견해

정치를 권력(power)의 논리에 입각하여 "정치는 권력이다"라고 정의함으로써 정치에 대한 윤리적 측면을 떠나 이를 권력 관계로 이해하기도 한다. 특히 권력 과정에서 조직화된 물리적 강제 수단(군부, 경찰 등)의 획득·유지·확대 그 자체를 목표 가치로 보는 견해가 있다. 이러한 견해는 정치를 악한 측면에서 보는 시각과 통한다.

(4) 정치를 중립적·기능적 입장에서 이해하는 견해

이는 정치의 개념을 중립적·기능적인 입장에서 정의하여, 정치란 사회 구성원 사이에 존재하는 다양한 이해 관계를 둘러싼 갈등 현상으로 보는 시각이다. 모로(William L. Morrow)는 "정치란 서로 경쟁하는 세력들 간에 정책을 통제하기 위한 권한을 둘러싸고 일어나는 투쟁(struggle)이다"라고 정의한다(Morrow, 1980: 3). 이와 같은 그의 정치에 대한 개념 중에서 가장 중요한 요소는 정치는 '투쟁'이라는 점이다. 투쟁한다는 말 속에는 경쟁자들이 마음속에 서로 다른 목적들(objectives)을 가지고 있으면서, 각자가 다른 목적을 추구하는 다른 경쟁자들과 전투를 벌인다는 의미를 내포하고 있다. 정치를 이와같이 이해관계의 유리한 획득을 목표로 한 투쟁이라고 본다면, 그것은 정부에서뿐만 아니라 교회·대학·가정 등에 보편적으로 나타나는 인간 사회의 보편적 현상이다. 더 나아가 정치는 교회와 교회 사이에, 그리고 대학과 대학 사이에서도 행해지는 현상이다. 정치 영역에서는 직위나 정책가치를 둘러싸고 입법자들, 정당들 및 이익집단들 간에 정치가 행해진다.

(5) 결 론

지금까지 기술한 정치에 대한 다양한 개념 중에서 정치적 합리성을 판단하기 위한 방법론적 틀(methodological framework)을 마련하는 데 도움을 줄 수 있는 개념을 택한다면, 그것은 **중립적·기능적 입장**에서 정의된 정치 개념, 즉 정치를 개인 및 집단이 그들에게 유리한 목표를 추구하기 위해 경쟁하는 활동으로 이해하는 것이 유용하다. 그 이유는 다음과 같다.

첫째, 정책 연구에서 제1차적 초점이 되는 것은 목표를 추구하는 데 있다. 그런데 정책이 추구하고자 하는 목표와 관련하여 직면하는 기본적 문제는 정책의 목표가 정치적 이익집단과 기타의 공중들에게 **수용 가능성**(acceptability)이 있느냐 하는 점이다. 왜냐하면 이들의 참여와 동의가 이들 정책목표를 행동으로 전환시키는 데 필요하기 때문이다.

둘째, 정치는 행위자들이 두 개 혹은 그 이상의 목표 또는 가치를 가지고 있을 때 그곳에 존재하게 된다. 이들 목표 혹은 가치들이 동시에 수행될 수 없을 때 이들은 서로 갈등을 일으키고 정치적 쟁점이 되는 것이다. 따라서 정치적 과정이란 어떤 쟁점이 환기되거나 해결되는 과정(협상·주의주장·토의·설득 등)을 의미한다고 볼 수 있고, 이는 곧 정책 과정이 갖는 특성이기도 하다(Banfield, 1955: 303).

셋째, 정치를 사회에 존재하는 이해 관계 및 가치를 둘러싼 투쟁으로 볼 때, 이해관계 및 가치가 단일이 아닌 복수로 존재한다는 단순한 사실 하나만으로도 사회에서 정치는 불가피한 현상으로 나타나게 되는 것이다. 즉, 서로 다른 개개인이나 단체가 서로 반드시 양립하는 것만이 아니고 여러 가지 서로 다른 가치들을 위해 경쟁하고 있다는 사실이 정치 현상을 불가피하게 하는 것이다(Schattschneider, 1960: 2).[2]

정책은 이와 같은 정치 체제의 정치 과정을 거쳐 나타나는 구체적 형태로서 이를 통해 이용 가능한 가치가 요구되거나 지지되거나 갈등을 일으키면서 배분되는 실질적 · 권위적 결정이라고 볼 수 있다.

2 정책결정의 정치성과 정책분석

지금까지 기술한 바와 같이 정책결정 과정에 정치성이 개입된다는 점이 보편적으로 받아들여짐에 따라 정책분석가들 중 지도적인 분석가들은 정책분석(policy analysis)[3]이 단순히 주어진 목표의 달성을 위한 관리적 내용, 즉 **수단적 결정**(instrumental decision)뿐만 아니라, 갈등의 조정이나 체제의 관리 등 정치적 차원 —특히 다양한 정치적 가치의 인식, 정치적 지지의 획득, 상호 모순되는 목표들 간의 조정—에 관한 내용, 즉 **통합적 결정**(integrative decision)까지도 연구 대상으로 포함해야 함을 인식하게 되었다.

이스턴(D. Easton)은 정책을 정치 체제의 산출물로 보고 정치가 사회에서 담당하는 역할은 가치를 권위적으로 배분하는 것인데, 이러한 역할이 정책을 통해 달성된다고 본다(Easton, 1953: 125-148).

드로(Y. Dror)는 하나의 정책이 다양한 2차적인 정치적 의사결정자(secondary political decision-makers), 집행자, 이익집단 및 공중으로부터 어느 정도 수용 가능성이 있는가 하는 확률의 평가를 강조하고 있는데, 그 이유는 이들의 참여와 묵인(acquiesence)이 정책을 행동으로 전환시키는 데 필요하기 때문이라고 한다(Dror, 1968: 35).

---

2) 라스웰은 사람들이 추구하는 기본적 가치로서 권력(power), 부(wealth), 계발(enlightenment), 복지(welfare), 숙련(skill), 애정(affection), 정직(rectitude) 및 존경(deference) 등 여덟 가지를 든다(Lasswell, 1958). 사회조직은 곧 이들 가치들로부터 파생되는 기본가치 및 규범을 중심으로 발전한다고 볼 수 있다.

3) 정책분석이란 바람직한 정책을 결정하기 위해 필요한 제반 정보나 지식을 창출하고, 이를 활용하기 위한 합리적이고 체계적인 방법을 연구하는 정책학의 한 분야이다. 정책분석의 대상을 크게 두 가지로 나누면, 바람직한 정책목표를 정립하는 데 필요한 분석과, 목표를 달성하기 위한 바람직한 정책 수단을 선택하는 데 필요한 분석이 있다.

멜츠너(Arnold J. Meltsner)는 정책분석가가 정책의 정치적 차원에 초점을 두는 것은 정책결정 과정에서 분석가가 역할을 획득할 수 있는 지렛대가 된다고 본다(Meltsner, 1972: 859).

던(William N. Dunn) 역시 정책분석에서의 정치성에 대한 고려를 강조하여, 정책분석이란 정치적 맥락에서 정책문제를 해결하는 데 이용될 수 있는 정책 관련 정보를 생산하고 전환하기 위해 여러 가지 탐구 및 진술의 방법을 사용하는 응용 사회과학 분야라고 한다(Dunn, 1981: 35).

3 정치적 합리성과 정치적 실현 가능성의 개념

(1) 정치적 합리성의 개념

어떤 정책이 정치적 합리성(political rationality)의 요건을 구비하고 있다는 의미는 어떤 정책이 정치적으로 보아 바람직하다는 의미가 된다. 그런데 정치의 개념을 전술한 바와 같이 한 사회에 존재하는 다양한 가치들을 둘러싼 이해관계자들 간의 갈등으로 정의한다면, 정치적 합리성이란 결국 이해관계를 둘러싼 갈등을 설득·조정하고 협동을 유발함으로써 사회적 가치의 배분을 바람직하게 행하는 것이라고 볼 수 있다. 즉, 정치적으로 바람직한 가치를 극대화하거나 이의 손실을 극소화하는 것을 말한다.

(2) 정치적 실현 가능성의 개념

정치적 합리성의 개념은 정치적 실현 가능성(political feasibility)의 개념과는 구별된다. 즉 전자가 다양한 가치들 간의 **합리적 조화**를 통해 달성되는 데 반해, 후자는 **현존**하는 **정치 세력**의 **지지도**에 의존하게 되므로 현존의 정치 세력의 분포가 어떠한가에 따라 정치적 실현 가능성의 여부가 결정된다. 요컨대 정치적 합리성이 **규범적·이상적 측면**에 중점을 두는 개념이라면, 정치적 실현 가능성은 **현실적·경험적 측면**에 중점을 두는 개념이다.

이와같이 정치적 실현 가능성이 현존의 정치 세력과 관련이 있다고 볼 때, 그것이 정치적 합리성과 일치하기 위해서는 현존의 정치 세력이 한 사회에 이상적으로 분포되어 있어야 한다. 그러나 현실적으로 한 사회에 존재하는 정치 세력은 이상적으로 분포되어 있지 못하기 때문에 정치적 실현 가능성이 있는 정책이 곧 정치적 합리성을 갖춘 정책이 될 수 없는 것이다. 따라서 한 사회의 정치 세력이 지나치게 특정 집단에 편중되어 있는 경우 그것은 정치적 실현 가능성의 면에서는 채택 가능할지 모르나, 정치적 세력을 형성하지 못한 집단의 다양한 목표들을 규범적으로 수용할 수 없거나 혹은 참여자들의 목표들과 합치될 수 없는 경우가 많음으로써, 정치적 합리성의 면에서는 바람직하지 못한 경우가 되고 그로 인해 그 정책을 둘러싸고 많은 저항에 직면하거나 집행이 불가능해질 가능성이 많아진다.

제 2 절 정치적 합리성의 확보 방안에 대한 기존의 연구

정책결정 과정에서 어떻게 하면 정치적 합리성을 확보할 수 있는가에 대해서는 여러 학자들의 견해가 대립되고 있다. 기존의 연구에서는 이들 견해들을 크게 두 가지로 나누어 논의하는 것이 보통이다.

첫째, **정치과정론자**들의 견해로서 이들은 정치적 합리성의 확보 방안을 합리적인 정치적 과정에서 찾으려 한다. 둘째, **후기행태론자**들의 견해로서 이들은 가치에 대한 과학적 조사를 통해 정치적 합리성의 확보가 가능하다고 본다.

1 정치과정론자들의 견해

정책은 정치 과정의 산물이다. 따라서 정책이 정치적 합리성을 구비하기 위해서는 정치 과정이 합리적으로 이루어짐으로써 달성될 수 있다. 이러한 관점에서 정치과정론자들은 정책의 정치적 합리성을 추구하기 위해서는 정책결정에 대한 정치적 판단이 이루어지는 정치 과정에 대한 연구가 행해져야 한다는 점을 강조했다.

여기에서는 이러한 정치과정론자들의 견해를 편의상 전통적 정치과정론자들의 견해와 디징의 견해로 나누어 설명하고자 한다.

1) 전통적 정치과정론자들의 견해

전통적 정치과정론자들은 정책의 정치적 합리성의 근거를 경쟁(competition)이나 자유 계약(free contract)과 같은 **자유시장 경쟁 원리**에 두고 있다. 이들 정치과정론자들은 합리적 결정 과정을 스미스(Adam Smith)의 이른바 자유경쟁시장 원리를 유추하여 이를 '정치적 아이디어의 시장' 개념에 연결시키고 있다. 즉, 자유경쟁 시장에서 '보이지 않는 손'에 의한 자동조절의 과정을 통해 자원 배분이 효율적으로 이루어지듯이, 정치적 아이디어의 시장도 또한 이 보이지 않는 손에 의한 **자동 조절의 과정**을 거쳐 정치적 합리성이 이루어질 수 있다고 보는 것이다.

정치과정론자들은 이와같이 정치적 결정의 정당성, 즉 정치적 합리성을 정치적 결정 과정에서의 자동 조절 과정에서 찾는다. 그리하여 그들은 **행태론적 관점**에서 그들 연구의 초점을 객관적으로 획득 가능한 경험적 수단 —예를 들면, **의견의 일치 정도**, **참여자의 수**, 혹은 **갈등의 수준**—을 탐구하는 데 두고 있다. 즉 어떤 결정에서 겉으로 나타난 의견의 일치의 정도가 아주 높고, 그 의사결정에의 참여자 수도 많으며, 그 의사결정에서의 갈등이 낮았다는 것이 경험적으로 확인되었을 경우 그러한 의사결정은 정치적 합리성을 갖는 의사결정으로 보는 것이다.

2) 디징의 견해

(1) 의사결정 구조의 특징과 정치적 합리성

디징(Paul Diesing)은 인간의 사고 구조(organization of thought)가 사회문화적 영향을 받아 형성된다는 점에 착안하여, 사회문화적 영향을 받은 어떤 특정한 사고의 습관 속에서 이루어지는 의사전달 체계를 '**의사결정 구조**(decision-making structure)'라 칭한다. 그가 이러한 의미의 의사결정

구조를 강조하는 것은 어떤 결정이라는 것이 곧 이 의사결정 구조의 산물이라고 보기 때문이다. 따라서 그는 의사결정 구조가 제대로 구조화되면 그를 통해 이루어지는 결정은 합리적인 것이 되고, 그렇지 못할 경우 비합리적인 결정이 된다고 보는 것이다.

디징(Diesing, 1962: 171)은 의사결정 구조를 특징짓는 요소로서 세 가지를 들고, 이들 요소들의 상호작용 양태에 따라 여러 가지 특징을 갖는 의사결정 구조가 나타난다고 한다.

① 토의가 이루어지는 관계(discussion relationship), 즉 이야기하고 듣고, 묻고, 대답하며, 행동 과정을 제안하고 수용하는 관계

② 토의가 이루어지는 관계에서 참여자를 정의하는 일련의 규칙 및 참여자들의 참여 태도

③ 참여자들에 의해 공유되고 있는 일련의 신념과 가치

그는 정치적 합리성의 개념을 이러한 의미의 의사결정 구조와 관련시켜 정의한다. 즉 정치적 합리성이란 곧 '**의사결정 구조를 합리화**(rationality of decision-making structure)'하는 것이고, 의사결정 구조를 합리화한다는 것은 의사결정에 이르게 하는 사고의 결정 요소를 제대로 구조화하는 것을 말한다.

디징은 이와같이 의사결정 구조를 기술하면서 정치적 결정이 갖는 특징을 설명한다. 그는 한 사회의 모든 결정들, 즉 기술적 · 경제적 · 사회적 · 법적 · 정치적 결정들이 의사결정 구조 하에서 이루어지지만, 정치적 결정은 다른 의사결정과는 달리 그 사회의 최상위의 지위에서 **중추적 권한**(central authority)을 가진 사람들(예를 들면, 민주주의 제도 하에서는 대통령, 국회의원, 장관 등)에 의해 행해지는 의사결정으로서의 특징을 갖는다고 한다. 그는 이러한 중추적 권한을 가진 사람들이 얼마나 효과적인 결정을 하느냐에 따라 정치적 합리성의 정도가 결정된다고 본다.

그는 중추적 권한을 가진 사람들에 의해 이루어지는 의사결정의 내용이 의사결정 구조의 **보존** 및 **개선**과 관련된 의사결정이며, 따라서 정치적 합리성은 의사결정 구조를 합리화하기 위해 의사결정 구조를 보존하거나 개선하는 문제를 다루는 것이라고 한다.[4)]

(2) 정치적 합리성의 판단 기준

그는 어떤 정치적 결정이 얼마나 정치적 합리성이 있는 결정인가를 판단하는 데 필요한 네 가지의 일반적 기준을 제시하고 있다.

① 의사결정을 저해하는 상호 모순되는 요소들을 **조화**시킬 수 있는 능력

② 다양한 집단 및 그들 각자의 신념과 가치를 **포용**할 수 있는 능력

③ 상호 파괴적인 투쟁에서 상호 반대되는 세력들 간에 **형평**을 이룰 수 있는 능력

④ 그러한 결정을 하게 됨으로써 제기될 수 있는 위협적 요소들을 **반대**하거나 **억압**하거나 혹은 **제거**할 수 있는 능력.

3) 과정론자들의 견해에 내포된 문제점

(1) 전통적 정치과정론자들의 견해에 내포된 문제점

정치적 합리성을 자유시장 경쟁 원리에 의거 보이지 않는 손에 의한 자동 조절의 과정에 두는 전통적 견해는 1960년대 이후 그 한계점이 여러 면에서 드러났다. 그 중 가장 두드러진 한계는 이들 정치과정론자들이 이미 확립되어 있는 **기존의 의사결정 구조**에 초점을 두고 있다는 데 있다. 그들의 견해에 의하면 기존의 의사결정 구조 하에서 자동 조절의 과정을 거쳐 이루어진 의사결정은 정치적 합리성이 있는 의사결정이라고 보는 것이다. 그런데 문제는 앞서 설명한 바 있는 디징이 기술한 의사결정 구조를 특징짓는 세 가지 요소에서 알 수 있듯이 의사결정 구조가 언제나 구체적인 사회적·경제적 여건 속에서 형성된다는 사실에 대해 그들이 적절히 설명할

---

4) 정치적 합리성이라는 말은 디징이 사용한 용어이다. 그는 합리성의 개념을 기술적 합리성(technical rationality), 경제적 합리성(economic rationality), 사회적 합리성(social rationality), 법적 합리성(legal rationality), 정치적 합리성(political rationality) 등으로 나누어 설명하고 정치적 합리성을 "의사결정 구조(decision structure)의 보존과 개선을 취급"하는 것이라고 정의하고 있다(Wildavsky, 1974: 79-80).

디징의 이러한 견해가 좀더 구체화된 것이 윌다브스키(Aron Wildavsky)의 '점증주의적 의사결정 모형(incremental decision making model)'이다. 그는 디징의 정치적 합리성 개념을 더 일반화하여, 경제적인 것이 아닌 정치적 비용(political cost)과 정치적 효과(political benefit)의 개념을 제시하고 정치적 비용보다 정치적 효과가 클 때 정치적 합리성이 확보된다는 것을 암시하고 있다.

수 없다는 데 있다. 예를 들면, 의사결정 구조가 다층화된 계층제 구조로 이루어진 **대중 산업사회**에서는 대부분의 결정이 강력하고 중앙집권적인 **엘리트 집단**에 의해 수행되거나 감시된다. 따라서 그러한 의사결정 구조 하에서는 정치적 합리성을 갖는 의사결정을 기대할 수 없으며 설사 의사결정 과정에서 의견의 일치의 정도가 높거나 참여자의 수가 많으며 갈등의 정도가 낮다고 하더라도 그러한 합의는 **형식적 합리성**을 갖는 결정에 지나지 않는다.

의사결정 과정에서 제1차적 참여자들인 이들 엘리트 그룹의 기능은 기본적인 사회 및 경제 관계에 의해 형성된 가치 배분을 반영하고 영구화시키는 결정을 행하는 데 있다. 그렇기 때문에 이러한 수준에서의 정치적 목적을 위한 의사결정은 구체적으로 어떤 적실성 있는 사회적 신념과 가치가 반영되지 못하고, 소수 엘리트 집단의 신념과 가치가 반영되며, 따라서 그러한 의사결정 구조 하에서는 정치적 합리성을 갖는 의사결정은 기대할 수 없다. 정치과정론자들은 이와같이 이미 확립되어 있는 기존의 의사결정 구조에 초점을 둠으로써, 정치적 권력을 소유하지 못한 소수집단이나 기타 집단의 중요성을 경시하거나 과소 평가해 버린다.

(2) 디징의 견해에 내포된 문제점

정치적 합리성의 개념을 절차 및 제도적 관점에서 정의된 의사결정 구조의 합리성을 통해 확보할 수 있다는 디징의 주장은 전통적 정치과정론자들이 '보이지 않는 손'의 논리에 정치적 합리성의 확보 근거를 맡겨버리는 것과 비교하면 진일보한 견해라 할 수 있다. 그러나 심각한 문제점은 의사결정 구조가 합리화되더라도 그것이 **허구화**될 수 있다는 점이다. 그것은 복잡한 산업사회 하에서 정치과정론자들이 의견의 일치를 이루는 데 형식적으로는 일반적 참여가 행해지고 있더라도 엘리트들이 그들의 설득적 기법을 이용하여 실질적으로는 그들 엘리트의 의사에 따른 결정을 이루는 것이 구조적으로 가능하기 때문이다. 즉, 의사전달 채널, 특히 매스미디어에 대한 통제적 방법을 통해 이들 권력자들은 하위 계층의 무지로 인한 각성의 부족을 이용할 수 있다는 점이다.

이러한 논의들을 고려해 볼 때, 정치적 합리성의 확보는 단순히 과정론적 관점에만 의존함으로써 확보될 수 없으며, 과정을 거친 정책결정의 내용이 정치적 합리성을 확보한 내용인가에 대한 연구가 필요하다는 점을 이해할 수 있다. 그라우한(Rolf-Richard Grauhan)과 스트루벨트(Wendelin Strubelt) 등은 정책분석가가 정책의 **내용**(goal content)에 대한 평가까지를 포함하여 구조적 · 절차적 기준에서 나타나는 결함을 벗어날 수 있는 평가 방법론의 개발을 역설했고, 마찬가지로 배리(Brian Barry)와 래(Douglas W. Rae) 역시 정치 과정에서 산출되는 정책에 대한 **내용 분석**이 이루어져야 한다고 결론지었다(Barry & Rae, 1975: 340).

2 후기행태론자들의 견해

1) 후기행태론자들이 주장하는 정치적 합리성의 확보 방안

후기행태주의(post-behavioralism)는 가치인식 불가론(value noncognitivism)에 대한 불만과 지식의 **사회적 적실성**(social relevance)에 대한 새로운 관심과 함께 대두되었다. 후기행태주의는 1960년대 당시 미국 사회가 민권운동, 월남전 반대운동, 소수민족운동, 청소년 범죄 등 빈번한 사회문제에 직면하고 있으면서도 정치학이 이러한 문제의 해결에 아무런 도움이 되지 못한다는 지각과 함께 대두되었다.

이스턴(David Easton)은 그의 논문 「정치학에서의 새로운 혁명(The New Revolution in Political Science」(1969)에서 정치학이 하나의 과학적 당위로서 위기에 대처하는데 실패한 점은 의심의 여지가 없다고 말하면서, 정치학의 연구 결과가 현실 문제 해결에 아무런 적실성을 제시하지 못한 점을 지적하고 있다.

후기행태주의에 따르면, 정치학이 사회적 적실성을 확보하기 위해서는 **사회적 가치**를 파악해야 하는데, 이러한 사회적 가치의 파악은 **과학적 방법**을 통해 가능하다고 한다. 따라서 후기행태론은 가치에 대한 경험적 실증과 과학적 인식의 기초를 사회과학에 제공했다.

후기행태론이 사회적 가치의 파악이 과학적 방법을 통해 가능하다고 보는 이유는 특정 사회적 가치는 그것이 '**문화결정론**(cultural determinism)적 **사실**(fact)'이라고 보는 데 있다. 다시 말하면, 특정 사회의 구성원이 갖는 가치는 그 사회의 역사성 속에서 형성된 문화 속에서 그 사회에 오랫동안 일관하는 **객관적 사실**로서 존재하기 때문에 과학적 방법을 통해 경험적 실증이 가능하다고 보는 것이다. 따라서 후기행태주의자들에 의해 시도된 접근 방법은 행태론적 방법론과 구별되는 별개의 방법론을 도입한 것은 아니다. 이에 프레데릭슨(H. George Frederickson)은 후기행태론을 '**제2 세대 행태주의**(second generational behavioralism)'라고 부른다(Frederickson, 1971: 15-316).

후기행태론에서는 이와같이 문화결정론적 사실로서의 사회적 가치를 파악하여 이를 정책에 반영함으로써 정책의 사회적 적실성(social relevance)을 확보하고, 이를 통해 정치적 합리성의 확보가 가능하다고 본다.

2) 후기행태론자들의 견해에 대한 비판

사회적 현실은 사회적 행위자들이 일상생활의 차원에서 실제로 경험하고 해석한 조직화된 의미의 세계이다. 그것은 그 속에 살고 생각하며 행동하는 사람들을 위해 의미와 적합성의 구조를 가지고 있으므로, 진실한 의미의 사회적 적실성은 이러한 의미의 사회적 세계에서 얻을 수 있는 것이다. 이러한 주장은 사회적 가치를 파악하는 데는 사회 현실 속에서 살아가고 있는 **행위자의 관점**에서 사회적 현상이 가지는 의미를 이해(Verstehen)하는 **해석적 설명**(interpretive explanation) 방식에 의거해야 한다는 의미이다.

그러나 후기행태론은 연구자 자신의 현실에 대한 묵시적인 가치판단에 근거하여 사회 현상의 **관찰 가능한 차원**에만 초점을 두고 사회적 가치를 파악하기 때문에 행태과학자와 행위자는 사회 현상을 다른 각도에서 관찰하게 된다. 그러므로 사회 현상의 정확한 설명을 하기 위해서는 탐구자는 후기행태론에서와 같이 **탐구자 자신의 관점**이 아닌 **행위자의 관점**에서 행위자 자신의 동기와 가치에 의거해서 해석함으로써 가능하다.

후기행태론의 이러한 한계점으로 인해 본래 후기행태론이 의도했던 바 **사회적 적실성**을 제대로 확보하지 못하는 것이며, 따라서 후기행태론적 정치적 합리성 추구 방법이 한계점을 갖게 되는 것이다.

정책의 구성 요소를 정책 목표와 정책 수단으로 나누어 볼 때, **목표에 대한 결정**은 주어진 목표의 능률적 달성과 관련된 수단적 결정(instrumental decision)과는 다른 성격을 지닌다. 수단적 결정에서는 최선의 대안은 누가 그것을 제안했고, 누가 그것을 반대했는가와 관계없이 수용될 수 있지만, 정치적 합리성을 구비한 목표의 설정과 관련된 논의에서는 목표의 설정을 둘러싼 제안 과정에서 어떤 제안이 아무리 인기가 있고 훌륭할지라도 그러한 제안과 완전히 일치를 이루는 목표를 설정해서는 안 된다. 즉 가장 최선의 제안이 단지 그것이 최선이라고 해서 받아들여져서는 안 된다는 점이다. 그러한 제안이라도 그에 대한 주요 반대 집단이 없어질 때까지 그것이 유예되고 반대에 직면하여 논의되어야 한다. 이와같이 주요 반대 세력들을 제거할 수 있을 때에 그것은 **정치 체제**의 **보존**과 **개선**에 이바지할 수 있게 되는 것이다. 이는 곧 정치적 결정의 **통합적 성격**을 강조하는 것이다. 수단적 결정과는 달리 이러한 통합적 결정은 그 결정이 그와 관련된 집단들에게 어떻게 해석되느냐에 따라서 평가되어야 한다.

정치적 결정은 또한 이상적인 규범적 판단과 같을 수는 없다. 그것은 정치적 결정이 갖는 본래적 성격 때문이다. 정치적 결정은 그 결정에 대해 전혀 반대가 없이 이루어질 수는 없다. 그리고 또한 그것이 합리적 논의에만 의한 결과일 수도 없다. 그 이유는 그것이 갖는 집단적 성격 때문이다. 정치가는 권력과 시간·지식 및 자원의 제약 속에서 강요된 선택의 압력 하에서 움직이기 때문이다(Barry & Douglas, 1975: 340). 이것이 바로 정치적 결정에 정부의 권한과 권력을 도입하게 하는 정치적 결정의 본성이다.

그러나 이와같이 한 집단에 최종 결정의 권한을 부여하고 이를 권력으로 지지해 주는 경우 이는 정치 지배를 초래할 수도 있고, 결정으로부터 소외된 집단의 반발을 불러올 수도 있게 된다. 따라서 문제는 **반대**와 **저항** 및 **소외**를 **극소화**하는 결정이 되도록 할 수 있는 체계적 방법이 무엇인가 하는 점이다.

행태론자들은 이를 기존의 정치 과정에 맡겨버리고 단지 객관적으로 획득 가능한 경험적 수단을 통한 탐구에 그친다. 한편 후기행태론은 가치 사실로서의 사회적 가치를 과학적 방법으로 파악하여 이를 정책에 반영함으로써 적실성 있는, 따라서 정치적 합리성을 확보한 정책이 가능하다고 한다. 그러나 이러한 견해들은 한계점이 있음을 이미 보아 왔다.

이에 이 책에서는 '**실천적 담론이론**(practical discourse theory)'을 도입하여 이를 정치적 합리성을 확보할 수 있는 정책결정을 위한 틀로 적용해 보는 방안을 모색해 보고자 한다.

제 3 절 정치적 합리성을 확보하기 위한 새로운 방안

1 실천적 담론과 이론적 담론

우리가 일상생활 속에서 행하는 담론에는 이론적 담론(theoretical discourse)과 실천적 담론(practical discourese)이 있다. 전자, 즉 이론적 담론이 사실(fact)에 대한 설명이나 기술인데 반해, **실천적 담론**은 **당위**(ought)에 관한 진술로서 담론의 내용이 주로 제안을 하거나 충고를 하거나 혹은 훈계하거나 항거하는 등의 내용으로 이루어져 있다. 예를 들면, 어떤 연구결과에 의하면, "내향적 성격은 일반적으로 재무·회계·기술직에 적합하고, 외향적 성격은 판매·영업·일반관리직에 더 적합한 것으로 나타났다"라는 담론은 이론적 담론에 속하는 데 반해, "정책은 효율성뿐만 아니라 형평성 및 민주성의 이념도 동시에 고려해야 한다"라는 담론은 당위에 관한 담론으로서 실천적 담론에 속한다. 이와같이 이론적 담론이 경험적 내용에 대한 것이라면, 실천적 담론은 주로 도덕적·규범적 내용에 관한 것이다.

실증주의자들의 견해에 따르면, 이론적 담론의 진위 여부에 대해서는 **연역 법칙**이나 **귀납 법칙**에 따라 이를 경험적·객관적으로 입증이 가능하다고 한다. 그러나 실천적 담론에는 그 속에 가치판단이 개입되어 있으므로 그 진술의 타당성 여부에 대해서는 이론적 담론에서처럼 경험적·객관적으로 입증할 수가 없기 때문에 이는 과학적 연구의 대상이 되지 않는다고 한다.

이러한 실증주의자들의 주장에 대해 실천적 담론이론을 주창하는 자들은 담론 유형 중의 하나인 경험과학적·이론적 담론에 그 담론의 진위를 판단하기 위해 귀납 법칙이나 연역 법칙과 같은 법칙이 작용하듯이, 실천적 성격의 담론에도 이론적 담론에 작용하는 법칙과는 다르지만 실천적 담론의 타당성 여부를 판단할 수 있는 독특한 어떤 규칙이 작용한다고 보고, 그러한 규칙을 발견해 내려고 한다.

이들 이론가들은 언어 분석(linguistic analysis), 특히 **일상언어학파**(ordinary language school)의 접근 방법에 영향을 받아서, 정치의 과정에서 행해지는 규범적 논의와 같은 실천적 담론의 구조에 대한 분석을 통해 사람들이 어떻게 합리적 판단을 내리는가를 **실천적 담론** 속의 **독특한 논리**의 발견을 통해 알아내고자 하는 것이다.

이들 실천적 담론 이론가들은 실증주의자들에 대한 비판에서 가치판단이 일상생활의 담론 속에서 합리적으로 논의된다는 사실을 보지 못하고 있다고 한다. 비록 이들 가치판단과 관련된 담론들은 경험적·이론적 담론과 같이 과학적 엄격성을 가지고 행해지지는 않지만, 그렇다고 해서 가치판단에 대한 합리적 평가가 불가능하다고 결론짓는 것은 잘못이라고 한다. 실증주의자들이 이러한 결론에 도달하는 것은 부적합한 언어를 실천적 담론에 이용하기 때문이라는 것이다. 즉 규범적 영역을 탐구하기 위해 경험과학의 언어에 의존하는 것은 마치 회화(繪畵)의 심미성(審美性)을 논의하기 위해 화학의 언어를 사용하는 것과 같이 기본적으로 불합리하다는 것이다(Fischer, 1980: 88-89).

정책결정은 현실적 상황 하에서 이해관계를 갖는 여러 집단 간의 조정과 타협을 통해 형성되는 실천적 성격을 지닌다. 따라서 정책결정의 과정에서는 수많은 실천적 담론이 행해질 것이다. 이러한 점에서 정책결정은 이론적 담론과는 구분된다. 따라서 정책결정의 정치적 합리성과 관련하여 실천적 담론을 소개하는 이유는, 바람직한 결정을 결과하는 실천적 담론 속에 존재하는 어떤 법칙이 있다면, 이를 정치적 합리성을 갖는 정책결정과 같은 실천적 담론에 적용할 수 있지 않을까 하는 데에 있다.

이러한 전제 하에 실천적 담론에서의 법칙 내지 규칙에 대한 탐색은 많은 이론적 견해로부터 수행되어 왔으나 이 책에서는 그들 이론들 중에서 '**훌륭한 이유 이론**(good reasons approach)'을 소개하는 데 국한시킬 것이다. 이 이론은 주로 툴민(Stephen Toulmin), 베이어(Kurt Baier) 및 테일러(Paul Taylor) 등의 저술에서 제시되고 있다.

2 '훌륭한 이유' 이론

우리가 무엇을 행해야 할 것인가를 알기 위해서는 사실(fact)에 대한 지식을 필요로 한다. 그러나 사실에 대한 지식 그 자체만으로는 무엇을 행할 것인가를 제대로 이야기하지 못한다. 즉, 무엇을 행할 것인가를 논의하려면 사실에 대한 지식뿐만 아니라, 당위 · 규범 등 바람직한 가치(value)에 관한 지식도 필요로 한다. 그리하여 구체적으로 무엇을 행할 것인가에 관한 결정은 사실과 가치가 결합되어 구체적으로 처방된 실천적 · 처방적 · 규범적 성격을 지닌다. 정책결정은 이와 같은 **실천적 성격**을 지닌 것으로서 그 과정에서 사실에 관한 지식과 바람직한 가치에 관한 지식이 결합되어 구체적으로 처방된 결과라고 할 수 있다.

'훌륭한 이유' 이론가들에게는 어떤 것이 행해져야 하는가에 대한 실천적 · 규범적 탐구가 가치인식 불가론(value noncognitivism)자들의 주장과 같이 비합리적이고 주관적인 것이 아니고, 단순히 사실적 탐구와는 다른 유형의 탐구에 속할 뿐이라고 한다.

사실적 · 과학적 탐구의 내용에 대해서는 그것이 궁극적으로 타당한가 여부를 경험적으로 입증해 봄으로써 판단할 수 있다. 한편, 실천적 탐구의 내용에 대해서는 이의 타당성 여부를 과학적 · 사실적 탐구에서와 같이 경험적으로 입증할 것이 아니라, 실천적 탐구의 내용이 바람직하다고 주장할 만한 '**훌륭한 이유**'가 있다면 이를 타당한 주장이라고 할 수 있다는 것이다. 다시 말하면, 이러한 진술들의 궁극적 타당성에 대해서는 사실적 탐구와 같이 이를 경험적으로 입증하는 문제에 관심의 초점을 두기보다는, 중요한 것은 어떻게 이러한 진술들이 '**이유**'에 의해 정당화되는가에 있다.

이와같이 정책결정과 같은 실천적 담론에 대한 평가는 합리적으로 이루어지기는 하지만 과학적 명제와 같이 **공식적 논리**(formal logic)인 연역·귀납의 논리로 증명되지는 않고 '이유'에 의해 정당화된다는 의미에서 규범적 명제에 작용하는 논리를 '**비공식 논리**(informal logic)'라고 칭하는 것이다. 이러한 관점에서 과학적 탐구가 입증 내지 증명(proof)에 관련되는 것이라면, 비공식 논리는 당당한 방어력(magnificent defense)을 가진 훌륭한 이유에 관련되는 것이라고 할 수 있다(MacDonald, 1953: 53-55). 즉, 훌륭한 이유 이론은 '**입증된 진리**(verified truth)'라는 개념 대신에 '**이유에 의해 정당화된**(warranted by reasons)'이라는 개념을 사용한다.

3 툴민의 '훌륭한 이유' 이론

툴민 역시 우리가 행하는 진술을 **실천적 진술**(practical statement)과 **이론적 진술**(theoretical statement)로 구분하고, 실증주의 모형을 가지고 실천적·규범적 진술의 타당성 여부를 분석하려 하는데 대해 반론을 제기한다. 그 이유로서 그는 실증주의 모형은 과학적 탐구에서나 적합한 한정된 논리 개념에 의존하기 때문이라고 한다.

그는 '**실용적 논리**(working logic)'와 '**이상화된 논리**(idealized logic)'를 구별하여 전자가 실제 사용되고 있는 논리인데 반해, 후자가 연역이나 귀납에 의해 재구성된 논리라고 보아 양자의 구별에 강조점을 둔다. 그에 의하면 재구성론자(reconstructionist)들은 실용적 논리에 대해 어떤 독자성을 인정하려고 하지 않는다고 한다(Toulmin, 1958: 146-210).

재구성된 논리, 즉 공식적 과학 논리는 연역과 귀납의 논리에 기초하고 있다. 과학적 설명에서 이러한 두 가지 원칙은 가설-연역의 방법(hypothetic-deductive method)을 통해 연결된다.[5] 그러나 재구성론자들과는 대조적으로 비공식적 실용적 논리에 입각한 설명은 보편적 기준(universal standards)에 의존하기보다는 **상황적 기준**(context standards)에 의존한다. 즉, 어떤 구체적 상황 하에서 '어떻게 해야 하는가?'에 직면하여 설득력 있는 '훌륭한 이유'가 무엇인가에 중점을 둔다. 따라서 비공식적 논의의 정당성(soundness), 타당성(validity) 및 설득력(cogency)을 판단하기 위한 기준은 실천적이고 상황 지향적이다.

툴민은 도덕적 혹은 정치적 담론과 같은 실천적 담론을 '**법률학상의 유추**(jurisprudential analogy)' 이론에 비유하여, 법정에서 변호사에 의해 이용되는 논쟁과 유사성이 있음을 지적한다. 훌륭한 변호사들은 단지 **사실**만을 제시하는 것이 아니라, 그들의 고객을 유리하게 하는 **상황적 측면**을 강조한다. 그들은 배심원과 판사를 마음속에 겨냥하여, 이들을 설득하거나 납득시킬 목적으로 사실에 덧붙여 설득력 있는 언어들을 사용한다.

이와 비슷하게 도덕적·정치적 평가를 할 때에도 어떤 결정을 지지하기 위한 진술의 형태를 취한다. 이러한 진술은 본질적으로 사실적 진술만도 아니고, 감정적 진술만도 아니다. 도덕적 혹은 정치적 평가에서 행해지는 진술은 마치 변호사가 그의 고객을 변호하듯이 **설득력**이 있거나 **당당한 방어력**이 있는 진술들이지만, 그렇다고 해서 그러한 진술들이 과학적 명제와 같이 연역적·귀납적인 방법으로 증명될 수 있는 성질의 것은 아니다.

이렇게 볼 때 정책결정과 같은 정치적 판단의 힘은 그것이 그 대상자들에게 어느 정도 '**의사전달의 힘**(communicative power)'을 가지고 있느냐에 달려 있다고 할 수 있다. 이는 마치 법정에서 변호사가 얼마나 판사나 배심원을 잘 설득하느냐에 따라 그의 설득력이 정해지는 것과 마찬가지의 논리이다.

이상에서와 같이 어떤 논의가 다른 논의보다도 더 설득력이 있다는 사실은 평가의 기준에 대한 접근을 가능하게 하는 암시적 단서가 된다. 그리하여 만약 설득적이고 호소력이 있는 담론을 연구 대상으로 하여, 그러한 담

---

5) 이의 자세한 내용에 대해서는 제6장 참조.

론 속에 존재하는 지적이고 도덕적인 힘을 부여하는 **기본적 논리 구조**(underlying logical structure)를 밝혀 낼 수 있다면 그 논리 구조는 그 자체가 실천적 담론을 평가할 수 있는 **유용한 판단 기준**(useful criteria)의 원천이 될 것이다. 이것이 바로 '훌륭한 이유' 이론가들이 실천적 담론 속의 논리적 구조를 밝혀 내려고 하는 노력이 흥미를 끌고 또한 가능성을 갖는 이유이다.

4 실천적 논변 이론과 정치적 합리성의 확보

우리는 지금까지의 '훌륭한 이유' 이론을 통해 정책결정과 같은 실천적 담론에서의 합리성을 추구하기 위해서는 실천적 목적의 담론 속에 존재하는 정당성·타당성·설득력을 갖춘 논변 구조가 중요한 근거가 될 수 있음을 보았다. 문제는 과학적 담론과 구별되는 **규범적·실천적 담론의 합리적 논변 구조**(argument structure)는 구체적으로 어떠한 것인가 하는 점이다.

이하 논변에 관한 논의를 전개하는 과정에서 이해되겠지만 과학적 담론이나 실천적 담론이나 모두 그 담론이 합리적으로 이루어지기 위해서는 논변의 논리를 따르게 된다는 점에서는 동일하다. 그러나 차이가 있는 것은 **과학적 담론**에 적용되는 논변의 논리 구조는 **연역·귀납의 논리 구조**인데 반해, 실천적 담론에 적용되는 논변은 이와는 다른 논리 구조, 즉 '**비공식 논리 구조**'를 갖는다는 점이다. 그렇다면 실천적 담론에서의 논변의 비공식적 논리 구조는 어떠한 것인가? 이를 위해 먼저 논변에 대한 기본 개념부터 살펴보기로 하자.

1) 실천적 논변의 기본 개념

논변이란 본래 논리학에서 나온 개념이다. 논리학은 어떤 주장이 참(true)임을 보이기 위해 제시되는 근거들이 그 주장을 얼마만큼 정당화시킬 수 있는가를 연구 대상으로 하는 학문이다. 다시 말하면 **논리학**은 어떤 주장(claim)과 그 주장의 근거(warrant) 간의 관계에 대한 비판적 탐구이다. 한편, **논변**이라 함은 어떤 '**주장**'을 담은 명제(이를 '결론'이라고도 한다)와 그 주장을 정당화하기 위해 제시되는 '**근거**'의 역할을 하는 명제(이를 '전제'라고도 한다)가 포함된 담론의 과정을 말한다.[6] 즉, 논변의 되기 위해서는 최소한 주장을 내용으로 하는 명제와, 그러한 주장을 정당화하기 위한 근거에 해당하는 명제가 그 속에 체계적으로 연결되어 있어야 한다. 논변에는 과학적 논변과 실천적 논변이 있다.

(1) **과학적 논변**

과학적 논변은 크게 두 가지의 형태로 나뉜다. 연역 논변과 귀납 논변이 그것이다. **연역 논변**이라 함은 이미 알려진 어떤 근거(혹은 전제)를 통해 아직 알려지지 않은 주장(혹은 결론)을 **논리적**으로 이끌어 내는 과정을 의미하고, **귀납 논변**은 연역 논변을 통해 이끌어 낸 결론(주장)을 **경험적** 검증을 통해 근거를 제시해 나가는 과정을 뜻한다.

(2) **실천적 논변**

실천적 논변은 그 내용이 주로 어떤 사안에 대해 제안을 하거나 충고를 하거나 혹은 훈계하거나 항거하는 등 가치판단이 포함된 논변이다. 실천적 논변에서의 논변의 개념은 과학적 논변에서와 같은 엄격한 의미의 개념이 아닌 좀더 신축적인 개념으로서, 논변에서 이용되는 명제의 내용을 설사 과학적 논변에서와 같이 논리적으로나 혹은 경험적으로 증명할 수는 없다고 하더라도, 어떤 주장이 **설득적 힘**을 가진 '**훌륭한 이유**'에 근거하고 있는가에 중점을 둔다.

자연과학과 같이 법칙성을 엄격히 요구하는 논변의 경우에는 과학적 명제에 기초한 논변이 적용되지만, 인간 사회에서 발생하는 문제들을 해결하기 위한 의사결정의 과정에서 제기되는 논변, 즉 실천적 논변의 과정에서는 그 문제와 관련된 객관적 확실성을 지닌 명제만을 적용하는 데에는 한계가 있으며, 따라서 객관적 사실뿐만 아니라 규범적 명제까지 포함하여

---

6) 명제라 함은 두 가지 이상의 개념들 간의 상호 관계에 대한 진술을 말한다. 예를 들면, "A가 증대되면 증대될수록 B가 증대된다"라는 진술은 A라는 개념과 B라는 개념 간의 관계를 나타낸 명제이다.

그 문제의 해결 방안에 대한 주장을 정당화하기 위해 제시되는 근거가 얼마나 **훌륭한 이유**로서 제시되는가에 중점을 두는 것이다. 즉, 인간 사회에서 발생하는 많은 문제들을 해결하기 위한 논변의 과정은 그 논변에서 주장하는 진술의 내용이 관련 이해관계자들에게 얼마나 **설득력** 있는 **정당한 이유**를 주장의 근거로 제시함으로써, 그들을 설득시키고 지지를 얻어낼 수 있느냐의 여부에 기초해야 한다. 그러므로 **실천적 논변**이라 함은 의사결정자가 의사결정과 관련된 이해관계자들의 주장들을 받아들이거나 거부할 수 있도록 이해관계자들이 어떤 근거에 입각하여 나름대로의 주장들을 제시하거나 지지하는가 하면, 수정하고 비판하는 과정이라고 할 수 있다(Rieke & Sillars, 1984: 3).

어떤 의사결정이 개인적으로 혼자 행해지는 결정이 아니고, 다른 사람과의 관계에서 행해질 때는 상대방에게 그 결정을 한 데 대한 이유를 제시해야 할 것으로 기대된다. 즉 두 사람이나 그 이상의 사람들이 여러 가지 대안 중에서 어떤 만족할 만한 결정에 이르기 위해서는 그 결정에 관여한 사람들이 상호 **납득할 만한 정당한 이유**를 제시하는 과정을 거치게 된다.

정부나 가족, 학교 혹은 기업에서 일방적으로 명령을 하는 것이 아니고 서로 간에 정당한 이유를 제시하는 과정을 통해 어떤 결정에 이른다는 사실은 의사결정이 논변에 기초하고 있다는 것을 의미한다. 이 과정에서 어떤 한 사람이나 집단이 그의 입장을 지지하는 이유를 제시하면, 이는 검토되고 평가되는 과정을 거쳐 궁극적으로는 훌륭한 결정에 이르게 하는 데 이용되는 것이다.

2) 실천적 논변의 기본 구조

실천적 논변이론에 기초한 '훌륭한 이유' 이론을 제시한 툴민은 법정에서 변호사가 자기의 고객에게 유리한 증거를 제시하면서 자기 주장에 대한 정당한 이유를 판사에게 호소하는 법정 변론 절차에 착안하여, 주장의 정당화에 필요한 기본 요소로 여섯 가지—직접 관련 정보, 근거, 보증, 한정 접속사, 반증, 주장—를 논리적으로 상호 연결시켜 실천적 논변모형을 구성했다.[7]

우선 논변이 형성되는 데에는 다음과 같은 몇 가지의 요소들이 필요하다.

(1) **직접 관련 정보**(Data; **이하에서는** D)

이는 논변을 통해 주장하려고 하는 진술에 대한 기초 자료가 되는 것을 말한다. 다시 말하면, 논변을 통해 어떤 문제를 해결하기 위한 해결책을 주장(claim)하게 될 때 D는 그러한 주장을 하도록 하게 한 문제에 관한 진술을 말한다.

(2) **주장**(Claim; **이하에서는** C)

이는 논변의 결론으로서 기초 자료가 되는 D를 통해 도출된다. D를 통해 도출된 주장은 그 자체가 전체 논변의 종착점인 경우도 있지만, 좀더 상위 수준의 주장을 도출하기 위한 논변의 구성 요소에서 D로 기능하는 경우도 있다. 이 중에서 그 어느 쪽이 되는가는 전체 논변의 최종 목표가 어디에 위치하는가에 달려 있다.

(3) **근거**(Warrant; **이하에서는** W)

이는 D로부터 C의 주장을 하게 되는 근거를 설명한다.

이상의 세 가지 요소는 논변을 위한 가장 기본적 요소가 된다. 이제 이를 그림으로 나타내면 다음과 같다.

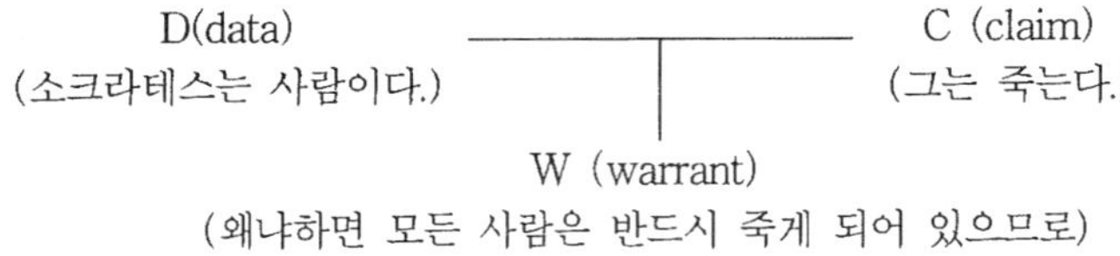

7) 실천적 논변이론은 툴민 이후 발전을 거듭해 왔다. 앞에 소개한 Rieke & Sillars(1984) 외에 Freeley(1990), Barry(1965) 등의 연구가 있으며, 미국에서는 *The Journal of American Forensic Association*이라는 학회지까지 발간되고 있다. 또한 이는 정책논변(policy argument), 상호작용모형(transactional model), 기획논변(planning argument) 등의 이름으로 정책의 연구방법론, 정책분석, 사회개혁, 기획 분야에 적용된 바 있고, 국내의 경우 유민봉(1992; 1994)은 이를 정책분석에 응용하여 적용한 바 있으며, 김항규(1995; 1996)는 이를 정책결정 과정에서의 합리성을 확보하기 위한 방안과 행정절차법상의 청문 과정에 적용하여 연구한 바 있다.

(4) 한정어(限定語, Qualifier: 이하에서는 Q)

논변은 이처럼 D에서 출발하여 W를 거쳐 C의 주장을 하게 된다. 그런데 D로부터 W를 거쳐 C에 이르는 과정이 필연적인 경우를 **필연적 논변**(necessary argument)이라고 부르는데, 이는 D에서부터 C의 주장을 할 때 W가 이를 100% 보장해 주는 논변을 의미한다. 이에 반해 **개연적 논변**(probable argumenta)은 W가 이를 100% 보장할 수 없는 경우이다. 사회문제나 정치 문제 등은 그 사안이 매우 복잡하고 미묘하기 때문에 개연적 논변이 대부분이다. 필연적 논변의 경우에는 위의 세 가지 요소로서 충분하다. 그러나 개연적 논변의 경우에는 D에서 W를 거쳐 C에 이르는 과정이 어느 정도 확실한가를 명시해야 하는데, 이와같이 그 정도를 표시하는 요소를 '한정어'라고 한다.

(5) '반증(反證)' 혹은 '유보(留保, Rebuttal: 이하에서는 R)'

한편, D에서 C로의 추론상의 비약은 이미 보았듯이 W에 의해 정당화되었지만 개연적 논변의 경우 W의 효력은 어디까지나 일반적·원칙적인 수준에 지나지 않는다. 환원하면 W가 보증하는 것은 "일반적으로(혹은 원칙적으로) 어떠한 이유에 의해 정당화된다"고 하는 것에 지나지 않는다. 따라서 때로는 W의 일반적 효력이 유보되지 않으면 안 되는 예외적인 경우가 생긴다. 논자는 이러한 예외적인 경우를 미리 예상하여 그것들을 W의 효력에 대한 유보 조건으로 명시해 두는 것이 현명하다. 이들 유보 조건을 '반증' 혹은 '유보'라고 한다.

(6) '지지(支持, Backing: 이하에서는 B)'

개연적 논변의 경우 W는 그 내용에서 진실인 것도 있지만 개연적인 것에 지나지 않는 경우도 있다. 따라서 때로는 W의 내용의 신빙성을 보증하기 위한 자료가 필요할 때가 있다. 이를 '**이유의 지지**(支持, backing for warrant)' 혹은 '지지(支持, Backing; 이하에서는 B)'라고 한다. 이와같이 지지란 이유가 제대로 받아들여지지 않을 때, 이를 지원하기 위해 사용되는 부가적인 진술을 의미한다.

이제 지금까지의 논의를 종합하면 다음 그림과 같다.

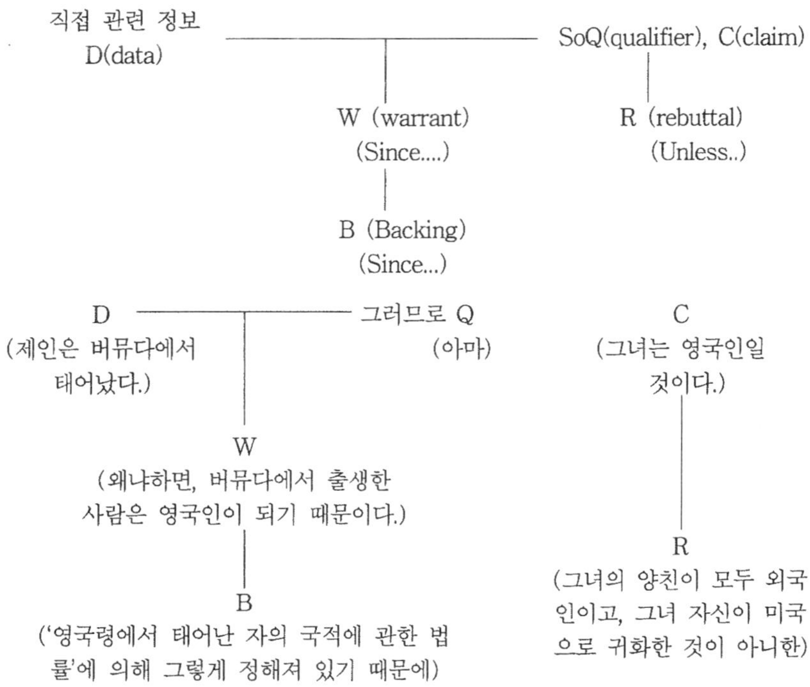

3) 정책논변의 경우

지금까지 논변의 개념을 이해하고 논변의 구조가 과학적·이론적 담론에 적용되는 경우와 실천적·규범적 담론에 이용되는 경우에 어떻게 다른가를 알아보았다. 정책결정과 관련된 담론은 실천적 담론에 속하고, 따라서 이에 적합한 논변 구조를 필요로 한다. 이제 이를 구체적인 정책에 예시적으로 적용하면 다음의 그림과 같다.

어떤 정책결정이 적어도 **민주성**을 지향하는 정책결정이 되기 위해서는 정책과 관련하여 이해관계를 갖는 다양한 구성원들의 참여를 전제로 하여야 하고, 그 경우 참여자들은 자기에게 이로운 대안에 대해서는 이를 **지지**하고 그 이유를 정당화하려고 하는 반면, 불이익을 가져올 것이라고 생각하는 대안에 대해서는 그러한 대안을 제시하는 상대방에 대해 상대방의 주장을 **반박**하고 자기의 주장을 받아들이도록 설득시키기 위한 **정당한 이유**

그래서

D ——— (Q) ——— (C)

(가난한 사람들에게 사회 서비스를 마련해 줄 수 있는 사업계획이 필요하다.)

(아마)

정부는 가난한 사람들에게 사회 서비스를 마련해 줄 수 있는 사업계획을 수립해야 한다.

그 이유는

(W1)
대부분의 시민들은 사회평등이라는 가치를 성취하고자 하는 욕구로 자극되어 있다.

왜냐하면

(B1)
사회평등은 정치 안정의 선행 조건으로 여겨지고 있다.

(W2)
사회평등은 보편적인 인간 가치이다.

왜냐하면

(B2)
모든 사람들은 태어날 때부터 기초적인 사회 서비스를 동등하게 소비할 수 있는 자격이 부여되어 있다.

를 제시하려고 할 것이다. 이렇게 볼 때 정책논변이란 당해 정책과 관련된 정보 내지 정책자료(data: D)를 기초로 해서 자기 주장을 정당화하고 나아가 상대방을 설득할 수 있는 주장을 펴나가는 것이라고 할 수 있다.

4) 합리적 정책 논변을 확보하기 위한 의사전달 구조

정책결정과 같은 실천적 담론을 내용으로 하는 논변의 과정에서 정치적 합리성을 확보하기 위해서는 정책결정 과정과 같은 실천적 논변의 과정에서 적용되는 논변의 기본 구조에 입각한 합의를 이룩하는 것이 필요하다는 것이 지금까지의 실천적 논변 이론의 핵심이다. 그러나 실천적 논변 구조에 따른 합의가 이루어졌다고 해서, 그 합의가 곧 정치적 합리성을 확보하는 것은 아니다.

정책결정과 같은 실천적 담론의 과정에서 실질적인 정치적 합리성을 확보하기 위해서는 기본적으로 그 논변에 참여하는 사람들 사이에 합리적으로 의사전달이 행해질 수 있는 제반 의사전달 구조가 제대로 구비되어 있어야 한다. 왜냐하면 실천적 담론 속에서의 **의사전달** 구조가 **체계적으로 왜곡된 의사전달 구조** 하에서는 **상호 주관적으로 타당한 가치판단**을 도출해 낼 수가 없기 때문이다. 즉, 왜곡된 의사전달 구조 하에서는 실질적으로 타당성을 갖는 의사결정을 낳을 수가 없고, 가식적 · 형식적인 합의에 의한 의사결정만을 도출해 내는 결과가 될 것이기 때문이다. 유민봉(1992: 114-118)은 정책논변이 왜곡되는 상황으로써 참여자들 간에 공식적 권위에 차이가 있거나, 전문성이나 정보면에서 차이가 있는 경우, 혹은 정보 이용 및 수집 능력이 가능한 조직력에 차이가 있는 경우 등을 들고 있다.

이에 테일러(Paul W. Taylor)는 **합리적 선택의 조건**이라는 이름으로(Taylor, 1961), 하버마스는 **이상적 담화 상황**(ideal speech situation)이라는 이름으로 참여자들의 자유롭고 평등한 담론의 조건을 제시하고 있다(Albrecht, 1985: 76; 문태현, 1992: 265-279 참조).

합리적 의사전달 구조가 형성되기 위해서는 의사전달이 외부로부터의 영향이나 강요에 의해 방해되지 않고, 담론에 참여하는 모든 사람들에게 균등한 기회가 부여되어야 한다. 담론의 당사자들이 주장이나 반론, 질문이나 응답에서 전달하고자 하는 의사를 발표할 수 있도록 동등한 기회가 부여되고, 말과 행위의 수행에서도 효과적인 기회 균등이 보장되어야 한다. 이런 여건이 조성될 때 비로소 그로부터 결과하는 합의는 기만이나 왜곡이 없는 상호 주관적으로 타당하다고 인정되는 합의가 될 것이며, 따라서 정치적 합리성이 확보된 의사결정이 가능해지는 것이다.

제 4 절 정치적 합리성과 행정 이념으로서의 민주성

정책결정은 그 결정에 관여하는 사람들이 달성하고자 하는 다양한 가치들을 합리적으로 조정해야 하는 정치적 성격을 띠게 된다. 따라서 정책결정이 정치성을 그 기본 속성으로 한다고 할 때, 어떻게 하면 결정에 참여하는 사람들의 가치가 제대로 반영됨으로써 상호 주관적 타당성을 결과하는 의사결정, 즉 정치적 합리성을 갖는 결정을 도출해 낼 수 있는가가 이 장에서의 주요 관심사였다.

그러나 정치적 합리성을 결과하는 정책결정이라는 문제가 정책결정에서 중요한 연구 대상이 되어야 함에도 불구하고, 지금까지 이에 대한 연구는 행태론적 관점에서 이를 기존의 정치 과정에 맡겨버리고 관찰 가능한 측면만의 연구에 치중하거나, 후기행태론적 견해에 입각해서 과학적 방법을 통한 가치 사실의 연구를 통해 이를 확보할 수 있다는 사고에 그치고 말았다. 이들 정치과정론적 견해나 후기행태론적 사고를 통한 정치적 합리성의 확보가 어떠한 한계점을 지니고 있는가는 지금까지 기술한 바와 같다.

이 장에서는 이러한 기존의 방법과 달리 정치적 합리성을 확보하기 위한 방안을 모색하기 위한 시도로 실천적 담론가들의 견해 중의 하나인 '훌륭한 이유' 이론가들의 견해를 중심으로 실천적 담론에서 사용되는 **실천적 논변**의 구조에 대한 분석을 이용했다. 그리고 그러한 논변의 구조 속에서 실질적인 정치적 합리성을 확보할 수 있는 **의사전달 구조**가 어떠해야 하는가에 대해서도 살펴보았다.

이와같이 합리적 의사전달 구조가 확보되고, 실천적 담론을 위한 논변의 구조 속에서 정치적 의사결정자의 권위적 결정이 당당한 방어력을 갖춘 '훌륭한 이유'를 통해 집행자·이해관계자 및 공중들에게 수용될 수 있거나, 각 참여자들이 자신들의 주장을 실천적 논변 논리에 입각하여 주장을 하고 상대방을 설득해 가는 과정에서 합의에 이르게 됨으로써 정치적 합리성이 확보된 타당한 결론이 도출될 수 있을 것이다.

또한 실천적 담론 이론, 특히 '훌륭한 이유' 이론은 정책결정과 같은 실천적 담론의 분야에서 합의된 결론을 도출하기 위해서는 경험적 사실들만을 토대로 하는 것이 아니라, 규범적 이론, 구체적 상황이나 여건 등이 '훌륭한 이유'로 대두될 수 있다는 점에서 존재와 당위, 사실과 가치 간의 변증법적 종합을 이룰 수 있다는 가능성을 제시했다는 점에서도 그 의의를 찾아볼 수 있다. 정책결정에는 그 속에 사실에 관한 지식뿐만 아니라 규범적·당위적 지식, 구체적 현실 여건에 대한 지식 등이 상호 결합된다는 점에서 가치와 사실을 종합할 수 있는 방법론을 필요로 하기 때문이다.

지금까지 정책결정에서의 정치적 합리성 확보 방안을 논의해 본 결과 이는 곧 정책결정의 **민주성**을 확보하기 위한 구체적 수단이라는 점을 알 수 있다. 실천적 논변 구조 속에서 많은 이해관계자들이 참여하여 진정한 정치적 합리성이 확보된 정책결정을 결과할 경우, 그 결정을 둘러싸고 이해관계를 달리하는 개인이나 집단 사이의 갈등이 합리적으로 해결될 수 있는 민주적 결정이 이루어질 수 있다고 보기 때문이다.

제 11 장 공익이론과 가치판단 기준

민주국가에서 민주행정의 궁극적 목표는 한마디로 공익(public interest)의 추구에 있다. 따라서 공익은 행정의 **본질적 특성**을 구성하고, 행정활동이 **정당성**을 얻는 **근거**가 되며, 모든 행정활동의 **평가 기준**이 된다. 민주정치는 국민주권주의에 기초하고 있고, 따라서 민주정치 하에서의 국가나 정부 또는 모든 공직자들은 그 존재 의의가 국민을 위한 것에 있다. 이 경우 '국민을 위한 것'이란 의미가 너무 추상적이므로 좀더 구체적으로는 공공의 복지나 이익을 위해, 즉 공익을 위해서 존재한다고 볼 수 있는 것이다. 그러나 공익이 무엇인가에 대해서는 공익에 대한 연구가 정치학·법학·경제학·행정학 등의 분야에서 행해져 왔지만, 아직도 모호한 개념으로 존재한다.

원래 공익 개념은 서구에서 시민혁명 이후 등장한 근대국가 하에서 **정치적 자유주의**가 등장하면서 생성된 개념이다. 서구에서는 18세기까지 기존의 가톨릭 교회와 군주 정치 및 신분 제도에 대항하여 시민혁명이 발생했고, 이 과정에서 종교와 정치의 자유와 신분 철폐를 주장하는 자유주의가 탄생하게 되었다. 이들은 종교와 사상 및 출판의 자유, 집회·결사의 자유, 인권의 보장 등 정치적 자유의 보장과 이를 확보할 수 있는 권력 분립 및 권력 간의 상호 견제와 균형을 요청하게 되었다.

종교개혁과 시민혁명에 성공함으로써 정치적 자유를 획득한 부르주아지(bourgeois)를 중심으로 한 시민 계급들은 **경제활동**에서의 **자유**도 주장하게 되었는 바, 이것이 스미스(Adam Smith)를 중심으로 한 **자유방임주의 원리**이다. 자유방임주의는 국가의 간섭으로부터 자유로운 상태에서 경제활동이 행해지면, 구성원 개개인이 각자의 이익의 극대화를 추구하게 되고, 그 결과 국가경제 전체가 발전하게 되어 공익 또한 저절로 달성된다는 사고이다. 이에 따라 공익이란 곧 경제적 자유주의 하에서 이루어지는 **사익의 집합**에 지나지 않는다는 개념이 형성되게 되었다. 이후 공익 개념은 역사적·시대적 상황의 변천에 따라 사익과의 긴장 관계 속에서 그 의미와 내용이 변동되어 왔다.

공익 개념은 이와같이 근대 시민혁명과 함께 등장한 **자유주의적 정치 이념과 자유주의 경제 이념** 속에서 생성된 개념이다. 그 후 공익이 무엇인가에 대해서는 수많은 공익 연구가들의 견해가 있어 왔다. 그러나 이 장에서는 수많은 공익 연구가들의 견해를 일일이 열거하기보다는, 그들 연구 속에 나타나 있는 공통적 특징을 기준으로 지금까지 논의되어 온 공익 개념들을 '**사익의 집합으로서의 공익 개념**', '**실체적 존재로서의 공익 개념**', '**공동체적 가치로서의 공익 개념**' 및 '**절차적 결과로서의 공익 개념**' 등으로 나누어 각각에서 주장하는 공익의 내용과 그 한계점을 논의해 본 뒤에, 구체적인 정책결정이나 집행의 과정에서 이들 공익 개념들을 종합하여 구체화하는 방안을 이 책 제10장에서 논의한 바 있는 '**실천적 담론이론**'을 적용하여 모색해 보고자 한다.

제1절 공익 개념의 역사적 생성 과정과 공익 개념의 분류

1 공익 개념의 역사적 생성 과정

공익의 개념을 이해하기 위해서는 이 용어가 등장하게 된 역사적 배경을 이해해야 한다. 그 이유는 공익이라는 용어가 민주주의의 등장 및 발전과 병행하면서 시대별로 약간씩 다르게 변화되어 온 개념이기 때문이다. 역사적 발전 단계에서 공익과 유사한 개념으로 사용되어 온 것으로는 군주(prince)의 이익과 국가 이익(state interest) 및 국민 이익(national interest), 공동선(common good) 등의 용어가 있다(정정길, 2003: 269-271).

(1) 군주의 이익

군주의 이익이란 국민과 국토를 곧 왕의 소유물로 생각하던 시대의 개념이다.

(2) 국가 이익

국가 이익이란 용어는 민주화의 요구가 강해지던 영국에서 국왕이 조세 징수나 전쟁 수행을 위해서는 시민 계급의 지지를 얻어야 하는데, 이러한 지지를 얻기 위한 명분으로 내세운 용어이다. 당시에는 시민 계급 가운데 우위를 차지하고 있던 왕당파가 국왕을 지원했고, 따라서 국왕은 국가 이익이라는 명분으로 국왕 자신의 이익을 추구할 수 있었다.

(3) 공익 또는 국민 이익

공익 또는 국민 이익이란 용어는 왕당파가 우세하던 영국 의회에서 의회파와 왕당파 간에 오랜 내전이 행해지고, 그 결과 의회파가 왕당파에 승리하게 됨으로써 국민들에게 진정한 이익이 된다는 뜻으로서 제기된 용어이다. 이후 국민 이익이라는 용어는 주로 외국과의 관계에서 자국의 이익을 대변하기 위한 용어로 사용되었고, 공익이라는 용어는 대내 문제에서 사용되기 시작했다(Schubert, 1960: 16). 우리나라에서 자주 이용하는 '국가 이익' 혹은 '국익'이라는 개념은 외국과의 관계에서 사용하는 용어로서, 국제정치 · 외교 · 국방 면에서 자주 사용하고 있는 용어이다. 따라서 여기에서의 국민 이익이라는 개념과 유사한 개념이라고 할 수 있다.

(4) 공동선

공동선(共同善)이라는 개념은 인간이 사적인 이익을 추구하기보다는 남을 위해 헌신하는 선한 행동을 행하는 것이 하나님의 뜻임을 강조하는 종교적 교리에 입각하여 생성된 개념이다. 그런데 무엇이 공동선인가를 판단하는 권한이 성직자들에게 있다고 봄으로써 도덕적 · 종교적으로 타락한 성직자들이 공동선이라는 이름으로 개인의 생명과 신체 · 자유를 유린하고 수탈하게 되었다.

(5) **공익 개념의 등장**

종교개혁 운동이 일어나고 청교도가 중심이 된 의회파가 왕당파에 승리하게 된 17세기 말엽에는 공동선이라는 용어가 사라지게 되고, 대신에 공익이라는 용어가 사용되기 시작했다(Morgan, 1994: 126). 공동선이 개인 이익을 무시하고 전체 이익을 강조한데 비해서, 공익은 개인 이익을 떠나서 전체 이익은 존재할 수 없다는 자유주의적 정치 이념을 내포한 개념으로 이해되었다(정정길, 2003: 271).

이와같이 공익의 개념은 시민혁명 이후 개인의 자유와 권리의 불가침성을 강조하는 자유주의적 정치 이념 하에서 생성된 개념으로서, 사익을 보호하고 증진시키는 것이 공익이며, 따라서 사익이 고려되지 않는 공익은 존재할 수 없다는 사고가 형성되게 되었다.

2 공익 개념의 분류와 한계점

'공익'이라는 개념이 필요한 이유는 무엇보다도 사익과 공익이 일치하지 않는 상황에서 양 이익 간의 합리적인 조화의 필요에서 발생한다고 볼 수 있다. 따라서 공익(public interest)과 사익(private interest)과의 관계성을 어떻게 규정할 것이냐에 따라 공익의 개념이 다양하게 정의될 수밖에 없는 것이다.

여기에서는 공익을 어떻게 규정할 것이며, 그러한 규정의 내용은 사익과 어떠한 관련을 가지고 있다고 보는가를 기준으로, 지금까지의 수많은 공익 개념들을 다음과 같이 크게 네 가지 견해−'사익의 집합으로서의 공익', '실체적 존재로서의 공익', '공동체적 가치로서의 공익', '절차적 결과로서의 공익'−로 나누어 그 각각에서 제시하고 있는 공익의 개념과 한계점을 설명해 보고자 한다.

1) '사익의 집합으로서의 공익' 개념과 한계점

(1) 개 념

이는 사회 구성원이 가지고 있는 각각의 사익을 기준으로 공익의 개념을 규정하는 견해로서, 사회 구성원 전체의 효용(이익)을 극대화하는 것이 공익이라고 보는 견해이다. 즉, 사익의 집합이 공익이라는 견해이다. 이는 근대 국가의 자유주의 사상과 더불어 개인주의적 입장에서 사회 구성원 개개인은 각자의 효용을 극대화하기 위해 행동하는 합리적 존재들이라고 보는 관점에서 배태된 공익 개념이다.

스미스(Adam Smith)의 **자유방임주의**나 벤담(Jeremy Bentham)의 **공리주의**에서의 공익 개념이 이러한 견해에 기초하고 있고, 1980년대 이후 나타난 **신자유주의**가 기초하고 있는 공익 개념 역시 이러한 공익 논리에 기초하고 있다. 여기에서는 이러한 의미의 공익 개념을 편의상 '사익의 집합으로서의 공익'이라 칭하기로 한다.

(2) 한계점

사익의 집합으로서의 공익관은 다음과 같은 문제점을 내포하고 있다.

첫째, 이 공익관이 기초하고 있는 '최대 다수의 최대 행복'으로 표현되는 벤담의 공리주의의 한계점에 대해서는 이미 많은 논의가 축적되어 있는 실정이다.[1]

둘째, 무엇보다도 이 견해의 최대의 한계점은 사회 전체의 효용의 극대화에만 관심을 둘 뿐, 그 전체의 효용이 사회 구성원들 사이에 어떻게 배분되어 있는가 하는 문제에는 관심을 두지 않는다는 점에서 우리들의 정의감에 위배될 가능성을 내포하고 있다는 점이다. 다시 말하면, 이러한 공익관에서는 사회 구성원들 사이의 **형평성** 있는 **배분**을 전혀 보장받지 못한다는 데 한계점이 있는 것이다.

이러한 공익관에 따르면 구성원 각자는 자기의 효용을 극대화하기 위해 노력하게 될 것이고, 그 결과 가난한 자와 부자 간의 격차는 더욱 커질 것

---

1) 이에 대해서는 이 책의 제7장 참조.

이며, 이러한 상태를 공익이 극대화된 상태라고 말할 수는 없는 것이다. 예를 들면, 1인당 국민 소득의 면에서 보면 비슷한 수준인 A국과 B국이, 소득의 분포가 어떻게 형성되어 있는가 하는 평등의 관점에서 보면 A국보다 B국의 빈부 격차가 훨씬 심하게 나타나고 있는 경우, B국보다 A국의 국민의 소득 분포가 공익의 측면에서 보아 훨씬 바람직하다고 말할 수 있다.

셋째, 사회 구성원들 사이에 시장에서의 합리적 선택에 의한 효용의 극대화를 가져오고, 그 결과 사회 구성원 전체의 효용이 극대화되기 위해서는 완전경쟁시장의 조건이 충족되어 있어야 한다는 전제가 필요하다. 그러나 현실의 시장은 **시장의 실패**가 존재하며, 이러한 시장의 실패를 초래하는 요인들이 존재하는 한 개개 구성원들의 합리적인 행동이 곧 전체 효용의 극대화를 초래하지 못하는 결과를 낳고마는 것이다.

넷째, 인간은 자기의 이익을 극대화하려는 타산적 합리성을 지닌 계산적 존재이고 개인주의적이라는 관점 하에서 제시되는 '**죄수의 딜레마**(prisoner's dilemma)' 예시는 각자의 관점에서 합리적이라고 보는 의사결정이 전체적 입장에서 보면 더 불합리한 결과를 가져오게 되는 상황을 보여 주고 있다. 따라서 이는 사익의 집합이 곧 공익이 된다고 보는 학자 중의 대표적 학자인 스미스의 '보이지 않는 손'을 통한 자동 조절의 원리 및 이를 통한 공익의 극대화 주장이 내포하고 있는 대표적 약점 중의 하나이다.

2) '실체적 존재로서의 공익' 개념과 한계점

(1) 개 념

이는 공익은 사익의 단순한 집합이 아니며, 사익을 포함한 사회 구성원이 실제로 어떠한 가치관을 가지고 있는가와는 관계없이, 사회 전체에 바람직하거나 올바르게 추론되는 바의 가치의 실현이 곧 공익이라고 보는 입장이다.

이러한 관점에 따르면, 사회가 지향해야 할 궁극 목표 내지 최고선이 곧 공익의 내용이라고 본다. 예를 들면, **정의 · 자유 · 평등** 등의 가치의 실현을 공익으로 보는 것이다.[2] 이러한 입장에서 공익을 정의하려고 하는 사람들

2) 이러한 입장에서 공익을 정의하는 학자로는 Bodenheimer(1962), Adler(1939), Lippman

은 시민혁명 이전에 공익 개념에 대신하여 사용되던 국가 이익이라든가 공동선 등과 같은 모호한 신비주의적 개념 대신에 공익 개념을 기본권으로서의 자유·평등이나 사회 정의 등에서 찾으려 하고 있다.

이러한 공익관은 **자연법적 사고**에 기초하고 있다. 따라서 자유권과 같은 기본권은 우주의 섭리에 의한 천부적·자연적 성질의 자연법에 의해 주어진 것이므로, 이를 인간의 힘으로 함부로 제약해서는 안 된다는 것이다. 이와같이 자연법에 기초하여 공익의 내용을 이루는 이러한 가치들은 실정법이면서도 자연법적 정신을 담은 자유민주주의 국가에서의 **헌법의 기본 원리**로서 표현되어 있는 가치들이다. 그러므로 공익은 공동체의 의지와는 관계가 없고, 구성원들에 의한 이익 추구 활동이나 정치활동과는 관계가 없다. 따라서 이러한 공익관은 반정당적이고 반이익집단적이며 반여론적인 공익론으로서 한마디로 **반정치적**인 공익이론이다(Schubert, 1960: 79-81). 이러한 공익 개념을 편의상 '실체적 존재로서의 공익'이라 칭하기로 한다.

실체적 존재로서의 공익관은 국민 개개인의 기본권을 보장하는 것이 모든 국민들에게 도움이 되므로 공익이 된다는 기본 전제에 입각하고 있다.

(2) 한계점

사회 최고의 선을 공익이라고 보는 실체적 존재로서의 공익관의 한계점은 다음과 같다.

첫째, 그 내용이 모호하고 **추상적**이라는 점이다. 이와같이 모호한 공익 개념은 광범위한 동의를 얻는 데는 유리할지 모르지만, 구체적인 정책을 둘러싼 이해관계의 대립이 발생할 때에는 이러한 가치들에 대해 각각 자기 사정에 맞게 의미를 이해하기 때문에 이를 실천적으로 활용하기에는 한계가 있다. 즉, 최고의 선으로 제시되고 있는 추상적인 가치들 각각의 구체적 내용이 무엇인가를 둘러싸고 갈등이 발생할 수 있는 것이다.

둘째, 최고의 선으로 제시하고 있는 정의·자유·평등 등의 가치 사이에 갈등이 존재할 경우 어느 가치가 우선하는가의 문제가 있을 뿐만 아니라, 이들 가치 간의 갈등을 해결하기 위해 이 중 어느 하나의 가치만을 공익이

(1955) 등 참조.

라고 볼 경우 또한 문제가 되지 않을 수 없다. 예를 들면 평등이라는 가치에만 중점을 두고 공익을 정의할 경우, 그 과정에서 인간의 존엄성에 기초한 기본적 자유마저 침해될 우려가 있으며, 이 경우 이를 진정한 공익이라고 볼 수 없기 때문이다. 추상적인 수준에서 공익의 실체라고 보이는 것도 구체적인 내용의 경우에는 그들 간에 대립과 모순이 발생할 수 있는 것이다.

행정은 구체적 실천성의 성격을 띠고 있기 때문에 이들 추상적 가치들은 구체적인 사회문제를 해결하기 위한 정책을 결정하는 과정에서 어느 가치에 더 중점을 둘 것인가를 둘러싸고 이해관계를 달리하는 집단들 간에 갈등이 발생하기 마련이므로, 이들 가치들 각각의 내용은 추상적인 수준에 머물러서는 실용적 가치가 없게 되므로 의사결정의 과정에서 구체화되어야 한다.

3) '공동체적 가치로서의 공익' 개념과 한계점

(1) 개 념

이는 사회의 주어진 상황 하에서 사회 공동체가 바람직한 것(something desirable)으로 받아들여지고 있는 가치가 곧 공익이라고 보는 견해이다.[3] 이 견해가 '실체적 존재로서의 공익'과 다른 점은 공익 개념을 정의할 때 사익에 기초하고 있고, 구체적 **상황성**을 전제로 하며, 공익의 개념을 사회 구성원들 각각이 소유하고 있는 모든 가치가 아닌, 사회 공동체에 의해 바람직한 것으로 받아들이고 있는 가치만으로 규정하려는 점에 있다. 즉 현재, 여기에서의 사회 공동체 구성원들 사이에 일반적 · 보편적으로 바람직한 것으로 인정되고 있는 가치를 공익으로 보는 입장이다. 이러한 공익 개념을 편의상 '공동체적 가치로서의 공익'이라 칭하기로 한다. 공동체적 가치로서의 공익관을 이해하기 위해서는 공동체 개념에 대한 이해가 필요하다.

공동체 개념은 우선 구체적 시점과 구체적 상황성을 전제로 하는 공동체를 전제로 하는 개념이다. 따라서 시대성과 상황성을 초월하여 보편적으로

---

3) 이러한 입장에 있는 학자로는 Redford(1954), Friedmann(1962) 참조.

존재하는 가치를 중심으로 공익을 정의하려는 '실체적 존재로서의 공익'과 구별된다.

공동체 개념은 구성원들의 단순한 집합과는 구별되는 개념이다. 공동체는 구성원 개개인의 의지와는 구별되는 공동체 자신의 의지를 지니고 있다고 본다. 이를 '**공동체의 의지**' 혹은 '**공공 의지**(public will)'라고 부른다.

이와같이 공동체를 구성원들의 의지와 구별되는 나름의 의지를 가진 생명체적 존재로서 인식하는 사고는 히틀러의 나치즘이나 무솔리니의 파시즘과 군국주의 일본에 의해 악용되면서, 제2차 세계대전 이후 한동안 사라지게 되었다. 즉 이들 독재자들은 그들의 전제주의적 독재 체제를 유지하고 침략을 감행하며, 개인의 인권을 유린하는 정당한 명분으로 개인의 의지보다는 전체성을 강조하고, 개인의 집합 이상으로 존재하는 공동체의 발전과 융성을 강조했던 것이다.

공동체 개념은 1990년대에 들어와서 '크고 강한 정부'의 한계점에 대한 논의가 증대되고, 정치와 행정에 대한 시민의 참여와 협조를 통한 협력적 행정을 강조하게 되면서 다시 주목받게 되었다. 즉, 정부의 예산이나 인력을 감소하면서도 행정이 그 기능을 잘 수행하기 위해서는, 사회 공동체의 참여를 통한 행정 결정 및 이의 집행이 필요하고, 그럼으로써 '작지만 강한 정부'가 실현될 수 있다고 주장하는 **뉴 거버넌스**(new governance)라는 새로운 행정 패러다임이 등장하면서 공동체에 대한 관심이 다시 대두된 것이다.

그러나 최근의 공동체 개념과 과거의 그것과는 조금 다른 개념으로 이해되고 있다. 즉, 오늘날의 공동체 개념 또한 공동체를 구성원들의 단순한 집합체와 구별되는 실체성을 갖고 있다고 보는 점에서 과거의 공동체 개념과 맥을 같이한다. 그러나 오늘날의 공동체 개념에서는 자유로운 개인의 집합으로서의 공동체를 가정하면서도, 모든 인간들의 집합체가 그러하듯이 공동체 또한 공동체를 구성하는 개개인의 특성과는 구별되는 공동체 나름의 구조적인 특성을 가지고 있다고 본다. 그리하여 이 공동체가 보람 있는 사회생활을 위한 터전이 될 수 있게끔 시민들이 노력하여 구축해 나가야 함을 강조하고 있다(정정길, 2003: 296).

공동체적 가치로서의 공익관은 이와같이 사회 구성원 개개인의 특성과 구별되는 특성을 갖는 사회 공동체가 일반적 보편적으로 바람직한 것으로 인정하고 있는 가치를 공익으로 보는 입장이다.

(2) 한계점

'공동체적 가치로서의 공익관'의 한계점은 사회 공동체가 받아들이는 가치가 일반성·보편성을 띤 바람직한 가치와 언제나 일치한다고 볼 수는 없다는 데 있다. 예를 들면, 압도적인 다수의 사회 구성원이 백인지상주의를 신봉한다고 해서 유색인종에 대한 차별을 내용으로 하는 법을 정당하다고 할 수는 없을 것이다.

4) '절차적 결과로서의 공익' 개념과 한계점

(1) 개 념

이는 공익의 실제적 내용보다는 공익이 형성되는 **과정** 내지 **절차**에 중점을 두는 입장으로서, 이익집단 간의 **타협** 내지 **절차**를 거친 결과를 공익으로 보는 견해이다. 이는 사회 속의 수많은 이익집단의 존재를 인정하고, 이들 간의 민주적 분쟁 해결과 그를 위한 과정과 절차 및 이를 통한 타협의 결과가 공익이라고 보는 견해이다.[4] 이러한 공익 개념을 편의상 '절차적 결과로서의 공익'이라 칭하기로 한다.

절차적 결과로서의 공익관이 주장하는 구체적 내용은 공익은 국민 전체의 이익이 아닌 일부 **이익집단**들의 **이익의 합계**에 불과하며, 공익은 정책을 결정하는 과정에서 결정되며, 공익을 극대화하기 위해서는 따라서 공익의 내용보다는 공익이 형성되는 결정 과정을 합리화해야 한다고 하는 점이다.

절차적 결과로서의 공익관에서는 국가의 모든 정책이 그 속성상 그 정책으로 인해 이익을 보는 집단(즉, 정책의 효과를 향유하는 집단)이 있는가 하면, 손해를 보는 집단(즉, 비용을 부담하는 집단)이 존재하고 있다는 사실에 주목한다. 따라서 이들 각 집단들은 자기 집단에게 더 많은 이익을 초래하고, 비용은 더 적게 부담하는 정책이 결정되도록 하기 위해 정책이 결

4) 이러한 견해를 주장하는 대표적인 학자는 Schubert(1960), Sorauf(1957) 참조.

정되는 과정에서 영향력을 행사하게 된다. 그러므로 정책이란 결국 그 과정에서 정책 내용을 둘러싸고 대립되는 **이익집단**들 간의 **조정**과 **타협**에 의해 형성된 내용에 불과하다고 본다. 그리고 이들 간의 조정과 협상 및 타협의 결과가 공익이 된다고 보는 것이다.

절차적 결과로서의 공익에서는 민주주의란 국민이 국가의 주인으로서 국민 개개인이 자신의 권리와 이익을 소극적으로 기다릴 것이 아니라, 적극적으로 주장해야 한다는 전제에 입각하고 있다고 본다. 그런데 국민 개개인은 그 영향력이 미약하기 때문에 이익집단을 구성하여 이를 효과적으로 추진하고자 한다는 것이다. 다시 말하면, 이익집단은 국민 각자가 자신의 이익을 효과적으로 표시하고 관철시키기 위한 수단이라고 보는 것이다.

그러나 오늘날 절차적 결과로서의 공익을 주장하는 학자들 중에 순수하게 이익집단론적 견지에서 이를 주장하는 학자는 거의 없다고 보아야 한다. 오늘날 이러한 관점에서 공익을 주장하는 학자들은 이익집단을 중심으로 한 설명보다는 공익은 그 실체가 객관적으로 존재한다고 보고 그 구체적 내용이 무엇인가를 찾으려는 공익 실체론자들의 주장에 반대하고, 정책을 결정하는 **과정**을 중요시하는 입장으로서 공익은 정책을 결정하는 과정에서 생성되는 것이며, 따라서 공익을 향상시키기 위해서는 **정책결정 과정**을 **합리화**시켜야 한다는 주장을 하는 것으로 요약될 수 있다. 다시 말하면 공익 실체론자들은 공익은 객관적으로 존재하며, 따라서 정책결정자들은 공익을 발견하는 것이라고 봄으로써 객관적 실체로서의 공익의 내용이 무엇인가를 발견하는 데 중점을 두는 데 반해, 절차적 결과로서의 공익 주창자들은 공익이란 정책결정 과정에 참여하는 사람들의 상호작용 속에서 결정되는 것이며, 따라서 객관적 실체로서의 공익을 찾는 데 중점을 둘 것이 아니라 정책결정 과정을 합리화시키는 것이 무엇보다 중요하며, 결정 과정을 합리화하면 공익은 그 과정에서 만들어지는 것이라고 보고 있는 것이다.

(2) 한계점

공익의 개념을 그것이 형성되는 과정 내지 절차에 두는 '절차적 결과로서의 공익관'은 많은 사람들로 하여금 공익에 관한 의사결정에 참여하고 의견을 개진할 수 있는 기회를 제공함으로써, 공익을 둘러싼 다양한 정치적 쟁점을 진정시킬 수 있다는 데 그 장점이 있다.

그러나 절차 자체의 합리성 여부에 대한 논의가 전제되지 않거나, 논쟁의 과정에서 좀더 설득력 있는 논리를 뒷받침할 수 있는 공익에 관한 지식이나 문제가 되고 있는 사항에 대한 만족할 만한 정보가 제공됨이 없이 민주주의적 절차나 과정에 참여할 경우 그것은 형식적인 절차나 과정에 지나지 않을 우려가 있다.

또한 이러한 방식은 **투표의 역설**(paradox of voting), **다수에 의한 횡포**(tyranny by the majority) 등의 문제점을 내포하고 있다. 따라서 절차나 과정에 입각한 공익 결정 방식은 반드시 바람직한 공익의 내용을 결과하지는 않지만, 공익에 관한 의사결정에서 최악의 실수를 정정해 줄 수 있다는 데에서 그 의의를 찾아볼 수 있을 것이다.

3 공익의 본질

(1) 공공의 개념과 이익의 개념의 복합어로서의 공익

공익(public interest)의 개념은 명목적 개념으로 보면 public(**공공**)과 interest(**이익**)의 복합어이다. 따라서 공공의 개념을 어떻게 규정하고 이익의 개념을 어떻게 규정하느냐에 따라 공익에 대한 개념 정의를 달리하고 있음을 알 수 있다. 예를 들면, '사익의 집합으로서의 공익관'에 따르면 개인주의적 관점에서 공공을 마치 시장에서 기능하는 소비자와 같이 보고 있다. 그리고 이들 공공을 구성하는 개개의 소비자들은 각자가 자신의 이익을 추구하는 합리적인 계산자로서 개인의 이익을 초월한 사회의 윤리나 공동체의 가치 등에는 관심을 기울이지 않는다고 보는 것이다. 이에 반해 '실체적 존재로서의 공익관'에서는 공공의 개념을 현실의 사회 구성원 속에 존재하는 공공이 아닌 현실을 초월한 가상의 공공을 가정하고 있다. 예를 들면, 롤스(John Rawls)가 말하는 '**무지의 베일**(veil of ignorance)'에 싸여 있는 공공과 같은 것이다. 따라서 이들은 자기 자신들에 대한 정보에 대해서는 전혀 무지한 무지의 베일에 싸여 있는 사람들이며, 따라서 그들에 의해 합의되는 내용은 자기 자신들뿐만 아니라, 다른 사회 구성원들에게도 이익이 되는 내용이 될 것이고, 그것이 곧 공익의 내용이 된다고 보는 것이다. 또한 '공동체적 가치로서의 공익관'에서는 공공의 개념을 공동체로 보고 공동체가 추구하는 가치가 곧 공익이라고 한다. 그런가 하며 '절차적 결과로서의 공익관'에서는 합리적 정책결정 과정에 참여하는 참여자 집단을 공공으로 보고 있다.

한편, 공익 개념에서의 이익의 개념을 어떻게 정의하느냐에 따라 공익의 내용이 그 의미를 달리한다. 이익의 개념을 사회적으로 바람직하다고 이론적으로 추론된 가치를 의미하기도 하는가 하면, 단지 유리・불리・이득・손실 등의 의미로 이해하면서 그 기초 위에 공익에 관한 논의를 전개해 나가기도 한다. 또한 공익 개념 속에 포함된 이익에는 **소극적 이익**과 **적극적 이익**이 있다. 전자는 이익의 침해를 방지함으로써 얻는 이익(예를 들면, 전쟁의 방지, 부당한 권리 침해의 방지, 예상되는 위험이나 손해의 제거)을 의미하고, 후자는 적극적으로 추구하는 이익(더 나은 인간다운 생활을 영위하거나 쾌적한 환경에서 살아갈 수 있는 권리)을 의미한다. 방위나 치안의 유지, 각종 공해의 규제, 과대광고의 규제 등과 관련된 법이나 정책은 전자와 관련된 이익이고, 재화나 서비스를 제공하는 이른바 배분정책(의료나 교육 서비스, 도시계획이나 자연환경의 보호, 국토 건설 등)이나 법은 후자와 관련된 이익이다.

(2) 장기적인 사익으로서의 공익

공익은 사익과 근본적으로 대립하는 개념이 아니라는 점이다. 공익이 효과적으로 기능하기 위해서는 반드시 사익을 포함해야 한다. 즉, 공익이 의미하는 집단의 이익 속에는 나 자신의 이익이 포함되어 있다는 믿음이 존재하지 않는 한, 자발적인 사익의 포기는 발생하지 않는다는 것이다. 그렇기 때문에 공익은 '**장기적인 사익**'(박정택, 1990: 58)으로서의 특성을 갖는다. 우리가 이기적인 인간에 대한 가정을 버리지 않는다면, 이기적인 개인은 자신의 이익을 포함하지 않는 어떤 가치를 위해서 결코 자신의 이익을 포기하지 않을 것이기 때문이다. 따라서 흔히 공익과 사익을 상호 대립하는 개념으로 이해하는 것은 사익을 '단기적인 사익'으로 이해하는 경우이다.

인간의 본성이 이기적이므로 '죄수의 딜레마' 상황을 초래한다는 주장에 대한 반론으로 제기되는 주장은, 인간 상호간에 배신이나 속임수를 쓰는 것보다는 정당한 사회규범에 기초한 상호 협동의 길로 나아가는 것이, 나를 포함한 모두의 이익이 된다는 것이 오랜 기간 동안의 경험을 통해 축적됨으로써 이기적 심리가 결국 이타적 행동까지를 초래한다는 점이다. 이러한 주장을 타당한 것으로 받아들일 때 공익의 필요성이 설득력 있게 받아들여질 수 있을 것이다.

결론적으로 공익은 내일의 더 큰 이익(나의 이익을 포함한 집단의 이익)을 위해 오늘의 나의 이익을 포기하라는 설득이며, 이기적인 인간은 만일 현재의 이익을 포기하는 것이 미래의 더 큰 이익을 가져다 줄 것이라는 기대가 '그럴 듯하면' 자발적으로 현재의 이익을 포기하게 된다. 그와 같을 때 현재 포기되는 단기의 이익이 어떻게 장기의 이익을 가져다 주는가를 연결시키는 것이 다름아닌 공익의 '정당화 논리'이며, '설득의 논리'이다.

(3) 사적 이익들 간에 양보와 타협을 유도해 내는 기능으로서의 공익

정치적 논의의 장에서는 이익을 그 평가 기준으로 하면서도 그 이익은 단순한 사적 이익이 아니고 공익이다. 이해관계가 대립되고 갈등을 일으키는 정치적 논의의 장에서는 논의에 참가하는 자들은 자기 측의 이익을 추구하면서도, 그 이익을 명백히 주장하는 것이 아니고, 그것을 공익 혹은 사회복지에 합치한다고 주장하거나, 적어도 배치하지 않는다고 주장한다. 이와같이 공익은 정치의 장에서 사적 이익을 추구하는 사람들이 그러한 이익의 추구가 단순한 자기들만의 사익의 추구만이 아니라, 공익에도 또한 관련된다는 점을 다른 참여자들에게 설득시켜야 한다는 부담감을 제공함으로써, 사적 이익을 추구하는 사람들 간에 **양보**와 **타협**을 초래하게 하는 원인이 되게 한다는 점에서도 그 의의를 발견할 수 있다. 그러므로 공익은 정치적 논의에서 가치 간의 대립이 발생할 때, 이를 해결하기 위한 하나의 매력 있는 기준을 제시해 주기도 하지만, 그 개념의 불명확성으로 인해 **사익을 호도**하는 구실로 악용되기도 한다.

루소(Jean J. Rousseau)는 특수한 이익 간의 대립이 사회의 건설을 필요로 했다고 해도, 사회의 건설을 가능하게 한 것은 특수이익이 합치하는 곳에 있고, 사회를 결합시키는 것은 여러 이익 중에서 공통적인 이익이며, 이 공통적인 이익에 기초해서만 사회는 통치되어야 한다고 한다(三輪正, 1972: 139).

또한 **헤링**(Pendelton E. Herring)에 의하면, 공익은 제반 이익집단 간의 가장 활발한 경쟁을 보증하는 신화이다. "이익 간의 균형이 달성되도록 민주주의를 기능하도록 하고, 그 위에 공공정책을 발달시키는 일은 어떻게 해서 가능하게 되는 것인가. 일반적으로 통치는 정당에 의해 행해진다고 해도, 대통령이나 관료제에 의한 그것이고, 집단 이익의 얼마간의 조합에 그 기초를 두지 않으면 안 된다. 이러한 이익은 여러 가지 이데올로기에 의해 합리화될 수 있다. 나는 공익이라고 하는 신화를 옹호한다. 왜냐하면 그것은 바로 그 모호성이 집단 이익 간의 자유로운 상호 작용을 가능하게 하기 때문이다"(Herring, 1940: 424-425; 足立幸男, 1991/김항규 역, 1992: 48에서 재인용).

(4) 공익 개념의 유용성에 회의론과 옹호론

공익에 대해서는 이를 단순한 정서적 개념에 지나지 않으며, 따라서 분석 용구로서의 어떠한 유용성도 없기 때문에, 정치적 논의에서 오히려 혼란을 초래할 뿐이라고 하여 회의적인 태도를 보이는 학자들이 있는가 하면, 오히려 공익 개념에 대한 모호성 때문에 사회적으로 유용한 역할을 수행하고 있다고 보기도 한다. **베일리**(Stephen K. Bailey)는 "공익이라고 하는 어구(語句)는 정책결정자에게 …… 고통을 합리화하기 위해 의지하는 그물망이다. 이러한 어구가 만약 없다면, 대부분의 대통령, 양원 협의회 위원, 시장 등은 그리고 필시 장관도, 수상도 장군도 어찌할 바를 모를 것이다. 정책을 둘러싼 투쟁 속에서 받은 상처는 짓무르고 아플 것이다. …… 모든 용어 중에서 공익이라는 용어만큼 웅변적으로 신화의 유용성을 말해 주는 것은 없다. 그것은 행정가의 양심을 바르게 하는 방향제이다. 그것은 또 공중의 불만이라는 성가신 물이 표면에 분출하는 것을 억누르는 기름이다. 그것은 사회의 가장 효과적인 진통제 같은 것이다"(Bailey, 1962: 97)라고 하여 공익 개념의 유용성을 강조하고 있다.

(5) 자본주의의 산물로서의 공익

역사적으로 볼 때 공익은 자본주의의 산물이다. 개인의 자유와 권리에 기초한 질서, 대표적으로 시장 메커니즘을 바탕으로 한 자본주의 발전 과정에서 집단의 문제는 언제나 거북스러운 존재였다. 스미스(Smith, 1952: 194)는 완전경쟁 하에서는 시장을 통한 '보이지 않는 손'에 의한 자동 조절의 과정을 통해 소비자나 생산자 모두가 자신의 효용을 극대화하게 됨으로써 자원 배분의 효율성이 보장되고, 그렇게 됨으로써 사익의 추구는 물론 공익도 달성된다고 한다. 따라서 공익의 달성은 의도적으로 추구되는 것도 아니고, 구성원 각자가 자신의 사익을 추구하다 보면 '보이지 않는 손'에 의해 공익도 저절로 달성된다고 보는 것이다. 그러나 개개인이 시장을 통한 사익의 추구를 보이지 않는 손의 인도 하에 행한 결과가 언제나 최선의 결과를 산출하지 않을 수도 있다는 발견은 사익과 다분히 집단적인 의미의 공익 간의 관계를 어떻게 설정해야 할 것인가의 문제를 낳았다.

제 2 절 실천적 담론 과정을 통한 공익 개념의 재구성

1 공익에 대한 학설들 간의 갈등과 그 해결 방안

공익에 관한 지금까지의 논의를 개관해 볼 때 공익에 관한 학설 중의 어느 하나에 대해서만 이를 전적으로 지지할 수 없다는 것을 이해할 수 있다. 그러므로 각각의 공익에 관한 학설은 행정에서의 구체적인 의사결정 과정에서 의사결정에 참여하는 사람들 사이에 어떠한 결정이 공익에 적합한 의사결정인가를 논의할 때, 각자의 주장을 정당화하는 데 **준거 기준**이 될 수 있다는 점에서 그 의의를 찾아볼 수 있을 것이다. 행정이 추구하고자 하는 궁극적 목적으로서의 공익은 결국 행정조직 속에서 행정관료들이 매일매일의 의사결정을 수행해 나가면서 구체화되는데, 이 과정에서 이들 제반 학설들에서 제시하는 공익에 관한 가치판단 기준들을 놓고 어느 기준을 우선할 것인가에 대해 갈등을 경험하게 된다.

공익에 관한 의사결정 과정에서 기준들 간에 대립이 발생할 때, 그것을 해결하기 위한 하나의 매력 있는 방법은 당해 의사결정과 관련된 모든 가치판단 기준들 간의 서열이나 상대적인 우열 내지 상대적 비중을 확정할 수 있는 어떤 궁극적 척도를 제시하는 것이다. 다시 말하면, 행정에서의 공익에 관한 여러 학설들 간의 관계를 커다란 틀 속에서 이론적으로 서열을 정하고 체계화된 가치 체계를 구성하는 방법이다. 그러나 어떠한 상황에서도 보편적 · 객관적으로 적용될 수 있는 가치 체계를 구체적으로 제시하는 방안은 이론적으로는 가능할지 모르지만 이를 현실에 구체적으로 적용하는 데에는 한계가 있음을 인정하지 않을 수 없다.

공익에 관한 여러 학설들 간의 갈등을 해결하기 위한 방안으로 일반적으로 제시되고 있는 이론적 방법들을 소개하면 **일원론**, **서열법**(序列法, lexical oreder) 및 **가중치법**(加重值法, trade off)이 있다.

1) 일원론

일원론은 공익에 관한 가치판단을 둘러싸고 상호간에 대립하는 두 개 이상의 판단 기준이 있을 때, 그 중 일방의 원리 만에 기초해서 가치를 인정하고, 나머지의 가치들은 무시하는 방식으로 가치 간의 갈등을 해소하려고 하는 방법이다. 따라서 이는 복수의 가치판단 기준 사이에 갈등이 존재한다고 애당초 인정하지 않는 것이다.

그러나 이러한 방식은 세 가지의 갈등 해소 방식 가운데 가장 위험한 방법이며, 특히 공익에 관한 갈등의 경우 이러한 방식으로는 해결이 불가능함은 이미 설명된 바와 같다. 그것은 널리 일반적으로 승인된 다른 공익에 관한 기준들의 유효성과 의의를 전면적으로 부인하는 것이기 때문이다.

2) 서열법

서열법은 일원론과는 달리 대립하는 두 개의 가치판단 기준의 각각의 중요성과 의의를 인정하고 그들 사이의 상대적인 **질적 우열**을 확정함으로써, 가치 간의 갈등을 해결하려고 하는 방식이다. 예를 들면, '실체적 존재로서의 공익'이 '사익의 집합으로서의 공익'에 대해 서열상 상위의 원리라고 하는 견해가 옳은 것이라고 가정하자. 그러면, 예컨대 어떤 대안이 효율성의 관점에서 바람직하다고 하더라도, 자유나 평등과 같은 가치에 위배되는 것이면 무조건 바람직하지 않은 것으로 판단한다. 롤스는 그의 정의의 원칙을 통해 기본적 자유와 평등 원리 간에, 그리고 차등의 원칙과 기회 균등의 원칙 간에 서열을 정하고 있다.

이러한 서열법에도 몇 가지 문제점이 있다. 두 개의 판단 기준 간의 서열을 일반적으로 승인한다고 해도, 그 서열을 유보하고 역전하는 방법이 오히려 더 바람직한 한계적 상황이 있다고 할 수 있기 때문이다. 예를 들면, 자유주의자들의 대부분은 전통적으로 공익에 대한 시각을 경제적 형평과 같은 형평성 내지 평등의 가치에 두기보다는, 경제적 자유를 통한 효용의 극대화 내지 효율성의 극대화에 초점을 두어 왔다. 하지만 일단의 실업가나 가족이 사회적 부를 거의 독점하고 그 부의 힘에 의해 대다수의 국민에게 정치적·경제적 종속 상태를 강요하고 있는 상황에서는, 그러한 불평등을 조금이라도 시정하기 위해 그들의 경제활동의 자유를 제한하는 것이 허락될 수 있어야 공익에 도움이 될 수 있다. 마찬가지로 프라이버시나 언론의 자유의 서열적 우위는 국가가 적국과의 전쟁 상황에 직면해 있을 경우 이에 대한 제약이 허용되어야 한다.

이러한 문제에 대처하는 하나의 방법은 하나의 원리를 복수의 것으로 분할하는 방식이 있다. 예컨대, 자유를 시민적·정치적 자유와 경제적 자유로 나누고, 시민적·정치적 자유는 형평의 원리에 우선하지만, 경제적 자유는 그렇지 않다는 등으로 논하는 것이다. 또 하나의 방법은 예를 들면, 국가가 중대하고 절박한 위기에 처해 있는 때에만 프라이버시나 언론의 자유를 제약하는 것도 허용된다는 식으로 서열을 유보하거나 역전하는 것이 허용되는 예외적 상황을 미리 가능한 한 엄밀히 정식화해 두는 것이다. **롤스**는 그의 정의의 제1 원칙이 역전될 수 있는 **예외 규정**을 두고 있다. 즉, 모든 사람이 공유하는 자유의 전 체계를 강화하기 위해서라면 어떠한 자유에 제한을 가해도 무방하며, 또한 자유의 불평등이 그 불평등에서 자유를 적게 가진 자들에게 자발적으로 받아들여지는 경우가 그것이다.

그러나 이러한 예외 원칙의 제시가 있더라도 모든 예외적 상황을 미리 예견하는 데 한계가 있으며, 구체적인 경우 그러한 예외적 상황을 판단하는 주체가 누구냐에 따라서 이는 오히려 악용의 소지가 많이 잠재한다.

3) 가중치법

가중치법은 경합하는 가치판단 기준들의 의의를 인정하고 중요도에 따라 가중치를 부여하여 갈등을 해결하는 방식이다. 가중치법은 일원론을 부정하고 다른 가치판단 기준들을 인정한다는 점에서 서열법과 같지만, 기준들 간의 차이를 질적 서열이 아닌 **상대적인 차이**로 본다는 점에서 다르다.

설명의 편의상 두 개의 가치판단 기준 P_1과 P_2의 상대적 중요성이 1대 1이라고 하자(즉 P_1과 P_2가 동일한 정도로 중요하다). 즉 P_1의 충족도에서 1단위의 감소는 P_2의 충족도에서 1단위의 증대에 의해 상쇄되고, 역도 또한 참이라고 가정하자. 그러면 예를 들면, P_1을 6단위, P_2를 6단위 충족시키는 정책은 P_1을 5, P_2를 7단위 충족시키는 정책이나 P_1을 8, P_2를 4단위 충족시키는 정책 등과 동일한 정도로 바람직하다고 판단된다.

그러나 가중치법의 착상에는 서열법의 경우와 마찬가지로 P_1과 P_2가 함께 무시할 수 없는 기준으로 인정되어, 일원론이 단호히 부정되고 있기 때문에 예를 들면, P_1이 0, P_2가 12단위의 정책이나 P_1이 12, P_2가 0단위의 정책이 P_1을 6단위, P_2를 6단위 충족시키는 정책과 동일한 정도로 바람직하다고 간주되는 것은 아니다.

가중치법의 예는 **관리과학**에서 상호 이해가 상충되는 여러 개의 목적을 만족하는 정책 대안을 선택하기 위해, 계량화할 수 있는 목적들을 중요도에 따라 우선순위로 구분하여 가중치를 부여하는 방법을 통해 최적해를 얻으려 하는 **목적계획법**(goal programming)이 이 범주에 속한다.

가중치법은 서열법의 착상을 받아들이면서도 융통성의 여지를 남기고 있다는 점에서 가치판단 기준 간의 갈등을 극복하기 위한 방책으로 적용 범위가 넓다. 그러나 가중치법은 가치들에 대한 계량화를 전제로 하는 바, 많은 가치들은 이를 **계량화**하는 데 한계점이 있고, 따라서 이를 무리하게 계량화하는 경우 본래적 의미의 가치의 의의가 훼손될 우려가 있다.

2 실천적 담론 과정을 통한 공익 학설의 종합 방안

1) 구체적 상황에서의 공익에 관한 논의와 실천적 담론

가치판단 기준들 간에 갈등에 직면했을 때 위에서 소개한 세 가지 갈등 해결 방식으로는 일정한 한계점이 있음을 보았다. 구체적 상황 하에서 앞서 설명한 공익 개념 가운데 어느 공익관에 기초하여 의사결정을 행할 것인가는 행정가를 비롯하여 의사결정에 참여하는 전문가 및 이해관계자들의 신념 혹은 정치·행정철학적 관점에 따라 다르게 나타날 것이다. 따라서 바람직한 공익을 내용으로 합리적 의사결정을 이끌어 내기 위해서는 이들 참여자들 간의 **이성적 논의**를 통해 서로 갈등을 일으키는 공익관들 간에 **합의**를 도출하기 위해 상대방에게 서로의 견해를 설명하고 설득시킬 수 있는 절차와 방식을 필요로 하는 것이다. 다시 말해서, 공익에 관한 제반 학설들이 구체적 상황에서 처방적 지식으로 작용하기 위해서는 그들 지식들이 정치적 논의라는 **실천적 담론의 과정**에서 **변증법적으로 종합**될 수 있도록 하는 바람직한 절차에 대한 논의가 필요하다는 점이다.

이에 이 책에서는 제10장에서 언급한 바와 같이 실천적 담론 이론가들 중에서 **'훌륭한 이유'** 이론가들의 견해를 기초로 하여 실천적 논변의 구조 —직접 관련 정보, 주장, 근거, 한정어, 반증, 지지—속에서 공익에 관한 제반 관점들을 종합하는 방안을 강구해 보고자 한다.

실천적 담론에서 사용되는 실천적 논변의 구조 속에서 공익에 관한 의사결정에 참여하는 정치적 의사결정자, 집행자, 이해관계자, 전문가, 공중 등이 앞서 기술한 공익에 관한 제반 관점들과 현실적 상황성에 기초해서 제시하는 설득력 있는 '**훌륭한 이유**'를 기초로 하여 담론을 이끌어 가게 되면, 이를 통해 구체적 상황 하에서 당당한 방어력을 가진 공익에 관한 주장들이 모아지게 되고, 궁극적으로 가치와 사실이 혼합되어 모두가 수긍할 수 있고 실현 가능한 공익의 구체적 내용이 도출될 수 있을 것이라고 보기 때문이다.

이와같이 공익에 관한 논의에서 실천적 담론 이론을 도입하게 되면, 실천적 논변 구조 속에서 공익에 관한 제반 관점들이 때로는 근거(warrant) 논리로서, 때로는 근거에 대한 반증(rebuttal)의 논리로서 작용하여 변증법적으로 융합되어 나타날 수 있기 때문에 **공익 실체론자들의 견해**와 **과정론자들의 견해**를 종합할 수 있다는 점에서 그 의의를 발견할 수 있을 것이다.

2) 공익에 관한 실천적 논변의 전제와 헌법상의 원리

(1) 이상적 담론 상황

공익에 관한 논의에서 실천적 논변이 바람직하게 행해지기 위해서는 그 전제로서 이 책 제10장에서 실천적 논변을 설명할 때 기술했던 바와 같이 논변에 참여하는 사람들 간의 의사전달 구조가 체계적으로 왜곡된 의사전달 구조가 아닌 **합리적인 의사전달 구조**가 확립되어야 할 것이다. 그러한 의사전달 구조가 이루어질 때 비로소 그 안에서 상호 주관적으로 타당한 공익의 구체적 내용을 도출해 낼 수 있기 때문이다.

(2) 공익과 사익에 관한 헌법상의 원리

오늘날 행정이 헌법과 법률에 적합하게 행사되어야 한다는 법치행정의 원리는 헌법적 원리로서 행정의 지도 원리가 되고 있다. 따라서 공익의 구체적 내용이 헌법과 법률에 적합하지 않으면 위법한 행정으로서 그 효력이 부인되고 만다. 행정법은 행정활동에 정당성을 부여하고 그 근거로 작용하고 있는 법규범으로서 행정법의 지도 원리 또는 행정법의 목적으로 공익을 드는 데 이론(異論)이 없다. 공익은 따라서 행정이 추구하고자 하는 궁극 목표인 동시에 그 당연한 결과로 행정활동에 정당성을 부여하고, 행정의 지도 원리로 작용하고 있는 행정법이 추구하고 있는 목표이기도 하다. 그러므로 행정이 추구하고자 하는 공익을 달성하기 위한 원리들은 행정에 관한 법규범, 그 중에서도 최고법인 **헌법**에서 찾지 않으면 안 된다.

오늘날 행정법을 베르너(F. Werner)의 표현대로 '헌법의 구체화 법으로서의 행정법'으로 인식하고 있는 것이 일반적 현상이다. 또한 법치행정에서 법률에 의한 행정이라고 할 때의 법률의 의미는 단순히 의회에서 제정되는 모든 법률을 의미하는 것이 아니고, 헌법에 저촉되지 않는 **'합헌적 법률'**을 의미한다고 하는 실질적 법치주의가 보편적으로 받아들여지고 있다. 따라서 이러한 명제를 당연한 것으로 전제한다면, 행정의 궁극 목표가 되는 공익에 관한 판단의 근거를 헌법상의 기본 규범이나 원리로부터 도출해 낼 수 있는 것이다. 그리하여 행정을 수행하는 과정에서 직면하게 되는 구체적인 사안과 관련된 의사결정 내지 정책결정 과정에서 어떤 활동이 공익의 관점에서 바람직한 활동인가를 논의하는 공익에 관한 실천적 담론에 참여하는 사람들이 나름대로 공익에 관한 주장(claim)을 하고 그러한 주장의 근거를 제시할 때, 그리고 상대방이 제시하는 공익에 관한 근거에 대한 반증을 제시할 때, 헌법상의 기본 규범이나 원리가 설득력 있는 근거로 작용할 수 있는 것이다.

(가) 헌법 제37조 제2항에서의 공익과 사익 간의 조화 원리

우리 헌법은 자유권적 기본권 존중의 원리에 입각하여 국민의 자유권적 기본권을 열거하고 더 나아가 자유권적 기본권은 헌법에 열거되지 아니한 이유로 경시되지 아니하며(헌법 제37조 제1항), 국가는 이를 보장할 의무가 있음을 규정하고 있다. 그러나 자유권적 기본권도 무제한적으로 인정되는 것이 아니고 헌법 유보와 법률 유보에 의해 제한을 받는 바, 자유권도 내심의 작용에 관한 자유를 제외하고는 **국가의 안전 보장, 질서 유지**, 또는 **공공 복리**를 위해 필요한 경우에 한해서는 **법률**에 의해 제한할 수 있음을 명시하고 있다(헌법 제37조 제2항). 그러나 자유권을 제한하는 경우에도 그 제한은 불가피한 경우라야 하며, 그 경우라도 그 제한은 **최소한**에 그쳐야 할 뿐만 아니라, 보호하려는 이익이 제한하려는 이익보다 큰 경우라야 한다. 헌법은 기본권을 법률로 제한하는 경우에도 자유와 권리의 **본질적 내**

용을 침해할 수 없다"(헌법 제37조 제2항 후단)고 하여 본질적 내용 침해금지의 원칙을 명시하고 있다. 여기에서 본질적 내용의 침해라 함은 그 침해로 말미암아 당해 자유나 권리가 유명무실한 것이 되어버리는 정도의 침해를 말한다(권영성, 1999: 324).

현대 민주국가의 헌법은 **민주국가적 질서**와 **기본권 보장**을 그 이념으로 하기 때문에 예외없이 기본권 보장에 관한 규정을 두고 있다. 국가의 최고법인 헌법이 직접 기본권 보장을 선언하고, 그 불가침성을 규정할 때에만 국민의 자유와 권리를 실효적으로 향유할 수 있기 때문이다. 우리 헌법 제10조도 "모든 국민은 인간으로서의 존엄과 가치를 가지며, 행복을 추구할 권리를 가진다. 국가는 개인이 가지는 불가침의 기본적 인권을 확인하고 이를 보장할 의무를 진다"라고 규정하고 있다. 이와같이 자유민주주의 국가에서는 사회 구성원 각자가 그들 스스로의 판단에 의해 자신들의 이익을 극대화할 수 있는 권리가 헌법상에 기본권으로 보장되어 있는 바, 이러한 기본권을 총괄하여 **'사익'**의 개념으로 이해하고자 한다.[5]

한편, 헌법 제37조 제2항에서의 사익 제한의 근거로서 국가의 안전보장과 질서 유지 및 공공 복리를 들고 있는 바, 이는 결국 **공익**의 내용을 구체화한 것이라고 할 수 있다.

---

5) **기본권**이란 인권 또는 인간의 권리를 말한다. 인권 또는 인간의 권리라 함은 인간이 인간이기 때문에 인간으로서 당연히 누리는 권리를 말한다(권영성, 2004: 285). 한편 **사익**이란 인간이기 때문에 개개인이 추구하는 이익을 말한다. 따라서 기본권의 의미를 사익이라는 개념과 관련시켜 정의하면, 기본권이란 "인간이 인간이기 때문에 당연히 누리기 위한 이익을 추구할 수 있는 권리"라고 정의할 수 있다. 결국 기본권의 의미는 사익을 추구할 수 있는 권리라고 볼 수 있다는 점에서 기본권을 '사익추구권' 혹은 그 결과로서의 '사익'이라는 의미로 사용할 수도 있다고 본다.

박정택(1990: 68-70)은 우리의 일상적인 의미 속에서 사용되고 있는 사익의 의미 속에는 개인이 추구하는 부정적 자익(自益)이란 평가가 함유되어 있으므로 가치중립적이지 못한 용어라는 점을 들어, 사익이란 용어 대신 개익(個益)이란 용어를 사용하여 이를 '전체' 또는 '다수' 이익과 대비하여 개인이 추구하는 이익이라는 가치중립적인 용어로 사용할 것 제안하고 있다. 그러나 공익과 대비되는 의미에서 사익이라는 용어가 일반적으로 사용되어 왔고, 법적 측면에서 보면, 사익이라고 해서 무한정 추구할 수 있는 것이 아니고 여러 가지의 제한 요인이 존재하기 때문에 구태여 사익이라는 용어 대신 개익이라는 용어를 사용할 필요는 없다고 본다.

기본권(즉, 사익)이라고 해서 어떠한 제약도 받지 아니하고 어떠한 경우에도 제한될 수 없는 절대적이고 무제한적인 권리는 아니다. 사익으로서의 기본권은 국가의 안전 보장이나 질서 유지 혹은 공공 복리라는 공익을 달성하기 위해 행해지는 행정활동의 과정에서 일정한 제약을 받기도 하기 때문이다.

헌법은 제37조 제2항을 통해 공익을 이유로 기본권으로서의 사익을 제한할 수 있는 기준 및 근거에 대해 규정하고 있다. 또한 헌법에는 공익을 이유로 사익으로서의 기본권을 제한하는 경우에도 그 제한에는 한계가 있어, 기본권의 본질적 내용은 침해할 수 없도록 규정하고 있다. 따라서 헌법 제37조 제2항은 사익과 공익의 상호 조화의 원리를 천명한 규정이라고 할 수 있으며, 이의 의미를 다음과 같은 의미로 해석할 수 있다.

> "모든 국민들이 각자의 사익을 추구할 수 있는 권리는 국가 안전 보장, 질서 유지, 공공 복리와 같은 공익을 달성하기 위해 필요한 경우에 한해 법률로써 제한할 수 있다. 그러나 이러한 이유로 사익을 제한하는 경우라고 하더라도 사익의 본질적인 내용을 침해할 수는 없다."

(나) 법 앞의 평등

헌법은 제11조 제1항을 통해 "모든 국민은 법 앞에 평등하다. 누구든지 성별·종교 또는 사회적 신분에 의하여 정치적·경제적·사회적·문화적 생활의 모든 영역에 있어서 차별을 받지 아니한다"라고 하여 법 앞의 평등과 정치적 평등, 사회·경제적 평등 등을 규정하고 있다. 여기에서 보장된 평등권의 개념은 소극적으로는 국가로부터 부당하게 차별 대우를 받지 않을 권리와, 적극적으로는 국가에 대해 평등한 처우를 요구할 수 있는 개인적 공권을 의미한다.

(다) 사회적 시장경제 질서와 그 한계

현행 헌법의 경제질서는 사유재산 제도(헌법 제23조 제1항)를 바탕으로 하고, 경제활동의 자유와 자유경쟁을 존중하는 자본주의적 시장경제 질서(헌법 전문, 제119조 제1항, 헌법 제15조의 직업 선택의 자유, 헌법 제119조

제1항의 계약의 자유, 경쟁의 자유, 기업의 자유, 광고의 자유, 소비의 자유)를 근간으로 하고 있다. 따라서 경제 주체들은 시장을 통한 교환을 통해 효용을 극대화하기 위한 경제활동의 자유가 주어져 있다.

그러나 자유시장 경제는 공익을 저해하는 여러 가지 모순들이 존재하고 있는 바, 사회 정의와 경제 민주화를 실현하기 위해서는 국가적 규제와 조정을 광범위하게 인정하고 있는 이른바 **사회적 시장경제 질서**(수정자본주의적 경제 질서)의 성격을 띠고 있다는 점을 헌법 제119조 제2항은 명시하고 있다. 이 밖에 사유재산제를 제한하기 위한 원리로 헌법은 제23조 1항 후단에 "재산권의 내용과 한계는 법률로서 정한다"라고 하고, 제2항에서는 "재산권의 행사는 공공복리에 적합하도록 하여야 한다"라고 하여 법치국가 원리에 입각한 재산권의 사회적 구속성을 인정하고 있다. 이 밖에도 헌법은 국토의 이용 개발과 토지 소유권의 공공성(헌법 제122조), 자연자원의 부분적 사회화(헌법 제120조 제1항), 기업의 공유화(헌법 제126조) 등을 규정하고 있다.

그러나 이와같이 국가의 개입에 의한 전통적 자본주의적 **자유 시장경제 질서**에 **제한**을 가하더라도 거기에는 일정한 **한계**가 있다. 우리 헌법의 경우 첫째, 국가가 경제에 대한 규제와 조정을 할 때는 **보충성의 원리**에 입각하여 화폐경제 · 자유경쟁 · 계약의 자유 등 자유시장경제의 근간을 이루는 사적 자치의 기본은 유지되어야 하며,[6] 둘째, 헌법상의 복지국가 이념을 실천하기 위해 국가가 사적 영역에 개입하는 것이 필요하다고 하더라도, 우리 헌법은 자유주의적 시장경제 질서를 근간으로 하고 있으므로, 국가는 우선 사적 자치의 영역에서 그러한 공공 복리의 목적 수행이 가능하도록 조정하고, 그것이 여의치 않을 때에만 실질적 법치주의에 따른 목적과 비례성 범위 내에서 개입하는 것이 타당하다.[7] 셋째, 개인의 재산권을 침해하는 경우에는 사회적 이익과 조화를 이룰 수 있도록 필요한 한도 내에서 해야 하고, 그에 대한 보상을 전제로 해야 하며, 그 본질적 내용은 침해하지

6) 憲裁決, 1989.12.22, <88헌가 13>, 憲判集 1권, 357<376>면 이하.
7) 憲裁決, 1995.11.30. <94헌가 2>.

않아야 한다[8](예를 들면, 사유재산 제도를 전면적으로 부정하는 등 사회주의적 계획경제 내지는 전면적 사회화, 재산권의 무상몰수, 소급입법에 의한 재산권의 몰수, 담세 능력을 무시한 조세의 부과 등).

(라) 민주행정의 원리

우리 헌법은 제1조에서 대한민국이 민주공화국이며(제1항), 대한민국의 주권이 국민에게 있고, 모든 권력은 국민으로부터 나온다(제2항)고 규정하고 있어 민주주의가 국가 또는 행정작용의 근본 원리임을 분명히 하고 있다.

민주주의의 요체를 간단히 말하면, '국민에 의한(by the people), 국민을 위한(for the people)' 국가작용을 말한다. 따라서 행정은 이를 담당하는 공무원이 국민을 위한 행정을 해야 하고, 국민에 대해 책임을 져야 한다는 것뿐만 아니라(헌법 제7조 제1항), 공직에의 접근 기회가 균등히 보장되어야 하고, 국민이나 주민이 행정에 참여할 수 있는 기회가 주어져야 하며, 투명하고 공개적인 행정이 이루어져야 한다.

행정을 민주행정 원리의 관점에서 보는 기준에는 두 가지의 기준을 들 수 있다. **실질적 민주성**과 **절차적 민주성**이 그것이다. 실질적 민주성의 기준은 사회의 특수 이익집단의 이익이 아닌 국민 전체의 이익을 추구하고 있는가의 여부에 의해 평가하는 기준이다. 다음으로 절차적 민주성은 정책이 형성되거나 집행되는 등의 과정에서 특정 집단의 의사가 아닌 사회 다수 국민의 의사를 반영하는 방법이나 과정에 의거하고 있는가를 평가하는 기준이다.

절차적 민주행정의 원리를 실현하기 위해 제정된 행정절차법은 제1조에서 "이 법은 행정 절차에 관한 공통적인 사항을 규정하여 국민의 행정 참여를 도모함으로써 ……"라고 규정하고 있어 행정 절차가 민주주의와 직결되는 것임을 나타내 주고 있다. 또한 행정의 민주화를 실질적으로 실현할 수 있는 전제 요건으로 행정의 공개성 및 투명성 확보를 위해 공공기관의 정보에 관한 법률이 제정·시행되고 있다.

---

8) 憲裁決, 1989.12.22. <88헌가 13> 헌판집 1권, 357<373>면

(마) 복지국가 원리 및 한계

우리 헌법은 복지국가(사회국가) 원리를 규정하고 있는 바, 복지국가라 함은 모든 국민에게 그 생활의 기본적 수요를 충족시킴으로써 건강하고 문화적인 생활을 영위할 수 있도록 하는 것은 국가의 책무이며, 이에 따라 그것에 대한 요구가 국민의 권리로서 인정되어 있는 국가를 말한다.

우리 헌법은 전문에서 "모든 영역에 있어서 각인의 기회를 균등히 하고…… 안으로는 국민생활의 균등한 향상을 기하고"라고 하고 있고, 제10조(인간의 존엄성과 행복추구권), 제119조 제2항 등에서 사회국가 원리를 표명하고 있으며, 이를 위한 구체적 내용을 제31조(교육을 받을 권리·의무 등)부터 제36조(혼인과 가족생활, 모성보호, 국민보건)에 걸쳐 보장하고 있다. 또한 헌법 제23조는 재산권의 내용과 한계를 법률로써 정하도록 함으로써, 재산권 행사에서의 공익 적합성과 공용 부담을 규정하고 있다. 이밖에도 헌법은 사유재산 제도에 일정한 제약을 가하거나(헌법 제121조, 126조 등), 사회적 시장경제 질서를 지향하고 있다(헌법 제119조 제1항과 2항, 119조, 123조, 124조, 125조 등).

헌법이 보장하는 복지국가 원리에도 일정한 **한계**가 있다. 복지국가는 현대 국가가 지향해야 할 목표이기는 하나 여기에는 일정한 한계가 있는 것이다. 첫째, 복지국가도 헌법 원리인 법치국가 원리를 이탈할 수 없으므로, 법치국가적 질서를 무시한 복지국가화는 허용될 수 없으며, 둘째 복지국가를 달성하기 위해 자유권적 기본권을 법률로써 제한할 수 있다고 하더라도 자유와 권리의 본질적 내용을 침해할 수 없다. 셋째, 복지국가 실현을 위해서는 막대한 재원이 소요되는 바, 이는 국가의 재정 능력과 경제력을 고려하여 수행되어야 한다. 넷째, 경제적·사회적 문제 해결은 먼저 개인적 차원에서 그것이 해결되도록 하고, 개인적 차원에서의 해결이 불가능하다고 판단될 때 비로소 국가가 개입해야 한다. 이를 '**보충성의 원리**'라 한다.

(바) 공익 관련 헌법 규정과 행정과의 관계

공익의 문제와 관련하여 헌법과 행정과의 관계는 헌법의 규정이나 원리가 행정에서의 공익의 구체적 내용을 결정하는 데 준거해야 할 커다란 틀이라든가 지도 이념으로서의 원리를 제시하는 것이라는 점이다. 그러나 행정에서의 공익과 관련된 의사결정의 구체적 내용은 헌법에서 제시하는 원리에 입각하고 있으면서도, 구체적인 여러 가지 현실적 상황을 고려하면서 행해지는 정책적 선택의 결과라고 볼 수 있다. 그러므로 헌법 속에 존재하는 공익 판단의 원리들이 구체적인 행정의 수행 과정에서 직면하는 공익과 관련된 판단에서 설득력 있고 호소력 있는 의사전달의 힘을 가진 중요한 근거가 되거나 반증의 논거가 됨에는 틀림없으나, 그것들만이 구체적인 공익의 내용을 결정하는 데 설득력 있는 훌륭한 이유가 된다고는 할 수 없다. 사회 상호간의 관계성 속에는 옳고 그름을 판단하는 광범위하게 공유된 일반적 척도가 있듯이, 정책결정이나 의사결정에서의 가치판단에도 헌법에서 제시하고 있는 원리들 외에도 공유된 일반적 평가 기준이 존재하기 마련이기 때문이다.

3 공익과 생활행정학

행정의 궁극 목적이 무엇이냐는 질문에 '공익'을 추구하는 데 있다고 답하는 것이 일치된 견해이다. 행정은 자유로운 국민 생활에 간섭하여 지시하고 명령하는가 하면, 국민 생활에 필요한 재화와 서비스를 제공해 주기도 하고, 각종 계획을 통해 국민이 사회적·경제적·지역적 생활을 일정한 방향으로 유도하기도 한다. 그런데 자유민주주의 국가에서는 기본적으로 사회 구성원 각자가 남의 간섭을 받지 않고 스스로의 자유 의사에 따라 자신들의 이익을 극대화하기 위해 행동할 수 있는 권리가 헌법상에 자유권적 기본권으로서 보장되어 있다. 그럼에도 불구하고 행정이 위와 같은 방식으로 국민생활에 개입하게 되고 그 결과 국민의 자유권적 기본권을 제한하게 되는 바, 그 정당한 근거가 무엇인가라는 질문에 그것은 바로 공익을 추구하기 위함에 있다고 답할 수 있는 것이다.

문제는 공익의 구체적 내용이 무엇인가에 대한 명확한 정의가 어렵기 때문에 지금까지 논의해 온 바와 같이 공익을 둘러싼 다양한 견해들이 등장하게 되고 논의의 대상이 되는 것이다. 그러나 좀더 깊이 생각해 볼 때 행정학이 어떻게 하면 행정을 통해 공익을 달성할 수 있을 것인가에 대해 연구하는 것도 좀더 궁극적 차원에서 보면, 공익 추구를 통해 인간의 존엄성을 실현하고자 하는 데 있다고 할 수 있다. 물론 모든 학문의 궁극적 목적은 공통적으로 그것을 통해 인간의 존엄성을 더욱 제고하기 위함에 있다고 말할 수 있다. 다만 행정학은 행정이라는 수단을 통해 인간의 존엄성을 확보하기 위한 학문 분야라는 점에서 그 정체성을 가지고 있다고 할 수 있다.

이러한 시각에서 최근 행정의 궁극 목적과 관련하여 이른바 생활행정이라는 개념을 제시하는 학자가 있다. 조무성은 행정이 국민에 대한 봉사를 기본 이념으로 한다는 헌법적 정신에 입각하여, 행정학도 국민에 대한 봉사의 학문으로서 그 정체성을 확립하는 것이 필요하다고 주장하면서, 이를 위한 행정학으로서 생활행정학을 제시하고 있다.9)

생활행정학은 인간의 삶의 질과 인간 삶의 현실에 초점을 두어 국민이 고통받는 문제의 해결에 대한 메커니즘의 이해와 지식의 제공에 초점을 두는 학문이다.

생활행정학은 생활 속의 삶의 질에 초점을 둔다. 생활은 생명의 표현이다. 생활행정학에서 추구하는 삶의 본질은 **인간**과 **생명**이다. 따라서 삶의 질 향상은 인간과 생명에 대한 존중이요 가치를 부여하는 것이다. 삶의 질 연구는 주관적인 관점과 객관적인 관점 및 통합적 관점이 있다(조무성, 2002: 54-55). 주관적인 관점의 삶의 질은 개인적이고 심리적인 만족감으로 인간의 행복과 비슷한 개념이다. 객관적인 관점의 삶의 질은 인간의 만족에 영향을 미치는 삶의 조건을 의미하며 따라서 객관적인 척도를 사용하여 이를 측정하는 데 특징이 있다. 한편 통합적 관점의 삶의 질은 내면적인 심리와 객관적인 조건을 포괄하는 개념이다.

생활행정학에서의 삶의 질 추구는 국민의 총체적 건강(total health)의 추구를 의미한다. 총체적 건강이란 신체적 건강과 정신적 건강 및 사회와 자연의 건강을 의미한다. 따라서 생활행정이란 행정이 마음 건강, 몸 건강,

---

9) 생활행정학에 대한 자세한 내용에 대해서는 조무성(2002) 참조.

사회 건강, 자연 건강에 관한 문제에 대해 해결책을 제시하고 실행해 가는 것을 의미한다. 다시 말하면, 생활행정은 국민의 총체적 건강을 증진시키는 데 필요한 종교생활, 정신생활, 식생활, 운동생활, 휴식생활, 의료생활, 청결생활, 관광생활, 봉사생활 등의 질을 높이기 위한 행정이다.

제 12 장 동양의 행정철학

이 책에서는 지금까지 바람직한 행정을 위해 추구해야 할 가치의 본질과 가치판단의 기준은 무엇이고, 이들이 구체적 행정에서 어떤 의미를 갖는 것인가의 문제에 중점을 두어 왔다. 그러나 바람직한 행정 수행을 위해 더 중요한 것은 행정 실무를 담당하는 사람들이 행정에서 요구되는 이러한 가치들을 이해하고, 이를 현실의 행정 속에서 실현하려는 의지를 함양하는 것이라고 생각한다. 이를 위해서는 먼저 최고 통치권자를 비롯한 행정의 최고관리층의 도덕성과 윤리성이 회복되어야 한다. 이를 통해 궁극적으로 모든 공무원의 도덕성과 책임성이 회복될 때 비로소 공무원은 국민에 대한 봉사자, 곧 국민의 공복(公僕)이며 국민에 대해 책임을 지는 지위에 있음을 선언한 헌법 규정(제7조 제1항)이 의미를 갖게 되고, 행정의 신뢰성이 회복되어 바람직한 행정 가치가 실현될 수 있는 토양이 마련될 것이다.

이러한 의미에서 이 장에서는 동양의 대표적 정치·행정철학자인 **공자**(孔子)와 **맹자**(孟子)의 유교사상과 우리나라의 대표적 행정철학자인 **다산**(茶山)의 행정사상을 살펴보고자 한다. 이들은 무엇보다도 통치자를 비롯한 위정자들의 **덕**(德)을 강조하고, 그를 통해 모든 국민을 덕화(德化)할 수 있음을 보여 주고 있다.

그동안 유교에 대한 시각은 긍정적 시각보다는 부정적 시각이 지배적이었다. 이에 이 장에서는 공자와 맹자의 본래 의미의 유학 속에 내포된 정치·행정철학은 무엇인가에 관한 연구를 통해, 본래 유교가 갖는 긍정적 의미를 새로이 인식하고, 이를 오늘의 정치·행정에 되살려 보려는 취지를 내포하고 있다. 오늘날 공자와 맹자의 가르침으로서의 본래적 의미의 유교사상에 내포된 정치윤리 및 행정윤리적 가치가 절실히 요청되는 이유를 좀 더 상세히 열거하면 다음과 같다.

첫째, 공자와 맹자의 사상은 그들이 살던 당시 사회의 극도의 혼란기에서 인간 사회의 윤리성이 타락하고 정치·사회는 이권 쟁탈과 파당으로 혼미를 거듭하던 시기에, 정치·사회 질서를 바로잡고자 하는 의도에서 처방안으로 제시된 것이다. 오늘의 우리의 정치·사회는 공·맹(孔·孟) 시대와 같이 정치·행정 책임자의 윤리성·책임성이 극도로 실추되어 있는 상황에 직면해 있다. 따라서 공맹사상(孔孟思想)은 그 처방안으로서 필요한 교훈을 찾는 데 중요한 원천이 될 수 있다.

둘째, 오늘날 유교에 대해 갖는 시각은 긍정적 시각보다는 부정적 시각이 지배적이다. 이러한 시각이 지배적인 것은 유교적인 것이란 곧 권위의식·허례허식·공리공론(空理空論)·복종 의식·보수성·숙명성을 속성으로 하고 있는 것이라고 보는 데 있다.

이러한 시각으로 유교가 인식된 데에는 조선조의 창건과 더불어 상과 하의 관계를 엄격히 하여 군신지분(君臣之分)의 절대화, 다시 말해서 군권(君權)의 절대적 강화를 위한 명분론으로 성리학(性理學)을 정치·행정의 기본 이념으로 채택하여 이를 강화해 온 데 있다.[1]

---

1) 공자와 맹자에 의한 유학(儒學)은 본래 종교나 철학 등으로 분리되지 않은 단순한 도덕사상이었다. 공자는 춘추 시대(春秋時代)의 어지러운 사회를 바로잡으려고 천하를 주유하면서 인(仁)과 예(禮)를 설파했으나 뜻대로 되지 않아 고향에 돌아와 육경(六經: 詩·書·禮·樂·易·春秋)을 제자에게 가르치며 도리를 후세에 전했다.

선진 시대(先秦時代)에 이르러 유학은 도덕 실천의 학으로 크게 발전했으나, 시황제(始皇帝)의 분서갱유(焚書坑儒)로 큰 시련을 겪은 다음 한(漢)나라 시대와 당(唐)나라 시대에는 경전(經典)을 수집·정리하고 그 자구(字句)에 대한 주(注)와 해석을 주로 하는 소위 **훈고학**(訓詁學)이 이루어졌다. 그러나 송·명 시대에 이르러 유학은 정치적 또는 종교적 사회 체제의 변화에 따라 노자(老子)사상과 불교사상 사상을 가미하면서 이론적으로 심화되고 **철학적인 체계**를 갖추게 되었다. 즉 북송(北宋)의 정호(程顥)는 천리(天理)를 논했고, 그 아우 정이(程頤)는 '성즉리(性卽理)'의 학설을 펴는 등 많은 학자들이 전개한 학설 본래 성리학은 그것이 송대(宋代) 때부터 왕권 강화의 의미가 강했던 바, 그것이 조선조에 수용되면서 왕권 강화 및 권위주의적 계층 질서를 중시하는 이념으로서의 성격이 더욱 뚜렷해졌다. 그리하여 본래적 의미의 공자와 맹자의 유교사상은 그동안 왜곡되게 인식되어 온 부분이 많은 것이 사실이다. 특히 유교를 공리공론만 일삼는 것으로 여겨진 것은 성리학이 발달해 가는 과정에서 유교의 학문적 경향이 형이상학적으로 흘러가면서부터이지 본래적 의미의 유교의 성격에서 유래된 것이 아니다. 『논어(論語)』 학이편(學而篇)에 "행하고 나서, 여력이 있거든 학문(學文)을 하라(行有餘力則以學文)"라고 하여 실천성을 강조하고 있다.

셋째, 공자의 정치·행정사상은 공자의 모든 사상 체계의 종합으로서 그의 사상에는 법이나 제도보다는 수신(修身) 혹은 수도(修道), 덕치(德治), 예치(禮治) 등 **위정자 중심의 덕**을 강조한다. 이러한 점은 이상국가의 통치자의 자격으로서 철인계급(哲人階級)의 덕(德)을 중시했던 플라톤의 사고와 맥을 같이한다.

한편, 다산은 조선 시대 17세기 후반부터 배태된 실학사상을 집대성하여 주자학의 이론 체계에서 벗어나 실학을 독자적인 철학체계로 체계화시킨 실학의 집대성자로 일컬어지고 있다. 실학은 그 근본 입장이 원시 유학(原始儒學)으로서의 공맹(孔孟) 유학에 충실하려 하는 학문적 경향에 중점을 둔 개념이라 할 수 있다. 실학은 임진왜란과 병자호란 이후 조선의 통치 이념인 성리학적 사상의 공리공론을 배격하고, 원시 유교사상에 기초한 실사구시(實事求是)적인 새로운 사상 체계의 구축을 통해 도탄에 빠져 있던 민중의 생활 안정과 부국강병을 위해 기존 주도 계층을 중심으로 한 모든 계층의 점진적 개혁의 필요성을 전개한 독자적인 일련의 변혁사상 체계라고 할 수 있다.

을 남송(南宋)의 주희(朱熹: 朱子)가 집성·정리하여 이를 하나의 **철학 체계**로 정립한 것이 성리학(性理學)이며, 이를 일명 **주자학**(朱子學)이라고도 한다.

성리학은 이(理)·기(氣)의 개념을 구사하면서 우주의 생성과 구조, 인간 심성의 구조, 사회에서의 인간의 자세 등에 관해 깊이 사색함으로써 한·당 시대의 훈고학이 다루지 못했던 형이상학적·내성적(內省的)·실천철학적인 여러 면에서 새로운 유학사상을 정립했다.

제1절 공자와 맹자의 행정철학

1 유교에서의 정치·행정의 개념과 방법

1) 정치의 개념

유교에서 보는 정치의 개념을 이해하기 위해서는 유교 경전에서 발견되는 정치의 의미를 이해하는 것도 그 하나의 방법이 될 수 있다.

정치란, 바르게 하는 것이다.[2]
정치란, 그것을 통해 백성을 바르게 하는 것이다.[3]
정치란, 그것을 통해 백성을 다스리는 것이다.[4]

이러한 내용들을 통해 볼 때 유교에서의 정치의 개념은 위정자가 백성을 바르게 다스리는 것이며, 이를 위한 전제 조건으로 **위정자** 자신이 스스로를 바르게 하는 **수기**(修己)가 있어야 함을 의미한다. 즉, 위정자가 수기·수덕(修德)의 과정을 통해 자신을 바로잡고, 그리고나서 백성을 바르게 다스리는 것이 정치라고 보고 있다.

정치를 이와같이 이해하는 것은 정치를 선(善)한 입장에서 보는 것으로서 동양의 소위 **왕도정치**(王道政治)나 서양의 플라톤의 **철인정치**(哲人政治) 사상이 이에 해당된다. 이러한 입장에서는 정치를 도덕 및 정의의 실현으로 보고, 이를 위해 통치자가 덕을 갖출 것이 요청된다.

플라톤의 이상국가론은 통치자가 국민의 생활을 지도하며, 정의를 비롯한 여러 덕을 실현함으로써 국민의 행복을 증진시키는 것이 임무라고 한다.

---

2) 『論語』 '顔淵', 政者正也.
3) 『左傳』 桓公三年條, 政以正民.
4) 『左傳』 隱公十一年條, 政以治民.

그는 국가의 세 계급을 인정한다. 즉, **제1 계급**은 지혜를 사랑하는 **철인계급**이요, **제2 계급**은 용기를 중히 여기고 국가를 방위하는 **군인계급**이며, **제3 계급**은 이익을 추구하기 위해 국민 생활에 필요한 필수품을 생산·공급하는 **농민**과 **노동자**들이라고 한다. 그는 제1 계급을 금(金)에 비유하고 제2 계급과 제3 계급을 각각 은(銀)과 철(鐵)에 비유했으며, 정치는 제1 계급에 속하는 철인(哲人)이 담당하는 철인정치가 행해져서 결국 모든 인간으로 하여금 덕을 완성케 하는 데에 그 목적이 있다고 했다.

공자나 플라톤에 반해 마키아벨리(N. Machiavelli) 등은 정치를 악(惡)한 측면에서 보아 정치란 권모술수이거나 투쟁·대립에 불과하다고 본다. 정치란 기본적으로 대립과 투쟁 속에서 소수자의 다수에 대한 권력의 유지에 지나지 않는다고 보고 있다. 마키아벨리는 정치를 도덕과 무관하다고 보고 따라서 권력의 유지와 확대를 위해서는 도덕을 유린해도 무관하다고 보고 있다. 그는 군주의 자질로서 덕성보다는 여우와 늑대를 닮은 성격의 소유자일 것을 강조했다(Machiavelli, 1952: 101-102). 동양의 경우 소위 **패도정치**(覇道政治)라는 것이 이와 같은 입장에서 정치를 보는 것으로서 인의(仁義)보다는 무력이나 권모술수를 중히 여긴다.

유교에서의 정치 개념은 또한 통치자의 인격에 중점을 둔다는 점에서 인물보다는 제도나 절차에 중점을 두는 법치주의에 입각한 민주주의 사상과 구별되는 정치사상이다.

『논어』 위정편(爲政篇)에서 공자는 "백성을 법으로써 인도하고, 형벌로써 다스린다면 백성은 법을 어기고 법을 피함을 수치로 여기지 않으나, 덕으로써 인도하고 예로써 백성을 다스린다면 백성은 수치를 알아 올바른 길로 나아갈 것(道之以政 齊之以刑 民免而無恥. 道之以德 齊之以禮 有恥且格)"이라고 하여 법이나 제도 등의 구조적 측면보다 인적 측면을 더 중시하는 정치철학에 입각하고 있다.

2) 정치의 방법과 위정자의 자격 요건

(1) 정치의 방법

『논어』 안언편(顔淵篇)에 자공(子貢)이 공자에게 어떻게 하면 정치를 잘하여 국가를 잘 다스릴 수 있는가를 묻자 공자는, "먹을 것이 풍부하고(足食), 국방이 튼튼하며(足兵), 국민이 정부를 신뢰케 해야 한다(民信)"고 했다.

자공이 또 묻기를 "부득이하여 이 세 가지 중 한 가지를 그만두어야 한다면 어떤 것을 먼저 버려야 하는가?"를 묻자 공자는 "군대의 훈련을 그만두어야 한다(去兵)"고 했다. 또 자공이 묻기를 "부득이 남은 족식(足食)과 민신(民信) 중 한 가지를 버려야 한다면 어느 것을 버려야 하는가?"를 묻자 공자는 "먹을 것을 그만두라(去食)" 하고 "죽음이야 누구든 면할 수 없지만 국민으로부터 신뢰감을 상실하면 정치를 할 수 없다"[5]고 했다.

로스토(W. Rostow)는 공자가 말한 족식·족병·민신과 플라톤의 재화(財貨, money), 자유(freedom) 및 질서(order)가 결국 같은 내용을 다른 용어로 표현하고 있음에 주목하여 이를 현대적 개념으로 바꾸어 족식·재화를 **경제 성장과 복지**(economic growth and welfare)로, 족병·자유 등의 개념을 **안보**(security)로, 민신·질서 등의 개념을 **헌정 질서**(憲政秩序, constitutional order)로 표현하고, 이들 가치가 곧 정치 체제가 행해야 할 목표 체계라고 한다(Rostow, 1971: 21-24).

(2) 위정자의 자격 요건

유교에서 보는 바람직한 정치를 실현하기 위해서는 무엇보다도 국민이 정치 행정의 담당자에 대해 갖는 신뢰성이 중요하며, 이를 위해서는 그들의 수기(修己)가 우선되어야 한다고 본다. 즉 남을 다스리기 위해서는 먼저 나 자신을 바로 잡아야 한다는 점이다. 따라서 공·맹지도(孔·孟之道)는 일명 '**수기안인지도**(修己安人之道)'라 불린다.

---

5) 『論語』 '顔淵', 子曰 問政 子曰 足食足兵 民信之矣 子貢曰 必不得已而去 於斯三者何先 曰 去兵 子貢曰 必不得已而去 於斯二者何先 曰 去食 自古皆有死無民信 不立.

수기안인(혹은 修己治人)의 구체적 방법은 무엇인가. 『대학(大學)』 경문(經文)에서는 그 구체적 과정을 다음과 같이 설명하고 있다.

> "옛날 밝은 덕을 천하에 밝히려는(平天下) 사람은 우선 그 나라를 다스렸고(治國), 그 나라를 다스리려는 사람은 우선 그 집안을 바로잡았고(齊家), 그 집안을 바로잡으려고 했던 사람은 그 전에 그 몸을 닦고(修身), 그 몸을 닦으려고 했던 사람은 먼저 그 마음을 바르게 했고(正心), 그 마음을 바르게 하려고 하는 사람은 먼저 그 뜻을 성실하게 하고(誠意), 그 뜻을 성실하게 하려고 한 사람은 먼저 그 지식을 투철하게 했으니(致知) 이는 모든 사물의 이치를 궁구(窮究: 格物)하는 데 있다(古之欲明明德於天下者 先治其國 欲治其國者 先齊其家 欲齊其家者 先修其 身 欲修其信者 先正己心 欲正其心者 善誠其意 欲誠其意者 先致其知 致知在格物)."6)

이러한 논의를 표현하면 [그림 12-1]과 같다.

[그림 12-1] 수기치인(修己治人)의 과정

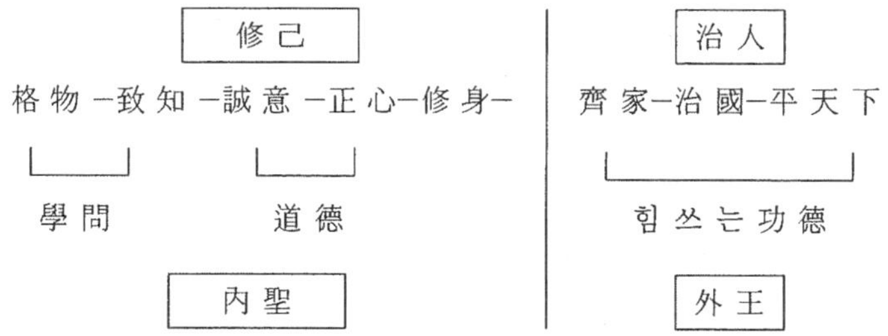

공자의 사상은 일명 **'내성외왕지도(內聖外王之道)'**라 칭해지기도 한다. '내성'은 수기의 최고 형태로서 내적으로 성인이 됨을 소망하는 것이고, **'외**

6) 정심(正心)이란 사적 감정을 통제함으로써 판단을 올바르게 하는 것을 말한다. 정심을 논하고 있는 전7장(傳七章)은 마음이 올바르게 되어 있어야(正心) 사리를 정확히 판단할 수 있다고 한다. 따라서 우리는 올바른 판단을 하기 위해서는 마음속의 분노, 공포, 환희, 근심 등을 통제해야 한다고 한다. 한편, 성의(誠意)란 정심이 타인과의 관계를 전제로 하여 마음을 닦는 것인데 반해, 자기 자신만의 내면 세계에서 자신을 대상으로 하여 마음을 닦는 것을 말한다(김종술, 1992: 78).

왕'은 내성을 통한 자기 완성에서 더 나아가 성군(聖君)으로서 만백성과 공영을 누릴 것을 소망하는 **안인**(安人) 내지 **치인**(治人)의 최고 이상 실현을 말한다.

2 유교 정치 · 행정철학의 특징

유교의 정치철학 속에 나타나는 특징이 무엇인가에 관해서는 보는 관점에 따라 학자마다 그 분류 유형이나 설명이 다양하다. 여기에서는 유교 경전에 충실하여 여러 학자들이 주장하는 특징들을 종합적으로 체계화하여 그 특징들을 열거하고자 한다.

유교의 정치철학에 내포된 특징들을 분류하면, **천명도덕 사상**(天命道德思想), **덕치주의**(德治主義), **민본주의**(民本主義), **정명사상**(正名思想), **예치주의**(禮治主義), **대동사회**(大同社會)의 이상 추구 등을 들 수 있다. 안종운(1990: 55-90)은 덕치주의가 위정자의 자격 요건에 관한 내용이라면, 예치주의는 정치의 방법론이고, 정명사상은 정치의 목적론이 된다고 한다.

1) 천명도덕 사상

『맹자』의 양혜왕장구 하(梁惠王章句 下)에는 "『서경(書經)』에 이르기를 하늘이 백성들을 이 세상에 내리실 때, 그 중에서 한 사람을 뽑아 임금과 스승으로 삼았다. 이것은 상제(上帝: 天)를 도와 백성들을 편안하게 하기 위함이었다(書曰 天降下民 作之君作之師 惟日其助上帝 窮之四方)"는 내용이 있다.

이와같이 유교에서의 천명도덕 사상은 하늘이 백성을 낳고, 그 중에서 가장 훌륭한 한 사람을 하늘의 으뜸 아들(元子)로 선택하여, 이 원자로 하여금 하늘의 뜻을 받들어 백성을 다스리게 한다는 구조로 되어 있다. 즉, 유교의 철학은 하늘과 사람 사이의 조화를 전제로 한다.

맹자는 도덕의 근원으로서 천명을 제시하고 인간은 천명에 의해 품수(稟受)된 바의 인성을 실현하게 되면 도덕사회, 즉 왕도(王道)를 이룩하게 된다고 했다.

인간을 이와같이 하늘의 소생자로서 하늘의 뜻을 품수한 존재로 보는 천명사상은 **성선설**(性善說)의 근원이 되며 또한 인간의 존엄성을 지향하는 사고를 그 속에 내포하고 있다. 사람이 태어나면서부터 천부(天賦)의 본성을 가지고 있기 때문에 본래 선한 존재라는 것은 본성으로부터 나타나는 사단지심(四端之心)을 통해 알 수 있다. 사단지심이란 측은지심(惻隱之心), 수오지심(羞惡之心), 사양지심(辭讓之心), 시비지심(是非之心)의 네 가지 마음으로서 곧 측은히 여기는 마음, 불의를 부끄러워하고 불선(不善)을 미워하는 마음, 사양하는 마음, 옳고 그름을 분간하는 마음을 의미한다. 이러한 마음은 인간이라면 누구나 선천적으로 타고난 것이므로, 이러한 마음을 지니고 있지 않은 사람은 인간다운 인간이라 할 수 없는 것이다.

그렇다면 하늘의 소생자로서의 인간들을 다스리는 사명은 누구에게 주어지는 것인가? 인간에게는 천명으로서의 **인성**이 있는가 하면, 육신을 가지고 태어난 존재이기 때문에 육체가 요구하는 여러 가지 **욕구**를 가지고 있는 존재이기도 하다. 문제는 이와 같은 욕구와 본심(本心) 간의 조화가 어떻게 이루어지느냐에 있다. 즉, 욕구 그 자체의 존재가 문제되는 것이 아니고, 그 욕구가 적정의 도를 유지함으로써 본성을 함양하는 데 도움이 되도록 하는 것이 문제가 되는 것이다.[7] 따라서 과욕이 아닌 최소한의 욕구 충족 및 절제는 수기의 첩경이 된다.

인간은 본능적 욕구와 도덕적 본성의 양면성을 지니고 있는 존재로서 이 중 어느 면에 더 치중하느냐에 따라 인간 됨됨이가 달라진다. 인간이 자아의 본성을 계발하는 데 하찮은 본능적 욕구를 위해 소중한 도덕적 가치를 해치는 자는 **소인**(小人)이요, 위대한 덕성을 기르는 자는 **대인**(大人)인 것이다. 치인(治人)으로서의 자격은 대인에게 주어진다. 즉, 본능적 욕구에의

7) 퇴계(退溪) 이황(李滉) 선생은 인간의 타고난 본성을 '사단'이라 하고, 인간의 육체의 욕구를 '**기질**(氣質)의 **성**(性)'이라 하여 이를 희(喜, 즐거워함)·노(怒, 노여워함)·애(哀, 슬퍼함)·애(愛, 사랑함)·욕(欲, 욕심을 부림)·구(懼, 두려워함)·오(惡, 미워함), 즉 칠정(七情)으로 나누고 있다. 그리하여 이(理: 四端)로써 기(氣: 七情)를 다스려 인간의 선한 마음을 간직하여 바르게 살아가고, 모든 사물을 순리로 운영해 나아가야 한다는 **이기이원론적 주리론**(理氣二元論的 主理論)을 주장한다(이상은, 2002: 164-167).

치중보다는 자아 본성의 계발은 물론 만인으로 하여금 천부의 덕성을 발휘하여 저마다 윤리적·도덕적인 삶을 살도록 모범을 보이는 자에게 치인으로서의 사명이 주어진다.

이와같이 하늘은 **천명**을 자각하여 덕을 간직하는 대인에게 제왕(帝王)의 지위를 부여하여 하늘의 뜻을 받들게 하므로, 제왕의 지위는 어느 누구도 자의(恣意)로 전수할 수 없는 것이고 오직 천명에 의해서만 전수가 가능한 것이다.

그렇다면 천명은 무엇을 통해 알 수 있는가?

『서경(書經)』 태서편(泰誓篇)에는 "……하늘의 보심은 백성의 보는 바와 같으며, 하늘의 들으심은 백성의 들으심으로부터 하시나니(天視 自我民視 天聽 自我民聽)"라는 내용이 있다. 즉 민심(民心)이 천심(天心)이라는 뜻이다. 따라서 천명은 백성들의 민심에서 나오기 때문에 천하를 다스리는 사명을 사실상 부여하는 자는 **백성**들이라 할 수 있다.

2) 덕치주의 사상

전술한 바와 같이 인간은 천명으로서 부여된 선한 품성이 있는가 하면, 욕구 또한 가지고 있기 때문에 백성을 다스리는 자는 천리(天理)에 부합되는 윤리정치를 구현하기 위해 수기치인(修己治人)의 과정을 통해 사람의 본성 안에 있는 **덕을 실현해**야 하는데 이를 덕치(德治)라 한다.

(1) 덕의 실현 방법

덕을 실현한다 함은 구체적으로 어떻게 하는 것인가? 이는 사람의 본성 안에 있는 **인의예지**(仁義禮智)라는 네 가지의 덕목으로서의 도덕적 가치를 **실현**하는 것을 말한다. 그런데 인의예지를 깨닫고 실현하는 것은 자연히 되는 것이 아니고, 투철한 사명 의식에 입각하여 천명을 주체적으로 자각하고 수기 및 치인의 **수련 과정**을 필요로 한다. 따라서 통치자는 이러한 네 가지의 덕목을 스스로 체득하기 위해 유교의 경전인 『사서요경(四書五經)』을 연구하고, 중국의 고제(古制)를 공부하며 성현(聖賢)의 정신을 체득한다. 우리의 경우 과거 조선 시대 행해지던 경연(經筵) 제도[8] 역시 이를 위한 구체적 방법의 하나가 된다. 『맹자(孟子)』 고자장구 상(告子章句 上)에서는 이를 다음과 같이 기술하고 있다.

> 인의예지의 네 가지는 마음 밖에서 도금해서 장식한 것이 아니오, 원래 자기의 마음속에서 가지고 있었던 것이다. 그런데 다만 이것을 사람들은 깨닫지 못했을 뿐이다. 그렇기 때문에 나는 이러한 마음의 덕을 구하면 반드시 얻을 수가 있지만, 내버려두면 잃는다고 하는 것이다(仁義禮智 非由外鑠我也 我固有之也 弗思耳矣 故曰 求則得之 舍則失之).

『맹자(孟子)』 공손축장구 상(公孫丑章句 上)에는 인간의 본성으로서의 사단지심과 인의예지와의 관계를 설명하는 다음과 같은 기술이 있다.

> 측은히 여기는 마음은 인(仁)의 단서가 된다. 자신의 잘못을 부끄러워하고 남의 악한 행위를 미워하는 것은 의(義)의 단서가 된다. 사양하는 마음은 예(禮)의 단서가 되며, 옳고 그름을 가리는 마음은 지(智)의 단서가 된다. 사람들이 이 네 가지 단서를 가지고 있는 것은 마치 사지(四肢)를 가진 것과 같다(惻隱之心 仁之端也 羞惡之心 義之端也 辭讓之心 禮之端也 是非之心 智之端也 人之有四端也 猶其有四體也).

이와같이 인간은 선한 심성으로서의 사단지심을 본래부터 가지고 있기 때문에, 이에 뿌리를 두고 있는 인의예지의 덕을 수기의 과정을 통해 함양하고 실현할 수 있는 것이다.

인(仁)은 **유교 사상**의 **핵심 개념**으로서 모든 덕목의 최고 원리이며, 그 밖의 덕목은 인에 종속되는 개념들이다. 의(義)는 정치에 관련된 인간의 행위 규범이며, 예(禮)는 본래적인 덕을 외향적으로 표현할 때의 행위의 형식을 의미한다. 그리고 지(智)는 지식과 지혜를 의미한다.

인의 개념에 대해서는 유교 경전에서는 명확한 정의가 없이 여러 가지

8) 경연 제도는 국왕에게 경서(經書)를 강독하고 논평 연구하며 국왕의 학문을 지도하는 제도를 의미한다.

표현으로 나타나고 있다. 그 중 가장 대표적인 설명으로 인정받는 것이 '인'이란 "**사랑하는 것**"[9]을 의미한다는 것이다. 또한 『논어』 안연편(顔淵篇)에 안연이 인을 묻자 공자 왈 "자아를 극복하여 예를 행함(극기복례, 克己復禮)이 인이다(克己復禮爲仁)"라고 하여 인간의 본능적 욕구로서의 이기적 욕망을 극복하여 '이(利)'보다는 '의(義)'를 지향하는 것을 인이라고 보고 있다. 따라서 공자의 인(仁) 사상에는 이기적 공리주의를 멀리하는 정신이 내포되어 있다.

그렇다면 인(仁)은 어떻게 실현하는가? 『논어』 안연편(顔淵篇)에 중궁(仲弓)이 인을 묻자 공자 왈 "문 밖에 나가면 몸가짐을 귀한 손님을 보는 것과 같이 하며, 백성을 부림에 큰 제사를 모시는 것같이 공경하며, 자기가 싫어하는 일을 남에게 시키지 말아야 한다(出門如見大賓 使民如承大祭 己所不欲 勿施於人)"고 했다.

인을 행한다 함은 곧 자기가 싫어하는 일을 남에게 시키지 않는 것, 즉 자신의 마음을 미루어 남을 이해하는 것으로서 이를 '**충서**(忠恕)'라 한다. 따라서 충서는 유교철학의 중심 사상인 인을 실현하는 방법이다. **주자**(朱子)는 충서를 해석하기를 '충'은 중심으로 자기 자신을 다하는 것(盡己之心)이며, '서'는 자기 자신을 미루어 남에게 미치는 것(推己及人)이라 했다. 즉, **충**이 자기 자신의 내적 완성이라면, **서**는 타인과의 관계 속에서 인에 이르는 방법이라고 할 수 있다.

타인과의 관계 개념인 서를 논할 때 가장 근본적인 관계는 무엇인가? 그것은 곧 부모와 형제와의 관계이다. 이에 공자는 『논어』 학이편(學而篇)에서 "……효도와 형제 사랑은 인의 근본이다(孝弟也者 其爲仁之本與)"고 했다. 즉, 효는 인을 실천하는 출발점이라고 말한다.

유가에서는 먼저 "친척들을 그에 맞게 사랑한 이후에 백성에게 인자하게 대하며(親親而仁民), 백성에게 인자하게 대한 이후에 다른 모든 생명체를 사랑해야 한다(仁民而愛物)"고 주장한다. 이러한 친친(親親)의 감정을 확충시켜 다른 사람을 사랑할 수 있게 되면 이것이 바로 자신의 처지를 유추해

9) 『論語』 '顔淵', 樊遲問仁 子曰 愛人

서 남을 이해하는 데 이르는 것(推己及人)이며, 이를 통해서 나라를 다스리는 것이 바로 **덕치**(德治)요 **인정**(仁政)인 것이다. 공자는 자신의 이러한 추기급인이라는 사상을 '충서(忠恕)'라는 원칙으로 표현했다(동아일보사, 1996: 166-167).

(2) 지도자에게 덕이 요구되는 이유

『논어』 안연편에 다음과 같은 내용이 있다. 계강자(季康子)가 공자에게 정사(政事)를 묻기를 "무도(無道)한 죄인은 사형으로 다스려서 백성으로 하여금 겁을 먹게 하여 유도(有道)한 방향으로 나아가게 함이 어떠리오?" 공자가 대답하기를 "그대 정사(政事)를 함에 어찌 살인을 일삼으리요? 그대부터 착하고자 하면 백성은 저절로 착해질 것이니 군자의 덕은 바람이고, 소인의 덕은 풀이라 풀은 바람을 맞으면 반드시 머리를 숙입니다(如殺無道 以就有道 何如 孔子對曰 子爲政 焉用殺 子欲善 而民善矣 君子之德風 小人之德草 草上之風 必偃)."

또한 『논어』 자로편(子路篇)에는 "……윗사람이 예를 좋아하면 백성들이 감히 공경치 않을 수가 없고, 윗사람이 의를 좋아하면 백성들이 감히 복종하지 않을 수 없으며, 윗사람이 신의를 좋아하면 백성들이 감히 진심으로 대하지 않는 일이 없을 것이다." "윗사람의 몸가짐이 바르면 명령하지 않아도 백성은 행하고, 그 몸가짐이 올바르지 못하면 비록 호령을 할지라도 백성은 따르지 않으리라(上好禮 則民莫敢不敬 上好義 則民莫敢不服 上好信 則民莫敢不用情, 子 曰 其身正 不令而行 其身不正 雖令不從)"고 했다.

『맹자(孟子)』 이루장구 상(離婁章句 上)에는 "……만약 어질지 못한 자가 높은 지위에 있으면 이것은 결국 해악을 백성들에게 뿌리는 것이 된다. 위에 있는 임금이 도리를 가지고 판단하지 않고, 아래 있는 신하들이 법도를 지키지 않으며, 조정의 관리는 도의를 믿지 않고, 민간의 공인(工人)은 법도를 믿지 않아서 군자는 정의(正義)를 배반하고, 서민들은 형벌을 범하게 된다. 이렇게 하고서도 나라가 그대로 남아 있다면 그것은 요행이라고 할 것이다." "……임금이 어질면 나라 안 사람이 모두 어질게 되고, 임금이 의리가 있으면 나라 안 사람이 모두 의리가 없는 자가 없고, 또 임금이 바르면 바르지 않은 사람이 없으므로, 한번 임금을 바르게 하고 보면, 나라가 바르게 다스려져 안정되는 것이다(不仁而在高位 是播其惡於衆也 上無道揆也 下無法守也 朝不信 道 工不信道 君子犯義 小人犯刑 國之所存者 幸也 , 君仁 莫不仁 君義 莫不義 君正 莫不 正 一正君 而國定矣)"라고 했다.

이러한 내용들은 모두가 치자의 덕이 왜 중요한가를 설명하고 있는 내용들이다. 이와같이 유교정치에서 치자의 덕을 강조하는 것은 한마디로 유교정치가 **위민덕화**(爲民德化)를 그 이상으로 삼기 때문이다. 즉, 백성에 대한 정치를 기계적인 법조문이나 강압적인 명령에 의하기보다 윗사람의 덕화로부터 출발하여 아래 각계각층으로 확대되어 그것이 모든 백성에게 이르게 될 때, 정치는 일인의 정치가 아니라 천하인의 정치가 된다고 보는 것이다.

공자가 이와 같은 의미의 덕치를 강조한 후 맹자는 이를 **인도정치**(仁道政治)로 보고 이를 **패도정치**(覇道政治)와 대립시켜 **왕도정치**(王道政治)라 칭했다. 왕도정치는 백성을 덕과 예로 다스리는데 반해, 패도정치는 백성을 폭력과 기만 수단으로 지배하는 통치 형태이다. 전자가 정통성을 가진 정부의 통치 형태인데 반해, 후자 즉 패도정치는 정통성이 없는 정부가 취하는 통치 형태로서 이것이 지속되면 역성혁명(易姓革命)의 구실이 된다.

이상과 같은 유교정치의 이상으로서의 덕치주의 내지 왕도정치는 민주주의 제도하에서의 **법치주의** 사고와는 구별된다. 덕치주의는 **통치자의 덕**을 통해 백성을 다스리는 데 반해, 법치주의는 **법과 제도**에 의거하여 사람을 다스린다.

3) 민본주의 사상

민본주의 철학은 '민(民)'이 곧 나라의 근본으로서 임금은 백성 위에 군림하는 것이 아니라, 백성을 위해 봉사하는 지위에 있다고 보는 사상이다. 따라서 민본주의는 현대 민주주의적 특징을 그 속에 내포하고 있는데, 특히 백성들을 위한 정치(for the people)가 이루어져야 한다는 측면을 강하게 강조하고 있고, "공무원은 국민의 공복(公僕)이다"라는 헌법상의 정신이다.

민본주의 철학은 전술한 천명사상에 내포된 논리로부터의 당연한 귀결로서 도출되는 사상이다. 즉 하늘이 천자(天子)를 보내 백성들을 통치한다는 내용은 곧 하늘이 그의 뜻대로 천자를 변경시킬 수 있다는 뜻이 되며, 이와 같은 하늘의 뜻은 하늘의 소생자(所生者)인 백성들의 뜻, 곧 민심을 통해 알 수 있기 때문에 '민심은 곧 천심'이라는 논리가 통한다. 그러므로 천자로서의 임금은 '수기치인(修己治人)'의 덕치를 통해 백성을 위해 헌신하는 것이 곧 하늘의 뜻을 실현하는 것이 된다.

유교 경전에 나타난 민본 이념을 살펴보면 다음과 같다.

『논어』 안연편(顔淵篇)에서는 "옛날부터 누구나 다 죽음을 면할 수 없으나, 백성에게 신뢰를 못 받으면 나라를 지탱하지 못한다(自古 皆有死 民無信不立)"고 했다.

『맹자』 진심장구 하편(盡心章句 下篇)에서는 "맹자 가로되, 국가에서는 백성이 무엇보다도 귀중한 것이요, 사직(社稷)이 그 다음이요, 임금이 제일 가벼운 것이다. 그런 연유로 많은 백성에게서 신임을 받으면 천자가 되는 것이요, 천자에게서 신임을 받으면 제후가 되고 제후에게서 신임을 받으면 대부(大夫)가 되는 것이다(孟子曰 民爲貴 社稷次之 君爲輕 是故得乎丘民 而爲天下 得乎天 子 爲諸侯 得乎諸侯 爲大夫)"라고 했다.

이와같이 백성은 나라의 근본인데도 불구하고 민심에 위배되는 악정이 행해지면 어떻게 할 것인가? 여기에서 바로 맹자의 '혁명론'이 도출된다. 맹자의 혁명론과 관련하여 자주 인용되는 구절이 『맹자』 양혜왕장구 하편(梁惠王章句 下篇)의 다음과 같은 내용이다.

> 제선왕(齊宣王)이 묻기를 "탕왕이 걸(桀)을 내쫓고, 무왕(武王)이 주(紂)를 정벌했다는데 그런 일이 있었습니까?" 맹자가 답하되 "그렇게 전해 오고 있습니다." "신하로서 그 임금을 죽인 것이 용서될 수 있을까요?" "인도(仁道)를 해치는 자를 적(賊)이라 하고, 의리를 해치는 자를 잔(殘)이라고 합니다. 잔적을 일삼는 자는 이것을 일부(一夫)라고 합니다. 일부인 주(紂)를 죽였다는 말은 들었어도 임금을 죽였다는 말은 아직 듣지 못했습니다(齊宣王 問曰 湯放桀 武王伐紂 有諸 孟子對曰 於傳有之 曰臣弑 其君可乎 曰賊仁者 謂之賊 賊義者 謂之殘 殘賊之人 謂之一夫 聞誅一夫紂矣 未聞弑君也)."

앞의 내용이 맹자의 유명한 '**방벌론**(放罰論)'으로서 혁명의 가능성과 그 타당성을 옹호하고 있으며, 혁명의 근거를 민심 즉 천명에 두고 있다. 이는 후술하게 될 공자의 정명사상(正名思想), 즉 명분론과의 관계에서 논쟁의 여지를 남기고 있는 내용이다.

정명사상 혹은 명분론은 사회 구성원 각자가 자기에게 주어진 위치에서 자기에게 주어진 직분에 충실할 것을 요구한다. 즉 군군신신, 군신지분(君君臣臣, 君臣之分)의 논리이다. 따라서 이러한 논리는 맹자의 방벌론에서의 주장과 상호 충돌될 수 있다.

정명사상이나 방벌론은 그 어느 것이나 그것만이 절대적으로 주장될 때 악용될 수 있는 여지를 내포하고 있다. 즉 정명사상만을 지나치게 강조하다 보면, 혁명은 어떠한 경우에도 극력 부정되지 않으면 안 되며, 또한 형식에만 치우치게 되어 군권(君權)의 절대화를 구축하는 데 기여하게 됨으로써, 민생을 외면한 위정자의 폭정을 정당화시킬 우려가 있다. 반대로 방벌론만을 너무 강조하다 보면, 개인이나 특정 집단의 이익을 위해 무력을 동원한 찬탈을 호도할 수도 있다. 다시 말해서, 민의에 기초한 혁명이 아닌 부당한 혁명을 정당화시키는 데 악용될 수도 있는 것이다.

4) 정명사상(명분론)

정명사상은 공자 정치철학의 중심이라 할 수 있는 사상으로서 소위 '명분론'이라 칭해지기도 한다. 그러면 '정명(正名)'이라고 할 때의 그 내용은 무엇인가? 『논어』 안연편(顔淵篇)에 정명의 내용을 설명하는 구절이 있다.

> 제경공(齊景公)이 공자에게 정치에 대해 묻자, 공자 가로되, "임금이 임금으로서의 도리를 다하고, 신하는 신하로서의 도리를 다하고, 아버지는 아버지로서의 도리를 다하고, 아들은 아들로서의 도리를 다하는 것입니다(齊景公問政於孔子 孔子對曰 君君 臣臣 父父 子子)."

'정명'의 '명'은 위의 내용에서 군(君), 신(臣), 부(父), 자(子)와 같은 각 신분상의 개념이며, 따라서 '정명'은 각자가 자기의 신분상의 위치에서 행해야 할 응분의 역할 기능에 걸맞게 행동하는 것을 의미한다고 볼 수 있다.

공자의 정명사상은 공자가 살던 당시의 사회상의 배경 위에서 그 의미를 이해해야 한다.

공자가 살던 당시는 정치 권력의 하극상(下剋上)과 사람들 사이의 불신 관계가 팽배해 혼란과 무질서가 난무하던 시기였다. 이에 당시를 살던 공자의 관심은 질서를 회복하고 사회가 유지되는데 필요한 여러 직능이 제대로 시행되게 하는 데 있었다. 공자는 한 사회에서 각 직능들이 제대로 수행됨으로써 나타나는 조화를 통해 통일과 질서 회복이 가능하다고 보았다. 즉, 사회 구성원 스스로가 자기의 위치를 확보하고, 당위적으로 요구되는 역할 기능을 다함으로써 사회질서 회복이 가능하다고 본 것이다. 이러한 이유로 인해 자로가 공자에게 묻기를 "위(衛)의 임금이 선생님을 기다려 정치를 맡긴다면 무엇을 먼저 하시렵니까?" 하고 묻자, 공자 대답하기를 "반드시 명분을 바로 세우리라(必也正名乎)"고 했다.

다음으로 논의될 수 있는 것은 정명을 이루기 위해서는 구체적으로 무엇부터 행해져야 하는가에 관한 것이다. 『논어』 안연편(顔淵篇)에 다음과 같은 내용이 있다.

> 계강자가 공자에게 정사(政事)를 물으니 공자가 대답하기를, "정(政)이란 곧 정(正)이니 그대가 솔선수범하여 몸을 바르게 가지면, 누가 감히 바르게 행하지 않을 것인가(季康子問政於孔子 孔子對曰 政者正也 子師以正 孰敢不正)."

정치란 곧 바르게 하는 것이다. 바르게 한다 함은 무엇을 바르게 하는 것인가? 그것은 먼저 나 자신을 바르게 하고(正己 즉, 修己) 그리고 나와 관계 있는 다른 사람과의 관계를 바르게 하는 것, 즉 치인(治人) 혹은 안인(安人)을 뜻한다. 나 자신이 수기의 과정을 통해 나 자신을 바르게 하면 나를 대하는 모든 사람도 나를 바르게 대할 것이며, 모든 사회 관계가 이와같이 바르게 이루어질 때 사회는 질서를 유지한다고 본다. 즉, 정명사상은 정치를 통한 바로잡음의 결과적인 상태에 초점을 둔 사상으로서, 이 때의 정치는 덕치를 의미하며, 그 결과 민본위민(民本爲民)의 정치가 이루어질 때 명분이 제대로 정립된다는 것이다.

공자의 중심 사상인 정명사상은 이와같이 자아를 윤리 실천의 주체로 본다. 『논어』 자로편에 나타나는 다음과 같은 내용은 이러한 논리를 뒷받침해 준다.

> "윗사람의 몸가짐이 바르면, 명령하지 않아도 백성은 행하고, 그 몸가짐이 올바르지 못하면, 비록 호령을 해도 백성은 따르지 않느니라(其身正 不令而行 其身不正 雖令不從)."

5) 예치주의 사상

전술한 정명사상은 인간 사회의 구성원 스스로가 자기의 위치를 확보하고 당위적으로 요구되는 역할 기능을 다해야 함을 역설한 것이었다. 그런데 이를 자기 외의 다른 사람들과의 관계성 차원에서 이야기할 때 이를 '**예**(禮)'라 한다. 다시 말해서 예는 인간과 인간과의 **관계성 개념**으로서, 인간관계의 바람직한 절차 내지 방법에 관한 것이다.

그러나 인간과 인간과의 관계성 개념이라고 해서 그 형식적 측면만을 중시하게 될 경우 그것은 예가 아니며, 한갓 허례허식에 지나지 않는다. 따라서 진정한 의미의 예는 인(仁)과 의(義)가 겸비된 덕(德)을 인간과 인간 사이에서 실천하기 위한 방법이 되어야 한다.

인과 의는 둘 다 인간의 본성에서 솟아 나오는 본래적 가치이다. 따라서 인과 의는 행위의 동기 중 깊고 본래적인 내용으로서 인간 행위의 실체를 형성하며, 예는 이와 같은 본래적인 **덕의 외향적 표현 형식**이라고 할 수 있다. 유교 경전에 인에 기초한 예를 중시하고 허례허식에 치우친 형식적 측면을 경계한 내용들은 다음과 같다.

『논어』 팔일편(八佾篇)에 임방(林放)이 예의 근본을 묻자 공자 왈 "……예는 사치보다는 검소해야 하고, 상사(喪事)는 형식을 갖추기보다는 슬퍼해야 함이니라(禮與其奢也 寧儉 喪與其易也 寧戚)."

『논어』 양화편(陽貨篇)에서 "예를 말하고 예를 들먹이고 있지만, 옥(玉)이 예인가 백(帛)이 예인가. 음악을 이야기하고 들먹이지만, 종(鐘)이 음악인가 고(鼓)가 음악인가?(禮云禮 玉帛云乎哉 樂云樂云 鍾鼓云乎哉)."

『논어』 팔일편(八佾篇)에서 공자 왈 "사람으로서 인이 없으면 예는 무엇 때문에 차릴 것이며, 악(樂)은 무슨 쓸모가 있느뇨(人而不仁 如禮何 人而不仁 如樂何)."

이와같이 인에 기초한 예가 인간 관계 속에서 표현될 때, 사양심과 공경하는 마음으로 나타나, 위로는 연장자를 공경하고 아래로는 모두에게 겸손하게 됨으로써, 다른 사람들이 감복하여 따르게 되므로, 진정한 예는 모든 사회적 관계에서 안녕 질서를 확립하는 근본으로서 '치지본(治之本)' '정지본(政之本)'이 된다.

예를 사회적 관계 개념으로 볼 때, 사회적 관계는 구체적으로 어떻게 나타나는가? 사회적 관계는 그 기초가 부모와 아들 간의 관계에서 출발하여 남편과 아내, 형과 동생, 노인과 젊은이, 벗과 벗, 임금과 신하 등의 관계로 확대되어 사회질서 및 국가질서를 형성하게 된다.

맹자는 대표적인 다섯 가지의 사회적 관계를 들고, 이 다섯 가지의 사회적 관계 속에서 본래의 덕으로서의 인과 의가 구체적으로 나타난다고 했다. 즉 아버지와 아들 사이에서는 친함이 있어야 하고(父子有親), 임금과 신하 사이에는 의가 있어야 하며(君臣有義), 남편과 아내 사이에는 분별이 있어야 하고(夫婦有別), 노인과 젊은이 사이에는 차례가 있어야 하며(長幼有序), 벗과 벗 사이에는 믿음이 있어야 한다(朋友有信)는 것이다.

이와같이 모든 사회적 관계에서 지켜야 할 윤리적 규율로서의 예가 행해지면, 이것이 국가의 정치 영역까지 확대될 때 예는 곧 정치의 근본 원리로까지 발전하는 것이다. 맹자의 다섯 가지 사회적 관계는 부자간(父子間)의 '효(孝)'가 모든 인간관계의 기초가 된다는 점을 보여 주고 있다.

3 유교정치의 이상으로서 대동세계

유교정치의 이상은 덕치, 민본위민(民本爲民) 및 예치를 통해 정명사상을 실현함으로써 정치·사회의 질서 회복을 목적으로 하며, 그 결과 나타나는 이상세계가 곧 '대동세계(大同世界)'라고 한다. 유교가 이상과 같이 민본덕치를 통해 구현하고자 하는 '대동세계'의 내용은 어떠한 세계인가? 『예기(禮記)』 예운편(禮運篇)에는 대동세계의 모습을 다음과 같이 기술하고 있다.

> "대도(大道)가 시행되는 시대에는 천하를 만인의 공유물로 생각하고, 현덕과 재능이 있는 자를 선출하여 정치를 맡겨 신의를 강구하고 협동을 다진다. 그러므로 사람들은 유독 자기 자신만을 친애하지 아니하여 사회의 노인으로 하여금 편안히 여생을 마칠 수 있게 하고, 젊은이로 하여금 충분히 자기의 능력을 발휘할 수 있게 하고, 어린이로 하여금 좋은 환경에서 자랄 수 있게 하며, 홀아비·과부·고아·자식 없는 외로운 늙은 이·나쁜 질병에 걸린 사람들이 모두 부양될 수 있도록 한다. 남자는 각각 일정한 직분이 있고, 여자는 모두 시집가서 가정을 꾸린다. 재화는 그것이 땅 바닥에 함부로 버려지는 것은 좋아하지 않으나, 그렇다고 반드시 나 한 사람의 사유물로 저장하려 하지 않으며, 노력은 그것이 내 몸에서 나오지 않는 것을 싫어하지만, 그렇다고 반드시 나 한 사람만을 위하자는 것은 아니다. 그러므로 음모는 닫혀서 일어나지 않고, 절도와 난적은 생겨나지 않는다. 그래서 대문을 닫아걸지 않고 안심하고 생활하니, 이것을 대동의 세계라 한다(大道之行也 天下爲公 選賢與能 講信 修睦 故人不獨親其親 不獨子其子 使老有所終 壯有所用 幼有所長 矜寡孤獨廢疾者皆有所養 男有分 女有歸 貨惡其弃於地也不必藏於己 力惡其不出於身也 不必爲己 是故謀閉而不興 盜竊亂賊而不作 故外戶而不閉 是謂大同)."

대동세계는 이와같이 정치적으로는 덕치가 행해져 안정과 질서가 유지되고, 경제적으로는 재화를 땅바닥에 버려두지 아니하고 이를 생산에 연결시킴으로써 경제를 발전시키고 생산의 결과를 전부 개인의 사유물로 독점하려 하지 않기 때문에 균등한 배분이 이룩되는 세계다. 또한 사회적으로는 복지 시설의 확충과 평등한 이용, 평등한 대우 및 상호 신뢰와 협조가 실현되는 사회이다. 따라서 이러한 세계는 모든 인류가 염원하는 이상향의 세계이다.

유교의 정치·행정철학은 제도나 절차보다는 인적 측면을 중시하고, 그 중에서도 특히 통치 계층의 덕화에 지나치게 의존한다. 이와같이 법적·제도적 기능이 갖는 효용이 전혀 무시됨으로써, 유교정치가 본래의 이상과는 달리 정반대의 결과를 초래할 수도 있다. 예를 들어, 통치자가 악정·폭정을 일삼을 경우 유교의 정치철학은 하늘이 무심치 않을 것이라는 소극적 태도에 머무르고 있을 뿐이다.

또한 유교에서 이야기하지 않고 있는 것은 피지배자의 정치 참여에 대한 것이다. 유교에서는 위정자 자신이 민을 위해 통치해야 한다는 위민사상은 놀라울 정도로 강조하고 있으면서도 민의 참여가 배제되어 있음으로써, 공권력에 대한 올바른 통제 방법이 강구되어 있지 않다.[10]

현대 민주정치는 정치 권력과 관련하여 액턴 경(Lord John Acton)의 유명한 명언으로 남아 있는 "권력은 부패되기 쉽다. 절대적 권력은 절대적으로 부패한다(Power tends to corrupt. Absolute power corrupts absolutely.)"라는 말처럼 권력을 장악한 자에 대한 불신에 기초하고 있고, 따라서 제도나 절차를 통한 권력의 견제와 균형의 필요성에서 출발했다.

권력의 남용을 억제하는 데에는 위정자의 덕성에 의존하는 방법이 있을 수 있고, 위정자에 대한 불신에 근거하여 법적·제도적 장치를 통한 방법이 있을 수 있다. 유교의 정치철학이 전자에 근거하고 있다면, 현대 민주주의 정치는 후자에 근거하고 있다. 따라서 민주주의는 적극적으로 위정자의 선정을 기대하기보다는 위정자들로부터의 해악을 방지하려는 소극적 성격이 강하다.

오늘날의 대의제 민주정치 하에서는 정당이 국민의 여론을 조직화하고 이를 국정에 반영하며, 절대 권력의 견제 기능을 수행할 것으로 기대되고 있다. 그러나 오늘의 정당은 민의를 조직화하고 이를 대변하기보다는 당리당략에 치우치고, 권력의 견제 기능을 수행하기보다는 부당한 권력 남용을 정당화시켜 주는 역할을 자행함으로써, 민주정치가 아닌 당주정치(黨主政治, particracy)로 전락되어 버렸다. 이러한 결과가 초래된 데에는 민주주의 제도가 형식과 절차에만 지나치게 의존함으로써, 그것만을 정치 정당성의 기준으로 삼는 데 있다. 따라서 민본주의 유교정치와 민주주의 정치 제도

10) 우리나라 행정에서의 공권력과 유교와의 관계에 대해서는 박동서(1988) 참조.

의 장·단점을 비교 분석하여 장점을 적절히 조화시킬 수 있는 방안을 검토해 보는 것도 큰 의의가 있을 것이다.

제 2 절 다산 정약용의 행정철학

우리가 다산(茶山) 정약용(丁若鏞)을 위대한 행정철학자로 인정하는 데 주저하지 않는 데에는 크게 두 가지 이유가 있다.

첫째, 그는 위대한 학자이자 저술가로서 500여 권에 이르는 방대한 양의 저술을 남겼고, 그 많은 저서들 중에서 약 3분의 1 정도가 **행정**에 관련된 내용이다.

둘째, 그는 조선 시대 17세기 후반부터 배태된 **실학사상**을 **집대성**하여, 주자학의 이론 체계에서 벗어나 실학을 독자적인 철학 체계로 체계화시킨 실학의 집대성자로 일컬어지고 있다. 실학사상은 16세기 말에서 17세기 초에 일어났던 두 차례의 전쟁, 즉 1592년과 1597년의 임진, 정유왜란과 1627년과 1636년의 정묘, 병자호란 이후 도탄에 빠져버린 절박한 사회 현실과 이를 수습해야 할 정치권력층의 정치 지도력에 한계성이 노출되면서, 기존의 정치 질서를 유지시키는 데 사상적 기반이 되어 온 성리학(주자학)에 대한 반발에서 대두된 시대적 산물이라고 할 수 있다.

1 실학의 개념과 다산의 위상

1) 실학의 개념

김한식(1979: 65)은 실학에 대한 다양한 개념들을 크게 두 가지로 분류하여 설명하고 있다. 하나는 실학의 '실(實)' 자라는 자구(字句)의 해석에 중점을 둔 개념 정의이고, 다른 하나는 '개신유학(改新儒學)'이라는 관점에서의 개념 정의이다. 전자의 경우는 '실(實)'을 '공(空)', '허(虛)', '가(假)', '무

(無)', '화(華)' 등에 대한 대립 개념으로 보아, '실용(實用)', '실증(實證)', '무실(務實)' 등의 내용을 실학이라고 보는 입장이다. 한편 후자의 경우는 '실학(實學)'을 '수기치인(修己治人)을 목표로 하는 유학의 본령에 충실한 상태를 가리키는 것'이라 하여, 실학의 근본이 어디까지나 유학이라고 보는 점에 특징이 있다.

전자는 조선의 통치 이념이었던 성리학이 조선 중기 이후(17세기 전후) 양반 문벌사회가 형성되면서 이의 정치·경제사상이 보수적·지주 옹호적인 방향으로 변질되어 나가고, 나아가 부국강병이나 민생안정이라는 현실 문제를 외면한 채 우주본체론(宇宙本體論)이나 인성론(人性論) 따위와 같은 철학적인 문제만을 가지고 부질없는 논쟁에 빠지게 된 조선 지도층들의 '허(虛)', '공(空)', '화(華)'의 자세에 대한 반발로 '실사구시(實事求是)'적 성격을 띤 실천적 성격을 띤 학문으로서의 실학의 성격에 중점을 둔 개념이라고 할 수 있다.

한편, 후자의 실학에 대한 개념 정의는 실학의 근본 입장이 원시 유학으로서의 공맹(孔孟) 유학에 충실하려는 학문적 경향에 중점을 둔 개념이라 할 수 있다.

이러한 두 가지의 개념들은 모두 실학의 개념을 이해하는 데 수용되어야 할 개념이라고 할 수 있다. 요컨대, 실학은 임진왜란과 병자호란 이후 조선의 통치 이념인 성리학적 사상의 공리공론을 배격하고, 원시유교 사상에 기초한 실사구시적인 새로운 사상 체계의 구축을 통해, 도탄에 빠져 있던 민중의 생활 안정과 부국강병을 위해, 기존 주도 계층을 중심으로 한 모든 계층이 점진적 개혁의 필요성을 전개한 독자적인 일련의 변혁사상 체계라고 할 수 있다.

2) 실학의 대두 배경

실학의 사상과 이에 입각하고 있는 다산의 사상을 이해하기 위해서는 그러한 사상이 대두된 당시의 시대적 상황을 검토해 볼 필요가 있다.

(1) 국내적 상황

조선은 16세기 말에서 17세기 초에 걸쳐 조선 강토를 휩쓸었던 왜란과 호란으로 인해 농경지가 거의 황폐해졌고, 이로 인한 백성들의 생활은 극도의 도탄에 빠져들어 갔다. 그럼에도 불구하고 양반들의 정권 획득을 둘러싼 투쟁은 더욱 격화되어 갔으며, 양란 이후 조선조의 경제·재정 상태의 빈약성과 이로 인해 초래된 **삼정**(三政)의 **문란**(紊亂)은 도탄에 빠진 민생을 더욱 처참하게 하는 결과를 초래함으로써, 사회 불안의 요소가 증대되어 조선의 전제군주 체제가 붕괴될 위험성에 직면해 있었다.

삼정이란 전정(田政)·군정(軍政)·환곡(還穀)으로서 이의 문란은 곧 국가 재정의 기초를 흔들어 버리는 결과를 초래했다. 삼정의 문란 중에서 가장 심각했던 것은 환곡의 문란이었다. 환곡은 춘궁기에 가난한 농민에게 국가의 미곡을 빌려 주었다가, 추수기에 석당 1두 5되(10분의 1)의 모곡(耗穀)을 가산하여 받아들이는 일종의 빈민 구제 제도였다. 그러나 이 제도가 악용되어 일종의 고리대업으로 변화하여 관리들이 필요 이상의 곡식을 늑대(勒貸: 억지로 대여하는 것)하거나, 소위 허류(虛留: 창고에는 곡식이 없는데도 장부에는 있는 것처럼 꾸며 놓는 것), 반백(半白), 분백(分白: 반은 곡식 대신 겨를 섞어서 1석을 2석으로 만드는 등의 방법)을 통해 백성을 괴롭힘으로써 삼정의 문란 중에서 가장 극심한 악폐를 낳은 제도이다.

이러한 상황 하에서 일반 백성들은 최저한의 생존 유지마저도 곤란한 상태에 이르게 되고, 그로 인해 기존의 정치·사회 질서에 대한 반항 의식이 고조되어, 여러 가지 사회·경제적 변화를 초래하게 되었다.

(2) 국제적 상황

17세기에는 국내적 상황 변화뿐만 아니라, 국외적으로도 변화가 일어나기 시작했다. 중국과 일본에서는 이미 서양의 근대 과학기술이 소개되어 천문·역학·수학·지리학 및 의학 등이 보급되고 있었다. 이에 조선에도 17세기 초부터 중국을 통해 서양의 과학 기술에 관한 서적들이 소개되어 연구되기 시작했고, 이와 함께 천주교 신앙에 관한 지식이 연속적으로 유입되어 이를 '**서학**(西學)'이라는 이름으로 연구되기 시작했다. 서양의 근대적 과학기술의 유입과 특히 서학의 유입은 실학파의 철학적 근본 입장을 확립하는 데 기여했다.

이와같이 기독교 교리와 서구 근대 과학기술 속에 내포된 합리적 과학 정신, 계몽주의 정신 외에도 17세기 이후 여러 유학의 제파(諸派)가 실학사상의 형성에 영향을 미쳤다. 한대(漢代)의 훈고학(訓古學)적 학풍이라든가 청대(淸代)의 고증학풍(考證學風), 양명학(陽明學) 등의 실천성을 강조하는 학풍이 실학사상의 형성에 영향을 미쳤다.

3) 실학사상의 전개와 다산의 위상

실학사상의 전개는 그것을 지지해 온 학자군과 주장 내용을 중심으로 제1기(18세기 전반까지), 제2기(18세기 후반), 제3기(19세기 전반)로 셋으로 분류하거나 혹은 이 세 단계를 '경세치용학파(經世致用學派)', '이용후생학파(利用厚生學派)', '실사구시학파(實事求是學派)'로 분류하기도 한다(이우성, 1974: 11-17).[11)]

(1) 제1기(경세치용학파)

경세치용학파는 반계 유형원(磻溪 柳馨遠), 성호 이익(星湖 李瀷), 안정복(安鼎福) 등이 대표적 학자들이다. 이들은 실학의 초기 학자들로서 주자학적 문제와 실학적 관심이 서로 모순 없이 추구되던 시기의 학자들로서, 반계 유형원의 학풍을 이어받은 성호를 중심으로 토지 제도의 개혁과 과거제도나 행정기구의 개혁 등 주로 제도상의 개혁을 주장했는데, 이들의 주장을 '경세치용(經世致用)의 학(學)'이라 한다.

(2) 제2기(이용후생학파)

이용후생학은 일명 '북학(北學)'이라고도 한다. 이 시기에 대표적인 학자로는 홍대용(洪大容), 박지원(朴趾源), 박제가(朴齊家) 등이 있다. 이들은 주자학의 이념에 대해서라기보다 주자학의 학풍에 대해 날카로운 비판과

---

11) 천관우(1979: 330)는 16세기 중엽부터 17세기 중엽에 이르는 동안을 신사조의 '준비기(準備期)'라 하고, 17세기 중엽부터 18세기 중엽에 이르는 동안을 '맹아기(萌芽期)', 18세기 중엽에서 19세기 중엽에 걸치는 동안을 '전성기(全盛期)'로 나눈다.

거부의 태도를 보이면서, 서경(西經)의 정덕(正德)·이용(利用)·후생(厚生)에서 이용후생을 취하여, 서구의 선진 기술이나 상공업의 발전을 통한 민중의 생활 향상에 주로 관심을 둔 학자군이다.

(3) 제3기(실사구시학파)

실시구시학은 정약용(丁若鏞), 김정희(金正喜), 최한기(崔漢綺) 등이 대표적 학자들로서 이들은 주자학의 이론 체계에서 벗어나 실학의 독자적인 학문 체계를 형성한 학자들이다. 이 학파는 경서(經書) 및 금석(金石)·전고(典故)의 고증을 위주로 했다.

이상의 논의를 통해 볼 때 다산을 실학의 집대성자로 칭하는 이유를 이해할 수 있다. 그는 실학사상의 전개 과정에서 내포된 모든 개념들을 모두 총체적으로 집대성하여 실학이라는 독특한 철학 체계를 형성했다. 즉, 다산은 실학의 개념 속에 포함되는 세 가지 특징으로서의 경세치용·이용후생·실사구시 등을 집대성하여 그의 저술 속에서 체계적으로 정리했다.

다산은 그의 저술 속에서 경세치용학파들이 주장한 각종 개혁사상뿐만 아니라, 이용후생학파들의 상업 및 기술의 발전 등을 총체적으로 다루었고, 학문의 기본 철학 체계를 공맹유학(孔孟儒學)으로서의 원시유교(原始儒敎)에로의 복귀라는 명제에 두고 있다. 그는 기존의 성리학을 비판, 극복하면서, 성리학에 의해 이단시되었던 양명학(陽明學)이나 고증학(考證學)의 장점까지를 수용했는 바, 이는 그가 단순히 복고주의자(復古主義者)라기보다는 자신의 독특한 철학적 입장을 제시한 것이라 할 수 있다.

2 다산의 실학사상과 정치·행정철학

1) 다산의 저술

다산의 방대한 500여 권의 저서 속에는 철학·정치·행정·경제·군사·법률·문학·수학·역학·생리학·천문·지리·역사 등 거의 모든 분야를 총괄하고 있다. 이러한 저술은 『여유당전서(與猶堂全書)』에 원래의 권수(券數)를 통합 축소해서 154권(券) 76책(冊)으로 현존해 오고 있다.[12] 이 중 대표적인 서적이 '**육경사서**(六經四書)'와 '**일표이서**(一表二書)'이다. 그의 '자찬묘지명(自撰墓誌銘)'에서 그는 '육경사서'는 수신(修身)에 관련된 학문이고(修己之學), '일표이서'는 국가 경영을 위한 저술(治人之學)임을 밝히고 이로써 본말(本末)이 구비(具備)되었다고 하여 이것이 다산 학문의 두 기둥이 되고 있음을 말해 주고 있다.

육경사서라 함은 『대학공의(大學公議)』, 『대학강의(大學講義)』, 『심경밀험(心經密驗)』, 『중용자잠(中庸自箴)』, 『중용강의보(中庸講義補)』, 『맹자요의(孟子要義)』, 『논어고금주(論語古今注)』, 『시경강의(詩經講義)』, 『보유(補遺)』, 『상서고훈서례(尙書古訓書例)』, 『상서고훈(尙書古訓』, 『매씨서평(梅氏書平)』, 『춘추고징(春秋考徵)』, 『주역사전(周易四箋)』, 『역학서언(易學緖言)』이고, 일표이서라 함은 『경세유표(經世遺表)』와 『목민심서(牧民心書)』 및 『흠흠신서(欽欽新書)』를 일컫는다.

육경사서는 성리학과 훈고학을 비판적으로 극복하고, 원시유학으로서의 공맹유학(孔孟儒學)의 근본 정신을 재천명하려는 취지에서 저술된 것으로, 여기에는 단순한 복고주의가 아니라 그의 시대에서 자신의 철학적 입장을 제시한 것이라 볼 수 있다(금장태, 1984: 257).

정약용의 야심적인 경전 연구를 통한 새로운 주석 체계(註釋體系)는 경학사(經學史)에서도 중요한 업적으로서, 그의 경학적(經學的) 입장을 성리학(性理學)이나 고증학(考證學)과 구별하여 **수사학**(洙泗學)이라 일컬어지

12) 『여유당전서(與猶堂全書)』라 함은 조선 정조 때의 실학자 다산 정약용의 문집으로서 여유당은 정약용의 생가(生家)의 당호이다. 1934~38년에 신조선사(新朝鮮社)에서 외현손 김성진이 편집하고 정인보·안재홍이 교열에 참가해 활자본 154권 76책으로 간행되었다. 신조선사판 『여유당전서』를 저본으로 해서 1962년 문헌편찬위원회가 다산연보를 첨가해 『정다산전서』라는 제명으로 영인본을 냈고, 1970년엔 경인문화사가 『여유당전서보유』 5책을 추가해 영인본을 출간했다. 전서의 체제는 내용에 따라 7집으로 분류되었는데, 1집은 시문집으로 25권 12책, 2집은 경집(經集)으로 48권 24책, 3집은 예집(禮集)으로 24권 12책, 4집은 악집(樂集)으로 4권 2책, 5집은 정법집(政法集)으로 39권 19책, 6집은 지리집으로 8권 4책, 7집은 의학집으로 6권 3책이다.

고 있으며, 여기서 그가 공맹유학의 정신을 재현하려는 기본 자세를 엿볼 수 있다.[13]

수사학이란 후세의 훈고주석학에 물들지 않은 순수한 공자학을 의미하며, 따라서 이를 **원시유학** 또는 **고학**(古學)이라 이르기도 한다. 그러므로 다산의 수사학은 그 당시 조선의 정치 이념이었던 성리학의 왜곡됨을 비판적으로 극복하고 경전 자체의 진실성을 회복하려는 학문적 입장이라고 할 수 있다.

한편, 일표이서 중에서 행정과 관련된 문헌은 『경세유표』와 이서 중의 하나인 『목민심서』이며, 기타 논(論), 책(策), 소(疏) 등이다. 『경세유표』는 『목민심서』와 더불어 다산의 여러 저술 가운데 그의 사회개혁 사상의 골격이 되는 몇 개의 글들 중에 하나로서, **『목민심서』**가 주로 **지방행정**에 관한 개혁을 내용으로 한다면, **『경세유표』**는 주로 **중앙행정**에 관한 개혁을 내용으로 하며 국가의 기본적인 재건 방향을 추구하고 있다.

『경세유표』는 원래에는 '방례초본(邦禮草本)'이라고 했다. 『경세유표』는 본래 '주례(周禮)'의 이념과 제도를 당시의 조선 현실에 창조적으로 적용하려는 데 근본 취지가 있었다. 다시 말하면, 주(周)의 예(禮)[14]를 우리나라의 기본 예(邦禮)를 형성하는 데 모범으로 삼아, 당시의 행정 제도상의 여러 가지 병폐를 치유하고 그 개혁을 위한 방안을 제시함으로써, 궁극적으로 부국강병을 초래하려는 취지를 내포하고 있다.

『목민심서』는 목민관인 지방 관리들이 지켜야 할 행동윤리 강령과 목민관이 갖추어야 할 경륜을 제시한 것으로서, 이를 통해 당시 타락할 대로 타락해 버린 목민관들의 정신적 자세를 바로잡기 위해 저술한 것이다. 여기에서는 목민관의 부임(赴任)에서 해관(解官)에 이르기까지 12편의 조례(條例)를 당시의 현실적 토대 위에서 기술하고 있다.

---

13) 경학(經學)이란 사서오경(四書五經)을 비롯한 중국 유가(儒家)의 경전의 글자·구절·문장에 음을 달고 연구하는 학문으로 유학(儒學)이라고도 한다.

14) 여기에서의 예(禮)는 곧 법(法)을 의미한다. 그러나 법이라고 표현하지 않고 예로 표현한 것은 선왕(先王)이 예로써 나라를 다스렸고, 예로써 백성을 다스렸으나 마침내 예가 쇠퇴함에 이르러 법이라는 명칭이 생겼기 때문이라고 한다(강만길 외, 1984: 335).

『**흠흠신서**(欽欽新書)』는 다산의 마지막 저술로서 『경세유표』나 『목민심서』 중 **형정**(刑政)에 관한 부분을 보완하기 위해 유배에서 풀려나게 된 이듬해인 1819년에 저술한 것이다. 다산은 형정의 근본을 조심하고 불쌍히 여기는 데 두고 있다고 말하고 있으며, 흠흠이란 서명도 그러한 뜻을 나타내기 위한 것이라고 한다.[15] 『흠흠신서』는 다산의 애민 정신에서 우러나온 법의학서로, 그의 형법 정신을 소상하게 알려 주는 책이다. 이를 통해 다산의 인민에 대한 정신이 어떠했으며, 또 한편으로는 그 당시의 관원들이 제도상의 협잡, 경제적 수탈, 그리고 백성의 생명의 문제에 대해 얼마나 가혹했는지를 보여 주고 있다.

2) 다산 실학사상에 나타난 정치 · 행정철학

다산 실학에 내포된 기본적 행정사상은 전술한 바와 같이 공맹의 유교사상과 실사구시, 이용후생적인 경세학적 사고가 그의 학문의 주류를 이루기 때문에, 기본적으로 공맹 유교사상에 내포된 정치 · 행정사상과 근대 지향적 · 실천적 · 개혁적 사상 등이 그 특징을 이룬다고 하겠다.

(1) 민본주의적 왕도정치 사상

다산의 민본주의적 사상이 가장 잘 나타나는 곳은 그의 저술 가운데 '원목(原牧)'과 '탕론(湯論)'이라는 논문에서이다. 원목에서는 백성이 목(牧, 통치자)을 위해 존재하는가, 목이 백성을 위해 존재하는가를 스스로 묻고, 목이 백성을 위해 존재하는 것임을 밝히고 있다.[16] 탕론에서는 천자가 어떻게 존재하는가를 묻고 이를 다음과 같이 설명하고 있다.

다산은 천명사상 같은 것을 부정하고 왕권신수설에 대치해서 아래서 위로의(下而上) 선거제적인 방식을 말하고 있다.

> …… 다섯 가구가 일린(一隣)이 되므로 다섯 인(隣)에서 추대된 사람이 인장(隣長)이 되고, 다석 인(隣)이 일리(一里)가 되므로 다섯 인(隣)에서 추대된 사

15) '自撰墓誌銘' 『全書』.

16) '原牧', 牧爲民有乎 民爲牧生乎 民出粟米麻絲 以事其牧 民出輿馬騶從 以送迎其牧 民竭其膏血津髓 以肥其牧 民爲牧生乎 曰否否 牧爲民有也.

람이 이장(里長)이 되고, 다섯 리(里)가 일현(一縣)이 되므로 다섯 리(里)에서 추대된 사람이 현장(縣長)이 된다. 여러 현장(縣長)의 공동 추대를 받은 사람이 제후(諸侯)가 되고, 제후들이 공동으로 추대한 사람이 곧 천자(天子)이다(夫天子 何爲而有也 將天雨天子 而立之乎 抑涌出地爲天子乎 五家爲隣 推長於五者 爲隣長 五隣爲里 推長於五者 爲里長 五鄙爲縣 推長於五者 爲縣長 諸縣長之所共推者 爲諸侯 諸侯之所共推者 爲天子).

이러한 주장 속에서 우리는 그의 주권재민적(主權在民的) 정치 · 행정 이념을 여실히 엿볼 수 있다. 그는 주권 그 자체가 대중에 있는 이상, 대중에 의한 통치자의 교체는 정당한 일이라고 보았으며, 천자란 대중의 추대에 의해 이루어진 것에 불과하다고 보는 것이다. 따라서 그의 '탕론'에서는 천자가 대중의 의사와 이익에 반하는 행동을 할 경우에는 그를 추대한 대중이 이를 교체하는 것을 당연한 것으로 보고 있다. 그는 이러한 민에 의한 천자의 교체 현상을 무대에서 무사(舞師)가 교체되는 현상에 비유하고 있다. 무사가 장단에 맞추어 지휘를 잘하지 못하면, 무대의 군중은 그를 끌어내려 대열 속으로 돌려보내고, 다시 다른 재능 있는 사람을 뽑아서 무사의 위치에 올려놓고 '우리들의 무사'라고 부르며, 그를 끌어올려 존경하는 것도 군중이요, 그를 끌어내리는 것도 군중이라는 것이다.

그러나 다산이 정치의 주체를 민중으로 보고, 또 민중을 위한 정치를 강조했으나 민중을 정치의 담당자로까지는 보지 않았다는 점을 간과해서는 안 된다. 즉, 그는 군주의 존재를 전적으로 부정하지는 아니했으며, 오히려 덕(德)과 예(禮)를 바탕으로 한 왕정(王政)을 이상적인 정치 형태로 생각했다. 다만 여기에서의 왕은 민본주의적 이념을 추구하고 덕을 겸비한 자격의 소유자일 것을 주장한다는 점에서 전제적인 왕정과는 구별된다.

요컨대, 다산의 이와 같은 정치 이념은 맹자의 **왕도정치** 사상에 근거하고 있고 그의 주권재민 사상 역시 맹자의 대중혁명 사상에 기인한다고 볼 수 있다. 여기서 말하는 통치자의 개념은 단순히 군왕 일인에 국한되는 것은 아니다. 이는 정치 · 행정에 참여하는 모든 지방관까지를 내포한다고 보아야 한다. 다산은 이러한 통치자들 중에서도 지방관(감사와 수령) · 토호 · 이서(吏胥)들의 직책을 가장 중요시했다.

(2) 평등주의·능력 본위의 사상

다산의 인간관은 맹자나 순자(荀子) 등의 성선설(性善說)이나 성악설(性惡說)과도 다르고, 주자학(朱子學)적 인간관과도 다른 독특한 인간관에 입각하고 있다.

(가) 주자학에서의 인간관

주자학자들은 인간의 본성을 '**본연**(本然)의 **성**(性)'과 '기질(氣質)의 성(性)'으로 나눈다. 본연의 성은 인간이 태어날 적에 하늘로부터 타고난 천리(天理)로서 순수지선(純粹至善)한 것이며, 인(仁)·의(義)·예(禮)·지(智)의 사덕(四德)이 그것이다. 이러한 본연의 성은 인간과 동물 간에 차이가 없고 인간 상호간에도 차별이 없다는 것이다. 다만 인간 상호 간이나 또는 인간과 다른 생물 간에 차이가 있다면, 그것은 현우(賢愚)·귀천(貴賤)의 차이가 있다는 것이며, 이는 기(氣)의 차이에 연유한다는 것이다. 이것이 **주자**(朱子)의 **성동기이설**(性同氣異說)이다(한영우, 1974: 318).

이러한 주자학적 인성론에 따르면, 인간과 인간 사이에는 기(氣)의 차이에 따라 생래적으로 현우(賢愚)·귀천(貴賤)에 차이가 있음을 정당화하게 된다. 성리학에 입각한 조선 정치·행정 이념에서는 이러한 인성관에 기초해서 양반 계급이 상민 계급과 생래적인 차이가 있음을 들어 지배를 정당화하는 근거를 제공했다.

(나) 다산의 인간관

다산의 인성론에 따르면, 인간만이 '**도의**(道義)의 **성**(性)'과 '**기질**(氣質)의 **성**(性)'을 겸비하고, 동물은 오직 기질의 성만을 타고난다고 보아 인간과 동물의 성이 본래부터 다르다고 본다. 또한 인간은 모두가 똑같이 도의의 성과 기질의 성을 겸비하고 있는 것이므로, 인간이 선천적으로 현우·귀천의 차이가 있을 수 없다는 것이다.

도의의 성이란 선(善)을 좋아하고 악을 미워하는 마음으로서, 이는 인간의 마음속에 깃들여 있는 천명의 작용에 의한 것이다.[17] 한편 기질의 성은

17) 맹자는 도덕의 근원으로서 천명을 제시하고 인간은 천명에 의해 품수된 바의 인성을 실

동물적 본능으로서 인간과 동물이 모두 타고난 성이다. 기질의 성은 그 자체 선도 악도 아니며, 다만 도의의 성을 버리고 기질의 성만을 따를 때 악이 나타난다.

이러한 다산의 인성론에서 우리가 이해할 수 있는 것은 그가 기본적으로 모든 인간이 선천적으로 평등하게 태어난다는 **평등사상**에 입각하고 있다는 점이다. 더 나아가 다산은 인간 사이에 성인과 소인의 차이가 생기게 되는 것은 그것이 생래적인 것이 아니라, 인간의 후천적인 태도에 기인한다는 것이다. 즉, 후천적으로 스스로 기질의 성을 억제하고 도의의 성을 따르는 자는 **성인**(聖人)이 되고, 기질의 성만을 따르는 자는 **소인**(小人) · **우인**(愚人)이 된다는 것이다. 따라서 다산에게는 인간의 주체적인 도덕 수양이 가장 중요시되며, 결국 인의예지라는 것도 인간의 후천적인 도덕 수양에 의해 얻어질 수 있다는 것이다. 다산은 『맹자요의(孟子要義)』에서 인 · 의 · 예 · 지의 명칭이 행동이 있은 다음에 성립하는 것이며, 인의예지라는 네 개의 열매가 복숭아씨나 살구씨처럼 인간의 마음속에 내재하는 것이 아니라고 한다.

다산의 이와 같은 인성론은 신분의 차별이나 지역적 차별, 신분세습제 등을 반대하고 평등주의를 주장하는 근거가 될 뿐만 아니라, 이의 당연한 결과로서 **능력주의**를 주장하는 근거가 되기도 한다. 다산은 능력에 따른 관리의 등용과 직업 선택을 주장했다. 다산은 『통색의(通塞議)』에서 다음과 같이 그의 평등주의에 입각한 능력 본위의 사상을 피력하고 있다.

"온 나라의 영재들 가운데서 발탁해서 등용해도 부족한 처지인데 하물며 영재의 8~9할을 버리고서야 어찌 인재를 얻겠으며, 온 나라의 생령(生靈)들을 육성시켜도 오히려 인재가 나타날둥 말둥한데 하물며 백성의 8~9할을 버리고서야 어찌 인재가 나타나겠습니까. 소민(小民)이나 중인(中人)이라는 신분으로 인해, 혹은 관서 · 관북 · 해서 · 개성 · 강화 출신이라 하여 쓰지 아니하고, 관동이

현하게 되면 도덕사회, 즉 왕도를 이루게 된다고 했다. 따라서 인성은 천명을 내재화한 것이므로 본래적으로 선하다고 할 수 있다. 맹자의 성선설은 바로 이러한 천명도덕사상에 기초하고 있다.

나 호남을 제한하며, 서얼이라 쓰지 않는다면 어떻게 되겠습니까?(盡一國之精英 而拔擢之 猶懼不足 況棄其八九哉 盡一國之生靈而培養之 猶懼不興 況廢其八九哉 小民 其棄者也 中人 其棄者也 西關北關其棄者也 海西松京沁都 其棄者也 關東湖南之半 其棄者也 庶孼 其棄者也北人南人 其不棄 而猶棄者也)."

"어찌 천하가 정신을 키우고 산천이 기액(氣液)을 기를 적에 수십가의 문벌에게만 정신과 기액을 몰아주고, 다른 사람들에게는 더럽고 탁(濁)한 기를 심어준다고 생각하여, 그 출생지에 따라 인재를 버릴 수 있겠는가?(何天地之聚會其精神 山川之亭毒其氣液也 必鐘之於數十家之産 而以其穢濁之氣播于其餘哉 以其所生之地 而棄之歟)."

"임금님께서는 동서남북의 사색(四色)에 구애받지 말고, 친소(親疎)와 귀천(貴賤)을 가리지 말고 인재를 등용해야 합니다(太上東西南北 無所障碍遐邇貴賤無所揀擇.)."

(3) 덕치 · 예치주의 사상

다산학은 공맹유학 사상에 기초하기 때문에 공맹유학 사상의 특징 중 하나인 덕치 · 예치주의 사상은 당연히 다산의 정치 · 행정사상의 기본을 이룬다. 다산이 유교의 덕치 · 예치사상을 구체적으로 그의 학문 속에 표현한 예는 그의 『경세유표』에 잘 나타나 있다. 그는 '법치'라는 표현보다는 '예치'(덕치)라는 표현을 사용하면서, 이를 이상적인 통치의 본으로 삼았다. 그는 『경세유표』 '방례초본 서(邦禮草本 序)'에서 선왕(先王)이 예로써 나라를 다스렸고, 예로써 백성을 다스렸으나 마침내 예가 쇠함에 이르러 법이라는 명칭이 생겨났으니, 법으로서 하는 것은 나라를 다스리는 것도 못되고 백성을 다스리는 것도 못된다고 한다.

다산은 주례(周禮)의 이상적인 통치윤리 내지 제도를 예치주의(禮治主義)의 모범으로 보아, 주례(周禮)의 이념과 제도를 당시의 조선의 정치와 행정 현실에 창조적으로 적용해 보려는 의지를 갖고 있었다.

(4) 과학적 사상과 실용주의적 공리사상

다산은 과학적 세계관에 입각하여 과학적 이론과 기술의 발전을 통해 농업 기술, 방직 기술, 군사 기술 및 의료 기술 등에 혁신을 이룩함으로써 부국강병과 국민생활의 향상을 도모할 것을 주장했다. 그는 '**기예론**(技藝論)'에서 우수한 기술 방법을 습득하여 이것을 장려하고 힘써 행한다면 나라는 부유해지고, 군대는 강해질 것이며, 백성의 생활은 향상되고, 건강은 증진될 것이라 했다.

이러한 그의 과학적 실용주의적 사고는 그가 일찍이 서학과 서양의 과학기술에 관한 지식에 접할 수 있었던 점도 중요한 요인이 되겠으나, 무엇보다도 실학의 이용후생적 사고에 입각하여 실천성을 중시한 그의 실학적 세계관이 근본 요인으로 작용했다고 본다. 그가 기술을 중시하고 근대 서양 기술 문명의 도입을 역설한 것은 기술이 천시되던 당시 조선 사회에서는 가히 선진적 사고라 아니할 수 없다.

다산은 과학적 지식의 도입과 이의 실천을 중시했을 뿐만 아니라, 스스로 이러한 사고를 실행에 옮겨 많은 업적을 남겼다. 그는 이익(李瀷)과 그 이전의 자연과학 연구자들이 서양의 근대 자연과학을 문헌적 고증의 방법으로 이를 우리나라에 소개했던 것과는 달리, 이를 기술 발전에 실험적으로 접합시켜 나라의 생산력 향상에 구체화시키려는 실용성을 크게 중시했다(성대경, 1990: 112). 천문학・기상학・물리학・지리학・건축학・조선학(造船學)・의학・농학 등에 관한 연구는 곧바로 그의 철학적 세계관 형성의 기초가 되었을 뿐 아니라, 나라의 생산력을 발전시키고 산업을 일으키는 이용후생을 위한 실용지학(實用之學)으로 활용되었다. 그는 축성(築城)・총포(銃砲)・병거(兵車)에 관한 지식과 기술을 가지고 있었으며, 이를 한강교 가설 설계와 수원성의 축조 시에 이용했다. 기중기(起重機)를 창제했고, 1792년에 홍역을 치료하는 여러 가지 처방을 기록한 『마과회통(痲科會通)』을 저술했으며, 종두법을 우리나라에서 처음으로 연구 실험했다.

다산의 이용후생 정신은 그가 재화의 생산이 백성의 생존과 국가의 존립에 필수적임을 주장하면서, 백성이 재화를 생산하고 이의 향유를 주장하는 것은 마치 물이 흐르는 것과 같이 자연스러운 욕구라고 주장하고 있는데서 엿볼 수 있다.[18] 이와같이 재리(財利)의 생산을 필연적이고 정당한 것으로

18) 『與猶堂全書』 I-11, '田論四'.

보는 것은 실학파의 공통적 특징으로서, 박제가(朴齊家)는 서경(西經) 속에 우(禹) 임금이 나라를 다스리는 데 기반이 되는 것으로 지적한 정덕(正德), 이용(利用), 후생(厚生)의 삼사(三事)를 인용하면서, "이용과 후생에 하나라도 닦여지지 못한 것이 있으면 위로 정덕을 해친다"[19]고 했고, 이용을 이룬 다음에 후생을 할 수 있고, 후생을 이룬 다음에 정덕을 이룰 수 있다고 했다. 이러한 주장은 덕(德)을 중시하지 않는다는 의미가 아니라, 덕만으로는 백성의 생존과 국가의 존립을 통한 사회적 안정을 가져올 수 없고, 덕과 이용과 후생 중 어느 한쪽에만 치우침이 없이 상호 불가분의 관계를 가진다는 점을 중시한 것이다. 이에 **최한기**(崔漢綺)는 "식(食)으로 인해 교(敎)를 베풀고, 교(敎)를 이루어 식(食)을 안정시키니, 이들은 서로 작용하여 한쪽에 치우치거나 폐지할 수 없다. 단지 식(食)을 위해 사람을 쓰면 탐욕스러우면서 부끄러움이 없을 것이요, 단지 교(敎)로써 사람을 쓰면 청고(淸高)함만 숭상하여 폐단이 심해진다. 식(食)으로 교(敎)를 상하게 하지 말고, 교(敎)로 식(食)을 해치지 말아야 한다"[20]고 했다.

다산은 이에 덕만을 숭상하고 유식(遊食)하는 선비도 농공상에 종사시켜야 한다고 주장하고,[21] 인간에게 공통적인 물적 욕구를 충족시키기 위해서는 모든 국민이 생산에 참여하고, 그 결과가 더 많은 사람에게 평등하게 배분되어야 함을 주장함으로써, 공리주의 정신과 함께 양반만이 재화를 독점하려는 사고에 반대하고, 인간 평등을 주장하는 사고가 그 속에 내포되어 있다.

3 다산 행정철학의 의의

이제까지 논의된 다산의 실학사상과 이에 기초한 행정사상을 요약하면 다음과 같다. 사실 500여 권에 달하는 다산의 방대한 저서 속에 담겨 있는

19) 朴齊家, 『北學議 序』.
20) 崔漢綺, 『人政』 券 25 '敎食先後.'
21) 『與猶堂全書』, Ⅰ-11, '田論五.'

그의 사상 체계를 간단히 설명할 수는 없다. 따라서 여기에서 요약된 내용들은 다산 사상의 극히 일부일 수도 있으며 그 일부에 관한 요약마저 불충분한 것일 수밖에 없다.

첫째, 다산이 실학의 집대성자로 인정을 받게 될 정도의 실학에 대한 학문적 위업은 그가 살던 당시의 정치·경제·사회적 환경과 주변 국가에 유입되어 오던 서구의 근대 과학기술과 천주교의 교리와 접촉할 수 있었던 점, 양반 가문에서 태어나 일찍부터 선배 실학자들의 실사구시, 이용후생적 사고 등을 배우게 된 점 등이 혼합되어 나타난 결과라고 할 수 있다. 특히 그의 오랜 유배생활은 그로 하여금 학문에 전념할 수 있도록 함으로써 방대한 저술뿐 아니라, 학문에 관한 기본적인 패러다임의 정립도 가능하게 했다고 볼 수 있다.

둘째, 다산의 실학에 대한 기본적 패러다임은 공맹 유교철학의 근본 원리에 충실하려는 수사학(洙泗學)으로서, 공맹 이후의 훈고주석학에 물들지 않고, 공맹 유학의 근본 정신을 재현하려는 자세에 입각하고 있다. 따라서 다산의 실학사상 속에는 당시 조선의 정치 이념이었던 성리학의 왜곡됨을 비판하고, 유교 경전 자체의 진실성을 회복하려는 학문적 의지를 발견할 수 있다.

다산은 이러한 자세에 입각하여 성리학적 사상의 공리공론을 배격하고, 원시유학 사상에 내포된 실사구시적인 새로운 사상 체계의 구축을 통해, 민생의 안정과 부국강병을 이룩하기 위한 구체적 실천 방안을 제시하는 등 일련의 변혁사상 체계를 구축했다고 할 수 있다.

셋째, 다산의 이와 같은 학문에 대한 기본적 태도는 공자·맹자 유교의 핵심적 의도와 맥을 같이한다. 그들 역시 당시 사회가 극도의 혼란기에서 인간 사회의 윤리성이 타락하고, 정치·사회는 이권 쟁탈과 파당으로 혼미를 거듭하던 시기에 정치·사회의 질서를 바로잡고자 하는 실천적 의도에서 처방안으로 탐구된 것이 그들 유교의 기본이 되었기 때문이다.

공자는 그가 이상으로 삼고 있는 사회의 모습인 대동사회(大同社會)의 기본 질서로 하·은·주(夏·殷·周) 삼대(三代)의 질서를 본(本)으로 했고, 주공(周公)의 예치(禮治)를 이상적 통치형으로 받아들였다. 다산의 구체적인 개혁안 역시 주례의 정치·행정 제도에 기초하고 있다.

넷째, 다산이 주례(周禮)의 제도에 기초하고 있다 해서 그것을 그대로 수용한 것은 아니다. 그는 우리의 전통 문화와 행정환경에 입각한 주체의식을 가지고 우리 실정을 감안한 개혁안을 제시하고 있다. 과거제의 개혁이라든가 지방행정구역의 개편, 전제(田制)의 개편 등 구체적 내용들을 통해 다산의 이와 같은 주체적 태도를 엿볼 수 있다.

다섯째, 다산이 민본주의적 왕도정치 사상을 구현하기 위해 왕이 수기치인(修己治人)의 덕치(德治)를 행할 것을 주장했을 뿐 아니라, 대중혁명의 가능성을 정당화시킨 점, 과거 제도를 통한 공직자 충원 과정에서 평등주의와 실적주의 인사 원칙을 강조한 점, 서구의 과학 이론과 기술의 수용을 통해 부국강병을 실현하려 한 점, 단순한 당위성의 주장에 그치지 않고 구체적인 제도와 이의 운용 방안을 제시한 점 등은 그의 실학적 세계관을 이해하는 수단이 될 수 있는 내용들이다.

여섯째, 다산의 일표이서는 다산이 살던 당시 현실의 모순상을 면밀히 분석하고, 그와 같은 바탕 위에서 바람직하고 실현 가능하다고 보는 미래의 정치·행정상을 제시하고 있다.

안타까운 것은 그가 통렬하게 비판했던 당시 사회의 모순들 중의 많은 내용들은 오늘날의 우리 정치·사회에도 그대로 잔존하고 있을 뿐만 아니라, 그가 미래적 국가상으로 제시했던 방대한 구체적 실천 방안들은 다산 이후 우리의 역사 전개 과정에서 의식적으로 채택된 경험을 우리는 가지고 있지 않다는 점이다. 다산은 그의 개혁론에 대해 이렇게 말한다. "성인(聖人)의 경전에 근본을 두고 시의(時宜)에 맞도록 힘썼으니, 없어져 버리지 않는다면 혹 취해서 쓸 사람이 있을 것"이라고.[22)]

다만 그의 사상은 1894년 7월에 단행된 갑오개혁(甲午改革)에서 구체적 실천 방안으로 제시되었다. 갑오개혁은 비록 일본의 의도대로 행해진 것이었으나 조선의 제도, 경제, 사회면의 근대화를 위한 발단으로 여기에는 다산의 행정개혁 사상이 그 기저를 이루고 있다고 할 수 있다.

---

22) 『與猶堂全書』 '自撰墓誌銘, 壙中本.'

참고 문헌

국내 문헌

강만길(1990), “다산의 토지소유관,” 강만길 외, 다산의 정치경제 사상, 창작과비평사.

——— 외(1984), 한국의 실학사상, 삼성출판사.

강신택(1981), 사회과학 연구의 논리, 박영사.

———(2002), 행정학의 논리, 박영사.

강인재 · 이달곤 외(1998), 한국행정론, 대영문화사.

구자용 역(1987), 비교행정: 프리즘적 사회재론(F. W. Riggs), 경문사.

권순만 · 김란도(1995), “행정의 조직경제학적 접근: 대리인 이론의 행정학적 함의를 중심으로,” 한국행정학보, 29(1), 한국행정학회.

권영성(2004), 헌법학원론, 법문사.

금장태(1984), “다산철학의 인간학적 이해,” 유교와 한국사상, 성균관대학교출판부.

———(1987), 한국실학사상연구, 집문당.

김경동(1982), “오늘날 사회과학방법론을 둘러싼 쟁점들,” 현상과 인식, 6(4).

———(1991), 사회과학의 이론과 방법론, 박영사.

김경동 · 이온죽(1986), 사회조사연구방법, 박영사.

김광웅 · 박동서 공편(1989), 의회와 행정부, 법문사.

김규정(1987), “정책가치에 관한 서설적 고찰,” 중앙행정논집, 창간호, 중앙행정연구회.

———(1997), 신판 행정학원론, 법문사.

김근세(1996), “Sayre 법칙의 종말?: 영국 신관리주의의 본질과 한계,” 한국행정연구, 5(2), 한국행정연구원.

김남진(1989), “행정의 법적합성과 상황적합적 탄력성, 고시계 6.

———(1989), "한국에서의 법의지배: '법'에 의한 행정을 중심으로," 고시계 22.

———(1997), 행정법 Ⅰ, 법문사.

———(2002), 행정법Ⅰ(제7판), 법문사.

김도창(1989), (일반)행정법론(상), 청운사.

김동일 외(1983), 사회과학방법론 비판, 청람문화사.

김동희(1999), 행정법Ⅰ(제5판), 박영사.

김병섭(1994), "행정연구와 가치중립성," 한국의 관료론: 방법과 실제, 김해동 교수 정년퇴임 기념논문집.

김상득(1997), "차별을 시정하기 위한 '역차별 대우'는 과연 정당한가," 김창호, 이성은 언제나 정당한가, 웅진출판.

김성구·김양화 역(1982), 경제사상사 Ⅰ, 풀빛.

김여수(1976), "현대사회의 정의는 무엇인가," 월간중앙.

———(1984), "정의의 배분적 측면," 정의의 철학, 영학출판사.

김영정(2005), 가치론의 주요 문제들, 철학과현실사.

김영종(1986), "현대 행정학의 행정철학적 반성과 과제," 한국행정학보, 20(1), 한국행정학회.

김영진 역(1985), 윤리학의 기본 원리, 서광사.

김용섭(1984), 한국 근대 농업사 연구(상), 일조각.

김용환 역(1986), 정치철학의 문제들, 서광사.

김운태(1983), 조선왕조 행정사(근세편), 박영사.

김종술(1992), "「대학」과 「중용」을 통해서 본 공무원 윤리관: 현상학적 해석," 한국행정학보, 25(4).

김창규(1997), "행정법의 개혁론," 법제연구 12, 한국법제연구원.

김창호(1997), 이성은 언제나 정당한가, 웅진출판.

김태길(1987), 윤리학(개정판), 박영사.

김태룡(2000), "행정학의 신패러다임으로서의 신공공관리의 적실성에 관한 연구: 한국지방자치단 체의 적용사례를 중심으로," 한국행정학보, 34(1), 한국행정학회.

김한식(1979), 실학의 정치사상, 일지사.

김항규(1990), "행정철학의 개념 및 연구 대상에 관한 서설적 연구," 한국행정학보, 24(3).

———(1994), "과학적 방법 활용의 타당성 평가기준에 관한 연구," 한국행정학보, 27(4).

———(1995), "정책결정 과정에서의 정치적 합리성 확보 방안에 관한 연구," 한국행정학보, 29(3), 한국행정학회.

———(1996), "행정절차법상 청문에 대한 실천적 논변이론의 적용 요건," 한국행정학보, 30(4), 한국행정학회.

———(1997), "행정효율성 개념의 본질과 한계," 공공행정연구, 창간호, 대전 · 충남행정학회.

———(2002a), "행정에서의 합법성 이념과 헌법에서의 공익판단의 근거," 한국행정논집, 14(3), 대구 · 경북행정학회.

———(2002b), "공공정책과 행정법에서의 법규범에 관한 연구," 한국사회와 행정연구, 13(2), 서울행정학회.

———(2003), "행정의 합법성 이념과 기타 이념과의 관계," 정부학연구, 고려대학교 정부학연구소.

———(2006a), "행정철학과 행정법학 과의 대화: 헌법상 공익 논의를 중심으로," 한국공공관리학보, 20(1), 한국공공관리학회.

———(2006b), "거버넌스와 사법작용: '국민의 형사재판 참여에 관한 법률을 중심으로'," 국정관리연구, 3(1), 성균관대학교 국정관리대학원.

———(2008), 행정과 법(개정판), 대영문화사.

김해동(1985), 조사방법론, 법문사.

문태현(1992), "정책분석과 비판이론: Habermas의 의사소통 능력을 중심으로," 한국행정학보, 26(22), 한국행정학회.

박동서(1961), 한국관료제도의 역사적 전개, 한국연구도서관.

———(1992), 한국행정론(제3전정판), 법문사.

———(1988), "한국의 행정과 공권력," 행정논총, 26(1), 서울대학교 행정대학원.

박동훈(1988), "국회의 행정통제에 관한 연구," 서울대행정대학원 행정학 석사논문.

박세일(1995), 법경제학, 박영사.

박윤흔(1992), 최신행정법강의(상), 국민서관

박정택(1990), 공익의 정치행정론, 대영문화사.

박희봉(1999), "지역사회 사회자본과 거버넌스 능력: 서울 서초구와 경기 포천군 주민의 인식을 중심으로," 한국행정학보, 34(4), 한국행정학회.

박희봉 · 김명환(2000), "우리나라 지역사회의 사회자본 증진에 관한 연구," 한국정치학회보, 34(4), 한국정치학회.

백완기(1998), 행정학(제4전정판), 박영사.

변재욱(1983), "법치행정의 한계," 고시계.

서원우(1984), "법률에 의한 행정의 원리," 월간고시 9.

———(1997), 전환기의 행정법이론, 박영사.

석종현(1990), 일반행정법(상), 삼영사.

성대경(1990), "다산의 기술관리 육성책," 다산의 정치경제 사상, 창작과비평사.

아리스토텔레스(1973), 니코마코스 윤리학, 정명오 편, 세계대사상전집 31, 대양서적.

안병영(1992), "신보수주의와 복지국가: 1980년대 대처와 레이건의 정책 비교," 사회과학논집 23, 연세대학교 사회과학연구소.

안병영 · 정무권(2007), "민주주의, 평등, 그리고 행정: 한국행정 연구를 위한 이론적 · 경험적 함의를 찾아서," 한국행정학보, 41(3), 한국행정학회.

안종운(1990), "공자의 법정철학에 관한 연구," 공자사상과 현대 2, 社思硏.

안해균(1986), 현대행정학: 행정의 기본 개념과 원리, 다산출판사.

오석홍(1981), 조직관리론, 박영사.

———(1982), "공무원의 윤리와 행동규범," 행정논총, 20(1), 서울대학교 행정대학원.

———(1996), 한국의 행정, 경세원.

원한식(1992), "행정철학의 방향 정립을 위한 시론," 한국행정학보, 26(4).

유민봉(1992), "정책결정의 논변모형에 의한 접근과 논변 과정에서의 왜곡," 한국행정학보, 25(4), 한국행정학회.

———(2006), 한국 행정학(보정판), 박영사.

유상현(1995), 한국행정법(상), 도서출판 환인.

유재원(2000), "사회자본과 자발적 결사체," 한국행정학보, 29(3), 한국행정학회.

윤병태(1996), "행정윤리의 난제와 해결가능성" 한국행정논집, 8(1).

윤성식(1994), 공기업론, 박영사.

윤영진(1991), "한국의 경제성장 과정에서의 정부 개입과 지대추구 활동에 관한 연구," 서울대학교 행정대학원 박사학위 논문.

윤재풍(1982), "다산의 행정사상," 김운태 외 공저, 한국 정치행정의 체계, 박영사.

이만우(1987), 후생경제학, 법문사.

이명구(1986), "행정의 유보," 고시연구 13.

———(1995), (신고)행정법원론, 대명출판사.

이명석(2007), "행정학 패러다임과 거버넌스," 국정관리연구, 2(2), 성균관대학교 국정관리대학원.

이상규(1989), 신행정법론(상), 법문사.

이상영(1993), 법사회학적 입법연구, 서울대학교 박사학위 논문.

이상은(2002), 퇴계의 생애와 학문, 예문서원.

이상철(1997), "공기업의 대리인 문제와 민영화 방안의 타당성 검토: 한국전력공사를 중심으로," 한국행정학보, 31(1), 한국행정학회.

이승훈(1986), 미시경제학, 영지문화사.

이우성(1974), "실학연구 서설," 실학연구입문(영사학회 편), 일조각.

이을호(1982), 한국개신유학사시론, 박영사.
이종수 · 윤영진 외(1997), 새 행정학, 대영문화사.
이종훈(1993), 철학, 39, 봄.
이학용(1988), 미시경제이론(제3개정판), 다산출판사.
임의영(1995), "과학적 방법론과 현상학적 방법론의 이질동형성(isomorphism) 비판," 한국행정학보, 29(4), 한국행정학회.
———(2008), "사회적 형평성의 정의론적 논거 모색: '응분의 몫(desert)' 개념을 중심으로," 행정논총. 46(3), 서울대학교 한국행정연구소.
장수찬(2002), "한국 사회에 나타난 악순환의 사이클: 결사체의 참여, 사회자본, 그리고 정부신뢰," 한국정치학회보, 36(1), 한국정치학회.
정동근(1997), "행정지도의 행정학적 접근과 한국 행정지도의 합리적 유형 탐색에 관한 연구," 한국행정학보, 37(4), 한국행정학회.
정용덕 외 8인(1999), 신제도주의 연구, 대영문화사.
정정길(1989), 정책학원론, 대명출판사.
———(2003), 행정학의 새로운 이해(증보판), 대명출판사.
정정길 · 최종원 외(2003), 정책학원론, 대명출판사.
조무성(2002), 한국 행정인은 누구인가?, 고려대학교출판부.
조석준(1992), 한국행정학(제2전정판), 박영사.
조순 · 정운찬(1997), 경제학원론, 법문사.
차병권(1984), 재정학개론, 박영사.
차인석 외(1980), 사회과학의 철학, 민음사.
총무처 직무분석기획단(1997), 신정부혁신론, 동명사.
천관우(1979), 근세 조선사 연구, 일조각.
최대권(1989, 1990), "입법학 연구: 입법변론을 중심으로," 법학, 31(1, 2), 서울대학교.
최병선(1992), 정부규제론: 규제와 규제 완화의 정치경제, 법문사.
———(1994), "Hayek의 자유주의 사상과 정치경제학 이론," 행정논총, 32(1).
최성욱(2004), "거버넌스 개념에 대한 비판적 고찰: 한국 행정학계의 거버넌스 연구 경향 분석," 정부학연구, 10(1), 고려대학교 정부학연구소.
최송화(1984), "한국의 입법기구와 입법자," 법학, 26(4), 서울대학교.
———(1985), "법과 정책에 관한 연구," 법제, 26(4).
최장집(1987), "국가의 역할 증대의 조건: 민족주의와 조합주의를 중심으로," 현대 한국정치와 국가, 한국정치학회 편, 법문사.
최재희(1981), 인간주의 윤리학, 일신사.
표시열(1994), "행정의 효율성 편향에 대한 헌법상의 제한: 행정관리에 대한 관리적 접근에서 헌법적 접근으로," 한국행정학보, 28(4), 한국행정학회.

한국동서철학연구회(1986), 동서철학 개론, 창학사.
한승준(2007), "신거버넌스 논의의 이론적 · 실제적 한계에 관한 연구," 한국행정학보, 41(3), 한국행정학회.
한영우(1974), "정약용의 『여유당전서』," 실학연구입문(역사학회 편), 일조각.
한우근(1976), 한국통사, 을유문화사.
허 범(1982), "가치인식과 정책학," 현대 사회과학의 이해, 대왕사.
———(1988), "새로운 공공행정의 모색: 민본행정의 이념과 과제," 민주사회의 성숙을 위한 공공행정, 한국행정학회.
허철행 외(2008), "거버넌스 구축을 위한 시민사회단체 지원 방안에 관한 연구," 2008년도 하계공동학술대회 발표논문집.
현상윤(1982), 조선유학사, 현음사.
홍윤기 역(1984), 철학개론, 한울총서.
홍이섭(1959), 정약용의 정치 · 경제사상 연구, 한국연구도서관.
홍정선(2001), 행정법원론(상), 박영사.
홍준형(1998), "행정과 법," 강인재 · 이달곤 외, 한국행정론, 대영문화사.
황경식(1981), 사회정의론(원리론), 서광사.
———(1985), 사회정의의 철학적 기초, 문학과지성사.
———(1995), 개방사회의 사회윤리, 철학과현실사.
동아일보사(1996), 동양사상과 사회발전, 국제학술회의 논문집.
『論語』, 『中庸』, 『大學』, 『孟子』, 『書經』, 『禮記』, 『牧民心書』, 『經世遺表』, 『與猶堂全書』.

외국 문헌

Adler, Mortimer(1939), "Parties and Common Good," in *Review of Politics* I.
Albrecht, J.(1985), *Planning as a Social Process: the Use of Critical Theory*, New York: Verlag Peterlang.
Almond, Gabriel A. & G. Bingham Powell, Jr.(1980), *Comparative Politics*, 3rd ed., Boston: Little Brown.
Anderson, James E.(1979), *Public Policy-Making*, New York: Holt, Reinhart and Winston.
Anderson, Charles W.(1978). "The Logic of Public Problems Evaluation in Comparative Policy Research," in Douglas E. Ashford(ed), *Comparing*

Public Policies: New Concept and Methods, Beverly Hills: Sage.

Appleby, Paul(1949), *Policy and Administration*, Tuscaloosa, Ala.: University of Alabama Press.

Arrow, Kenneth(1963), *Social Choice and Individual Values*, 2nd ed., New Haven, Conn.: Yale University Press.

———(1973), "Some Ordinalist-Utilitarian Notes on Rawls's Theory of Justice," *The Journal of Philosophy*.

Babbie, Earl(1989), *The Practice of Social Research*, 5th ed., Belmont, Cal.: Wadsworth Publishing Co. Inc.

Bailey, Kenneth D.(1987), *Methods of Social Research*, 3rd ed., New York: The Free Press.

Bailey, Stephen K.(1962). "The Public Interest: Some Operational Dilemmas," Carl J. Friedrich(ed.), *The Public Interest*, Atherton Press.

Banfield, Edward D.(1955), "Note on Conceptual Schme," in Edward C. Banfield & Martin Meyerson, "*Politics, Planning and the Public Interest*, New York: The Free Press.

Bardach, Eugene(1977), *The Implementation Game: What Happens after a Bill Becomes Law*, Cambridge, Mass: MIT Press.

Barry, Brian M.(1965), *Political Argument*, Routledge & Kegan Paul.

———(1973), "And Who is My Neighbor?" *The Liberal Theory of Justice*, Oxford: Clarendon Press.

Barry, Brian & Douglas W. Rae(1975), "Political Education," in the *Handbook of Political Science*, Nelson W. Polsby & Fred D. Greenstein(ed.), Reading Mass: Addision-Wesley Publishing Co.

Behn, Robert D.(1981), "Policy Analysis and Policy Politics," *Policy Analysis*, 7(2).

Bentham, Jeremy(1948), *The Practice of Morals and Legislation*, Riverside, N. J.: Hafner Press.

———(1954), *Jeremy Bentham's Economic Writings*, London: Allen & Unwin.

———(1962), *An Introduction to the Principles of Morals and Legislation*, John Bowring (ed.), *The Works of Bentham*, Russel & Russel.

Bernstein, Richard J.(1976), *The Restructuring of Social and Political Theory*, New York: Harcourt Brace Jovanovich.

Bodenheimer, Edgar(1962), "Prolegomena to a Theory of Public Interest," Carl J. Friedrich(ed.), *The Public Interest*, Atherton Press.

Bowring, John(ed.)(1962), *The Works of Jeremy Bentham*, Russel & Russel.

Bozeman, Barry(1979), *Public Management and Policy Analysis*, New York: St. Martin's Press.

Brewer, Garry D. & Peter de Leon(1983), *The Foundations of Policy Analysis*, Homewood: Dorsey Press.

Buchanan, James M.(1984), "Politics without Romance: A Sketch of Positive Public Choice Theory and Its Normative Implications," James M. Buchanan & Robert D. Tollison(eds.), *The Theory of Public Choice II*, Ann Arbor: University of Michigan Press.

Buchanan, James M., Robert D. Tollision & Gordon Tullock, (eds.)(1980), *Toward a Theory of the Rent-Seeking Society*, College Station: Texas A&M University Press.

Buchanan, James M. & Gordon Tullock(1962), *The Calculus of Consent*, Ann Arbor: University of Michigan Press.

Burrell, Gibson & Gareth Morgan(1982), *Sociological Paradigms and Organizational Analysis*, London Exeter, New Hampshire: Heinemann; 윤재풍 역, 사회과학과 조직이론, 박영사, 1990.

Churchman, West(1971), *The Design of Inquiring System*, New York: Basic Books.

Cleveland, H.(1972), *The Future Executive: A Guide for Tomorrow's Managers*, New York: Harper Collins.

Cobb, Roger W. & Charles D. Elder(1983), *Participation in American Politics: The Dynamics of Agenda-Building*. 2nd ed., Baltimore: Johns Hopkins University Press.

Cobb, Roger, Jennie Ross, Keith Ross & Marc Howard(1976), "Agenda Building as a Comparative Political Process," *APSR*.

Cohen, Bernard P.(1980), *Developing Sociological Knowledge*, Englewood Cliffs, N. J.: Prentice-Hall Inc.

Connolly, William E.(1974), *The Terms of Political Discourse*, Lexington, Hass; D. C. Heath & Co.

Dahl, Robert A.(1961), *Who Governs?*, New Haven: Yale University Press.

———(1984), *Modern Political Analysis*, 4th ed., Englewood Cliffs, N. J.: Prentice-Hall Inc.

Denhardt, Robert E.(1984), *Theories of Public Organization*, Brooks/Cole Publishing Co.

Diesing, Paul(1962), *Reason in Society: Five Types of Decisions in Their Social Contexts*, Urbana: University of Illinois Press.

Dimock, M. E.(1965), *A Philosophy of Administration*, New York: Harper & Row.

Dror, Y.(1968), *Public Policy Marking Reexamined*, Scranton, Pa: Chandler Publishing Co.

Dunn, William N.(1981), *Public Policy Analysis*, Englewood Cliffs: Prentice-Hall Inc.

———(1983), "Values, Ethics and Standards in Policy Analysis" in Stuart S. Nagel(ed), *Encyclopedia of Policy Studies*, University Press of Illioniss.

———(ed)(1986), *Policy Analysis: Perspectives, Concepts, and Methods*, London, England JAI Press Inc.

Durkheim, Émile(1951), *Suicide: A Study in Sociology*, Glencoe, Ⅲ, Free Press.

Dworkin, Gerald(1971), *Paternalism, Morality and the Law*, P. A. Wasserstro (ed.), Wadsworth.

———(1972), "Paternalism," in *The Monist: An International Quarterly Journal of General Philosophical Inquiry*, 56.

———(1977), "DeFunis v. Sweatt," in Marshall Cohen, et al.(eds.), *Equality and Preferential Treatment,* Princeton University Press.

Easton, David(1953), *The Political System*, Chicago: Knopf.

———(1962), "The Current Meaning of 'Behavioralism' in Political Science," in James Charlesworth(ed.), *The Limits of Behavioralism in Political Science*, The ANNALS, The American Academy of Political and Social Science, October.

———(1965), *A System Analysis of Political Life*, New York: John Wiley and Sons.

———(1969), "The New Revolution in Political Science," *APSR,* 63.

———(1972), "Commentary on Lanes Paper," in James Charlesworth(ed.), *Integration of the Social Science Through Policy Analysis*, Philadephia: American Academy of Political and Social Science.

Eyestone, Robert(1978), *From Social Issue to Public Policy*, New York: Wiley.

Esping-Anderson, Gosta(1999), *Social Foundations of Postindustrial Economics*, New York: Oxford University Press.

Firth, R.(1970), "Ethical Absolutism and the Ideal Observer," W. Sellars & J. Hospers(eds), *Readings in Ethical Theory*, Englewood Cliffs, Prentice-Hall Inc.

Fischer, Frank(1980), *Politics, Values and Public Policy: The Problem of Methodology*, Westview Press.

Flathman, R. E.(1966), *The Public Interest: An Essay Concerning the Normative Discourse of Politics*, New York: Wiley.

Frankena, W. K.(1973), *Ethics,* 2nd ed., Englewood Cliffs, N. J.: Prentice-Hall.

Frederickson, H. George(1971), "Toward a New Public Administration" in Frank Marini(ed), *Toward a New Public Administration*, Scranton PA: Chandler Publishing Co.

———(1997), *The Spirit of Public Administration*, San Francisco: Jessey-Bass Publishers.

Frederickson, H. G. & R. C. Chandler, (eds.)(1984), "Citizenship and Public Administration," *PAR*, March.

Freeley, Austin J.(1990), *Argumentation and Debate: Critical Thinking for Reasoned Decision Making*, Wadsworth Publishing Company.

Friedman, M.(1962), *Capitalism and Freedom*, The University of Chicago Press.

Friedman, M. et al.(1980), *Free to Choose*, Penguin Books.

Friedmann, Wolfgang(1962), "The Changing Content of Public Interest: Some Comments on Harold D. Lasswell," Carl J. Friedrich(ed.), *The Public Interest*, Athertron Press.

Frohock, Fred M.(1979), *Public Policy: Scope and Logic*, Englewood Cliffs, N. J.: Prentice-Hall Inc.

Fukuyama, Francis(1995), *Trust: The Social Virtues and the Creation of Prosperity*, New York: The Free Press.

Gamble A. et al.(1976), *Capitalism in Crisis*, Macmillan.

Hardin, Garret(1968), "The Tragedy of Commons," *Science*, 163.

George, V. & P. Wilding(1985), *Ideology and Social Welfare,* 2nd ed., London: Routledge and Kegan Paul.

Gerth, H. H. & C. W. Mills(1958), trans. From Max Weber, *Essays in Sociology*, New York: Oxford University Press.

Gibbard, Allan(1973), "Manipulation of Voting Schemes: A General Result," *Econometrica*, 4(4).

Goodnow, F. J.(1900), *Politics and Administration*, New York: Macmillan.

Graham, George J. Jr. & Geroge W. Carey (eds.)(1972), *The Post Behavioral Era: Perspectives on Political Science*, New York: David McKay.

Gross, Bertramm M.(1968), *Organizations and Their Managing*, New York: The Free Press.

Gulick, Luther & Lyndall Urwick(1937), *Papers on the Science of Administration*, New York: Institute of Public Administration.

Guvetz, Harry K.(1963), *The Evolution of Liberalism*, New York: Colliers.

Habermas, Jürgen(1970), *Toward a Rational Society*, trans. by Jeremy J. Shapiro, Boston: Beacon Press.

———(1971), *Knowledge and Human Interest*, trans. by Jeremy J. Shapiro, Boston: Beacon Press.

———(1973), "A Theory of Communicative Competence," in *Philosophy of the Social Science*, 3.

———(1974), "Rationalism Divided in Two: A Reply to Albert," in Giddens, Anthony, 9th. ed., *Positivism and Sociology*, London: Heinemann Educational Books.

———(1975), *Legitimation Crisis*. Trans. by Thomas, McCarthy, Boston: Beacon Press.

———(1976a), "The Analytical Theory of Science and Dialects," in Adorno et al., *The Positivist Dispute in German Sociology*, trans. by G. Adey & D. Friby, London: Heinemann.

———(1976b), "Systematically Distorted Communication," in Paul Connerton (ed.), *Critical Sociology*, New York: Penguin Books.

Hancock, R. N.(1974), *Twentieth Century Ethics*, N.Y.: Columbia Univ. Press.

Harmon, Michael(1971), "Normative Theory and Public Administration: Some Suggestion for a Redefinition of Adminiftrative Responsibility," in F. Marini(ed.), *Toward a New Pablic Administration: The Minowbrook Perspective*, New York: Chandler Publishing Company.

———(1981), *Action Theory for Public Administration*, New York: Longman.

Harsanyi, J. C.(1953), "Cardinal Utility in Welfare Economics and the Theory of Risk Taking," *Journal of Political Economy*, 6.

———(1975), "Can the Maximin Principles Serve As Basis for the Morality?: A Critique of John Rawls's Theory," *APSR*, 69.

Hayek, F. A.(1944), *The Road to Serfdom*, London: George Routledge and

Sons.
———(1982), *Law, Legislation and Liberty*, London: Routledge and Kegan Paul.
Herring, Pendelton E.(1940), *The Politics of Democracy*, Norton.
Hicks, J. R.(1940), "The Valuation of Social Income," *Economica.*
Hodgkinson, Christopher(1978), *Towards a Philosophy of Administration*, New York: St. Martin's Press.
———(1983), *The Philosophy of Leadership*, New York: St. Martin's Press.
Hood, Christopher(1994), *Explaining Economic Policy Reversals*, Buckingham: Open University Press.
Horkheimer, Max(1972), "Traditional and Critical Theory," *Critical Theory: Selected Essays*, Seabury Press.
Hospers, J.(1972), *Human Conduct*, Harcourt Brace Jovanovich Inc.
Hume, D.(1978), *A Treatise of Human Nature*, Selby-Bigge(ed.), Oxford, Clarendon Press.
Hunter, Floyd(1963), *Community Power Structure*, Garden City, New York: Doubleday and Company Inc.
Jevons, William S.(1970), *The Theory of Political Economy,* 2nd ed., R. D. Collison Black(ed.), Baltimore: Penguin Books.
Jones, Bryan D.(1983), *Governing Urban America: A Policy Approach*, Boston: Little, Brown.
Jones, Charles O.(1984), *An Introduction to the Study of Public Policy*, Monterey, Cal.: Brooks/Cole Publishing Co.
Kaldor, N.(1939), "Welfare Propositions and Interpersonal Comparison of Utility," *Economics Journal.*
Kaplan, A.(1964), *The Conduct of Inquiry*, San Francisco, California: Chandler Publishing Co.
Katz, Saul M.(1971), "Exploring A Systems Approach to Development Administration," in Fred W. Riggs(ed.), *Frontiers of Development Administration*, Duke University Press.
King, Cheryl Simrell(1999), "Public Administration at Midlife?," *Public Administration Review*, 59(3).
Kingdon, John W.(1984), *Agenda Alternatives and Public Policy*, Boston: Little, Brown.
Kotlikoff, Laurence J.(1987), "Justifying Public Provision of Social Security,"

Journal of Policy Analysis and Management, 6(4).

Krueger, Anne O.(1974), "The Political Economy of the Rent-Seeking Society," *American Economics Review*.

Lasswell, H. D.(1958), *Politics: Who Gets What, When, How?*, Cleveland, Ohio: World Publishing Co.

———(1971), *A Preview of Policy Sciences*, New York: American Elsvier.

———(1975), "Research in Policy Analysis: The Intelligence and Appraisal Functions," in F. Greenstein & N. Polsby (eds.), *Policies and Policy Makings, Handbook of Political Sciences*, Vol. 6, Reading, Mass: Addison-Wesley Publishing Co.

Leibenstein, Harvey J.(1976), *Beyond Economic Man*, Cambridge, Mass: Harvard University Press.

Levine, Charles H., B. Guy Peters & Frank J. Thompson(1990), *Public Administration: Challenges, Choices, Consequences*, Scott, Foresman and Company.

Lin, Nan(1976), *Foundations of Social Research*, McGraw-Hill Inc.

Lindblom, Charles E.(1980), *The Policy-Making Process*, 2nd ed., Englewood Cliffs: Prentice-Hall Inc.

Lippman, Walter(1955), *The Public Philosopy*, Hamilton Hamish.

Lowi, Theodore J.(1979), *The End of Liberalism: The Second Republic of the United States*, 2nd ed., New York: W. W. Norton and Co.

Locke, John(1980), *Second Treatise of Government*, Indianapolis, Ind.: Hackett Publishing Co.

MacDonald, Margaret(1953), "Natural Rights" in Peter Laslett(ed.), *Philosophy, Politics and Society*, Oxford: Oxford University Press.

Machiavelli, N.(1952), *The Prince*, New York: The New American Library of World Literature, Inc.

Macpherson, C. B.(1973), *Democratic Theory in Retrieval*, Oxford: Clarendon Press.

MacRae, D. & J. Wilde(1979), *Policy Analysis for Public Decision*, N. J.: Scituate: Duxbury.

McCurdy, Hogwood E.(1977), *Public Administration: A Synthesis*, Cummings.

McGraw, Dickson & George Watson(1976), *Political and Social Inquiry*, New York John Willey & Sons Inc.

March, J. G. & J. P. Olsen(1995), *Democratic Governance*, New York: Free

Press.

Marini, Frank(1971), "The Minnowbrook Perspecitive and Future of Public Administration," D. Waldo & Marini(eds.), *Toward a New Public Administration: The Minnowbrook Perspective*, Scranton, Chandler Publishing Co.

Marshall, Alfred(1961), *Principles of Economics*, 8th ed., London: Macmillan.

Mathews, D.(1984), "The Public In Theory and Practice," *PAR*, 44, March.

———(1994), *Politics for People: Finding a Responsible Public Voice*, Urbana: University of Illinois Press.

Meltsner, Arnold J.(1972), "Political Feasibility and Policy Analysis," *PAR*, 32.

Menger, Carl(1950), *Principles of Economics*, New York: Free Press.

Merton, Robert K.(1949), *Social Theory and Social Structure*, Glencoe, Ill, The Free Press.

Mill, J. S.(1957), *Utilitatianism*, The Liberal Arts Press.

Miller, David(1976), *Social Justice*, Oxford: Clarendon Press.

Mills, C. Wright(1956), *The Power Elite*, New York: Oxford University Press.

Moore, G. E.(1903), *Principia Ethica*. Cambridge: Cambridg University Press.

Morgan, Douglas F.(1994), "The Public Interest," Cooper, Terry(ed.), *Handbook of Administrative Ethics*, New York: Marcel Dekker.

Morrow, William L.(1980), *Public Administration-Politics and the Political System*, 2nd. ed., New York: Random House.

Myrdal, G.(1972), "How Scientific are the Social Sciences?," *Journal of Social Issues*, 28(4).

Nakamura, Robert & Frank Smallwood(1980), *The Politics of Policy Implementation*, New York: St. Martin's Press.

Nelson, Philip(1970), "Information and Consumer Behavior," *Journal of Political Economy*, 78(2). March/April.

Nielson, K.(1978), "Class and Justice," in John Arthur & William H. Smith, *Justice and Economic Distribution*, Englewood Cliffs, N. J.: Prentice-Hall Inc.

Nigro, Felix A.(1970), *Modern Public Administration*, New York: Harper & Row.

Niskanen, William A.(1975), "Bureaucrats and Politicians," *Journal of Law and Economics*, 18(3).

Nozick, Robert(1974), *Anarchy, State and Utopia*, New York, Basic Books Inc.

Nye, Jr., Joseph, Philip Zelicow, & David King(eds)(1997), *Why People Don't Trust Government*, Cambridge: Harvard University Press.

Oates, Wallace(1972), *Fiscal Federalism*, New York: Harcourt Brace Jovanovich.

O'Connoir, J.(1973), *The Fiscal Crisis of the State*, St. Martin's Press.

Osborne David & Ted Gaebler(1992), *Reinventing Government: How the Entrepreneurial Spirit is Transforming the Public Sector*, New York: Addison-Wesley.

Ostrom, Vincent & Elinor Ostrom(1977), "Public Goods and Public Choice," in E. E. Savas(ed), *Alternatives for Delivering Public Service*, Westview: Boulder Co.

———(1989), *The Intellectual Crisis in American Public Administration*, 2nd ed., Tuscaloosa: The University of Alabama Press.

Page, Richard S.(1971), "The Ideological-Philosophical Setting of American Public Administration," in D. Waldo(ed), *Public Administration in a Time of Turbulence*, Scranton: Chandler Publishing Co.

Palmer, P. J.(1981), *The Company of Strangers*, New York: Crossroads.

Pearson, K.(1951), *The Grammar of Science*, London: J. M. Dent & Sons Ltd.

Pepper, Stephen C.(1958), *The Sources of Value*, Berkeley: University of California Press.

Perry, R. B.(1926), *General Theory of Value*, Cambridge, Mass: Harvard University Press.

Peters, B. Guy(1997), *The Future of Governing Four Emerging Models*, Lawrence, Kansas: The University Press of Kansas; 정용덕 외 공역, 미래의 궁정관리, 법문사, 1998.

Putnam, Robert D.(1976), *The Comparative Study of Elites*, Englewood Cliffs: Prentice-Hall Inc.

———(1993), *Making Democracy Work*: Civic *Traditions in Modern Italy*, Princeton: Princeton University Press.

Rae, Douglas(1975), "Maximin Justice and an Alternative Principle," *American Political Science Review*, 69.

Raphael, D. D.(1972), *Problems of Political Philosophy*, New York: Praeger Publishers, Inc.

Rashdall, H.(1970), *The Theory of Good and Evil*, V. I., Oxford: Clarendon Press.

Rawls, John(1971a), *A Theory of Tustice*, Mass: Harvard University Press.

——(1971b), "Justice as Reciprocity," in Samuel Gorovitz(ed.), *Mill: Utilitarianism*, The Bobbs-Merrill Company Inc.

——(1985), "Kantian Constructivism In Moral Theory," *The Journal of Philosophy*, Vol. LXXV II, No. 9, Cambridge University Press.

Redford, Emmette S.(1954), "The Protection of the Public Interest with Special Reference to Administrative Regulation," *APSR*, XLVIII.

Rescher, Nicholas(1966), *Distributive Justice*, The Bobbs-Merrill Company, Inc.

Rhoads, Steven E.(1985), *The Economist's View of the World*, Cambridge University Press.

Ricardo, D.(1962), *The Principles of Political Economy and Taxation*, London: Dent.

Rieke, Richard D. & Malcolm O. Sillars(1984), *Argumentation and the Decision Making Process*, Harper Collins Publishers.

Riggs, Fred W.(1964), *Administration in Developing Countries: The Theory of Prismatic Society*, Boston: Houghton Mifflin Company.

——(1973), *Prismatic Society Revised*, Morristown, N. J.: General Learning Press; 구자용 역, 비교행정: 프리즘적 사회재론, 경문사, 1987.

Riker, William H.(1986), *The Art of Political Manipulation*, New Haven: Conn.: Yale University Press.

Robbins, S. P.(1980), *The Administrative Process,* 2nd ed., Englewood Cliffs, N. J.: Prentice-Hall Inc.

Roberts, Geoffrey K.(1971), A *Dictionary of Political Analysis*, London: Longman.

Rohr, John A.(1989), *Ethics for Bureaucrats: An Essay on Law and Values*, 2nd ed., New York: Marcel Dekker.

Rosenbloom, David H.(1989), *Public Administration: Understanding Management, Politics and Law in the Public Sector*, New York: Mc-Graw-Hill.

Rostow, W.(1971), *Politics and Stages of Growth*, London: Cambridge University Press.

Rowley, Charles K. & Alan T. Peacock(1975), *Welfare Economics: A Liberal Restatement*, London: Martin.

Sahakian, W. S.(1974), *Ethics: An Introduction to Theories and Problems*,

New York, Barnes & Noble Books.

Salamon, L. M.(1989), *Beyond Privatization: The Tools of Government Action*, Washington, D. C.: Urban Institute Press.

Satterthwaaite, Mark(1975), "Strategy Proofness and Arrow's Conditions," *Journal of Ecocomic Theory*, 10(2).

Schttschneider, E. E.(1960), *The Semi-Sovereign People,* Hinsdale, Illinois: Dryden Press.

Schubert, Glendon A(1961), *The Public Interest: A Critique of the Theory of a Political Concept,* Glencoe, Illinois: The Free Press.

Schutz, Alfred(1967), The *Phenomenology of the Social World,* trans. by George Walsh & Frederick Lenhert. Evanston, Ill.: North Western University Press.

Scitovsky, Tiber(1969), "A Note on Welfare Propositions in Economics," in *Review of Economics Studies*, 1941: Reprinted in Arrow & Scitovsky, *Readings in Welfare Economics*, London: Allen & Unwin.

Shepsle, Kenneth A. & Barry R. Weingast(1984), "Political Solutions to Market Problems," *American Political Science Review,* 78(2).

Shue, Henry(1975), "Liberty and Self-Respect" in *Ethics*, 85(3).

Sidgwick, H.(1966), *The Methods of Ethics,* 7th ed., New York: Dover Publications.

Simon, H. A.(1946), "The Proverbs of Administration," *PAR,* 6.

———(1963), "Political Research: The Decision-Making Framework," Paper Delivered at *APSA* Meeting in New York.

———(1976), *Administiative Behavior.* 3th ed., New York: The Free Press.

Simon, H. A, Donald Smithburg & Victor Thompson(1950), *Public Administration,* New York: Alfred Knopf.

Smith, A.(1937), *An Inquiry into the Nature and Causes of the Wealth of Nations,* New York: Modern Library.

Sorauf, Frank J.(1957), "The Public Interest Reconsidered," *Journal of Politics,* XIX.

Stark, W. (ed)(1954), *Jeremy Bentham's Economic Writings*, London: Allen and Unwin.

Stevenson, C. L.(1944), *Ethics and Language*, New Haven.

Stigler, George(1975), *The Citizen and the Street*, University of Chicago Press.

Stillman II, Richard J.(1978), *Public Administration: Concepts and Cases*, Boston: Houghton Mifflin Co.

Stokey, E & R. Zeckhauser(1978), *A Premier for Policy Analysis*, New York: W. W. Norton and Company.

Straws, Leo(1959), *What is Political Philosophy?*, Harcourt, Connecticut: Greenwood Publishers.

Suchman, Edward A.(1967), *Evaluative Research*, New York: Russel Sage Foundation.

Taylor, Frederick W.(1911), *Principles of Scientific Management*, New York: Harper and Row.

Taylor, Paul W.(1961), *Normative Discourse*, Englewood Cliffs, N. J.: Prentice-Hall Inc.

———(1975), *Principles of Ethics*, Dickenson Publishing Company Inc.

Thevenaz, P.(1962), *What is Phenomenology*, New York: Quadrangle.

Titmus, R.(1970), *The Gift Relationship*, London: Allen and Unwin.

Toulmin, Stephen(1958), *The Uses of Argument*, Cambridge University Press.

———(1970), *An Examination of the Place of Reasons in Ethics*, Cambridge: Cambridge University Press.

Townsend, P.(1983), "A Theory of Poverty and the Role of Social Policy," in Loney, M. Boswell & J. Clarke, *Social Policy and Social Welfare*, Milton Keynes, Open University Press.

Tugwell, R. G.(1939), "Implementing the General Interest," *PAR*, 1.

Ventriss, C.(1984), "The Current Dilemmas of Public Administration: A Commentary," *Dialogue,* 6(4), Summer.

Vickers, Geoffrey.(1973), "Values, Norms and Policies," *Policy Sciences*, 4(1).

Waldo, Dwight(1948), *The Administrative State: A Study of the Political Theory of American Public Administration*, New York: The Ronald Press Company.

———(1968), "Scope of the Theory of Public Administration," in James C. Charlesworth(ed.), *Theory and Practice of Public Administration: Scope, Objectives, and Methods*, Philadelphia: The American Academy Political and Social Science.

Walras, Leon(1954), *Elements of Pure Economics*, Homewood Ⅲ: Irwin.

Walsh, David(1972), "Sociology and the Social World," in Filmer Paul et al.(ed), *New Directions in Sociological Theory*, London and New York:

Collier Macmillan.

Warnock, G. J.(1971), *The Object of Morality*, London, Methuen & Co. Ltd.

Weber, Max.(1964), *The Theory of Social and Economic Organization*, trans., A. M. Henderson & T. Parsons, New York: Free Press.

———(1966), *Methodology of the Social Science*, trans and ed., Edward A. Shils & H. A. Finch, New York: The Free Press.

———(1968), *Economy and Society* Ⅰ,Ⅱ, Ⅲ, edited by G. Roth & C. Wittich, trans by E. Fischoff etc., New York: Bedminster Press.

Weimer, David Leo(1982), *The Strategic Petroleum Reserve: Planning, Implementation, and Analyis*, Westpoint, Conn.: Greenwood Press.

Weimer, David & Aidan R. Vining(1989), *Policy Analysis: Concepts and Practice*, Englewood Cliffs, N. J.: Prentice-Hall Inc.

Weingast, Barry R., Kenneth A. Shepsle, & Christopher Johnsen(1981), "The Political Economy of Benefits and Costs: A Neoclassical Approach to Distributive Politics," *Journal of Political Economy*, 89(4).

White, L. D.(1926), *Introduction to the Study of Public Administration*, New York: Macmillan.

Wildavsky, Aron.(1974, 1979), *The Politics of Budgetary Process,* 3rd ed., Boston: Little Brown.

Williams, Fiona(1989), *Social Policy*, Cambridge: Polity Press.

Williams, Jr. Robin M.(1968), "The Concept of Norms," in David L. Sills, *International Encyclopedia of Social Sciences*, 1., New York: Macmillan.

Willoughby, W. F.(1927), *Principles of Public Administration*, Washington: Brookings Institution.

Wolf, Jr., Charles(1979), "A Theory of Nonmarket Failure," *Public Interest*, 55.

Zysman, John(1977), *Political Strategies for Industrial Order: State, Market, and Industry in France*, Berkeley: University of California Press.

足立幸男(1992), 政策と價値, ミネルバ書房; 김항규 역, 정책과 가치, 대영문화사.

———(1994), 公共政策學入門, 東京: 有斐閣.

西尾勝(1993), 行政學, 東京: 有斐閣.

小林良彰(1988), 公共選擇, 東京: 東京大學出版會.

阿部泰隆(1989), 國土開發と環境保全, 日本評論社.

———(1993), 政策法務からの提言, 日本評論社.
———(1996), 政策法學の基本指針, 東京: 弘文堂.
三輪正(1972), 議論と價値, 東京: 法律文化社.

찾아보기

ㄴ

ㄷ

ㄹ

ㅁ

ㅂ

ㅅ

ㅇ

ㅈ

ㅊ

ㅋ

ㅌ

ㅍ

ㅎ

저자 소개

김항규(金恒圭)

중앙대학교 행정학과(행정학사)
서울대학교 행정대학원(행정학 석사)
중앙대학교 대학원 행정학과(행정학 박사)
미국 시라큐스대학교 맥스웰(Maxwell) 행정대학원 객원교수
일본 교토(京都)대학교 인간·환경대학원 초빙교수(행정철학 강의)
한국행정학회 편집위원·이사
한국정책학회 연구위원
관악행정학회(현 서울행정학회) 편집위원장
대전·충남 행정학회 회장
행정고시 출제위원, 입법고시 출제위원
현 목원대학교 행정학과 교수
E-mail; hangkim@mokwon.ac.kr

[주요 저서]
『한국의 지방자치와 행정』(공저) (대영문화사, 1989)
『정책과 가치』(역서) (대영문화사, 1992)
『과학적 방법론과 통계기법의 활용』(자유아카데미, 1994)
『(객관식)새 행정학』(공저) (대영문화사, 1997)
『한국행정사 연구』(공저)(아세아문화사, 1997)
『알기 쉬운 행정학』(도서출판 대경, 2001)
『새 행정학』(공저) 4정판(대영문화사, 2007)
『행정과 법』(제2판) (대영문화사, 2008)

[주요 논문]

- "행정철학의 개념 및 연구 대상에 관한 서설적 연구"(한국행정학보, 제24권 제3호, 1990)
- "과학적 방법 활용의 타당성 평가 기준에 관한 연구"(한국행정학보, 제27권 제4호, 1994)
- "정책결정 과정에서의 정치성 합리성 확보 방안에 관한 연구"(한국행정학보, 제29권 제3호, 1995)
- "초기 조선총독부의 정책결정 체제 연구"(행정사연구, 제3호, 한국행정학회, 1996)
- "현대행정과 합법성 이념의 재음미"(한국행정학보, 제30권 제2호, 1996)
- "행정절차법상 청문에 대한 실천적 논증이론의 적용 요건"(한국행정학보, 제30권 제4호, 1996)
- "행정학과 행정법과의 대화: 법정책학적 관점을 중심으로"(한국행정학보, 제31권 제4호, 1998)
- "공공정책과 행정에서의 법규범과의 관계에 관한 연구"(한국사회와 행정연구, 제13권 제2호, 2002)
- "행정에서의 합법성 이념과 헌법에서의 공익판단의 근거"(한국행정논집, 제14권 제3호, 2002)
- "행정의 합법성 이념과 기타 행정 이념과의 관계"(정부학연구, 제9권 제2호, 2003)
- "거버넌스 하에서의 법치행정의 과제"(한국공공관리학보, 제18권 제2호, 2004)
- 행정철학과 행정법학과의 대화: 헌법상 공익 논의를 중심으로(한국공공관리학보, 제20권 제1호, 2006)
- "거버넌스와 사법작용: 국민의 형사재판 참여에 관한 법률을 중심으로"(국정관리연구, 제3권 제1호, 2008. 6)(성균관대학교 국정관리대학원) 외 다수

제4정판
행정철학

펴낸날 제1판 제1쇄 1994년 8월 10일
제2판 제1쇄 1998년 7월 30일
제3판 제1쇄 2004년 2월 10일
제4판 제1쇄 2009년 1월 30일
제4판 제5쇄 2022년 7월 13일

지은이 김항규
펴낸이 임춘환
펴낸곳 도서출판 대영문화사
주소 (본사) 사무실: 경기도 고양시 일산서구 주화로 70
우신프라자 307호 (㊁ 10387)
(본사) 물류센터: 경기도 고양시 일산서구 덕산로
107번길 68-50 (㊁ 10205)
등록 1975년 12월 26일 제3-16호
전화 (031) 913-3062, (031) 914-3884~5
팩스 (031) 913-3839
홈페이지 http://www.dymbook.co.kr

ISBN 978-89-7644-299-4
값 32,000원